Kontaktadresse nach EU-Produktsicherheitsverordnung:
produktsicherheit@fischerverlage.de

Zu diesem Buch

Mit Band 19 liegen die *Gesammelten Schriften* Max Horkheimers abgeschlossen vor. Für diesen Band wurde ein Personen- und Sachregister erarbeitet, das die in den Bänden 2–14 abgedruckten Werke systematisch erschließt. Das Register enthält nicht nur Stichworte und Werktitel, sondern auch inhaltlich komprimierte Wiedergaben wichtiger Textstellen. Damit gewinnt der Benutzer einen Überblick über das gesamte Schaffen Horkheimers am Leitfaden der zentralen Probleme und Themen. Das ist insofern von Bedeutung, als ein Großteil von Horkheimers Werk aus Notizen und Fragmenten besteht, deren Vielzahl es schwierig macht, die großen thematischen Linien im Auge zu behalten. Das Register ist daher ein neues und wertvolles Instrument für jeden, der die Kritische Theorie auch in ihren Verästelungen und inneren Widersprüchen verstehen will.
Band 19 enthält weiterhin Nachträge – u. a. das Protokoll einer mehrtägigen Diskussion zwischen Horkheimer und Adorno –, ein Gesamt-Inhaltsverzeichnis der Bände 1–18, ein chronologisches und ein alphabetisches Verzeichnis der Schriften, Verzeichnisse der Hörfunk- und Fernsehaufnahmen sowie einen Überblick über die Bestände des Max-Horkheimer-Archivs.

Der Autor

Max Horkheimer, geboren am 14. 2. 1895 in Zuffenhausen/Stuttgart, wurde 1930 Ordinarius der Sozialphilosophie und Direktor des Instituts für Sozialforschung in Frankfurt am Main. 1933 emigrierte er und errichtete Zweigstellen des Instituts zunächst in Genf, später an der Ecole Normale Supérieure in Paris, schließlich an der Columbia-Universität in New York, wohin ihm seine Frankfurter Mitarbeiter folgten. In der von ihm herausgegebenen *Zeitschrift für Sozialforschung* setzte Horkheimer die Veröffentlichung seiner theoretischen Arbeiten fort. 1936 publizierte er die unter seiner Leitung entstandenen *Studien über Autorität und Familie*, 1949 bis 1950 die von ihm entwickelten *Studies in Prejudice*, 1947 erschienen *Eclipse of Reason* und die gemeinsam mit Theodor W. Adorno verfaßte *Dialektik der Aufklärung*.
Nach seiner Rückkehr nach Frankfurt errichtete Horkheimer im Jahre 1950 wieder das Institut. Von 1951 an war er für zwei Jahre Rektor der Johann Wolfgang Goethe-Universität. Am 7. 7. 1973 ist Max Horkheimer gestorben.

Max Horkheimer

Gesammelte Schriften

Herausgegeben von Alfred Schmidt und
Gunzelin Schmid Noerr

Fischer Taschenbuch Verlag

Max Horkheimer

Gesammelte Schriften

Band 19: Nachträge, Verzeichnisse und Register

Herausgegeben von
Gunzelin Schmid Noerr

mit Beiträgen von
Jan Baars, Rainer Clodius,
Frederik van Gelder
und Gunzelin Schmid Noerr

Fischer Taschenbuch Verlag

2. Auflage
Ungekürzte Ausgabe

Hedderichstr. 114, 60596 Frankfurt am Main
Umschlaggestaltung: Manfred Walch, Lorsbach

Printed in Germany
ISBN 978-3-596-27393-5

Inhalt

A. Nachträge zu den *Gesammelten Schriften*

Nachträge zu Band 8: Vorträge und Aufzeichnungen 1949–1973 4. Soziologisches

Vorwort [zum Forschungsbericht über *Universität und Gesellschaft*] (mit Theodor W. Adorno) 13

Vorrede [zu *Freud in der Gegenwart*] (mit Theodor W. Adorno) 17

Nachtrag zu Band 12: Nachgelassene Schriften 1931–1949 5. Diskussionsprotokolle

Theodor W. Adorno, Günther Anders, Bertolt Brecht, Hanns Eisler, Max Horkheimer, Herbert Marcuse, Rolf Nürnberg, Friedrich Pollock, Hans Reichenbach, Berthold Viertel

[Diskussion aus einem Seminar über die Theorie der Bedürfnisse. Zu einem Referat Friedrich Pollocks über die Möglichkeit, im kapitalistischen Staat allen Kindern ein »pint milk« zu geben] 21

Nachtrag zu Band 13: Nachgelassene Schriften 1949–1972 1. Vorträge und Ansprachen

[Die UdSSR und der Frieden] (mit Theodor W. Adorno) . . . 28

Nachtrag zu Band 13: Nachgelassene Schriften 1949–1972 2. Gespräche

Max Horkheimer und Theodor W. Adorno
[Diskussion über Theorie und Praxis] 32
[1.] Rolle der Theorie 34
[2. Geschichtliche Möglichkeit. Arbeit, Freizeit und Freiheit (I)] 40
[3. Arbeit, Freizeit und Freiheit (II). Katastrophische Tendenzen und mögliche Gegenkräfte] 44
[4. Idee der Menschheit] 49
[5. Falsche Abschaffung der Arbeit. Falsche Radikalität der Theorie] 52
[6. Negative Utopie und politische Konkretheit] 54
[7. Kritik des Argumentierens] 57
[8. Begriff der Praxis] 60
[9. Bezug auf das ganz Andere: kein Utopismus] 62
[10. Antinomie des Politischen] 67
[11. Individualismus] 71
[12. Geschichtliche Veränderung des Verhältnisses von Statik und Dynamik] 72

B. Verzeichnisse und Register

I. Verzeichnisse der Schriften
1. Inhaltsverzeichnis der *Gesammelten Schriften*, Band 1–19 75
2. Chronologisches Gesamtverzeichnis der Schriften mit Bibliographie 97
3. Alphabetisches Gesamtverzeichnis der Schriften . . . 150

II. Sonderverzeichnisse zu den *Gesammelten Schriften*
1. Seitenkonkordanz zur *Dialektik der Aufklärung* . . 173
2. Berichtigungen 178

III. Verzeichnis der Rundfunkaufnahmen

1. Chronologisches Verzeichnis der Hörfunkaufnahmen 195

2. Alphabetisches Verzeichnis der Hörfunkaufnahmen 206

3. Chronologisches Verzeichnis der Fernsehaufnahmen 210

4. Alphabetisches Verzeichnis der Fernsehaufnahmen 214

IV. Verzeichnis der Vorlesungen und Seminare 216

V. Übersicht über das Max-Horkheimer-Archiv 228

VI. Register zu den *Gesammelten Schriften*, Band 2–14 . . 236

A. Nachträge zu den *Gesammelten Schriften*

Nachträge zu Band 8: Vorträge und Aufzeichnungen 1949–1973 4. Soziologisches

Vorwort [zum Forschungsbericht über *Universität und Gesellschaft*]*

(1956)

Die Tatsache der Hochschulkrise und der Gedanke an eine deutsche Hochschulreform, der bereits vor dem ersten Weltkrieg sich aufdrängte, ohne daß er bis heute realisiert worden wäre, schließen eine Herausforderung an die empirische Sozialforschung ein: Beobachtungen und theoretische Erwägungen über den gesamten Fragenkomplex zu ergänzen durch verbindliche Aussagen darüber, wie sich das Problem der deutschen Hochschule in der gegenwärtigen Gesellschaft denen darstellt, die es am unmittelbarsten berührt. Das sind die Studierenden, die akademischen Lehrer und die Kreise von Wirtschaft und Verwaltung, welche die Absolventen der deutschen Hochschulen in sich aufnehmen, ökonomisch gesprochen also: deren ›Abnehmer‹, jene, die mit den Menschen zu rechnen haben, welche die Universitäten als Graduierte entlassen. Die Diskussion über die Universitätskrise betrifft zentrale Bereiche des akademischen Wesens: das Verhältnis der Fachausbildung zur Bildungsidee und damit die Vorschläge zum studium generale; das personelle und sachliche Verhältnis von Lehrenden und Lernenden, und im Zusammenhang damit den Mangel an Dozentennachwuchs und die wirtschaftliche Lage der Dozenten; Wert und Unwert des Werkstudententums, schließlich die Formen studentischen Gemeinschaftslebens – alles Gegenstände, bei denen die Ansicht derer in die Waagschale fällt, die von ihnen in lebendiger Erfahrung etwas wissen. Dies Wissen war bisher, in wissenschaftlich einigermaßen ver-

[* Von Max Horkheimer und Theodor W. Adorno.]

bindlicher Form, der Diskussion nicht zugänglich. Ihr möchte die Erhebung des Instituts für Sozialforschung an der Frankfurter Johann Wolfgang Goethe-Universität Materialien, wenn auch nicht mehr als Materialien, beistellen: die Nächstbetroffenen, Studenten, Professoren und Praktiker aus Verwaltung und Wirtschaft, Experten also, die mit dem akademischen Nachwuchs vertraut sind, sollen zu den wichtigsten Themen zu Wort kommen und ihre Ansicht soll derart verarbeitet werden, daß sie sowohl der quantitativen Verteilung der vorkommenden Motive nach sich wägen wie qualitativ sich übersehen läßt. Die Untersuchung, über die hier ein erster und in vieler Hinsicht noch vorläufiger Forschungsbericht vorgelegt wird, ist *perspektivisch* konzipiert. Die Fragen, um die es geht, werden von den unter sich wesentlich verschiedenen, ja zuweilen einander widersprechenden Ansichten jener drei Gruppen her behandelt. Der Vergleich von Meinungen aber, deren typische Differenzen durch die der Ausgangssituationen der Befragten vorgezeichnet sind, soll helfen, das objektive Urteil zu erleichtern, dessen dann Vorschläge zur praktischen Reform sich bedienen mögen.

Weit entfernt sind wir dabei jedoch von der Illusion, daß etwa die Synthese der Ansichten der drei befragten Gruppen ohne weiteres einen objektiven Befund über die Sache ergäbe. Was erforscht wurde, sind – das kann kaum nachdrücklich genug betont werden – eben nicht die Sachverhalte selbst, sondern Meinungen über die Sachverhalte. Die subjektive Grenze der bloßen Meinung wird keineswegs automatisch dadurch aufgehoben, daß man Meinungen divergenter Gruppen miteinander vergleicht und etwas wie das arithmetische Mittel zwischen ihnen errechnet. Bei aller Kritik des traditionellen Bildungswesens, das in der gegenwärtigen Gesellschaft überaus fragwürdig wurde und zur bloßen Ideologie herabsank, sind wir soweit jedenfalls Platoniker geblieben, daß wir subjektive Meinung und objektive Wahrheit voneinander unterscheiden und uns nicht einbilden, der Durchschnitt der subjektiven Meinungen sei die Wahrheit selber. Dies Mißverständnis verleiht dem Wort Meinungsforschung seinen fatalen Klang, und ihm vermag sie nur dann zu entgehen, wenn sie nicht die empirische Zuverlässigkeit ihrer Verallgemeinerungen, also die Verbindlichkeit dessen, was sie über die subjektiven Bewußtseinsinhalte ausmacht, mit der objektiven Verbindlichkeit dessen verwechselt, was die Befragten denken.

So notwendig es ist, sich ein Bild darüber zu verschaffen, wie Studenten, Professoren und Fachleute die deutsche Universität heute sehen, so wenig sind ihre Ansichten, zum Guten oder Schlechten, unvermittelt Ausdruck dessen, was es mit den Universitäten nun wirklich auf sich hat. Das Bewußtsein all dieser Gruppen von sich selbst ebenso wie ihr Verständnis der äußerst komplexen Lage, in der die Universität durch den Widerstreit zwischen der traditionellen Bildungsidee, den praktischen Anforderungen des gegenwärtigen Berufslebens und einer erst sich bildenden Vorstellung von freien und bewußten Menschen sich befindet, ist begrenzt, ohne daß die Gruppen, oder einzelne ihrer Repräsentanten, Schuld daran trügen. Der Schleier, der etwa vielen Studenten verbirgt, daß ihre Zurichtung auf den Beruf auch eine Zurichtung ihrer Menschlichkeit ist, oder vielen Professoren, daß das Humboldtische Bildungsideal, das sie noch als selbstverständlich voraussetzen, unvereinbar wurde mit den realen Bedingungen des gegenwärtigen Lebens, oder manche Experten dazu verführt, die Idee der allgemeinen Bildung so zu wenden, als ob sie nichts anderes wäre als die Fähigkeit von Praktikern, als Agenten wirtschaftlicher Interessen mit ihren Kontrahenten auch über anderes sich zu unterhalten als über die geplanten Abschlüsse – all das ist selber von der Gesellschaft vorgezeichnet und nicht von der bloßen Psychologie derer, die dergleichen Vorstellungen hegen. Während das Fragwürdige der Meinung als bloßer Meinung in dem Bericht vielfach durchschimmert, geht es thematisch nicht darum, sondern es werden die Meinungen, ob auch gelegentlich kommentiert und durchwegs interpretativ verarbeitet, doch als das vorgelegt, als was sie sich geben. Um so dringender ist der Vorbehalt, sie nicht zum Kanon des Guten und Schlechten, des zu Tuenden und des zu Vermeidenden zu machen. Nur in Zusammenhang mit anderen, prinzipiell auf objektive Sachverhalte gerichteten Analysen des deutschen Hochschulwesens gewinnen die Befunde der Untersuchung ihren rechten Stellenwert. Umgekehrt bedürfen aber alle Aussagen über Hochschulkrise und Hochschulreform, wenn sie nicht an abstrakten Normen sich messen wollen, der Gegenüberstellung mit den Reaktionsweisen derer, die ihrer Interessenlage nach den Universitätsproblemen am nächsten sich befinden und die Symptome der Universitätskrise am eigenen Leibe spüren.

Die Untersuchung als ganze hat sich mit einer gewissen Absichtslosigkeit aus bescheidenen Anfängen im Rahmen der Arbeit des Instituts für Sozialforschung an der Ausbildung junger Studenten entwickelt. Die *Studentenbefragung* ging hervor aus einem Praktikum des Instituts; in ihren früheren Phasen wurde sie von Hans Sittenfeld unter Assistenz von Helmut Wagner geleitet; später trug die Hauptlast der Auswertung und der Formulierung des Forschungsberichts Christoph Oehler, assistiert von Jutta Thomae. Die *Professorenbefragung* wurde von Anfang an in engstem Kontakt mit der Hochschule für Internationale Pädagogische Forschung in Frankfurt durchgeführt. Sie stellte insbesondere ihren Mitarbeiter Hans Anger zur Verfügung, der gemeinsam mit Hans Sittenfeld und Friedrich Tenbruck die Studie betreute. Als die Herren Anger und Tenbruck von dem Stuttgarter Institut für vergleichende Sozialwissenschaften übernommen wurden, regte einer von dessen Leitern, Professor Dr. Eduard Baumgarten, an, daß die beiden Herren ihre Frankfurter Aufgaben in Stuttgart zu Ende führen möchten; das Institut für Sozialforschung ist gern darauf eingegangen. Die *Expertenbefragung* endlich erhebt, im Gegensatz zu den beiden anderen Teilen der Untersuchung, keine Ansprüche auf repräsentative Gültigkeit. Sie war ursprünglich von Hans Sittenfeld und Friedrich Tenbruck in die Wege geleitet worden. Die Auswertung des Materials mußte warten, bis die der Studentenumfrage weit fortgeschritten war. Sie ist im wesentlichen das Werk von Ulrich Gembardt; ihn unterstützte Christian Kaiser.

Die Gesamtplanung des Projekts lag beim Frankfurter Institut für Sozialforschung. Die Einleitung schrieb Jürgen Habermas.

Dank für finanzielle Beiträge gebührt der Deutschen Forschungsgemeinschaft, der Amerikanischen Hochkommission für Deutschland und der Hochschule für Internationale Pädagogische Forschung in Frankfurt.

Erstveröffentlichung in: *Universität und Gesellschaft. Eine Erhebung des Instituts für Sozialforschung unter Mitwirkung des Instituts für vergleichende Sozialwissenschaften.* Hektographierter Forschungsbericht, Teil I: Studentenbefragung, Teil III: Expertenbefragung, Frankfurt am Main 1953 [recte: 1956], S. I–V.

Vorrede [zu *Freud in der Gegenwart*]*

(1957)

An dem Zustandekommen der Freud-Vorlesungen an der Frankfurter und Heidelberger Universität im Sommersemester 1956 war das Institut für Sozialforschung in Frankfurt, neben Alexander Mitscherlich in Heidelberg, wesentlich beteiligt. Die Organisation der Vorträge wurde in Gemeinschaft mit dem Dekan der Philosophischen Fakultät, Gottfried Weber, vom Institut durchgeführt. In Heidelberg lud die Medizinische Fakultät ein.

Seit seiner Gründung in der Zeit vor 1933 hat das Institut die Psychoanalyse in seine Arbeit einbezogen, und zwar in ihrer strengen Freudischen Gestalt. Von Anbeginn war dem Institut eine psychoanalytische Abteilung angegliedert, die von Karl Landauer, dem in Bergen-Belsen umgekommenen Schüler Freuds, geleitet wurde. Die »Zeitschrift für Sozialforschung« enthielt in ihrer ersten Nummer einen programmatischen Aufsatz über die Aufgaben einer analytischen Sozialpsychologie. Damals, im Schatten der unmittelbar drohenden Hitlerdiktatur, stand uns der Widerspruch zwischen den handgreiflichen Interessen der Massen und der faschistischen Politik vor Augen, für die sie sich enthusiastisch einspannen ließen. Wir sahen, daß der ökonomische Druck sich in sozialpsychologischen unbewußten Prozessen fortsetzte, welche die Menschen dazu bringen, eben diesen Druck, unter dem sie stehen, auch noch zur eigenen Sache zu machen und den Verlust der Freiheit in Kauf zu nehmen. In zahlreichen theoretischen Arbeiten des Instituts wurde versucht, die Wechselwirkung von Gesellschaft und Psychologie weiter zu verfolgen. Stets freilich haben wir den gesellschaftlichen Druck – das, was Freud selbst »Lebensnot« nannte – als das Primäre betrachtet.

Das Thema des Ineinanderspielens gesellschaftlicher Autorität und psychischer Verdrängung hat dann über Jahre hinaus auch in den

[* Von Max Horkheimer und Theodor W. Adorno.]

empirischen Untersuchungen des Instituts eine wesentliche Rolle gespielt. Der 1935 in Paris erschienene Band »Autorität und Familie« nahm in theoretischen Entwürfen, in Erhebungen und in monographischen Einzeldarstellungen sowohl die analytische Beschreibung und Erklärung des autoritätsgebundenen Charakters wie die Erkenntnis gesellschaftlich entscheidender sozialpsychologischer Kategorien, etwa der der Verinnerlichung der Autorität zur Arbeitsmoral im bürgerlichen Zeitalter, in Angriff. In den später, während der Emigration, gemeinsam mit der Berkeley Public Opinion Study Group durchgeführten Forschungen, die in dem Band »The Authoritarian Personality« 1950 in New York veröffentlicht wurden, sind Gesichtspunkte und Kategorien des älteren Werkes auf ein breites empirisches Material bezogen und vor allem an die Erhellung eines der dunkelsten Massenphänomene der Gegenwart, der auf Minoritäten gelenkten Verfolgungssucht gewandt worden. Diese Studien sind ohne den Impuls der Freudischen Psychologie nicht zu denken und machen vielfältig von Freudischen Begriffen Gebrauch.

Wenn freilich Freud den Anspruch erhob, Soziologie sei insgesamt nichts anderes als angewandte Psychologie, so scheint uns das daran vorbeizusehen, daß die Gesetze der Gesellschaft nicht solche der puren Inwendigkeit der Menschen sind. Diese Gesetze haben sich vergegenständlicht. Sie treten den Menschen und der Einzelpsyche selbständig gegenüber und widersprechen ihnen in Entscheidendem. Je mehr sich das erweist, desto mehr ändert sich die Funktion dessen, was der Ausdruck »Sozialpsychologie« deckt. Wollte diese vor fünfundzwanzig Jahren verfolgen, wie der gesellschaftliche Zwang bis in die feinsten seelischen Verästelungen des Individuums hineinreicht, das da wähnt, für sich selber zu sein und sich selbst zu gehören, so wird heute die Reflexion auf sozialpsychologische Mechanismen vielfach gerade dazu benutzt, von jener Gewalt der Gesellschaft abzulenken. Schwierigkeiten und Konflikte des gegenwärtigen Zustandes werden verharmlost, sobald man sie unvermittelt auf den Menschen, auf bloß inwendige Vorgänge reduziert.

Darum scheint uns weniger eine Synthese aus Soziologie und Psychologie an der Zeit, als die insistente aber getrennte Arbeit in beiden Bereichen. Davon bleiben auch gewisse Lehren Freuds nicht unberührt. Er neigte in seiner Spätzeit dazu, das seelische Wesen des

Menschen gegenüber den Bedingungen seiner Existenz zu verabsolutieren. Das von ihm positiv vertretene »Realitätsprinzip« kann dazu verleiten, die Anpassung an den blinden gesellschaftlichen Druck entsagend zu sanktionieren und schließlich den Fortbestand des Druckes zu rechtfertigen. Freilich macht diese Intention nur eine Seite der Freudischen Gedanken aus. Sie ist nicht zu trennen von der anderen, seiner todernsten Erfahrung der Last, unter der die Menschheit sich dahinschleppt – jener Erfahrung, die der Freudischen Lehre ihre unversöhnliche Tiefe und Substantialität verleiht.

In einigen Beiträgen des ersten Bandes unserer Schriftenreihe, den »Sociologica«, sind Erwägungen solcher Art ausgeführt. So sehr diese aber auch einer Psychologisierung der Theorie der Gesellschaft widerstreiten, so wenig ist mit ihnen andererseits eine Soziologisierung der Psychologie gemeint. Der psychoanalytische Revisionismus der verschiedensten Schulen, der den angeblichen Freudischen Übertreibungen gegenüber stärkere Berücksichtigung sogenannter gesellschaftlicher Faktoren advoziert, hat nicht bloß die großartigsten Entdeckungen Freuds, die Rolle der frühen Kindheit, der Verdrängung, ja den zentralen Begriff des Unbewußten, aufgeweicht, sondern er hat sich darüber hinaus mit dem trivialen Menschenverstand, dem gesellschaftlichen Konformismus verbündet und die kritische Schärfe eingebüßt. Die Rückbildung der Freudischen Theorie in eine Allerweltspsychologie wird auch noch als Fortschritt ausgegeben. Nachdem die alten Widerstände gegen die Psychoanalyse scheinbar überwunden sind, wird Freud durch Herrichtung zum zweiten Mal verdrängt, wobei der mythologisierende Obskurantismus und der mit Oberflächenphänomenen der Ich-Psychologie zufriedene Positivismus mühelos sich verständigen.

Demgegenüber schien der Versuch geboten, das lebendige Bewußtsein von Freud in Deutschland wieder herzustellen; zu zeigen, wie wenig überholt seine Theorien, wie aktuell sie gerade angesichts dessen sind, was man aus ihnen gemacht hat. Dazu war Einblick in Aspekte der Arbeit bedeutender moderner Psychologen zu eröffnen, die spezifisch mit Freud zusammenhängen. Nicht sollte die Freudische Theorie als solche bloß rekapituliert, wohl aber ihre Kraft an Einzelfragen, die meist mit gesellschaftlichen zusammenhängen, wie in Brennpunkten dargetan werden. Diese Kraft be-

schränkt sich keineswegs bloß auf die Beiträge dezidierter Anhänger seiner Schule, sondern kommt auch in anderen, in gewisser Hinsicht von ihm abweichenden, zutage.

Das etwa gehört zum Verständnis der Publikation der Freud-Vorträge. Allen Autoren ist herzlich dafür zu danken, daß sie ihre Texte freigaben. Selbstverständlich finden sich Motive dieser Texte jeweils auch in anderen Arbeiten der betreffenden Autoren. Nirgends wurde durch gewaltsame Redaktion ein einheitlicher, konsistenter Zusammenhang dort hergestellt, wo es sich um eine Vielheit von Lehrmeinungen über oftmals kontroverse Gegenstände handelt. Auch Überschneidungen konnten nicht durchweg getilgt werden.

Dank gebührt weiter dem Klostermann-Verlag, der die Texte des ›Festaktes‹ zum Abdruck freigegeben hat. Welche Verdienste sich die Länder Württemberg-Baden und Hessen, die Stadt Frankfurt und die Ford-Foundation um den Freud-Zyklus erwarben, hat Helmut Coing in seiner Ansprache hervorgehoben; es darf an dieser Stelle wiederholt werden.

Die Redaktion der Vorlesungen und Vorträge, durchweg auf Bandaufnahmen basierend, lag in den Händen einer Gruppe von Mitarbeitern, die auch an der Organisation der Veranstaltungen selbst hervorragend mitgewirkt haben: Otti Bode, Norbert Altwicker, Hermann Schweppenhäuser.

Erstveröffentlichung in: *Freud in der Gegenwart. Ein Vortragszyklus der Universitäten Frankfurt und Heidelberg zum hundertsten Geburtstag. Frankfurter Beiträge zur Soziologie* Bd. 6, Frankfurt am Main 1957, S. IX–XII.

Nachtrag zu Band 12: Nachgelassene Schriften 1931–1949 5. Diskussionsprotokolle

THEODOR W. ADORNO, GÜNTHER ANDERS, BERTOLT BRECHT, HANNS EISLER, MAX HORKHEIMER, HERBERT MARCUSE, ROLF NÜRNBERG, FRIEDRICH POLLOCK, HANS REICHENBACH, BERTHOLD VIERTEL

[Diskussion aus einem Seminar über die Theorie der Bedürfnisse]

(1942)

Ergänzende editorische Vorbemerkung

Ts. m. e. Korr. u. Erg. von F. P. / mit Notiz (F. P.) »Protokoll Gretl« / MHA: XXIV 6.4.

Das folgende, zusätzliche Protokoll aus dem in Bd. 12, S. 559ff., dokumentierten Seminar über die Theorie der Bedürfnisse von 1942 bezieht sich auf eine den dort protokollierten Diskussionen noch vorangegangene Sitzung, nämlich die vom 30.6.1942. Es wurde, der hs. Aufschrift Pollocks zufolge, von Gretel Adorno verfaßt und fand sich im Nachlaß Pollocks innerhalb eines ›Econ[omic] Theoretical Problems‹ überschriebenen Konvoluts mit Manuskripten und Notizen von 1941/42. Aus dem Inhaltsverzeichnis eines ebenfalls dort befindlichen Aufsatzmanuskripts von Pollock mit dem Titel ›Theorie des Proletariats und der Arbeiterbewegung‹ (MHA: XXIV 6.3) geht hervor, daß er plante, die »3 Pint of Milk Theory«, Gegenstand der folgenden Diskussion, als letzten von drei Abschnitten eines Anhangs zu diesem Aufsatz zu behandeln.
Im selben Konvolut sind auch Materialien zum Referat Pollocks enthalten, das der Diskussion zugrunde lag, und zwar Stichworte für den mündlichen Vortrag sowie ein offenbar nachträglich, zusammen mit der Protokollierung der Diskussion verfaßtes »Résumé« seines Referats. Dieses »Résumé« wird dem Diskussionsprotokoll hier zum besseren Verständnis vorangestellt.
Zur editorischen Entscheidung, Gretel Adornos Protokoll dem Pollocks hier

vorzuziehen, gilt das bereits in Bd. 12, S. 559 Ausgeführte. Pollocks Diskussionsprotokoll kann jedoch an verschiedenen Stellen als Ergänzung und Präzisierung seiner eigenen Antworten auf Fragen seiner Mitdiskutanten herangezogen werden. Solche Ergänzungen sind hier in Form von Fußnoten angefügt.
Die Forderung nach dem »pint of milk für jedes Kind« entstammte dem international angelegten Nahrungsmittelprogramm der Politik des New Deal der Regierung Franklin D. Roosevelts und wurde von deren linkem Flügel, besonders von Agrarminister Henry A. Wallace, vertreten. In den in Bd. 12 abgedruckten Protokollen wird diese Forderung wiederholt als paradigmatisch für die nach grundlegenden materiellen Bedürfnissen angeführt (S. 574, 584f.). Für Pollock geht es zugleich um die prinzipielle Frage nach der Beherrschbarkeit ökonomischer Krisen im Kapitalismus.

[Zu einem Referat Friedrich Pollocks] über die Möglichkeit, im kapitalistischen Staat allen Kindern ein »pint milk« zu geben

(30. Juni 1942)

FRIEDRICH POLLOCK
Referat

Unter welchen Bedingungen und innerhalb welcher Grenzen ist eine kapitalistische Wirtschaft möglich, in der es keine freiwillige Arbeitslosigkeit gibt und in der die Lebenshaltung der Massen steigt (das Wallacesche pint of milk a day for every child)?
Unter der Annahme, daß Produktionsmittel und Arbeitskräfte für full employment mit steigender Lebenshaltung heute vorhanden sind und leicht vervielfacht werden können, läßt sich die *ökonomische* Seite des Problems auf die Frage reduzieren, ob heute mehr Mittel zur Überwindung der periodischen Krisen zur Verfügung stehen als im 19. Jahrhundert.
Zunächst muß die Frage beantwortet werden, warum die Krisen zumindest bis 1914 immer wieder überwunden worden sind und auf immer höherer Stufenleiter der Gesamtproduktion. Die Beantwortung dieser Frage setzt eine kurze Besinnung auf die Ursachen der Krisen voraus. In abgekürzter Sprache werden diese Ursachen hier als drei Gruppen von »Disproportionalitäten« formuliert, d. h. Störungen in den vielfältigen Gleichgewichtsbedingungen, die die Voraussetzungen einer sich ausdehnenden Produktion bei voller Ausnutzung aller »Produktionsfaktoren« bilden.
1) Technisch bedingte Disproportionalitäten (kein Plan, Eigentümlichkeit der Produktion von Produktionsmitteln, Sättigungspunkt für durable consumer goods usw.).

2) Monetär bedingte Disp[roportionalitäten] (Verselbständigung des Geld- und Kreditmechanismus, Tributansprüche des »raffenden« Kapitals, Störungen im Kreditsystem mit kumulativen Wirkungen).
3) Gesellschaftlich im engeren Sinn bedingte Disp[roportionalitäten] (notwendige Unterkomsumption, saving versus investment, »marginal efficiency of capital« als Regulator für Produktionserweiterungen).
Im 19. Jahrhundert wurden die Disproportionalitäten in der Hauptsache durch folgende »remedies« überwunden:
1) Rasches Wachstum der Bevölkerung.
2) Neue Industrien mit relativ gigantischem Investmentbedarf.
3) Kapitalexport.
4) Periodische Kapitalzerstörung.
Diese »remedies« sind seit Jahrzehnten nicht mehr ausreichend wirksam. Die Folge davon ist die äußerste Verschärfung der drei Gruppen von Disproportionalitäten.
Folgende neue »remedies« sind heute gegeben[1]:
5) Kaufkraftübertragung von saving auf »Konsum« durch Steuern, enorme Erweiterung des Distributionsapparates usw.*
6) Staatliche Kreditausweitung zur Herstellung des Gleichgewichts Produktion – Konsumption (Keynes, Hansen**).
7) Neue Technik der wirtschaftlichen Planung, ausgebildet durch Monopol und Kriegswirtschaft.
8) Regierungskontrolle des gesamten ökonomischen Prozesses, die sich mit dem Ziel von full employment über zahlreiche »vested interests« hinwegsetzt.
Ergebnis: durch eine Verbindung eines Teils der alten und der neuen »remedies« können alle drei Gruppen von Disproportionalitäten und damit die Ursachen der periodischen Wirtschaftskrisen überwunden werden. Diese Überwindung würde eine Anpassung der Produktionsverhältnisse an die gewachsenen Produktivkräfte darstellen. Gibt es für die herrschende Klasse irgendwelche Motive, diese Anpassung zu versuchen, und hat sie die Macht sie durchzusetzen? Bisher wurde die ökonomische Seite des Problems isoliert betrachtet, wie steht es mit der *politischen*?
Es scheint, als ob der entscheidende Teil der herrschenden Klasse in allen indu-

[* E. Randbemerkung von F. P.:
»*USA* Employment in

	Industry	Distrib[ution] and Services
1900	10	7,1
1937	17,1	17,1«]

[** Von Alvin Harvey Hansen befanden sich u. a. in Pollocks Bibliothek *Business-Cycle Theory*, Boston 1927; *Fiscal Policy and Business Cycles*, New York 1941.]

1 Es ist selbstverständlich, daß sie ebenso wenig wie irgendetwas anderes absolut neu sind; gemeint ist die neue Qualität, die sie heute erhalten haben.

striellen Ländern sich darüber klar wird, daß die Verwirklichung von »full employment« künftighin die Voraussetzung ihrer eigenen Existenz bilden wird. Ein ausreichendes Motiv liegt also offenbar vor. Durch die Strukturwandlungen innerhalb der herrschenden Klasse scheint auch die Grundlage für die notwendige Machtkonzentration heute vorhanden oder in Bildung begriffen zu sein.
Die *Grenzen* einer solchen Gesellschaft können darin gesehen werden, daß sie weiter antagonistisch bleibt. Wie werden sich aber die Beherrschten verhalten, wenn der Hunger abgeschafft und ein langsam steigender Lebensstandard gesichert wird?

Diskussion

EISLER wehrt sich gegen die Unterscheidung der alten und neuen »remedies«. Er sieht einen großen Unterschied zwischen den remedies des 19. und denen des 20. Jahrhunderts. Damals lag die Überwindung der Krisen in der Entwicklungstendenz des jungen Kapitalismus, heute sind die »remedies« ein bewußter, mit Opfern verbundener Versuch, die Sache zu retten. Um die Parole full employment, rising standards of living durchzuführen, bedürfte es einer Übermonopolisierung von oben, in Wirklichkeit aber sei das Kapital unter sich völlig antagonistisch, z. B. Industrie- gegen Agrarinteressen. Die Darstellung der »Brave New World« ist zu entpolitisiert, die Menschen werden ganz abstrakt als Objekte, nur noch administrativ als Milchempfänger vorgestellt.
POLLOCK glaubt, daß in der Tat die Entwicklung im Sinne eines Generalkartells vor sich geht. Nach seiner Meinung gehen die Widersprüche innerhalb des Kapitals in *einem* Lande mit ungeheurer Geschwindigkeit zurück. Das Agrarkapital, von den Versicherungen abhängig, ist in Amerika mit dem Industriekapital identisch. Das Kapital ist unter sich in einer Weise einig, wie man sich das nie vorgestellt hätte.* Bei dem neuen System handelt es sich nicht um eine Liquidierung der Profitwirtschaft, nur werden die Profite nicht mehr frei verwendet werden können, sondern unter Kontrolle inve-

[* Ergänzung aus dem Protokoll F. P.s: »International geht die Entwicklung ebenfalls zum weltumspannenden Generalkartell. Es ist möglich, daß es dazu noch eines oder mehrerer Weltkriege bedarf. Solange nicht der Weltstaat (auf kapitalistischer Grundlage) verwirklicht ist, wird das Unterkonsumptionsproblem zu einem erheblichen Teil durch immer größere Rüstungen gelöst werden.«]

stiert. Außer den Profiten wird die Rücksicht auf die Aufrechterhaltung der bestehenden Machtverhältnisse eine große Rolle spielen.*

REICHENBACH fragt, was unter dem Wort »möglich« zu verstehen sei. Ist es das, was sein könnte oder das, was sein wird? Ist z. B. die Regierung in Amerika geeignet, alles das zu tun, was nötig ist, um die Macht zu stabilisieren trotz der Veränderung der Massen?

ADORNO fragt, ob die Disproportionalitäten wirklich die letzte Erklärung für die Krisen im Kapitalismus sind. Liegen die wahren Gründe nicht vielmehr im Wesen des Akkumulationsprozesses selber? Diese werden von den »remedies« nicht beseitigt.**

[POLLOCKS] Antwort auf die Frage des »möglich«:*** Wenn man die ökonomische Seite isoliert, so ist die Situation des »pint milk« möglich. Eine andere Frage ist es, ob es auch politisch möglich sei. Wenn Hitler siegt, kommt sogar eine internationale Ordnung, Zuchthausgesellschaft, zwar ohne Freiheit, aber mit einer Menge von Gütern und Circenses.

ADORNO: Auch in dieser neuen Form der Gesellschaft wird es den Gegensatz von Produktivkräften und Eigentumsverhältnissen geben, eine große Mehrheit von Produzenten, eine Minorität von Eigentumsbesitzern, daraus resultierende Krisenmöglichkeiten.

H. MARCUSE: Was tut man dagegen, um den Kapitalismus daran zu verhindern, die Funktionen des Sozialismus zu übernehmen? Worin liegt der Schrecken dieses Zustands, wo fehlt es noch an der Freiheit, wenn jeder so viel hat, wie er nur wünschen kann. Die Bedürfnisse der Menschen werden befriedigt. Es spielt doch dann

[* Ergänzung aus dem Protokoll F. P.s: »Analoges gilt für die Lage der Eigentümer. Wahrscheinlich wird der Privatbesitz, soweit er erhalten bleibt, nichts weiter als einen Rentenanspruch, keineswegs aber die Möglichkeit der willkürlichen Verfügung über die Produktionsmittel darstellen.«]

[** Ergänzung aus dem Protokoll F. P.s: »Sind Disproportionalitäten die letzte Erklärung der Krisen? Handelt es sich bei den neuen Maßnahmen nicht bloß um eine Symptombekämpfung?
Antwort: Wenn die erste Frage verneint werden muß, muß die zweite bejaht werden. Umgekehrt – umgekehrt. (Vorsicht: das Wort Disproportionalitäten ist hier im allgemeinsten Sinn gebraucht, gewöhnlich wird es nur im Sinne der Gruppe 1) verwendet).«]

[*** Ergänzung aus dem Protokoll F. P.s: Dies bedeutet »zunächst nichts weiter, als daß die herrschende Klasse in den großen Industrieländern die ökonomischen Mittel zur Durchführung einer krisenlosen expandierenden Wirtschaft auf kapitalistischer Grundlage zur Verfügung hat«.]

keine Rolle, daß es von oben her künstlich gemacht wird. Auch die Unterscheidung von Ausbeutern und Ausgebeuteten fällt dann weg. Auch ist bis jetzt noch von niemand ein Mittel genannt worden, das diese Entwicklung verhindern könnte.*

ADORNO: Die wirtschaftlichen Kräfte sind von einer solchen Art, daß ihrem eigenen Sinn nach ihre Anwendung die Befriedigung der Menschen darstellt. Andererseits gelingt es in dieser Gesellschaft nur, diese Bedürfnisse zu befriedigen auf dem Umweg über die Eigentümer und die Bürokratie, deren Fortbestehen wieder an die Profite gebunden ist. Die Herrschenden aber müssen dann wieder Tribute an die Unterdrückten zahlen, deren fortdauernde Ausbeutung dann das ganze System gefährdet, und diese faux frais müssen dann notwendiger Weise neue Schwierigkeiten schaffen.

POLLOCK erwidert: Diese Argumentation beruht darauf, daß dieses System nur mit Ach und Krach funktioniert und daß die Widersprüche nicht durch administrative Maßnahmen beseitigt werden können. Davon kann aber keine Rede sein. Es handelt sich nicht um Symptombekämpfung, sondern um eine strukturelle Veränderung, die Anpassung der Produktionsverhältnisse an die Produktivkräfte. Die Spannung wird für eine unbestimmte Zeit aufgehoben. Ich weiß keinen ökonomischen Grund, der die Stabilität einer solchen Gesellschaft erschüttern könnte. Der heutige Terror bei den Nazis ist lediglich eine Funktion des Mangels.

HORKHEIMER beschreibt in Folgendem, worin er den Ansatz für den Antagonismus in einer solchen Gesellschaft sieht und gleichzeitig die Aufgabe der Theorie. Wenn die zukünftige Gesellschaft funktionieren soll, muß es Kommando geben und Terror, ganz abgesehen davon, ob es viel oder wenig gibt. Wir müssen von einer Vorstellung absehen, die zwar nicht von Marx selbst, aber im Marxismus immer wieder vertreten worden ist, nämlich daß die künftige Gesellschaft selbsttätig eintritt und die Massen sich von sich aus dafür entscheiden, ohne daß man etwas dazu tut. Es ist dabei nicht ganz klar, wie diese Theorie die Menschen ergreift. In der zukünftigen Gesellschaft müssen ganz konkret einzelne Menschen da sein, die die Gesellschaft als das designieren, was sie ist, als eine Klassengesellschaft, in der es sich um Terror und Ungerechtigkeit handelt,

[* Ergänzung aus dem Protokoll F. P.s: »Antwort: Don't know.«]

und in der unendlich viel weniger verwirklicht wird, als es nach dem Stand der Produktivkräfte möglich wäre. Wenn man der Masse der Menschen tatsächlich sehr viel geben würde, so hätte es für die Herrschenden keinen Reiz mehr. Die Theorie muß in der Zukunft die Widersprüche bezeichnen, muß Wühlarbeit leisten. Man muß dafür eintreten, daß das Paradies verwirklicht wird, das auf Grund der technischen Produktivkräfte möglich sein wird.

ADORNO ad H. MARCUSE: Die menschlichen Bedürfnisse sind nicht natürlich, sondern etwas Historisches, produziert durch die Klassenherrschaft. Man müßte die Bedürfnisse selber kritisieren, gemessen an dem Stand der Produktivkräfte, man muß zeigen, daß die Massen falsche Bedürfnisse haben, daß es aber objektive »richtige« Bedürfnisse gibt. Es müßte gelingen, diese Begriffe von echtem und falschem Bedürfnis geschichtlich zu bestimmen. Die Kritik der Ideologie und der falschen Kultur hat auf die »Bedürfnisse« der Massenkultur überzugreifen. Frage nach der materialistischen Bedeutung der Kultur, als Gegensatz zur erfaßten Massengesellschaft.

HORKHEIMER: Bei Pollock sieht es so aus, als ob die neue Gesellschaft statisch wäre. Bisher hat es aber Hunger gegeben, die Massen haben unter den unmenschlichsten Bedingungen gelebt. Wenn wir das Gedankenexperiment einmal mitmachen, so kann man jetzt schon sagen, daß in der brave new world kleinere Unterschiede denselben Schrecken hervorrufen werden, den früher der Hunger hervorgerufen hat. Auch die Zeitfrage wird wichtig, wie rasch es geht, bis die Massen so viel bekommen usw. Schon gleich am Anfang der Entwicklung muß man darauf bestehen, daß das pint milk *sogleich* und *allen* gegeben wird. Ich gebe dabei zu, daß wir in den nächsten Jahrzehnten, wenn sich das Experiment verwirklichen sollte, bei solcher Kritik nicht die Massen hinter uns haben werden. Aber es ist nicht ausgemacht, ob die Theorie dann, wenn sie wenige oder dann, wenn sie die Massen hinter sich hat, die Klassen abschaffen wird. Die historische Dynamik wird nicht gerade am Faschismus aufhören.

Nachtrag zu Band 13: Nachgelassene Schriften 1949–1972
1. Vorträge und Ansprachen

[Die UdSSR und der Frieden]*
(1950)

Editorische Vorbemerkung

Der Nachtrag, eine Stellungnahme zu einem offenen Brief, paßt seiner Form nach in keine der fünf Gruppen der Nachgelassenen Schriften 1949–1972 in Band 13 und 14; seinem Inhalt und Stil nach am ehesten zu deren Gruppe 1, »Vorträge und Ansprachen«, die, wäre der Text in sie eingefügt worden, eine andere Bezeichnung hätte erhalten müssen.
Die gemeinsam mit Adorno verfaßte Stellungnahme zu einem Aufruf gegen Atomwaffen, die zur Zeit ihrer Entstehung unveröffentlicht blieb, wurde im Nachlaß Adornos aufgefunden und zum erstenmal veröffentlicht in: Adorno, *Gesammelte Schriften* Bd. 20.1, Frankfurt am Main 1986, S. 390–393.
Kontext bzw. Adressat werden zu Beginn des Textes selbst genannt. Der Text nimmt am Ende Formulierungen wieder auf, die bereits in einer anderen, ebenfalls unveröffentlicht gebliebenen Erklärung M. H.s und Adornos von Ende 1949 enthalten waren. Deren Anlaß war vor allem ein unautorisierter Nachdruck aus der *Dialektik der Aufklärung* in Heft 4, 1949 der Potsdamer Zeitschrift *Sinn und Form* gewesen. (Vgl. dazu die Briefe von M. H. an Adorno vom 30. 11. 1949, von Adorno an M. H. ebenfalls vom 30. 11. 1949, in: *HGS* Bd. 17.) Der Grund, warum die vorliegende Stellungnahme von den Autoren selbst nicht veröffentlicht wurde, dürfte mit dem zusammenfallen, der sie auch jene erste Erklärung zurückhalten ließ; in M. H.s Formulierung: »[...] müssen wir ja auch bedenken, daß wir uns damit mitten auf die politische Szene stellen. Alle Seiten, auch die jenseitigen, werden uns zwingen, dort zu verharren, was unsere zukünftige Arbeit, auf die mir alles ankommt, mit einer recht fühlbaren Hypothek belasten könnte.« (Brief an Adorno, 6. 12. 1949, MHA VI 1D.55, zitiert in Anm. 4 zum Brief vom 30. 11. 1949, in: *HGS* Bd. 17.)

* Von Max Horkheimer und Theodor W. Adorno.

Der »vorbereitende Ausschuß des Friedenskomitees an der Johann Wolfgang von Goethe Universität Frankfurt/Main« sandte uns einen offenen Brief, den »friedliebende Studenten auf einer Friedenskonferenz der westdeutschen Hochschulen in Heidelberg am 30. Juli 1950 beschlossen haben«, und bat uns, ihm unsere Ansicht über den Inhalt des Briefs mitzuteilen. Es handelt sich um einen Aufruf zum absoluten Verbot der Atomwaffen, der jede Regierung als Kriegsverbrecher zu behandeln droht, die »als erste« die Atomwaffen gegen irgendein Land einsetzt. Zugrunde liegt die Erklärung des »ständigen Weltfriedenskomitees in Stockholm«. Wir glauben uns verpflichtet, unsere Ansicht nicht bloß den Aufrufenden, sondern der Öffentlichkeit bekannt zu machen.

Daß die Erhaltung des Friedens das dringlichste Anliegen aller Menschen heute ist, und daß die neuen Waffen die endgültige Katastrophe herbeiführen können, ist selbstverständlich. Aber es ist Ausdruck der verstrickten und verblendeten Situation, die auf jenes absolute Grauen hintreibt, daß sie noch die Wahrheit darüber in die Lüge zu verkehren droht, indem sie sie in den Dienst der Lüge nimmt. Friedensaufruf und Ächtung der Atomwaffe sind ein Stück der Sowjetpropaganda, die darauf abzielt, allerorten die humanen Regungen dafür zu mißbrauchen, daß der Widerstand gegen die Gewalt gebrochen werde, die von der Sowjetunion ausgeht und die nicht zögern wird, den Krieg zu entfesseln, wenn die Moskauer Gewaltherrscher glauben, daß sie ihn gewinnen können. Das Verlangen nach dem Frieden, das die Völker aller Länder teilen, wird dazu benutzt, für das neue totalitäre Unternehmen Zeit zu gewinnen.

Was Propaganda dem Begriff des Friedens antut, ist symptomatisch für die Veränderungen, denen heute der Begriff der Politik überhaupt unterliegt. Einmal hieß Politik die bewußte, unabhängige und kritische Anstrengung, durch Gedanken und Tat anstelle schlechter gesellschaftlicher Verhältnisse menschenwürdigere herbeizuführen. Heute ist Politik weithin bloße Fassade geworden. Sie meint nicht mehr die Verwirklichung der Humanität, sondern zwischenstaatliche Machtkämpfe. Die jetzt am lautesten die Ziele der Menschheit ausposaunen, sind die gleichen, die die Menschheit an die Kandare nehmen und ihnen jenen Geist der Kritik und Freiheit austreiben wollen, der allein menschenwürdigere Zustände zu erreichen vermöchte. Wer naiv, in der traditionellen Sprache des Pazifismus, zur

Ächtung des Krieges aufruft, nimmt dabei stillschweigend die rote Armee und ihre ordensgeschmückten Generäle aus; wer das Grauen des Atomkriegs ausmalt, deckt willentlich oder unwillentlich zugleich die Vögte und Folterknechte, die ungezählte Millionen von Arbeitssklaven in Konzentrationslagern halten und Intellektuelle wie Meyerhold, die in die offizielle Kulturbarbarei nicht hineinpassen, umbringen. In einer Welt, in der die Gedanken mehr als je in Zweckzusammenhänge verflochten sind, genügt es nicht, vom Frieden zu reden. Man muß fragen, wer vom Frieden redet, in wessen Auftrag und in welcher Funktion.
Wir haben versucht, nach unseren schwachen Kräften in unserer theoretischen und sozialwissenschaftlichen Arbeit den Geist kritischer Unabhängigkeit uns zu erhalten, bei dem allein wir die Hoffnung auf Abwendung des Unheils sehen. Solcher Geist der Kritik kann nicht Halt machen vor jenem Rußland, das einmal in der Tat jene Hoffnung aufs Ende der Kriege verkörperte, die es heute zur Phrase erniedrigt. Gerade wer dieser Hoffnung treu bleibt, tritt in notwendigen Gegensatz zum Imperialismus der Stalindiktatur.
Das kritische Denken, an dem wir festzuhalten suchen, hat sein eigenes Wesen daran, daß es sich keiner Autorität verschreibt, sondern das Element lebendiger Erfahrung und kritischer Freiheit auch den mächtigsten Gedanken gegenüber sich bewahrt. Denn kein Gedanke ist davor gefeit, in Wahn überzugehen, wenn er aus jener lebendigen Erfahrung herausgebrochen, als Götze installiert wird. Das widerfährt heute der Marxistischen Konzeption. Der Sinn eines jeglichen ihrer Sätze wird um so gründlicher ins Gegenteil verkehrt, je starrer sie nachgebetet werden. Wird aus Marx ein positives System, eine Weltformel gemacht, so tritt unsägliche Verarmung allen Erkennens und aller Praxis, schließlich ein Trugbild der Wirklichkeit ein. Weder besteht die Bildung aus Marx allein, noch ist er die ganze Wahrheit, und wem es um diese ernst ist, darf sich durch die Marxischen Erkenntnisse nicht den Weg zur unbeirrten Erkenntnis verbauen lassen. Immer wieder hat sich gezeigt, daß gerade die, welche aus Marx schluckten, als wäre er nicht der Kritiker der politischen Ökonomie sondern der Erfinder einer Weltformel, am ehesten bereit sich zeigten, ›umzufallen‹, sobald sie einmal entdeckten, daß das Dasein sich nicht in seinen Kategorien erschöpft. Dogmatische Starrheit, schlechtes Gewissen und die Bereitschaft, ein Cli-

ché durchs nächste zu ersetzen, hinter dem die Macht steht, gehören zusammen. Dessen sind auch die abgespaltenen und heute ohnmächtigen Oppositionsgruppen schuldig, die zwar den Moskauer Gewalthabern unangenehme Wahrheiten genug sagen, aber ebenso reden, dasselbe meinen wie jene, Rivalen im Anspruch auf die gleiche totalitäre Machtposition, die sie dem Kreml vorwerfen. In Phasen wie der gegenwärtigen ist im privaten Dasein, das sich nicht an kollektiven Machtbildern berauscht, mehr von der Wahrheit aufgehoben als in der Maschinerie der großen Politik. Internationale Solidarität, auf die zu berufen jenen am schlechtesten ansteht, in deren Wahlheimat Kosmopolitismus das ärgste Schimpfwort ist, wird zum Vorwand für fünfte Kolonnen, Agenten des russischen Nationalismus in den Ländern, in denen Menschliches überhaupt noch atmen kann. Den freien Ländern loyal zu helfen, wenn es gilt, die Freiheit zu verteidigen, ist heute das Höhere, als den Internationalismus im eigenen Lande auf die Sowjetheimat abzustimmen.

In dem Augenblick, in dem das Institut für Sozialforschung an der Universität Frankfurt, das wir vertreten, wieder errichtet wird, sehen wir uns, nachdem Arbeiten aus dem Institut in der Ostzone nachgedruckt wurden, zur ausdrücklichen Erklärung veranlaßt, daß unsere Forschungen und Schriften im schärfsten Gegensatz zu der Politik und Doktrin stehen, welche von der Sowjetunion ausgehen. Die Furcht, man leite damit Wasser auf die Mühlen der Reaktion, hat den letzten Schein des Rechts verloren, seitdem die russische Reaktion jene Furcht einkalkuliert. Das Potential einer besseren Gesellschaft wird eher dort bewahrt, wo die bestehende ohne Rücksicht analysiert werden darf, als dort, wo die Idee einer besseren Gesellschaft verderbt ward, um die schlechte bestehende zu verteidigen. Das ist die Voraussetzung unserer Existenz und unserer Arbeit, für die wir unbedingt die gemeinsame Verantwortung tragen.

Nachtrag zu Band 13: Nachgelassene Schriften 1949–1972 2. Gespräche

MAX HORKHEIMER UND THEODOR W. ADORNO

[Diskussion über Theorie und Praxis] (1956)

Editorische Vorbemerkung

Ts. m. hs. Korr. / erstes Gesprächsprotokoll mit Titel, die weiteren mit Tag, Monat und gelegentlich Tageszeit überschrieben / Theodor W. Adorno Archiv.

Die Protokolle dieser fortlaufenden Diskussion, die sich über neun teils halbe, teils ganze Tage erstreckte, wurden wahrscheinlich, wie andere zu den Diskussionen zwischen Horkheimer und Adorno, von Gretel Adorno niedergeschrieben. In der Niederschrift sind die Sprecher durch die Vornamenskürzel »M« und »T« gekennzeichnet. Diese sind im Druck durch die Nachnamen ersetzt.
Hinweise zur Jahresdatierung der vor dem 12. März bis zum 2. April stattgefundenen Diskussionen lassen sich vor allem den Erwähnungen von Politikern entnehmen. So ist die Rede von Dulles, der 1953–59 unter Eisenhower US-Außenminister war, von Chruschtschow, der im Westen öffentlich bekannt wurde, seit er, nach Stalins Tod, im März 1953 Erster Sekretär des Zentralkomitees der KPdSU wurde, und davon, daß »Herr Eisenhower [...] Nixon nicht zum running mate wählen können [wird], aus Angst vorm Präventivkrieg«. Eisenhower wurde 1952 und 1956 zum Präsidenten der USA gewählt und hatte dieses Amt 1953–61 inne. Die zitierte Formulierung könnte es nahelegen, den Text auf 1952 zu datieren (wobei dann freilich die Erwähnung Chruschtschows überrascht). Diese Datierung scheidet jedoch aus, wenn man als weitere Quelle den Briefwechsel zwischen Horkheimer und Adorno heranzieht. Daraus ist nämlich zu entnehmen, daß Adorno in der fraglichen Zeit in Frankfurt war, während Horkheimer sich in den USA aufhielt. Unterschiedliche Aufenthaltsorte ergeben sich daraus auch für die entsprechenden Abschnitte der Jahre 1953, 1957, 1959, 1960 und 1961. Darüber hinaus läßt sich dem Briefwechsel zwischen Horkheimer und Pollock entnehmen, daß Horkheimer auch an einigen der entsprechenden Märztage der Jahre 1954 und 1955 auf Vortrags- oder Erholungsreisen war, so daß es

unwahrscheinlich ist, daß in dieser Zeit die Diskussionen mit Adorno stattgefunden haben könnten. So bleiben die Jahre 1956 und 1958 übrig, von denen für 1956 spricht, daß dieses das Wahljahr war, in dem auch die erneute Nominierung Nixons zum Vizepräsidentschaftskandidaten anstand. In der Tat war Nixon 1956 eine fast ebenso umstrittene politische Figur wie 1952, und als Eisenhower Ende Februar 1956 seine Kandidatur für eine zweite Amtszeit offiziell bekanntgab, ließ er die Frage einer erneuten Vizepräsidentschaft Nixons ausdrücklich offen.*

Die Diskussion berührt in freier Form vielfältige Probleme der Kritischen Theorie der Gesellschaft und thematisiert dabei Gemeinsamkeiten und Unterschiede in den Auffassungen M. H.s und Adornos. Dabei geht es nicht zuletzt auch um die der Gegenwart angemessene Form des Schreibens (M. H. am 15.3. vormittags: »Wir müssen versuchen, das Problem von Theorie und Praxis durch den Stil zu lösen... Wir müssen den Verlust der Partei so aktualisieren, daß wir gewissermaßen sagen...«).

Darüber hinaus deuten einige Formulierungen darauf hin, daß es sich hierbei um Überlegungen zur Formulierung eines konkret geplanten gemeinsamen Textes handelt. So sagt Adorno: »Man muß einen Absatz bringen über den Einwand...« (12.3. nachmittags); er spricht von einem »Exkurs über das Zuchthaus« (15.3. vormittags); oder M. H.: »In dem Abschnitt über Arbeit muß es einen Exkurs über die Utopisten geben.« (15.3. nachmittags)

Also scheint es sich auch nicht nur um allgemeine Überlegungen zur eigenen theoretischen Arbeit, sondern um direkte Bezüge auf den Zweck der Diskussion zu handeln, wenn M. H. sagt: »Wir müßten eine Art von Programm für eine neue Praxis aufstellen.« (12.3. nachmittags), oder wenn Adorno vorschlägt: »Wie wäre es mit dem *Kommunistischen Manifest* als Thema für Variationen?« (ebd.)

Die genauere Thematik des geplanten Textes scheint demnach nicht schon zu Beginn der Diskussion festgelegt worden zu sein. Am 15.3. nachmittags fragt Adorno: »Wie wäre es, wenn wir heute politische Leitsätze formulieren würden?« Entsprechend formuliert er am 25.3. nachmittags: »...ein Manifest schreiben, das dem gerecht wird, wie es heute ist.« Besonders kraß scheint die politische Zielrichtung des geplanten Textes in der Formulierung M. H.s: »Aufruf zur Wiederherstellung einer sozialistischen Partei«, und in der Adornos: »Streng leninistisches Manifest« zum Ausdruck zu kommen. Freilich wird dies von M. H. sogleich wieder zurückgenommen: »Wir rufen niemand zu etwas auf.« (ebd.) Entsprechend stellt auch Adorno fest: »Es geht nicht, daß man zu einer linkssozialistischen Partei aufruft.« (30.3.) Diese Antinomie des Politischen läuft auf die Feststellung hinaus: »Man kann keine Politik machen, und doch ist jedes Wort von uns politisch.« (M. H., 25.3. nachmittags)

Damit stellt das Diskussionsprotokoll ein aufschlußreiches Zeugnis für die politische Selbsteinschätzung der Kritischen Theorie dar, die sich von Anbeginn an immer wieder in der Grundkonstellation sah, ihrer Theoriebildung einen praktisch-politischen Bezug zu geben, den sie zugleich selbst für gegenwärtig undurchführbar erachtete.

* Vgl. *Frankfurter Allgemeine Zeitung* vom 1.3.1956.

Die Idee, eine Art politischen Manifestes zu verfassen, findet sich bereits früher, nämlich 1939 innerhalb der ›Diskussionen über Sprache und Erkenntnis, Naturbeherrschung am Menschen, politische Aspekte des Marxismus‹, in den Abschnitten 3, 5 und 8.* Beide Diskussionen enthalten eine Reihe von thematischen Übereinstimmungen: Aktualität und Grenzen des Marxismus, der politische Zusammenhang als Rahmen und Orientierung der Kritischen Theorie, der angemessene Sprachstil der Theorie, das Verhältnis von Freiheit und Freizeit u. a. Damals, kurz nach Ausbruch des Zweiten Weltkriegs, war es um die politische Perspektive der Kritischen Theorie angesichts des nationalsozialistischen Krieges gegangen, wobei die Diskutanten sogleich die kulturellen und politischen Hindernisse einer als Ziel auf der Hand liegenden proletarischen Revolution thematisiert hatten. Nun, 1956, rückt die Konstellation der beiden antagonistischen Weltblöcke in den Vordergrund, angesichts derer die Kritische Theorie ihren Ort zwischen Utopie und politisch konkreter Stellungnahme finden soll. Dabei werden die unterschiedlichen Interessen und Perspektiven der Diskutanten deutlich: »Wenn's zu konkret ist, schreie ich, wenn's zu abstrakt ist, schreien Sie.« (Adorno am 30. 3.)

[1.] Rolle der Theorie

1. Noch niemals war die Soziologie so blank wie gegenwärtig die Verdopplung der Welt.
2. Sub specie aeternitatis: es soll gut werden (auch wenn es keine Partei mehr gibt).
3. An die Stelle des »Es soll gut werden« hat man die Arbeit geschoben.

ad 1

HORKHEIMER: Was heute gemacht wird, ist eine Verdopplung der Welt.

ADORNO: Das ist genau die Erkenntnistheorie von Marx. Er hat gesagt, es sei die Aufgabe der Theorie, die Wirklichkeit widerzuspiegeln.**

* *HGS* 12, S. 509, 512ff. und 524f.

[** Vgl. z. B. die Formulierung: »[...] nachdem diese Arbeit [der Forschung] vollbracht ist, kann die wirkliche Bewegung [der gesellschaftlichen Entwicklungsformen] entsprechend dargestellt werden. Gelingt dies und spiegelt sich nun das Leben des Stoffs ideell wider, [...].« (Marx, *Das Kapital*, Nachwort zur zweiten Auflage, in: Marx, Engels, *Werke* Bd. 23, Berlin 1968, S. 27)]

HORKHEIMER: Ja widerspiegeln, wie es sich von der Situation des Proletariats aus darstellt. – Die Entwicklung in dieser sogenannten westlichen Hemisphäre hat dazu geführt, daß man immer mehr dazu übergeht, das Denken in Wissenschaftlichkeit zu verwandeln. Schließlich hat man nichts mehr als nur ein paar Phrasen, wie Freiheit, Religion. Dazu kommt, daß es weder mehr das Bürgertum gibt noch die proletarische Partei, die seine Stelle eingenommen hätte. Das Bürgertum muß sich von einem bestimmten Punkt an verdoppeln. Dem gegenüber hatten die Arbeiter noch die Utopie. Dann hat ihnen Marx mit Hilfe der Verdopplung die Utopie abgenommen. Er hat sie auf der einen Seite näher an die Wirklichkeit herangebracht, dann aber die Spannung zur Wirklichkeit eingezogen.

ADORNO: Motiv des Subjektivismus. Zusammenhang mit dem Positivismus.

HORKHEIMER: Die Form der Verelendung hat sich sehr geändert.

ADORNO: Man muß sagen, daß trotzdem das subjektive Bewußtsein nicht einfach als belanglos eingezogen werden kann. Das tut die Art Marxismus, die dann wirklich, indem sie dogmatisch erstarrt, selber zur Ideologie für die bestehenden Verhältnisse wird. Wenn ein Arbeiter nicht mehr merkt, daß er Arbeiter ist, so ist das auch wichtig für die Theorie.

HORKHEIMER: Weil einerseits das Bürgertum das Denken in facts verwandelt, auf der andern keine Partei mehr da ist, scheint der Grund für die Theorie weggefallen.

ADORNO: Bei den Russen gibt es auch keine Theorie mehr, sondern nur Abrakadabra und Positivismus.

ad 2

ADORNO: In der Vernunft, die notwendig ist, um das Getriebe in Gang zu halten, ist notwendig das andere auch mit enthalten. Wenn man zu denken anfängt, kann man nicht bei der bloßen Reproduktion stehen bleiben. Das besagt nicht, daß es wirklich so wird, aber man kann nicht denken, ohne das andere mitzudenken. Die Verdummung heute ist eine unmittelbare Funktion des Abschneidens der Utopie. Wo man die Utopie nicht will, stirbt der Gedanke selber ab. Der Gedanke stirbt in der bloßen Verdopplung.

HORKHEIMER: Sprache ist Urbanität. Rolle der Städte.* Das was im Zusammenleben der Menschen als das Richtige angelegt ist, steckt in der Sprache: wenn man sagt, es soll gut werden. Wenn man den Mund zum Sprechen auftut, sagt man das immer mit.**

ADORNO: Die Idee der Wahrheit treibt über die Positivität hinaus.

HORKHEIMER: Wahr sein heißt dabei, daß es so ist, daß jeder es anerkennen muß.

ADORNO: Das ganze verkehrte Wesen heute ist ein sich selbst verkennender Subjektivismus, der sich mit der Objektivität verwechselt. – Der Gedanke des Guten, der bei der Theorie mitgesetzt wird, liegt darin, daß der Gedanke notwendig das Moment der Reflexion einschließt. Das, was man tut, wird dadurch abgemildert. So wie aus den uralten Untaten auch der Biologie die Imagination geworden ist, durch die sie das Dämonische verlieren, so liegt in der Theorie das antimythologische Moment, daß man, wenn man reflektiert, nicht mehr blind zuschlägt. Wer denkt, haut nicht mehr drauf, frißt nicht mehr. Dieses Moment des Abstandes zwischen dem Hunger und der Wut und dem Zuschnappen, der durch den Gedanken gesetzt ist, ist der Ursprung dessen, daß es gut werden soll. Darin, daß man die Mittel mit den Zwecken konfrontiert, entspringt zugleich notwendig etwas, wodurch die ganze Blindheit und Unmittelbarkeit suspendiert wird. Damit ich die Natur beherrschen kann, muß ich denken. Aber indem man denkt, setzt man zugleich zwischen das Aktionsobjekt und sich ein Medium dazwischen, das hinaus will. In dem Gestus des Wilden, der es sich eine Sekunde überlegt, ob er den Gefangenen fressen soll, steckt auch schon teleologisch das Ende der Gewalt.

HORKHEIMER: Ich bin viel bescheidener, ich sage einfach, wenn ich spreche, dann setze ich mein Subjekt als das allgemeine. Ich entledige mich der Partikularität des Subjekts, indem ich spreche. Dewey: in jedem Denkakt steckt eigentlich: was ich hier sage, wird ja nur von einem gesagt, der das Ganze nicht wirklich hat und wissen kann, ich stelle es nur zur Debatte. Ob es richtig ist, wird

[* »Rolle der Städte«: hs. Einfügung.]
[** Diese These hatte M. H. u. a. bereits im Brief an Adorno vom 14. 9. 1941 formuliert (in: *HGS* 17, S. 168 ff.).]

sich nur im historischen Prozeß der Auseinandersetzung herausstellen.*

ADORNO: Die Künstler sind eigentlich auch nur Instrumente, die etwas ausführen.

HORKHEIMER: Der Subjektivismus steckt darin, daß das, was sich des partikularen Subjekts gleichsam bloß bedient, von diesem Subjekt nicht unterscheidet, sondern es bloß wiederum subjektivistisch deutet.

ad 3

HORKHEIMER: Die Arbeit ist das, was die Menschen miteinander vermittelt. Der Prozeß der Zivilisation ist selber fetischisiert worden.

ADORNO: Fetischkapitel** von Marx, daß das gesellschaftliche Verhältnis durch das Tauschprinzip erscheint, als ob es das Ding an sich wäre.

HORKHEIMER: Das Instrument wird zur Hauptsache gemacht.

ADORNO: Aber es ist unsere Aufgabe, das urgeschichtlich spekulativ zu erklären, aus dem Prinzip der Gesellschaft abzuleiten so, daß es über Marx hinausgeht. Dadurch, daß es so scheint, als wäre der Tauschwert das Absolute, erscheint dann die Arbeit, die ihn geschaffen hat, auch als das Absolute und nicht als das, um dessentwillen sie im Grunde da ist. Eigentlich steckt in dem Subjektiven des Gebrauchswerts die objektive Utopie, und in der Objektivität des Tauschwerts steckt der Subjektivismus.

HORKHEIMER: Die Arbeit ist doch das, wodurch es gut werden soll. Indem dann aber die Arbeit als Gott aufgerichtet wird, wird sie entleert.

ADORNO: Wieso kommt es, daß die Arbeit verabsolutiert wird? Die Arbeit ist dazu da, um der Lebensnot zu steuern, um die Menschen zu reproduzieren. Der Erfolg der Arbeit steht zu der Anstrengung in einem problematischen Verhältnis. Sie reproduziert nicht unbedingt und mit Sicherheit das Leben derer, die arbeiten, sondern nur das Leben derer, die sie arbeiten lassen. Um die Menschen dazu zu

[* Vgl. z.B. John Dewey, *Essays in Experimental Logic*, Teile daraus als Kap. XVI, ›Thinking and Meaning‹, in: ders., *Intelligence in the Modern World*, hrsg. von Joseph Ratner, New York 1939, S. 842.]

[** Marx, *Das Kapital*, Erster Band, Erstes Buch, Erster Abschnitt, Erstes Kapitel, 4. ›Der Fetischcharakter der Ware und sein Geheimnis‹, l. c., S. 85ff.]

kriegen, daß sie doch arbeiten, muß man den Sums machen, daß die Arbeit das Ding an sich ist.

HORKHEIMER: Das ist im Bürgertum so, nicht bei den Griechen. Der junge Arbeiter auf dem Motorrad macht die Arbeit zum Gott, weil er das Motorradfahren schön findet.

ADORNO: Auch wenn er das wirklich schön findet, ist das subjektive Glück objektiv immer noch Ideologie.

HORKHEIMER: Sobald Sie ihm etwas von unseren Gedanken, daß es schön werden soll, erzählen würden, hätte er Mühe es zu verstehen und wollte lieber seine Ruhe haben.

ADORNO: Das ist alles Verblendung.

HORKHEIMER: Jein. Es kostet wirklich sehr große Anstrengung.

ADORNO: Das Motorradfahren auch.

HORKHEIMER: Das ist eine nur objektiv meßbare Anstrengung, das tut er gern. Seine wahre Freude am Motorradfahren besteht darin, daß es die analen Töne von sich gibt. – Wir erscheinen als ganz töricht, wenn wir die Erklärungen zu genau machen.

ADORNO: Schon in der Bibel kommt die Arbeit vor.

HORKHEIMER: Das ist zunächst das Tauschprinzip.

ADORNO: Es ist doch zunächst nicht zu verstehen, warum die Arbeit an sich besetzt sein soll.

HORKHEIMER: Es ist auch die größte Strafe, wenn jemand nicht arbeiten darf.

ADORNO: Das KZ ist auch für diese Dinge ein Schlüssel. In der Gesellschaft, in der wir leben, ist eigentlich die ganze Arbeit so wie dort.

HORKHEIMER: Seien Sie vorsichtig, Sie kommen in die Nähe zur Arbeitsfreude. Durch die Nutzlosigkeit und den Hohn wird einem noch das letzte, was einem Spaß machen könnte, weggenommen, aber ich weiß nicht, ob das das Entscheidende ist. Im KZ gibt es keine Ideologie mehr. Während unsere Gesellschaft unter dem Zeichen steht, daß die Arbeit gut ist.

ADORNO: Wieso wird die Arbeit zum Selbstzweck? Das gab es schon viel früher als in der kapitalistischen Gesellschaft. Zunächst doch wohl deshalb, weil sich die Gesellschaft einerseits durch die Arbeit reproduziert, andererseits aber in jedem einzelnen Fall die Beziehung zwischen der konkreten Arbeit und der Reproduktion undurchsichtig ist. Die Menschen müssen in der gesellschaftlichen

Arbeit vergessen, wozu sie gut ist. Die abstrakte Notwendigkeit der Arbeit drückt sich darin aus, daß der Arbeit selber der Wert zugeschrieben wird.

HORKHEIMER: Ich glaube nicht, daß der Mensch von Natur aus gern arbeitet, ganz gleich, ob es einen Zweck hat oder nicht. Ursprünglich ist es beim Menschen, wie wenn man einem Hund etwas beibringen will. Er möchte in den früheren Zustand zurückkehren. Er arbeitet, um nicht arbeiten zu müssen. Die Verdinglichung der Arbeit ist eine Stufe in dem Prozeß, durch den auf höherer Ebene die Kindheit wieder erreicht wird.

ADORNO: Darin liegt das positive und das negative Moment. Das positive liegt in der Teleologie, daß die Arbeit potentiell die Arbeit überflüssig macht, das negative darin, daß man dem Mechanismus der Verdinglichung erliegt, bei dem man das Beste vergißt. Das bedeutet die Verabsolutierung eines Teils dieses Prozesses. Das ist aber keine Fehlentwicklung, sondern ohne sie ginge es nicht.

HORKHEIMER: Es hängt nicht bloß mit der Ideologie zusammen, sondern auch damit, daß ein Strahl des telos selber auf die Arbeit fällt. Im Grunde sind die Menschen zu kurzsichtig. Sie deuten den Schein, der auf die Arbeit von den letzten Zielen her fällt, nicht richtig, sondern sie nehmen die Arbeit qua Arbeit und damit auch ihren persönlichen Arbeitserfolg als das telos. Das ist das Geheimnis. Wenn sie das nicht tun würden, dann gäbe es Solidarität. Ein Schein des telos fällt auf das Mittel. Es ist wirklich so, als wenn man das Haus, in dem die Geliebte wohnt, anbetet anstatt sie selbst. Daraus ist übrigens die ganze Poesie entstanden.

ADORNO: Die ganze Kunst ist immer wahr und unwahr zugleich. Wir dürfen nicht der Ideologie der Arbeit verfallen, aber auch nicht leugnen, daß alles Glück mit der Arbeit verschwistert ist.

HORKHEIMER: Der Strahl muß von einem Widerstand zurückgeworfen werden.

ADORNO: Das Stadium des Tiers, in dem man gar nichts tut, ist nicht wiederherzustellen.

(HORKHEIMER: Das Unnatürlichste beim Menschen ist, daß er tagsüber wach ist und nachts schläft.* Er ist eigentlich auf kleinere Intervalle eingestellt.)

[* M. H. neigte dazu, bis mittags zu schlafen und dafür nachts zu arbeiten.]

HORKHEIMER: Das Glück wäre ein Zustand des Tiers, gesehen von der Perspektive dessen, was nicht mehr Tier ist.
ADORNO: Am Tier könnte man lernen, was Glück ist.
HORKHEIMER: Den Zustand des Tiers erreichen auf der Ebene der Reflexion, das ist Freiheit. Freiheit bedeutet, daß man nichts arbeiten muß.
ADORNO: Die Philosophie sagt immer, Freiheit ist, wenn man sich die Arbeit aussucht, wenn man alles Miese zu seiner eigenen Sache macht.
HORKHEIMER: Darin steckt die Angst. Im Osten haben sie gemerkt, daß es mit dieser Art von Freiheit nicht so weit her ist, und haben darum die Sklaverei gewählt. Die Hauptsache dort ist, daß Gerechtigkeit herrscht, auf die Freiheit legen sie keinen Wert. Freiheit wäre, daß man auf einer höheren Stufe wieder in das Diffuse zurückgleitet. Deshalb ist die Vergötzung der Zivilisation, die mit der Vergötzung der Arbeit identisch ist, so schlecht. Das Chaotische, das Diffuse wäre das Glück.

[2. Geschichtliche Möglichkeit. Arbeit, Freizeit und Freiheit (I)]

(12.3. [vormittags])

HORKHEIMER: T[eddie] möchte ein Begriffspaar retten: Theorie und Praxis, das selber überholt ist.
ADORNO: Mißverhältnis dazwischen, daß man Juden erschlagen und lebendig begraben hat, weil sie die zweite Kugel nicht wert waren, und der Theorie, von der man sich verspricht, daß sie die Welt verändert.
HORKHEIMER: Es stehen gegeneinander: der Fortschrittsglaube auch des Marxismus und die Ansicht, die Geschichte kann es nicht schaffen.
ADORNO: Aber das ist nicht die Stelle der Kontroverse zwischen uns.
HORKHEIMER: Sie vertreten: man soll so leben, damit es in hundert Jahren besser wird. So ähnlich sagt es der Herr Pfarrer auch.

ADORNO: Die Kontroverse geht darum, ob die Geschichte es schaffen kann oder nicht. Interpretation des Kann. Auf der einen Seite sind in der Welt die Möglichkeiten da, es zu schaffen. Andererseits ist alles verhext, wie unter einem Bann. Wenn es gelänge diesen Bann zu brechen, dann müßte es doch möglich sein es zu schaffen. Wenn man uns einreden will, daß der Utopie durch die Bedingtheit des Menschen eine Grenze gesetzt ist, so ist das nicht wahr. Die Möglichkeit des Fessellosen besteht. In einer Welt, in der das sinnlose Leiden nicht mehr besteht, hat der Schopenhauer unrecht.
HORKHEIMER: Es kann nicht auf die Dauer anders werden. Es besteht immer die Möglichkeit des Rückfalls. Das bedeutet sowohl Abwendung vom Marxismus wie von der Ontologie. Weder das Gute noch das Schlechte bleibt, aber eher das Schlechte als das Gute. Das kritische Bewußtsein muß frei sein vom Marxismus, der besagt, wenn ihr sozialistisch werdet, wird alles gut. Von den Menschen ist nicht mehr zu erwarten als ein mehr oder minder abgeschliffenes amerikanisches System. Der Unterschied zwischen uns besteht darin, daß bei T. ein Stück Theologie mitspricht; ich habe die Tendenz zu sagen: die Guten sterben weg. Das beste wäre noch Planung.
ADORNO: Wenn die Planung dazu führt, daß es keine Bettler mehr gibt, so verlöre die Planung selber die Totenstarre, dann würde sich etwas Entscheidendes verändern.
HORKHEIMER: Möglich, aber auch denkbar, daß es in die Barbarei zurückfällt.
ADORNO: Die Möglichkeit des Rückfalls ist immer gegeben. In einer Welt, die so geplant wäre, daß alles, was man tut, in einer durchsichtigen Weise dem Ganzen dient und nicht mehr darin besteht, daß unsinnige Tätigkeiten ausgeführt werden, würde ich gern zwei Stunden am Tag einen Lift bedienen.
HORKHEIMER: Mit dieser These rasen wir dem Reformismus zu.
ADORNO: Das Umschlagen der Verwaltung ist nicht friedlich herbeizuführen.
HORKHEIMER: Das ist nicht so wichtig. Nach der Revolution ist man gar nicht sicher, ob es nicht wieder zurückfällt. *Begriff der Arbeit.* Sowohl im Marxismus wie in der bürgerlichen Welt wird peinlich vermieden, daß es den Menschen noch irgendwie zugänglich bleibt, in die vorzivilisatorische Phase zurückzugehen, jene Phase,

in der der Mensch sich gewissermaßen vor der Arbeit in die Kindheit geflüchtet hat.

ADORNO: Freizeitgestaltung.

HORKHEIMER: Der Mensch ist nur soviel wert, wie er arbeitet. Genau hierher gehört der Begriff der Freiheit.

ADORNO: Freiheit von Arbeit.

HORKHEIMER: Freiheit ist nicht, daß ich akkumulieren kann, sondern daß ich nicht zu akkumulieren brauche.

ADORNO: Das steckt auch bereits im Marx. Auf der einen Seite stellte sich Marx die Befreiung von der Arbeit vor. Auf der andern Seite fällt ein ungeheurer Glanz auf die gesellschaftliche Arbeit, beide Momente sind nicht recht artikuliert. Marx hat nicht die Ideologie der Arbeit kritisiert, weil er den Begriff der Arbeit selber gebraucht hat, um der bürgerlichen Klasse die Rechnung aufmachen zu können.

HORKHEIMER: Hier muß eine Dialektik entfaltet werden. Die Menschen verdrängen ihre eigenen chaotischen Triebe, die sie aus der Arbeit herausführen wollen, dadurch wird ihnen die Arbeit zu etwas Heiligem.

ADORNO: Anstelle des Gedankens der Freiheit von Arbeit tritt, daß man sich seine Arbeit aussuchen kann. Selbstbestimmung heißt, daß ich in der vorgezeichneten Arbeitsteilung in den Sektor schlüpfen kann, der mir den größten Bissen verspricht.

HORKHEIMER: Es ist eine erbärmliche Vorstellung, daß die Freiheit in der Selbstbestimmung bestehe, daß man sich nichts anderes darunter vorstellen kann, als daß man sich die Arbeit, die früher der Herr befohlen hat, nun selber aussucht; der Herr hat sich aber nicht selber bestimmt.

ADORNO: Der Begriff der Selbstbestimmung hat nichts mit Freiheit zu tun. Kant: Autonomie: pariere Dir selber.

HORKHEIMER: Mi[ß]verstehen der Feudalität.

ADORNO: Notwendiges falsches Bewußtsein, Ideologie.

HORKHEIMER: Deutscher Idealismus. Bürgerliche Ideologie: Absolutsetzen des Scheins der Selbstbestimmung beim Feudalen aus dem Blickwinkel des Bürgertums.

ADORNO: Transzendentale Apperzeption*: verabsolutierte Ar-

[* Bei Kant das rein formale, ursprüngliche, stets identische Selbstbewußtsein, das bei allen Vorstellungen und Begriffen vorausgesetzt wird; vgl. *Kritik der reinen Vernunft*,

beit. Die Arbeit, die eigentlich innerhalb der Gesellschaft ein vorgezeichnetes Verhältnis ist, wird so umgedeutet, als wäre sie die Freiheit selber.
HORKHEIMER: Barbarische Strafen in der Ostzone, wenn einer sein Soll nicht abliefert. Unmittelbar damit hängt die Ideologie des Konsums in beiden Welthälften zusammen. Das Gegenteil der Arbeit ist bloß noch als Konsum gesehen.
ADORNO: Karl Kraus: der Mensch ist nicht als Konsument oder als Produzent geschaffen, sondern als Mensch.*
HORKHEIMER: Jetzt spricht man dafür von Sozialpartnern.
ADORNO: Alle Gegensätze werden unter eine Käseglocke gesetzt.
HORKHEIMER: Wir sind für das Moment des Chaotischen, für das, was nicht drin ist.
ADORNO: Das Chaotische kann man nicht advozieren. Beispiel für Muffigkeit von Engels.
HORKHEIMER: Wir sind noch nicht dahinter gekommen, warum es so etwas Furchtbares ist, wenn in der bürgerlichen Gesellschaft, schon in Rom, jemand den Leib einer Frau geil betastet. Das hängt mit dem Schlimmsten und mit dem Besten zusammen. Der Abscheu gegen die Welt des Tauschs hat sich da hinein geflüchtet, in der Liebe soll das Nichtbürgerliche erhalten bleiben.
ADORNO: Die bürgerlichen Sexualtabus hängen wohl mit dem jus primae noctis zusammen. Die Frauen sollen die Verfügung über sich selbst bekommen, die Menschen werden sich selbst zum Eigentum. Das bedroht der Sexus, und dadurch wird die perennierende Sexualfeindschaft bedingt.
HORKHEIMER: Kants Definition der Ehe.** In der Liebe steckt wahrscheinlich die falsche Negation der bürgerlichen Gesellschaft.
ADORNO: Negiert auf eine ohnmächtige Weise und durch ihre Negation perpetuiert.

›Die Transzendentale Analytik‹, § 16: ›Von der ursprünglich-synthetischen Einheit der Apperzeption‹, in: *Werke* (Akademieausgabe) Bd. III, Berlin 1968, S. 108 ff.]
[* Entsprechendes Zitat nicht ermittelt.]
[** Nach Kant ist die Ehe die »Verbindung zweier Personen verschiedenen Geschlechts zum lebenswierigen wechselseitigen Besitz ihrer Geschlechtseigenschaften«. (*Metaphysik der Sitten. Rechtslehre*, § 24, in: *Kants Werke* (Akademieausgabe) Bd. VI, Berlin 1968, S. 277)]

HORKHEIMER: In der Welt herrscht ein einziger Hymnus auf die Arbeit, aber auch er ist nicht nur negativ. Machiavelli.
ADORNO: Das Glück hängt mit der Arbeit zusammen.
HORKHEIMER: Das schlechteste ist es, die Arbeit mit dem Glück zu versetzen.
ADORNO: Zum sexuellen Glück gehört die Anstrengung mit hinzu. Es ist schon wahr, daß die Arbeit auch das Glück ist, aber man darf es nicht sagen. Oder haben wir nur unser Glück an der Arbeit, weil wir selber bürgerlich sind?
HORKHEIMER: Freud: Todestrieb.

[3. Arbeit, Freizeit und Freiheit (II). Katastrophische Tendenzen und mögliche Gegenkräfte]

(12.3. nachmittags)

HORKHEIMER: These: Es ist heute genug an Produktivkräften vorhanden, man kann selbstverständlich die gesamte Welt mit Gütern versorgen, und dann sollte man versuchen, die Arbeit als einen Zwang für die Menschen abzuschaffen. Es ist der Traum der Menschen, daß man angesichts dieser Situation sowohl die Arbeit wie den Krieg abschafft. Der einzige Einwand, den es dagegen gibt, ist der, daß die Amerikaner sagen, wenn wir das tun, bewaffnen wir unsere Feinde. In der Tat gibt es heute im Osten eine Art herrschender Schicht, gegen die Dulles* noch gutmütig ist.
ADORNO: Man muß einen Absatz bringen über den Einwand: ja was sollen denn die Menschen mit der vielen freien Zeit?
HORKHEIMER: In der Tat haben sie nichts von der Freizeit, weil die Menschen ihre Arbeit in einer Weise vollbringen müssen, durch die sie sich nicht mit den Sachen auseinandersetzen. Dadurch können sie sich nicht aus den Sachen bereichert zurücknehmen. Durch den

[* John Foster Dulles (1888–1959), 1951–59 US-Außenminister. Dem Machtstreben des UdSSR-Kommunismus wollte Dulles durch eine Strategie des »Roll back« und durch ein globales Netz von Sicherheitspakten entgegenwirken.]

Mangel an richtiger Arbeit schrumpft das Subjekt in nichts zusammen, in der Freizeit ist es dann nichts.

ADORNO: Dadurch daß die Menschen soviel arbeiten müssen, müssen sie in ihrer freien Zeit gewissermaßen zwangshaft die Rituale der Anstrengung wiederholen, die ihnen zugemutet werden. Wir dürfen nicht unbedingt gegen die Arbeit sein.

HORKHEIMER: Wir müßten eine Art von Programm für eine neue Praxis aufstellen. Im Osten werden die Menschen zu Arbeitstieren. Ein Kuli mußte wahrscheinlich weniger arbeiten als ein Arbeiter heute in 6/7 Stunden.

ADORNO: Kein Hirt und eine Herde.* Eine Art von falscher klassenloser Gesellschaft. Die Gesellschaft befindet sich in einer tendenziellen Bewegung, durch die sich die Welt dem vollendeten Zeitalter einer klassenlosen Gesellschaft annähert, aber in Wirklichkeit das Gegenteil davon ist.

HORKHEIMER: Das wäre zu reaktionär. Bei uns muß noch drin sein, warum die Menschen durch dieses atomistisch-zivilisatorische Stadium hindurch müssen. Heute sagen die Menschen, seid freundlich zu uns, dann steigt die Produktivität. Daß das ausgesprochen wird, ist schon viel wert.

ADORNO: Die ganze Freizeit ist darum so schlecht, weil die Menschen bewußtlos die Arbeit nachmachen, eigentlich aber käme es für sie nur darauf an, nicht zu arbeiten. Das Glück setzt notwendig das Moment der Anstrengung voraus. Im Grunde müßte man wie im 18. Jahrhundert wieder die Menschheit anreden. Ihr haltet ein System aufrecht, das euch mit Vernichtung bedroht. Mit dem Appell an die Klasse geht's nicht mehr, ihr seid heute wirklich alle Proletarier. Man muß sich überlegen, zu wem man spricht.

HORKHEIMER: Zur westlichen Welt.

ADORNO: Von Asien wissen wir ja nichts.

HORKHEIMER: Was will man der westlichen Welt sagen? Ihr müßt Nahrungsmittel liefern für den Osten?

ADORNO: Einführung des vollen Sozialismus, 3. Phase** in den

[* »Kein Hirt und eine Herde! Jeder will das Gleiche, jeder ist gleich: wer anders fühlt, geht freiwillig ins Irrenhaus.« (Nietzsche, *Also sprach Zarathustra*, in: *Werke* Bd. II, München [6]1969, S. 284)]

[** Nach leninistischer Auffassung bestand die erste Phase des Sozialismus in der Or-

eigenen Ländern, davon hängt alles andere ab. Wie wäre es mit dem *Kommunistischen Manifest* als Thema für Variationen?

HORKHEIMER: Die Welt befindet sich in einem Stadium, in dem sie auf ein Besseres zugeht, aber die Befreier der Welt sehen alle aus wie Cesare Borgia.

ADORNO: Ich habe das Gefühl, als ob die orientalische Welt unterm Banner des Marxismus die abendländische Zivilisation ablösen würde. Dadurch würde sich die ganze geschichtliche Dynamik verschieben. Der Marxismus wird in Asien so übernommen wie seiner Zeit in Mexiko das Christentum. Europa werden sie wohl dabei einmal schlucken.

HORKHEIMER: Ich glaube, daß die europäisch-amerikanische Zivilisation das Höchste ist, was die Geschichte bis jetzt hervorgebracht hat an Wohlergehen und Gerechtigkeit. Es kommt darauf an, daß das in einem höheren Zustand bewahrt wird. Das ist aber nur möglich, wenn man gegen diese Zivilisation selber unnachsichtig ist.

ADORNO: Man darf nicht zur Verteidigung der westlichen Welt aufrufen.

HORKHEIMER: Man darf nicht dazu aufrufen, weil man sie damit kaputt machen würde. Wenn man die Russen verteidigt, so ist das genau so, als wenn man die einströmenden Germanen gegenüber der Sklavenwirtschaft für etwas Höheres gehalten hätte. Mit den russischen Funktionären hat man nichts gemeinsam. Aber sie stellen der westlichen Kultur gegenüber das höhere Recht dar. Es ist die Schuld des Westens, daß die russische Revolution so gelaufen ist. Ich habe eine furchtbare Angst, daß, wenn man über politische Dinge redet, eine Art von Diskussion herauskommt, wie sie früher im Institut üblich war.

ADORNO: Es darf um keinen Preis den Charakter des entwerteten Marxismus haben. Das hängt mit einem bestimmten Gestus von Positivismus zusammen, Abspaltung des Gedankens von der Sache.

ganisation der Kollektiv- und Planwirtschaft, die zweite in der Neuentfaltung aller Produktivkräfte und Produktionsverhältnisse auf sozialistischem Boden, während die dritte Phase, der eigentliche Kommunismus, die höchste Stufe in der Entwicklung der menschlichen Gesellschaft darstellen sollte.]

HORKHEIMER: Das drückt sich weitgehend im Festhalten der Terminologie aus.

ADORNO: Aber das muß man aussprechen. Sie reden immer noch so, als ob die linke Splittergruppe morgen wieder im Politbüro sitzen würde.

HORKHEIMER: Was hat das für eine Konsequenz für unsere Terminologie? Sobald man sich mit den Russen um die Auslegung gewisser Marxischer Sätze herumstreitet, ist man schon verloren.

ADORNO: Andererseits dürfen wir die Marxische Terminologie nicht aufgeben.

HORKHEIMER: Wir haben nichts anderes. Aber ich weiß nicht, wie weit wir sie behalten müssen. Ist die Frage der Politik zu einer Zeit aktuell, in der man sie nicht machen kann?

ADORNO: Auf der einen Seite ist sie Ideologie, auf der andern sind alle Vorgänge, durch die eine Änderung möglich wäre, politische Vorgänge. Sie ist zugleich Ideologie und das Allerrealste.

HORKHEIMER: Sie sprachen im Konjunktiv, an diese Vorgänge glauben Sie doch wohl selber nicht.

ADORNO: Mein innerstes Gefühl dazu ist: im Augenblick ist alles zu, aber es kann in jedem Augenblick anders werden. Ich stelle dazu folgende Überlegung an: diese Gesellschaft bewegt sich nicht auf einen Wohlfahrtsstaat zu. Diese Gesellschaft, die die Menschen immer mehr erfaßt, wächst gleichzeitig mit ihrer Irrationalität, und zwar konstitutiv. Solange diese Spannung besteht, ist sozusagen der Ausgleich der Wärme nicht herbeigeführt, der notwendig wäre, damit es keine Spontanheit mehr gibt. Ich kann mir nicht vorstellen, daß es eine bis zum Wahnsinn gesteigerte Welt gibt, ohne [daß] objektive Gegenkräfte entbunden würden.

HORKHEIMER: Doch, das kann ich. Weil die Menschen zugrunde gehen. Die Welt ist verrückt, und das bleibt so. Im Grunde kann ich mir vorstellen, daß die ganze Weltgeschichte nichts anderes ist als eine Fliege, die sich verbrennt.

ADORNO: Die Welt ist ja nicht nur verrückt. Sie ist verrückt und rational.

HORKHEIMER: Das einzige, was dagegen spricht, [ist,] daß wir heute noch denken. In dem Gedanken ist alle Hoffnung beschlossen. Aber ich kann mir gut vorstellen, daß das vergeht.

ADORNO: Und daß dann niemand mehr denkt. Aber schon Herr

Eisenhower wird Nixon nicht zum running mate wählen können,* aus Angst vorm Präventivkrieg.

HORKHEIMER: Möglich. Aber was bedeutet das gegenüber der Ermordung von 20 Millionen Chinesen.**

ADORNO: Daß es doch eine Instanz gibt, die potentiell die totale Katastrophe verhindert. An diese Instanz ist zu appellieren, an das Moment in den amerikanischen Wählern, das den Nixon nicht als Vicepresident tolerieren würde.

HORKHEIMER: Das ist die Position des Reformismus.

ADORNO: Ich habe das Gefühl, daß das, was wir tun, schon irgendwie wirkt.

HORKHEIMER: Es wirkt mehr oder weniger, je nachdem ob wir uns über die Vorstellung von irgendeiner Praxis klar sind. Man kann sich nicht darauf verlassen, daß man irgendwo an den Sozialismus erinnert. Das führt leicht zu hochfahrender Kritik, wie sie Marx und Kraus geübt haben, wo man das Gefühl hat, sie gründen auf falscher Theorie, dadurch gewinnt das Schlechte an Macht. Das Bedenkliche an Kraus ist eine Art von Auftrumpfen, weil das, was bei ihm dahinter steht, nicht das ist, wozu wir ja sagen können. Wir müssen vertreten: der Westen soll produzieren, daß keiner mehr hungert.

ADORNO: Das muß man zunächst einmal auf den Westen selber anwenden.

HORKHEIMER: Was soll geschehen? Z. B. in Frankreich?*** Bessere Gesetze machen?

ADORNO: Die Blockflötenzivilisation breitet sich über die ganze Welt aus. Rosenstock-Huessy**** wird morgen Berater von Eisenhower.

[* Dwight David Eisenhower (1890–1969), seit 1944 Oberbefehlshaber der US-Armee, Politiker (Republikanische Partei), 1953–61 Präsident der USA (Wahlen 1952 und 1956). – Richard Milhouse Nixon (1913–1994) hatte sich bereits in seiner Zeit als Senator für Kalifornien 1950–53 durch seinen Antikommunismus hervorgetan, war 1953–61 Vizepräsident unter Eisenhower. – Vgl. auch die Überlegungen zur Datierung in der ›Editorischen Vorbemerkung‹.]

[** Auf welchen Zeitraum und welche Ereignisse sich diese Angabe genau beziehen sollte, war nicht zu ermitteln. Vgl. die Erwähnung hier S. 65 und 71.]

[*** Dies bezieht sich offenbar auf den Algerienkrieg, der 1954 begonnen hatte. Im März 1956 gab es aufgrund einer krisenhaften Zuspitzung (u. a. Streiks algerischer Arbeiter in Frankreich) eine mehrtägige Debatte in der Nationalversammlung, in der weitreichende Vollmachten der Regierung beschlossen wurden.]

[**** Eugen Rosenstock-Huessy (1888–1973), Rechtshistoriker und Soziologe,

HORKHEIMER: Wie wäre es, wenn wir uns auf die Position zurückzögen: wir wollen sehen, daß von dieser westlichen Kultur soviel wie möglich in den nächsten Zustand mit hereingenommen wird, zunächst einmal der Verstand.
ADORNO: Das kann man nicht advozieren. Schelsky* gleichzeitig dumm und schlau.
HORKHEIMER: Neben der Arbeit gibt es noch den Begriff der Freiheit.
ADORNO: Auf der einen Seite handelt es sich heute um Fragen, die in den ökonomischen Kategorien nicht mehr rein ausgedrückt werden können, auf der andern kann man die anthropologischen Fragen von den ökonomischen nicht trennen.
HORKHEIMER: Man kann heute nicht mehr das Gute vom Schlechten unterscheiden.

[4. Idee der Menschheit]

(13. 3. vormittags)

HORKHEIMER: Ich glaube nicht, daß es gut wird, daß aber doch die Idee, daß es gut wird, etwas sehr Entscheidendes bedeutet.
ADORNO: Das hängt mit der Rationalität zusammen. Die Men-

1923–33 Prof. in Breslau, emigrierte anschließend in die USA, wo er an verschiedenen Universitäten lehrte; ab 1950 verschiedene Gastprofessuren in der Bundesrepublik Deutschland; außerdem war er stark in der Erwachsenenbildung engagiert (u. a. Gründung der Akademie der Arbeit in Frankfurt a. M.). – Im Briefwechsel Horkheimer-Adorno findet sich die folgende Einschätzung Rosenstock-Huessys, die Adorno gegenüber Horkheimer formulierte (es ging um die Frage der Eignung zur Leitung eines Instituts für Grenzfragen von Kunst und Soziologie): »Eugen Rosenstock ist sicherlich ein sehr intelligenter Mann. [...] Er kommt, wie Sie wohl wissen, aus dem Patmoskreis und ist mit einer bestimmten Art autoritärer Religiosität zumindest seiner früheren Geschichte nach identifiziert. Ich glaube nicht, daß er die wirkliche Freiheit und, in einem höheren Sinn, das fortgeschrittene Bewußtsein besitzt, das gerade in Fragen des Verhältnisses von Kunst und Gesellschaft so wichtig ist, wo sich ja Kulturkonservative nur allzu gern tummeln.« (Brief vom 2. 2. 1953, MHA: VI 1E.275)]
[* Helmut Schelsky (1912–1984), Soziologe, 1949–60 Prof. in Hamburg, dann in Münster und Bielefeld.]

schen machen alles viel entsetzlicher als die Tiere, aber der Gedanke, daß es anders sein könnte, ist doch erst den Menschen gekommen.

HORKHEIMER: Einzelnen Menschen, nicht der Menschheit.

ADORNO: Ist das nicht eigentlich zufällig? Es kommt darauf an, daß die Gattung so organisiert ist, daß sie den Gedanken der Dauer weitertreibt, damit wird sie auch zu dem Gedanken gedrängt, daß die Gewalt nicht nötig sei. Wenn man erst einmal über das Motiv der Selbsterhaltung reflektiert, geht man dadurch notwendig auch darüber hinaus, weil man darauf stößt, daß fessellose Selbsterhaltung immer auf die Destruktion hinausläuft.

HORKHEIMER: Für mich ist es anstößig, daß man glaubt, daß, wenn die Menschen sich verstünden, etwas Wesentliches erreicht wäre. In Wirklichkeit sollte die ganze Natur davor erzittern. Im Gegenteil, es ist nur gut, solange sie sich gegenseitig in Schach halten.

ADORNO: Das wäre die Verbrüderung der Führer, das Weltmonopol, wenn es die Völker täten, wäre es besser.

HORKHEIMER: Das wäre genau so schlimm. Jede neue Generation muß wieder neu zivilisiert werden.

ADORNO: Das glaube ich nicht ganz. Ich glaube schon, daß es eine Art fortschreitenden Prozeß der höheren Differenzierung gibt. Sie werden nur Chruschtschows, weil sie immer wieder eine auf den Kopf bekommen.

HORKHEIMER: Das vertritt genau Herbert Marcuse.

ADORNO: Ich glaube nicht, daß die Menschen ursprünglich böse auf die Welt kommen.

HORKHEIMER: Sie sind weder böse noch gut, sie wollen sich bloß erhalten.

ADORNO: Sie sind von Haus aus gar nicht so schlimm.

HORKHEIMER: So wie es bisher formuliert ist, ist es ein Aberglaube. Aberglaube ist immer der Glaube ans Böse. Es ist nicht so, daß sich am Ende die Menschen verständigen, und es ein Idyll wird. Aber wir müssen die Idee, die Sie entwickelt haben, retten.

ADORNO: Ist nicht das, was die Menschen der Natur antun, vielmehr eine Projektion dessen, was sie sich untereinander antun? Ein nach außen Schlagen, weil sie selber immer wieder geduckt werden?

HORKHEIMER: Möglich. Die Ohnmacht dieser Idee hängt damit zu-

sammen, daß sie bisher immer schlecht formuliert war. Vielleicht muß man gewissermaßen geradezu bewußt einen Irrtum formulieren, an den man glaubt. Kant: man muß eigentlich gegen den Verstand glauben.*

ADORNO: Bei ihm sind die Vermittlungsversuche sehr gezwungen.

HORKHEIMER: Unsere Frage ist: aus welchem Interesse heraus schreiben wir, nachdem es keine Partei mehr gibt, nachdem die Revolution unwahrscheinlich geworden ist? Darauf würde ich antworten, damit es gut werden soll, daran messen wir alles. Etwas anderes können wir wahrscheinlich überhaupt nicht tun. Das hängt mit der Sprache zusammen. Alles, was geistig ist, hat mit Sprache zu tun. In der Sprache läßt sich die Idee, daß es gut werden soll, entwickeln.**

ADORNO: Bei Marx spielt die Sprache keine Rolle, er ist Positivist. Kant ist nicht nur Ideologie. Es steckt irgendwie der Appell an die Gattung darin, die Menschheit gegenüber der Beschränktheit des Partikularen. Bei ihm ist die Idee der Freiheit als die Idee der Menschheit bestimmt. Es steckt auch darin, daß die Frage, daß die Menschen bloß Naturwesen sind, wesentlich an dem bloßen Naturverhältnis haftet, das das isolierte Individuum bedeutet. Er hat schon gesehen, daß der Begriff der Freiheit nicht in dem einzelnen Subjekt liegt, sondern nur an der Gesamtverfassung der Menschheit erfaßt werden kann. Die Freiheit besteht eigentlich nur in der Verwirklichung der Menschheit.

[* Vgl. z. B. die Vorrede zur zweiten Ausgabe der *Kritik der reinen Vernunft*, in der es heißt: »Ich mußte also das *Wissen* aufheben, um zum *Glauben* Platz zu bekommen [...].« (*Werke* (Akademieausgabe) Bd. III, Berlin 1968, S. 19)]
[** Vgl. hier S. 36, Anm. **.]

[5. Falsche Abschaffung der Arbeit. Falsche Radikalität der Theorie]

(15.3. [vormittags])

HORKHEIMER: Den Bürgern gelingt es nicht ganz, feudal zu sein, sie schaffen sich durch die Arbeit ihren eigenen Adel. Ich glaube, daß die Menschen nur durch etwas hindurchgehen können, wenn sie ihm ideologisch total verfallen. Daher der Hymnus auf die Arbeit, daher fahren die Menschen gern Motorrad. Die Menschen sind nichts mehr als Arbeiter.
ADORNO: Sie fühlen, daß ihre eigene geronnene Arbeit ihnen zur Verfügung steht. Freude am Motorrad: Basteln, schnelles Vorwärtskommen.
HORKHEIMER: Das Schnelle ist ein Moment der Arbeit, Abkürzung von Prozessen.
ADORNO: In Gestalt der Geschwindigkeit wird die Arbeit genossen.
Exkurs über das Zuchthaus. Wenn die Arbeit als Strafe benutzt wird, wird es sehr schwer zu verhindern, daß sie nicht doch zum Glück wird. Man muß sie möglichst unangenehm machen.
ADORNO: Je überflüssiger eine Arbeit wird, um so schlechter wird sie, desto mehr wird sie zur Ideologie.
HORKHEIMER: Je verkehrter sie angewandt wird. Die Arbeit ist heute nicht überflüssig, solange die Menschen noch hungern. Die Arbeit ist pervertiert. Automation. Man sollte lieber dafür sorgen, den andern zu helfen, die richtigen Waren an die richtigen Leute zu exportieren, die Krankheiten zu heilen. Heute falsche Abschaffung der Arbeit.
ADORNO: Sie läuft selber auf Produktion heraus.
HORKHEIMER: Das Raketenschiff nach dem Mond ist mir ganz schnuppe.
ADORNO: Technik ist nicht heilig.
HORKHEIMER: Marx hat schon das Moment, daß in einer falschen Gesellschaft die Technik sich falsch entwickelt.
ADORNO: Es gibt ungezählte Sektoren, wo man die Technik richtig anwenden könnte. Die Güter, die heute zur Verfügung gestellt wer-

den, sind eine Art von Pseudokonsumgütern, der Tauschwert wird für den Gebrauchswert substituiert.

HORKHEIMER: Die Menschen genießen die Reklame. Sie machen nach, was die Reklame sagt, und sie wissen das auch noch. Amerikanische Magazine und Comics.

ADORNO: Wenn ich meinem Vater gesagt hätte, daß die Massenkultur unwahr ist, so würde er mir geantwortet haben, aber ich habe doch daran Spaß. Verzicht auf die Utopie bedeutet, irgendwie sich für das entscheiden, von dem man selber zugleich weiß, daß es Schwindel ist. Davon kommt alles Böse.

HORKHEIMER: Weil die Kräfte, die man für das Richtige braucht, da gebunden werden. Wenn wir so formulieren, wie wir sprechen, klingt das zu argumentativ. Man könnte sagen, das sind nur so Reden, Betrachtungen. Wem soll man's sagen.

ADORNO: Wir schlagen doch keine Maßnahmen vor. Den Leuten, die lesen, was wir schreiben, müßten die Schuppen von den Augen fallen.

HORKHEIMER: Die Leute würden sagen, Gott, das sind halt Philosophen. Oder man verhält sich wie Heidegger und hat die Haltung eines Orakels. Wir müssen versuchen, das Problem Theorie und Praxis durch den Stil zu lösen. Wir müssen vermeiden, daß man sagt: Gott, wenn die auch so böse Sachen sagen, die meinen's gar nicht so bös, auch wenn sie schimpfen. Das hängt damit zusammen, daß es keine Partei mehr gibt.

ADORNO: Ich seh' da keinen Ausweg, als daß man diese Erwägungen auch ausspricht. Es gibt eine bestimmte Art zu schreiben, daß dadurch bestimmte Tabus verletzt werden. Man muß den Punkt finden, wo's weh tut. Verletzung der sexuellen Tabus.

HORKHEIMER: Vorsicht Marcuse.

ADORNO: Die Zentrierung auf die Genitalität hat etwas Lustfeindliches.

HORKHEIMER: Ich habe gerade die gegenteilige Vorstellung. Je stärker man darauf aus ist, das Tabu zu verletzen, um so harmloser wird es. Je spezifischer man wird, desto stärker die Wirkung: Tretet der CDU bei, aber ermöglicht das auch den Deserteuren. Man muß sehr down to earth sein, gemessen und überlegt, daß nicht der Eindruck entsteht, es sei nicht möglich. Wir müssen den Verlust der Partei so aktualisieren, daß wir gewissermaßen sagen, wir sind noch genau so

schlimm wie früher, aber wir spielen auf dem Instrument, wie es heute gespielt werden muß.

ADORNO: Das hat formal etwas Bestechendes, aber was ist das Instrument?

HORKHEIMER: Wenn wir sagen könnten, wir sind in einem Rückzugsgefecht. Man könnte vielleicht darauf hinaus, daß die Menschen sich über die Situation noch nicht ganz klar bewußt sind, daß sie auf einen Zustand lossteuern, gegen den der Nazismus noch bescheiden war. Wenn wir heute den Sozialdemokraten sagen würden, ihr müßt kommunistisch werden, so wäre das harmlos, wenn wir aber sagen, ihr habt die bürgerlichen Ideale verraten, so ist das nicht mehr harmlos. Weil die Sozialdemokraten das gute Gewissen dieser Welt darstellen. Man dürfte nicht von uns sagen, ja im Schreiben sind die so radikal. Die Sozialdemokraten müßte man an dem Punkt angreifen: wer nicht arbeitet, darf auch nicht essen. Man darf nicht sagen, ihr habt die Diktatur des Proletariats nicht gewollt, sondern ihr habt die Menschheit verraten. Schon das Aussprechen des Wortes Diktatur des Proletariats bedeutete eine Verbündung von Carlo Schmid und Maotse.

ADORNO: Nomina sunt odiosa*, Namen tun weh.

HORKHEIMER: Durch die Radikalität der Formulierung wird es unradikal.

[6. Negative Utopie oder politische Konkretheit]

(15.3. nachmittags)

HORKHEIMER: In Rußland kommt ein Bonaparte, der ganz Europa einsteckt, und in 500 Jahren wird alles in Ordnung sein, so denkt Herbert Marcuse.

ADORNO: Vielleicht wird es doch in einem Land wieder einmal eine Partei geben.

[* Das geflügelte Wort stammt vielleicht aus Ovids *Heroiden* (13, 54), in denen es heißt: »Nomina sunt ipso paene timenda sono.« (»Fast dem Klange nach sind Namen, wie die, schon verpönt.«) (Georg Büchmann, *Geflügelte Worte*, Frankfurt am Main 1962, S. 188)]

HORKHEIMER: Wir können nicht offen lassen, woran wir glauben. In dem Abschnitt über Arbeit muß es einen Exkurs über die Utopisten geben. Für Marx war der einzige Maßstab die Einschränkung der Arbeitszeit, wir stehen dem viel paradoxer gegenüber.
ADORNO: Die Utopisten waren eigentlich sehr wenig utopisch. Man darf aber keine positive Utopie ausmalen.
HORKHEIMER: Wenn man der Verzweiflung so nahe ist.
ADORNO: Das würde ich nicht sagen. Ich glaube schon, daß dadurch, daß alles so offenbar ist, sich eine neue politische Instanz bilden wird.
HORKHEIMER: Es muß herauszuhören sein, daß man nichts dazu tun kann als es sagen.
ADORNO: Daß es doch kommt, ist vielleicht eine Nuance zu mechanistisch, daß es doch kommen *kann*, ob es kommt oder vor die Hunde geht, ist furchtbar schwer zu sagen.
HORKHEIMER: Alles, was wir darüber sprechen, ist mir zu abstrakt. Wie hat man sich z. B. gegenüber Amerika zu verhalten?
ADORNO: Es muß hinzukommen, daß wir glauben, daß noch alles richtig werden kann.
HORKHEIMER: Von uns wird verlangt, daß wir mehr outspoken sind. Es muß aus unserer Kritik klar hervorgehen, daß nichts kommen wird, wenn nicht irgendwelche Menschen es machen. Aus unserem Stil müßte [gesehen werden]*, was soll nun geschehen. Wir müßten im Stil einer möglichen Opposition innerhalb der KP schreiben. Soll man für oder gegen Amerika sein, für oder gegen das Zustandekommen von Europa. Wenn man sich lustig über den amerikanischen Konsum macht, so ist das ruchlos, wenn man nicht irgendwie heraushören kann, wie man sich dazu verhalten soll, sonst ist es wieder bloß Schimpfen. Ich habe dabei den Instinkt, wenn ich nichts machen kann, dann sage ich auch nichts. Bei Ihnen: es ist unsere Aufgabe, wenigstens die Utopie im Negativen herauszubringen. Ich möchte es gern weitertreiben, daß zwischen der Utopie und der heutigen Realität klarere Verhältnisse herrschen.
ADORNO: Wenn ich immer über Musik schreibe, so darum, weil ich da die ganzen Vermittlungskategorien habe. In der Philosophie haben wir sie auch. Über die interne Entwicklung der Parteien in den

[* Ts: »geschehen«.]

verschiedenen Ländern haben wir sie nicht. Ihre Forderung sollte man dort anwenden, wo man der eigenen Erfahrung nach am zuständigsten ist. Wie wäre es, wenn wir heute politische Leitsätze formulieren würden?

HORKHEIMER: Wenn wir schon mit einem so hohen Anspruch auftreten, dann muß es klar sein, mit welchem Maß wir messen, sonst kommt an den Nahtstellen wieder der Marx hervor. Wir wollen, daß das, was heute in Amerika erreicht ist, in der Zukunft bewahrt wird, z. B. die Rechtssicherheit, die drugstores. Das muß dort, wo wir darauf zu sprechen kommen, klar hervorleuchten.

ADORNO: Dazu gehört auch, daß die Television-Programme, solange sie Mist sind, eingestellt werden.

HORKHEIMER: Erstens ist es wahnsinnig schwer, [zu sagen,] was die Television-Programme für die Arbeiter heute bedeuten. In Deutschland schaffen sich wahrscheinlich gerade die fortgeschrittensten Arbeiter Television an. Zweitens, heute ist es bereits in Deutschland ziemlich eindeutig, daß die Beziehung zu Amerika als suspekt gilt, nicht die zu Rußland. Es müßte sich in unserer Arbeit schon ein Satz finden, daß in den amerikanischen Television-Darbietungen, auch wenn sie den russischen sehr ähnlich wären, doch nicht unmittelbar der Mord propagiert würde. Es muß klar sein, wie man sich zu den einzelnen Ländern verhält.

ADORNO: Es müßte eigentlich mehr dahinter sein, als daß es direkt ausgesprochen wird.

HORKHEIMER: Die Russen sind schon halbe Faschisten.

ADORNO: Wenn das Herz der Deutschen für die Russen schlägt, so ist das nicht nur negativ. Sie glauben, die Russen stehen für den Sozialismus ein. Die Leute haben noch nicht das Bewußtsein, daß die Russen Faschisten sind, gerade die einfachen. Die Industriellen und Bankiers wissen es. Bei den Amerikanern, glauben sie, es geht alles ums Geld.

[7. Kritik des Argumentierens]

(24.3.)

ADORNO: Mit dem Christentum ist schon ganz früh etwas passiert, Christus hat noch gesagt: »Seht die Lilien auf dem Felde...*, und dann Paulus: »Wer nicht arbeitet...«** Ich mag [an den]*** Evangelien nicht, daß man dumm sein soll.

HORKHEIMER: Es gibt [da]rin [ein] Thema, das ich einmal anrühren möchte: die Frage des Argumentierens. Man kann auf alles immer alles sagen, das hat auch mit Theorie und Praxis zu tun.

ADORNO: Das Denken, das auf das Argument verzichtet – Heidegger –, schlägt in puren Irrationalismus um.

HORKHEIMER: Argumentieren kann man nur, insofern eine praktische Tendenz dahintersteht.

ADORNO: Als ein Zug dahintersteht. Kant.

HORKHEIMER: Sie können die *Kritik der reinen Vernunft* vollständig zerreden.

ADORNO: Sie hat ihre Substantialität an den Argumenten. Die Argumente sind das Vergängliche, die fallen dann ab. – Man kann schon bestimmen, was Intelligenz ist. Im Begriff gehen ganz verschiedene Dinge durcheinander, die von der Sache abgetrennte Denkfähigkeit und andrerseits die Einsicht, die [aus einer]**** Beziehung zur Sache stammt. Diese beiden Momente hängen zusammen, aber der übliche Intelligenzbegriff bezieht sich nur auf das erste, und der zweite, auf den es ankommt, wird unter Intuition oder Ähnlichem mitgeschleift. Man muß sagen, daß die formale Intelligenz die notwendige, aber nicht zureichende Bestimmung ist und daß die Intuition nur eine Art von Erfahrung [ist], die sich plötzlich aktiviert und keineswegs irrational ist. Man müßte eine Phänomenologie der Intelligenz geben, so, daß sie als das Dritte erscheint, das [in] den beiden andern verzerrt vorkommt.

HORKHEIMER: Sie meinen: wenn wir reden, steht immer ein Ziel

[* »Schauet die Lilien auf dem Felde, wie sie wachsen: Sie arbeiten nicht, auch spinnen sie nicht.« (*Matthäus* 6, 28)]
[** »So jemand nicht arbeiten will, der soll auch nicht essen.« (2. *Thessalonicher* 3,10)]
[*** Ts.: »die«.]
[**** Ts. »durch die«.]

dahinter, das facit unserer Erfahrungen und Leiden. Es hat etwas unbeschreiblich Naives, die Intelligenz loszulösen.

ADORNO: Aber es gibt doch wirklich so etwas wie die dianoetische Tugend*, sich rein einer Sache hingeben und ihr gerecht werden.

HORKHEIMER: Die Praxis steckt in der Gerechtigkeit.

ADORNO: Man kommt da an die Stelle, wo man sieht, daß die Trennung von Theorie und Praxis etwas Verblendetes hat. Das Auseinandernehmen der beiden Momente ist eigentlich eine Ideologie.

HORKHEIMER: Was heißt es, der Sache gerecht werden? Man müßte durch die Formulierung das zum Ausdruck bringen, was die Sache eigentlich will. Das Moment des Geburtshelfers.**

ADORNO: Das steckt auch beim Hegel in der Selbstbewegung des Begriffs.

HORKHEIMER: Die Sache will ja nicht das Gute. Während wir, wenn wir der Sache helfen wollen, eigentlich doch etwas Gutes im Auge haben und die Sache wie etwas Hilfloses ansehen.

ADORNO: Die Sache bedarf des Begriffs. Der Begriff müßte eigentlich das Gute an der Sache sein.

HORKHEIMER: Das ist mir noch zu abstrakt, wie wenn etwas im Dunklen irrte und nicht wüßte, daß es ein Licht gibt.

ADORNO: Die Philosophie ist eigentlich dazu da, das einzulösen, was im Blick eines Tieres liegt. – Wenn man einem Gedanken anfühlt, daß er unmittelbar im Dienst der Praxis steht, dann gerät er in die Dialektik. Wenn es dem Gedanken dagegen gelingt, der Sache recht zu geben, dann kann man nicht mehr darauf auch das Gegenteil sagen. Das Echtheitssiegel des Gedankens ist, daß er die Unmittelbarkeit der eigenen Interessenlage negiert. Der wahre Gedanke ist der, welcher nicht Recht behalten will.

HORKHEIMER: Wenn man spricht, spricht man immer auch für

[* Aristoteles unterschied zwischen ethischen und dianoetischen Tugenden, d.h. zwischen vernunftgemäßer konstanter Willensausrichtung und richtigem Verhalten der Vernunft als solcher.]

[** Anspielung auf eine Formulierung von Marx: »Auch wenn eine Gesellschaft dem Naturgesetz ihrer Bewegung auf die Spur gekommen ist – und es ist der letzte Endzweck dieses Werks, das ökonomische Bewegungsgesetz der modernen Gesellschaft zu enthüllen –, kann sie naturgemäße Entwicklungsphasen weder überspringen noch wegdekretieren. Aber sie kann die Geburtswehen abkürzen und mildern.« (*Das Kapital*, Vorwort zur ersten Auflage, l. c., S. 15f.)]

sich. Wenn man die Sache verficht, muß man sich selbst verfechten. Das Plädieren für etwas ist nicht ohne weiteres schlecht. Man spürt zutiefst, daß es um die eigene Sache geht. Jedes Wesen spürt das Unrecht, das darin bestünde, wenn es selber ausgelöscht würde. Wenn es für ein anderes plädiert, plädiert es auch für sich.

ADORNO: Beispiele: Löwenthal und Hacker.

HORKHEIMER: Bei Studenten haben Sie nicht das Gefühl, daß sie für sich reden.

ADORNO: Das Mißtrauen gegen das Argument ist im tiefsten das, was die Husserls und Heideggers inspiriert hat. Das Satanische dabei ist, daß es durch die Abschaffung des Arguments auf die Tautologie und den Unsinn herauskommt. Argumentieren hat die Form des Ja, aber…

HORKHEIMER: Das Ja, aber steht dann aber doch im Dienst des etwas an der Sache sichtbar Machens.

ADORNO: An dem Advokatorischen ist etwas Schlechtes. – Argumentieren heißt das Anwenden von Denkbestimmungen auf Sachen, die verhandelt werden. Sie meinen eigentlich, wenn man in die Lage gebracht wird zu b[eg]ründen, warum etwas schlecht ist, dann ist man schon geliefert. Auf der andern Seite kommt man dann wieder zu dem Mephistophelischen: verachte nur Vernunft und Wissenschaft*; dann kommt man auf die Urkräfte des Seins.

HORKHEIMER: USA ist das argumentierende Land.

ADORNO: Das Argumentieren ist konsequent bürgerlich.

HORKHEIMER: Es ist unsere verdammte Pflicht und Schuldigkeit, den Gedanken mit der richtigen Praxis zu verheiraten.

[* Mephistopheles: »Verachte nur Vernunft und Wissenschaft, / Des Menschen allerhöchste Kraft, / Laß nur in Blend- und Zauberwerken / Dich von dem Lügengeist bestärken, / So hab ich dich schon unbedingt –« (Goethe, *Faust* I, Studierzimmer, 1851 ff., in: ders., *Werke* (Hamburger Ausgabe) Bd. III, München 1986, S. 61)]

[8. Begriff der Praxis]

(25.3. [vormittags])

ADORNO: Das Zentrale ist doch, wie verhält sich die Theorie zur Praxis überhaupt. Sie haben gesagt, die richtige Theorie will das Richtige. Es gibt doch noch mehr. Zunächst muß man sagen, das Denken selber ist auch eine Form von Praxis, wenn ich denke, tue ich etwas. Auch in der höchsten geistigen Tätigkeit liegt das Praktische immer bereits drin.

HORKHEIMER: Damit bin ich nicht ganz einig.

ADORNO: Das Denken ist eine Verhaltensweise, die auf eine merkwürdige Weise den Schein angenommen hat, als ob das etwas wäre, worin das Tun des Menschen nicht mehr enthalten ist.

HORKHEIMER: Mir drängt sich dabei Folgendes auf: Sie können nicht im selben Sinn das Addieren eine Tätigkeit nennen wie die Erfahrung eines Musikstücks. Genau so wie es einen Unterschied zwischen dem Hinschieben eines Stuhls und dem Daraufsitzen gibt. Das Moment des Ausruhens, des Schauens gehört auf die Seite der Theorie.

ADORNO: Auf der andern Seite hat der Anspruch der Theorie, dieses reine Sein zu sein, vom Tun gereinigt, etwas von Verblendung.

HORKHEIMER: Die Theorie ist nur dort im eigentlichen Sinn Theorie, wo sie der Praxis dient. Die Theorie, die sich selber genug sein will, ist schlechte Theorie. Andererseits ist sie auch schlechte Theorie, wenn sie nur dafür da ist, etwas herauszubringen.

ADORNO: Ich stoße immer wieder darauf, daß man mich fragt, was würdest du als Radiodirektor, als Kultusminister tun. Dann müßte ich immer gestehen, daß ich mich in großer Ratlosigkeit befände. Das Gefühl, daß wir zwar ungeheuer viel wissen, daß es uns aber aus kategorialen Gründen nicht gegeben ist, unser Wissen in eine wirkliche Praxis umzusetzen, muß in unsere Erwägungen miteingehen.

HORKHEIMER: Das ist zu kurz gegriffen. Solange Sie noch an einer Gesellschaft mitarbeiten, können Sie sich nicht auf den Begriff der Praxis beziehen, den Marx noch hat. – Unsere Situation ist so, daß wir uns mit der Frage des Reformismus auseinandersetzen müssen. Was heißt Praxis, wenn es keine Partei mehr gibt?

HORKHEIMER: Bedeutet dann nicht Praxis entweder Reformismus oder Quietismus?

ADORNO: Wir haben einen andern Begriff von Praxis als der Lazarsfeld. Schon immer hat man uns einen Begriff entgegengehalten, der einer Notstandssituation angemessen ist.

HORKHEIMER: Da die kommunistische Partei auch schon in der Gesellschaft drin ist, bedeutet das den Verzicht auf das, was wir mit Praxis meinen. Wir meinen mit Praxis wirklich, daß man mit dem Gedanken, daß die Welt sich von Grund auf ändern müsse, ernst macht. Das muß sich sowohl im Denken wie im Tun zeigen. Das Praktische liegt in dem Anders, die Welt soll anders werden. Man soll nicht etwa statt dem Denken etwas anderes tun, sondern sowohl anders denken als auch anders handeln. – Ob diese Praxis nicht einfach verlangt, daß man sich umbringen soll? Man muß wahrscheinlich davon ausgehen, daß wir uns sagen müssen, wenngleich es keine Partei mehr gibt, hat der Umstand, daß wir da sind, doch einen Wert.

ADORNO: Dabei sind wir an sich gar nicht so unglücklich wie andere Menschen.

HORKHEIMER: Der Natur nach liegt uns das Umbringen fern.

ADORNO: Die Theorie ist gerade durch das Herausgenommensein selber so etwas wie die Stellvertretung des Glücks. Das Glück, das durch die Praxis herzustellen wäre, findet in der heutigen Welt gar keinen andern Reflex als [das]* Verhalten des Menschen, der auf dem Stuhl sitzt und nachdenkt.

HORKHEIMER: Das ist aristotelisch.

ADORNO: Das ist nicht wahr, insofern, als das Glück nur gedacht und nicht wirklich ist, aber auch wahr, als dies aus dem Getriebe Herausgenommensein gewissermaßen die Statthalterschaft für das Glück hat. An dieser Stelle ist der Unterschied zwischen dem Denken und dem Gansbraten nicht so groß, das eine kann fürs andere eintreten.

HORKHEIMER: Aber Gansbraten Fressen ist nicht Theorie Treiben. Freiheit ist: tun dürfen, was man mag. Der Umstand, daß es uns Spaß macht zu denken, begründet nicht den Vorrang der Theorie vor der Praxis. Das Denken, soweit es keinen Bezug auf die Praxis

[* Ts.: »in dem«.]

hat, ist nichts anderes, als was man sonst halt mag. Der Unterschied zwischen dem Denken, zu dem wir ja und zu dem wir nein sagen, ist der, daß das, zu dem wir ja sagen, eine Beziehung zur richtigen Welt haben muß und die Welt unter diesem Aspekt anschaut, es muß eine Beziehung bestehen zu dem, wie es anders werden kann. Wenn wir über Theorie und Praxis schreiben wollen, müssen wir dieses Moment näher beschreiben. Einmal meinen wir mit Praxis den Umstand, daß alles, was wir denken und tun, unter dem Aspekt des anderen stehen soll. Das zweite Mal meinen wir mit Praxis das, was den Unterschied zwischen Denken und Tun betrifft. Wir müßten alles so denken und tun, daß es irgendwie dem erstgenannten Begriff von Praxis entspricht. Sie wehren sich dagegen, daß dem Denken Möglichkeiten abgeschnitten werden, indem man sagt, wie soll man es nun anfangen.

[9. Bezug auf das ganz Andere: kein Utopismus]

(25.3. nachmittags)

HORKHEIMER: Es darf nicht so aussehen, als hätten wir bürgerliche Wünsche metaphysisch vergoldet.* Man könnte einwenden, daß das, was wir das Andere nennen, nichts sei als eine ideologische Projektion; was auf Grund einer bestimmten gesellschaftlichen Interessenlage als das Wünschenswerte erschien, wird dann als das Andere der gesamten Weltgeschichte entgegengesetzt.

ADORNO: Man könnte sagen, Marx und Hegel haben gelehrt, daß es nicht abstrakte Ideale gibt, sondern daß das Ideal immer im nächsten Schritt liegt, daß das Ganze nicht unmittelbar, sondern nur vermittelt durch den nächsten Schritt zu haben ist, also daß das, was wir tun, vordialektisch sei, ein aus der Dialektik Hinausspringen. Darauf würde ich sagen, dieser Einwand ist abstrakt. Das gilt für eine Welt, die noch nicht zur Totalität geschlossen ist. Heute aber, wo

[* Reminiszenz an eine Formulierung von Sombart (»Goldgrund« sinnvoller Totalitäten), auf die sich M. H. schon im Zusammenhang metaphysikkritischer Erwägungen in ›Die gegenwärtige Lage der Sozialphilosophie und die Aufgaben eines Instituts für Sozialforschung‹ (1931, in: *HGS* 3, S. 26) bezogen hatte.]

wirklich alles erfaßt ist und wo die Welt absehbar eine Einheit bildet, ist die Vorstellung des Anderen gerade an der Zeit. Man könnte beinah sagen, daß die Dialektik, in der ja immer auch ein Moment des Freien drinsteckt, heute ihr Ende erreicht hat, weil nichts anderes mehr draußen ist. Was Hegel und Marx Utopismus genannt haben, ist gegenüber dem heutigen geschichtlichen Stand überholt. Weil der Stand der Produktivkräfte wirklich es erlaubte, den Mangel abzuschaffen, und weil die ganze Welt so zu einem einzigen Unheils- und Verblendungszusammenhang zusammengebacken ist, so daß nur, was aus dem Ganzen herausführt, das Rettende ist.

HORKHEIMER: Das ist Rückfall in den Utopismus.

ADORNO: Die Kritik am Utopismus beruht doch darauf, daß der Stand der Technik noch nicht so weit sei, das kann heute niemand mehr sagen. Es ist heute wirklich reiner Widerspruch zwischen Produktivkräften und Produktionsverhältnissen.

HORKHEIMER: Das hat schon Marx gesagt.

ADORNO: Das war aber wahrscheinlich damals noch nicht der Fall.

HORKHEIMER: Warum müssen wir denn zu einem bürgerlichen Ideal zurück?

ADORNO: Wir können nachweisen, daß die Dinge, die wir nicht mögen, ihrerseits Reflexionsform der Produktionsform sind.

HORKHEIMER: Marx war nur gegen das, was er für überholt gehalten hat, wir sind dagegen Romantiker.

ADORNO: Marx hätte Television und Motorrad auch zur Ideologie gerechnet.

HORKHEIMER: Mein Einwand: alles, wodurch wir das andere bestimmen, hat etwas Ideologisches an sich. Sind das nicht eigentlich alles animalische Dinge, ein nicht allzu anstrengendes Leben, genug zu essen, nicht von morgens bis abends arbeiten. Verhindern, daß der Natur im Menschen Gewalt geschieht. – Wie verhält es sich bei Marx mit Theorie und Praxis?

ADORNO: Das an der Zeit Seiende bedeutet die ganze Vorgeschichte. In dem Begriff der Vorgeschichte steckt auch etwas von abstrakter Utopie.

HORKHEIMER: Marx sagt, die Klassen müssen abgeschafft werden, weil es an der Zeit ist, weil die Produktivkräfte stark genug sind.

ADORNO: Wenn man die Geschichte ihren Gang gehen läßt und sie

nur ein bißchen beschleunigt, dann läuft sie auf das Unheil der Menschheit hinaus.

HORKHEIMER: Dagegen kann man nichts anderes tun als den Sozialismus einführen.

ADORNO: Das sagen wir ja auch.

HORKHEIMER: Wenn man sich immer nur darauf zurückzieht, daß man alles an dem Bild dessen mißt, wie man es haben will, dann kommt man zum Begriff des Utopismus, zu einer Theorie, die zu keinem Handeln kommt. Was soll die Theorie, wenn sie uns nicht sagt, wie wir uns zu den Russen, zu USA zu verhalten haben? Die Wirklichkeit wäre zu messen an einem Aspekt, dessen Verwirklichungsmöglichkeit in bereits vorhandenen konkreten Ansätzen der historischen Realität aufgezeigt werden kann.

ADORNO: Ist das nicht die gigantische Vergrößerung der Forderung von Herrn Ehmann* im Bunker als Flüchtlingsvater? Man soll dann das Richtige tun.

HORKHEIMER: Es steckt in dem, was die von uns wollen, teils etwas Bösartiges, teils etwas Gutartiges, daß der Intellektuelle jemand sein muß, der wirklich helfen kann. Man kann nicht sagen: ich denke nur.

ADORNO: Auf der einen Seite ist die Theorie genau dazu da, zu sagen, was man mit Hinblick auf die Verwirklichung des Kommunismus innerhalb einer bestimmten Mächtekonstellation tun kann. Auf der andern Seite ist es genau der Zwang, in solchen Alternativen zu denken, der das Denken heute zu einem solchen Gewäsch macht. Das ist eine Antinomie.

HORKHEIMER: Sie können diese Antinomie nicht abstrakt negieren. Sie können nicht sagen, der Zwang macht das Denken kaputt, und infolgedessen schimpfe ich auf beide. Sie müssen dann aussprechen: Hände weg von der Politik und Universitätsprofessor sein. Wir werden sonst Stoiker. Das Denken wird zum einzigen Glück.

ADORNO: Man kann das Glück des Denkens nicht empfehlen.

[* Zusammenhang nicht ermittelt. – Möglicherweise handelt es sich um den Musikwissenschaftler Wilhelm Ehmann, aus dessen Schrift *Erbe und Auftrag musikalischer Erneuerung* (Kassel 1950) Adorno in ›Kritik des Musikanten‹ (in: *AGS* 14, S. 97) zitiert.]

HORKHEIMER: Vielleicht sollten wir ohne Kompromiß sagen: Artikel schreiben wie Marx ist heute sinnlos, wir glauben zwar, daß es in der Geschichte einen Augenblick geben könnte, wo noch einmal alles herumgeworfen werden kann. Aber heute müssen wir uns zum Defaitismus bekennen, nicht zu einem fatalistischen, aber zu der Situation, in der wir uns befinden: wir können nichts machen. Daraus dürfen wir keine Theorie machen, sondern müssen sagen, daß man im Grunde nichts wenden kann. Man darf nicht so tun, als ob es noch ginge.

ADORNO: Auf der einen Seite haben Sie gesagt, wir glauben, daß ein Moment kommen kann, wo es gehen wird. Auf der andern Seite hat es etwas ganz Läppisches, das auszusprechen. Mit dem Marxismus ist der Gedanke, es wird schon einmal gehen, unvereinbar.

HORKHEIMER: Wenn man sagt, es wird einmal gut, so beruhigt mich das sehr wenig. Denn die ermordeten 20 Millionen Chinesen sind tot, und hier liegt, was uns vom Marxismus trennt. Daß es einmal gut wird, kann uns nicht mit dem versöhnen, was inzwischen nicht gut war. Infolgedessen ist der Marxismus im Grunde nicht möglich, wenn die Revolution nicht unmittelbar auf der Tagesordnung steht. Wenn das wahr ist, dann ist die Utopie nicht mehr eine gesellschaftliche Utopie, dann wird unser Gegensatz zu Marx ungeheuer vertieft.

ADORNO: Dann ist die Utopie Metaphysik.

HORKHEIMER: Nicht Metaphysik, sondern viel unmittelbarer. Durch alles, was wir schreiben, muß die Praxis durchleuchten, ein merkwürdiges Abwarten, das aber nicht das an sich hat, daß alles, was war, gerechtfertigt wird; wir müssen unsere Existenzform als das Maß dessen sehen, was wir denken.

ADORNO: Müßte man es nicht wirklich heute ganz neu denken: ein Manifest schreiben, das dem gerecht wird, wie es heute ist. Bei Marx konnte noch nicht gesehen werden, daß die Immanenz der Gesellschaft total geworden ist. Das bedeutet einerseits, man brauchte beinahe nur die Schale abzustreifen, auf der andern Seite, daß es niemand mehr anders haben will.

HORKHEIMER: Noch ist eine Periode, in der wir atmen können. Das dürfen wir nicht aus der Theorie draußen lassen. Man kann keine Politik machen, und doch ist jedes Wort von uns politisch. Man muß aussprechen, daß die KP um kein Haar besser ist als die libera-

len Republikaner. Die Formulierung, daß es neue Konstellationen geben kann, hat Ähnlichkeit mit Trotzky.
ADORNO: Die Tatsache, daß es Kunst gibt, ist nicht dadurch gleichgültig, daß es auf die Revolution ankommt.
HORKHEIMER: Kunst ist eigentlich nichts anderes, als was wir meinen, aber wir müssen es aussprechen.
ADORNO: Wir dürfen uns dagegen nicht blind machen.
HORKHEIMER: Wir müssen darüber Rechenschaft ablegen, worüber Picasso schweigen kann. Eigentlich muß aus unserer Stellung klar werden, warum man Kommunist sein kann und die Russen verachten.
ADORNO: Wir müssen gegen Adenauer sein.
HORKHEIMER: Es ist aber nur wahr, wenn man die Momente, durch die man im Westen noch leben kann, auch erwähnt. Aufruf zur Wiederherstellung einer sozialistischen Partei.
ADORNO: Streng leninistisches Manifest.
HORKHEIMER: Darauf bekäme man zu hören: in Rußland kann man es nicht verbreiten, in USA und Deutschland hat es keinen Wert, höchstens in Italien und Frankreich. Wir rufen niemand zu etwas auf.
ADORNO: Praxis ist ein rational gelenktes Tun, das läuft dann schließlich auf Theorie hinaus. Praxis treibt aus ihrer eigenen Gesetzlichkeit auf die Theorie.
HORKHEIMER: Die Theorie ist gleichsam eines der Instrumente des Menschen.
ADORNO: Das bedeutet, man kann Theorie und Praxis gar nicht trennen.
HORKHEIMER: Das ist Konformismus.
ADORNO: Damit ein Verhalten praktisch ist, muß ich mir etwas überlegen. Wenn ich den Begriff der Überlegung habe, ist im Begriff der Praxis der der Theorie gesetzt. Die beiden Momente sind wirklich gleichzeitig voneinander getrennt und unabtrennbar.
HORKHEIMER: Die Theorie ist dazu verhalten zu reflektieren, sie muß wissen, wozu.
ADORNO: Die Theorie wird genau dadurch mehr als ein bloßes Instrument der Praxis, daß sie über sich selbst reflektiert und sich dadurch in ihrer Bestimmtheit als bloßer Theorie zurücknimmt.

HORKHEIMER: Sie kann das nur tun, indem sie auf die richtige Praxis abzielt.
ADORNO: Die Kontemplation hatte einen Sinn, solange sie auf ein Objekt im theologischen (??) Sinn gerichtet war. Sie beanstanden immer an der Theorie, daß eine kommunistische Theorie eigentlich ein Widersinn ist, die reine Betrachtung von etwas, was es gar nicht mehr gibt. Der Begriff der Theorie hat sich durch den Gesamtbegriff der Aufklärung in sich selber zersetzt. Der Begriff der Theorie hat etwas Archaisches.
HORKHEIMER: Marx würde sagen, das, was wahrgenommen wird, sind keine Ideen, sondern in einem doppelten Sinn Produkte der menschlichen Praxis, einmal so, daß unsere Aufmerksamkeit immerfort beherrscht wird von dem, was wir brauchen, dann so, daß das, was wir als nominalistisch nicht auflösbar betrachten, wir mit unseren wissenschaftlichen Mitteln noch nicht herstellen können.
ADORNO: Daß der Mensch aus der Natur herausgebrochen ist, ist äußerst merkwürdig. Erst heute unterm Monopol stellt sich die Welt der Tiere für die Menschen wieder her, alles ist zu. Der biologische Sprung der Gattung Mensch wird wieder rückgängig gemacht.

[10. Antinomie des Politischen]

(30.3.)

HORKHEIMER: Wir haben gesagt, was ist es mit dem Verhältnis von Theorie und Praxis, wenn es keine Partei mehr gibt. Nun gibt es keine Partei, infolgedessen arbeitet man, wenn man Theorie macht, im doppelten Sinn ins Ungewisse. Einmal, weil das, was man in der Theorie produziert, gar nichts mehr mit Marx gemein hat, mit dem fortgeschrittensten Klassenbewußtsein; was wir denken, ist gar nicht die Funktion des Proletariats. Zweitens ist es dann so, als ob man die Theorie gleichsam »auf Lager« arbeitet.
ADORNO: Im besten Falle noch Flaschenpost.*

[* Diese bekannte Metapher für die Adressatenlosigkeit der Kritischen Theorie findet sich vielleicht zum ersten Mal schriftlich in einem Brief M.H.s vom 29.6.1940 an Salka Viertel (in: *HGS* 16, S. 726).]

HORKHEIMER: Auf Lager: vielleicht kommt noch einmal eine Zeit, wo man die Theorie brauchen kann. Eine Theorie, die gar keine Beziehung zur Praxis mehr hat, ist Kunst. Was wir beantworten müßten, wäre, machen wir Philosophie als reine Gebilde.
ADORNO: Wenn ich die Wahl hätte zwischen auf Lager und Gebilde, dann würde ich Gebilde immer noch vorziehen; Gedanken denken, weil es einem Spaß macht, scheint mir dann immer noch würdiger.
HORKHEIMER: *1. These: Wahl zwischen auf Lager und Gebilde.*
ADORNO: Man muß versuchen, das so rücksichtslos auszusprechen, wie man nur kann, ohne etwas unerhellt zu lassen.
HORKHEIMER: Wenn unsere Theorie nicht mehr unmittelbar der Praxis dient, wenn die Verbindung mit der Praxis ganz undurchsichtig ist, dann könnte man nur sagen, irgendwie wird es ihr doch zugute kommen. Denken ist in einem sehr entscheidenden Sinn direktionslos geworden. Darin unterscheidet sich die Philosophie von der Kunst. Wenn wir in einem philosophischen Text von der Ungerechtigkeit und Verlogenheit der Welt sprechen, und die Welt antwortet, wir sind nicht ungerecht und verlogen, denn es ist nichts anderes an der Zeit, wir machen es, so gut es nur geht, dann wird etwas an der Theorie unrichtig. Von der Theorie verlangt man mit Recht, daß sie irgendetwas bedeuten soll. Musik hört man bloß an. Theorie darf nicht selbstvergessen sein, Theorie als Widerstand. Im Grunde ist auch Ihr Denken sehr praktisch orientiert.
ADORNO: Ich weiß, daß alles falsch ist, solange die Welt so ist, wie sie ist.
HORKHEIMER: Sie würden sagen, wenn man das nur sagt, so ist schon viel geschehen. Ich sage, es müßte aber noch viel mehr geschehen, daß die Linie aufgezeigt ist, in der das Grauen nicht mehr notwendig ist. Für Sie ist die Theorie schon erfüllt, wenn man das sagt. Ich glaube, wir müßten vom Marxismus das festhalten, daß man nicht bloß sagt, das ist schlecht. Eigentlich haben wir es heute immer noch zu tun mit dem Standpunkt der französischen Gegenrevolution, der gesagt hat, das Geschäft, das der Henker besorgt, ist immer noch ganz gut, denn sonst wäre es noch schlechter.
ADORNO: Was mich im Grunde an der ganzen Beziehung von Theorie und Praxis so irritiert, ist zunächst etwas ganz Handgreifliches, nämlich die Erfahrung, daß alles, was die Russen schreiben, in Ideo-

logie, in dummes, plumpes Gewäsch übergeht, daß die Kultur Mist ist, und daß irgendwo genau an der Stelle schon bei Marx und Engels ein Moment der Rebarbarisierung ist. Das Denken ist bei ihnen verdinglichter als im fortgeschrittensten bürgerlichen Bewußtsein. Ich wollte immer versuchen das einzuholen, eine Theorie, die Marx, Engels und Lenin die Treue hält, aber auch andererseits nicht hinter die fortgeschrittenste Kultur zurückfällt.

HORKHEIMER: Wer würde das nicht unterschreiben. Die Kultur wollen Sie behalten, aber es gehört doch notwendig zu dieser Kultur, daß man rücksichtslos und barbarisch ist. Ihre Haltung hat e[twa]s vom Don Quixote. Was Ihnen nicht paßt, möchten Sie weglassen, als ob in dem heutigen Zustand diese Kultur mit etwas anderem zusammenhängen könnte als mit der Ungerechtigkeit, die wir hassen.

ADORNO: Die rücksichtslose Kritik dieser Kultur gehört zu einem Element dessen, was wir tun.

HORKHEIMER: Mir ist eigentlich die reine Kulturkritik nicht so wichtig. Ein Amerikaner könnte uns sagen, was willst du eigentlich, wir sind die besseren Menschen, wir wollen es so machen, daß es nicht barbarisch [ist]. Damit müssen wir uns auseinandersetzen. Wissen Sie, was Sie an der Praxis ablehnen? Das Rezept. Theorie soll kein Rezept sein, aber wenn sie gar nicht mit so etwas Ähnlichem zu tun hat...

ADORNO: ...hebt sie sich selber auf. Wenn's zu konkret ist, schreie ich, wenn's zu abstrakt ist, schreien Sie. – [Als]* Marx und Engels das *Kommunistische Manifest* geschrieben haben, hat es ja auch keine Partei gegeben. Man muß nicht immer an etwas anknüpfen, was schon da ist.

HORKHEIMER: Wenn man in einer nicht revolutionären Situation revolutionär schreibt und das Positive der Kultur nicht mitmeint, bekommt alles so etwas Trostloses.

ADORNO: Aber Marx hat nicht das Gottverlassene.

HORKHEIMER: Er hat nichts Sektiererisches. Kein Wort darf verleugnen, daß wir in dieser Gesellschaft leben und dazu gehören.

ADORNO: Man lebt von der Kultur, die man kritisiert.

HORKHEIMER: Ich meine die Gesellschaft.

[* Ts.: »Wie«.]

ADORNO: Sie haben gesagt, man kann die Barbarei dieser Kultur nur mit barbarischen Mitteln schlagen. Sind denn die Mittel indifferent gegen ihre Zwecke? Mit anderen Worten, kann ich wirklich gegen die Barbarei sein, wenn ich selber so schreibe wie die marxistische Tradition des Schreibens?

HORKHEIMER: Karl Kraus ist auch barbarisch.

ADORNO: Wir müssen es so aussprechen, daß man in einer durchsichtigen Weise daraus erkennen kann, wie es zu ändern wäre. Man soll nicht die Gedanken nach der Änderung richten, aber es muß doch soviel daraus hervortreten, daß man sich vorstellen kann, daß es geändert werden könnte.

HORKHEIMER: *2. These: Was wir heute sagen, ist etwas, was die Moral oder das Christentum meint. Wenn man soviel Überfluß hat wie die westliche Welt, dann muß man denen etwas geben, die nichts haben.*

ADORNO: Eigentlich liegt es nur an der Ideologie. Im Grunde müßte man nur das Bewußtsein ändern, den Verblendungszusammenhang im Bewußtsein der einzelnen lösen, dann wäre es in Ordnung.

Es ist nicht nur der Bewußtseinszusammenhang. Wenn die, [die] viel haben, abgeben würden, würden sie schließlich von den andern erobert. Die Menschen leben vom Grauen. Das hängt auch mit dem Fleisch-Essen zusammen. Ihr: Bettler eilt der Pforte zu*, das ist die Kultur, in der wir leben.

ADORNO: Theorie ist bereits Praxis, und Praxis setzt Theorie voraus. Heute soll alles Praxis sein, und gleichzeitig gibt es gar keinen Begriff von Praxis. Wir leben in keiner revolutionären Situation, und eigentlich ist es schlimmer als je. Das Grauen besteht darin, daß wir zum ersten Mal heute in einer Welt leben, in der man sich das Bessere gar nicht mehr vorstellen kann.

HORKHEIMER: Es gibt keine Partei mehr.

ADORNO: Es geht nicht, daß man zu einer linkssozialistischen Partei aufruft. Eine solche Partei würde heute entweder von den Kom-

[* Aus einem Lied in: Adorno, *Der Schatz des Indianer-Joe. Singspiel nach Mark Twain*, Frankfurt am Main 1979, S. 33f. Darin heißt es: »Im Wald, im schönen grünen Wald, / da ist es wunderschön, / [...] da laufen die Hasen und Reh. / Die werden alle umgebracht, / das tut den Jägern weh. / [...] Ein Mägdlein schläft im tiefen Busch, / der Bettler eilt der Pforte zu, / die weck ich auf mit einem Husch, / schlaf in guter Ruh.«]

munisten ins Schlepptau genommen oder erlitte das Schicksal der SPD oder der Labor Party. Es ist keine politische Frage, daß es keine Partei gibt.

HORKHEIMER: *Der Augenblick, in dem von der Politik wie noch zu keinem Zeitpunkt das Richtige erfüllt werden könnte, ist zugleich der, in dem die Politik nicht mehr aktuell ist.*

ADORNO: Problematik dessen, der da redet.

HORKHEIMER: *Kann man sagen, daß heute die politische Situation schlechter ist als zu einer anderen Zeit? Es ist nicht bloß schlechter. Uns beide verbindet gegenüber allen Menschen eine Art von Scheu, folgenden Gedanken auszusprechen: in China werden 20 Millionen ermordet, aber bald gibt es keine Hungersnöte mehr. Wir lehnen nicht die Praxis ab, aber das Verfügen.* Weil wir noch leben dürfen, sind wir verpflichtet, etwas zu machen.

[11. Individualismus]

(31.3.)

HORKHEIMER: Wir meinen, daß die Menschen nuanciert sein müssen, bei Marx geht der Sozialismus darauf hinaus, daß die Menschen alle gleich werden.

ADORNO: Marx war zu harmlos, er hat sich wahrscheinlich naiv vorgestellt, daß die Menschen im Grunde wesentlich identisch sind und bleiben. Daß es dann gut wird, wenn man nur die schlechte zweite Natur von ihnen nimmt.* Er hat sich nicht um die Subjektivität gekümmert, er wollte das nicht so genau wissen. Daß die Menschen bis ins Innerste Produkte der Gesellschaft sind, würde er als eine Milieutheorie abgelehnt haben. Das hat erst Lenin zum ersten Mal ausgesprochen.

[* »Daß es … ihnen nimmt.« / Ts.: »Wenn man nur die schlechte zweite Natur von ihnen nimmt, daß es dann gut wird.«]

[12. Geschichtliche Veränderung des Verhältnisses von Statik und Dynamik]

(2.4.)

ADORNO: Gegensatz von dynamisch und statisch reicht nicht an die eigentliche Differenz heran. Das Bürgerliche ist längst dynamisch geworden.*

[* Vgl. zu diesem hier allzu knapp formulierten Gedanken Adornos Ausführungen in: ›Über Statik und Dynamik als soziologische Kategorien‹ (1961), in: *AGS* 8, S. 217ff.]

B. Verzeichnisse und Register

I. Verzeichnisse der Schriften

I.1. Inhaltsverzeichnis der *Gesammelten Schriften*, Band 1–19

Band 1: *›Aus der Pubertät. Novellen und Tagebuchblätter‹ 1914–1918*

Allgemeine Editionsprinzipien
der *Gesammelten Schriften* 9

Aus der Pubertät
Novellen und Tagebuchblätter

Vorwort 19

Krieg. *Ein Briefwechsel* 21

Eva. *Eine Novelle* 65

Sehnsucht. *Novellen* 100
  Licht 100
  Abenteuer 107
  Zwei Briefe 114
  Kraft 120
  Versuchung 125
  Irmgard 130
  Sehnsucht 135
  Irene. Nachtstück 141
  Erlösung 147
  Sonate 152

Vier Tagebuchblätter [1915–1916] 158
  Juli 1915 158
  Friede 162
  [Januar 1916] 164
  [Juni 1916] 166

Wille zur Erkenntnis. *Zehn Novellen* 170
  Herbst [I] 170

Der Zaun 176
Ouvertüre 183
Liebe 191
Leonhard Steirer 200
Der Empörer 209
Frühling 218
Freiheit 229
Der Dämon 239
Arbeit 247

Friedensfest 257

Jochai 264

Bekenntnis meiner Politik. Ein Brief 273

Gregor 286

Friede. Ein Zwischenakt 298

Geburt 323

Tagebuchblätter [1918] 339

München 1918 345
Die unsterbliche Liebe 345
Tagebuchblatt [Oktober 1918, I] 348
Tagebuchblatt [Oktober 1918, II] 350
Tagebuchblatt [Juni 1918] 352
Tagebuchblatt [September 1918] 355
Tagebuchblatt [3. September 1918] 359
Goldabend 360
Herbst (II) 361

Editorischer Anhang

Nachwort des Herausgebers
Frühe Dokumente der Kritischen Theorie 365

Nachtrag 376

Nachweis der Erstveröffentlichung 379

Band 2:
Philosophische Frühschriften 1922–1923

Zur Antinomie der teleologischen Urteilskraft 13

Über Kants *Kritik der Urteilskraft* als Bindeglied zwischen theoretischer und praktischer Philosophie 73

Würdigungen

Hans Cornelius. *Zu seinem 60. Geburtstag* 149
Rudolf Eucken. *Ein Epigone des Idealismus* 154
Hans Driesch. *Zum 60. Geburtstag* 158
Leopold Ziegler 162
Nicolai Hartmann 172

Anfänge der bürgerlichen Geschichtsphilosophie

Vorwort 179
1. Machiavelli und die psychologische Geschichtsauffassung 181
2. Naturrecht und Ideologie 205
3. Die Utopie 237
4. Vico und die Mythologie 252

Aufsätze

Ein neuer Ideologiebegriff? 271
Hegel und das Problem der Metaphysik 295

Notizen

Dämmerung. Notizen in Deutschland 309

Editorischer Anhang

Nachwort des Herausgebers
Die philosophischen Frühschriften.
Grundzüge der Entwicklung des Horkheimerschen Denkens von der Dissertation bis zur ›Dämmerung‹ 455
Editorischer Nachweis 469
Verzeichnis der Erstveröffentlichungen 471

Band 3: Schriften 1931–1936

Brief an den S. Fischer Verlag 9
Vorwort zur Neupublikation 14

Die gegenwärtige Lage der Sozialphilosophie und die Aufgaben eines Instituts für Sozialforschung 20
Vorwort [zu Heft 1/2 des I. Jahrgangs der *Zeitschrift für Sozialforschung*] 36
Bemerkungen über Wissenschaft und Krise 40
Geschichte und Psychologie 48
Materialismus und Metaphysik 70
Zu Henri Bergsons *Les deux sources de la morale et de la religion* 106
Vorwort [zu Heft 2 des II. Jahrgangs der *Zeitschrift für Sozialforschung*] . 110
Materialismus und Moral 111
Zum Problem der Voraussage in den Sozialwissenschaften 150
Zu Oswald Spenglers *Jahre der Entscheidung* 158
Zum Rationalismusstreit in der gegenwärtigen Philosophie 163
Vorbemerkung [zu Kurt Mandelbaums und Gerhard Meyers *Zur Theorie der Planwirtschaft*] 221
Zu Bergsons Metaphysik der Zeit 225
Bemerkungen zur philosophischen Anthropologie 249
Zum Problem der Wahrheit 277
Gedanke zur Religion 326
Vorwort [zu den *Studien über Autorität und Familie*] 329
Autorität und Familie 336

Editorischer Anhang

Editorische Hinweise 421
Verzeichnis der Vorträge und Erstveröffentlichungen 423

Band 4: Schriften 1936–1941

Egoismus und Freiheitsbewegung 9
Zu Theodor Haeckers *Der Christ und die Geschichte* 89
[Bemerkung zu Donald Greers *The Incidence of the Terror during the French Revolution*] 102
Vorwort zum VI. Jahrgang [der *Zeitschrift für Sozialforschung*] 105

Der neueste Angriff auf die Metaphysik 108
Traditionelle und kritische Theorie 162
Nachtrag 217
Bemerkungen zu Jaspers' *Nietzsche* 226
Montaigne und die Funktion der Skepsis 236
Die Philosophie der absoluten Konzentration 295
Die Juden und Europa 308
Die gesellschaftliche Funktion der Philosophie 332
Psychologie und Soziologie im Werk Wilhelm Diltheys 352
Vorwort [zu Heft 3 des VIII. Jahrgangs der *Zeitschrift für Sozialforschung*] 371
Zur Tätigkeit des Instituts. Forschungsprojekt über den Antisemitismus 373
Vorwort [zu Heft 2 des IX. Jahrgangs der *Zeitschrift für Sozialforschung*] 412
Neue Kunst und Massenkultur 419

Editorischer Anhang

Editorische Hinweise 441
Nachwort des Herausgebers zu den Bänden 3 und 4 443
Verzeichnis der Erstveröffentlichungen 461

Band 5:
›Dialektik der Aufklärung‹ und Schriften 1914–1950

Max Horkheimer und Theodor W. Adorno
Dialektik der Aufklärung

Zur Neuausgabe 13
Vorwort zur italienischen Ausgabe 15
Vorrede 16
Begriff der Aufklärung 25
Exkurs I: Odysseus oder Mythos und Aufklärung 67
Exkurs II: Juliette oder Aufklärung und Moral 104

Kulturindustrie
Aufklärung als Massenbetrug 144

Elemente des Antisemitismus
Grenzen der Aufklärung 197

Aufzeichnungen und Entwürfe 239

Schriften 1940–1950

Autoritärer Staat 293

Vernunft und Selbsterhaltung 320

Einige Betrachtungen zum Curfew 351

Zur Psychologie des Nazitums
Zu Richard M. Brickners *Is Germany Incurable?* 354

Zur Soziologie der Kunst 360

Antisemitismus: Der soziologische Hintergrund
des psychoanalytischen Forschungsansatzes 364

Zur Klassifikation jüdischer Einwanderer 373

Autorität und Familie in der Gegenwart 377

Ernst Simmel und die Freudsche Philosophie 396

Vorwort zu den *Studies in Prejudice* 406

Einleitung [zu Leo Löwenthals und Norbert Gutermans *Prophets of Deceit*] 412

Vorwort [zu *The Authoritarian Personality*] 415

Editorischer Anhang

Nachwort des Herausgebers
Die Stellung der ›Dialektik der Aufklärung‹ in der Entwicklung der Kritischen Theorie. Bemerkungen zu Autorschaft, Entstehung, einigen theoretischen Implikationen und späterer Einschätzung durch die Autoren 423

Willem van Reijen, Jan Bransen
Das Verschwinden der Klassengeschichte in der ›Dialektik der Aufklärung‹
Ein Kommentar zu den Textvarianten der Buchausgabe von 1947 gegenüber der Erstveröffentlichung von 1944 453

Editorische Hinweise 458

Verzeichnis der Vorträge und Erstveröffentlichungen 460

Band 6:
›Zur Kritik der instrumentellen Vernunft‹ und ›Notizen 1949–1969‹

Zur Kritik der instrumentellen Vernunft

Vorwort [zur deutschen Erstausgabe] 21
Vorwort 25
1. Mittel und Zwecke 27
2. Gegensätzliche Allheilmittel 75
3. Die Revolte der Natur 105
4. Aufstieg und Niedergang des Individuums 136
5. Zum Begriff der Philosophie 165

Notizen 1949–1969 187

Editorischer Anhang

[Werner Brede:]
Nachwort des Herausgebers
[zur Erstveröffentlichung der *Notizen*] 429
Nachwort des Herausgebers
Dokumente des Horkheimerschen Spätwerks 434
Editorische Hinweise 444
Verzeichnis der Erstveröffentlichungen 445

Band 7:
Vorträge und Aufzeichnungen 1949–1973

1. Philosophisches

Ideologie und Handeln 11
Zum Begriff der Vernunft 22
[Immanuel Kant – zum 150. Todestag] 36
Schopenhauer und die Gesellschaft 43
Zum Begriff des Menschen 55
Philosophie als Kulturkritik 81
Erinnerung 104
Soziologie und Philosophie 108
Die Aktualität Schopenhauers 122

Vorbemerkung [zu Alfred Schmidts
Der Begriff der Natur in der Lehre von Marx] 143

Zum Begriff der Freiheit 145

Macht und Gewissen 154

Kants Philosophie und die Aufklärung 160

Theismus – Atheismus 173

Religion und Philosophie 187

De Anima 197

Psalm 91 207

Über die Zweifel 213

Pessimismus heute 224

Bemerkungen zur Liberalisierung der Religion 233

Schopenhauers Denken im Verhältnis
zu Wissenschaft und Religion 240

[Lessing und die Aufklärung] 253

2. Würdigungen

Jenseits der Fachwissenschaft
Adorno zum 60. Geburtstag 261

Einsicht in die Gegenwart
Friedrich Pollock zum 70. Geburtstag 265

Letzte Spur von Theologie –
Paul Tillichs Vermächtnis 269

Erinnerung an Paul Tillich
[Gespräch mit Gerhard Rein] 276

[Zum Tode Adornos
Gespräch mit Bernhard Landau] 284

[Theodor W. Adorno zum Gedächtnis] 289

»Himmel, Ewigkeit und Schönheit.«
Interview zum Tode Theodor W. Adornos 291

3. Gespräche

[Christentum, Marxismus und studentische Protestbewegung
Gespräch mit Dagobert Lindlau] 297

Dialog über den Dialog
[Gespräch mit Hans Jürgen Schultz] 300

Die Funktion der Theologie in der Gesellschaft
[Gespräch mit Paul Neuenzeit] 309

Dokumente – Stationen
[Gespräch mit Otmar Hersche] 317

»Was wir ›Sinn‹ nennen, wird verschwinden.«
[Gespräch mit Georg Wolff und Helmut Gumnior] 345

Die verwaltete Welt kennt keine Liebe
Gespräch mit Janko Musulin 358

Verwaltete Welt
[Gespräch mit Otmar Hersche] 363

Die Sehnsucht nach dem ganz Anderen
[Gespräch mit Helmut Gumnior] 385

Radikalismus
[Gespräch mit Hans Jürgen Schultz] 405

Neues Denken über Revolution
[Gespräch mit Gerhard Rein] 415

Zur Zukunft der Kritischen Theorie
[Gespräch mit Claus Grossner] 419

Zum Begriff des Geistes und der Verantwortung des Geistes
[Gespräch mit Otmar Hersche] 435

Das Schlimme erwarten und doch das Gute versuchen
[Gespräch mit Gerhard Rein] 442

»Es geht um die Moral der Deutschen.«
[Gespräch mit Rudolf Ringguth und Georg Wolff] 480

Editorischer Anhang

Verzeichnis der Vorträge und Erstveröffentlichungen 489

Band 8: Vorträge und Aufzeichnungen 1949–1973

4. Soziologisches

Lehren aus dem Faschismus 9

Politik und Soziales 38

Invarianz und Dynamik in der Lehre von der Gesellschaft 53

Vorurteil und Charakter 64

Zur Psychologie des Totalitären 77

[Das Europäische] 84
Ansprache an das Hohe Haus 90
Menschen im Großbetrieb 95
[Sigmund Freud – zum 100. Geburtstag] 106
Die gesellschaftliche Lage der Angestellten 112
Vorwort [zu Paul W. Massings
Vorgeschichte des politischen Antisemitismus] 126
Der Mensch in der Wandlung seit der Jahrhundertwende 131
Vorwort [zu Werner Mangolds
Gegenstand und Methode des Gruppendiskussionsverfahrens] 143
Gedanken zur politischen Erziehung 147
Zur Ergreifung Eichmanns 156
Über die deutschen Juden 160
Nachwort [zu
Porträts deutsch-jüdischer Geistesgeschichte] 175
Über das Vorurteil 194
Der Bildungsauftrag der Gewerkschaften 201
Neue soziale Verhaltensmuster
[Zur Soziologie des Sports] 221
The American Way of Life 235
Feudalherr, Kunde, Fachmann
Das Ende des Märchens vom Kunden als König 246
Vorrede [zu Oskar Negts
Strukturbeziehungen zwischen den Gesellschaftslehren Comtes und Hegels] 255
[Wertfreiheit und Objektivität – Max Weber] 258
Bedrohung der Freiheit 262
Die Zukunft der Ehe 280
Die Psychoanalyse aus der Sicht der Soziologie 294
Marx heute 306
Der Planet – unsere Heimat 318
Zur Kritik der gegenwärtigen Gesellschaft 324
[Märtyrer der Freiheit – Robert Kennedy] 333
Kritische Theorie gestern und heute 336
Die Situation des jungen Menschen heute 354

5. Universität und Studium

Philosophie und Studium 361
Soziologie an der Universität 378
Akademisches Studium 381
Fragen des Hochschulunterrichts 391
Begriff der Bildung 409
Akademische Freiheit 420
Verantwortung und Studium 433

Editorischer Anhang

Nachwort des Herausgebers zu den Bänden 7 und 8:
Kritische Theorie in der Nachkriegsgesellschaft 457
Verzeichnis der Vorträge und Erstveröffentlichungen 472
(Nachträge zu Band 8 in Band 19)

Band 9:
Nachgelassene Schriften 1914–1931

1. Vorlesung über die Geschichte der neueren Philosophie

Editorische Vorbemerkung 11
Vorwort 13
Literatur 25
I. Die Anfänge 27
II. Bacon 75
III. Hobbes 103
IV. Descartes 133
V. Gassendi 159
VI. Die Orthodoxie im Kampf mit der Descartesschen Philosophie 172
VII. Die Okkasionalisten 181
VIII. Spinoza 196
IX. Leibniz 243
X. Wolff 280
XI. Bayle 294
XII. Locke 306

XIII. Aufklärung 346
XIV. Berkeley 401
XV. Hume 425
XVI. Smith 451
XVII. Deutsche Philosophen zwischen Wolff und Kant 459
XVIII. Vorblick auf die Kantische Philosophie 467

Editorischer Anhang

Nachwort des Herausgebers
Horkheimer als Philosophiehistoriker der Neuzeit 483

Band 10: Nachgelassene Schriften 1914–1931

2. Vorlesung über die Geschichte der deutschen idealistischen Philosophie

Geschichte der deutschen idealistischen Philosophie von Kant bis Hegel 11
Editorische Vorbemerkung 11
[Einleitung: Verhältnis des deutschen Idealismus zur Französischen Revolution] 12
[Kant: Wissenschaftliche Begründung der Metaphysik] 24
[Reinhold: Theorie des Vorstellungsvermögens] 64
[Schulze: Kritik der Kant-Reinholdschen Philosophie] 75
[Maimon: Unhaltbarkeit der Annahme eines Dinges an sich] 81
[Beck: Übergang zu Fichte] 94
[Fichte: Wissenschaftslehre] 96
[Schelling: Naturphilosophie] 129
[Hegel: Die dialektische Methode] 152

3. Einführung in die Philosophie der Gegenwart (Vorlesung und Publikationstext)

Einführung in die Philosophie der Gegenwart (Vorlesung) 169
Editorische Vorbemerkung 169
[Die Wiedergeburt der Philosophie] 170
[Skizze des Programms] 180

[Anfänge moderner Psychologie seit der Mitte des neunzehnten Jahrhunderts] 187
[Fechner, Lotze und die Psychophysik] 200
[Der Marburger Neukantianismus] 212
[Die südwestdeutsche Schule des Neukantianismus] 241
[Machs Lehre von den Weltelementen] 257
[Lebensphilosophie: Bergson, Simmel, Dilthey] 267
[Husserls *Logische Untersuchungen*] 299
[Tendenzen der unmittelbaren Gegenwart: Historismus, Scheler, Klages] 317

Zur Emanzipation der Philosophie von der Wissenschaft 334
Editorische Vorbemerkung 334
Das Problem 335
Empiriokritizismus (Mach) 340
Neukantianismus (Cohen) 353
Phänomenologie (Husserl, Scheler) 377
Lebensphilosophie (Bergson) 399

Editorischer Anhang

Nachwort des Herausgebers
Horkheimer als Historiker des deutschen Idealismus und der philosophischen Renaissance der zwanziger Jahre 423

Band 11: Nachgelassene Schriften 1914–1931

4. Aufzeichnungen und Vorträge

Das Wirtschaftsprinzip 13
Beantwortung der Frage: Was heißt vom Standpunkt des transzendentalen Idealismus aus die Behauptung, daß die materielle Entwicklung der Entwicklung des Bewußtseins vorhergegangen ist? . . . 17
[Das Unmittelbar Gegebene als Urgrund der Erkenntnis. Zur Kritik der Kantischen mechanistischen Erkenntnistheorie] 22
[Zusammenfassung der Dissertation *Zur Antinomie der teleologischen Urteilskraft*] 70
[Zusammenfassung der Habilitationsschrift *Über Kants ›Kritik der Urteilskraft‹ als Bindeglied zwischen theoretischer und praktischer Philosophie*] 76

[Husserls erkenntnistheoretische Fundierung der Wesensschau]
Habilitations-Probevortrag 80
Kant und Hegel 100
[Über die Beziehung zwischen Sprache und Denken und das Verhältnis von philosophischer und psychologischer Analyse] 119
Probleme der modernen Erkenntnistheorie 133
[Phänomenologische Wertphilosophie und Kants praktische Philosophie: Ethik als Harmonisierung der Gegenwart oder Gestaltung der Zukunft] 138
Max Scheler (1874–1928) 145
Über das Recht soziologischer Interpretation 158
[Zersplitterung und Einheitlichkeit der gegenwärtigen Soziologie (Fragment?)] 166
[Über Lenins *Materialismus und Empiriokritizismus*] 171
[Zur Geschichte der Soziologie von Machiavelli bis Saint-Simon (Fragment)] 189
Pareto und die »Frankfurter« Soziologische Schule 196
Über Kants Philosophie [Einleitung zu einer Vorlesung] 202
[Über Sinn und Grenzen einer soziologischen Behandlung der Philosophie] 209
[Subjektivismus und Positivismus als Erben der Hegelschen Metaphysik. Vorbemerkungen zu einer empirischen Erkenntnislehre (Fragment)] . . . 221

5. Notizen

[Verstreute Notizen] 233
[Philosophisches Tagebuch] 237
[Notizen zur *Dämmerung*] 262

6. Poetische Versuche

L'île heureuse 289
[Liebe zu den Menschen. Ein Brief] 329
[Das Gespenst. Ein Dialog zweier Liebender] 333

7. Diskussionsprotokoll

Theodor W. Adorno, Emil Blum, Emil Brunner, Martin Dibelius, Heinrich Frick, Max Horkheimer, Karl Mannheim, Carl Mennicke, Friedrich Pollock, Kurt Rietzler, Herrmann Schafft, Hans Freiherr von Soden, Paul Tillich, Lilly Zarncke
[Diskussion über die Aufgabe des Protestantismus in der säkularen Zivilisation] 345

Editorischer Anhang

Nachwort des Herausgebers
Nachgelassene Zeugnisse zur Frühgeschichte der Kritischen Theorie 409
Alfred Schmidt
Unter welchen Aspekten Horkheimer Lenins Streitschrift gegen den »machistischen« Revisionismus beurteilt 418
Editorische Hinweise 426

Band 12: Nachgelassene Schriften 1931–1949

Vorwort des Herausgebers 15

1. Vorträge und Aufsätze

[Die Funktion der Rede in der Neuzeit] 23
[Aus Vorlesungen über Autorität und Gesellschaft] 39
[Kopula und Subsumtion] 69
Zur Soziologie der Klassenverhältnisse 75
Die Vernunft im Widerstreit mit sich selbst
Einige Bemerkungen zur Aufklärung 105
Vertrauen auf Geschichte 119

2. Memoranden

[Idee, Aktivität und Programm des Instituts für Sozialforschung] 131
[Plan des Forschungsprojekts über Antisemitismus] 165
[Zur Psychologie des Antisemitismus] 172
[Deutschlands Erneuerung nach dem Krieg und die Funktion der Kultur] 184

Programm einer intereuropäischen Akademie 195
Anmerkungen zu *Crossfire* 214

3. Aufzeichnungen und Entwürfe

[Notizen 1935] 223
[Aufzeichnungen und Entwürfe zur
Dialektik der Aufklärung 1939–1942] 250
New Yorker Notizen 1945 296
[Verstreute Aufzeichnungen 1940–1949] 309

4. Poetische Versuche

[Entwurf eines Romans über Neville Chamberlain] 329
Unabhängigkeitserklärung der Hunde 342

5. Diskussionsprotokolle

Theodor W. Adorno, Josef Doppler, Carl Dreyfuss, Hans Gerth, H…, Peter von Haselberg, Max Horkheimer, Leo Löwenthal, Kurt Mandelbaum[?], Lisel Paxmann, Willy Strzelewicz, Weinzier[?], A. F. Westermann, Erich Winter

[Wissenschaft und Krise. Differenz zwischen Idealismus und Materialismus. Diskussion über Themen zu einer Vorlesung Max Horkheimers] 349

Erich Fromm, Julian Gumperz, Max Horkheimer, Herbert Marcuse, Franz L. Neumann, Friedrich Pollock

[Die Marxsche Methode und ihre Anwendbarkeit auf die Analyse der gegenwärtigen Krise. Seminardiskussion] 398

Henryk Grossmann, Julian Gumperz, Max Horkheimer, Karl August Wittfogel

Diskussionen aus einem Seminar über Monopolkapitalismus 417

Max Horkheimer und Theodor W. Adorno

[Ein Methodenproblem des ›Radio Research Project‹]
Aus einem Gespräch 431

Max Horkheimer und Theodor W. Adorno

[Diskussion über die Differenz zwischen Positivismus und materialistischer Dialektik] 436

Max Horkheimer und Theodor W. Adorno

[Diskussionen über Sprache und Erkenntnis, Naturbeherrschung am Menschen, politische Aspekte des Marxismus] 493

Max Horkheimer und Theodor W. Adorno

[Diskussion über Dialektik] 526

Theodor W. Adorno, Henryk Grossmann, Julian Gumperz, Max Horkheimer, Herbert Marcuse, Franz L. Neumann, Friedrich Pollock, Alfred Seidenmann, Felix Weil, H. Weil

Debatte über Methoden der Sozialwissenschaften, besonders die Auffassung der Methode der Sozialwissenschaften, welche das Institut vertritt 542

Theodor W. Adorno, Max Horkheimer, Leo Löwenthal, Herbert Marcuse, Kurt Pinthus, Ernst Schachtel, Joseph Soudek

[Diskussion zu einem Referat Leo Löwenthals über die Aufgaben der Literaturkritik] 553

Theodor W. Adorno, Günther Anders, Bertolt Brecht, Hanns Eisler, Max Horkheimer, Herbert Marcuse, Ludwig Marcuse, Rolf Nürnberg, Friedrich Pollock, Hans Reichenbach, Berthold Viertel

[Diskussionen aus einem Seminar über die Theorie der Bedürfnisse] . . . 559

Max Horkheimer und Theodor W. Adorno

[Diskussionen zu den ›Elementen des Antisemitismus‹ der *Dialektik der Aufklärung*] 587

Max Horkheimer und Theodor W. Adorno

[Rettung der Aufklärung. *Diskussion über eine geplante Schrift zur Dialektik*] 593

(Nachträge zu Band 12 in Band 13 und Band 19)

Band 13: Nachgelassene Schriften 1949–1972

1. Vorträge und Ansprachen

Korreferat zu Rothackers
Probleme und Methoden der Kulturanthropologie 13

[Karl Kraus und die Sprachsoziologie] 19

[Wert und Objektivität in der sozialwissenschaftlichen Erkenntnis] 25

Eröffnung der Photo-Ausstellung
The Family of Man – Wir alle 30

Die Bedeutung der Photographie für unsere Zeit 38

Die Gesellschaft von heute zwischen gestern und morgen 44

Skepsis und Glaube
[Ein Brief an Götz Harbsmeier] 56

Einige Gedanken zum heutigen Zeitbewußtsein 72

Zum gegenwärtigen Antiamerikanismus 81

Zum Philosophiestudium heute 84

Zur Behandlung totalitärer Machthaber
in den Massenmedien 96

Wahrheit im Denken
Aus einer theologischen Diskussion 100

2. Gespräche

Theodor W. Adorno, Max Horkheimer, Hans-Georg Gadamer

Über Nietzsche und uns
Zum 50. Geburtstag des Philosophen 111

Theodor W. Adorno, Max Horkheimer, Eugen Kogon

Die verwaltete Welt oder: Die Krisis des Individuums 121

Theodor W. Adorno, Max Horkheimer, Eugen Kogon

Die Menschen und der Terror 143

Heinrich Bracht, Peter Brückner, Max Horkheimer, Alexander Mitscherlich, Hans Götz Oxenius

Das Ende einer Illusion? Religionskritik heute
[Eine Diskussion über Horkheimers ›Theismus – Atheismus‹] 153

Faschismus – Antifaschismus
[Gespräche mit Dagobert Lindlau] 163

Die Rote Garde in China
[Gespräche mit Dagobert Lindlau] 167

Wissenschaft, Wahrheit und Bildung
[Gespräche mit Otmar Hersche] 174

»Liebe deinen Nächsten«
[Nach Gesprächen mit Dagobert Lindlau] 183

Gefährdung der Freiheit – Opposition des Geistes
[Gespräch mit Otmar Hersche] 188

Orientierung
[Gespräch mit Reinfried Hörl] 202

Ehe und Familie in der Krise?
[Gespräch mit Otmar Hersche] 208

Der Preis der Aufklärung
[Gespräch mit Claus Henning Bachmann] 224

[Über Grausamkeit in der Geschichte
Gespräch mit Rudolf Ringguth und Georg Wolff] 240

[Über die Grenzen wissenschaftlicher Wahrheit
Gespräch mit Dagobert Lindlau] 249

3. Würdigungen

[Begrüßung Thomas Manns] 255

[Sigmund Freuds Programm der Selbstbestimmung
Zum 100. Geburtstag] 259

Paul Tillich
[Zum 75. Geburtstag] 264

4. Vorlesungsnachschriften

Fragen der Geschichtsphilosophie
[Vorlesungsnachschrift von Alfred Schmidt] 270

Kritik des Positivismus
[Vorlesungsnachschrift von Alfred Schmidt] 347

Geschichte des Materialismus (ausgewählte Kapitel)
*[Einleitung in der Manuskriptfassung und
Vorlesungsnachschrift von Hilmar Tillack]* 397

Die Idee der Freiheit
[Vorlesungsnachschrift von Hilmar Tillack] 452

Der Begriff der Seele seit Leibniz
[Vorlesungsnachschrift von Hilmar Tillack] 515

Die Aufklärung
[Vorlesungsnachschrift von Hilmar Tillack] 570

Nachtrag zu Band 12
Nachgelassene Schriften 1931–1949
3. Aufzeichnungen und Entwürfe
[Verstreute Aufzeichnungen 1940–1949]

[Magie des Begriffs] 649

[Die Enteignung des Ichs] 652

Editorischer Anhang

Nachwort des Herausgebers
Eingriffe in die verwaltete Welt
Die nachgelassenen Reden der Spätzeit 659

Editorische Hinweise 665

(Nachträge zu Band 13 in Band 19)

Band 14:
Nachgelassene Schriften 1949–1972

5. Notizen

[Nachgelassene Notizen 1949–1969] 33

[Verstreute Aufzeichnungen 1950–1971] 145

Späne
Notizen über Gespräche mit Max Horkheimer, in unverbindlicher
Formulierung aufgeschrieben von Friedrich Pollock 172

Systematisches Inhaltsverzeichnis 177

Editorischer Anhang

Nachwort des Herausgebers
Die Geste der Skepsis – Horkheimers späte Notizen 550

Editorische Hinweise 553

Band 15:
Briefwechsel 1913–1936

Band 16: Briefwechsel 1937–1940

Band 17: Briefwechsel 1941–1948

Band 18: Briefwechsel 1949–1973

Editorischer Anhang

Nachwort des Herausgebers zu den Bänden 15–18
Eine Geschichte der »Frankfurter Schule« in Briefen 821

Zur Edition der Briefe 869

Verzeichnis der Abkürzungen und Zeichen 879

Verzeichnis der Rechteinhaber 881

Numerisches Verzeichnis der Briefe 884

Namen- und Werkeverzeichnis zu den Bänden 15–18 913

Band 19: Nachträge, Verzeichnisse und Register

A. Nachträge zu den *Gesammelten Schriften*

Nachträge zu Band 8:
Vorträge und Aufzeichnungen 1949–1973
4. Soziologisches

Vorwort [zum Forschungsbericht über
Universität und Gesellschaft] (mit Theodor W. Adorno) 13

Vorrede [zu *Freud in der Gegenwart*] (mit Theodor W. Adorno) 17

Nachtrag zu Band 12:
Nachgelassene Schriften 1931–1949
5. Diskussionsprotokolle

Theodor W. Adorno, Günther Anders, Bertolt Brecht, Hanns Eisler,
Max Horkheimer, Herbert Marcuse, Rolf Nürnberg, Friedrich Pollock,
Hans Reichenbach, Berthold Viertel

[Diskussion aus einem Seminar über die Theorie der Bedürfnisse
Zu einem Referat Friedrich Pollocks über die Möglichkeit, im
kapitalistischen Staat allen Kindern ein »pint milk« zu geben] 21

Nachtrag zu Band 13:
Nachgelassene Schriften 1949–1972
1. Vorträge und Ansprachen

[Die UdSSR und der Frieden] (mit Theodor W. Adorno) 28

Nachtrag zu Band 13:
Nachgelassene Schriften 1949–1972
2. Gespräche

Max Horkheimer und Theodor W. Adorno
[Diskussion über Theorie und Praxis] 32

B. Verzeichnisse und Register

I. Verzeichnisse der Schriften 75
II. Sonderverzeichnisse zu den *Gesammelten Schriften* 173
III. Verzeichnis der Rundfunkaufnahmen 195
IV. Verzeichnis der Vorlesungen und Seminare 216
V. Übersicht über das Max-Horkheimer-Archiv 228
VI. Register zu den *Gesammelten Schriften*, Band 2–14 236

I.2. Chronologisches Gesamtverzeichnis der Schriften mit Bibliographie

Vorbemerkungen

Das Verzeichnis enthält sämtliche veröffentlichten Schriften Horkheimers mit ihren bibliographischen Angaben. Die Titel sind chronologisch nach Erscheinungsjahren ihrer Erstveröffentlichung, innerhalb der Jahre alphabetisch angeordnet. Bei der alphabetischen Ordnung ist die Wortfolge unter Ausschluß der Artikel und Vornamen maßgebend.

Buchtitel und Zeitschriften sind *kursiv*, Originaltitel von Aufsätzen, Artikeln, Rezensionen, Vor- und Nachworten in einfache Anführungszeichen ›...‹ gesetzt. Die vom Herausgeber formulierten Titel oder Titelergänzungen erscheinen in eckigen Klammern [...].

Nicht aufgenommen wurden Titel

- einzelner Aphorismen und Notizen innerhalb der betreffenden Sammlungen,
- einzelner Kapitel innerhalb größerer Werke (wie z. B. die der Abschnitte und Exkurse der *Dialektik der Aufklärung*),
- einzelner Abschnitte von Vorlesungen,
- einzelner Novellen und Novellengruppen innerhalb der Sammlung *Aus der Pubertät*,
- sowie Briefe, die nicht gesondert gedruckt, sondern als Teile von Briefsammlungen veröffentlicht oder in Sekundärliteratur zitiert sind.

Anders als bei manchen Datierungen in früher erschienenen Sammelbänden beziehen sich die für die Einordnung maßgeblichen Jahresangaben nicht auf die Entstehung, sondern grundsätzlich auf die Veröffentlichung.

Abweichend vom Prinzip der Auflistung aller einzelnen Erstveröffentlichungen sind die in den *Gesammelten Schriften* zum ersten Mal veröffentlichten Schriften aus dem Nachlaß (Band 9–14 sowie Nachträge zu Band 12 und 13 in Band 19) nicht als Einzeltitel aufgeführt. Diese Einzeltitel sind dem Inhaltsverzeichnis der *Gesammelten Schriften* (I.1) zu entnehmen.

Neben den Erstveröffentlichungen werden auch Wiederveröffentlichungen (W) aufgeführt, einschließlich derer in den *Gesammelten Schriften*. (Unberücksichtigt blieben bei der Zusammenstellung der Wiederveröffentlichungen in der Regel Neuauflagen derselben Ausgabe.) Die Wiederveröffentlichungen sind in chronologischer Reihenfolge angeordnet.

Wiederveröffentlichte *Aufsätze* und andere kurze Texte sind, auch wenn sie später unter veränderten Titeln erschienen sind, grundsätzlich unter dem Datum

ihrer Erstveröffentlichung eingeordnet und gegebenenfalls über das alphabetische Gesamtverzeichnis der Schriften aufzufinden.
Demgegenüber sind *Buchausgaben*, auch wenn sie nur Wiederveröffentlichungen enthalten, unter dem Jahr ihres Erscheinens gesondert aufgeführt. In diesen Fällen werden die im Buch enthaltenen Beiträge mit dem Jahr ihrer Erstveröffentlichung aufgeführt. Auf solche Inhaltsangaben und Rückverweisungen wurde jedoch bei den Wiederveröffentlichungen innerhalb der *Gesammelten Schriften* Bd. 1–8 verzichtet, da diese Angaben bereits im Inhaltsverzeichnis der *Gesammelten Schriften* (I.1) enthalten sind.
Aufgenommen wurden auch Raubdrucke; davon jedoch nicht jede einzelne der oft gleichzeitig mit unterschiedlichen Titelblättern erschienenen Ausgaben, sondern nur, sofern sie nach Erscheinungsjahren differieren. (Die Angaben vermuteter Erscheinungsjahre bei Raubdrucken ohne entsprechende Angabe folgen der Bibliographie von Albrecht Götz von Olenhusen und Christa Gnirß, *Handbuch der Raubdrucke 2: Theorie und Klassenkampf*, Pullach bei München: Verlag Dokumentation Saur 1973.)
Bei den selbständigen Buchausgaben sind außer den Wiederveröffentlichungen auch Übersetzungen (Ü) angeführt. (Nicht berücksichtigt wurden Übersetzungen einzelner Aufsätze in Zeitschriften und Sammelbänden.) Erschien eine fremdsprachige Fassung zeitlich vor der deutschen, dann wird sie unter dem Jahr ihrer Veröffentlichung als Haupttitel genannt.
Schließlich wird gegebenenfalls auf Ausstrahlungen im Hörfunk (H) oder Fernsehen (F) hingewiesen, die den angeführten Texten zugrunde lagen.
Bei den bibliographischen Angaben zu Wiederveröffentlichungen, Übersetzungen und Rundfunksendungen wurde, innerhalb des hier definierten Rahmens, Vollständigkeit angestrebt, wenn diese auch nicht in jedem Fall erreicht worden sein dürfte.

Abkürzungen

Bd(e).	Band (Bände)
Bespr.	Buchbesprechung
dt.	deutsch(e)
enth.	enthält
Erstv.	Erstveröffentlichung
F	Fernsehaufnahme. Hinweis auf eine entsprechende Sendung, die unter der angegebenen Jahreszahl im chronologischen Verzeichnis der Fernsehaufnahmen (III.3) aufzufinden ist.
H	Hörfunkaufnahme. Hinweis auf eine entsprechende Sendung, die unter der angegebenen Jahreszahl im chronologischen Verzeichnis der Hörfunkaufnahmen (III.1) aufzufinden ist.
HGS	Horkheimer, *Gesammelte Schriften*
Hrsg.	Herausgabe, Herausgeber
hrsg.	herausgegeben
Jg.	Jahrgang

M.H.	Max Horkheimer
repr. Ndr.	reprographischer Nachdruck
Nr.	Nummer
o.J.	ohne Jahr
o.O.	ohne Ort
Rdr.	Raubdruck
s.	siehe
S.	Seite(n)
Tdr.	Teilabdruck
u.d.T.	unter dem Titel
u.ds.T.	unter demselben Titel
u.d.u.T.	unter dem ursprünglichen Titel
Ü	Übersetzung(en)
vol.	volume, Band
W	Wiederveröffentlichung(en)
ZfS	*Zeitschrift für Sozialforschung* (ab Jg. VIII, 1939/40, Heft 3, unter dem Titel *Studies in Philosophy and Social Science*)

1922

Zur Antinomie der teleologischen Urteilskraft. Dissertation Frankfurt a. M. 1922, als Typoskript gebunden, 78 S. (Erstv.: *Dell'antinomia del giudizio teleologica*, 1985)
W: in: *HGS* Bd. 2, S. 13–72.

1923

›Hans Cornelius. Zu seinem sechzigsten Geburtstag‹, in: *Frankfurter Zeitung* 68. Jg., Nr. 715, 27. 9. 1923.
W: in: *HGS* Bd. 2, S. 149–153.

1925

Über Kants Kritik der Urteilskraft als Bindeglied zwischen theoretischer und praktischer Philosophie, Habilitationsschrift Universität Frankfurt a. M., Leipzig und Frankfurt a. M.: J. B. Hirschfeld (Arno Pries), 65 S.
W: in: *HGS* Bd. 2, S. 73–146.

1926

›Rudolf Eucken. Ein Epigone des Idealismus‹, in: *Frankfurter Zeitung* 71. Jg., Nr. 822, 4. 11. 1926.
W: in: *HGS* Bd. 2, S. 154–157.

1927

›Hans Driesch. Zum 60. Geburtstag‹, in: *Frankfurter Zeitung* 72. Jg., 1.11.1927.
W: in: *HGS* Bd. 2, S. 158–161.

1929

›Leopold Ziegler‹, in: *Frankfurter Zeitung* 74. Jg., Nr. 657, 4. 9. 1929.
W: in: *HGS* Bd. 2, S. 162–171.

1930

Anfänge der bürgerlichen Geschichtsphilosophie, Stuttgart: Kohlhammer, 117 S.; dieselbe Ausgabe auch Berlin: Soziologische Verlagsanstalt.
W: des Kapitels ›Die Utopie‹ in: *Utopie. Begriff und Phänomen des Utopischen*, hrsg. von Arnhelm Neusüss, Neuwied und Berlin: Luchterhand 1968, S. 178–192.
– repr. Ndr. der Erstv., o. O.: underground-press-syndikate (Rdr.) um 1969; ebenso auch ohne Verlagsangabe.
– repr. Ndr. der Erstv., Frankfurt a. M.: Rdr. 1970.
– in: M. H., *Anfänge der bürgerlichen Geschichtsphilosophie. Hegel und das Problem der Metaphysik. Montaigne und die Funktion der Skepsis*, Frankfurt a. M.: Fischer Bücherei 1971, S. 9–83.
– in: *HGS* Bd. 2, S. 177–268.
Ü: italienisch: *Gli inizi della filosofia borghese della storia*, Turin: Einaudi 1978.
– portugiesisch: *Origens da filosofia burguesa da historia*, Lissabon: Editorial Presença 1984.
– s. auch *Anfänge der bürgerlichen Geschichtsphilosophie. Hegel und das Problem der Metaphysik. Montaigne und die Funktion der Skepsis* 1971, Ü.

›Ein neuer Ideologiebegriff?‹, in: *Archiv für die Geschichte des Sozialismus und der Arbeiterbewegung*, hrsg. von Carl Grünberg, Bd. V, S. 1–34.
W: Tdr. in: *Ideologie. Ideologiekritik und Wissenssoziologie*, hrsg. von Kurt Lenk, Neuwied: Luchterhand 1961, S. 236–256.
– in: M. H., *Sozialphilosophische Studien*, Frankfurt a. M.: Athenäum Fischer 1972, S. 13–32.
– in: Volker Meja, Nico Stehr (Hrsg.), *Der Streit um die Wissenssoziologie* Bd. 2, Frankfurt a. M.: Suhrkamp 1982, S. 474–496.
– in: *HGS* Bd. 2, S. 271–294.

1931

›Die gegenwärtige Lage der Sozialphilosophie und die Aufgaben eines Instituts für Sozialforschung‹, in: *Frankfurter Universitätsreden* Heft XXXVII, Frankfurt a. M.: Englert & Schlosser, 16 S.
W: in: M.H., Carl Grünberg, *Anfänge der kritischen Theorie* (zwei Vorträge), o. O.: Rdr. um 1970; ebenso: um 1971.
– in: M.H., *Sozialphilosophische Studien*, Frankfurt a. M.: Athenäum Fischer 1972, S. 33–46.
– in: *HGS* Bd. 3, S. 20–35.

[Gutachten über Eduard Fuchs, *Illustrierte Sittengeschichte, Ergänzungsbände*, und *Geschichte der erotischen Kunst*], Auszug innerhalb der ›Mitteilung des Verlages Albert Langen in München‹ in: Eduard Fuchs, *Die großen Meister der Erotik. Ein Beitrag zum Problem des Schöpferischen in der Kunst*, München: Albert Langen o. J. [1931], S. 5–6.

›Nicolai Hartmann‹, in: *Frankfurter Zeitung* 76. Jg., Nr. 100, 7.2.1931.
W: in: *HGS* Bd. 2, S. 172–176.

1932

›Bemerkungen über Wissenschaft und Krise‹, in: *ZfS* Jg. I, Heft 1/2, S. 1–7.
W: in: M.H., *Kritische Theorie* Bd. I, Frankfurt a. M.: S. Fischer 1968, S. 1–8.
– in: repr. Ndr. davon u. d. T. *Kritische Theorie der Gesellschaft* Bd. I, Frankfurt a. M.: Edition Marxismus-Kollektiv (Rdr.) 1968.
– in: [M.H.], *Zur Anthropologie des bürgerlichen Zeitalters. Sieben Aufsätze von Max Horkheimer aus der Zeitschrift für Sozialforschung*, repr. Ndr., o. O.: Rdr. um 1969 (nur Original-Paginierung).
– in: *ZfS* Bd. I, repr. Ndr., München: Kösel 1970.
– in: *ZfS* Bd. 1, repr. Ndr., München: Deutscher Taschenbuch Verlag 1980.
– in: *HGS* Bd. 3, S. 40–47.

›Geschichte und Psychologie‹, in: *ZfS* Jg. I, Heft 1/2, S. 125–144.
W: in: M. H., *Kritische Theorie* Bd. I, Frankfurt a. M.: S. Fischer 1968, S. 9–30.
– in: repr. Ndr. davon u. d. T. *Kritische Theorie der Gesellschaft* Bd. I, Frankfurt a. M.: Edition Marxismus-Kollektiv (Rdr.) 1968.
– in: [M.H.], *Zur Anthropologie des bürgerlichen Zeitalters. Sieben Aufsätze von Max Horkheimer aus der Zeitschrift für Sozialforschung*, repr. Ndr., o. O.: Rdr. um 1969 (nur Original-Paginierung).
– in: *ZfS* Bd. I, repr. Ndr., München: Kösel 1970.
– in: *ZfS* Bd. 1, repr. Ndr., München: Deutscher Taschenbuch Verlag 1980.
– in: *Analytische Sozialpsychologie*, hrsg. von Helmut Dahmer, Frankfurt a. M.: Suhrkamp 1980, Bd. 1, S. 158–178.
– in: *HGS* Bd. 3, S. 48–69.

›Hegel und das Problem der Metaphysik‹, in: *Festschrift für Carl Grünberg*, Leipzig: C. L. Hirschfeld, S. 185–197.
W: in: M.H., *Anfänge der bürgerlichen Geschichtsphilosophie. Hegel und das Problem der Metaphysik. Montaigne und die Funktion der Skepsis*, Frankfurt a. M.: Fischer Bücherei 1971, S. 84–95.
– in: *HGS* Bd. 2, S. 295–308.

›Vorwort‹, in: *ZfS* Jg. I, Heft 1/2, S. I–IV.
W: in: *ZfS* Bd. I, repr. Ndr., München: Kösel 1970.
– in: *ZfS* Bd. 1, repr. Ndr., München: Deutscher Taschenbuch Verlag 1980.
– in: *HGS* Bd. 3, S. 36–39.

(Hrsg.:) *Zeitschrift für Sozialforschung*, 9 Bde., Leipzig: Hirschfeld 1932, Paris: Alcan 1933–1939, New York: Institute of Social Research 1939–1941.
W: *Zeitschrift für Sozialforschung*, repr. Ndr., mit einem einleitenden Essay von Alfred Schmidt, ›Die *Zeitschrift für Sozialforschung*. Geschichte und gegenwärtige Bedeutung‹, und einem Gesamtregister, 9 Bde., München: Kösel 1970.
– Tdr. u. d. T. *Autoritärer Staat* (Beiträge aus der *ZfS* von Marcuse, Pollock und Kirchheimer), Berlin: Rdr. o. J. (um 1970)
– *Zeitschrift für Sozialforschung*, repr. Ndr., mit einem einleitenden Essay von Alfred Schmidt ›Die *Zeitschrift für Sozialforschung*. Geschichte und gegenwärtige Bedeutung‹ und einem Gesamtregister, 9 Bde., München: Deutscher Taschenbuch Verlag 1980.

1933

(Bespr.:) ›Bergson, Henri, *Les deux sources de la morale et de la religion*, Paris 1932‹, in: *ZfS* Jg. II, Heft 1, S. 104–106.
W: u. d. T. ›Zu Henri Bergsons *Les deux sources de la morale et de la religion*‹ in: M. H., *Kritische Theorie* Bd. I, Frankfurt a. M.: S. Fischer 1968, S. 67–70.
– u. ds. T. in: repr. Ndr. davon u. d. T. *Kritische Theorie der Gesellschaft* Bd. I, Frankfurt a. M.: Edition Marxismus-Kollektiv (Rdr.) 1968.
– u. d. u. T. in: *ZfS* Bd. II, repr. Ndr., München: Kösel 1970.
– u. d. u. T. in: *ZfS* Bd. 2, repr. Ndr., München: Deutscher Taschenbuch Verlag 1980.
– u. d. T. ›Zu Henri Bergsons *Les deux sources de la morale et de la religion*‹ in: *HGS* Bd. 3, S. 106–109.

›Materialismus und Metaphysik‹, in: *ZfS* Jg. II, Heft 1, S. 1–33.
W: in: M. H., *Kritische Theorie* Bd. I, Frankfurt a. M.: S. Fischer 1968, S. 31–66.
– in: repr. Ndr. davon u. d. T. *Kritische Theorie der Gesellschaft* Bd. I, Frankfurt a. M.: Edition Marxismus-Kollektiv (Rdr.) 1968.
– als gesonderte Ausgabe: o. O.: Rdr. um 1969.
– in: *ZfS* Bd. II, repr. Ndr., München: Kösel 1970.
– in: *ZfS* Bd. 2, repr. Ndr., München: Deutscher Taschenbuch Verlag 1980.
– in: *HGS* 3, S. 70–105.

›Materialismus und Moral‹, in: *ZfS* Jg. II, Heft 2, S. 162–197.
W: in: M. H., *Kritische Theorie* Bd. I, Frankfurt a. M.: S. Fischer 1968, S. 71–109.
– in: repr. Ndr. davon u. d. T. *Kritische Theorie der Gesellschaft* Bd. I, Frankfurt a. M.: Edition Marxismus-Kollektiv (Rdr.) 1968.
– in: *ZfS* Bd. II, repr. Ndr., München: Kösel 1970.
– in: *ZfS* Bd. 2, repr. Ndr., München: Deutscher Taschenbuch Verlag 1980.
– Tdr. u. d. T. ›Die gesellschaftliche Bedingtheit der Moral‹ in: *»Was soll ich tun?« Ein Arbeitsbuch zur philosophischen Ethik*, hrsg. von Lothar Wigger, Frankfurt a. M. 1987, S. 118–122.
– in: *HGS* Bd. 3, S. 111–149.

(Bespr.:) ›Spengler, Oswald, *Jahre der Entscheidung. Erster Teil: Deutschland und die weltgeschichtliche Entwicklung*, München 1933‹, in: *ZfS* Jg. II, Heft 3, S. 421–424.
W: in: *ZfS* Bd. II, repr. Ndr., München: Kösel 1970.
– in: *ZfS* Bd. 2, repr. Ndr., München: Deutscher Taschenbuch Verlag 1980.
– u. d. T. ›Zu Oswald Spenglers *Jahre der Entscheidung*‹ in: *HGS* Bd. 3, S. 158–162.

›Vorwort‹, in: *ZfS* Jg. II, Heft 2, S. 161.
W: in: *ZfS* Bd. II, repr. Ndr., München: Kösel 1970.
– in: *ZfS* Bd. 2, repr. Ndr., München: Deutscher Taschenbuch Verlag 1980.
– in: *HGS* Bd. 3, S. 110.

›Zum Problem der Voraussage in den Sozialwissenschaften‹, in: *ZfS* Jg. II, Heft 3, S. 407–412.
W: in: M. H., *Kritische Theorie* Bd. I, Frankfurt a. M.: S. Fischer 1968, S. 110–117.
– in: repr. Ndr. davon u. d. T. *Kritische Theorie der Gesellschaft* Bd. I, Frankfurt a. M.: Edition Marxismus-Kollektiv (Rdr.) 1968.
– in: *ZfS* Bd. II, repr. Ndr., München: Kösel 1970.
– in: *ZfS* Bd. 2, repr. Ndr., München: Deutscher Taschenbuch Verlag 1980.
– in: *HGS* Bd. 3, S. 150–157.

1934

Dämmerung. Notizen in Deutschland (unter dem Pseudonym Heinrich Regius), Zürich: Oprecht und Helbling, 277 S.
W: vervielfältigtes Typoskript u. d. T. *Politische Reflexionen 1930–1933. 1934 mit dem Titel Dämmerung unter dem Pseudonym Heinrich Regius erschienen, Sozialrevolutionäre Schriften* II, Berlin (Rdr.) um 1967, 159 S.
– repr. Ndr. der Erstv., o. O.: Rdr. um 1969.
– repr. Ndr. der Erstv., o. O.: Rdr. um 1970.
– repr. Ndr. der Erstv., o. O.: Edition Max [!] (Rdr.) 1972.
– in: M. H., *Notizen 1950 bis 1969 und Dämmerung. Notizen in Deutschland*, Frankfurt a. M.: S. Fischer 1974, S. 224–354.
– in: *HGS* Bd. 2, 309–452.

Ü: italienisch: *Creposcolo*, Turin: Einaudi 1978.
- englisch: *Dawn and Decline*, New York: Seabury 1978.
- katalanisch: *Hora foscant*, Barcelona: Edicions 62 1984.
- spanisch: *Ocaso*, Barcelona: Editorial Anthropos 1986.

›Vorbemerkung des Herausgebers‹ (zu: Kurt Mandelbaum und Gerhard Meyer, ›Zur Theorie der Planwirtschaft‹), in: *ZfS* Jg. III, Heft 2, S. 228–230.
W: in: *ZfS* Bd. III, repr. Ndr., München: Kösel 1970.
- in: *ZfS* Bd. 3, repr. Ndr., München: Deutscher Taschenbuch Verlag 1980.
- in: *HGS* Bd. 3, S. 221–224.

›Vorrede des Herausgebers‹, in: Franz Borkenau, *Der Übergang vom feudalen zum bürgerlichen Weltbild*. Paris 1934, S. V.
W: repr. Ndr., Darmstadt: Wissenschaftliche Buchgesellschaft 1991.

›Wissenschaft und soziale Not‹ (Bericht von Pfarrer E. Burri über einen Brief an M. H. sowie zwei Briefe von M. H. an E. Burri), in: *Eidgenössische Nachrichten*, Bern, 4. 4. 1934, Erste Beilage zu Nr. 79.
W: in: *HGS* Bd. 15, S. 115–117.

›Zu Bergsons Metaphysik der Zeit‹, in: *ZfS* Jg. III, Heft 3, S. 321–342.
W: in: M. H., *Kritische Theorie* Bd. I, Frankfurt a. M.: S. Fischer 1968, S. 175–199.
- in: repr. Ndr. davon u. d. T. *Kritische Theorie der Gesellschaft* Bd. I, Frankfurt a. M.: Edition Marxismus-Kollektiv (Rdr.) 1968.
- in: *ZfS* Bd. III, repr. Ndr., München: Kösel 1970.
- in: *ZfS* Bd. 3, repr. Ndr., München: Deutscher Taschenbuch Verlag 1980.
- in: *HGS* Bd. 3, S. 225–248.

›Zum Rationalismusstreit in der gegenwärtigen Philosophie‹, in: *ZfS* Jg. III, Heft 1, S. 1–53.
W: in: M. H., *Kritische Theorie* Bd. I, Frankfurt a. M.: S. Fischer 1968, S. 118–174.
- in: repr. Ndr. davon u. d. T. *Kritische Theorie der Gesellschaft* Bd. I, Frankfurt a. M.: Edition Marxismus-Kollektiv (Rdr.) 1968.
- in: *ZfS* Bd. III, repr. Ndr., München: Kösel 1970.
- in: *ZfS* Bd. 3, repr. Ndr., München: Deutscher Taschenbuch Verlag 1980.
- in: *HGS* Bd. 3, S. 163–220.

1935

›Bemerkungen zur philosophischen Anthropologie‹, in: *ZfS* Jg. IV, Heft 1, S. 1–25.
W: in: M. H., *Kritische Theorie* Bd. I, Frankfurt a. M.: S. Fischer 1968, S. 200–227.
- in: repr. Ndr. davon u. d. T. *Kritische Theorie der Gesellschaft* Bd. I, Frankfurt a. M.: Edition Marxismus-Kollektiv (Rdr.) 1968.

- in: [M.H.], *Zur Anthropologie des bürgerlichen Zeitalters. Sieben Aufsätze von Max Horkheimer aus der Zeitschrift für Sozialforschung*, repr. Ndr., o.O.: Rdr. um 1969 (nur Original-Paginierung).
- in: *ZfS* Bd. IV, repr. Ndr., München: Kösel 1970.
- in: *ZfS* Bd. 4, repr. Ndr., München: Deutscher Taschenbuch Verlag 1980.
- in: *HGS* Bd. 3, S. 249–276.

[M.H. und Mitarbeiter des Instituts für Sozialforschung,] *International Institute of Social Research. A Short Description of Its History and Aims*, New York: Columbia University Press o.J. [1935], 15 S.

›Nachbemerkung‹ (zu einer Sammelbesprechung von Erich Trier), in: *ZfS* Jg. IV, Heft 2, S. 307–308.
W: u.d.T. ›Gedanke zur Religion‹, in: M.H., *Kritische Theorie* Bd. I, Frankfurt a.M.: S. Fischer 1968, S. 374–376.
- u.d.u.T. in: *ZfS* Bd. IV, repr. Ndr., München: Kösel 1970.
- u.d.u.T. in: *ZfS* Bd. 4, repr. Ndr., München: Deutscher Taschenbuch Verlag 1980.
- u.d.T. ›Gedanke zur Religion‹ in: *HGS* Bd. 3, S. 326–328.

›Vorbemerkung des Herausgebers‹ (zu: Henryk Grossmann, ›Die gesellschaftlichen Grundlagen der mechanistischen Philosophie und die Manufaktur‹), in: *ZfS* Jg. IV, Heft 2, S. 161.
W: in: *ZfS* Bd. IV, repr. Ndr., München: Kösel 1970.
- im Anhang zu: Franz Borkenau, *Der Übergang vom feudalen zum bürgerlichen Weltbild*, repr. Ndr., [Frankfurt a.M.:] Junius-Drucke o.J. [ca. 1971]
- in: *ZfS* Bd. 4, repr. Ndr., München: Deutscher Taschenbuch Verlag 1980.

›Zum Problem der Wahrheit‹, in: *ZfS* Jg. IV, Heft 3, S. 321–364.
W: in: M. H., *Kritische Theorie* Bd. I, Frankfurt a. M.: S. Fischer 1968, S. 228–276.
- in: repr. Ndr. davon u.d.T. *Kritische Theorie der Gesellschaft* Bd. I, Frankfurt a.M.: Edition Marxismus-Kollektiv (Rdr.) 1968.
- als Broschüre: Berlin, Frankfurt a.M., Dublin, Santiago de Chile: Caira Presse (Rdr.) o.J. (1969), 40 S.
- in: [M.H.], *Zur Anthropologie des bürgerlichen Zeitalters. Sieben Aufsätze von Max Horkheimer aus der Zeitschrift für Sozialforschung*, repr. Ndr., o.O.: Rdr. um 1969 (nur Original-Paginierung).
- in: *ZfS* Bd. IV, repr. Ndr., München: Kösel 1970.
- in: *ZfS* Bd. 4, repr. Ndr., München: Deutscher Taschenbuch Verlag 1980.
- in: *HGS* Bd. 3, S. 277–325.

1936

›Egoismus und Freiheitsbewegung. Zur Anthropologie des bürgerlichen Zeitalters‹, in: *ZfS* Jg. V, Heft 2, S. 161–234.

W: in: M. H., *Kritische Theorie* Bd. II, Frankfurt a. M.: S. Fischer 1968, S. 1–81.
- in: repr. Ndr. davon u. d. T. *Kritische Theorie der Gesellschaft* Bd. II, Frankfurt a. M.: Edition Marxismus-Kollektiv (Rdr.) 1968.
- in: [M. H.], *Zur Anthropologie des bürgerlichen Zeitalters. Sieben Aufsätze von Max Horkheimer aus der Zeitschrift für Sozialforschung*, repr. Ndr., o. O.: Rdr. um 1969 (nur Original-Paginierung).
- M. H., *Traditionelle und kritische Theorie. Vier Aufsätze*, Frankfurt a. M.: Fischer Bücherei 1970, S. 95–161.
- in: *ZfS* Bd. V, repr. Ndr., München: Kösel 1970.
- in: M. H., *Die gesellschaftliche Funktion der Philosophie. Ausgewählte Essays*, Frankfurt a. M.: Suhrkamp 1974, S. 7–89.
- in: *ZfS* Bd. 5, repr. Ndr., München: Deutscher Taschenbuch Verlag 1980.
- in: *HGS* Bd. 4, S. 9–88.

›Nachbemerkung zu Greers Buch‹ (Nachtrag zu Georges Bourgins Besprechung von Donald Greer, *The Incidence of the Terror during the French Revolution*, Cambridge, Mass. 1935), in: *ZfS* Jg. V, Heft 3, S. 445–447.

W: in: *ZfS* Bd. V, repr. Ndr., München: Kösel 1970.
- in: *ZfS* Bd. 5, repr. Ndr., München: Deutscher Taschenbuch Verlag 1980.
- Tdr. u. d. T. ›Prof. Max Horkheimer: »Terror muß dabei sein!« Exclusiv-Interview mit der roten hilfe‹ (fiktives Interview, Rdr.) in: *Rote Hilfe* Nr. 16, Dezember 1972, S. 7.
- u. d. T. ›[Bemerkung zu Donald Greers *The Incidence of the Terror during the French Revolution*]‹, in: *HGS* Bd. 4, S. 102–104.

›Theoretische Entwürfe über Autorität und Familie. Allgemeiner Teil‹, in: *Studien über Autorität und Familie. Forschungsberichte aus dem Institut für Sozialforschung*, Paris: Librairie Félix Alcan, S. 3–76.

W: Tdr. u. d. T. ›Autorität und Familie‹ in: *Autorität und Erziehung*, hrsg. von Erich E. Geißler, Bad Heilbrunn: Julius Klinkhardt 1965, S. 64–72.
- u. d. u. T. in: *Studien über Autorität und Familie. Forschungsberichte aus dem Institut für Sozialforschung* (= Tdr., repr. Ndr. der Buchausgabe von 1936), Berlin: Rdr. 1968.
- u. d. T. ›Autorität und Familie‹ in: M. H., *Kritische Theorie* Bd. I, Frankfurt a. M.: S. Fischer 1968, S. 277–360.
- repr. Ndr. davon in: M. H., *Autorität und Familie. Autorität und Familie in der Gegenwart*, o. O.: Rdr. um 1969.
- als Einzelausgabe u. d. T. *Autorität und Familie. Allgemeiner Teil*, o. O.: Rdr. um 1969.
- Tdr. u. d. u. T. in: *Autorität und Freiheit*, hrsg. von Erich E. Geißler, Bad Heilbrunn: Julius Klinkhardt 1970, S. 34–49.

- u. ds. T. in: M. H., *Traditionelle und kritische Theorie. Vier Aufsätze*, Frankfurt a. M.: Fischer Bücherei 1970, S. 162–230.
- u. d. u. T. in: *Autorität und Familie* Bd. 1: M. H. und Erich Fromm, *Autorität und Familie. Allgemeiner Teil. Sozialpsychologischer Teil*, Graz: Verlag für autoritätsfremdes Denken (Rdr.) 1970; ebenso: Bremen: Rdr. 1970; ebenso Frankfurt a. M.: Rdr. um 1970; ebenso o. O.: Rdr. 1970.
- u. d. u. T. in: *Studien über Autorität und Familie*, repr. Ndr., o. O. (Frankfurt a. M.): Junius-Drucke (Rdr.), 2 Bde., 1971.
- u. d. u. T. in: *Studien über Autorität und Familie*, repr. Ndr. Lüneburg: Dietrich zu Klampen 1987.
- u. d. T. ›Autorität und Familie‹ in: *HGS* 3, S. 336–417.

›Vorwort‹, in: *Studien über Autorität und Familie. Forschungsberichte aus dem Institut für Sozialforschung*, Paris: Librairie Félix Alcan, S. VII-XII.
W: u. d. u. T. in: *Studien über Autorität und Familie. Forschungsberichte aus dem Institut für Sozialforschung* (= Tdr., repr. Ndr. der Buchausgabe von 1936), Berlin: Rdr. 1968.
- in: *Studien über Autorität und Familie*, repr. Ndr., o. O. [Frankfurt a. M.]: Junius-Drucke (Rdr.), 2 Bde., 1971.
- in: *Studien über Autorität und Familie*, repr. Ndr. Lüneburg: Dietrich zu Klampen 1987.
- in: *HGS* 3, S. 329–335.

›Zu Theodor Haecker: Der Christ und die Geschichte‹, in: *ZfS* Jg. V, Heft 3, S. 372–383.
W: u. d. T. ›Zu Theodor Haeckers *Der Christ und die Geschichte*‹, in: M. H., *Kritische Theorie* Bd. I, Frankfurt a. M.: S. Fischer 1968, S. 361–373.
- u. d. u. T. in: *ZfS* Bd. V, repr. Ndr., München: Kösel 1970.
- u. d. u. T. in: *ZfS* Bd. 5, repr. Ndr., München: Deutscher Taschenbuch Verlag 1980.
- u. d. T. ›Zu Theodor Haeckers *Der Christ und die Geschichte*‹, in: *HGS* Bd. 4, S. 89–101.

1937

›Bemerkungen zu Jaspers' *Nietzsche*‹, in: *ZfS* Jg. VI, Heft 2, S. 407–414.
W: in: *ZfS* Bd. VI, repr. Ndr., München: Kösel 1970.
- in: *ZfS* Bd. 6, repr. Ndr., München: Deutscher Taschenbuch Verlag 1980.
- in: *HGS* Bd. 4, S. 226–235.

›Der neueste Angriff auf die Metaphysik‹, in: *ZfS* Jg. VI, Heft 1, S. 4–53.
W: in: M. H., *Kritische Theorie* Bd. II, Frankfurt a. M.: S. Fischer 1968, S. 82–136.
- in: repr. Ndr. davon u. d. T. *Kritische Theorie der Gesellschaft* Bd. II, Frankfurt a. M.: Edition Marxismus-Kollektiv (Rdr.) 1968.
- in: *ZfS* Bd. VI, repr. Ndr., München: Kösel 1970.
- in: M. H., *Die gesellschaftliche Funktion der Philosophie. Ausgewählte Essays*, Frankfurt a. M.: Suhrkamp 1974, S. 90–144

- in: *ZfS* Bd. 6, repr. Ndr., München: Deutscher Taschenbuch Verlag 1980.
- in: *HGS* Bd. 4, S. 108–161.

M. H. und Herbert Marcuse, ›Philosophie und kritische Theorie‹, in: *ZfS* Jg. VI, Heft 3, S. 625–643.
W: des Teils von M. H. u. d. T. ›Nachtrag‹ in: M. H., *Kritische Theorie* Bd. II, Frankfurt a. M.: S. Fischer 1968, S. 192–200.
- des Teils von M. H. u. ds. T. in: repr. Ndr. davon u. d. T. *Kritische Theorie der Gesellschaft* Bd. II, Frankfurt a. M.: Edition Marxismus-Kollektiv (Rdr.) 1968.
- in: [M. H.], *Zur Anthropologie des bürgerlichen Zeitalters. Sieben Aufsätze von Max Horkheimer aus der Zeitschrift für Sozialforschung*, repr. Ndr., o. O.: Rdr. um 1969 (nur Original-Paginierung).
- des Teils von M. H. u. ds. T. in: M. H., *Traditionelle und kritische Theorie. Vier Aufsätze*, Frankfurt a. M.: Fischer Bücherei 1970, S. 57–64.
- u. d. u. T. in: *ZfS* Bd. VI, repr. Ndr., München: Kösel 1970.
- des Teils von M. H. u. d. T. ›Nachtrag‹ in: M. H., *Die gesellschaftliche Funktion der Philosophie. Ausgewählte Essays*, Frankfurt a. M.: Suhrkamp 1974, S. 201–209
- u. d. u. T. in: *ZfS* Bd. 6, repr. Ndr., München: Deutscher Taschenbuch Verlag 1980.
- des Teils von M. H. u. d. T. ›Nachtrag‹ in: *HGS* Bd. 4, S. 217–225.

›Traditionelle und kritische Theorie‹, in: *ZfS* Jg. VI, Heft 2, S. 245–294.
W: in: M. H., *Kritische Theorie* Bd. II, Frankfurt a. M.: S. Fischer 1968, S. 137–191.
- in: repr. Ndr. davon u. d. T. *Kritische Theorie der Gesellschaft* Bd. II, Frankfurt a. M.: Edition Marxismus-Kollektiv (Rdr.) 1968.
- in: [M. H.], *Zur Anthropologie des bürgerlichen Zeitalters. Sieben Aufsätze von Max Horkheimer aus der Zeitschrift für Sozialforschung*, repr. Ndr., o. O.: Rdr. um 1969 (nur Original-Paginierung).
- in: M. H., *Traditionelle und kritische Theorie. Vier Aufsätze*, Frankfurt a. M.: Fischer Bücherei 1970, S. 12–56.
- in: *ZfS* Bd. VI, repr. Ndr., München: Kösel 1970.
- in: M. H., *Die gesellschaftliche Funktion der Philosophie. Ausgewählte Essays*, Frankfurt a. M.: Suhrkamp 1974, S. 145–200
- in: *ZfS* Bd. 6, repr. Ndr., München: Deutscher Taschenbuch Verlag 1980.
- in: *HGS* Bd. 4, S. 162–216.

›Vorbemerkung‹ (zu Raymond Aron, ›La sociologie de Pareto), in: *ZfS* Jg. VI, Heft 3, S. 489.
W: in: *ZfS* Bd. VI, repr. Ndr., München: Kösel 1970.
- in: *ZfS* Bd. 6, repr. Ndr., München: Deutscher Taschenbuch Verlag 1980.

›Vorwort zum sechsten Jahrgang‹, in: *ZfS* Jg. VI, Heft 1, S. 1–3.
W: in: *ZfS* Bd. VI, repr. Ndr., München: Kösel 1970.
- in: *ZfS* Bd. 6, repr. Ndr., München: Deutscher Taschenbuch Verlag 1980.
- in: *HGS* Bd. 4, S. 105–107.

1938

›Montaigne und die Funktion der Skepsis‹, in: *ZfS* Jg. VII, Heft 1/2, S. 1–54.
W: in: M.H., *Kritische Theorie* Bd. II, Frankfurt a. M.: S. Fischer 1968, S. 201–259.
– in: repr. Ndr. davon u. d. T. *Kritische Theorie der Gesellschaft* Bd. II, Frankfurt a. M.: Edition Marxismus-Kollektiv (Rdr.) 1968.
– in: *ZfS* Bd. VII, repr. Ndr., München: Kösel 1970.
– in: M. H., *Anfänge der bürgerlichen Geschichtsphilosophie. Hegel und das Problem der Metaphysik. Montaigne und die Funktion der Skepsis*, Frankfurt a. M.: Fischer Bücherei 1971, S. 96–144.
– in: M. H., *Die gesellschaftliche Funktion der Philosophie. Ausgewählte Essays*, Frankfurt a. M.: Suhrkamp 1974, S. 210–269.
– in: *ZfS* Bd. 7, repr. Ndr., München: Deutscher Taschenbuch Verlag 1980.
– in: *HGS* Bd. 4, S. 236–294.

›Die Philosophie der absoluten Konzentration‹, in: *ZfS* Jg. VII, Heft 3, S. 376–387.
W: in: M.H., *Kritische Theorie* Bd. II, Frankfurt a. M.: S. Fischer 1968, S. 260–272.
– in: repr. Ndr. davon u. d. T. *Kritische Theorie der Gesellschaft* Bd. II, Frankfurt a. M.: Edition Marxismus-Kollektiv (Rdr.) 1968.
– in: *ZfS* Bd. VII, repr. Ndr., München: Kösel 1970.
– in: *ZfS* Bd. 7, repr. Ndr., München: Deutscher Taschenbuch Verlag 1980.
– in: *HGS* Bd. 4, S. 295–307.

1939

[M. H. und Mitarbeiter des Instituts für Sozialforschung,] *International Institute of Social Research. A Report on Its History, Aims and Activities 1933–1938*, New York: Columbia University Press o. J. [1939], 36 S.

›Die Juden und Europa‹, in: *ZfS* Jg. VIII, S. 115–137.
W: in: M.H., *Autoritärer Staat. Aufsätze 1939–1941*, Amsterdam: de Munter (Rdr.) 1967, S. 7–39.
– in: M. H., *Die Juden und Europa. Autoritärer Staat. Vernunft und Selbsterhaltung. 1939–1941*, Amsterdam: de Munter (Rdr.) 1968, S. 7–39.
– als gesonderte Ausgabe: o. O.: Rdr. um 1969, 21 S.
– in: M. H., *Aufsätze: Autoritärer Staat. Die Juden und Europa*, o. O.: Rdr. um 1969, S. 22–39.
– in: M. H., *Kritische Theorie der Gesellschaft* Bd. III, Frankfurt a. M.: Edition Marxismus-Kollektiv (Rdr.) 1968, S. 1–33.
– in: *ZfS* Bd. VIII, repr. Ndr., München: Kösel 1970.
– in: *ZfS* Bd. 8, repr. Ndr., München: Deutscher Taschenbuch Verlag 1980.
– in: *Wirtschaft, Recht und Staat im Nationalsozialismus. Analysen des Instituts für Sozialforschung 1939–1942*, hrsg. von Helmut Dubiel und Alfons Söllner, Frankfurt a. M.: Europäische Verlagsanstalt 1981, S. 33–54.

– in: *HGS* Bd. 4, S. 236–294.

›Preface‹, in: Georg Rusche and Otto Kirchheimer, *Punishment and Social Structure*, New York: Columbia University Press, S. IX–X.
W: dt. Ü. ›Vorbemerkung‹, in: Georg Rusche und Otto Kirchheimer, *Sozialstruktur und Strafvollzug*, Frankfurt a. M.: Europäische Verlagsanstalt 1974, S. 7–8.

1940

›Foreword‹, in: *ZfS* Jg. VIII, Heft 3, S. 321
W: in: *ZfS* Bd. VIII, repr. Ndr., München: Kösel 1970.
– in: *ZfS* Bd. 8, repr. Ndr., München: Deutscher Taschenbuch Verlag 1980.
– dt. Ü. ›Vorwort [zu Heft 3 des VIII. Jahrgangs der *Zeitschrift für Sozialforschung*]‹ in: *HGS* Bd. 4, S. 371–372.

›The Relation between Psychology and Sociology in the Work of Wilhelm Dilthey‹, in: *ZfS* Jg. VIII, Heft 3, S. 430–443.
W: dt. Ü. ›Psychologie und Soziologie im Werk Wilhelm Diltheys‹ in: M. H., *Kritische Theorie* Bd. II, Frankfurt a. M.: S. Fischer 1968, S. 273–291.
– u. ds. T. in: repr. Ndr. davon u. d. T. *Kritische Theorie der Gesellschaft* Bd. II, Frankfurt a. M.: Edition Marxismus-Kollektiv (Rdr.) 1968.
– u. d. u. T. in: *ZfS* Bd. VIII, repr. Ndr., München: Kösel 1970.
– u. d. u. T. in: *ZfS* Bd. 8, repr. Ndr., München: Deutscher Taschenbuch Verlag 1980.
– dt. Ü. ›Psychologie und Soziologie im Werk Wilhelm Diltheys‹ in: *HGS* Bd. 4, S. 352–370.

›The Social Function of Philosophy‹, in: *ZfS* Jg. VIII, Heft 3, S. 322–337.
W: dt. Ü. ›Die gesellschaftliche Funktion der Philosophie‹ in: M. H., *Kritische Theorie* Bd. II, Frankfurt a. M.: S. Fischer 1968, S. 292–312.
– u. ds. T. in: repr. Ndr. davon u. d. T. *Kritische Theorie der Gesellschaft* Bd. II, Frankfurt a. M.: Edition Marxismus-Kollektiv (Rdr.) 1968.
– u. d. u. T. in: *ZfS* Bd. VIII, repr. Ndr., München: Kösel 1970.
– dt. Ü. ›Die gesellschaftliche Funktion der Philosophie‹ in: M. H., *Die gesellschaftliche Funktion der Philosophie. Ausgewählte Essays*, Frankfurt a. M: Suhrkamp 1974, S. 270–290.
– u. d. u. T. in: *ZfS* Bd. 8, repr. Ndr., München: Deutscher Taschenbuch Verlag 1980.
– dt. Ü. ›Die gesellschaftliche Funktion der Philosophie‹ in: *HGS* Bd. 4, S. 352–370.
H: u. d. T. ›Die gesellschaftliche Funktion der Philosophie‹: 1974.

1941

›Art and Mass Culture‹, in: *ZfS* Jg. IX, Heft 2, S. 290–304.
W: dt. Ü. ›Neue Kunst und Massenkultur‹ in: *Die Umschau. Internationale Revue*, Jg. III, Heft 4, S. 455–468.
– dt. Ü. u. ds. T. in: M. H., *Kritische Theorie* Bd. II, Frankfurt a. M.: S. Fischer 1968, S. 313–332.
– dt. Ü. u. ds. T. in: repr. Ndr. davon u. d. T. *Kritische Theorie der Gesellschaft* Bd. II, Frankfurt a. M.: Edition Marxismus-Kollektiv (Rdr.) 1968.
– u. d. u. T. in: *ZfS* Bd. IX, repr. Ndr., München: Kösel 1970.
– dt. Ü. ›Neue Kunst und Massenkultur‹ in: *Kritische Kommunikationsforschung. Aufsätze aus der Zeitschrift für Sozialforschung*, hrsg. von Dieter Prokop, München: Hanser 1973, S. 28–46.
– u. d. u. T. in: *ZfS* Bd. 8, repr. Ndr., München: Deutscher Taschenbuch Verlag 1980.
– dt. Ü. ›Die gesellschaftliche Funktion der Philosophie‹ in: *HGS* Bd. 4, S. 419–438.

[M. H. und Mitarbeiter des Instituts für Sozialforschung,] ›Notes on Institute Activities. Research Project on Anti-Semitism. Idea of the Project‹, in: *ZfS* Jg. IX, Heft 1, S. 121–143.
W: in: *ZfS* Bd. IX, repr. Ndr., München: Kösel 1970.
– in: *ZfS* Bd. 9, repr. Ndr., München: Deutscher Taschenbuch-Verlag 1980.
– dt.Ü. ›Zur Tätigkeit des Instituts. Forschungsprojekt über Antisemitismus‹ in: *HGS* Bd. 4, S. 373–411.

›Preface‹, in: *ZfS* Jg. IX, Heft 1, S. 1.
W: in: *ZfS* Bd. IX, repr. Ndr., München: Kösel 1970.
– in: *ZfS* Bd. 9, repr. Ndr., München: Deutscher Taschenbuch Verlag 1980.

›Preface‹, in: *ZfS* Jg. IX, Heft 2, S. 195–199.
W: in: *ZfS* Bd. IX, repr. Ndr., München: Kösel 1970.
– in: *ZfS* Bd. 9, repr. Ndr., München: Deutscher Taschenbuch Verlag 1980.
– dt. Ü. ›Vorwort [zu Heft 2 des IX. Jahrgangs der *Zeitschrift für Sozialforschung*‹ in: *HGS* Bd. 4, S. 412–418.

›Autoritärer Staat‹, in: *Walter Benjamin zum Gedächtnis*, hektographiertes Typoskript, Institut für Sozialforschung, S. 123–161.
W: in: M. H., *Autoritärer Staat. Aufsätze 1939–1941*, Amsterdam: de Munter (Rdr.) 1967, S. 41–80.
– als Einzelausgabe: M. H., *Autoritärer Staat*, o. O.: Rdr. um 1968.
– in: M. H., *Aufsätze: Autoritärer Staat. Die Juden und Europa*, o. O.: Rdr. um 1969;
– in: M. H., *Kritische Theorie der Gesellschaft* Bd. III, Frankfurt a. M.: Edition Marxismus-Kollektiv (Rdr.) 1968, S. 35–74.
– in: M. H., *Gesellschaft im Übergang*, Frankfurt a. M.: Athenäum Fischer 1972, S. 13–35.

– in: *Wirtschaft, Recht und Staat im Nationalsozialismus. Analysen des Instituts für Sozialforschung 1939–1942*, hrsg. von Helmut Dubiel und Alfons Söllner, Frankfurt a. M.: Europäische Verlagsanstalt 1981, S. 55–80.
– in: *HGS* Bd. 5, S. 293–319.

›Einige Betrachtungen zum Curfew‹, in: *Aufbau*, New York 4. 9. 1942.
W: in: *HGS* Bd. 5, S. 351–353.

›Preface‹, in: *ZfS* Jg. IX, Heft 3, S. 365.
W: in: *ZfS* Bd. IX, repr. Ndr., München: Kösel 1970.
– in: *ZfS* Bd. 9, repr. Ndr., München: Deutscher Taschenbuch Verlag 1980.

›The End of Reason‹, in: *ZfS* Jg. IX, Heft 3, S. 366–388.
W: ursprüngliche dt. Fassung u. d. T. ›Vernunft und Selbsterhaltung‹ in: *Walter Benjamin zum Gedächtnis*, hektographiertes Typoskript, Institut für Sozialforschung 1942, S. 17–60.
– u. ds. T. in: M. H., *Autoritärer Staat. Aufsätze 1939–1941*, Amsterdam: de Munter (Rdr.) 1967, S. 81–123.
– u. ds. T. in: M. H., *Kritische Theorie der Gesellschaft* Bd. III, Frankfurt a. M.: Edition Marxismus-Kollektiv (Rdr.) 1968, S. 75–117.
– u. ds. T. in: *Politik, Wissenschaft, Erziehung. Festschrift für Ernst Schütte zum 65. Geburtstag*, Frankfurt a. M., Berlin, Bonn, München: Moritz Diesterweg 1969, S. 41–61.
– *Vernunft und Selbsterhaltung*, Frankfurt a. M.: S. Fischer 1970, 57 S.
– u. d. u. T. in: *ZfS* Bd. IX, repr. Ndr., München: Kösel 1970.
– ursprüngliche dt. Fassung u. d. T. ›Vernunft und Selbsterhaltung‹ in: *Subjektivität und Selbsterhaltung. Beiträge zur Diagnose der Moderne*, hrsg. von Hans Ebeling, Frankfurt a. M.: Suhrkamp 1976, S. 41–75.
– u. d. u. T. in: *ZfS* Bd. 9, repr. Ndr., München: Deutscher Taschenbuch Verlag 1980.

1943

[M. H. und Mitarbeiter des Instituts für Sozialforschung,] ›Erfahrungen mit dem Nazi-Antisemitismus. Ein Wettbewerb des »Institute of Social Research«‹, in: *Aufbau*, New York 8. 10. 1943, S. 5.

›The Psychology of Nazidom‹ (Bespr. von Richard M. Brickner: *Is Germany Incurable?*, New York 1943), in: *The New Leader*, vol. XXVI, Nr. 33, New York 14. 8. 1943, S. 5 und 7.
W: dt. Ü. ›Die Psychologie des Nazitums. Zu Richard M. Brickners *Is Germany Incurable?*‹ in: *HGS* Bd. 5, S. 354–359.

1944

[M. H. und Mitarbeiter des Instituts für Sozialforschung,] *Institute of Social Research. Ten Years on Morningside Hights. A Report on the Institute's History 1934 to 1944*, hektographiertes Typoskript, New York: Institute of Social Research, 36 Bl.

M. H. und Theodor W. Adorno, *Philosophische Fragmente*, hektographiertes Typoskript, New York: Institute of Social Research, 336 S.

W: u. d. T. *Dialektik der Aufklärung. Philosophische Fragmente*, Amsterdam: Querido 1947, 311 S.
- Tdr. u. d. T. ›Fragmente‹ in: *Literarische Revue* Jg. 3, 1948, Heft 8, S. 473–476.
- Tdr. u. d. T. ›Odysseus oder Mythos und Aufklärung‹ in: *Sinn und Form. Beiträge zur Literatur* 1. Jg., Heft 4, 1949, Potsdam: Rütten & Loening (Rdr.), S. 143–180.
- Tdr. u. d. T. ›Die Herkunft des Antisemitismus‹ in: *Süddeutsche Zeitung* München, 17. / 18. 1. 1959.
- repr. Ndr. der Ausgabe u. d. T. *Dialektik der Aufklärung. Philosophische Fragmente* (Amsterdam 1947), Lichtenstein [!]: Edition »Emigrant« (Rdr.) 1955 (fiktive Jahreszahl?), 310 S.
- ebenso: Amsterdam: de Munter (Rdr.) 1968.
- ebenso: o. O.: Rdr. um 1969.
- u. d. T. *Dialektik der Aufklärung. Philosophische Fragmente*, Frankfurt a. M.: S. Fischer 1969, 275 S.
- Tdr., repr. Ndr. davon u. d. T. *Kulturindustrie. Aufklärung als Massenbetrug*, o. O.: Rdr. um 1970, 49 S.
- u. d. T. *Dialektik der Aufklärung. Philosophische Fragmente*, Frankfurt a. M.: Fischer Bücherei 1971, 229 S.
- u. ds. T. in: Theodor W. Adorno, *Gesammelte Schriften* Bd. 3, Frankfurt a. M.: Suhrkamp 1981, 335 S.
- Tdr. u. d. T. ›Interesse am Körper‹ in: *Das Aktphoto. Ansichten vom Körper im photographischen Zeitalter. Ästhetik, Geschichte, Ideologie*, hrsg. von Michael Köhler und Gisela Barche, München und Luzern: Bucher 1985, S. 9–10.
- u. d. T. *Dialektik der Aufklärung. Philosophische Fragmente*, mit einem Nachwort von Jürgen Habermas, Frankfurt a. M.: S. Fischer 1986, 294 S.
- u. ds. T., Frankfurt a. M.: Fischer Taschenbuch 1988, 275 S.
- u. ds. T., hrsg. und mit einem Nachwort von Waltraud Beyer, Leipzig: Reclam 1989.
- u. ds. T. in: *HGS* Bd. 5, S. 11–290.

Ü: spanisch: *Dialectica del iluminismo*, Buenos Aires: Editorial Sudamericana 1969.
- englisch (USA): *Dialectic of Enlightenment*, New York: Herder & Herder 1972.
- dänisch: *Oplysningens dialektik*, Kopenhagen: Gyldendal 1972.

- englisch (GB): *Dialectic of Enlightenment*, London: Penguin Books 1973.
- französisch: *La dialectique de la raison*, Paris: Gallimard 1974.
- italienisch: *Dialettica dell'illuminismo*, Turin: Einaudi 1974.
- schwedisch: *Upplysningens dialektik*, Göteborg: Röda 1981.
- portugiesisch: *Dialética do esclarecimento*, Rio de Janeiro: Zahar Editores 1985.
- niederländisch: *Dialectiek van de Verlichting*, Nijmwegen: Sun Uitgeverij 1987.
- ungarisch: Budapest: Atlantisz / Gondolat 1991.
- polnisch: Warschau: Verlag der polnischen Akademie der Wissenschaften / IFiS Publishers 1994.
- spanisch: *Dialéctica de la ilustración*, Madrid: Editorial Trotta 1994.

1945

[M. H. und Mitarbeiter des American Jewish Committee, Scientific Department,] *American Jewish Committee. Progress Report of the Scientific Department*, hektographiertes Typoskript, o. O. [New York].

›The Classification of Jewish Immigrants and Its Implications‹ (Antwort auf eine Umfrage), in: Yiddish Scientific Institute – YIVO, *The Classification of Jewish Immigrants and Its Implications. A Survey of Opinion*, New York: Yiddish Scientific Institute – YIVO, S. 64–66
W: dt. Ü. ›Zur Klassifikation jüdischer Einwanderer‹ in: *HGS* Bd. 5, S. 373–376.

›Glückwunsch‹ (zum zehnjährigen Bestehen des *Aufbau*), in: *Aufbau*, New York 5. 1. 1945.

1946

›Sociological Background of the Psychoanalytic Approach‹, in: *Anti-Semitism. A Social Disease*, edited by Ernst Simmel with a Preface by Gordon W. Allport, New York: International University Press, S. 1–10.
W: dt. Ü. ›Antisemitismus: Der soziologische Hintergrund des psychoanalytischen Forschungsansatzes‹ in: *HGS* Bd. 5, S. 364–372.
- dt. Ü. u. d. T. ›Der soziologische Hintergrund des psychoanalytischen Forschungsansatzes‹ in: Ernst Simmel (Hrsg.), *Antisemitismus*, Frankfurt a. M.: Fischer Taschenbuch Verlag 1993, S. 23–34.

›Sociology of Arts‹, in: *Encyclopedia of the Arts*, edited by Dagobert D. Runes and Harry G. Schrickel, New York: Philosophical Library, S. 930–932.
W: dt. Ü. ›Zur Soziologie der Kunst‹ in: *HGS* Bd. 5, S. 360–363.

1947

M.H. und Theodor W. Adorno, *Dialektik der Aufklärung. Philosophische Fragmente*, Amsterdam: Querido 1947, 311 S.
W: s. *Philosophische Fragmente* 1944.

Eclipse of Reason, New York: Oxford University Press, 187 S.
W: dt.Ü. *Zur Kritik der instrumentellen Vernunft* in: M.H., *Zur Kritik der instrumentellen Vernunft. Aus den Vorträgen und Aufzeichnungen in Deutschland*, Frankfurt a. M.: S. Fischer 1967, S. 11–174.
– repr. Ndr. davon in: M.H., *Kritische Theorie der Gesellschaft* Bd. III, Frankfurt a. M.: Edition Marxismus-Kollektiv (Rdr.) 1968, S. 118–279.
– u.ds.T. im repr. Ndr. der Ausgabe von 1967, Frankfurt a.M.: Athenäum Fischer 1974.
– u.ds.T. in: *HGS* Bd. 6, S. 19–186.
Ü: italienisch: *Eclissi della ragione*, Milano: Sugar editore 1962; Torino: Einaudi 1969.
– serbokroatisch: *Pomracenje uma*, Sarajewo 1963.
– weitere Ü. s. auch *Zur Kritik der instrumentellen Vernunft* 1967, Ü.

›Fortune Survey Analyzed by AJC Consultant to Appraise Results‹, in: *News Letter*, American Jewish Committee, December, 1947, S. 4.

1948

›Ernst Simmel and Freudian Philosophy‹, in: *International Journal of Psychoanalysis*, vol. XXIX, S. 110–113.
W: dt.Ü. ›Ernst Simmel und die Freudsche Philosophie‹ in: *Psyche* Jg. 32, 1978, S. 483–491.
– u.ds.T. in: Bernard Görlich, Alfred Lorenzer, Alfred Schmidt, *Der Stachel Freud*, Frankfurt a. M.: Suhrkamp 1980, S. 139–148.
– u.ds.T. in: *HGS* Bd. 5, S. 396–405.

1949

›Authoritarianism and Family Today‹, in: *The Family: Its Function and Destiny*, edited by Ruth Nanda Anshen, New York: Harper and Brothers, S. 359–374.
W: dt.Ü. ›Autorität und Familie in der Gegenwart‹, in: *Erkenntnis und Verantwortung. Festschrift für Theodor Litt*, Düsseldorf: Pädagogischer Verlag Schwann 1960, S. 152–167.
– u.ds.T. in: M.H., *Zur Kritik der instrumentellen Vernunft. Aus den Vorträgen und Aufzeichnungen seit Kriegsende*, Frankfurt a.M.: S. Fischer 1967, S. 269–287; ebenso Frankfurt a. M.: Athenäum Fischer 1974.
– repr. Ndr. davon in: M.H., *Kritische Theorie der Gesellschaft* Bd. III, Frankfurt a. M.: Edition Marxismus-Kollektiv (Rdr.) 1968, S. 320–338.

- repr. Ndr. davon in: M.H., *Autorität und Familie – Autorität und Familie in der Gegenwart*, o. O.: Rdr. um 1969.
- u. ds. T. in: *Analytische Sozialpsychologie*, hrsg. von Helmut Dahmer, Frankfurt a. M.: Suhrkamp 1980, Bd. 1, S. 343–359.
- u. ds. T. in: *HGS* Bd. 5, S. 377–395.

M. H. and Samuel H. Flowerman, ›Foreword to Studies in Prejudice‹, in: *Studies in Prejudice*, edited by Max Horkheimer and Samuel H. Flowerman, 5 Bde., New York: Harper and Brothers 1949–50, S. V–VIII; im Bd. Bruno Bettelheim and Morris Janowitz, *Dynamics of Prejudice*, S. VII–X.

W: im repr. Ndr. des Bandes Theodor W. Adorno, Else Frenkel-Brunswik, Daniel J. Levinson, R. Nevitt Sanford, *The Authoritarian Personality*, New York: John Wiley & Sons 1964.
- dt. Ü. ›Vorwort zu den *Studies in Prejudice*‹ in: *HGS* Bd. 5, S. 406–411.

›Introduction‹, in: Leo Löwenthal and Norbert Guterman, *Prophets of Deceit. A Study of the Techniques of the American Agitator*, New York: Harper and Brothers, S. XI–XIII.

W: dt. Ü. ›Einleitung [zu Leo Löwenthals und Norbert Gutermans *Prophets of Deceit*]‹ in: *HGS* Bd. 5, S. 412–414.

›Philosophie und Studium‹, in: *Frankfurter Hefte* Jg. 4, Heft 8, S. 656–666.

W: in: *HGS* Bd. 8, S. 361–377.

M.H. and Samuel H. Flowerman (Hrsg.:) *Studies in Prejudice*, 5 Bde., New York: Harper and Brothers 1949–50.

W: dt. Ü. *Gekürzte deutsche Fassung der Bände I–III und V der »Studies in Prejudice«*, übersetzt und hrsg. vom Institut für Sozialforschung Frankfurt a. M., hektographiertes Typoskript, Frankfurt a. M. 1953.

1950

Gordon W. Allport, Gilbert Freyre, Georges Gurvitch, Max Horkheimer, Arne Naess, John Rickman, Harry Stuack Sullivan, Alexander Szalai, ›Common Statement‹, in: *Tensions That Cause Wars*, edited by Hadley Cantril, Urbana: University of Illinois Press, S. 17–21.

M. H. and Samuel H. Flowerman, ›Foreword to Studies in Prejudice‹, s. 1949.

›The Lessons of Fascism‹, in: *Tensions That Cause Wars*, edited by Hadley Cantril, Urbana: University of Illinois Press, S. 209–242.

W: dt. Ü., Tdr., ›Lehren aus dem Faschismus‹, in: M. H., *Gesellschaft im Übergang*, Frankfurt a. M.: Athenäum Fischer 1972, S. 36–59.
- u. ds. T. in: *HGS* Bd. 8, S. 9–37.

›Politik und Soziales‹, in: *Staatsanzeiger für das Land Hessen*, Beilage Nr. 14 zu Nr. 51, 23. 12. 1950, S. 89–92.

W: in: M. H., *Gesellschaft im Übergang*, Frankfurt a. M.: Athenäum Fischer 1972, S. 60–72.
- in: *HGS* Bd. 8, S. 38–52.

›Preface‹, in: Theodor W. Adorno, Else Frenkel-Brunswik, Daniel J. Levinson, R. Nevitt Sanford, *The Authoritarian Personality*, New York: Harper and Brothers, S. IX-XII.
W: in: repr. Ndr. davon, New York: John Wiley & Sons 1964.
– dt.Ü. ›Vorwort [zu *The Authoritarian Personality*] in: *HGS* Bd. 5, S. 415–420.

(Diskussionsbeitrag zu:) *Über Lehre und Forschung der Wissenschaft von der Politik. Gesamtprotokoll der Konferenz von Königstein im Taunus vom 15. und 16. Juli 1950*, veröffentlicht durch das Hessische Ministerium für Erziehung und Volksbildung, Frankfurt a. M.: Verlag Neue Presse o. J.

1951

›Ideologie und Wertgebung‹, in: *Soziologische Forschung in unserer Zeit. Leopold v. Wiese zum 75. Geburtstag*, hrsg. von Karl Gustav Specht, Köln und Opladen: Westdeutscher Verlag, S. 220–227.
W: u. d. T. ›Ideologie und Handeln‹ in: M. H. und Theodor W. Adorno, *Sociologica II. Reden und Vorträge. Frankfurter Beiträge zur Soziologie* Bd. 10, Frankfurt a. M.: Europäische Verlagsanstalt 1962, S. 38–47.
– repr. Ndr. davon in: M. H., *Kritische Theorie der Gesellschaft* Bd. IV, Frankfurt a. M.: Edition Marxismus-Kollektiv (Rdr.) 1968, S. 164–173.
– u. ds. T. in: M. H., *Sozialphilosophische Studien*, Frankfurt a. M.: Athenäum Fischer 1972, S. 59–67.
– u. ds. T. in: *Ideologiekritik in der Erziehungswissenschaft*, hrsg. von Heinrich Kanz, Frankfurt a. M.: Akademische Verlagsanstalt 1972, S. 29–36.
– u. d. T. ›Ideologie und Wertgebung als Probleme der Philosophie‹ in: *Universitas. Zeitschrift für Wissenschaft, Kunst und Literatur* 28. Jg., Heft 9, Sept. 1973, S. 985–992.
– u. d. T. ›Ideologie und Handeln‹ in: *HGS* Bd. 7, S. 11–21.

›Invarianz und Dynamik in der Lehre von der Gesellschaft‹, in: *Kölner Zeitschrift für Soziologie* Jg. IV, 1951/52, Heft 2/3, S. 242–249.
W: in: M. H., *Gesellschaft im Übergang*, Frankfurt a. M.: Athenäum Fischer 1972, S. 73–81.
– in: *HGS* Bd. 8, S. 53–63.

›Soziologie an der Universität‹, in: *Frankfurter Studentenzeitung* (später: *Diskus*) 1. Jg., Heft 8, Dezember, S. 5–6.
W: in: *HGS* Bd. 8, S. 378–380.

1952

[Ansprache zur Begrüßung von Bundeskanzler Adenauer in der Aula der Universität Frankfurt a. M.], in: *Diskus. Frankfurter Studentenzeitung* 2. Jg., Heft 6, Sondernummer Juli 1952, S. 2.

[Ansprache zur Wiedereröffnung des Instituts für Sozialforschung], in: *Institut für Sozialforschung an der Johann Wolfgang Goethe-Universität. Ein Bericht über die Feier seiner Wiedereröffnung, seine Geschichte und seine Arbeiten*, Frankfurt a. M.: Sonderdruck.

›Die Behauptung des Individuums in der Masse. Im Wunsch nach Bildung steckt der Wille, seiner selbst mächtig zu werden‹ (Rede zur Immatrikulation Sommersemester 1952), in: *Neue Zeitung*, 23.5.1952 (Tdr. der Rede).
W: u.d.T. ›Das Besondere am Akademiker‹ in: *Diskus. Frankfurter Studentenzeitung* 2.Jg., Mai/Juni 1952 (Tdr. der Rede).
– u.d.T. ›Akademisches Studium‹ in: M.H., *Gegenwärtige Probleme der Universität, Frankfurter Universitätsreden* Heft 8, Frankfurt a.M.: Klostermann 1953, S. 5–13.
– u.ds.T. in: M.H., *Sozialphilosophische Studien*, Frankfurt a.M.: Athenäum Fischer 1972, S. 156–162.
– u.ds.T. in: *HGS* Bd. 8, S. 381–390.

›Gegen Mißverständnisse‹, Brief an den Herausgeber des *Aufbau*, in: *Aufbau*, New York, 12.8.1952, S. 7–8.
W: in: *HGS* Bd. 18, S. 245–248.

›Invarianz und Dynamik in der Lehre von der Gesellschaft‹, s. 1951.

›Die Johann Wolfgang Goethe-Universität. Niedergang und Aufbau‹, in: *Basler Nachrichten*, 6.8.1952, Sondernummer.

Survey of the Social Sciences in Western Germany. A Report of Recent Developments, Washington: Library of Congress, 225 S.

›Vorbemerkung‹, in: Institut für Sozialforschung an der Johann Wolfgang Goethe-Universität Frankfurt am Main, *Umfrage unter Frankfurter Studenten im Wintersemester 1951/1952*, hektographiertes Typoskript, S. 1–4.

M.H. und Theodor W. Adorno, ›Vorurteil und Charakter. Ein Bericht‹, in: *Frankfurter Hefte* Jg. VII, Heft 4, S. 284–291.
W: überarbeitet vom Institut für Sozialforschung, u.d.T. ›Vorurteil‹ in: Institut für Sozialforschung, *Soziologische Exkurse. Nach Vorträgen und Diskussionen*, Frankfurter Beiträge zur Soziologie Bd. 4, Frankfurt a.M.: Europäische Verlagsanstalt 1956, S. 151–161.
– u.d.T. ›Zum autoritären Charakter‹ in: *Littera Judaica. In memoriam Edwin Guggenheim*, hrsg. von Paul Jacob und Ernst Ludwig Ehrlich, Frankfurt a.M.: Europäische Verlagsanstalt o.J. [1964?], S. 266–279.
– u.d.T. ›Vorurteil und Charakter‹ in: M.H., *Gesellschaft im Übergang*, Frankfurt a.M.: Athenäum Fischer 1972, S. 82–92.
– u.ds.T. in: Theodor W. Adorno, *Gesammelte Schriften* Bd. 9.2, Frankfurt a.M.: Suhrkamp 1975, S. 360–373.
– in: *HGS* Bd. 8, S. 64–73.

›Wenn heute von Bildung gesprochen wird‹ (Rede zur Immatrikulation Wintersemester 1952/53), in: *Neue Zeitung*, 22./23. 11.1952.

W: u.d.T. ›Bildung und Barbarei‹ in: *Diskus. Frankfurter Studentenzeitung* 2. Jg., Nov. 1952, Beilage.
– u.d.T. ›Begriff der Bildung‹ in: M.H., *Gegenwärtige Probleme der Universität, Frankfurter Universitätsreden* Heft 8, Frankfurt a.M.: Klostermann 1953, S. 14–23.
– u.ds.T. in: M.H., *Sozialphilosophische Studien*, Frankfurt a.M.: Athenäum Fischer 1972, S. 163–172.
– Tdr. u.ds.T. in: *Bildungstheorien. Probleme und Positionen*, hrsg. von Jürgen-Eckhardt Pleines, Freiburg: Herder 1978, S. 22–27.
– u.ds.T. in: *HGS* Bd. 8, S. 409–419.

›Zum Begriff der Vernunft‹, in: *Frankfurter Universitätsreden* Heft 7, Frankfurt a.M.: Klostermann, 17 S.
W: in: M.H. und Theodor W. Adorno, *Sociologica II. Reden und Vorträge. Frankfurter Beiträge zur Soziologie* Bd. 10, Frankfurt a.M.: Europäische Verlagsanstalt 1962, S. 193–204.
– in: *Zur Ideologie und Ideologiekritik. Eine Textsammlung*, Freiburg i.Br.: Kehrer (Rdr.) 1967, S. 223–234.
– repr. Ndr. aus den *Sociologica II* in: M.H., *Kritische Theorie der Gesellschaft* Bd. IV, Frankfurt a.M.: Edition Marxismus-Kollektiv (Rdr.) 1968, S. 231–242.
– in: M.H., *Sozialphilosophische Studien*, Frankfurt a.M.: Athenäum Fischer 1972, S. 47–58.
– in: *HGS* Bd. 7, S. 22–35.
– in: *Philosophen-Lesebuch* Bd. 3, hrsg. von Hans Martin Gerlach u.a., Berlin: Dietz 1991, S. 557–567.

›Zum Problem des akademischen Unterrichts. [Teil 1:] Die archaische Form des Kollegs. [Teil 2:] Die paradoxe Situation der Universität‹, in: *Deutsche Universitätszeitung* Jg. 7, 3.10.1952, S. 6–9 und 17.10.1952, S. 4–6.
W: u.d.T. ›Fragen des Hochschulunterrichts‹ in: M.H., *Gegenwärtige Probleme der Universität, Frankfurter Universitätsreden* Heft 8, Frankfurt a.M.: Klostermann 1953, S. 24–40.
– u.ds.T. in: M.H., *Sozialphilosophische Studien*, Frankfurt a.M.: Athenäum Fischer 1972, S. 172–187.
– u.ds.T. in: *HGS* Bd. 8, S. 391–408.

1953

[Ansprache bei der akademischen Feier des Universitätsfestes 1953 der Universität Frankfurt a.M.], in: *Diskus. Frankfurter Studentenzeitung* 2. Jg., Heft 6, Juli 1953, S. 4.

[Ansprache zur Einweihung des Studentenhauses], in: *Einweihung des Studentenhauses, Frankfurter Universitätsreden* Heft 9, Frankfurt a.M.: Klostermann, S. 11–17.

[Bericht über die Rektoratszeit. Rede, gehalten bei der Rektoratsübergabe im November 1953], in: *Diskus. Frankfurter Studentenzeitung* 3.Jg., Heft 9, Nov. 1953, S.4.
W: u.d.T. ›Bericht des scheidenden Rektors Dr.phil. Max Horkheimer, o. Professor der Philosophie und Soziologie bei der Rektoratsübergabe am 12.November 1953‹, in: *Frankfurter Universitätsreden* Heft 10, Frankfurt a.M.: Klostermann 1954, S.7–21.

Gegenwärtige Probleme der Universität. Frankfurter Universitätsreden Heft 8, Frankfurt a.M.: Klostermann, 40S.; enth.: ›Akademisches Studium‹ (= ›Die Behauptung des Individuums in der Masse‹) 1952, ›Begriff der Bildung‹ (= ›Wenn heute von Bildung gesprochen wird‹) 1952, ›Fragen des Hochschulunterrichts‹ (= ›Zum Problem des akademischen Unterrichts‹) 1952.

›Geleitwort des Rektors‹, in: *Wegweiser durch die Johann Wolfgang Goethe-Universität Frankfurt am Main*, Frankfurt a.M.: Klostermann, S.3.

›Über akademische Freiheit‹ (Rede zur Immatrikulation Sommersemester 1953), in: *Diskus. Frankfurter Studentenzeitung* 3.Jg., Heft 4, Mai 1953, S.1 (Tdr. der Rede).
W: u.d.T. ›Akademische Freiheit‹ in: *Deutsche Universitätszeitung* 8.Jg., 12.10.1953, S.7–9 (Tdr. der Rede).
– u.ds.T. in: *HGS* Bd.8, S.420–432.

›Vorwort‹, in: Kurt Lewin, *Die Lösung sozialer Konflikte*, hrsg. von Gertrud Weiß Lewin, Bad Nauheim: Christian Verlag, S.7–8.

›Vorwort‹ in: *Gekürzte deutsche Fassung der Bände I–III und V der »Studies in Prejudice«*, übersetzt und hrsg. vom Institut für Sozialforschung Frankfurt a.M., hektographiertes Typoskript, Frankfurt a.M., S.VI–VIII.
W: in: Rdr. davon u.d.T. Theodor W. Adorno u.a., *Der autoritäre Charakter. Studien über Autorität und Vorurteil* Bd.1, Amsterdam: de Munter (Rdr.) 1968, S.VII–IX.

1954

[Ansprache beim VI. Paneuropa-Kongreß], in: *Paneuropa Friedensbewegung. VI. Paneuropa-Kongreß*, Baden-Baden, Frankfurt a.M., Berlin: Metzner, S.86–90.
W: u.d.T. [Das Europäische] in: *HGS* Bd.8, S.84–89.

›Vom Geist der Frankfurter Universität‹ (unter dem Pseudonym Sapiens), in: *Frankfurter Rundschau*, 26.7.1954.

›Was heißt Verantwortung?‹, in: *Deutsche Studentenzeitung*, München, 6.5.1954, Sonderausgabe, S.4.
W: u.d.T. ›Zum Begriff der Verantwortung‹ in: *3. Deutscher Studententag 1954 München, vom 2. bis 5. Mai. Die Verantwortung des Studenten gegenüber Volk und Staat*, hrsg. vom Presseamt des Verbandes Deutscher Studentenschaften, Bonn: Schaffrath 1954, S.53–66.

- Tdr. u. d. T. ›Aus einer Ansprache vor Couleur-Studenten‹ in: *Diskus. Frankfurter Studentenzeitung* 4. Jg., Heft 6, Sondernummer Juni 1954, S. 3–4.
- u. d. T. ›Zum Begriff der Verantwortung‹ in: *Physikalische Blätter* Jg. X, Heft 8, 1954, S. 337–348.
- u. ds. T. in: *Die Verantwortung der Universität. Drei Vorträge von Romano Guardini, Walter Dirks, Max Horkheimer*, Würzburg: Werkbund Verlag 1954, S. 69–94.
- u. d. T. ›Verantwortung und Studium‹ in: M. H. und Theodor W. Adorno, *Sociologica II. Reden und Vorträge. Frankfurter Beiträge zur Soziologie* Bd. 10, Frankfurt a. M.: Europäische Verlagsanstalt 1962, S. 69–86.
- repr. Ndr. davon in: M. H., *Kritische Theorie der Gesellschaft* Bd. IV, Frankfurt a. M.: Edition Marxismus-Kollektiv (Rdr.) 1968, S. 175–192.
- u. d. T. ›Zum Begriff der Verantwortung‹ in: *Freiheit und Verantwortung in Gesellschaft und Erziehung. Festschrift für Erwin Stein*, Bad Homburg: Gehlen 1969, S. 23–40.
- u. d. T. ›Verantwortung und Studium‹ in: M. H., *Sozialphilosophische Studien*, Frankfurt a. M.: Athenäum Fischer 1972, S. 187–203.
- u. ds. T. in: *HGS* Bd. 8, S. 433–453.

›Zur Psychologie des Totalitären‹, in: *Offene Welt. Mitteilungen aus Wirtschaft, Politik und Gesellschaft* Nr. 30, März / April 1954, S. 49–56.
W: in: *Das Parlament*, Bonn, Nr. 21, 25. 5. 1955, S. 10.
- in: *HGS* Bd. 8, S. 77–83.

1955

M. H. und Theodor W. Adorno, *Dialektik der Aufklärung. Philosophische Fragmente*, repr. Ndr. der Ausgabe von 1947, Lichtenstein [!]: Edition »Emigrant« (Rdr.) 1955 (fiktive Jahreszahl?), 310 S.

›Einleitende Worte‹ (zu Reden, gehalten anläßlich der 150. Wiederkehr des Todestages von Immanuel Kant), in: *Kant und die Wissenschaften. Frankfurter Universitätsreden* Heft 12, Frankfurt a. M.: Klostermann, S. 9–14.
W: u. d. T. [Immanuel Kant – zum 150. Todestag] in: *HGS* Bd. 7, S. 36–42.

›Menschen im Großbetrieb‹, in: *Deutsche Zeitung und Wirtschaftszeitung* Nr. 14, 19. 2. 1955, S. 4.
W: in: *HGS* Bd. 8, S. 95–105.

›Schopenhauer und die Gesellschaft‹, in: *XXXVI. Schopenhauer-Jahrbuch für das Jahr 1955*, hrsg. von Arthur Hübscher, Frankfurt a. M.: Kramer, S. 49–57.
W: in: M. H. und Theodor W. Adorno, *Sociologica II. Reden und Vorträge. Frankfurter Beiträge zur Soziologie* Bd. 10, Frankfurt a. M.: Europäische Verlagsanstalt 1962, S. 113–123.
- repr. Ndr. davon in: M. H., *Kritische Theorie der Gesellschaft* Bd. IV, Frankfurt a. M.: Edition Marxismus-Kollektiv (Rdr.) 1968, S. 201–211.

– in: M. H., *Sozialphilosophische Studien*, Frankfurt a. M.: Athenäum Fischer 1972, S. 68–77.
– in: *HGS* Bd. 7, S. 43–54.

M. H. und Theodor W. Adorno, ›Vorwort‹, in: *Gruppenexperiment. Ein Studienbericht. Bearbeitet von Friedrich Pollock. Frankfurter Beiträge zur Soziologie* Bd. 2, Frankfurt a. M.: Europäische Verlagsanstalt, S. V–VIII.

›Was mein Leben bestimmte‹ (Antwort auf eine Umfrage des *Tagesspiegel*), in: *Tagesspiegel*, Weihnachtsbeilage, Nr. 3131, 25. 12. 1955, S. 8.
W: in: *HGS* Bd. 18, S. 333.

1956

›Ansprache im Namen der Philosophischen Fakultät der Universität Frankfurt am Main‹, in: *Reden, gehalten in der Aula der Johann Wolfgang Goethe-Universität zu Frankfurt am Main anläßlich der 100. Wiederkehr des Geburtstages von Sigmund Freud. Frankfurter Universitätsreden* Heft 18, Frankfurt a. M.: Klostermann, S. 38–42.
W: in: *Freud und die Gegenwart. Ein Vortragszyklus der Universitäten Frankfurt und Heidelberg zum hundertsten Geburtstag. Frankfurter Beiträge zur Soziologie* Bd. 6, Frankfurt a. M.: Europäische Verlagsanstalt 1957, S. 31–35.
– u. d. T. [Sigmund Freud – zum 100. Geburtstag] in: *HGS* Bd. 8, S. 106–111.

›Prof. Horkheimer erläutert‹ (Brief an Franz Spelman), in: *New York Staats-Zeitung und Herold*, 17. 9. 1956.
W: in: *HGS* Bd. 18, S. 364–365.

[M. H. und] Helge Pross, ›Die Soziologie und ihre Grenzgebiete an der Johann Wolfgang Goethe-Universität‹, in: *Frankfurt, lebendige Stadt. Vierteljahreshefte für Kultur, Wirtschaft und Verkehr*, Heft 4, Dezember, S. 28–29.

[M. H., Theodor W. Adorno und Mitarbeiter des Instituts für Sozialforschung,] *Soziologische Exkurse. Nach Vorträgen und Diskussionen. Frankfurter Beiträge zur Soziologie* Bd. 4, Frankfurt a. M.: Europäische Verlagsanstalt, 181 S.
H: u. d. T. ›Problemes sociologiques contemporains‹, 1953.
– u. d. T. ›Die Soziologie der Gegenwart‹, 1954.

M. H. und Theodor W. Adorno, ›Vorrede‹, in: Institut für Sozialforschung, *Soziologische Exkurse. Nach Vorträgen und Diskussionen. Frankfurter Beiträge zur Soziologie* Bd. 4, Frankfurt a. M.: Europäische Verlagsanstalt, S. 7–8.
W: in: Theodor W. Adorno, *Gesammelte Schriften* Bd. 20.2: *Vermischte Schriften* II, Frankfurt a. M.: Suhrkamp 1986, S. 644–646.
Ü: italienisch: *Lezioni di sociologie*, Torino 1966.

M. H. und Theodor W. Adorno, ›Vorwort‹, in: *Universität und Gesellschaft. Eine Erhebung des Instituts für Sozialforschung unter Mitwirkung des Instituts für vergleichende Sozialwissenschaften. Forschungsbericht, Teil I: Studentenbefragung, Teil III: Expertenbefragung*, hektographiertes Typoskript, Frankfurt a. M. [falsch datiert: 1953], S. I–V.

W: u.d.T. ›Vorwort‹ zum Forschungsbericht über »Universität und Gesellschaft« in: Theodor W. Adorno, *Gesammelte Schriften* Bd. 20.2: *Vermischte Schriften* II, Frankfurt a. M.: Suhrkamp 1986, S. 685–688.
– in: *HGS* Bd. 19, S. 13–16.

1957

(Diskussionsbeiträge zu:) ›Krankheit im Wandel der Welt. 3. Sitzung des Forschungsrates des Landes Hessen‹, Bad Homburg: Gehlen, Sonderdruck, S. 25–26 und 35–36.

M.H. und Theodor W. Adorno, ›Vorrede‹, in: *Freud und die Gegenwart. Ein Vortragszyklus der Universitäten Frankfurt und Heidelberg zum hundertsten Geburtstag. Frankfurter Beiträge zur Soziologie* Bd. 6, Frankfurt a. M.: Europäische Verlagsanstalt 1957, S. IX–XII.
W: in: Theodor W. Adorno, *Gesammelte Schriften* Bd. 20.2: *Vermischte Schriften* II, Frankfurt a. M.: Suhrkamp 1986, S. 646–649.
– u. d. T. ›Vorrede‹ [zu *Freud in der Gegenwart*] in: *HGS* Bd. 19, S. 17–20.

›Zum Begriff des Menschen heute‹, in: *Wesen und Wirklichkeit des Menschen. Festschrift für Helmuth Plessner*, hrsg. von Klaus Ziegler, Göttingen: Vandenhoeck & Ruprecht, S. 261–280.
W: Tdr. u. d. T. ›Mit Führern ist uns nicht geholfen‹, in: *Vorwärts*, Bonn, 1. 8. 1958.
– in: *Der wiederentdeckte Mensch. Neue Erkenntnisse der Wissenschaft und Politik. Eine Vortragsreihe der Arbeitsgemeinschaft Sozialdemokratischer Akademiker München*, München: Isar Verlag 1958, S. 84–98.
– in: *Das ist der Mensch. Eine Vortragsreihe des Süddeutschen Rundfunks Heidelberg*, Stuttgart: Kröner 1959, S. 7–19.
– in: *Deutsche Universitätszeitung* 14. Jg., Heft 3, 1959, S. 138–153.
– Tdr. u. d. T. ›Der Mensch in der Wandlung seit der Jahrhundertwende‹, in: *Hessische Blätter für Volksbildung* 10. Jg., Heft 1, 1960, S. 3–11.
– u. d. T. ›Zum Begriff des Menschen‹ in M. H., *Zur Kritik der instrumentellen Vernunft. Aus den Vorträgen und Aufzeichnungen seit Kriegsende*, Frankfurt a. M.: S. Fischer 1967, S. 177–202; ebenso Frankfurt a. M.: Athenäum Fischer 1974.
– repr. Ndr. davon in: M. H., *Kritische Theorie der Gesellschaft* Bd. IV, Frankfurt a. M.: Edition Marxismus-Kollektiv (Rdr.) 1968, S. 280–305.
– Tdr. u. d. T. ›Der Mensch in der Wandlung seit der Jahrhundertwende‹ in: M. H., *Gesellschaft im Übergang*, Frankfurt a. M.: Athenäum Fischer 1972, S. 93–102.
– u. ds. T. in: *HGS* Bd. 7, S. 55–80.
– Tdr. u. d. T. ›Der Mensch in der Wandlung seit der Jahrhundertwende‹ in: *HGS* Bd. 8, S. 131–142 [s. Errata!].
H: u. d. T. ›Zur Idee des Menschen heute‹, 1956.
– u. d. T. ›Zum Begriff des Menschen heute‹, 1958.
– u. d. T. ›Der Mensch in der Wandlung seit der Jahrhundertwende‹ 1959.

1958

›Die gesellschaftliche Lage der Angestellten‹, in: *Angestellte heute und morgen. Forum-Gespräch am 18. Mai 1958 in Mülheim (Ruhr). Schriftenreihe der Industriegewerkschaft Metall*, Frankfurt a. M., Sonderdruck, S. 12–22.
W: in: *HGS* Bd. 8, S. 112–125.

[M. H. und Mitarbeiter des Instituts für Sozialforschung,] *Institut für Sozialforschung an der Johann Wolfgang Goethe-Universität Frankfurt am Main*, Frankfurt a. M., Sonderdruck, 15 S.

1959

›Erinnerung‹, in: *Das Recht der Tiere. Organ des Bundes gegen den Mißbrauch der Tiere e. V.*, Starnberg, Heft 1/2, 1959, S. 7.
W: in: *HGS* Bd. 7, S. 104–107.

›Philosophie als Kulturkritik‹, in: *Untergang oder Übergang. 1. Internationaler Kulturkritikerkongreß in München, 1958*, München: Werk-Verlag Dr. Edmund Banaschewski 1959, S. 9–34.
W: in: *Der Monat* Jg. XII, Heft 138, 1960, S. 12–22.
- in: M. H. und Theodor W. Adorno, *Sociologica II. Reden und Vorträge. Frankfurter Beiträge zur Soziologie* Bd. 10, Frankfurt a. M.: Europäische Verlagsanstalt 1962, S. 18–37.
- in: *Zur Ideologie und Ideologiekritik. Eine Textsammlung*, Freiburg i.Br.: Kehrer (Rdr.) 1967, S. 235–254.
- repr. Ndr. aus den *Sociologica II* in: M. H., *Kritische Theorie der Gesellschaft* Bd. IV, Frankfurt a. M.: Edition Marxismus-Kollektiv (Rdr.) 1968, S. 144–163.
- in: M. H., *Sozialphilosophische Studien*, Frankfurt a. M.: Athenäum Fischer 1972, S. 90–108.
- in: *HGS* Bd. 7, S. 81–103.

H: 1960.

›Soziologie und Philosophie‹, in: *Soziologie und moderne Gesellschaft. Verhandlungen des 14. Deutschen Soziologentages vom 20. bis 24. Mai 1959 in Berlin*, hrsg. von Alexander Busch, Stuttgart: Enke, S. 27–37.
W: u. d. T. ›Philosophie und Soziologie‹ in: *Kölner Zeitschrift für Soziologie und Sozialpsychologie* 11. Jg., Heft 1, 1959, S. 154–164.
- u. ds. T. in: *Der Monat* 12. Jg., Heft 134, November 1959, S. 3–11.
- u. d. u. T. in: M. H. und Theodor W. Adorno, *Sociologica II. Reden und Vorträge. Frankfurter Beiträge zur Soziologie* Bd. 10, Frankfurt a. M.: Europäische Verlagsanstalt 1962, S. 5–17.
- repr. Ndr. davon in: M. H., *Kritische Theorie der Gesellschaft* Bd. IV, Frankfurt a. M.: Edition Marxismus-Kollektiv (Rdr.) 1968, S. 131–143.
- u. ds. T. in: M. H., *Sozialphilosophische Studien*, Frankfurt a. M.: Athenäum Fischer 1972, S. 78–89.
- u. ds. T. in: *HGS* Bd. 7, S. 108–121.

M.H. und Theodor W. Adorno, ›Vorwort‹, in: Paul W. Massing, *Vorgeschichte des politischen Antisemitismus. Frankfurter Beiträge zur Soziologie* Bd. 8, Frankfurt a. M.: Europäische Verlagsanstalt, S. V–VIII.
W: in: *HGS* Bd. 8, S. 126–130.
– in: Theodor W. Adorno, *Gesammelte Schriften* Bd. 20.2: *Vermischte Schriften* II, Frankfurt a. M.: Suhrkamp 1986, S. 650–653.

Chauncy D. Harris und M.H., ›Vorwort‹, in: *Universität und moderne Gesellschaft. Referate und Diskussionsbeiträge zu dem im Sommer 1957 vom Chicago-Ausschuß der Johann Wolfgang Goethe-Universität in Frankfurt am Main veranstalteten Seminar*, hrsg. von Chauncy D. Harris und M.H., Frankfurt a. M.: Oehms, S. 5.

1960

[Ansprache bei der Verleihung der Ehrenbürgerrechte der Stadt Frankfurt a. M.], in: *Mitteilungen der Stadtverwaltung Frankfurt a. M.* Nr. 8, 20.2.1960, S. 85.
H: 1960.

›Mißverstandene Bitterkeit. Ein Briefwechsel zwischen Professor Horkheimer und der Frankfurter Allgemeinen Zeitung‹, in: *Frankfurter Allgemeine Zeitung*, 12.7.1960.
W: in: *HGS* Bd. 18, S. 484–487.

M.H. und Theodor W. Adorno, ›Vorwort‹, in: Werner Mangold, *Gegenstand und Methode des Gruppendiskussionsverfahrens. Frankfurter Beiträge zur Soziologie* Bd. 9, Frankfurt a. M.: Europäische Verlagsanstalt, S. 5–8.
W: in: Theodor W. Adorno, *Gesammelte Schriften* Bd. 9.2, Frankfurt a. M.: Suhrkamp 1975, S. 395–398.
– in: *HGS* Bd. 8, S. 143–146.

›Wissenschaft konfessionell bestimmt?‹ (Antwort auf eine Umfrage der Gewerkschaft Erziehung und Wissenschaft), in: *Zur Neuordnung der Lehrerbildung in Baden-Württemberg. Wissenschaft konfessionell bestimmt?*, hrsg. von der Gewerkschaft Erziehung und Wissenschaft Baden-Württemberg, Sonderdruck, S. 6–7.
W: in: *HGS* Bd. 18, S. 495–497.

1961

›Die Aktualität Schopenhauers‹, in: *XXXXII. Schopenhauer-Jahrbuch für das Jahr 1961*, hrsg. von Arthur Hübscher, Frankfurt a. M.: Kramer, S. 12–25.
W: in: *Archiv für Philosophie*, hrsg. von Jürgen v. Kempski, Bd. 11/3–4, Juni 1962, S. 207–222.
– in: M.H. und Theodor W. Adorno, *Sociologica II. Reden und Vorträge. Frankfurter Beiträge zur Soziologie* Bd. 10, Frankfurt a. M.: Europäische Verlagsanstalt 1962, S. 124–141.

– in: M.H., *Zur Kritik der instrumentellen Vernunft. Aus den Vorträgen und Aufzeichnungen seit Kriegsende*, Frankfurt a.M.: S.Fischer 1967, S.248–268; ebenso Frankfurt a.M.: Athenäum Fischer 1974.
– repr. Ndr. aus *Sociologica II* in: M.H., *Kritische Theorie der Gesellschaft* Bd.IV, Frankfurt a.M.: Edition Marxismus-Kollektiv (Rdr.) 1968, S.212–229.
– in: *HGS* Bd.7, S.122–142.

›Germany's Democracy in Perspective – Can It Ripen Under Suspicion? An Interview with Two German Scholars: Professor Max Horkheimer, Professor Ferdinand Hermes and Allan Yahreas‹, American Council on Germany, New York, Sonderdruck, 8S.
W: u.d.T. ›Two Scholars Return Who Knew Germany Under the Nazis and Give Their Candid Impressions of Germany Today‹, in: *The Bulletin. A weekly survey of German affairs issued by the Press and Information Office of the German Federal Government*, vol. 9, no. 17, Bonn, May 2, 1961, S.4–5.

›Nachwort‹, in: *Portraits deutsch-jüdischer Geistesgeschichte*, hrsg. von Thilo Koch, Köln: DuMont Schauberg, S.255–272.
W: u.d.T. ›Nachwort [zu *Portraits deutsch-jüdischer Geistesgeschichte*] in: *HGS* Bd.8, S.175–193.
H: u.d.T. ›Die Juden und der deutsche Geist‹, 1961.

›Über die deutschen Juden‹, in: *Germania Judaica. Kölner Bibliothek zur Geschichte des deutschen Judentums*, Schriftenreihe Heft III, Köln: DuMont, 20S.
W: in: *Der Spannungsbogen. Festgabe für Paul Tillich zum 75. Geburtstag*, Stuttgart: Evangelisches Verlagswerk 1961, S.129–147.
– in: *Abraham unser Vater. Juden und Christen im Gespräch über die Bibel. Festschrift für Otto Michel zum 60. Gebuststag*, hrsg. von Otto Betz, Martin Hengel, Peter Schmidt, Leiden/Köln: Brill 1963, S.257–270.
– in: M.H., *Zur Kritik der instrumentellen Vernunft. Aus den Vorträgen und Aufzeichnungen seit Kriegsende*, Frankfurt a.M.: S.Fischer 1967, S.302–316; ebenso Frankfurt a.M.: Athenäum Fischer 1974.
– in: *HGS* 8, S.160–174.
H: 1960.

›Über das Vorurteil‹, in: *Frankfurter Allgemeine Zeitung* Nr.116, 20.5.1961.
W: in: *Christlich-Jüdisches Forum*, Oktober 1961, S.8–10.
– in: *Kreise um Schopenhauer. Arthur Hübscher zum 65. Geburtstag am 3.1.1962 und zum 25-Jahres-Jubiläum als Präsident der Schopenhauer-Gesellschaft im Oktober 1961*, Festschrift, hrsg. von Carl August Emge, Wiesbaden: Brockhaus 1962, S.93–99.
– in: *Wochenschau für politische Erziehung und Sozialkunde* 13.Jg., August 1962, Nr.5, S.49–51.
– in: M.H. und Theodor W. Adorno, *Sociologica II. Reden und Vorträge.*

Frankfurter Beiträge zur Soziologie Bd. 10, Frankfurt a. M.: Europäische Verlagsanstalt 1962, S. 87–93.
– in: *Arbeitsgemeinschaft für Forschung des Landes Nordrhein-Westfalen, Geisteswissenschaften* Heft 108, hrsg. im Auftrage des Ministerpräsidenten Dr. Franz Meyers von Staatssekretär Professor Dr. h.c. Dr. E.h. Leo Brandt, Köln und Opladen: Westdeutscher Verlag 1963, S. 5–11; dazu Diskussionsbeiträge von M. H., S. 14–40.
– repr. Ndr. aus *Sociologica II* in: M. H., *Kritische Theorie der Gesellschaft* Bd. IV, Frankfurt a. M.: Edition Marxismus-Kollektiv (Rdr.) 1968, S. 193–199.
– in: M. H., *Gesellschaft im Übergang*, Frankfurt a. M.: Athenäum Fischer 1972, S. 103–108
– in: *HGS* Bd. 8, S. 194–200.
H: u. d. T. ›Entstehung und Bekämpfung von Vorurteilen‹, 1960.

1962

[Antwort auf die Weihnachtsumfrage »Warum sind Sie zurückgekehrt?«] in: *Deutsche Post. Organ der Deutschen Postgewerkschaft* 14. Jg., Nr. 24, 20. 12. 1962, S. 663.
W: in: *Kölner Stadt-Anzeiger* Nr. 4, 5./6. 1. 1963, S. 9.
– in: *Welt der Arbeit* Nr. 9, 1. 3. 1963, S. 8.
– in: *HGS* Bd. 18, S. 544.

›Der Bildungsauftrag der Gewerkschaften‹ (Rede bei der 40-Jahr-Feier der Akademie der Arbeit), Sonderdruck der Akademie der Arbeit, Frankfurt a. M., 16 S.
W: in: Otto Antrick, *Die Akademie der Arbeit in der Universität Frankfurt am Main. Idee, Werden, Gestalt*, Darmstadt: Roether 1966, S. 196–209.
– in: M. H., *Gesellschaft im Übergang*, Frankfurt a. M.: Athenäum Fischer 1972, S. 109–125.
– in: *HGS* Bd. 8, S. 201–220.

(Diskussionsbeiträge zu:) ›Die psychologischen und sozialen Voraussetzungen des Antisemitismus‹, in: *Psyche*, Heft 5, 1962, S. 295–308.
H: u. d. T. ›Massenwahn braucht keine Gründe‹, 1962.

M. H. und Theodor W. Adorno, *Sociologica II. Reden und Vorträge. Frankfurter Beiträge zur Soziologie* Bd. 10, Frankfurt a. M.: Europäische Verlagsanstalt, 244 S.;
enth. von M. H.: ›Ideologie und Handeln‹ (= ›Ideologie und Wertgebung‹) 1951, ›Zum Begriff der Vernunft‹ 1952, ›Verantwortung und Studium‹ (= ›Was heißt Verantwortung?‹) 1954, ›Schopenhauer und die Gesellschaft‹ 1955, ›Soziologie und Philosophie‹ 1959, ›Philosophie als Kulturkritik‹ 1959, ›Über das Vorurteil‹ 1961, ›Die Aktualität Schopenhauers‹ 1961.
W: als Rdr. s. M. H., *Kritische Theorie der Gesellschaft* Bd. IV, 1968.

– Frankfurt a. M.: Syndikat/Europäische Verlagsanstalt 1984, 242 S.
Ü: spanisch: *Sociologica*, Madrid: Taurus 1966.

Um die Freiheit, Frankfurt a. M.: Europäische Verlagsanstalt, 43 S.; enth.:
›Vorwort‹, S. 5–6.
›Zum Begriff der Freiheit‹, S. 7–18.
W: Tdr. u. d. T. ›Die Verwundbarkeit der Demokratie‹, in: Europäische Verlagsanstalt, *Mosaik*, Frankfurt a. M.: Europäische Verlagsanstalt, November 1962.
– in: M. H., *Sozialphilosophische Studien*, Frankfurt a. M.: Athenäum Fischer 1972, S. 109–116.
– in: *HGS* Bd. 7, S. 145–153.
H: 1962.
›Macht und Gewissen‹, S. 19–26.
W: in: *Berner Tagblatt* Nr. 227, 19./20. 8. 1967.
– in: *Wochenschau für politische Erziehung, Sozial- und Gemeinschaftskunde* 19. Jg., Nr. 2, Oktober 1967, S. 14–15.
– in: M. H., *Sozialphilosophische Studien*, Frankfurt a. M.: Athenäum Fischer 1972, S. 117–121.
– in: *HGS* Bd. 7, S. 154–159.
H: 1962.
›Kants Philosophie der Aufklärung‹, S. 27–42.
W: in: M. H., *Zur Kritik der instrumentellen Vernunft. Aus den Vorträgen und Aufzeichnungen seit Kriegsende*, Frankfurt a. M.: S. Fischer 1967, S. 203–215; ebenso Frankfurt a. M.: Athenäum Fischer 1974.
– repr. Ndr. davon in: M. H., *Kritische Theorie der Gesellschaft* Bd. III, Frankfurt a. M.: Edition Marxismus-Kollektiv (Rdr.) 1968, S. 306–318.
– u. d. T. ›Die Philosophie Immanuel Kants und die Aufklärung‹ in: *Gedanken zur Zeit. Philosophie im Südwestfunk*, hrsg. von Horst Helmut Kaiser und Jürgen-Eckardt Pleines, Würzburg: Königshausen und Neumann 1986, S. 84–90.
– in: *HGS* Bd. 7, S. 160–172.
H: u. d. T. ›Die Philosophie Immanuel Kants und die Aufklärung‹, 1962.

M. H. und Theodor W. Adorno, ›Vorbemerkung‹, in: Alfred Schmidt, *Der Begriff der Natur in der Lehre von Marx. Frankfurter Beiträge zur Soziologie* Bd. 11, Frankfurt a. M.: Europäische Verlagsanstalt, S. 7–8.
W: in: *HGS* Bd. 7, S. 143–144.
– in: Theodor W. Adorno, *Gesammelte Schriften* Bd. 20.2: *Vermischte Schriften* II, Frankfurt a. M.: Suhrkamp 1986, S. 654–655.

1963

(Diskussionsbeitrag zu:) *East-West Tensions III. The United States and Germany in the Atlantic Alliance*, published by American Council on Germany, New York, and Atlanticbrücke, Hamburg, Freiburg: Rombach, S. 33–35.

›Gruß an einen Freund. Max Horkheimer: Zu den Schriften Adornos‹, in: *Frankfurter Neue Presse*, 11.9.1963.

›Jenseits der Fachwissenschaft. Adorno zum Geburtstag‹, in: Frankfurter Rundschau, 11.9.1963.
W: in: *HGS* Bd. 7, S. 261–264.

›New Patterns in Social Relations‹, in: International Council of Sport and Physical Education (ICSPE), *International Conference on the Occasion of Baron Pierre de Coubertin Centennial Anniversary, UNESCO House Paris, October 28–30, 1963*, UNESCO Youth Institute Gauting-Munich, Sonderdruck, S. 23–29.
W: dt.Ü. ›Neue soziale Verhaltensmuster [Zur Soziologie des Sports]‹ in: *HGS* Bd. 8, S. 221–234.

›Persönlichkeit und Vorurteil‹, in: *Über Vorurteile. Schriften der Bundeszentrale für politische Bildung*, Bonn, S. 3–10.
W: in: *Allgemeine Wochenzeitung der Juden*, Düsseldorf, 6.3.1964.
– Tdr. in: Lothar Schmalfuß, *Tun und lassen. Arbeitsbuch zu Fragen der Ethik*, München: Kaiser 1970, S. 106.

›Sozialpsychologische Forschungen zum Problem des Autoritarismus, Nationalismus und Antisemitismus‹, in: *Autoritarismus und Nationalismus – ein deutsches Problem? Politische Psychologie. Eine Schriftenreihe*, hrsg. von Wanda von Baeyer-Katte, Gerhard Baumert, Walter Jacobsen, Theodor Scharmann, Heinz Wiesbrock, Bd. 2, Frankfurt a. M.: Europäische Verlagsanstalt, S. 61–66.
W: u. d. T. ›Gedanken zur politischen Erziehung‹ in: M.H., *Gesellschaft im Übergang*, Frankfurt a. M.: Athenäum Fischer 1972, S. 126–133.
– u. d. u. T. in: *Vorurteile, Ängste, Aggressionen*, hrsg. von K. D. Hartmann, Frankfurt a. M.: Europäische Verlagsanstalt 1975, S. 19–24.
– u. d. T. ›Gedanken zur politischen Erziehung‹ in: *HGS* Bd. 8, S. 147–155.

›Eine soziologische und sozialpsychologische Aufgabe‹ (Antwort auf eine Umfrage zum Thema: »Ist die deutsche Jugend frei von Vorurteilen?«), in: *Tribüne. Zeitschrift zum Verständnis des Judentums*, Frankfurt a. M., 2. Jg., Heft 7, S. 708–709.

›Theismus-Atheismus‹, in: *Zeugnisse. Theodor W. Adorno zum 60. Geburtstag*, hrsg. von M. H., Frankfurt a. M.: Europäische Verlagsanstalt , S. 9–19.
W: in: M.H., *Zur Kritik der instrumentellen Vernunft. Aus den Vorträgen und Aufzeichnungen seit Kriegsende*, Frankfurt a. M.: S. Fischer 1967, S. 216–228; ebenso Frankfurt a. M.: Athenäum Fischer 1974.
– erweiterte Fassung in: *HGS* Bd. 7, S. 173–186.
H: 1963.

›Über das Vorurteil‹ (Vortrag von M. H. und Protokoll der Diskussion), in: *Arbeitsgemeinschaft für Forschung des Landes Nordrhein-Westfalen, Geisteswissenschaften* Heft 108, hrsg. im Auftrage des Ministerpräsidenten Dr. Franz Meyers von Staatssekretär Professor Dr. h. c. Dr. E. h. Leo Brandt, Köln und Opladen: Westdeutscher Verlag, 52 S.
W: s. 1961.

›Vorwort‹, in: *Die Lehre vom Sein in der modernen Philosophie*, hrsg. von Karl Heinz Haag, Frankfurt a. M.: Akademische Verlagsanstalt, S. VII-VIII.

›Vorwort‹, in: *Zeugnisse. Theodor W. Adorno zum 60. Geburtstag*, hrsg. von M. H., Frankfurt a. M.: Europäische Verlagsanstalt , S. 7.

(Hrsg.:) *Zeugnisse. Theodor W. Adorno zum 60. Geburtstag*, Frankfurt a. M.: Europäische Verlagsanstalt, 501 S.;
enth. von M. H.: ›Vorwort‹ 1963, ›Theismus – Atheismus‹ 1963.

1964

›The American Way of Life‹, in: *Hessische Hochschulwochen für staatswissenschaftliche Fortbildung* Bd. 43, Bad Homburg, Berlin, Zürich: Gehlen, S. 158–164.
W: in: *HGS* Bd. 8, S. 235–245.

[Ansprache zur Einweihung des Sigmund-Freud-Instituts], in: *Sigmund-Freud-Institut Frankfurt am Main, Ansprachen und Vorträge zur Einweihung des Institutsneubaus am 14. Oktober 1964*, Sonderdruck, S. 20–22.

›Einsicht in die Gegenwart. Friedrich Pollock zum 70. Geburtstag‹, in: *Frankfurter Allgemeine Zeitung*, 22. 5. 1964.
W: in: *HGS* Bd. 7, S. 265–268.

›Feudalherr, Kunde, Fachmann. Das Ende des Märchens vom Kunden als König‹, in: *Die Zeit*, 20. 11. 1964.
W: in: M. H., *Zur Kritik der instrumentellen Vernunft. Aus den Vorträgen und Aufzeichnungen seit Kriegsende*, Frankfurt a. M.: S. Fischer 1967, S. 326–334; ebenso Frankfurt a. M.: Athenäum Fischer 1974.
– in: *HGS* Bd. 8, S. 246–254.
H: u. d. T. ›Seine Majestät, der Kunde‹, 1964.

»... und abends Comic Strips« (Antwort auf die Umfrage »Was tun Sie am liebsten in Ihrer Freizeit?«), in: *Frankfurter Neue Presse*, Weihnachtsbeilage, 24. 12. 1964, S. IV.

M. H. und Theodor W. Adorno, ›Vorrede‹, in: Oskar Negt, *Strukturbeziehungen zwischen den Gesellschaftslehren Comtes und Hegels. Frankfurter Beiträge zur Soziologie* Bd. 14, Frankfurt a. M.: Europäische Verlagsanstalt, S. 7–8.
W: in *HGS* Bd. 8, S. 255–257.
– in: Theodor W. Adorno, *Gesammelte Schriften* Bd. 20.2: *Vermischte Schriften* II, Frankfurt a. M.: Suhrkamp 1986, S. 658–660.

1965

›Bedrohungen der Freiheit‹, in: *Deutscher Evangelischer Kirchentag Köln 1965. Dokumente*, hrsg. im Auftrag des Präsidiums des Deutschen Evangelischen Kirchentags, Stuttgart, Berlin: Kreuz, S. 812–826.
W: in: M.H., Karl Rahner, Carl Friedrich von Weizsäcker, *Über die Freiheit*, Stuttgart, Berlin: Kreuz 1965, S. 7–26.
– in: M. H., *Zur Kritik der instrumentellen Vernunft. Aus den Vorträgen und Aufzeichnungen seit Kriegsende*, Frankfurt a. M.: S. Fischer 1967, S. 335–353; ebenso Frankfurt a. M.: Athenäum Fischer 1974.
– in: *Politik und Ethik. Wege der Forschung* Bd. CXXXIX, hrsg. von Heinz-Dietrich Wendland, Darmstadt: Wissenschaftliche Buchgesellschaft 1969, S. 273–292.
– in: *HGS* Bd. 8, S. 262–279.
H: u. d. T. ›Bedrohungen unserer Freiheit‹, 1965.

›Die Begegnung: Gespräch mit Max Horkheimer‹ (Interview), in: *Silhouette. Gesellschaftsmagazin Hotel Frankfurt Intercontinental* 2. Jg., Heft 4, 1965, S. 22–23.

›Brief an den S. Fischer Verlag‹, in: *Almanach. Das neunundsiebzigste Jahr*, Frankfurt a. M.: S. Fischer, S. 9–14.
W: in: M. H., *Kritische Theorie* Bd. II, Frankfurt a. M.: S. Fischer 1968, S. VII–XI.
– in: *HGS* Bd. 3, S. 9–13.

›Dank an Adorno‹ (Leserbrief), in: *Die Zeit* Nr. 15, 9. 4. 1965, S. 28.
W: in: *HGS* Bd. 18, S. 605–606.

›Einleitung zur Diskussion‹ (zum Thema »Wertfreiheit und Objektivität«), in: Deutsche Gesellschaft für Soziologie, *Max Weber und die Soziologie heute. Verhandlungen des fünfzehnten deutschen Soziologentages*, Tübingen: Mohr (Siebeck), S. 65–67.
W: u. d. T. [Wertfreiheit und Objektivität – Max Weber] in: *HGS* Bd. 8, S. 258–261.

1966

›Letzte Spur von Theologie – Paul Tillichs Vermächtnis‹, in: *Frankfurter Allgemeine Zeitung* Nr. 82, 7. 4. 1966, S. 32.
W: in: *Werk und Wirken Paul Tillichs. Ein Gedenkbuch*, Stuttgart: Evangelisches Verlagswerk 1967, S. 123–132.
– in: *HGS* Bd. 7, S. 269–275.

M.H. und Theodor W. Adorno, ›Premessa degli autori all'edizione italiana‹ (Vorwort zur italienischen Ausgabe der *Dialektik der Aufklärung*, 1944), in: *Dialettica dell'illuminismo*, Turin: Einaudi, S. IX.
W: dt. Ü. in: *HGS* Bd. 5, S. 15.

(Diskussionsbeitrag zu:) ›Sendungsbewußtsein. Medizin im Fernsehen‹, in: *Euromed. Das europäische medizinische Magazin* 6. Jg, Heft 6, München, 15.3.1966, S. 308–309.
F: u.d.T. ›Über die medizinischen Sendungen des Bayerischen Rundfunks‹, 1965.

›Die Zukunft der Ehe‹, in: *Krise der Ehe?* München: Piper, S. 207–224.
W: in: M.H., *Zur Kritik der instrumentellen Vernunft. Aus den Vorträgen und Aufzeichnungen seit Kriegsende*, Frankfurt a.M.: S. Fischer 1967, S. 288–301; ebenso Frankfurt a.M.: Athenäum Fischer 1974.
– in: *Berner Tagblatt*, Bern, 4./5. Mai 1968.
– in: *HGS* Bd. 8, S. 280–293.
H: 1966.

1967

›Ansprache an das Hohe Haus‹, in: M.H., *Zur Kritik der instrumentellen Vernunft. Aus den Vorträgen und Aufzeichnungen seit Kriegsende*, Frankfurt a.M.: S. Fischer 1967, S. 321–325; ebenso Frankfurt a.M.: Athenäum Fischer 1974.
– in: *HGS* Bd. 8, S. 90–94.

Autoritärer Staat. Aufsätze 1939–1941, Amsterdam: de Munter (Rdr.), 123 S.; enth.: ›Die Juden und Europa‹ 1939, ›Autoritärer Staat‹ 1942, ›Vernunft und Selbsterhaltung‹ (= ›The End of Reason‹) 1942.

›Bewältigung der Vergangenheit‹, in: *Das Prisma. Schulzeitung der Werratalschule Heringen* Heft 10, 1967, S. 15–18.

›»Das war mein größter Fehler...« Reumütige Geständnisse sehr bekannter Leute. Auch ein Rückblick‹ (Antwort auf eine Silvester-Umfrage), in: *Frankfurter Neue Presse*, 30.12.1967.
W: in: *HGS* Bd. 18, S. 674–675.

›Erinnerung an Paul Tillich‹ (Gespräch mit Gerhard Rein), in: *Werk und Wirken Paul Tillichs. Ein Gedenkbuch*, Stuttgart: Evangelisches Verlagswerk 1967, S. 11–24.
– in: *HGS* Bd. 7, S. 276–283.
H: 1966.

Politische Reflexionen 1930–1933. 1934 mit dem Titel Dämmerung unter dem Pseudonym Heinrich Regius erschienen. Sozialrevolutionäre Schriften II, maschinenschriftliche Vervielfältigung der *Dämmerung*, Berlin (Rdr.) um 1967, 159 S.

›Religion und Philosophie‹, in: *XXXXVIII. Schopenhauer-Jahrbuch für das Jahr 1967*, hrsg. von Arthur Hübscher, Frankfurt a.M.: Kramer, S. 3–9.
W: in: M.H., *Zur Kritik der instrumentellen Vernunft. Aus den Vorträgen und Aufzeichnungen seit Kriegsende*, Frankfurt a.M.: S. Fischer 1967, S. 229–238; ebenso Frankfurt a.M.: Athenäum Fischer 1974.
– in: *HGS* Bd. 7, S. 187–196.

›Vietnam – ein Vortrag und zwei Briefe‹ (Zitate aus einer Rede M.H.s sowie Briefe zwischen M.H. und dem Sozialistischen Deutschen Studentenbund, Gruppe Frankfurt a. M.), in: *Diskus. Frankfurter Studentenzeitung* Juni 1967.
W: *HGS* Bd. 18, S. 648–651 und 653–654.

›Zur Ergreifung Eichmanns‹, in: M. H., *Zur Kritik der instrumentellen Vernunft. Aus den Vorträgen und Aufzeichnungen seit Kriegsende*, Frankfurt a. M.: S. Fischer 1967, S. 317–320; ebenso Frankfurt a. M.: Athenäum Fischer 1974.
W: in: *HGS* Bd. 8, S. 156–159.

›Zur Idee der Seele‹, in: *Was weiß man von der Seele? Erforschung und Erfahrung*, hrsg. von Hans Jürgen Schultz, Stuttgart, Berlin: Kreuz, S. 11–19.
W: u. d. T. ›De anima‹ in: *Der Monat* 19. Jg., Heft 225, 1967, S. 7–11.
– u. ds. T. in: M. H., *Zur Kritik der instrumentellen Vernunft. Aus den Vorträgen und Aufzeichnungen seit Kriegsende*, Frankfurt a. M.: S. Fischer 1967, S. 239–247; ebenso Frankfurt a. M.: Athenäum 1974.
– u. d. T. ›De anima – Problematik des Begriffs der Seele heute‹ in: *Universitas. Zeitschrift für Wissenschaft, Kunst und Literatur* 24. Jg., Heft 11, November 1969, S. 1197–1204.
– in: *HGS* Bd. 7, S. 197–206.
H: u. d. T. ›Die Seele als Gegenstand der Wissenschaft‹, 1967.

Zur Kritik der instrumentellen Vernunft. Aus den Vorträgen und Aufzeichnungen seit Kriegsende, hrsg. von Alfred Schmidt, Frankfurt a. M.: S. Fischer 1967, 357 S.;
enth.: ›Zur Kritik der instrumentellen Vernunft‹ (= *Eclipse of Reason*) 1947, ›Autorität und Familie in der Gegenwart‹ (= ›Authoritarianism and Family Today‹) 1949, ›Zum Begriff des Menschen‹ (= ›Zum Begriff des Menschen heute‹) 1957, ›Die Aktualität Schopenhauers‹ 1961, ›Über die deutschen Juden‹ 1961, ›Kants Philosophie und die Aufklärung‹ 1962, ›Theismus – Atheismus‹ 1963, ›Feudalherr, Kunde, Fachmann‹ 1964, ›Bedrohungen der Freiheit‹ 1965, ›Die Zukunft der Ehe‹ 1966, ›Religion und Philosophie‹ 1967, ›De anima‹ (= ›Zur Idee der Seele‹) 1967, ›Zur Ergreifung Eichmanns‹ 1967, ›Ansprache an das Hohe Haus‹ 1967, ›Vorwort‹ 1967.
W: Tdr. als Rdr. s. M. H., *Kritische Theorie der Gesellschaft* Bd. III, 1968.
– einzelner Aufsätze: s. das jeweilige Jahr der Erstv.
Ü: italienisch, Auswahl: *Eclisse della ragione. Critica della ragione strumentale*, Turin: Einaudi 1970.
– japanisch, Auswahl, zusammen mit ›Autorität und Familie‹ (1936), Tokio: Izara Shobo 1970.
– spanisch, Auswahl: *Sobre el concepto del hombre y otros ensyos*, Buenos Aires: Editorial Sudamericana 1970.
– spanisch, Auswahl: *Critica de la razón instrumental*, Buenos Aires: Editorial Sudamericana 1971.
– französisch: *Eclipse de la raison suivi de Raison et conservation de soi* (*Zur*

Kritik der instrumentellen Vernunft und ›Vernunft und Selbsterhaltung‹), Paris: Payot 1974.
- englisch: *Critique of Instrumental Reason, Eclipse of Reason*, New York: Seabury 1975.
- japanisch: Tokio 1987.
- weitere Ü. s. *Eclipse of Reason*, 1947.

1968

Autoritärer Staat, Einzelausgabe des Aufsatzes von 1942, o. O.: Rdr. um 1968, 22 S.

›Die Beziehungen zwischen der Soziologie und der Psychoanalyse aus der Sicht der Soziologie‹, in: *Jahrbuch der Psychoanalyse* Bd. V, Bern und Stuttgart: Huber, S. 9–19.
W: u. d. T. ›Die Psychoanalyse aus der Sicht der Soziologie‹ in: M. H., *Gesellschaft im Übergang*, Frankfurt a. M.: Athenäum Fischer 1972, S. 134–143.
- u. ds. T. in: *HGS* Bd. 8, S. 294–305.

M. H. und Theodor W. Adorno, *Dialektik der Aufklärung. Philosophische Fragmente*, Amsterdam: de Munter (Rdr.), 310 S.
W: s. *Philosophische Fragmente*, 1944.

›Max Horkheimer an Theodor W. Adorno‹ (Offener Brief), in: *Frankfurter Rundschau*, 11. 9. 1968.
W: in: *HGS* Bd. 18, S. 704–706.

(Diskussionsbeiträge zu:) ›Individuelle und soziale Psychopathologie und ihre Wechselwirkungen. Ein Symposion‹, in: *Jahrbuch der Psychoanalyse* Bd. V, Bern und Stuttgart: Huber, S. 49–87.

Die Juden und Europa. Autoritärer Staat. Vernunft und Selbsterhaltung. 1939–1941, Text maschinenschriftlich vervielfältigt, Amsterdam: de Munter (Rdr.), 123 S.

Kritische Theorie. Eine Dokumentation, hrsg. von Alfred Schmidt, Frankfurt a. M.: S. Fischer, Bd. I, 380 S., Bd. II, 362 S.;
enth.: ›Bemerkungen über Wissenschaft und Krise‹ 1932, ›Geschichte und Psychologie‹ 1932, ›Materialismus und Metaphysik‹ 1933, ›Materialismus und Moral‹ 1933, ›Zu Henri Bergsons *Les deux sources de la morale et de la religion*‹ (= Bespr.: ›Bergson …‹) 1933, ›Zum Problem der Voraussage in den Sozialwissenschaften‹ 1933, ›Zu Bergsons Metaphysik der Zeit‹ 1934, ›Zum Rationalismusstreit in der gegenwärtigen Philosophie‹ 1934, ›Bemerkungen zur philosophischen Anthropologie‹ 1935, ›Gedanke zur Religion‹ (= ›Nachbemerkung‹) 1935, ›Zum Problem der Wahrheit‹ 1935, ›Egoismus und Freiheitsbewegung‹ 1936, ›Autorität und Familie‹ (= ›Theoretische Entwürfe über Autorität und Familie: Allgemeiner Teil‹ 1936, ›Zu Theodor Haeckers *Der Christ und die Geschichte*‹ 1936, ›Der neueste Angriff auf die Metaphysik‹ 1937, ›Traditionelle und kritische Theorie‹ 1937, ›Montaigne und die Funktion der Skepsis‹ 1938, ›Die

Philosophie der absoluten Konzentration‹ 1938, ›Psychologie und Soziologie im Werk Wilhelm Diltheys‹ (= ›The Relation between Psychology and Sociology in the Work of Wilhelm Dilthey‹) 1940, ›Die gesellschaftliche Funktion der Philosophie‹ (= ›The Social Function of Philosophy‹) 1940, ›Neue Kunst und Massenkultur‹ (= ›Art and Mass Culture‹) 1941, ›Brief an den S. Fischer Verlag‹ 1965, ›Vorwort zur Neupublikation‹ 1968.

W: repr. Ndr. u. d. T. *Kritische Theorie der Gesellschaft*, Frankfurt a. M.: Edition Marxismus-Kollektiv (Rdr.) 1968; Bd. I: ohne ›Vorwort zur Neupublikation‹ 1968, ›Gedanke zur Religion‹ 1935, ›Zu Theodor Haeckers *Der Christ und die Geschichte*‹ 1936; Bd. II: ohne ›Brief an den S. Fischer Verlag‹ 1965.
- einzelne Aufsätze: s. das jeweilige Jahr der Erstv.
- des ›Vorwort zur Neupublikation‹ 1968:
  - Tdr. u. d. T. ›Die Lehre von Marx und Engels reicht nicht mehr‹ in: *Oberbayerisches Volksblatt*, Rosenheim, und *Freisinger Tagblatt*, Freising, 26. 4. 1969 (Ndr. aus *Münchner Merkur*?).
  - in: M. H., *Traditionelle und kritische Theorie. Vier Aufsätze*, Frankfurt a. M.: Fischer Bücherei 1970, S. 7–11.

Ü: englisch, Auswahl: *Critical Theory*, New York: Herder & Herder 1972; New York: Seabury Press 1973.
- italienisch: *Teoria critica*, 2 Bde., Turin: Einaudi 1974.
- spanisch, Auswahl: *Teoria critica*, Buenos Aires: Amorrortu Editores 1974.
- französisch: vier Aufsätze: *Théorie traditionelle et théorie critique*, Paris: Gallimard 1974.
- französisch: *Théorie Critique* (Auswahl aus *Kritische Theorie* 1968, *Gesellschaft im Übergang* 1972 und *Sozialphilosophische Studien* 1972), Paris: Payot 1978.
- serbokroatisch: *Kriticka teorija*, 2 Bde., Zagreb: Stvarnost 1982.
- polnisch, Auswahl: *Spoleczna Funkcja Filozofii*, Warschau: Panstwowy Instytut 1987.
- portugiesisch, Auswahl: *Teoria Critica* I, Sao Paulo: Editora Perspectiva 1990.

Kritische Theorie der Gesellschaft, Frankfurt a. M.: Edition Marxismus-Kollektiv (Rdr.), 4 Bde.

Bd. I und II: s. *Kritische Theorie. Eine Dokumentation* 1968, W.

Bd. III enth.: ›Die Juden und Europa‹ 1939, ›Autoritärer Staat‹ 1942, ›Vernunft und Selbsterhaltung‹ (= ›The End of Reason‹) 1942, ›Zur Kritik der instrumentellen Vernunft‹ 1967 (= *Eclipse of Reason* 1947), ›Autorität und Familie in der Gegenwart‹ (= ›Authoritarianism and Family Today‹) 1949, ›Zum Begriff des Menschen‹ 1957, ›Kants Philosophie und die Aufklärung‹ 1962 (alle als repr. Ndr. aus M. H., *Zur Kritik der instrumentellen Vernunft* 1967).

Bd. IV, mit Aufsätzen von Theodor W. Adorno, M. H. und Herbert Marcuse, enth. von M. H.: ›Ideologie und Handeln‹ (= ›Ideologie und Wertgebung‹) 1951, ›Zum Begriff der Vernunft‹ 1952, ›Verantwortung und Studium‹ (= ›Was heißt Verantwortung?‹) 1954, ›Schopenhauer und die Gesellschaft‹ 1955, ›Soziologie

und Philosophie‹ 1959, ›Philosophie als Kulturkritik‹ 1959, ›Über das Vorurteil‹ 1961, ›Die Aktualität Schopenhauers‹ 1961 (repr. Ndr. aus: M.H. und Theodor W. Adorno, *Sociologica II. Reden und Vorträge* 1962).

›Märtyrer der Freiheit‹, in: *Das zweite Attentat. Der Mord an Robert Kennedy. Report und Analyse*, hrsg. von Peter Norden, München: Die Fünf, S. 113–117.
W: in: *Das zweite Attentat. Der Mord an Robert Kennedy. Report und Analyse*, München: Heyne 1968, S. 101–105.
– u.d.T. [Märtyrer der Freiheit – Robert Kennedy] in: *HGS* Bd. 8, S. 333–335.
H: u.d.T. ›Zum Attentat auf Robert Kennedy‹, 1968.

›Der Planet als unsere Heimat‹, in: *Die Weltwoche* Nr. 1784, 19.1.1968, S. 25.
W: Tdr. u.d.T. ›Fernstenliebe‹, in: *Aufbau* Nr. 12, New York, 22.3.1968, S. 17.
– u.d.T. ›Der Planet – unsere Heimat‹, in: *Frankfurter Hefte* 23. Jg., Heft 9, September 1968, S. 598–600.
– u.ds.T. in: *Sonnenberg. Briefe zur Völkerverständigung. Nachrichten* Nr. 47, Dezember 1968, S. I–III.
– u.ds.T. in: *HGS* Bd. 8, S. 318–323.
H: u.d.T. ›Unser Ziel: der Planet als unsere Heimat‹, 1967.

[M.H. und Theodor W. Adorno,] ›Professor Dr. Max Horkheimer und Professor Dr. Theodor Adorno nehmen Stellung zu aktuellen Fragen‹, in: *Schülerspiegel. Schülerzeitung für Frankfurter Wirtschaftsschulen* Nr. 2, 1968, S. 19–22.

›Psalm 91‹, in: *Mein Psalm*, hrsg. von Karl Heinz Schröter, Berlin: Lettner, S. 86–94.
W: in: *HGS* Bd. 7, S. 207–212.
H: 1967.

›Statt eines Nachworts. Gespräch mit Professor Max Horkheimer über die Relevanz christlicher und marxistischer Ideen in unserer Zeit und ihren Zusammenhang mit der studentischen Protestbewegung‹, in: *Macht von unten. Bürgerrechtsbewegung, außerparlamentarische Opposition und Kirchenreform*, hrsg. von Theodor Ebert und Hans-Jürgen Benetict, Hamburg: Furche, S. 200–203.
W: u.d.T. [Christentum, Marxismus und studentische Protestbewegung] in: *HGS* Bd. 7, S. 297–299.
F: u.ds.T., 1968.

›War Marx ein schlechter Prophet? Zu seinem 150. Geburtstag‹, in: *Süddeutsche Zeitung* Nr. 108, 4./5. Mai 1968.
W: u.d.T. ›Marx heute‹ in: *Almanach. Das zweiundachtzigste Jahr*, Frankfurt a.M.: S. Fischer 1968, S. 122–134.
– u.ds.T. in: M.H., *Gesellschaft im Übergang*, Frankfurt a.M.: Athenäum Fischer 1972, S. 152–161.

– u. ds. T. in: *HGS* Bd. 8, S. 306–317.
H: u. d. T. ›Karl Marx 1967 – eine notwendige Aufklärung‹, 1967.

›Zur Kritik der gegenwärtigen Gesellschaft‹, in: Hermann Glaser, Karl Heinz Stahl (Hrsg.), *Opposition in der Bundesrepublik. Ein Tagungsbericht* (Das Nürnberger Gespräch 1968), Freiburg: Rombach, S. 14–22.
W: in: M. H., *Gesellschaft im Übergang*, Frankfurt a. M.: Athenäum Fischer 1972, S. 162–175.
– in: *HGS* Bd. 8, S. 324–332.
H: 1968.

1969

Anfänge der bürgerlichen Geschichtsphilosophie (1930), repr. Ndr. der Erstv., o. O.: underground-press-syndikate (Rdr.) um 1969, 116 S.; ebenso auch ohne Verlagsangabe.

Aufsätze: Autoritärer Staat. Die Juden und Europa, maschinenschriftlich vervielfältigt, o. O.: Rdr. um 1969, 39 S.;
enth. von M. H.: ›Die Juden und Europa‹ 1939 und ›Autoritärer Staat‹ 1942.

Autorität und Familie. Allgemeiner Teil, gesonderte Ausgabe des Aufsatzes von 1936, o. O.: Rdr. um 1969, 76 S.

Autorität und Familie. Autorität und Familie in der Gegenwart, o. O.: Rdr. um 1969, 105 S.;
enth. die beiden Aufsätze (= ›Theoretische Entwürfe über Autorität und Familie: Allgemeiner Teil‹ und ›Authoritarianism and Family Today‹) 1936 bzw. 1949.

Dämmerung. Notizen in Deutschland, repr. Ndr. der Erstv. (1934), o. O.: Rdr. um 1969, 277 S.

M. H. und Theodor W. Adorno, *Dialektik der Aufklärung. Philosophische Fragmente* (= *Philosophische Fragmente* 1944), repr. Ndr. der W. von 1947, o. O.: Rdr. um 1969, 310 S.

M. H. und Theodor W. Adorno, *Dialektik der Aufklärung. Philosophische Fragmente*, Frankfurt a. M.: S. Fischer, 275 S.; enth. neben dem Text von 1944/47 das Vorwort ›Zur Neuausgabe‹ 1969.
W: s. *Philosophische Fragmente*, 1944.

›Dialog über den Dialog‹, in: *Kontexte* Bd. 5, hrsg. von Hans Jürgen Schultz, Stuttgart, Berlin: Kreuz, S. 5–10.
W: in: *HGS* Bd. 7, S. 300–308.
H: 1968.

›Die Funktion der Theologie in der Gesellschaft. Ein Gespräch [mit Paul Neuenzeit]‹, in: *Die Funktion der Theologie in Kirche und Gesellschaft*, hrsg. von Paul Neuenzeit, München: Kösel, S. 222–230.
W: in: *HGS* Bd. 7, S. 309–316.
H: u. d. T. ›Die Funktion der Theologie in Kirche und Gesellschaft‹, 1969.

›Ein Genie unserer Zeit‹ (Gespräch mit Bernhard Landau zum Tod von Adorno), in: *Die Weltwoche* Nr. 1866, 15. 8. 1969.
W: u. d. T. ›Max Horkheimer über Theodor W. Adorno. Ein Gespräch am 8. August 1969, aufgezeichnet von Bernhard Landau‹ in: *Theodor W. Adorno zum Gedächtnis. Eine Sammlung*, hrsg. von Hermann Schweppenhäuser, Frankfurt a. M.: Suhrkamp 1971, S. 17–21.
– u. d. T. [Zum Tode Adornos. Gespräch mit Bernhard Landau] in: *HGS* Bd. 7, S. 284–287.

›Gratulation‹ (Friedrich Minssen zum 60. Geburtstag), in: *Gesellschaft, Staat, Erziehung – Blätter für politische Bildung und Erziehung* 14. Jg., Heft 1, S. 1.

›Ein großer Geist der Zeit des Übergangs. Professor Max Horkheimer zum Tode von Professor Theodor W. Adorno‹, in: *Jüdischer Pressedienst* Nr. 7, Juli/August 1969, S. 4.
W: u. d. T. ›Max Horkheimer über seinen Gefährten‹ in: *Frankfurter Allgemeine Zeitung* Nr. 181, 8. 8. 1969, S. 32.
– u. d. T. ›Gedenkworte‹ in: *Theodor W. Adorno zum Gedächtnis. Eine Sammlung*, hrsg. von Hermann Schweppenhäuser, Frankfurt a. M.: Suhrkamp 1971, S. 45–46.
– u. d. T. [Theodor W. Adorno zum Gedächtnis] in: *HGS* Bd. 7, S. 289–290.
H: u. d. T. ›Theodor W. Adorno zum Gedenken‹, 1969.

»Himmel, Ewigkeit und Schönheit« (Interview zum Tode von Adorno), in: *Der Spiegel* Nr. 33, 11. 8. 1969, S. 108–109.
W: in: *HGS* Bd. 7, S. 291–294.

Die Juden und Europa, gesonderte Ausgabe des Aufsatzes von 1939, maschinenschriftlich vervielfältigt, o. O.: Rdr. um 1969, 21 S.

Materialismus und Metaphysik, gesonderte Ausgabe des Aufsatzes von 1933, o. O.: Rdr. um 1969, 33 S.

›Friedrich Pollock. Glückwunsch zum 75. Geburtstag‹, in: *Frankfurter Allgemeine Zeitung* Nr. 118, 23. 5. 1969, S. 32.

›Über den Zweifel‹, in: *Publik* Nr. 5, 31. 1. 1969, S. 17.
W: in: *Dialog mit dem Zweifel*, hrsg. von Gerhard Rein, Stuttgart, Berlin: Kreuz 1969, S. 7–12.
– in: *Forschung am Judentum. Festschrift zum 60. Geburtstag von Rabbiner Dr. Dr. h. c. Lothar Rothschild*, Bern: Lang 1970, S. 9–17.
– zusammen mit ›Zur Produktivität des Zweifels‹ (1969) u. d. T. ›Über den Zweifel‹ in: M. H., *Sozialphilosophische Studien*, Frankfurt a. M.: Athenäum Fischer 1972, S. 122–130.
– ebenso in: *HGS* Bd. 7, S. 213–223.
H: 1969.

Zum Problem der Wahrheit, Berlin, Frankfurt a. M., Dublin, Santiago de Chile: Caira Presse (Rdr.) o. J. (1969), 40 S.
W: s. 1935.

Zur Anthropologie des bürgerlichen Zeitalters. Sieben Aufsätze von Max Horkheimer aus der Zeitschrift für Sozialforschung, repr. Ndr., o. O.: Rdr. um 1969, getrennte Zählungen;
enth.: ›Bemerkungen über Wissenschaft und Krise‹ 1932, ›Geschichte und Psychologie‹ 1932, ›Bemerkungen zur philosophischen Anthropologie‹ 1935, ›Zum Problem der Wahrheit‹ 1935, ›Egoismus und Freiheitsbewegung‹ 1936, ›Traditionelle und kritische Theorie‹ 1937, M. H. und Herbert Marcuse, ›Philosophie und kritische Theorie‹ 1937.

›Zur Produktivität des Zweifels‹, in: *Dialog mit dem Zweifel*, hrsg. von Gerhard Rein, Stuttgart, Berlin: Kreuz 1969, S. 148–152.
W: u. d. T. ›Für eine Theologie des Zweifels‹ in: *Neues Forum* XVI. Jg., Heft 192, Dezember 1969, S. 719–720.
– zusammen mit ›Über den Zweifel‹ (1969) u. d. T. ›Über den Zweifel‹ in: M. H., *Sozialphilosophische Studien*, Frankfurt a. M.: Athenäum Fischer 1972, S. 122–130.
– ebenso in: *HGS* Bd. 7, S. 213–223.
H: 1969.

1970

Anfänge der bürgerlichen Geschichtsphilosophie, repr. Ndr. der Erstv. 1930, Frankfurt a. M.: Rdr. 116 S.

M. H., Carl Grünberg, *Anfänge der kritischen Theorie* (zwei Vorträge), o. O.: Rdr. um 1970, 31 S.; ebenso: um 1971;
enth. als repr. Ndr. von M. H. ›Die gegenwärtige Lage der Sozialphilosophie und die Aufgaben eines Instituts für Sozialforschung‹ 1931.

(Hrsg.:) *Autoritärer Staat* (Beiträge aus der *ZfS* von Marcuse, Pollock und Kirchheimer), Berlin: Rdr. o. J. (um 1970), 72 S.

M. H. und Erich Fromm, *Autorität und Familie. Allgemeiner Teil. Sozialpsychologischer Teil*, repr. Ndr. der Aufsätze von 1936, Graz: Verlag für autoritätsfremdes Denken: Rdr., 90 S.

Dämmerung. Notizen in Deutschland, repr. Ndr. der Erstv. (1934), o. O.: Rdr. um 1969, 277 S.

(Diskussionsbeiträge zu:) ›Die deutsche Unruhe. Ursachen – gegenwärtige Situationen – Folgerungen für die politische Bildungsarbeit‹, in: *Aus Politik und Zeitgeschichte. Beilage zur Wochenzeitung ›Das Parlament‹*, 17. 1. 1970.

›Gli errori di Marx‹ (Antworten auf zwei Fragen), in: *Corriere della Sera*, 17. 2. 1970, S. 7.

M. H. und Theodor W. Adorno, *Kulturindustrie. Aufklärung als Massenbetrug*, Tdr. aus *Dialektik der Aufklärung* (1969), o. O.: Rdr. um 1970, 49 S.

›Radikalismus‹ (Gespräch mit Hans Jürgen Schultz), in: *Politik für Nichtpolitiker. Ein ABC zur aktuellen Diskussion*, hrsg. von Hans Jürgen Schultz, Stuttgart, Berlin: Kreuz, Bd. 2, S. 97–106.

W: Tdr. in: *Alternativen* Heft 7: Politik – Mächte und Ideologien. Arbeitstexte für den Religionsunterricht an Gymnasien, hrsg. von Albert Schlereth, München: Kösel 1971, S. 46–48.
– in: *Politik für Nichtpolitiker. Ein ABC zur aktuellen Diskussion*, hrsg. von Hans Jürgen Schultz, München: Deutscher Taschenbuch Verlag 1972, Bd. 2, S. 472–481.
– in: *HGS* Bd. 7, S. 405–414.

Die Sehnsucht nach dem ganz Anderen. Ein Interview mit Kommentar von Helmut Gumnior, Hamburg: Furche, 90 S.;
enth.: Gumnior, ›Vorwort‹ S. 5–6 und ›Zur Vorgeschichte und aktuellen Situation des Interviews‹ S. 9–53; M. H. und Gumnior, ›Das Interview‹, S. 54–89.
W: des Interviews in: *HGS* Bd. 7, S. 385–404.
Ü: italienisch: *La nostalgia del totalmente altro*, Brescia: Editrice Queriniana 1972.
H: 1971.

›La Teoria Critica ieri e oggi‹, in: *Quaderni di San Giorgio 33: La Critica Forma Carrateristica Della Civiltà Moderna*, a cura di Vittore Branca, Firenze: Sansone Editore 1970, S. 43–62.
(dt. Fassung: ›Kritische Theorie gestern und heute‹, 1972.)
W: in: *HGS* Bd. 8, S. 336–353.

Traditionelle und kritische Theorie. Vier Aufsätze, Frankfurt a. M.: Fischer Bücherei 1970, 231 S.;
enth.: ›Materialismus und Metaphysik‹ 1933, ›Autorität und Familie‹ (= Theoretische Entwürfe über Autorität und Familie: Allgemeiner Teil) 1936, ›Egoismus und Freiheitsbewegung‹ 1936, ›Traditionelle und kritische Theorie‹ 1937, ›Nachtrag‹ (= M. H.s Teil von ›Philosophie und kritische Theorie‹) 1937, ›Vorwort zur Neupublikation‹ (zu *Kritische Theorie*) 1968.

Vernunft und Selbsterhaltung, Frankfurt a. M.: S. Fischer, 57 S.
W: s. ›The End of Reason‹, 1942.

Verwaltete Welt. Gespräch zwischen Prof. Dr. Max Horkheimer und Otmar Hersche, Zürich: Die Arche, 45 S.
W: in: *HGS* Bd. 7, S. 363–384.
Ü: italienisch: *Rivoluzione o libertá?*, Milano: Rusconi 1972.
H: u. d. T. ›Kritische Theorie‹, 1969.

›Die verwaltete Welt kennt keine Liebe. Max Horkheimer über den Verlust des Absoluten und seine Folgen. Ein *Presse*-Gespräch mit Janko Musulin zum 75. Geburtstag des Denkers‹, in: *Die Presse*, Wien, 14. / 15. 2. 1970, S. 5.
W: in: *HGS* Bd. 7, S. 358–362.

›»Was wir ›Sinn‹ nennen, wird verschwinden.« SPIEGEL-Gespräch mit dem Philosophen Max Horkheimer‹, in: *Der Spiegel* 24. Jg., Nr. 1/2, 5. 1. 1970, S. 79–84.
W: in: *HGS* Bd. 7, S. 345–357.

(Hrsg.) *Zeitschrift für Sozialforschung*, repr. Ndr., München: Kösel, 9 Bde. Mit einem einleitenden Essay ›Die *Zeitschrift für Sozialforschung*. Geschichte und gegenwärtige Bedeutung‹ von Alfred Schmidt und einem Gesamtregister.

1971

Anfänge der bürgerlichen Geschichtsphilosophie. Hegel und das Problem der Metaphysik. Montaigne und die Funktion der Skepsis, mit einer Einleitung von Alfred Schmidt, Frankfurt a. M.: Fischer Bücherei 1971, 144 S.;
enth.: *Anfänge der bürgerlichen Geschichtsphilosophie* 1930, ›Hegel und das Problem der Metaphysik‹ 1932, ›Montaigne und die Funktion der Skepsis‹ 1938.
Ü: französisch, Auswahl: *Les débuts de la philosophie bourgeoise de l'histoire, Hegel et le problème de la métaphysique*, Paris: Payot 1974.
– spanisch: *Historia, metafísica y esceptismo*, Madrid: Alianza 1982.
s. auch *Anfänge der bürgerlichen Geschichtsphilosophie* 1930, Ü.

›Bemerkungen zur Liberalisierung der Religion‹ (Nachschrift eines Vortrags, bearbeitet von Norbert Leser und Alfred Schmidt) in: Oskar Schatz (Hrsg.), *Hat die Religion Zukunft?*, Graz, Wien, Köln: Styria, S. 113–119.
W: in: M. H., *Sozialphilosophische Studien*, Frankfurt a. M.: Athenäum Fischer 1972, S. 131–136.
– in: *HGS* Bd. 7, S. 233–239.

M. H. und Theodor W. Adorno, *Dialektik der Aufklärung. Philosophische Fragmente*, Frankfurt a. M.: Fischer Taschenbuch, 230 S.
W: s. *Philosophische Fragmente*, 1944.

›Kultur und Moral‹, in: *Ein neuer Kulturbegriff. Analysen und Konsequenzen. Skripten der Katholischen Akademie in Bayern* Nr. 1, vervielfältigtes Typoskript, München, S. 5–11.

›Neues Denken über Revolution‹ (Gespräch mit Gerhard Rein), in: *Warum ich mich geändert habe*, hrsg. von Gerhard Rein, Berlin: Kreuz, S. 105–109.
W: in: *HGS* Bd. 7, S. 415–418.
H: 1971.

›Pessimismus heute‹, in: *LII. Schopenhauer-Jahrbuch für das Jahr 1971*, hrsg. von Arthur Hübscher, Frankfurt a. M.: Kramer, S. 1–7.
W: in: M. H., *Sozialphilosophische Studien*, Frankfurt a. M.: Athenäum Fischer 1972, S. 137–144.
– in: *HGS* Bd. 7, S. 224–232.
H: u. d. T. ›Pessimismus in unserer Zeit‹, 1970.

[Rede anläßlich der Verleihung des Lessingspreises der Stadt Hamburg], in: *Lessing-Preis 1971 an Max Horkheimer. Veröffentlichung der Behörde für Wissenschaft und Kunst der Freien und Hansestadt Hamburg*, Hamburg: Sonderdruck, S. 25–32.
W: u. d. T. ›Zum Schicksal der Religion‹ in: M. H. und Giuseppe Guerreschi,

›An Maidon‹ e ›Zum Schicksal der Religion‹ con due acqueforti, Milano: m'arte edizioni 1972.
- u. d. T. ›Der Gang der Wissenschaft und der des Glaubens‹ in: *Denken als Widerspruch. Reden zum Lessingpreis*, hrsg. von Volker F. W. Hasenclever, Frankfurt a. M.: Eichborn 1982, S. 104–108.
- u. d. T. [Lessing und die Aufklärung] in: *HGS* Bd. 7, S. 253–258.

›Testimonianze a San Giorgio, Personalità: Max Horkheimer‹, in: *Fondazione Giorgio Cini, Venezia. Venti anni di attività della Fondazione Giorgio Cini*, Venezia, S. 55.

›Die Zeitgemäßheit der Philosophie Schopenhauers‹, in: *Neue Zürcher Zeitung*, 21. 3. 1971, S. 51–52.
W: u. d. T. ›Bemerkungen zu Schopenhauers Denken im Verhältnis zu Wissenschaft und Religion‹, in: *LIII. Schopenhauer-Jahrbuch für das Jahr 1972. Festschrift zum 75. Geburtstag Arthur Hübschers*, Frankfurt a. M.: Kramer 1972, S. 71–79.
- u. d. T. ›Schopenhauers Denken im Verhältnis zu Wissenschaft und Religion‹ in: M. H., *Sozialphilosophische Studien*, Frankfurt a. M.: Athenäum Fischer 1972, S. 145–155.
- u. ds. T. in: *Schopenhauer*, hrsg. von Jörg Salaquarda, Darmstadt: Wissenschaftliche Buchgesellschaft 1985, S. 221–233.
- u. ds. T. in: *HGS* Bd. 7, S. 240–252.

›Zur Zukunft der »Kritischen Theorie«. Gespräch mit Max Horkheimer im »Schweizer Hof« in Zürich‹, in: Claus Grossner, *Verfall der Philosophie. Politik deutscher Philosophen*, Reinbek bei Hamburg: Wegner, S. 262–277.
W: in: *HGS* Bd. 7, S. 419–434.

1972

M. H. und Giuseppe Guerreschi, *›An Maidon‹ e ›Zum Schicksal der Religion‹ con due acqueforti* (= [Rede anläßlich der Verleihung des Lessing-Preises der Stadt Hamburg] 1971), Milano: m'arte edizioni 1972 (ohne Paginierung).

Dämmerung. Notizen in Deutschland, repr. Ndr. der Erstv. 1934, Edition Max [!] (Rdr.).
W: s. 1934.

Gesellschaft im Übergang. Aufsätze, Reden und Vorträge 1942–1970, hrsg. von Werner Brede, Frankfurt a. M.: Athenäum Fischer, 176 S.;
enth.: ›Autoritärer Staat‹ 1942, ›Lehren aus dem Faschismus‹ (= ›The Lessons of Fascism‹) 1950, ›Politik und Soziales‹ 1950, ›Invarianz und Dynamik in der Lehre von der Gesellschaft‹ 1951, ›Vorurteil und Charakter. Ein Bericht‹ 1952, ›Der Mensch in der Wandlung seit der Jahrhundertwende‹ 1960, ›Über das Vorurteil‹ 1961, ›Der Bildungsauftrag der Gewerkschaften‹ 1962, ›Gedanken zur politischen Erziehung‹ 1963, ›Die Psychoanalyse aus der Sicht der Soziologie‹ 1968, ›Zur Kritik der gegenwärtigen Gesellschaft‹ 1968, ›Marx heute‹ (= ›War Marx ein schlechter Prophet?‹) 1968, ›Kritische Theorie gestern und heute‹ 1972.

Ü: spanisch, Auswahl: *Sociedad en transición. Estudios de filosofía social* (zusammen mit *Sozialphilosophische Studien* 1972), Barcelona: Edicions 62 1976.
- französisch: *Théorie Critique* (Auswahl aus *Kritische Theorie* 1968, *Gesellschaft im Übergang* 1972 und *Sozialphilosophische Studien* 1972), Paris: Payot 1978.
- italienisch: *La società di transizione*, Turin: Einaudi 1979.

›Kritische Theorie gestern und heute‹, in: M.H., *Gesellschaft im Übergang*, Frankfurt a.M.: Athenäum Fischer, S. 162–175.
(Erstv.: ›La Teoria Critica ieri e oggi‹, 1970.)
W: in: *HGS* Bd. 8, S. 336–353.

›Meine Begegnung mit Paul Tillich‹ (Brief an Renate Albrecht), in: Paul Tillich, *Gesammelte Werke* Bd. XIII, Stuttgart: Evangelisches Verlagswerk, S. 568–569.
W: in: *HGS* Bd. 18, S. 787–788.

Sozialphilosophische Studien. Aufsätze, Reden und Vorträge 1930–1972. Mit einem Anhang über Universität und Studium, hrsg. von Werner Brede, Frankfurt a.M.: Athenäum Fischer 1972, 204 S.;
enth.: ›Ein neuer Ideologiebegriff?‹ 1930, ›Die gegenwärtige Lage der Sozialphilosophie und die Aufgaben eines Instituts für Sozialforschung‹ 1931, ›Ideologie und Handeln‹ (= ›Ideologie und Wertgebung‹) 1951, ›Zum Begriff der Vernunft‹ 1952, ›Schopenhauer und die Gesellschaft‹ 1955, ›Soziologie und Philosophie‹ 1959, ›Philosophie als Kulturkritik‹ 1959, ›Zum Begriff der Freiheit‹ 1962, ›Macht und Gewissen‹ 1962, ›Über den Zweifel‹ 1969, ›Bemerkungen zur Liberalisierung der Religion‹ 1971, ›Pessimismus heute‹ 1971, ›Schopenhauers Denken im Verhältnis zu Wissenschaft und Religion‹ (= ›Die Zeitgemäßheit der Philosophie Schopenhauers‹) 1971; Anhang: ›Begriff der Bildung‹ (= ›Wenn heute von Bildung gesprochen wird‹) 1952, ›Fragen des Hochschulunterrichts‹ (= ›Zum Problem des akademischen Unterrichts‹) 1952, ›Akademisches Studium‹ (= ›Die Behauptung des Individuums in der Masse‹ 1952, ›Verantwortung und Studium‹ (= ›Was heißt Verantwortung?‹) 1954.
Ü: spanisch, Auswahl: *Sociedad en transición. Estudios de filosofía social* (zusammen mit *Gesellschaft im Übergang* 1972), Barcelona: Edicions 62 1976.
- französisch: *Théorie Critique* (Auswahl aus *Kritische Theorie* 1968, *Gesellschaft im Übergang* 1972 und *Sozialphilosophische Studien* 1972), Paris: Payot 1978.
- italienisch: *Studi di filosofia della società*, Turin: Einaudi 1981.

›Zum Begriff des Geistes und der Verantwortung des Geistes. Ein Gespräch von Chefredakteur Otmar Hersche mit Professor Dr. Max Horkheimer‹, in: *Vaterland* Nr. 263, Luzern, 11. 11. 1972.
W: in: *HGS* Bd. 7, S. 435–441.

1973

›»Es geht um die Moral der Deutschen.« Professor Horkheimer über die Zukunftsgesellschaft. SPIEGEL-Gespräch [mit Rudolf Ringguth und Georg Wolff]‹, in: *Der Spiegel* 27. Jg., Nr. 29, 16.7.1973, S. 95–98.
W: in: *HGS* Bd. 7, S. 480–485.

›Foreword‹, in: Martin Jay, *The Dialectical Imagination. A History of the Frankfurt School and the Institute of Social Research 1923–1950*, London: Heinemann, S. XI–XII.
W. dt. Fassung: ›Vorwort‹, in: Martin Jay, *Dialektische Phantasie. Die Geschichte der Frankfurter Schule und des Instituts für Sozialforschung 1923–1950*, Frankfurt a. M.: S. Fischer 1976, S. 9–10.
– in: *HGS* Bd. 18, S. 793–795.

›Im Teufelskreis der Dialektik‹ (Interview), in: *Nürnberger Nachrichten*, 5.5.1973.

›Die Welt ist nicht das Letzte‹ (Gespräch mit Gerhard Rein), in: *Deutsche Zeitung* Nr. 28, 13.7.1973, S. 9–11.
W: u.d.T. ›Das verbotene Jenseits‹ in: *Die Weltwoche* Nr. 30, 25.7.1973, S. 39 und 41.

1974

Aus der Pubertät. Novellen und Tagebuchblätter, hrsg. von Alfred Schmidt, München: Kösel, 374 S.

›Dokumente – Stationen. Ein Gespräch (aus dem Jahre 1969) zwischen Otmar Hersche und dem Sozialphilosophen Max Horkheimer, der am 7. Juli 1973 gestorben ist‹, in: *Vaterland* Nr. 142, 148 und 154, Luzern, 22. und 29.6.1974 und 6.7.1974.
W: in: *HGS* Bd. 7, S. 317–344.
H: 1969.

Die gesellschaftliche Funktion der Philosophie. Ausgewählte Essays, Frankfurt a. M.: Suhrkamp, 298 S.;
enth.: ›Egoismus und Freiheitsbewegung‹ 1936, ›Der neueste Angriff auf die Metaphysik‹ 1937, ›Traditionelle und kritische Theorie‹ 1937, ›Nachtrag‹ (= M. H.s Teil von ›Philosophie und kritische Theorie‹) 1937, ›Montaigne und die Funktion der Skepsis‹ 1938, ›Die gesellschaftliche Funktion der Philosophie‹ (= ›The Social Function of Philosophy‹) 1940.

Hugo Staudinger, M. H., *Humanität und Religion. Briefwechsel und Gespräch*, Würzburg: Naumann, 84 S.
W: der Briefe in: *HGS* Bd. 18, S. 789–790 und 815.

Notizen 1950 bis 1969 und Dämmerung. Notizen in Deutschland, hrsg. von Werner Brede, Einleitung von Alfred Schmidt, Frankfurt a. M.: S. Fischer, 360 S.

W: Tdr. aus den *Notizen* (S. 206) in: *Philosophisches Kolleg, Heft 3: Ethik*, hrsg. von Rudolf Bensch und Werner Trutwin, Düsseldorf: Patmos 1977, S. 153.
- Tdr. aus den *Notizen* (S. 29f., 106f., 108–111, 152f., 163, 173f., 213f., 218–220) in: *Diskurs Mensch*, hrsg. von Willi Oelmüller, Ruth Dölle-Oelmüller, Carl-Friedrich Geyer, Paderborn, München, Wien, Zürich: Schöningh-UTB 1985, S. 307–316.
- der *Notizen* in: *HGS* Bd. 6, 187–425.
- der *Dämmerung*: s. 1934.

Ü: der *Notizen*
- spanisch: *Apuntes 1950–1969*, Caracas, Venezuela: Monte Avila 1976.
- italienisch: *Taccuino 1950–1969*, Casale Monserrato: Editore Marietti 1988.
- französisch: *Notes Critiques 1949–1969*, Paris: Editions Payot 1993.
- der *Dämmerung*: s. 1934.

›Die Situation des jungen Menschen heute‹, in: Notwendige Bücher. Heinrich Wild zum 65. Geburtstag, München: Kösel, S. 36–39.
W: in: *HGS* Bd. 8, S. 354–357.

Zur Kritik der instrumentellen Vernunft. Aus den Vorträgen und Aufzeichnungen seit Kriegsende, hrsg. von Alfred Schmidt (1947 und 1949 bis 1967; Neuausgabe der Textsammlung von 1967), Frankfurt a. M.: Athenäum Fischer, 353 S.

1976

›Das Schlimme erwarten und doch das Gute versuchen. Ein Gespräch mit Professor Dr. Max Horkheimer‹, in: Gerhard Rein, *Dienstagsgespräche mit Zeitgenossen*, Stuttgart, Berlin: Kreuz, S. 149–188.
W: in: *HGS* Bd. 7, S. 442–479.

1980

(Hrsg.) *Zeitschrift für Sozialforschung*, repr. Ndr., München: Deutscher Taschenbuch Verlag, 9 Bde. Mit einem einleitenden Essay ›Die *Zeitschrift für Sozialforschung*. Geschichte und gegenwärtige Bedeutung‹ von Alfred Schmidt und einem Gesamtregister.

1981

M. H. und Theodor W. Adorno, *Dialektik der Aufklärung. Philosophische Fragmente* (1944), in: Theodor W. Adorno, *Gesammelte Schriften* Bd. 3, Frankfurt a. M.: Suhrkamp 1981, 335 S.

M. H., Pollock, Neumann, Kirchheimer, Gurland, Marcuse, *Wirtschaft, Recht, Staat im Nationalsozialismus. Analysen des Instituts für Sozialforschung 1939–1942*, hrsg. von Helmut Dubiel und Alfons Söllner, Frankfurt a. M.: Europäische Verlagsanstalt, 368 S.;

enth. von M. H.: ›Die Juden und Europa‹ 1939 und ›Autoritärer Staat‹ 1942.
W: Frankfurt a. M.: Suhrkamp 1984.

1983

(Diskussionsbeiträge zu:) ›Das Frankfurter Gespräch am 27.6.1931‹, in: Paul Tillich, *Briefwechsel und Streitschriften. Ergänzungs- und Nachlaßbände zu den Gesammelten Werken von Paul Tillich* Bd. VI, Stuttgart: Evangelisches Verlagswerk, S. 330f. 346f., 358f., 360, 364, 367 (das Gespräch insgesamt: S. 314–369).
W: u. d. T. [Diskussion über die Aufgabe des Protestantismus in der säkularen Zivilisation] in: *HGS* Bd. 11, S. 345–405.

1984

[Brief an die Deutsche Bibliothek (Kurt Köster) Frankfurt a. M.] (1965), in: *35 Jahre Exilliteratur 1933–1945 in der Deutschen Bibliothek Frankfurt am Main*, Frankfurt a. M.: Deutsche Bibliothek, S. 116.

›Vertrauen auf Geschichte‹, in: *Neue Rundschau* Heft 1/2, 1984, Frankfurt a. M.: S. Fischer, S. 8–16.
W: in *HGS* Bd. 12, S. 119–127.

1985

[Brief an Maidon Horkheimer] (1948), in: *Pflasterstrand* 10. Jg., Nr. 209, Frankfurt a. M., 4.–17.5.1985, S. 40–41.
W: in: *HGS* Bd. 17, S. 988–997.

Dell'antinomia del giudizio teleologica (= *Zur Antinomie der teleologischen Urteilskraft*, Dissertation 1922), in: Luciano Balzan, Max Horkheimer. *Il transcendere della verità?* Milano: Franco Angeli, S. 115–168.

Gesammelte Schriften Bd. 7: *Vorträge und Aufzeichnungen 1949–1973*, hrsg. von Gunzelin Schmid Noerr, Frankfurt a. M.: S. Fischer, 494 S.

Gesammelte Schriften Bd. 8: *Vorträge und Aufzeichnungen 1949–1973*, hrsg. von Gunzelin Schmid Noerr, Frankfurt a. M.: S. Fischer, 478 S.

Gesammelte Schriften Bd. 12: *Nachgelassene Schriften 1931–1949*, hrsg. von Gunzelin Schmid Noerr, Frankfurt a. M.: S. Fischer, 605 S.
Darin enthalten: ›Die Vernunft im Widerstreit mit sich selbst. Einige Bemerkungen zur Aufklärung‹, S. 105–118;
W: u. d. u. T. ›Reason Against Itself: Some Remarks on Enlightenment‹ in: *Theory, Culture, and Society* vol. 10, 1993, S. 79–88.

›Kampf und Gewaltlosigkeit‹ (= Tdr. der nachgelassenen Aufzeichnungen und Entwürfe zur *Dialektik der Aufklärung* 1939–1942), in: *links. Sozialistische Zeitung* Nr. 186, September 1985, S. 30–31.

W: in: *HGS* Bd. 12, S. 282–285.

›Physiognomik‹, (= Tdr. der nachgelassenen Aufzeichnungen und Entwürfe zur *Dialektik der Aufklärung* 1939–1942), in: *Bibliotheca publica Francofurtensis, Fünfhundert Jahre Stadt- und Universitätsbibliothek Frankfurt am Main 1984*, Tafelband, hrsg. von Klaus-Dieter Lehmann, Frankfurt a. M.: Stadt- und Universitätsbibliothek, Tafel 198.
W: in: *Forschung Frankfurt. Wissenschaftsmagazin der Johann Wolfgang Goethe-Universität Frankfurt* Heft 4, 1985, S. 22.
– in: *HGS* Bd. 12, S. 293.

›Religionspsychologie‹ (= Tdr. der nachgelassenen Aufzeichnungen und Entwürfe zur *Dialektik der Aufklärung* 1939–1942), in: *links. Sozialistische Zeitung* Nr. 186, September 1985, S. 31.
W: in: *HGS* Bd. 12, S. 294–295.

›Über Lenins *Materialismus und Empiriokritizismus*‹, mit einer editorischen Vorbemerkung von Alfred Schmidt, in: *Neue Rundschau* 96. Jg., Heft 3 / 4, Frankfurt a. M., S. 126–151.
W: in: Bd. 11, S. 171–188.

1986

M. H. und Theodor W. Adorno, *Dialektik der Aufklärung. Philosophische Fragmente* (1944), Neuauflage der Ausgabe von 1969, zusätzlich mit einem Nachwort von Jürgen Habermas, Frankfurt a. M.: S. Fischer Verlag, 294 S.

M. H. und Theodor W. Adorno, ›Die UdSSR und der Frieden‹, in: Theodor W. Adorno, *Gesammelte Schriften* Bd. 20.1: *Vermischte Schriften* I, Frankfurt a. M.: Suhrkamp 1986, S. 390–393.
W: in: *HGS* Bd. 19, S. 28–31.

M. H. und Theodor W. Adorno, ›Vorrede [zu den *Sociologica II*] (1962; in diesem Buch zum größten Teil nicht abgedruckt), in: Theodor W. Adorno, *Gesammelte Schriften* Bd. 20.1: *Vermischte Schriften* I, Frankfurt a. M.: Suhrkamp 1986, S. 165–168.

1987

Gesammelte Schriften Bd. 2: *Philosophische Frühschriften*, hrsg. von Gunzelin Schmid Noerr, Frankfurt a. M.: S. Fischer, 471 S.

Gesammelte Schriften Bd. 5: *Dialektik der Aufklärung und Schriften 1940–1950*, hrsg. von Gunzelin Schmid Noerr, Frankfurt a. M.: S. Fischer, 461 S.

Gesammelte Schriften Bd. 9: *Nachgelassene Schriften 1914–1931*, hrsg. von Alfred Schmidt, Frankfurt a. M.: S. Fischer, 494 S.

Gesammelte Schriften Bd. 11: *Nachgelassene Schriften 1914–1931*, hrsg. von Gunzelin Schmid Noerr, Frankfurt a. M.: S. Fischer, 428 S.

1988

[Aus den nachgelassenen Notizen 1949–1969], in: *Perspektiven Kritischer Theorie. Eine Sammlung zu Hermann Schweppenhäusers 60. Geburtstag*, Lüneburg: zu Klampen 1988, S. 15–30.
W: in: *HGS* Bd. 14, S. 36–42, 52, 59, 63 f., 66–69, 71, 75, 78–80, 84–86, 89, 93 f., 98 f., 103, 105 f.

M. H. und Theodor W. Adorno, *Dialektik der Aufklärung. Philosophische Fragmente* (1944), Frankfurt a. M.: Fischer Taschenbuch, 275 S.

Gesammelte Schriften Bd. 1, hrsg. von Alfred Schmidt, Frankfurt a.M: S. Fischer, 379 S.

Gesammelte Schriften Bd. 3: *Schriften 1931–1936*, hrsg. von Alfred Schmidt, Frankfurt a. M.: S. Fischer, 424 S.

Gesammelte Schriften Bd. 4: *Schriften 1931–1936*, hrsg. von Alfred Schmidt, Frankfurt a. M.: S. Fischer, 462 S.

Gesammelte Schriften Bd. 14: *Nachgelassene Schriften 1949–1972*, hrsg. von Gunzelin Schmid Noerr, Frankfurt a. M.: S. Fischer, 556 S.

1989

Gesammelte Schriften Bd. 13: *Nachgelassene Schriften 1949–1972*, hrsg. von Gunzelin Schmid Noerr, Frankfurt a. M.: S. Fischer, 667 S.

1990

Gesammelte Schriften Bd. 10: *Nachgelassene Schriften 1914–1931*, hrsg. von Alfred Schmidt, Frankfurt a. M.: S. Fischer, 429 S.

Horkheimer und Italien. Dokumente, Texte, Interviews, hrsg. von Gerd van de Moetter, Frankfurt a. M., Bern, New York, Paris, 300 S.
W: des ›Aide-mémoire. Italienreise 1956‹ (= Briefe an Friedrich Pollock) in: *HGS* Bd. 18, S. 343–355.

1991

Gesammelte Schriften Bd. 6: *Zur Kritik der instrumentellen Vernunft und Notizen 1949–1969*, hrsg. von Alfred Schmidt, Frankfurt a. M.: S. Fischer, 445 S.

1995

Gesammelte Schriften Bd. 15: *Briefe 1913–1936*, hrsg. von Gunzelin Schmid Noerr, Frankfurt a. M.: S. Fischer, 815 S.

Gesammelte Schriften Bd. 16: *Briefe 1937–1940*, hrsg. von Gunzelin Schmid Noerr, Frankfurt a. M.: S. Fischer, 791 S.

›Max Horkheimer an Erich Fromm. [Lake Placid, N. Y.], den 24. Juli 1934‹, in: *links. Sozialistische Zeitung*, 27. Jg., Nr. 296/297, Offenbach, Jan./Feb. 1995, S. 10–12.
W: in: *HGS* Bd. 15, S. 163–171.

1996

Gesammelte Schriften Bd. 17: *Briefe 1941–1948*, hrsg. von Gunzelin Schmid Noerr, Frankfurt a. M.: S. Fischer, 1055 S.

Gesammelte Schriften Bd. 18: *Briefe 1949–1973*, hrsg. von Gunzelin Schmid Noerr, Frankfurt a. M.: S. Fischer, 1011 S.

Gesammelte Schriften Bd. 19: *Nachträge. Verzeichnisse und Register*, hrsg. von Gunzelin Schmid Noerr, Frankfurt a. M.: S. Fischer, 503 S.

I.3. Alphabetisches Gesamtverzeichnis der Schriften

Vorbemerkungen

Das Verzeichnis enthält die Titel aller sowohl in den *Gesammelten Schriften* als auch andernorts veröffentlichten Schriften. Bei der Anordnung ist die Wortfolge unter Ausschluß der Artikel und Vornamen maßgebend.
Nicht aufgenommen wurden Titel
- einzelner Aphorismen und Notizen innerhalb der betreffenden Sammlungen,
- einzelner Kapitel innerhalb größerer Werke (wie z. B. die der Abschnitte und Exkurse der *Dialektik der Aufklärung*),
- einzelner Abschnitte von Vorlesungen
- einzelner Novellen und Novellengruppen der Sammlung *Aus der Pubertät*,
- von Übersetzungen der zuerst auf deutsch erschienenen Schriften
- sowie Briefe, die nicht gesondert gedruckt, sondern als Teile von Briefsammlungen veröffentlicht oder in Sekundärliteratur zitiert sind.

Buchausgaben, auch wenn sie nur Wiederveröffentlichungen enthalten, sind gesondert mit den verschiedenen Jahren ihres Erscheinens aufgeführt.
Bei sonstigen Schriften, die zum ersten Mal *außerhalb* der *Gesammelten Schriften* veröffentlicht worden sind, verweist das Jahr ihrer jeweiligen Erstveröffentlichung auf die näheren bibliographischen Angaben im chronologischen Gesamtverzeichnis der Schriften (I.1), wo unter »W« (Wiederveröffentlichung) gegebenenfalls auch der Standort innerhalb der *Gesammelten Schriften* angegeben ist. Wenn der Titel einer späteren Veröffentlichung von dem der Erstveröffentlichung abweicht, wird unter »B« (Bibliographie) auf den ursprünglichen Titel und das Jahr der Erstveröffentlichung verwiesen.
Bei Schriften, die zum ersten Mal *innerhalb* der *Gesammelten Schriften* (nämlich in den Nachlaß-Bänden 9–14 sowie als Nachträge zu den Bänden 12 und 13 in Band 19) veröffentlicht worden sind, bezeichnet die Jahreszahl in Klammern die Entstehungszeit. Zur Bibliographie wird auf die Standorte in den *Gesammelten Schriften* (*HGS* mit Bandnummer und Anfangs-Seitenzahl) verwiesen.
Buchtitel und Zeitschriften sind *kursiv*, Originaltitel von Aufsätzen, Artikeln, Rezensionen, Vor- und Nachworten in einfache Anführungszeichen ›...‹ gesetzt. Die vom Herausgeber formulierten Titel oder Titelergänzungen erscheinen in eckigen Klammern [...].

[Theodor W. Adorno zum Gedächtnis] (1985)
B: ›Ein großer Geist der Zeit des Übergangs. Professor Max Horkheimer zum Tode von Professor Theodor W. Adorno‹ 1969

›Akademische Freiheit‹ (1953)

B: ›Über akademische Freiheit‹ 1953

»Akademisches Studium‹ (1953)
B: ›Die Behauptung des Individuums in der Masse. Im Wunsch nach Bildung steckt der Wille, seiner selbst mächtig zu werden‹ 1952

›Die Aktualität Schopenhauers‹ 1961

›American Jewish Committee. Progress Report of the Scientific Department‹ (mit Mitgliedern des American Jewish Committee, Scientific Department) 1945

›The American Way of Life‹ 1964

›An Maidon. Deine Züge‹ 1972

Anfänge der bürgerlichen Geschichtsphilosophie 1930
1969

Anfänge der bürgerlichen Geschichtsphilosophie. Hegel und das Problem der Metaphysik. Montaigne und die Funktion der Skepsis 1971

Anfänge der kritischen Theorie (zwei Vorträge) (mit Carl Grünberg) 1970

›Anmerkungen zu *Crossfire*‹ (1947) *HGS* 12, 214

›Ansprache an das Hohe Haus‹ 1967

[Ansprache bei der akademischen Feier des Universitätsfestes 1953 der Universität Frankfurt a. M.] 1953

[Ansprache bei der Verleihung des Ehrenbürgerrechts der Stadt Frankfurt a. M.] 1960

[Ansprache beim VI. Paneuropa Kongreß] 1954

›Ansprache im Namen der Philosophischen Fakultät der Universität Frankfurt am Main‹ (zum 100. Geburtstag von Sigmund Freud) 1956

[Ansprache zur Begrüßung von Bundeskanzler Adenauer in der Aula der Universität Frankfurt a. M.] 1952

[Ansprache zur Einweihung des Sigmund-Freud-Instituts] 1964

[Ansprache zur Einweihung des Studentenhauses] 1953

[Ansprache zur Wiedereröffnung des Instituts für Sozialforschung] 1952

›Antisemitismus: Der soziologische Hintergrund des psychoanalytischen Forschungsansatzes‹ (1987)
B: ›Sociological Background of the Psychoanalytic Approach‹ 1946

[Antwort auf die Weihnachtsumfrage »Warum sind Sie zurückgekehrt?«] 1962

›Art and Mass Culture‹ 1941

›Die Aufklärung‹ (Vorlesungsnachschrift von Hilmar Tillack) (1959/60) *HGS* 13, 570

Aufsätze: Autoritärer Staat. Die Juden und Europa 1969

[Aufzeichnungen und Entwürfe zur *Dialektik der Aufklärung* 1939–1942] *HGS* 12, 250

›Aus einer Ansprache vor Couleur-Studenten‹ (1954)
B: ›Was heißt Verantwortung?‹ 1954

[Aus den nachgelassenen Notizen 1949–1969] 1988

Aus der Pubertät. Novellen und Tagebuchblätter 1974

[Aus Vorlesungen über Autorität und Gesellschaft] (1936/37) *HGS* 12, 39

›Authoritarianism and the Family Today‹ 1949

›Autoritärer Staat‹ 1942

Autoritärer Staat 1968

Autoritärer Staat. Aufsätze 1939–1941 1967

Autoritärer Staat (Beiträge aus der *ZfS* von Marcuse, Pollock und Kirchheimer) (Hrsg.) 1970

›Autorität und Familie‹ (1968)
B: ›Theoretische Entwürfe über Autorität und Familie‹ 1936

Autorität und Familie. Allgemeiner Teil 1969

Autorität und Familie. Allgemeiner Teil. Sozialpsychologischer Teil (mit Erich Fromm) 1970

Autorität und Familie. Autorität und Familie in der Gegenwart 1969

›Autorität und Familie in der Gegenwart‹ (1960)
B: ›Authoritarianism and the Family Today‹ 1949

›Beantwortung der Frage: Was heißt vom Standpunkt des transzendentalen Idealismus aus die Behauptung, daß die materielle Entwicklung der Entwicklung des Bewußtseins vorhergegangen ist?‹ (um 1921?) *HGS* 11, 17

›Die Bedeutung der Photographie für unsere Zeit‹ (1960). *HGS* 13, 38

›Bedrohungen der Freiheit‹ 1965

›Die Begegnung. Gespräch mit Max Horkheimer‹ 1965

›Begriff der Bildung‹ (1953)
B: ›Wenn heute von Bildung gesprochen wird‹ 1952

›Der Begriff der Seele seit Leibniz‹ (Vorlesungsnachschrift von Hilmar Tillack) (1958) *HGS* 13, 515

[Begrüßung Thomas Manns] (1952) *HGS* 13, 255

›Die Behauptung des Individuums in der Masse. Im Wunsch nach Bildung steckt der Wille, seiner selbst mächtig zu werden‹ 1952

[Bemerkungen zu Donald Greers *The Incidence during the French Revolution*] (1988)
B: ›Nachbemerkung zu Greers Buch‹ 1936

›Bemerkungen über die Liberalisierung der Religion‹ 1971

›Bemerkungen über Wissenschaft und Krise‹ 1932

›Bemerkungen zu Jaspers' *Nietzsche*‹ 1937

›Bemerkungen zu Schopenhauers Denken im Verhältnis zu Wissenschaft und Religion‹ (1972)
B: ›Die Zeitgemäßheit der Philosophie Schopenhauers‹ 1971

›Bemerkungen zur Liberalisierung der Religion‹ (1972)
B: ›Bemerkungen über die Liberalisierung der Religion‹ 1971

›Bemerkungen zur philosophischen Anthropologie‹ 1935

›Bergson, Henri, *Les deux sources de la morale et de la religion*‹ (Bespr.) 1933

›Bericht des scheidenden Rektors Dr. phil. Max Horkheimer, o. Professor der Philosophie und Soziologie bei der Rektoratsübergabe am 12. November 1953‹ (1954)
s. [Bericht über die Rektoratszeit. Rede, gehalten bei der Rektoratsübergabe im Nov. 1953] 1953

[Bericht über die Rektoratszeit. Rede, gehalten bei der Rektoratsübergabe im Nov. 1953] 1953

›Das Besondere am Akademiker‹ (1952)
B: ›Die Behauptung des Individuums in der Masse. Im Wunsch nach Bildung steckt der Wille‹ 1952

›Bewältigung der Vergangenheit‹ 1967

›Die Beziehungen zwischen der Soziologie und der Psychoanalyse aus der Sicht der Soziologie‹ 1968

›Bildung und Barbarei‹ (1952)
B: ›Wenn heute von Bildung gesprochen wird‹ 1952

›Der Bildungsauftrag der Gewerkschaften‹ 1962

[Brief an die Deutsche Bibliothek (Kurt Köster) Frankfurt am Main, 1965] 1984

›Brief an den S. Fischer Verlag‹ 1965

[Brief an Maidon Horkheimer, 1948] 1985

[Christentum, Marxismus und studentische Protestbewegung] (1985)
B: ›Statt eines Nachworts. Gespräch mit Professor Max Horkheimer über die Relevanz christlicher und marxistischer Ideen in unserer Zeit und ihren Zusammenhang mit der studentischen Protestbewegung‹ 1968

›The Classification of Jewish Immigrants and Its Implications‹ 1945

›Common Statement‹ (mit Allport, Freyre, Gurvitch, Naess, Rickman, Sullivan, Szalai) 1950

›Hans Cornelius. Zu seinem sechzigsten Geburtstag‹ 1923

Dämmerung. Notizen in Deutschland 1934
1969
1970
1972

›Dank an Adorno‹ 1965

›»Das war mein größter Fehler...« Reumütige Geständnisse sehr bekannter Leute. Auch ein Rückblick‹ (Antwort auf eine Silvester-Umfrage) 1967

›De anima‹ (1967)
B: ›Zur Idee der Seele‹ 1967

›De anima – Problematik des Begriffs der Seele heute‹
B: ›Zur Idee der Seele‹ 1967

›Debatte über Methoden der Sozialwissenschaften, besonders die Auffassung der Methode der Sozialwissenschaften, welche das Institut vertritt‹ (mit Adorno, Grossmann, Gumperz, Marcuse, Neumann, Pollock, Seidenmann, F. Weil, H. Weil) (1941) *HGS* 12, 542

›Dell'antinomia del giudizio teleologica‹ 1985

›Die deutsche Unruhe. Ursachen – gegenwärtige Situation – Folgerungen für die politische Bildungsarbeit‹ (Diskussionsbeiträge) 1970

[Deutschlands Erneuerung nach dem Krieg und die Funktion der Kultur] (1943?) *HGS* 12, 184

Dialektik der Aufklärung. Philosophische Fragmente (mit Theodor W. Adorno) 1947
1968
1969
1971
1981
1986
1988

B: s. auch *Philosophische Fragmente*, 1944

›Dialog über den Dialog‹ 1969

[Diskussion über die Aufgabe des Protestantismus in der säkularen Zivilisation] (mit Adorno, Blum, Brunner, Dibelius, Frick, Mannheim, Mennicke, Pollock, Rietzler, Schafft, v. Soden, Tillich, Zarncke) (1931) *HGS* 11, 344

Diskussion über Dialektik] (mit Theodor W. Adorno) (1931)[1] *HGS* 12, 526

[Diskussion über Theorie und Praxis] (mit Theodor W. Adorno) (1956) *HGS* 19, 32

[Diskussion zu einem Referat Leo Löwenthals über die Aufgaben der Literaturkritik] (mit Adorno, Löwenthal, Marcuse, Pinthus, Schachtel, Sondek) (1941) *HGS* 12, 553

[Diskussionen aus einem Seminar über Monopolkapitalismus] (mit Grossmann, Gumperz, Wittfogel) (1937) *HGS* 12, 417

[Diskussionen aus einem Seminar über die Theorie der Bedürfnisse] (mit Adorno, Anders, Brecht, Eisler, H. Marcuse, L. Marcuse, Nürnberg, Pollock, Reichenbach, Viertel) (1942) *HGS* 12, 559
HGS 19, 21

[Diskussionen über die Differenz zwischen Positivismus und materialistischer Dialektik] (mit Theodor W. Adorno) (1939) *HGS* 12, 436

[Diskussionen über Sprache und Erkenntnis, Naturbeherrschung am Menschen, politische Aspekte des Marxismus] (mit Theodor W. Adorno) (1939) *HGS* 12, 493

[Diskussionen zu den ›Elementen des Antisemitismus‹ der *Dialektik der Aufklärung*] (mit Theodor W. Adorno) (1943) *HGS* 12, 587

›Hans Driesch. Zum 60. Geburtstag‹ 1927

›*East-West Tensions III. The United States and Germany in the Atlantic Alliance*‹ (Diskussionsbeiträge) 1963

Eclipse of Reason 1947

›Egoismus und Freiheitsbewegung. Zur Anthropologie des bürgerlichen Zeitalters‹ 1936

›Ehe und Familie in der Krise?‹ (Gespräch mit Otmar Hersche) (1970) *HGS* 13, 208

›Einführung in die Philosophie der Gegenwart‹ (Vorlesung und Publikationstext) (1926) *HGS* 10, 167

›Einige Betrachtungen zum Curfew‹ 1942

›Einige Gedanken zum heutigen Zeitbewußtsein‹ (1965) *HGS* 13, 72

1 Vgl. *HGS* Bd. 19, ›Berichtigungen‹ zu Bd. 12, S. 526.

›Einleitende Worte‹ (zu Reden, gehalten anläßlich der 150. Wiederkehr des Todestages von Immanuel Kant) 1955

›Einleitung [zu Leo Löwenthals und Norbert Gutermans *Prophets of Deceit*]‹ (1987)
B: ›Introduction‹, in: Leo Löwenthal and Norbert Guterman, *Prophets of Deceit* 1949

›Einleitung zur Diskussion‹ (zum Thema Wertfreiheit und Objektivität) 1965

›Einsicht in die Gegenwart. Friedrich Pollock zum 70. Geburtstag‹ 1964

›The End of Reason‹ 1942

›Das Ende einer Illusion? Religionskritik heute‹
(Eine Diskussion über Horkheimers ›Theismus – Atheismus‹) (mit Bracht, Brückner, Mitscherlich, Oxenius) (1963) *HGS* 13, 153

[Entwurf eines Romans über Neville Chamberlain] (1942) *HGS* 12, 329

›Erfahrungen mit dem Nazi-Antisemitismus. Ein Wettbewerb des »Institute of Social Research«‹ (mit Mitarbeitern des Instituts für Sozialforschung) 1943

›Erinnerung‹ 1959

›Erinnerung an Paul Tillich‹ (Gespräch mit Gerhard Rein) 1967

›Eröffnung der Photo-Ausstellung
The Family of Man – Wir alle‹ (1958) *HGS* 13, 30

›»Es geht um die Moral der Deutschen.« Professor Horkheimer über die Zukunftsgesellschaft‹ 1973

›Rudolf Eucken. Ein Epigone des Idealismus‹ 1926

[Das Europäische] (1985)
B: [Ansprache beim VI. Paneuropa-Kongreß] 1954

›Faschismus – Antifaschismus‹ (Gespräch mit Dagobert Lindlau) (1966) *HGS* 13, 163

›Feudalherr, Kunde, Fachmann‹ 1964

›Foreword‹, in: Martin Jay, *The Dialectical Imagination* 1973

›Foreword‹, in: *Studies in Philosophy and Social Science* 1940

›Foreword‹, in: *Studies in Prejudice* (mit Samuel H. Flowerman) 1949

›Fortune Survey Analyzed by AJC Consultant to Appraise Results‹ 1947

Fragen der Geschichtsphilosophie‹ (Vorlesungsnachschrift von Alfred Schmidt) (1953/54) *HGS* 13, 270

›Fragen des Hochschulunterrichts‹ (1953)
B: ›Zum Problem des akademischen Unterrichts‹ 1952

›Fragmente‹ (1948)
B: *Philosophische Fragmente* 1944

›Das Frankfurter Gespräch am 27.6.1931‹ (Diskussionsbeiträge) 1983

[Sigmund Freud – zum 100. Geburtstag] (1985)
B: ›Ansprache im Namen der Philosophischen Fakultät der Universität Frankfurt am Main‹ 1956

[Sigmund Freuds Programm der Selbstbesinnung. Zum 100. Geburtstag] (1956) *HGS* 13, 259

›Für eine Theologie des Zweifels‹ (1969)
B: ›Zur Produktivität des Zweifels‹ 1969

[Die Funktion der Rede in der Neuzeit] (1936) *HGS* 12, 23

›Die Funktion der Theologie in der Gesellschaft. Ein Gespräch [mit Paul Neuenzeit]‹ 1969

›Der Gang der Wissenschaft und der des Glaubens‹ (1982)
B: [Rede anläßlich der Verleihung des Lessing-Preises der Stadt Hamburg] 1971

›Gedanke zur Religion‹ (1968)
B: ›Nachbemerkung‹ (zu einer Sammelbesprechung von Erich Trier) 1935

›Gedanken zur politischen Erziehung‹ (1972)
B: ›Sozialpsychologische Forschungen zum Problem des Autoritarismus, Nationalismus und Antisemitismus‹ 1963

›Gedenkworte‹ (1971)
B: ›Ein großer Geist der Zeit des Übergangs. Professor Max Horkheimer zum Tode von Professor Theodor W. Adorno‹ 1969

›Gefährdung der Freiheit – Opposition des Geistes‹ (Gespräch mit Otmar Hersche) (1968) *HGS* 13, 188

›Gegen Mißverständnisse‹ (Brief an den Herausgeber des *Aufbau*) 1952

›Die gegenwärtige Lage der Sozialphilosophie und die Aufgaben eines Instituts für Sozialforschung‹ 1931

›Gegenwärtige Probleme der Universität‹ 1953

›Geleitwort des Rektors‹ in: *Wegweiser durch die Johann Wolfgang Goethe-Universität Frankfurt am Main* 1953

›Ein Genie unserer Zeit‹ (Interview über Theodor W. Adorno) 1969

›Germany's Democracy in Perspective – Can It Ripen Under Suspicion? An Interview with Two German Scholars: Professor Max Horkheimer, Professor Ferdinand Hermes and Allan Yahraes‹ 1961

›Geschichte der deutschen idealistischen Philosophie von Kant bis Hegel‹

s. ›Vorlesung über die Geschichte der deutschen idealistischen Philosophie‹

›Geschichte des Materialismus (ausgewählte Kapitel)‹ (Einleitung in der Manuskriptfassung und Vorlesungsnachschrift von Hilmar Tillack) (1957) *HGS* 13, 397

›Geschichte und Psychologie‹ 1932

Gesellschaft im Übergang. Aufsätze, Reden und Vorträge 1942–1970 1972

›Die Gesellschaft von heute zwischen gestern und morgen‹ (1962) *HGS* 13, 44

›Die gesellschaftliche Funktion der Philosophie‹ (1968)
B: ›The Social Function of Philosophy‹ 1940

Die gesellschaftliche Funktion der Philosophie. Ausgewählte Essays 1974

›Die gesellschaftliche Lage der Angestellten‹ 1958

[Das Gespenst. Ein Dialog zweier Liebender] (1915?) *HGS* 11, 333

›Gli errori di Marx‹ (Antworten auf zwei Fragen des Corriere della Sera) 1970

›Glückwunsch‹ (zum zehnjährigen Bestehen des *Aufbau*) 1945

›Gratulation‹ (Friedrich Minssen zum 60. Geburtstag) 1969

›Ein großer Geist der Zeit des Übergangs. Professor Max Horkheimer zum Tode von Professor Theodor W. Adorno‹ 1969

›Gruß an einen Freund. Max Horkheimer: Zu den Schriften Adornos‹ 1963

[Gutachten über Eduard Fuchs, *Illustrierte Sittengeschichte, Ergänzungsbände*, und *Geschichte der erotischen Kunst*] 1931

›Nicolai Hartmann‹ 1931

›Hegel und das Problem der Metaphysik‹ 1932

›Die Herkunft des Antisemitismus‹ (1959)
B: *Philosophische Fragmente* 1944

»Himmel, Ewigkeit und Schönheit« (Interview zum Tode Theodor W. Adornos) 1969

›Max Horkheimer an Theodor W. Adorno‹ (offener Brief) 1968

›Max Horkheimer an Erich Fromm‹ 1995

›Max Horkheimer: Dokumente – Stationen. Ein Gespräch (aus dem Jahre 1960) zwischen Otmar Hersche und dem Sozialphilosophen Max Horkheimer, der am 7. Juni 1973 gestorben ist‹ 1974

›Max Horkheimer über Theodor W. Adorno. Ein Gespräch am 8. August 1969, aufgezeichnet von Bernhard Landau‹ (1971)
B: ›Ein Genie unserer Zeit‹ 1969

›Max Horkheimer über seinen Gefährten‹ (1969)
B: ›Ein großer Geist der Zeit des Übergangs. Professor Max Horkheimer zum Tode von Professor Theodor W. Adorno‹ 1969

Horkheimer und Italien. Dokumente, Texte, Interviews 1990

Humanität und Religion. Briefwechsel und Gespräch (mit Hugo Staudinger) 1974

[Husserls erkenntnistheoretische Fundierung der Wesensschau] Habilitations-Probevortrag (1925) *HGS* 11, 80

[›Idee, Aktivität und Programm des Instituts für Sozialforschung] (1938) *HGS* 12, 131

›Die Idee der Freiheit‹ (Vorlesungsnachschrift von Hilmar Tillack) (1957/58) *HGS* 13, 452

›Ideologie und Handeln‹ (1962)
B: ›Ideologie und Wertgebung‹ 1951

›Ideologie und Wertgebung‹ 1951

›Ideologie und Wertgebung als Problem der Philosophie‹ (1973)
B: ›Ideologie und Wertgebung‹ 1951

›L'île heureuse‹ (1914) *HGS* 11, 289

›Im Teufelskreis der Dialektik‹ (Gespräch) 1973

›Individuelle und soziale Psychopathologie und ihre Wechselwirkungen. Ein Symposion‹ (Diskussionsbeiträge) 1968

Institut für Sozialforschung an der Johann Wolfgang Goethe-Universität Frankfurt am Main (mit Mitarbeitern des Instituts für Sozialforschung) 1958

Institute of Social Research. Ten Years on Morningside Hights. A Report on the Institute's History 1934 to 1944 (mit Mitarbeitern des Instituts für Sozialforschung) 1944

International Institute of Social Research. A Short Description of Its History and Aims (mit Mitarbeitern des Instituts für Sozialforschung) 1935

›Introduction‹, in: Leo Löwenthal and Norbert Guterman, *Prophets of Deceit* 1949

›Invarianz und Dynamik in der Lehre von der Gesellschaft‹ 1951

›Jenseits der Fachwissenschaft. Adorno zum Geburtstag‹ 1963

›Die Johann Wolfgang Goethe-Universität, Niedergang und Aufbau‹ 1952

›Die Juden und Europa‹ 1939

Die Juden und Europa 1969

Die Juden und Europa. Autoritärer Staat. Vernunft und Selbsterhaltung. 1939–1941 1968

›Kampf und Gewaltlosigkeit‹ 1985

›Kant und Hegel‹ (1925) *HGS* 11, 100

[Immanuel Kant – zum 150. Todestag] (1985)
B: ›Einleitende Worte‹ (zu Reden, gehalten anläßlich der 150. Wiederkehr des Todestages von Immanuel Kant) 1955

[Kopula und Subsumtion] (1939) *HGS* 12, 69

›Koreferat zu Rothackers »Probleme und Methoden der Kulturanthropologie«‹ (1950) *HGS* 13, 13

›Krankheit im Wandel der Welt‹ (Diskussionsbeiträge) 1957

[Karl Kraus und die Sprachsoziologie] (1954) *HGS* 13, 19

›Kritik des Positivismus‹ (Vorlesungsnachschrift von Alfred Schmidt) (1954) *HGS* 13, 347

Kritische Theorie. Eine Dokumentation 1968

Kritische Theorie der Gesellschaft 1968
B: s. auch *Kritische Theorie. Eine Dokumentation* 1968

›Kritische Theorie gestern und heute‹ 1972

›Kultur und Moral‹ 1971

Kulturindustrie. Aufklärung als Massenbetrug (mit Theodor W. Adorno) 1970

›Die Lehre von Marx und Engels reicht nicht mehr‹ (1969)
B: ›Vorwort zur Neupublikation‹ in: *Kritische Theorie. Eine Dokumentation* (1968)

›Lehren aus dem Faschismus‹ (1972)
B: ›The Lessons of Fascism‹ 1950

[Lessing und die Aufklärung] (1985)
B: [Rede anläßlich der Verleihung des Lessing-Preises der Stadt Hamburg] 1971

›The Lessons of Fascism‹ 1950

›Letzte Spur von Theologie – Paul Tillichs Vermächtnis‹ 1966

»Liebe deinen Nächsten« (Nach Gesprächen mit Dagobert Lindlau) (1967) *HGS* 13, 183

[Liebe zu den Menschen. Ein Brief] (1915) *HGS* 11, 329

›Macht und Gewissen‹ (1962)
B: in: *Um die Freiheit* 1962

›Märtyrer der Freiheit‹ 1968

[Märtyrer der Freiheit – Robert Kennedy] (1985)
B: ›Märtyrer der Freiheit‹ 1968

›Marx heute‹ (1968)
B: ›War Marx ein schlechter Prophet? Zu seinem 150. Geburtstag‹ 1968

[Die Marxsche Methode und ihre Anwendbarkeit auf die Analyse der gegenwärtigen Krise. Seminardiskussion] (mit Fromm, Gumperz, Marcuse, Neumann, Pollock) (1936) *HGS* 12, 398

›Materialismus und Metaphysik‹ 1933

Materialismus und Metaphysik 1969

›Materialismus und Moral‹ 1933

›Meine Begegnung mit Paul Tillich‹ (Brief an Renate Albrecht) 1972

›Der Mensch in der Wandlung seit der Jahrhundertwende‹ (1960)
B: ›Zum Begriff des Menschen heute‹ 1957

›Menschen im Großbetrieb‹ 1955

›Die Menschen und der Terror‹ (mit Adorno, Kogon) (1953) *HGS* 13, 143

[Ein Methodenproblem des ›Radio Research Project‹.] Aus einem Gespräch (mit Theodor W. Adorno) (1938) *HGS* 12, 431

›Mißverstandene Bitterkeit. Ein Briefwechsel zwischen Professor Horkheimer und der Frankfurter Allgemeinen Zeitung‹ 1960

›Mit Führern ist uns nicht geholfen‹ (1958)
B: ›Zum Begriff des Menschen heute‹ 1957

›Montaigne und die Funktion der Skepsis‹ 1938

›Nachbemerkung zu Greers Buch‹ (Nachtrag zu einer Sammelbesprechung von Georges Bourgin) 1936

›Nachbemerkung‹ (zu einer Sammelbesprechung von Erich Trier) 1935

[Nachgelassene Notizen 1949–1969] *HGS* 14, 33

›Nachtrag‹ (in: *Kritische Theorie*, 1968)
B: ›Philosophie und kritische Theorie‹ 1937

›Nachwort‹, in: *Portraits deutsch-jüdischer Geistesgeschichte* 1961

›Neue Kunst und Massenkultur‹ (1948)
B: ›Art and Mass Culture‹ 1941

›Neue soziale Verhaltensmuster [Zur Soziologie des Sports]‹ (1985)
B: ›New Patterns in Social Relations‹ 1963

›Ein neuer Ideologiebegriff?‹ 1930

›Neues Denken über Revolution‹ 1971

›Der neueste Angriff auf die Metaphysik‹ 1937

»New Patterns in Social Relations‹ 1963

›New Yorker Notizen 1945‹ *HGS* 12, 296

›Notes on Institute Activities‹ 1941

[Notizen 1935] *HGS* 12, 223

Notizen 1950 bis 1969 und Dämmerung, Notizen in Deutschland 1974

[Notizen zur Dämmerung] (1926–31) *HGS* 11, 262

›Odysseus oder Mythos und Aufklärung‹ (1949)
B: *Philosophische Fragmente* 1944

›Orientierung‹ (Gespräch mit Reinfried Hörl) (1968) *HGS* 13, 202

›Pareto und die »Frankfurter« Soziologische Schule‹ (1929) *HGS* 11, 196

›Persönlichkeit und Vorurteil‹ 1963

›Pessimismus heute‹ 1971

[Phänomenologische Wertphilosophie und Kants praktische Philosophie: Ethik als Harmonisierung der Gegenwart oder Gestaltung der Zukunft] (1926?) *HGS* 11, 138

›Die Philosophie der absoluten Konzentration‹ 1938

›Philosophie als Kulturkritik‹ 1959

›Die Philosophie Immanuel Kants und die Aufklärung‹ (1986)
B: ›Kants Philosophie und die Aufklärung‹ in: *Um die Freiheit* 1962

›Philosophie und kritische Theorie‹ (mit Herbert Marcuse) 1937

›Philosophie und Soziologie‹ (1959)
B: ›Soziologie und Philosophie‹ 1959

›Philosophie und Studium‹ 1949

Philosophische Fragmente (mit Theodor W. Adorno) 1944

[Philosophisches Tagebuch] (1925–28) *HGS* 11, 237

›Physiognomik‹ 1985

[Plan eines Forschungsprojekts über Antisemitismus] (1943) *HGS* 12, 165

›Der Planet als unsere Heimat‹ 1968

›Der Planet – unsere Heimat‹ (1968)
B: ›Der Planet als unsere Heimat‹ 1968

›Politik und Soziales‹ 1950

Politische Reflexionen 1930–1933 (= Dämmerung) 1967

›Friedrich Pollock. Glückwunsch zum 75. Geburtstag‹ 1969

›Preface‹, in: Adorno, Frenkel-Brunswik, Levinson, Sanford, *The Authoritarian Personality* 1950

›Preface‹, in: Mirra Komarovsky, *The Unemployed Man and His Family* 1940

›Preface‹, in: Georg Rusche and Otto Kirchheimer, *Punishment and Social Structure* 1939

›Preface‹, in: *ZfS* Jg. IX, Heft 1 1941

›Preface‹, in: *ZfS* Jg. IX, Heft 2 1941

›Preface‹, in: *ZfS* Jg. IX, Heft 3 1942

›Der Preis der Aufklärung‹ (Gespräch mit Claus Henning Bachmann) (1970) *HGS* 13, 224

›Premessa degli autori all'edizione italiana‹ (mit Theodor W. Adorno) (Vorwort zur italienischen Ausgabe der *Dialektik der Aufklärung*) 1966

›Probleme der modernen Erkenntnistheorie‹ (1926) *HGS* 11, 133

›Prof. Horkheimer erläutert‹ (Brief an Franz Spelman) 1956

›Professor Dr. Max Horkheimer und Professor Dr. Theodor W. Adorno nehmen Stellung zu aktuellen Fragen‹ 1968

›Programm einer intereuropäischen Akademie‹ (1944/45?) *HGS* 12, 195

›Psalm 91‹ 1968

›Die Psychoanalyse aus der Sicht der Soziologie‹ (1972)
B: ›Die Beziehungen zwischen der Soziologie und der Psychoanalyse aus der Sicht der Soziologie‹ 1968

›Die Psychologie des Nazitums‹ (1987)
B: ›The Psychology of Nazidom‹ 1943

›Psychologie und Soziologie im Werk Wilhelm Diltheys‹ (1968)
B: ›The Relation between Psychology and Sociology in the Work of Wilhelm Dilthey‹ 1940

›Die psychologischen und sozialen Voraussetzungen des Antisemitismus‹ [Diskussionsbeiträge] 1962

›The Psychology of Nazidom‹ 1943

›Radikalismus‹ 1970

[Rede anläßlich der Verleihung des Lessing-Preises der Stadt Hamburg] 1971

›The Relation between Psychology and Sociology in the Work of Wilhelm Dilthey‹ 1940

›Religion und Philosophie‹ 1967

›Religionspsychologie‹ 1985

›Research Project on Anti-Semitism. Idea of the Project‹ (mit Mitarbeitern des Instituts für Sozialforschung) (1941)
B: ›Notes on Institute Activities‹ 1941

[Rettung der Aufklärung. Diskussion über eine geplante Schrift zur Dialektik] (mit Theodor W. Adorno) (1946) *HGS* 12, 593

›Die Rote Garde in China‹ (Gespräch mit Dagobert Lindlau) (1967) — *HGS* 13, 167

›Max Scheler (1874–1928)‹ (1928) — *HGS* 11, 145

›»Das Schlimme erwarten und doch das Gute versuchen.« Ein Gespräch mit Professor Dr. Max Horkheimer‹ — 1976

›Schopenhauer und die Gesellschaft‹ — 1955

›Schopenhauers Denken im Verhältnis zu Wissenschaft und Religion‹ (1972)
B: ›Die Zeitgemäßheit der Philosophie Schopenhauers‹ — 1971

Die Sehnsucht nach dem ganz Anderen. (Interview mit Helmut Gumnior) — 1970

›Sendungsbewußtsein. Medizin im Fernsehen‹ (Diskussionsbeitrag) — 1966

›Ernst Simmel and Freudian Philosophy‹ — 1948

›Ernst Simmel und die Freudsche Philosophie‹ (1978)
B: ›Ernst Simmel and Freudian Philosophy‹ — 1948

›Die Situation des jungen Menschen heute‹ — 1974

›The Social Function of Philosophy‹ — 1940

Sociologica II. Reden und Vorträge (mit Theodor W. Adorno) — 1962

›Sociological Background of the Psychoanalytic Approach‹ — 1946

›Sociology of Art‹ — 1946

Sozialphilosophische Studien. Aufsätze, Reden und Vorträge 1930–1972. Mit einem Anhang über Universität und Studium — 1972

›Sozialpsychologische Forschungen zum Problem des Autoritarismus, Nationalismus und Antisemitismus‹ — 1963

›Soziologie an der Universität‹ — 1951

›Die Soziologie und ihre Grenzgebiete an der Johann Wolfgang Goethe-Universität‹ (mit Helge Pross) — 1956

›Soziologie und Philosophie‹ — 1959

Soziologische Exkurse. Nach Vorträgen und Diskussionen (mit Theodor W. Adorno und Mitarbeitern des Instituts für Sozialforschung) — 1956

›Eine soziologische und sozialpsychologische Aufgabe‹ — 1963

›Späne. Notizen über Gespräche mit Max Horkheimer, in unverbindlicher Formulierung aufgeschrieben von Friedrich Pollock‹ (1950–70) — *HGS* 14, 172

›Spengler, Oswald, Jahre der Entscheidung‹ (Bespr.) — 1933

›Skepsis und Glaube‹ [Ein Brief an Götz Harbsmeier] (1963) — *HGS* 13, 56

›Statt eines Nachworts. Gespräch mit Professor Max Horkheimer über die Relevanz christlicher und marxistischer Ideen in unserer Zeit und ihren Zusammenhang mit der studentischen Protestbewegung‹ 1968

Studies in Prejudice (Hrsg., mit Samuel H. Flowerman) 1949

[Subjektivismus und Positivismus als Erben der Hegelschen Metaphysik. Vorbemerkungen zu einer empirischen Erkenntnislehre (Fragment)] (1931?) *HGS* 11, 221

Survey of the Social Sciences in Western Germany. A Report of Recent Developments 1952

›La Teoria Critica ieri e oggi‹ 1970

›Testimonianze a San Giorgio, Personalità: Max Horkheimer‹ 1971

›Theismus – Atheismus‹ 1963

›Theoretische Entwürfe über Autorität und Familie: Allgemeiner Teil‹ 1936

›Paul Tillich‹ (Zum 75. Geburtstag) (1961) *HGS* 13, 264

›Traditionelle und kritische Theorie‹ 1937

Traditionelle und kritische Theorie. Vier Aufsätze 1970

›Two Scholars Return Who Knew Germany Under the Nazis and Give Their Candid Impressions of Germany Today‹ (1961)
B: ›Germany's Democracy in Perspective – Can It Ripen Under Suspicion? An Interview with Two German Scholars: Professor Max Horkheimer, Professor Ferdinand Hermes and Allan Yahraes‹ 1961

[Die UdSSR und der Frieden] (mit Theodor W. Adorno) 1986

›Über akademische Freiheit‹ (Rede zur Immatrikulation Sommersemester 1953) 1953

[Über die Beziehung zwischen Sprache und Denken und das Verhältnis von philosophischer und psychologischer Analyse] (um 1925?) *HGS* 11, 119

›Über die deutschen Juden‹ 1961

[Über Grausamkeit in der Geschichte] (Gespräch mit Rudolf Ringguth und Georg Wolff) (1971) *HGS* 13, 240

[Über die Grenzen wissenschaftlicher Wahrheit] (Gespräch mit Dagobert Lindlau) (1972) *HGS* 13, 249

Über Kants Kritik der Urteilskraft als Bindeglied zwischen theoretischer und praktischer Philosophie 1925

›Über Kants Philosophie‹ (Einleitung zu einer Vorlesung) (1930?) *HGS* 11, 202

Über die Lehre und Forschung der Wissenschaft von der Politik. Gesamtprotokoll der Konferenz von Königstein im Taunus vom 15. und 16. Juli 1950 (Diskussionsbeitrag) 1950

›Über Lenins *Materialismus und Empiriokritizismus*‹ 1985

›Über Nietzsche und uns. Zum 50. Todestag des Philosophen‹ (mit Adorno, Gadamer) (1950) *HGS* 13, 111

›Über das Recht soziologischer Interpretation‹ (1928) *HGS* 11, 158

[Über Sinn und Grenzen einer soziologischen Behandlung der Philosophie] (1930?) *HGS* 11, 209

›Über das Vorurteil‹ 1961

›Über den Zweifel‹ 1969

Um die Freiheit 1962

›Unabhängigkeitserklärung der Hunde‹ (1946) *HGS* 12, 342

»... und abends Comic Strips« (Antwort auf die Umfrage »Was tun Sie am liebsten in Ihrer Freizeit?«) 1964

[Das Unmittelbar Gegebene als Urgrund der Erkenntnis. Zur Kritik der Kantischen mechanistischen Erkenntnistheorie] (1921/22?) *HGS* 11, 22

›Die Utopie‹ (1968)
B: *Anfänge der bürgerlichen Geschichtsphilosophie* 1930

›Verantwortung und Studium‹ (1962)
B: ›Was heißt Verantwortung?‹ 1954

›Das verbotene Jenseits‹ (Gespräche mit Gerhard Rein) (1973)
B: ›Die Welt ist nicht das Letzte. Gespräch Horkheimers mit Gerhard Rein‹ 1973

›Die Vernunft im Widerstreit mit sich selbst. Einige Bemerkungen zur Aufklärung‹ (1946) *HGS* 12, 105

›Vernunft und Selbsterhaltung‹ (1942)
B: ›The End of Reason‹ 1942

Vernunft und Selbsterhaltung 1970

[Verstreute Aufzeichnungen 1940–1949] *HGS* 12, 309
HGS 13, 647

[Verstreute Aufzeichnungen 1950–1971] *HGS* 14, 145

[Verstreute Notizen] (1920–23) *HGS* 11, 233

›Vertrauen auf Geschichte‹ 1984

›*Verwaltete Welt*‹. *Gespräch zwischen Prof. Dr. Max Horkheimer und Otmar Hersche* 1970

›Die verwaltete Welt kennt keine Liebe. Max Horkheimer über den Verlust des Absoluten und seine Folgen. Ein *Presse*-Gespräch mit Janko Musulin zum 75. Geburtstag des Denkers‹ 1970

›Die verwaltete Welt oder: Die Krisis des Individuums‹ (mit Adorno, Kogon) (1950) *HGS* 13, 121

›Die Verwundbarkeit der Demokratie‹ (1962)
B: in: *Um die Freiheit* 1962

›Vietnam – ein Vortrag und zwei Briefe‹ (Zitate aus einer Rede M.H.s sowie Briefe zwischen M.H. und dem SDS, Gruppe Frankfurt) 1967

›Vom Geist der Frankfurter Universität‹ (unter Pseudonym Sapiens) 1954

›Vorbemerkung‹, in: Institut für Sozialforschung, *Umfrage unter Frankfurter Studenten im Wintersemester 1951/1952* 1952

›Vorbemerkung‹, in: Georg Rusche und Otto Kirchheimer, *Sozialstruktur und Strafvollzug* (1974)
B: ›Preface‹, in: Georg Rusche and Otto Kirchheimer, *Punishment and Social Structure* 1939

›Vorbemerkung‹, in: Alfred Schmidt, *Der Begriff der Natur in der Lehre von Marx* (mit Theodor W. Adorno) 1962

›Vorbemerkung des Herausgebers‹ (zu Henryk Grossman, ›Die gesellschaftlichen Grundlagen der mechanistischen Philosophie und die Manufaktur‹) 1935

›Vorbemerkung des Herausgebers‹ (zu: Kurt Mandelbaum und Gerhard Meyer: ›Zur Theorie der Planwirtschaft‹) 1934

›Vorbemerkung‹ (zu Raymond Aron, ›La sociologie de Pareto‹) 1937

›Vorlesung über die Geschichte der deutschen idealistischen Philosophie‹ (1925/26) *HGS* 10, 9

›Vorlesung über die Geschichte der neueren Philosophie‹ (1927) *HGS* 9, 9

›Vorrede des Herausgebers‹, in: Franz Borkenau, *Der Übergang vom feudalen zum bürgerlichen Weltbild* 1934

›Vorrede‹, in: *Freud und die Gegenwart* (mit Theodor W. Adorno) 1957

›Vorrede‹, in: Institut für Sozialforschung, *Soziologische Exkurse* (mit Theodor W. Adorno) 1956

›Vorrede‹, in: Oskar Negt, *Strukturbeziehungen zwischen den Gesellschaftslehren Comtes und Hegels* (mit Theodor W. Adorno) 1964

›Vorrede‹ [zu *Freud in der Gegenwart*] (mit Theodor W. Adorno)
B: ›Vorrede‹, in: *Freud und die Gegenwart* 1957

›Vorrede‹ (zu *Sociologica II*) (mit Theodor W. Adorno) 1962

›Vorurteil‹ (1956)
B: ›Vorurteil und Charakter. Ein Bericht‹ 1952

›Vorurteil und Charakter‹ (1972)
B: ›Vorurteil und Charakter. Ein Bericht‹ 1952

›Vorurteil und Charakter. Ein Bericht‹ 1952

›Vorwort‹, in: *Gekürzte deutsche Fassung der Bände I–III und V der »Studies in Prejudice«* 1953

›Vorwort‹, in: *Gruppenexperiment*. Bearbeitet von Friedrich Pollock (mit Theodor W. Adorno) 1955

›Vorwort‹, in: Max Horkheimer, *Um die Freiheit* 1962

›Vorwort‹, in: Martin Jay, *Dialektische Phantasie* (1976)
B: ›Foreword‹, in: Martin Jay, *The Dialectical Imagination* 1973

›Vorwort‹, in: *Die Lehre vom Sein in der modernen Philosophie*, hrsg. von Karl Heinz Haag 1963

›Vorwort‹, in: Kurt Lewin, *Die Lösung sozialer Konflikte*, hrsg. von Gertrud Weiß Lewin 1953

›Vorwort‹, in: Werner Mangold, *Gegenstand und Methode des Gruppendiskussionsverfahrens* (mit Theodor W. Adorno) 1960

›Vorwort‹, in: Paul W. Massing, *Vorgeschichte des Politischen Antisemitismus* (mit Theodor W. Adorno) 1959

›Vorwort‹, in: *Studien über Autorität und Familie. Forschungsbericht aus dem Institut für Sozialforschung* 1936

›Vorwort‹, in: *Universität und Gesellschaft. Eine Erhebung* 1956

›Vorwort‹ (mit Chauncy D. Harris), in: *Universität und moderne Gesellschaft. Referate und Diskussionsbeiträge zu dem im Sommer 1957 vom Chicago-Ausschuß der Johann Wolfgang Goethe-Universität in Frankfurt am Main veranstalteten Seminar*, hrsg. von Chauncy D. Harris und M. H. 1959

›Vorwort‹, in: *Zeitschrift für Sozialforschung*, Jg. I, Heft 1/2 1932

›Vorwort‹, in: *Zeitschrift für Sozialforschung*, Jg. II, Heft 2 1933

›Vorwort‹, in: *»Zeugnisse. Theodor W. Adorno zum 60. Geburtstag«*, hrsg. von Max Horkheimer 1963

›Vorwort‹, [zu *The Authoritarian Personality*] (1987)
B: ›Preface‹, in: Adorno, Frenkel-Brunswik, Levinson, Sanford, The Authoritarian Personality 1950

›Vorwort [zu Heft 3 des VIII. Jahrgangs der *Zeitschrift für Sozialforschung*]‹ (1988)
B: ›Foreword‹, in: *ZfS* Jg. VIII, Heft 3 — 1940

›Vorwort‹ [zu Heft 2 des IX. Jahrgangs der *Zeitschrift für Sozialforschung*]‹ (1988)
B: ›Preface‹, in: *ZfS* Jg. IX, Heft 2 — 1941

›Vorwort zu den *Studies in Prejudice*‹ (mit Samuel H. Flowerman) (1987)
B: ›Foreword to Studies in Prejudice‹ — 1949

›Vorwort‹ [zum Forschungsbericht über *Universität und Gesellschaft*] (mit Theodor W. Adorno)
B: ›Vorwort‹, in: *Universität und Gesellschaft* — 1956

›Vorwort zum sechsten Jahrgang‹, in: *Zeitschrift für Sozialforschung* — 1937

›Vorwort‹ (zur gekürzten dt. Ausgabe der *Studies in Prejudice*, Bd. I, II, III und V) — 1953

›Vorwort zur Neupublikation‹ (der Aufsätze aus der *Zeitschrift für Sozialforschung*) (1968)
B: *Kritische Theorie* — 1968

›Wahrheit im Denken. Aus einer theologischen Diskussion‹ (1968) — *HGS* 13, 100

›War Marx ein schlechter Prophet? Zu seinem 150. Geburtstag‹ — 1968

›Was heißt Verantwortung?‹ — 1954

›Was mein Leben bestimmte‹ (Antwort auf eine Umfrage des *Tagesspiegel*) — 1955

›»Was wir Sinn nennen, wird verschwinden.« SPIEGEL-Gespräch mit dem Philosophen Max Horkheimer‹ — 1970

›Die Welt ist nicht das Letzte‹ (Gespräch mit Gerhard Rein) — 1973

›Wenn heute von Bildung gesprochen wird‹ (Rede zur Immatrikulation Wintersemester 1952/53) — 1952

[Wert und Objektivität in der sozialwissenschaftlichen Erkenntnis] (1954) — *HGS* 13, 25

[Wertfreiheit und Objektivität – Max Weber] (1985)
B: ›Einleitung zur Diskussion‹ (zum Thema Wertfreiheit und Objektivität) — 1965

Wirtschaft, Recht und Staat im Nationalsozialismus. Analysen des Instituts für Sozialforschung 1939–1942 (mit Pollock, Neumann, Kirchheimer, Gurland, Marcuse) — 1981

›Das Wirtschaftsprinzip‹ (1920) — *HGS* 11, 13

›Wissenschaft konfessionell bestimmt?‹ (Antwort auf eine Umfrage der Gewerkschaft Erziehung und Wissenschaft) 1960

[Wissenschaft und Krise. Differenz zwischen Idealismus und Materialismus. Diskussionen über Themen zu einer Vorlesung Max Horkheimers] (mit Adorno, Doppler, Dreyfuss, Gerth, H..., v. Haselberg, Löwenthal, Mandelbaum[?], Paxmann, Strzelewicz, Weinzier[?], Westermann, Winter) (1931/32) *HGS* 12, 349

›Wissenschaft und soziale Not‹ (Bericht von Pfarrer E. Burri über einen Brief an M. H.; zwei Briefe von M. H. an E. Burri) 1934

›Wissenschaft, Wahrheit und Bildung‹ (Gespräch mit Otmar Hersche) (1967) *HGS* 13, 174

›Die Zeitgemäßheit der Philosophie Schopenhauers‹ 1971

Zeitschrift für Sozialforschung (Hrsg.) 1932
1970
1980

[Zersplitterung und Einheitlichkeit der gegenwärtigen Soziologie (Fragment?)] (um 1928?) *HGS* 11, 166

Zeugnisse. Theodor W. Adorno zum 60. Geburtstag (Hrsg.) 1963

›Leopold Ziegler‹ 1929

›Zu Henri Bergsons *Les deux sources de la morale et de la religion*‹ (1968)
B: ›Bergson, Henri, *Les deux sources de la morale et de la religion*‹ (Bespr.) 1933

›Zu Bergsons Metaphysik der Zeit‹ 1934

›Zu Theodor Haecker: *Der Christ und die Geschichte*‹ 1936

›Zu Oswald Spenglers *Jahre der Entscheidung*‹ (1985)
B: ›Spengler, Oswald, *Jahre der Entscheidung*‹ (Bespr.) 1933

›Die Zukunft der Ehe‹ 1966

›Zum autoritären Charakter‹ (1964?)
B: ›Vorurteil und Charakter‹ 1952

›Zum Begriff der Freiheit‹ (1962)
B: in: *Um die Freiheit* 1962

»Zum Begriff des Geistes und der Verantwortung des Geistes. Ein Gespräch von Chefredakteur Otmar Hersche mit Professor Dr. Max Horkheimer‹ 1972

›Zum Begriff des Menschen heute‹ 1957

›Zum Begriff der Verantwortung‹ (1954)
B: ›Was heißt Verantwortung?‹ 1954

›Zum Begriff der Vernunft‹ 1952

›Zum gegenwärtigen Antiamerikanismus‹ (1967) *HGS* 13, 81

›Zum Philosophiestudium heute‹ (1967) *HGS* 13, 84

›Zum Problem des akademischen Unterrichts.
[1. Teil:] Die archaische Form des Kollegs.
[2. Teil:] Die paradoxe Situation der Universität‹ 1952

›Zum Problem der Voraussage in den Sozialwissenschaften‹ 1933

›Zum Problem der Wahrheit‹ 1935

Zum Problem der Wahrheit 1969

›Zum Rationalismusstreit in der gegenwärtigen Philosophie‹ 1934

›Zum Schicksal der Religion‹ (1972)
B: [Rede anläßlich der Verleihung des Lessing-Preises der Stadt Hamburg] 1971

[Zum Tode Adornos] (1985)
B: ›Ein Genie unserer Zeit‹ (Gespräch mit Bernhard Landau zum Tod von Adorno) 1969

Zur Anthropologie des bürgerlichen Zeitalters. Sieben Aufsätze 1970

Zur Antinomie der teleologischen Urteilskraft 1922

›Zur Behandlung totalitärer Machthaber in den Massenmedien‹ (1968) *HGS* 13, 96

›Zur Emanzipation der Philosophie von der Wissenschaft‹ (etwa 1928) *HGS* 10, 334

›Zur Ergreifung Eichmanns‹ 1967

[Zur Geschichte der Soziologie von Machiavelli bis Saint-Simon (Fragment)] (1929) *HGS* 11, 189

›Zur Idee der Seele‹ 1967

›Zur Klassifikation jüdischer Einwanderer‹ (1987)
B: ›The Classification of Jewish Immigrants and Its Implications‹ 1945

›Zur Kritik der gegenwärtigen Gesellschaft‹ 1968

Zur Kritik der instrumentellen Vernunft (1967)
B: *Eclipse of Reason* 1947

Zur Kritik der instrumentellen Vernunft. Aus den Vorträgen und Aufzeichnungen seit Kriegsende 1967
1975

›Zur Neuausgabe‹ (der *Dialektik der Aufklärung*) (mit Theodor W. Adorno) (1969)
B: *Dialektik der Aufklärung* 1969

›Zur Produktivität des Zweifels‹ 1969

[Zur Psychologie des Antisemitismus] (1943) *HGS* 12, 172

›Zur Psychologie des Totalitären‹ 1954

›Zur Soziologie der Klassenverhältnisse‹ (1943) *HGS* 12, 75

›Zur Soziologie der Kunst‹ (1987)
B: ›Sociology of Art‹ 1946

›Zur Tätigkeit des Instituts. Forschungsprojekt über den Antisemitismus‹ (1988)
B: ›Notes on Institute Activities. Research Project on Anti-Semitism‹ 1941

›Zur Zukunft der »Kritischen Theorie«. Gespräch mit Max Horkheimer im »Schweizer Hof« in Zürich‹ 1971

[Zusammenfassung der Dissertation
Zur Antinomie der teleologischen Urteilskraft] (1922) *HGS* 11, 70

[Zusammenfassung der Habilitationsschrift
Über Kants ›Kritik der Urteilskraft‹ als Bindeglied zwischen theoretischer und praktischer Philosophie] (1924) *HGS* 11, 76

II. Sonderverzeichnisse zu den *Gesammelten Schriften*

II.1 Seitenkonkordanz zur *Dialektik der Aufklärung*

von Jan Baars

1947 Erstdruck (Querido, Amsterdam 1947).

1969 Neuauflage mit einleitenden Bemerkungen ›Zur Neuausgabe‹ (Frankfurt a. M.: S. Fischer 1969).

1971 Taschenbuchausgabe hiervon (Frankfurt a. M.: Fischer Taschenbuch 1971).

AGS 3 Adorno, *Gesammelte Schriften* Bd. 3 (Frankfurt a. M.: Suhrkamp 1981); hierin enthalten ist die bis dahin unpublizierte Fortsetzung des Kapitels ›Kulturindustrie‹ unter dem Titel ›Das Schema der Massenkultur‹ (S. 299 ff.).

HGS 5 Horkheimer, *Gesammelte Schriften* Bd. 5 (Frankfurt a. M.: S. Fischer 1987); hierin enthalten sind Angaben über Textvarianten gegenüber den Ausgaben von 1944 (*Philosophische Fragmente*, hektographiertes Typoskript) und 1947.

1947	1969	1971	AGS3 1981	HGS5 1987
›Vorrede‹				
5	1	1	11	16
6	2	2	12	17
7	3	3	13	18
8	4	4	14	19
9	5		15	20
10	6	5	16	21
11			17	22
12	7	6	18	23
›Begriff der Aufklärung‹				
13	9	7	19	25
14	10	8	20	26
15	11	9	21	27
16	12		22	28
17	13	10	23	29
18	14	11	24	30
19	15	12	25	31
20			26	32
21	16	13		
22	17	14	27	33
23	18	15	28	34
24	19		29	35
25	20	16	30	36
26	21	17	31	37
27	22	18	32	38
28	23	19	33	39
29	24	20	34	40
30	25		35	41

1947	1969	1971	AGS3 1981	HGS5 1987
31		21	36	
32	26		37	42
33	27	22	38	43
34	28	23	39	44
35	29	24	40	45
36	30	25		46
37	31	26	41	47
38	32		42	48
39	33	27	43	49
40		28	44	
41	34		45	50
42	35	29	46	51
43	36	30	47	52
44	37	31	48	53
45	38	32	49	54
46	39			55
47	40	33	50	56
48	41	34	51	57
49		35	52	58
50	42	36	53	59
51	43		54	60
52	44	37	55	61
53	45	38	56	62
54	46	39	57	63
55	47	40	58	64
56	48		59	65
57	49	41	60	66

Exkurs I
›Odysseus oder Mythos und Aufklärung‹

1947	1969	1971	AGS3 1981	HGS5 1987
58	50	42	61	67
59	51	43	62	68
60	52	44	63	69
61	53	45	64	70
62	54		65	71
63		46	66	
64	55		67	72
65	56	47	68	73
66	57	48		74
67	58	49	69	75
68	59		70	76
69	60	50	71	77
70	61	51	72	78
71	62	52	73	79
72	63		74	
73	64	53	75	80
74	65	54	76	81
75	66	55	77	82
76			78	83
77	67	56	79	84
78	68	57	80	85
79	69	58	81	86
80	70		82	87
81	71	59	83	88
82	72	60		
83	73	61	84	89
84	74		85	90
85	75	62	86	91
86		63	87	92
87	76	64	88	93
88	77		89	94
89	78	65	90	95
90	79	66	91	
91	80	67	92	96
92	81			97
93	82	68	93	98
94	83	69	94	99
95	84	70	95	100
96	85		96	101
97	86	71	97	102
98		72	98	
99	87	73	99	103

Exkurs II
›Juliette oder Aufklärung und Moral‹

1947	1969	1971	AGS3 1981	HGS5 1987
100	88	74	100	104
101	89	75	101	105
102	90	76	102	106
103	91		103	107
104	92	77	104	108

1947	1969	1971	AGS3 1981	HGS5 1987
105		78	105	
106	93	79	106	109
107	94		107	110
108	95	80		111
109	96	81	108	112
110	97	82	109	113
111	98		110	114
112	99	83	111	115
113	100	84	112	116
114		85	113	
115	101		114	117
116	102	86	115	118
117	103	87	116	119
118	104	88	117	120
119	105		118	121
120	106	89	119	122
121	107	90	120	123
122	108	91		124
123	109	92	121	125
124	110		122	126
125	111	93	123	127
126		94	124	
127	112	95	125	128
128	113	96	126	129
129	114		127	130
130	115	96	128	131
131	116	98	129	132
132	117	99	130	133
133	118		131	134
134	119	100	132	135
135	120	101	133	136
136	121	102	134	137
137	122	103	135	138
138	123	104	136	139
139	124		137	140
140	125	105	138	141
141		106		142
142	126		139	
143	127	107	140	143

›Kulturindustrie. Aufklärung als Massenbetrug‹

1947	1969	1971	AGS3 1981	HGS5 1987
144	128	108	141	144
145	129	109	142	145
146	130	110	143	146
147	131		144	147
148	132	111	145	148
149		112	146	149
150	133		147	150
151	134	113	148	151
152	135	114		152
153	136	115	149	153
154	137	116	150	
155	138	117	151	154
156	139		152	155
157	140	118	153	156
158		119	154	157
159	141	120	155	158
160	142		156	159
161	143	121	157	160
162	144	122	158	161
163	145	123	159	162
164	146			163
165	147	124	160	164
166	148	125	161	165
167	149	126	162	166
168		127	163	167
169	150		164	168
170	151	128	165	169
171	152	129	166	170
172	153	130	167	
173	154	131	168	171
174	155		169	172
175	156	132	170	173
176		133		174
177	157	134	171	175
178	158		172	176
179	159	135	173	177
180	160	136	174	178
181	161	137	175	179
182	162		176	180

1947	1969	1971	AGS3 1981	HGS5 1987
183	163	138	177	181
184	164	139	178	182
185	165	140	179	183
186	166	141	180	184
187		142	181	185
188	167			186
189	168	143	182	187
190	169	144	183	188
191	170	145	184	189
192	171		185	190
193	172	146	186	191
194	173	147	187	192
195	174	148	188	193
196			189	194
197	175	149	190	195
198	176	150	191	196

›Elemente des Antisemitismus. Grenzen der Aufklärung‹

1947	1969	1971	AGS3 1981	HGS5 1987
199	177	151	192	197
200	178	152	193	198
201	179		194	199
202	180	153	195	200
203	181	154	196	201
204		155	197	202
205	182	156	198	203
206	183		199	204
207	184	157	200	205
208	185	158	201	206
209	186	159		207
210	187	160	202	208
211	188	161	203	209
212	189		204	
213	190	162	205	210
214		163	206	211
215	191	164	207	212
216	192		208	213
217	193	165	209	214
218	194	166	210	215
219	195	167	211	216
220	196			217

1947	1969	1971	AGS3 1981	HGS5 1987
221	197	168	212	218
222	198	169	213	
223	199	170	214	219
224			215	220
225	200	171	216	221
226	201	172	217	222
227	202	173	218	223
228	203		219	224
229	204	174	220	225
230	205	175	221	226
231	206	176	222	
232	207		223	227
233	208	177	224	228
234		178	225	229
235	209	179	226	230
236	210	180		231
237	211	181	227	232
238	212		228	233
239	213	182	229	234
240	214	183	230	235
241	215	184	231	236
242	216		232	
243		185	233	
244	217	186		238

›Aufzeichnungen und Entwürfe‹

1947	1969	1971	AGS3 1981	HGS5 1987
247	218	187	235	239
248	219	188	236	240
249	220	189	238	241
250	221		239	242
251	222	190	240	243
252	223	191	241	244
253	224	192	242	245
254	225		243	
255	226	193	244	246
256	227	194	245	247
257	228		246	248
258	229	195	247	249
259	230	196	248	
260	231		249	250

			AGS3	HGS5				AGS3	HGS5
1947	1969	1971	1981	1987	1947	1969	1971	1981	1987
261	232	197	250	251	286	255	214	274	271
262			251		287			275	272
263	233	198	252	252	288	256	215	276	
264	234	199	253	253	289	257	216	277	273
265	235		254	254	290	258		278	274
266	236	200	255	255	291	259	217	279	
267	237	201	256		292	260		280	275
268	238		257	256	293		218	281	276
269	239	202	258	257	294	261		282	277
270	240	203	259	258	295	262	219	283	
271	241	204	260	259	296	263	220	284	278
272	242		261	260	297	264	221	285	279
273	243	205	262		298				280
274	244	206	263	261	299	265	222	286	281
275	245		264	262	300	266	223	287	282
276	246	207	265	263	301	267	224	288	283
277	247	208	266	264	302	268		289	284
278	248	209	267	265	303	269	225	290	285
279	249	210	268	266	304	270	226	291	286
280	250		269	267	305	271	227	292	287
281		211			306	272	228	293	288
282	251		270	268	307	273		294	
283	252	212	271		308	274	229	295	289
284	253	213	272	269	309	275		296	
285	254		273	270	310		230		290

II.2 Berichtigungen

Die folgenden Berichtigungen beziehen sich auf die zwischen 1985 und 1995 erschienenen Bände 1–17 der *Gesammelten Schriften*. Sie betreffen

- bereits von M.H. selbst vorgesehene, aber bei den späteren Ausgaben übersehene Korrekturen (insbesondere Druckfehlerangaben in der *Zeitschrift für Sozialforschung*),
- sachliche Korrekturen in den Texten M.H.s (z.B. von Zitaten, Namens-Schreibweisen oder Jahreszahlen),
- Korrekturen und Ergänzungen in den Erläuterungen der Herausgeber,
- Nachträge zu den einzelnen Bänden der *Gesammelten Schriften*,
- Druckfehler bei der Herstellung der Bände 1–17 der *Gesammelten Schriften*.

Dank gebührt den aufmerksamen Lesern, die eine Reihe dieser Corrigenda entdeckt und dem Hrsg. mitgeteilt haben, insbesondere Clemens Albrecht, Hans-Joachim Dahms, Frederik van Gelder, Tilman Müller und Hermann Schweppenhäuser.

Abkürzungen

Anm.	Anmerkung
B.	Brief
S.	Seite
Z.v.o.	Zeile von oben
Z.v.u.	Zeile von unten
F.	Fußnote (gegebenenfalls gesonderte Zeilenzählung)
⟨...⟩	Beginn und Ende der zu korrigierenden Textstelle

Die *Zeilenzählung* erfolgt
bei den *Schriften* (Bd. 1–14):
von oben: einschließlich Überschriften, aber ohne Kolumnentitel;
von unten: ohne Fußnoten;

bei den *Briefen* (Bd. 15–18): einschließlich Überschriften, Absenderangaben und Anmerkungen, aber ohne Kolumnentitel.

Band 1

S. 9, 6. Z. v. o., statt: ⟨sind⟩ richtig: ⟨sind im Fall der *Nachgelassenen Schriften* (Band 9–14)⟩

S. 9, 10./11. Z. v. o., statt: ⟨der einzelnen⟩ richtig: ⟨einzelner⟩

S. 9, 2. Z. v. u., statt: ⟨Band 18⟩ richtig: ⟨Band 19⟩

S. 11, 4. Z. v. o., statt: ⟨(Band 15–17)⟩ richtig: ⟨(Band 15–18)⟩

S. 11, 5. Z. v. o., statt: ⟨(Band 18)⟩ richtig: ⟨(Band 19)⟩

S. 13, im Gliederungsschema Aufteilung der Bände 15–18 richtig:
⟨15 Briefe 1913–1936
16 Briefe 1937–1940
17 Briefe 1941–1948
18 Briefe 1949–1973
19 Register mit Bibliographien und Verzeichnissen⟩

Band 2

S. 160, 10. Z. v. o., statt: ⟨Einzelvorschriften⟩ richtig: ⟨Einzelschriften⟩

S. 312, 1. Z. v. u., statt: ⟨1933.⟩ richtig: ⟨1933.*⟩

S. 312, als F. zu ergänzen: ⟨[* Diese Datierung war, wie M. H. später berichtete, »vorsätzlich unrichtig« (Brief 1188 in: Band 18). Das Druckmanuskript wurde demzufolge vielmehr erst im Sommer 1934 endgültig abgeschlossen.]⟩

S. 462, 18. Z. v. u., statt: ⟨noch⟩ richtig: ⟨noch als⟩

Band 3

S. 101, 10. Z. v. u., statt: ⟨mir⟩ richtig: ⟨mit⟩

S. 102, 7. Z. v. u., statt: ⟨sind[59]⟩ richtig: ⟨sind[60]⟩

S. 141, F. 49, statt: ⟨Charles Bouglé⟩ richtig: ⟨Célestin Bouglé⟩

S. 219, 9. Z. v. o., statt: ⟨Einseitigkeit⟩ richtig: ⟨Einsamkeit⟩

S. 273, 15. Z. v. o., statt: ⟨Einsehen⟩ richtig: ⟨Ansehen⟩

S. 276, 12. Z. v. o., statt: ⟨durchziehen⟩ richtig: ⟨durchzogen⟩

S. 354, F. 13, statt: ⟨Charles Bouglé⟩ richtig: ⟨Célestin Bouglé⟩

S. 368, 14. Z. v. u., statt: ⟨Tennung⟩ richtig: ⟨Trennung⟩

S. 373, 1. Z. v. u., statt: ⟨1618⟩ richtig: ⟨1687⟩

Band 4

S. 35, F. 49, statt: 〈K. Kretschmayr〉 richtig: 〈H. Kretschmayr〉

S. 61, 1. Z. v. u., statt: 〈Hebertisten〉 richtig: 〈Hébertisten〉

S. 63. 14. Z. v. u., statt: 〈daß〉 richtig: 〈»daß〉

S. 65, 18. Z. v. o., statt: 〈Hebertisten〉 richtig: 〈Hébertisten〉

S. 68, F. 132, statt: 〈Maximilian〉 richtig: 〈Maximilien〉

S. 76, 2. Z. v. o., statt: 〈der spezifischen〉 richtig: 〈einer spezifischen〉

S. 77, 4. Z. v. o., statt: 〈Seele. Getrieben〉 richtig: 〈Seele. Ein Blick auf die totalitären Staaten der Gegenwart illustriert diese innerliche Verfassung der Massen, die sich freilich auch in den früheren Erhebungen besonders dann kundgetan hat, wenn das Bürgertum in Gegensatz zu den vorwärtstreibenden Kräften geriet. Getrieben〉

S. 117, F. 7, statt: 〈Th. Schulze〉 richtig: 〈Th. Schultze〉

S. 175, 14. Z. v. u., statt: 〈industriellen〉 richtig: 〈industriellen*〉

S. 175, F. * einfügen:
〈[* 1937: »kapitalistischen«.]〉

S. 187, F. ***, statt: 〈jener〉 richtig: 〈jeder〉

S. 195, F. **, statt: 〈»Geschäft« / 1937: »einziges Geschäft«.]〉 richtig: 〈»Geschäft darin… ohne Unrecht« / 1937: »einziges Geschäft in der Beschleunigung der Entwicklung besteht, die zur Gesellschaft ohne Ausbeutung«〉

S. 200, 1. Z. v. u. – S. 201, 1. Z. v. o., statt: 〈überall, wo einfache Tauschgesellschaft herrscht, sich auch〉 richtig: 〈sich unter bestimmten historischen Umständen einfache Warenwirtschaft jedesmal zum〉

S. 285, F. 98, 2. Z. v. u., statt: 〈G. Th. Buckle〉 richtig: 〈H. Th. Buckle〉

S. 306, F. 3, statt: 〈S. 264.〉 richtig: 〈S. 264 f.〉

S. 391, Kolumnentitel, statt: 〈Zur Tätigkeit des Instituts. Forschungsobjekt…〉 richtig: 〈Forschungsprojekt über den Antisemitismus〉

S. 462, 7. Z. v. u., statt: 〈1940〉 richtig: 〈1941〉

Band 5

S. 15, 9. Z. v. o., statt: 〈gesellschaftlichen〉 richtig: 〈geschichtlichen〉

S. 33, 2. Z. v. u., statt: 〈geworden〉 richtig: 〈geworfen〉

S. 38, F. 21, statt: 〈*Ursprung der Moralbegriffe*〉 richtig: 〈*Ursprung und Entwicklung der Moralbegriffe*〉

S. 56, F. 33, statt: 〈*Odyssee*.XII,191.〉 richtig: 〈*Odyssee*.XII,191. [Nach der Übersetzung von Johann Heinrich Voß.]〉

S. 137, 17. Z. v. u., statt: ⟨sei⟩ richtig: ⟨sei**⟩

S. 137, nach F. * einfügen: ⟨[** Vgl. S. 166, Fußnote **.]⟩

S. 146, F. **, 4. Z., statt: ⟨(A. d. i. Ü.)]⟩ richtig: ⟨(A. d. i. Ü.) Sie wurden vorwiegend durch Werbung von Waschmittelkonzernen finanziert.]⟩

S. 155, 10./11. Z. v. o. Trennfehler, statt: ⟨Croo-ners⟩ richtig: ⟨Croon-ers⟩

S. 282, F. ****, 3. Z., statt: ⟨»Slack«: Slangwort für Overall-Hose⟩ richtig: ⟨»Slacks«: eine damals modische, für beide Geschlechter gleiche Art von Hosen, die weit geschnitten und bequem zu tragen waren.⟩

S. 298, F. 3, statt: ⟨Bouchez⟩ richtig: ⟨Buchez⟩

S. 321, 13. Z. v. o., statt: ⟨Orden mit Duns Scotus⟩ richtig: ⟨Orden*⟩

S. 321, vor F. 5 einfügen: ⟨[* In den Erstveröffentlichungen ist hier »after Duns Scotus« bzw. »mit Duns Scotus« eingeschoben. Thomas war jedoch Dominikaner, Duns Scotus Franziskaner. M. H. berichtigte diesen Irrtum in einem Handexemplar. Die Korrektur wurde jedoch bei späteren Ausgaben übersehen.]⟩

S. 416, 9. Z. v. u., statt: ⟨der kindlichen⟩ richtig: ⟨des kindlichen⟩

S. 458, 4. Z. v. o., statt: ⟨des Erstdrucks von 1947 gegenüber⟩ richtig: ⟨gegenüber dem Erstdruck von 1947 und⟩

S. 461, 14. Z. v. u., statt: ⟨of⟩ richtig: ⟨in⟩

Band 6

S. 45, F. 7, statt: ⟨Morrison⟩ richtig: ⟨Morison⟩

S. 215, 13./14. Z. v. o., statt: ⟨Projektionen⟩ richtig: ⟨Protentionen⟩

S. 222, 8. Z. v. u., statt: ⟨vergeblich⟩ richtig: ⟨vorgeblich⟩

Band 7

S. 60, 11. Z. v. u., statt: ⟨die Wärme⟩ richtig: ⟨der Wärme⟩

S. 179, 7. Z. v. o., statt: ⟨gemäßigsten⟩ richtig: ⟨gemäßigtsten⟩

S. 219, 8./7. Z. v. u., statt: ⟨Lehens⟩ richtig: ⟨Lebens⟩

S. 263, 11. Z. v. u., statt: ⟨Gedachten«.⟩ richtig: ⟨gedachten« **.⟩

S. 263, nach F. * einfügen: ⟨[** l.c., S. 475.]⟩

S. 264, 6. Z. v. o., statt: ⟨existiert.*⟩ richtig: ⟨existiert.⟩

S. 264, F. * entfällt.

S. 367, 7. Z. v. o., statt: ⟨Charles Bouglé⟩ richtig: ⟨Célestin Bouglé⟩

S. 455, 7. Z. v. o., statt: ⟨ist, derselbe⟩ richtig: ⟨ist. Derselbe⟩

S. 455, 9. Z. v. o., statt: ⟨Sexuallebens⟩ richtig: ⟨Sexualstrebens⟩

S. 455, 14. Z. v. o., statt: ⟨Sinn des Wortes – bestimmt werden⟩ richtig: ⟨Sinne des Wortes – bestimmt wird⟩

S. 455, 15./16. Z. v. o., statt: ⟨»Wir können uns nicht verhehlen,⟩ richtig: ⟨Wir können »uns nicht verhehlen:⟩

S. 455, 16. Z. v. u., statt: ⟨weitgehende Übereinstimmung⟩ richtig: ⟨weitgehenden Übereinstimmungen⟩

S. 455, 17. Z. v. o., statt: ⟨Schopenhauers⟩ richtig: ⟨Schopenhauers«⟩

S. 455, 12. Z. v. u., statt: ⟨läßt⟩ richtig: ⟨»läßt⟩

S. 455, 11./10. Z. v. u., statt: ⟨gelesen.«⟩ richtig: ⟨gelesen.« ****⟩

S. 455, nach F. *** einfügen: ⟨[**** Ibid., Bd. XIV, ^{4}1968, S. 86.]⟩

S. 471, 7. Z. v. o., statt: ⟨*Die Dialektik der*⟩ richtig: ⟨die *Dialektik der*⟩

S. 471, 19. Z. v. o., statt: ⟨dassShöne⟩ richtig: ⟨das Schöne⟩

S. 471, 21. Z. v. o., statt: ⟨desychologischen⟩ richtig: ⟨den psychologischen⟩

S. 478, 9. Z. v. u., statt: ⟨verloren.⟩ richtig: ⟨verloren⟩

S. 478, 8. Z. v. u., statt: ⟨Pein,⟩ richtig: ⟨Pein;⟩

Band 8

S. 7–357, 4. Soziologisches: darin fehlen die als Nachträge in Bd. 19 abgedruckten Teile ›Vorwort [zum Forschungsbericht über *Universität und Gesellschaft*]‹ und ›Vorrede [zu *Freud in der Gegenwart*]‹.

S. 64, 11. Z. v. u., statt: ⟨auch als⟩ richtig: ⟨auch das⟩

S. 66, 17. Z. v. u., statt: ⟨Hilter⟩ richtig: ⟨Hitler⟩

S. 131–142, ›Der Mensch in der Wandlung seit der Jahrhundertwende‹: entfällt, da es sich dabei um Auszüge aus ›Zum Begriff des Menschen‹ (Bd. 7, S. 55–80) handelt.

S. 244, 3. Z. v. o., statt: ⟨Birch⟩ richtig: ⟨John Birch⟩

S. 392, 11./10. Z. v. u., statt: ⟨Roscellin⟩ richtig: ⟨Roscelin⟩

S. 457, 8. Z. v. o., statt: ⟨*Notizen 1950–1969*⟩ richtig: ⟨*Notizen 1949–1969*⟩

S. 472, 6. Z. v. u., statt: ⟨– gedruckt⟩ richtig: ⟨– geschrieben 1954, gedruckt⟩

S. 473, 6. Z. v. u., statt: ⟨– gedruckt⟩ richtig: ⟨– geschrieben 1960, gedruckt⟩

Band 9

S. 8, 2. Z. v. u., nach: ⟨Nachwort des Herausgebers⟩ in neue Zeile einzufügen: ⟨*Horkheimer als Philosophiehistoriker der Neuzeit*⟩

S. 34, 13. Z. v. u., statt: ⟨Macchiavelli⟩ richtig: ⟨Machiavelli⟩

S. 127, 15. Z. v. o., statt: ⟨heraus lesen⟩ richtig: ⟨herauslesen⟩

S. 392, 13. Z. v. u., statt: ⟨Publick⟩ richtig: ⟨Public⟩

Band 10

S. 32, 9. Z. v. o., statt: ⟨die wir⟩ richtig: ⟨wie wir⟩

S. 172, 13. Z. v. u., statt: ⟨Schelling⟩ richtig: ⟨Schelling*⟩

S. 172, als F. zu ergänzen: ⟨[* Die letzten 13 Zeilen dieses Absatzes (von »Schelling… Nation sei.«) sind nahezu wörtlich übernommen aus M.H.s Vortrag ›Kant und Hegel‹, GS 11, S. 104.]⟩

S. 177, F. **, statt: ⟨[M.H.⟩ richtig: ⟨M.H.⟩

S. 192, 14. Z. v. o., statt: ⟨Pristley⟩ richtig: ⟨Priestley⟩

S. 211, F. *, 2. Z. v. u., statt: ⟨Expessionismus⟩ richtig: ⟨Expressionismus⟩

S. 215, 14. Z. v. o., statt: ⟨der reinen Erfahrung⟩ richtig: ⟨der Erfahrung⟩

S. 226, 14. Z. v. o., statt: ⟨unser⟩ richtig: ⟨unserer⟩

S. 330, 1. Z. v. u., statt: ⟨Dann⟩ richtig: ⟨Denn⟩

S. 336, F. *, 2. Z. v. o., statt: ⟨Emil du Bois-Reymond⟩ richtig: ⟨Emil Du Bois-Reymond⟩

Band 11

S. 119, 4. Z. v. o., statt: ⟨[um 1925]⟩ richtig: ⟨[1922]⟩
Entsprechend der chronologischen Anordnung wäre der Vortrag ›Über die Beziehung zwischen Sprache und Denken…‹ richtig nach ›Das unmittelbar Gegebene als Urgrund der Erkenntnis…‹, also S. 70 ff. zu plazieren.

S. 119, 9.–18. Z. v. o., statt: ⟨oder einen Teil… einnimmt.⟩ richtig: ⟨dar, das Horkheimer – wie aus einem Brief an Rosa Riekher vom 30. 11. 1921 hervorgeht – im zweiten Teil des Wintersemesters 1921/22 in einem Seminar von Adhémar Gelb und Kurt Goldstein hielt.⟩

S. 119, F. * und F. ** entfallen.

S. 200, 14. Z. v. u., statt: ⟨iedeologischen⟩ richtig: ⟨ideologischen⟩

Band 12

S. 8, 15. Z. v. u., statt: ⟨Dichtung und Moral… 256⟩ richtig: ⟨Dichtung und Moral… 257⟩

S. 11, 18. Z. v. o., statt: ⟨Bestimmbarkeit in der⟩ richtig: ⟨Bestimmbarkeit der⟩

S. 13, 16. Z. v. u., statt: ⟨NBG.⟩ richtig: ⟨NÜRNBERG⟩

S. 13, 4. Z. v. u., statt: ⟨›Werte‹«⟩ richtig: ⟨›Werte‹«]⟩

S. 26, 2. Z. v. u., statt: ⟨Arnold von Brescin⟩ richtig: ⟨Arnold von Brescia⟩

S. 33, F. *, statt: ⟨Chavret⟩ richtig: ⟨Chauvet⟩

S. 36, 11. Z. v. o., statt: ⟨dadurch und⟩ richtig: ⟨dadurch festgelegt und⟩

S. 75, 6. Z. v. u., statt: ⟨feasible. (1)⟩ richtig: ⟨feasible: (1)⟩

S. 75, 4. Z. v. u., statt: ⟨19** the⟩ richtig: ⟨19**) the⟩

S. 75, 3. Z. v. u., statt: ⟨workers.⟩ richtig: ⟨workers;⟩

S. 76, 2. Z. v. o., statt: ⟨Würmer...‹),⟩ richtig: ⟨Würmer...‹);⟩

S. 76, 3. Z. v. o., statt: ⟨next⟩ richtig: ⟨near⟩

S. 76, 6. Z. v. o., statt: ⟨festzustellen-;⟩ richtig: ⟨festzustellen;⟩

S. 76, 6. Z. v. u., statt: ⟨Racket⟩ richtig: ⟨Rackets⟩

S. 94, 1. Z. v. o., statt: ⟨Proleriats⟩ richtig: ⟨Proletariats⟩

S. 132, 22. Z. v. o., statt: ⟨througle⟩ richtig: ⟨through⟩

S. 132, 9. Z. v. u., statt: ⟨incline⟩ richtig: ⟨inclined⟩

S. 132, 7. Z. v. u., statt: ⟨concern⟩ richtig: ⟨concerns⟩

S. 133, 13. Z. v. u., statt: ⟨in al later⟩ richtig: ⟨in a later⟩

S. 153, 9./8. Z. v. u., statt: ⟨Helvetius⟩ richtig: ⟨Helvétius⟩

S. 163, F. *, statt: ⟨Andríes⟩ richtig: ⟨Andries⟩

S. 173, 10./11. Z. v. o., statt: ⟨Glaubensgemeinde, wahrscheinlich in Los Angeles.⟩ richtig: ⟨Glaubensgemeinde in Hollywood.⟩

S. 195, 10. Z. v. o., statt: ⟨Texts⟩ richtig: ⟨Textes⟩

S. 221–325, 3. Aufzeichnungen und Entwürfe: darin fehlen die als Nachträge in Bd. 13 abgedruckten Teile ›[Magie des Begriffs]‹ und ›[Die Enteignung des Ichs]‹.

S. 227, 2. Z. v. u., statt: ⟨Terrosisierung⟩ richtig: ⟨Terrorisierung⟩

S. 250, 12. Z. v. u., statt: ⟨zufolge, im März 1969⟩ richtig: ⟨zufolge im März 1969,⟩

S. 252, F. **, statt: ⟨1918.)⟩ richtig: ⟨1918.]⟩

S. 284, 16. Z. v. u., statt: ⟨Mountbattan⟩ richtig: ⟨Mountbatten⟩

S. 296, F. **, statt: ⟨MHA: VI 1C,61.⟩ richtig: ⟨MHA: VI 1C.61⟩

S. 309–325, [Verstreute Aufzeichnungen] [1940–1949]: darin fehlen die als Nachtrag in Band 13, S. 647–655, abgedruckten Aufzeichnungen ›[Magie des Begriffs]‹ und ›[Die Enteignung des Ichs]‹.

S. 320, 22. Z. v. o., statt: ⟨Meister Eckhardt⟩ richtig: ⟨Meister Eckhart⟩

S. 323, *[Magie des Begriffs]* (1949): spätere Fassung dieser Aufzeichnung als Nachtrag in Bd. 13, S. 649–651.

S. 329, 8. Z. v. o., statt: ⟨Typoskript⟩ richtig: ⟨Typoskripts⟩

S. 337, 17. Z. v. u., statt: ⟨aschichte⟩ richtig: ⟨Geschichte⟩

S. 342, 4. Z. v. o., statt: ⟨Ts.⟩ richtig: ⟨TsD.⟩

S. 347–605, 5. Diskussionsprotokolle: darin fehlt der als Nachtrag in Bd. 19 abgedruckte Teil Theodor W. Adorno u. a., ›[Diskussion aus einem Seminar über die Theorie der Bedürfnisse]‹.

S. 431, F. *, 4. Z., statt: ⟨Supplementband).⟩ richtig: ⟨*Nachgelassene Schriften*, Abt. I, Bd. 3).⟩

S. 405, 11. Z. v. u. Trennfehler, statt: ⟨Profi-trate⟩ richtig: ⟨Profit-rate⟩

S. 424, F. 1, statt: ⟨[N. Lenin⟩ richtig: ⟨[W. I. Lenin⟩

S. 445, 10. Z. v. u., statt: ⟨Schubstantialität⟩ richtig: ⟨Substantialität⟩

S. 445, in einem Teil der Auflage fehlen die letzten beiden Zeilen: ⟨Es meldet sich hier zum ersten Male der Gedanke an, daß das bürgerliche Denken möglicherweise durchwegs dadurch charakteri-⟩

S. 470, F. **, 2. Z. v. u., statt: ⟨Freudenstädt⟩ richtig: ⟨Frauenstädt⟩

S. 480, F *, statt: ⟨Zitat nicht ermittelt⟩ richtig: ⟨»Auch in der sittlichen Welt ist ein Adel; gemeine Naturen/Zahlen mit dem, was sie tun, schöne mit dem, was sie sind.« (›Tabula votivae: Unterschied der Stände‹, in: *Sämtliche Werke* Bd. 1, München ^{2}1960, S. 303.)⟩

S. 508, F. *, 2./1. Z. v. u., statt: ⟨Benjamins Wort ist so nur durch Adorno überliefert.⟩ richtig: Bei Benjamin bezieht sich der Satz auf Gottfried Kellers Prosa: »In ihr [...] wiegt jede kleinste angeschaute Zelle soviel wie der Rest aller Wirklichkeit.« (Benjamin, ›Gottfried Keller‹, in: *Gesammelte Schriften* Bd. II.1, Frankfurt a. M. 1977, S. 288.⟩

S. 526–541, ⟨Max Horkheimer und Theodor W. Adorno, [Diskussion über Dialektik] [1939?]... unbestimmt ist.⟩: Einzuordnen nach Theodor W. Adorno u. a., [Wissenschaft und Krise...], d. h. nach S. 397.

S. 526, 3. Z. v. o., statt: ⟨[1939?] richtig: ⟨[1931]⟩

S. 526, 12. Z. v. o. – 1. Z. v. u. ⟨Die hier angegebene... möglich scheint.⟩ richtig:
⟨Das Gespräch zwischen Horkheimer und Adorno ist jener Diskussion im größeren Kreis zwischen Adorno und anderen über ›Wissenschaft und Krise...‹ (Bd. 12, S. 349ff.) als eine Art Exkurs zuzuordnen. Dafür spricht sowohl der thematische Bezug auf die erste Diskussionsrunde des zweiten Teils (›B. Differenz zwischen Idealismus und Materialismus‹) über den ›Begriff der Gegebenheit‹ (Protokoll vom 17.11.1931, S. 367ff.) als auch darin die Erwähnung einer separaten Diskussion zu eben diesem Thema: »ADORNO sieht das zentrale Problem im Begriff des Ansatzes der Dialektik gegenüber der Bewußtseinsimmanenz. Er ist (in Diskussion mit Horkheimer) zu dem Ergebnis gekommen, daß der Sprung im Begriff der Gegebenheit liegt.« (S. 368) Diese Diskussion dürfte mit der im vorliegenden Protokoll wiedergegebenen identisch sein.
Die Diskussion hat wahrscheinlich in den Tagen nach dem 13.11.1931 stattgefunden. Dieses Datum ergibt sich aus der Erwähnung eines entsprechenden Diskussionsprotokolls in einem Thesenpapier Adornos zum Thema ›Wissenschaft und Krise‹ (Theodor W. Adorno Archiv). Dieses Protokoll ist allerdings nicht erhalten.
In der Diskussion zwischen Horkheimer und Adorno geht es vor allem um die

Konzeption einer materialistischen Dialektik und um die Klärung des Verhältnisses von ›Subjekt‹ und ›Objekt‹ in der Erkenntnis, d.h. von deren subjektiver und objektiver Bedingtheit. Adorno führt in diesem Zusammenhang den (Benjaminschen) Begriff des ›dialektischen Bildes‹ ein, unter dem er eine geschichtsphilosophisch angeleitete Anordnung verschiedenartiger Gegebenheiten zu einer übergreifenden Konstellation versteht, die für diese Gegebenheiten eine erschließende Kraft haben soll. Demgegenüber sieht Horkheimer die Dialektik von Subjekt und Objekt vor allem als immanente Aufgabe fortschreitender wissenschaftlicher Erkenntnis hinsichtlich ihrer eigenen Bedingtheit an. Beide Diskutanten kritisieren dabei einander gleichermaßen, insgeheim einer einheitlichen Konstruktion der Totalität nachzuhängen, die eingestandenermaßen unerreichbar sei.
Als positivistisches (empiriokritizistisches) Moment der Dialektik wird der empirische Bezug auf die bewußtseinstranszendente Faktizität gesehen, während der Positivismus zugleich in einem Begriff der gesellschaftlichen Produziertheit der Kategorien von Subjekt und Objekt aufgehoben werden soll. Diese Einheit und Differenz von Positivismus und (materialistischer) Dialektik waren insbesondere während der 30er Jahre ein fortlaufendes Thema von Diskussionen zwischen Horkheimer und Adorno. Explizit aufgegriffen wurde dieses Thema vor allem noch einmal im zweiten Teil der ›Diskussionen über die Differenz zwischen Positivismus und materialistischer Dialektik‹ (1939) (›B. Ist materialistische Dialektik als eine bestimmte Weise von Erkenntnis möglich?‹, S. 467ff.).⟩

S. 534, 11. Z. v. u., statt: ⟨Laskisch⟩ richtig: ⟨Laskisch*⟩

S. 534, F. * einfügen: ⟨[* Im Sinne von Emil Lask (1875–1915), der mit seiner Lehre von den Kategorien der Kategorien die Metaphysik neu begründen wollte.]⟩

S. 559, 3. Z. v. o., statt: ⟨NBG.⟩ richtig: ⟨ROLF NÜRNBERG⟩

S. 559–586, ›[Diskussionen aus einem Seminar über die Theorie der Bedürfnisse]‹: darin fehlt das als Nachtrag in Band 19 abgedruckte Diskussionsprotokoll vom 30.6.1942.

S. 560, 16.–19. Z. v. o., statt: ⟨meldete. Nicht zu...unwahrscheinlich.⟩ richtig: ⟨meldete und in den Protokollen auch nicht genannt wird. Hanns Eisler zufolge war Steuermann jedoch zu den Diskussionen nicht eingeladen.*** Eisler erwähnt auch den mit den Abkürzungen »NBG« bzw. »Nbg« bezeichneten Teilnehmer, nämlich »Nürnberg«, »ein ehemaliger Journalist aus Berlin« ****. Nürnberg wird in anderem Zusammenhang auch bei Brecht erwähnt, der dort ***** auch den Vornamen »Rolf« angibt. Nürnberg veröffentlichte in Amerika unter dem Namen »Ralph W. Nunberg«.⟩

S. 560, 3. Z. v. u., statt: ⟨***⟩ richtig: ⟨******⟩

S. 560, nach F. ** einfügen:
⟨*** Vgl. Hans Bunge, *Fragen Sie mehr über Brecht. Hanns Eisler im Gespräch*, Frankfurt am Main, Wien, Zürich 1971, S. 189.
**** Ebd., S. 188.
***** Brecht, a.a.O., S. 295.⟩

S. 560, F. ***, statt: ⟨***⟩ richtig: ⟨******⟩

S. 562, F. *, statt: ⟨517.⟩ richtig: ⟨517. – Vgl. auch Eislers Erinnerungen an das Seminar, in: Bunge, a. a. O., S. 187–189.⟩

S. 567, 2. Z. v. u., statt: ⟨NBG.⟩ richtig: ⟨NÜRNBERG⟩

S. 572, 4. Z. v. u., statt: ⟨NBG.⟩ richtig: ⟨NÜRNBERG⟩

S. 579, 18. Z. v. o., statt: ⟨*Kulturwerte«*⟩ richtig: ⟨*»Kulturwerte«*⟩

S. 580, 15. Z. v. u., statt: ⟨»Wert⟩ richtig: ⟨»Wert«⟩

S. 599, 8. Z. v. u., statt ⟨Phase⟩ richtig: ⟨Phase*⟩

S. 599, F. * einfügen: ⟨Die zweite Phase des Sozialismus bestand nach leninistischer Auffassung in der Neuentfaltung aller Produktivkräfte und Produktionsverhältnisse auf sozialistischem Boden. (Die erste Phase war durch die Organisation der Kollektiv- und Planwirtschaft gekennzeichnet, während die dritte Phase, der eigentliche Kommunismus, die höchste Stufe in der Entwicklung der menschlichen Gesellschaft darstellen sollte.)⟩

S. 600, 10. Z. v. u., statt ⟨*Dialektik der Aufklärung*⟩ richtig: ⟨Dialektik der Aufklärung⟩

Band 13

S. 11–107, 1. Vorträge und Ansprachen: darin fehlt die als Nachtrag in Bd. 19 abgedruckte Aufzeichnung ›[Die UdSSR und der Frieden]‹.

S. 28, F. *, 2. Z. v. o., statt: ⟨Winkelmann⟩ richtig: ⟨Winckelmann⟩

S. 109–252, 2. Gespräche: darin fehlt der als Nachtrag in Bd. 19 abgedruckte Teil Max Horkheimer und Theodor W. Adorno, ›[Diskussion über Theorie und Praxis]‹.

S. 113, F. *, statt: ⟨Zitat nicht ermittelt⟩ richtig: ⟨»Von allem Geschriebenem liebe ich nur das, was einer mit seinem Blute schreibt. […] Es ist nicht leicht möglich, fremdes Blut zu verstehen: ich hasse die lesenden Müßiggänger.« (*Also sprach Zarathustra*, in: *Werke*, hrsg. von Karl Schlechta, Bd. II, München ^{6}1969, S. 305.)⟩

S. 116, 2. Z. v. o., statt: ⟨[…]⟩ richtig: ⟨[sich]⟩

S. 117, F. *, statt: ⟨hrsg. von Karl Schlechta, Bd. II, München ^{6}1969, S. 1239⟩ richtig: ⟨l.c., Bd. II, S. 1239⟩

S. 255, 6. Z. v. o., statt: ⟨MHA: V 116.102⟩ richtig: ⟨MHA V 116.94–98c⟩

S. 302, 4. Z. v. u., statt: ⟨der⟩ richtig: ⟨den⟩

S. 302, 3./2. Z. v. u., statt: ⟨charakteristisch⟩ richtig: ⟨charakterisiert⟩

S. 351, 1. Z. v. u., statt: ⟨John St. Mill⟩ richtig: ⟨John Stuart Mill⟩

S. 352, 18. Z. v. o., statt: ⟨neunzehnten⟩ richtig: ⟨neunten⟩

S. 409, 2. Z. v. o., statt: ⟨Demokrit⟩ richtig: ⟨[Epikur]*⟩

S. 409, F.: ⟨[* Ts.: Demokrit. – Offenbar ein Fehler der Nachschrift. Die Nennung Epikurs entspricht sowohl dem Kontext als auch der sachlichen Richtigkeit.]⟩

S. 418, 19. Z. v. u., statt: ⟨Averrhoës⟩ richtig: ⟨Averroës⟩

S. 456, 16. Z. v. o., statt: ⟨sein⟩ richtig: ⟨sei⟩

S. 508, 18. Z. v. o., statt: ⟨Eckhardt⟩ richtig: ⟨Eckhart⟩

S. 583, 16. Z. v. o., statt: ⟨Es⟩ richtig: ⟨Er⟩

S. 584, 15. Z. v. u., statt: ⟨[Matthews]⟩ richtig: ⟨[Matthew]⟩

S. 591, 1. Z. v. u., statt: ⟨Bouchez⟩ richtig: ⟨Boucher⟩

Band 14

S. 14, 13. Z. v. o., statt: ⟨Kunst und Religion (Fragment)⟩ richtig: ⟨Kunst und Religion⟩

S. 30, 2. Z. v. u., statt: ⟨553⟩ richtig: ⟨554⟩

S. 30, 2. Z. v. u., statt: ⟨555⟩ richtig: ⟨556⟩

S. 33, 4. Z. v. u., statt: ⟨der bisher⟩ richtig: ⟨der teilweise bisher⟩

S. 34, 2.–5. Z. v. o., statt: ⟨Im zweiten Abschnitt… dadurch ist auch⟩ richtig: ⟨Im zweiten Heft (hier Abschnitt ›1953–1955‹, F. P. und Veröffentlichung 1974: ›1956‹) wird in der Aufzeichnung ›Politik und Publikum‹ das Jahr 1953 im Sinn der Bezeichnung der Gegenwart erwähnt (offenbar deshalb wurde diese Aufzeichnung in der Veröffentlichung von 1974 aus diesem Abschnitt herausgenommen und an das Ende des vorangegangenen Abschnitts ›1950–1955‹ gerückt); durch die so begründete Datierung des Heftes ist nun außerdem⟩

S. 61 f., die Aufzeichnung ›Sozialdemokratische Politik nach dem Muster Hollywoods‹ entfällt, da bereits in Bd. 6, S. 222 ff., unter dem Titel ›Politik und Publikum‹ enthalten.

S. 113, 9./8. Z. v. u., statt: ⟨ausfüllt⟩ richtig: ⟨ausgefüllt⟩

S. 136, 16. Z. v. u., statt: ⟨Himmelskörpern,⟩ richtig: ⟨Himmelskörpern.⟩

S. 140, F. ***, statt: ⟨S. 309 ff.⟩ richtig: ⟨S. 308 ff.⟩

S. 148, 1. Z. v. o., statt: ⟨*Kunst und Religion (Fragment)*⟩ richtig: ⟨*Kunst und Religion*⟩

S. 148, 5./6. Z. v. o., statt: ⟨Ihr spezifischer Anlaß war nicht zu ermitteln.⟩ richtig: ⟨Ihr Anlaß war ein Hörfunk-Interview mit Dudu Gobba, gesendet am 28. Dezember 1971 in der Reihe »Occio critico« (»Kritisches Ohr«) des Senders Radiotelevisione della Svizzera italiana, Lugano.⟩

S. 165, 14. Z. v. u., statt: ⟨*Kunst und Religion (Fragment)*⟩ richtig: ⟨*Kunst und Religion*⟩

S. 195, 11. Z. v. u., statt: ⟨rootened⟩ richtig: ⟨rooted⟩

S. 209, 10. Z. v. o., statt: ⟨consumer's⟩ richtig: ⟨consumer⟩

S. 211, 8. Z. v. o., statt: ⟨1933⟩ richtig: ⟨1953⟩

S. 273, 5. Z. v. o., statt: ⟨Arbeitergeber⟩ richtig: ⟨Arbeitgeber⟩

S. 292, 9./8. Z. v. u., statt: Fähig-it⟩ richtig: ⟨Fähig-keit⟩

S. 294, 4. Z. v. u., statt: ⟨law abiding⟩ richtig: ⟨law-abiding⟩

S. 327, 4. Z. v. u., statt: ⟨Proleatariat⟩ richtig: ⟨Proletariat⟩

S. 331, 1. Z. v. u. / S. 332, 1. Z. v. o., statt: ⟨Gebetcher).⟩ richtig: ⟨Gebetbücher).⟩

S. 340, F. 41, statt: ⟨Japan [nicht ermittelt].⟩ richtig: ⟨Japan. [Nicht ermittelt.]⟩

S. 358, 6. Z. v. u., statt: ⟨encourrages⟩ richtig: ⟨encourages⟩

S. 390, 12. Z. v. o., statt: ⟨[not]*⟩ richtig: ⟨now [no]⟩

S. 390, 16. Z. v. o., statt: ⟨amibiton⟩ richtig: ⟨ambition⟩

S. 390, F. * entfällt.

S. 442, F. 85, statt: ⟨Bd. 13]⟩ richtig: ⟨Bd. 13, S. 174 ff.]⟩

S. 448, F. 94, 2. Z., statt: ⟨Freiburg i. Üe.⟩ richtig: ⟨Freiburg i. Ü.⟩

S. 467, 1./2. Z. v. o., statt: ⟨Lametrie⟩ richtig: ⟨Lamettrie⟩

S. 473, 7. Z. v. o., statt: ⟨This⟩ richtig: ⟨These⟩

S. 473, 11. Z. v. o., statt: ⟨reactionally⟩ richtig: ⟨reactionary⟩

S. 473, 12. Z. v. o., statt: ⟨this miss⟩ richtig: ⟨dismiss⟩

S. 473, 14. Z. v. o., statt: ⟨millions⟩ richtig: ⟨million⟩

S. 473, 15. Z. v. o., statt: ⟨activies⟩ richtig: ⟨activists⟩

S. 474, 4. Z. v. o., statt: ⟨issued⟩ richtig: ⟨issues⟩

S. 522, F. *, statt: ⟨Indiriduums⟩ richtig: ⟨Individuums⟩

Band 15

S. 14, 14. Z. v. u., statt: ⟨Eltern⟩ richtig: ⟨Eltern[3]⟩

S. 14, 13. Z. v. u., statt: ⟨Gutzkowsche[3]⟩ richtig: ⟨Gutzkowsche[4]⟩

S. 15, nach Anm. 2 einfügen: ⟨3 Julius Pollock und Elisabeth Pollock, geb. Franck.⟩

S. 15, 13. Z. v. o. (Anm. 3), statt: ⟨3 Karl⟩ richtig: ⟨4 Karl⟩

S. 18–19, Brief Nr. 6 und 7 in umgekehrter Reihenfolge.

S. 32, 16. Z. v. o. (Anm. 3), statt: ⟨Wahrscheinlich⟩ richtig: ⟨Eine Figur aus M. H.s ›Bekenntnis meiner Politik‹ (in: *HGS* 1, S. 279 ff.). Dabei wahrscheinlich⟩

S. 84, 7. Z. v. u., statt: ⟨21. 1. 1992⟩ richtig: ⟨21. 1. 1922⟩

S. 98, 9. Z. v. o., statt: ⟨24. 6. 1932⟩ richtig: ⟨24. 6. 1932 (nicht erhalten)⟩

S. 107, 1. Z. v. u. (Anm. 2) statt: ⟨auf.⟩ richtig: ⟨auf. Vgl. auch B. vom 24. 11. 1934, Anm. 3 a⟩ [diese Anm. hier in den ›Berichtigungen‹: Ergänzung zu Bd. 15, S. 277].

S. 116, 9. Z. v. u., statt: ⟨6. 4. 1934⟩ richtig: ⟨6. 3. 1934⟩

S. 147, 20. Z. v. o. (Anm. 4), statt: ⟨Abend?⟩ richtig: ⟨Amend?⟩

S. 232, 1. Z. v. o., statt: ⟨la Mouvant»⟩ richtig: ⟨le Mouvant«⟩

S. 253, 2./1. Z. v. u., statt: ⟨seit 1934 in⟩ richtig: ⟨emigrierte 1933 nach Oxford, 1935 nach Göteborg, 1941 nach⟩

S. 257–263, Brief 99 und 100 in umgekehrter Reihenfolge.

S. 271, 17. Z. v. u., statt: ⟨Neumann⟩ richtig: ⟨Neumann[3a]⟩

S. 277, nach Anm. 3 einfügen: ⟨3a Neumann, der M.H. schon etwa 1920 in Frankfurt a. M. flüchtig kennengelernt hatte und der 1933 nach London emigriert war, war 1934 mit dem Institut für Sozialforschung über den Auftrag in näheren Kontakt gekommen, für das britische Außenministerium ein Gutachten (MHA: VI 30.211) über die in Frankfurt beschlagnahmte Institutsbibliothek anzufertigen, die seit Juni 1933 formell der London School of Economics übereignet worden war. Vgl. auch B. vom 5. 5. 1933, Anm. 2.⟩

S. 307, 13. Z. v. o., statt: ⟨Supérieur⟩ richtig: ⟨Supérieure⟩

S. 328, 6./7. Z. v. o., statt: ⟨außerordentlich insbesondere⟩ richtig: ⟨außerordentlich. Insbesondere⟩

S. 328, 21. Z. v. o., statt: ⟨seiner⟩ richtig: ⟨meiner⟩

S. 332, 10. Z. v. u. (Anm. 6), statt: ⟨S. 46ff.⟩ richtig: ⟨S. 46ff.).⟩

S. 332, 10. Z. v. u. (Anm. 6), statt: ⟨erstes⟩ richtig: ⟨erstes,⟩

S. 351, 15./14. Z. v. u., ⟨beantw. durch veröff. B. vom 5. 7. 1935⟩ irrtümlich doppelt.

S. 352, 15. Z. v. o., statt: ⟨22mai⟩ richtig: ⟨22. Mai⟩

S. 358, 4. Z. v. u. (Anm. 4), statt: ⟨Hilde Borkenau⟩ richtig: ⟨Lucie Varga(-Borkenau) (1904–1941), geb. Rosa Stern, Ehefrau in zweiter Ehe (1933–36) von Franz Borkenau in dessen zweiter Ehe, Historikerin; zu ihrer Biographie vgl. Peter Schöttler, ›Einleitung‹, in: Lucie Varga, *Zeitenwende. Mentalitätshistorische Studien 1936–1939*, Frankfurt a. M. 1991.⟩

S. 359, 20./21. Z. v. o. (Anm. 8), statt: ⟨Ob und… ermittelt werden.⟩ richtig: ⟨Borkenau hoffte, seine Erwiderung in der französischen historischen Zeitschrift *Annales* zu veröffentlichen, mit der er über seine Frau in enger Verbindung stand. Der Mitherausgeber der *Annales* Lucien Febvre lehnte eine Veröffentlichung jedoch entschieden ab (vgl. Schöttler, l.c.). Der Text mit dem Titel ›Les origines du monde moderne‹ ist jetzt mit einer Einleitung von Schöttler erschienen in: *Genèses. Sciences sociales et histoire* 1996.⟩

S. 363, 8./7. Z. v. u., ⟨beantw. durch veröff. B. vom 5. 7. 1935⟩ irrtümlich doppelt.

S. 378–403, Brief 144 falsch plaziert; richtige Anordnung: vor Brief 151, S. 403. Dadurch würden die Briefe 145 bis 150 jeweils eine um 1 reduzierte Ordnungsnummer erhalten.

S. 385, 1. Z. v. u., statt: ⟨Einführung⟩ richtig: ⟨Einfühlung⟩

S. 388, 11. Z. v. u. (Anm. 1), statt: ⟨Jugendzeit (1911)⟩ richtig: ⟨Jugendzeit⟩

S. 388, 5. Z. v. u. (Anm. 1), statt: ⟨S. 13/16.)⟩ richtig: ⟨S. 13/16.) Aus einer (vermutlich) anderen Version dieses Vertrags, wahrscheinlich von 1917, wird ausführlich in einem Typoskript von Ernst v. Schenck zitiert (vgl. *HGS* 18, ›Nachwort des Herausgebers‹, Abschn. ›Verschollene Briefe vor 1933‹).⟩

S. 396, 11. Z. v. o. (Anm. 1), statt: ⟨Anm. 3⟩ richtig: ⟨Anm. 4⟩

S. 403, 14. Z. v. o. (Anm. 8), statt: ⟨1938⟩ richtig: ⟨emigrierte 1933 nach Istanbul, 1938 Prof.⟩

S. 407, 10. Z. v. o. (Anm. 2), statt: ⟨Prof.⟩ richtig: ⟨Prof. für systematische Theologie⟩

S. 407, 11. Z. v. o. (Anm. 2), statt: ⟨1915⟩ richtig: ⟨1915 Prof. für Philosophie⟩

S. 429, 6. Z. v. u. (Anm. 4), statt: ⟨Berlin.⟩ richtig: ⟨Berlin. – Die Annahme, daß Schacht in der »Arisierungsfrage« eine liberalere Haltung als Heydrich einnahm, war, neueren Forschungen zufolge, wohl eine Illusion. (Vgl. *Avraham Barkai, Vom Boykott zur »Entjudung«*, Frankfurt a. M. 1987, S. 69 ff.)

S. 439, 16. Z. v. o., statt: ⟨MHA: XVIII 3A.⟩ richtig: ⟨MHA: XVIII 3A.159.⟩

S. 490, 15. Z. v. o., statt ⟨29. 3. 1935⟩ richtig: ⟨29. 3. 1936⟩

S. 500, 14. Z. v. u., statt: ⟨bei.⟩ richtig: ⟨bei.[15]⟩

S. 501, 9. Z. v. o. (Anm. 3), statt: ⟨Anm. 5.⟩ richtig: ⟨Anm. 6.⟩

S. 501, nach Anm. 14 einfügen: ⟨15 Hans Baron (vgl. B. vom 26. 5. 1936, Anm. 18); das Buch erschien unter dem Titel *Humanistic and Political Literature in Florence and Venice at the Beginning of the Quattrocento*, Cambridge, Mass. 1955.⟩

S. 519, 8. Z. v. o., statt: ⟨Fuchs MHA: 8.198⟩ richtig: ⟨Fuchs MHA: I 8.198⟩

S. 577, 20./21. Z. v. o. (Anm. 16), statt: ⟨von Haselberg... Mitarbeiter⟩ richtig: ⟨von Haselberg (1908–1994), studierte bis 1933 bei Adorno, arbeitete 1933–36 als Journalist, emigrierte 1937 nach Argentinien; 1949 Rückkehr nach Deutschland, freie schriftstellerische Tätigkeit, 1952–53 Mitarbeit am Institut für Sozialforschung, dann Verlagslektor⟩

S. 581, 4. Z. v. u., statt: ⟨geb. 1891⟩ richtig: ⟨1891–1977⟩

S. 581, 3. Z. v. u. (Anm. 4), statt: ⟨später in Göttingen.⟩ richtig: ⟨1936–45 in Göttingen, 1937 dort Leiter der Akademie der Wissenschaften des NS-Dozentenbundes.⟩

S. 595, 16. Z. v. u., statt: ⟨MHA: VI 42.⟩ richtig: ⟨MHA: VI 42.77.⟩

S. 638, 3. Z. v. u. (Anm. 9), statt: ⟨Anm. 7)⟩ richtig: ⟨Anm. 8)⟩

S. 675, 14. Z. v. o. (Anm. 9), statt: ⟨Anm. 7.⟩ richtig: ⟨Anm. 8.⟩

S. 692, 8. Z. v. u., statt: ⟨Lowe⟩ richtig: ⟨Löwe⟩

S. 712, 3. Z. v. o., statt: ⟨1926 in Berlin⟩ richtig: ⟨1931 in Prag⟩

S. 712, 6. Z. v. o. (Anm. 9), statt: ⟨Anm. 5.⟩ richtig: ⟨Anm. 6.⟩

S. 726, 20. Z. v. o. (Anm. 2), statt: ⟨detaillierter, empirisch relevanter Fragen⟩ richtig: ⟨unter Absehung von Fragen der »Verpackung«⟩

S. 726, 21. Z. v. o. (Anm. 2), statt: ⟨1937).⟩ richtig: ⟨1937). (Das Nettogewicht einer Ware ergibt sich durch Abzug des Verpackungsgewichts vom Bruttogewicht.)⟩

S. 743, 13. Z. v. u. (Anm. 10), statt: ⟨Anm. 5.⟩ richtig: ⟨Anm. 6⟩

S. 744, 4. Z. v. u., statt: ⟨MHA: I 19.136.⟩ richtig: ⟨MHA: I 19.131.⟩

S. 744, 2. Z. v. u., statt: ⟨1938⟩ richtig: ⟨emigrierte 1933 nach Istanbul, 1938 Prof.⟩

S. 751, 9./8. Z. v. u., statt: ⟨1914... Los Angeles.⟩ richtig: ⟨1910–16 Lecturer in Cambridge, wegen Pazifismus entlassen und in Haft, danach publizistisch tätig, später Gastprofessuren u. a. in Harvard, Oxford, London, Peking, Chicago, Los Angeles. 1950 erhielt er den Nobelpreis für Literatur.⟩

S. 762. 13. Z. v. u. (Anm. 14), statt: ⟨Anm. 2.⟩ richtig: ⟨Anm. 6.⟩

S. 763, 8. Z. v. o. (Anm. 24), statt: ⟨in Berkeley.⟩ richtig: ⟨Gastprof. in Berkeley, 1936 von einem früheren Studenten ermordet.⟩

S. 774, 15. Z. v. u. (Anm. 7), statt: ⟨Anm. 5.⟩ richtig: ⟨Anm. 6.⟩

S. 781, 20. Z. v. o., statt: ⟨Hochachtung⟩ richtig: ⟨Hochachtung«⟩

S. 782, 2. Z. v. u. (Anm. 2), statt: ⟨wurde und damit als Referenz wertlos schien.⟩ richtig: ⟨wurde, wodurch das Institut als Referenz für Jahoda wertlos schien.⟩

S. 795, 2. Z. v. o. (Anm. 5), statt: ⟨emigrierte⟩ richtig: ⟨1913 Prof. in Prag, emigrierte⟩

S. 795, 4. Z. v. o. (Anm. 6), statt: ⟨1934/35 in Wien⟩ richtig: ⟨1934/35⟩

S. 798, 4./5. Z. v. o., statt: ⟨fremde Company's [!])⟩ richtig: ⟨Freunde Companys'[6a])⟩

S. 798, nach Anm. 6 einfügen:
⟨6a Luis Companys y Jover (1883–1940), katalanischer linksgerichteter Politiker, Verfechter eines selbständigen Katalonien, 1936–39 Staatspräsident von Katalonien, 1940 vom französischen Vichy-Regime an Spanien ausgeliefert und hingerichtet.⟩

S. 801, 11. Z. v. o. (Anm. 3), statt: ⟨Anm. 7.⟩ richtig: ⟨Anm. 8.⟩

S. 801, 19. Z. v. o. (Anm. 6), statt: ⟨Seele«.⟩ richtig: ⟨Seele«. – Benjamin hatte die Gedichtzeilen bereits in seinem Aufsatz über ›Gottfried Keller‹ (1927, in: *BGS* 2, S. 292) zitiert.⟩

S. 806, 17. Z. v. u., statt: ⟨Harrows⟩ richtig: ⟨Harrods⟩

S. 815, 3./4. Z. v. o., statt: ⟨Absätzen im Original⟩ richtig: ⟨Absätzen oder Zeilenwechseln im Original; bei Verzeichnung unterschiedlicher Lesarten: Trennung zwischen Bezugswort(en) und alternativer Formulierung⟩

Band 16

S. 20, 1. Z. v. u., statt ⟨*Intégrat*⟩ richtig: ⟨*Intégral*⟩

S. 38, 14. Z. v. o., statt: ⟨MHA: 9.200⟩ richtig: ⟨MHA: I 9.200⟩

S. 177, 14. Z. v. u. (Anm. 5), statt: ⟨1936.⟩ richtig: ⟨1936. Strauss war vor 1933 in Göttingen Mitglied der Roten Studentengruppe und wurde dort im Sommer 1933 wegen Verteilung des *Roten Stürmer* zu einer Gefängnisstrafe verurteilt. Er emigrierte später nach England und wurde nach 1945 in der DDR Prof. für Physik.⟩

S. 177, 13. Z. v. u. (Anm. 6), statt: ⟨geb. 1902⟩ richtig: ⟨1902–1994⟩

S. 177, 6. Z. v. u. (Anm. 10), statt: ⟨Münchner Räterepublik⟩ richtig: ⟨bayrischen Regierung von Johannes Hoffmann (1867–1930, SPD) und auch in den darauf folgenden (anarchistischen und dann kommunistischen) Räteregierungen (7. 4.–2. 5. 1919)⟩

S. 180, 8. Z. v. o., statt: ⟨Philosoph (Neukantianer und Phänomenologe),⟩ richtig: ⟨urspr. Jurist, dann Philosoph, stand dem Wiener Kreis nahe,⟩

S. 184, 10./9. Z. v. u., statt: ⟨1928–33... gab dort⟩ richtig: ⟨Neukantianer, 1910–33 Geschäftsführer der Kant-Gesellschaft und Mithrsg. der *Kant-Studien*, 1928–33 Prof. für Philosophie in Berlin, 1933 entlassen, 1934–39 Prof. in Belgrad, 1939–46 in Birmingham, 1946 Rückkehr nach Berlin. In Belgrad gab er⟩

S. 214, 6. Z. v. u., statt: ⟨ohne sich... zu betätigen.⟩ richtig: ⟨seit 1907 Mitglied des »Nationalliberalen Wahlvereins« in Göttingen und dort auch hochschulpolitisch äußerst konservativ eingestellt (Recherchen von Hans-Joachim Dahms im Stadtarchiv und im Universitätsarchiv Göttingen); ob er sich aktiv in einer Partei betätigte, konnte nicht ermittelt werden.⟩

S. 248, 14. Z. v. o. (Anm. 5), statt: ⟨Prag; der erwähnte⟩ richtig: ⟨Prag, nahm sich u. a. auf Grund einer Eifersuchtsgeschichte 1937 das Leben; der erwähnte (wahrscheinlich darauf bezogene)⟩

S. 275, 19. Z. v. o. (Anm. 3), statt: ⟨Lazarsfeld,⟩ richtig: ⟨Lazarsfeld (dieser, wegen eines Vorworts, ab der 2. Auflage),⟩

S. 381, 4. Z. v. u., statt: ⟨MHA: 5A.152⟩ richtig: ⟨MHA: VI 5A.152⟩

S. 464, 5. Z. v. u. (Anm. 4), statt: ⟨(geb. 1904)⟩ richtig: ⟨(1904–1996)⟩

S. 561, 7. Z. v. u., statt: ⟨10. 2. 1938⟩ richtig: ⟨10. 2. 1939⟩

S. 653, 15. Z. v. u. (Anm. 3), statt: ⟨Duggan,⟩ richtig: ⟨Duggan (1870–1950), Politikwissenschaftler, 1896–1928 Dozent, dann Prof. in New York, 1916–46 Direktor des⟩

S. 765, 12. Z. v. u., statt: ⟨üerzeugt⟩ richtig: ⟨überzeugt⟩

Band 17

S. 136, 14. Z. v. o., statt: ⟨Rapatriierungskosten⟩ richtig: ⟨Repatriierungskosten.⟩

S. 141, 5. Z. v. o. (Anm. 3), statt: ⟨bezeichnet.⟩ richtig: ⟨bezeichnet. – Horkheimer griff diese Beobachtung der Ambivalenz im Judenbild der Antisemiten in der *Dialektik der Aufklärung* wieder auf (in: *HGS* 5, S. 216).⟩

S. 151, 1. Z. v. o., statt: ⟨Arbeit⟩ richtig: ⟨Arbeit[20a]⟩

S. 154, nach Anm. 20 einfügen: ⟨20a Die gemeinsame Arbeit an der *Dialektik der Aufklärung*.⟩

S. 157, 5. Z. v. o., statt: ⟨MHA: VI 372⟩ richtig: ⟨MHA: VI 13.372⟩

S. 190, 13. Z. v. o. (Anm. 4), statt: ⟨Verteiler⟩ richtig: ⟨Vergaser⟩

S. 223, 3. Z. v. u., statt: ⟨Werkes⟩ richtig: ⟨Werkes[1]⟩

S. 234, 4. Z. v. u., statt: ⟨MHA: 27A.88⟩ richtig: ⟨MHA: VI 27A.88⟩

S. 225, 1. Z. v. u., statt: ⟨sagt.[1]⟩ richtig: ⟨sagt.[1a]⟩

S. 230, vor Anm. 1 einfügen: ⟨1 Gemeint ist die *Dialektik der Aufklärung*.⟩

S. 230, 11. Z. v. o. (Anm. 1), statt: ⟨1 »Doch⟩ richtig: ⟨1a »Doch⟩

S. 278, 17. Z. v. u., statt: ⟨MHA: II 15.198.⟩ richtig: ⟨MHA: II 15.180.⟩

S. 278, 5. Z. v. u. (Anm. 2), statt: ⟨(MHA: II 15.190).⟩ richtig: ⟨(MHA: II 15.192).⟩

S. 296, 17. Z. v. o. (Anm. 1), statt: ⟨(MHA: VU 30.347)⟩ richtig: ⟨(MHA: VI 30.347)⟩

S. 377, 19. Z. v. o., statt: ⟨bemüht⟩ richtig: ⟨bemühte⟩

S. 429, 10. Z. v. u., statt: ⟨MHA: 33.460⟩ richtig: ⟨MHA: VI 33.460⟩

S. 443, 3. Z. v. o., statt: ⟨19. 3. 1942⟩ richtig: ⟨19. 3. 1943⟩

S. 482, 13. Z. v. u., statt: ⟨30. 9. 1942⟩ und ⟨30. 11. 1942⟩ richtig: ⟨30. 9. 1943⟩ und ⟨30. 11. 1943⟩

S. 553, nach 3. Z. v. u. Anrede einzufügen: ⟨L. L.⟩

S. 561, 4. Z. v. o., statt: ⟨MHA: 27A.291⟩ richtig: ⟨MHA: VI 27A.291⟩

S. 705, 2. Z. v. u., statt: ⟨barbarischern⟩ richtig: ⟨barbarischeren⟩

S. 708, 20. Z. v. o., statt: ⟨23. 1. 1945⟩ richtig: ⟨23. 1. 1946⟩

S. 710, 5. Z. v. u., statt: ⟨MHA: II 11.2480⟩ richtig: ⟨MHA: II 11.248⟩

S. 735, 20./22. Z. v. o. (Anm. 5), statt: ⟨Charles Hartshorne … Austin, Texas.⟩ richtig: ⟨Edward Yarnall Hartshorne (1912–1946), amerikanischer Soziologe und Hochschuloffizier, war maßgeblich an der Genehmigung und Vorbereitung des 1. Nachkriegs-Soziologentags beteiligt. 1946 wurde er bei einer Autofahrt erschossen.⟩

S. 783, 13. Z. v. o., statt: ⟨23. 11. 1945⟩ richtig: ⟨23. 11. 1946⟩

S. 821, 5.–2. Z. v. u., statt: ⟨Der nähere… erschließen.⟩ richtig: ⟨(MHA: IX 172.24 und IX 172.22a.)⟩

S. 822, 10. Z. v. o. (Anm. 4), statt: ⟨Straton⟩ richtig: ⟨Stratton⟩

S. 975, 1. Z. v. o., statt: ⟨MHA: VI IC.180⟩ richtig: ⟨MHA: VI 1C.180⟩

S. 1036–1044, Briefe 826 und 827 in umgekehrter Reihenfolge.

S. 1049, 9. Z. v. u., statt: ⟨San Reno⟩ richtig: ⟨San Remo⟩

III. Verzeichnis der Rundfunkaufnahmen

III.1. Chronologisches Verzeichnis der Hörfunkaufnahmen

Das Verzeichnis enthält Aufnahmen von und mit Horkheimer. Diese sind, soweit möglich, in der Reihenfolge ihrer Sendedaten aufgeführt. Bei der Gestaltung der Titel wurde analog zum chronologischen Gesamtverzeichnis der Schriften (I.2) verfahren.

Abkürzungen

A Aufnahmedatum
B Bibliographie. Hinweis auf eine schriftliche Veröffentlichung, die unter der angegebenen Jahreszahl im chronologischen Gesamtverzeichnis der Schriften (I.2) aufzufinden ist.
D Dauer in Minuten (′) und Sekunden (″). Diese Angabe bezieht sich in der Regel auf die Dauer der Aufnahme insgesamt, also nicht allein auf den jeweiligen Beitrag Horkheimers. Die Aufnahmedauer stimmt nicht in allen Fällen mit der Sendedauer überein.
HGS Horkheimer, *Gesammelte Schriften*, mit Band- und Seitenzahl. Hinweis auf eine schriftliche Veröffentlichung aus dem Nachlaß in den *Gesammelten Schriften*, aufzufinden im Inhaltsverzeichnis (I.1).
M.H. Max Horkheimer
Sdt Sendedatum
W Wiederholungssendung(en)

1948

M.H., Eugen Kogon, Hans Mayer, ›Sollen wir Optimisten oder Pessimisten sein?‹ Diskussion in der Reihe: *Das Mitternachtsstudio*, Radio Frankfurt (später: Hessischer Rundfunk), Sdt: 24.6.1948, D: ca. 120′.

1949

›Origins, Manifestations and Motivations of Anti-Semitism‹. Diskussion mit Seminarteilnehmern des College of Jewish Studies, Los Angeles. A: 12.12.1948 und 27.2.1949.

1950

M. H., Theodor W. Adorno, Hans-Georg Gadamer, ›Über Nietzsche und uns. Zum 50. Todestag des Philosophen‹, Diskussion, Hessischer Rundfunk, Frankfurt a. M., A: 31.7.1950, Sdt: 19.9.1950, D: 28'00".
HGS: Bd. 13, S. 111 ff.

M. H., Theodor W. Adorno, Eugen Kogon, ›Die verwaltete Welt oder: Die Krisis des Individuums‹, Diskussion, Hessischer Rundfunk, Frankfurt a. M., A: 4.9.1950, Sdt: 19.9.1950, D: 53'15".
HGS: Bd. 13, S. 121 ff.

›Probleme und Methoden der Kulturanthropologie«, RIAS Berlin, A: 5.10.1950, Sdt: 17.10.1950, D: 14'25".
HGS: Bd. 13, S. 13 ff.

›Ideologie und Wertgebung‹, RIAS Berlin, Sdt: 18.12.1950, D: 30'00".
W: A: 5.3.1956 (Umschnitt), Sdt: 8.3.1956, D: 28'37";
– Sdt: 28.10.1970.
B: 1951

1951

›On Events Leading to Flight to America‹, Interview, American Forces Network, Frankfurt a. M., November 1951.

1952

[Ansprache zur Begrüßung von Bundeskanzler Adenauer auf dem Universitätsfest in der Aula der Universität Frankfurt a. M.], Hessischer Rundfunk, Frankfurt a. M., A: u. Sdt: 30.6.1952, D: 15'16".
B: 1952

[Über Gründe der Emigration aus und der Rückkehr nach Deutschland und die Lebensbedingungen der Juden in Deutschland heute], Interview, American University Radio Stations, 14.7.1952.

›Bildungsideale und studentische Vereinigungen‹, Gespräch mit Karl Heinz Gerschmann, Hessischer Rundfunk, Frankfurt a. M., Sdt: 22.12.1952.

1953

M. H., Theodor W. Adorno, Eugen Kogon, ›Die Menschen und der Terror‹, Gespräch, RIAS Berlin, Sdt: 14.4.1953, D: 26'30".
HGS: Bd. 13, S. 143 ff.

M. H., Dolf Sternberger, Theodor W. Adorno, Alexander Mitscherlich, Franco Lombardi, Ortega y Gasset, Hans-Joachim Rüstow, Wolf Graf von Baudissin, Adolf Arndt, Carl Linfert (Leitung), ›Wohltat und Schmach der Organisation. Perspektiven aus dem *Darmstädter Gespräch* 1953‹, Diskussion, Westdeutscher Rundfunk, Köln, A: 17.10.1953, Sdt: 26.10.1953, D: 69'22".

[Gratulationsworte zur Verleihung des Ordens ›Pour le mérite‹ an Professor Karl Reinhardt], Hessischer Rundfunk, Frankfurt a. M., A: 7. 1. 1953, D: 5′20″.

›Problèmes Sociologiques Contemporains‹, französische Fassung der Vorträge über ›Die Soziologie der Gegenwart‹, Hessischer Rundfunk, Frankfurt a. M. (1954), Radiodiffusion-Television Française, Paris, 1953–1955.
B: unter dem Titel *Soziologische Exkurse. Nach Vorträgen und Diskussionen*, 1956.

1954

›Die Soziologie der Gegenwart‹, Hessischer Rundfunk, Frankfurt a. M., A: 6. 2. 1954 – 24. 7. 1954, D: 148′10″.
B: unter dem Titel *Soziologische Exkurse. Nach Vorträgen und Diskussionen*, 1956
HGS: Bd. 13, S. 25 ff.: nicht in die Exkurse aufgenommener Vortrag ›Wert und Objektivität in der sozialwissenschaftlichen Erkenntnis‹.

1956

M. H. und Theodor W. Adorno, ›Urteile und Vorurteile‹, Bayerischer Rundfunk, München, A: 7 / 1956, Sdt: 5. 9. 1956.

›Zur Idee des Menschen‹, Hessischer Rundfunk, Frankfurt a. M., 11. 10. 1956.
B: unter dem Titel *Zum Begriff des Menschen heute*, 1957

1957

›Über den Zusammenhang von Toleranz und Mimesis von Gesten‹, Rundfunkgespräch, ca. 1957–1958.

1958

M. H., Rudolf Geissendörfer, Herbert Levin, Robert Welsh, Albert Goes, ›In diesen Tagen‹, Ausschnitte aus einer öffentlichen Festveranstaltung zum 80. Geburtstag von Martin Buber, Hessischer Rundfunk, Frankfurt a. M., Sdt: 9. 2. 1958, D: 29′50″.

›Zum Begriff des Menschen heute‹, Süddeutscher Rundfunk, Heidelberg, A: 14. 8. 1958, Sdt: 10. 10. 1958, D: 28′45″.
B: 1957

1959

›Der Mensch in der Wandlung seit der Jahrhundertwende‹, Südwestfunk, Baden-Baden, A: 12 / 1959, Sdt: 27. 12. 1959, D: 28′30″.
B: 1960

1960

›Philosophie als Kulturkritik‹, Südwestfunk, Baden-Baden, A: 12/1959; Teil 1: S. 3. 1. 1960, D: 29′00″; Teil 2: Sdt: 10. 1. 1960, D: 29′10″.
B: 1959

[Ansprache bei der Verleihung des Ehrenbürgerrechts der Stadt Frankfurt], Ausschnitte aus der Veranstaltung, Hessischer Rundfunk, Frankfurt a. M., A: 14. 2. 1960, D: 4′55″.
B: 1960

›Entstehung und Bekämpfung von Vorurteilen‹, Süddeutscher Rundfunk, Heidelberg, A: 25. 2. 1960, Sdt: 16. 3. 1960, D: 28′00″.
B: unter dem Titel ›Über das Vorurteil‹, 1961

›Über die deutschen Juden‹, Westdeutscher Rundfunk, Köln, A: 5. 12. 1960.
B: 1961

1961

›Die geistige Bedeutung Europas für die Welt‹, Südwestfunk, Baden-Baden, A: ca. 5/1961, D: 60′00″.

›Die Juden und der deutsche Geist. Fragment einer großen Begegnung‹, Nachwort zur Reihe *deutsch-jüdischer Geistesgeschichte von Moses Mendelssohn bis Sigmund Freud*, Norddeutscher Rundfunk, Hamburg, A:5. 5. 1961, Sdt: 6. 5. 1961, D: 42′40″.
B: unter dem Titel ›Nachwort‹, 1961

›Paul Tillich zum 75. Geburtstag. Christliche Gedanken zu unserer Zeit‹, Westdeutscher Rundfunk, Köln, A: 10. 8. 1961, Sdt: 22. 8. 1961, D: 9′35″.
HGS: Bd. 13, S. 264 ff.

›Deutschland nach 1945‹, Graf Schweinitz: Interview mit M. H. und Ferdinand Hermes. Bayerischer Rundfunk, München, 1961.
B: unter dem Titel ›Germany's Democracy in Perspective – Can It Ripen Under Suspicion?‹, 1961

1962

›Was ist ein Vorurteil?‹ Einleitungsvortrag zu einem politischen Preisausschreiben des Südwestfunks, Südwestfunk, Baden-Baden, A: 24. 12. 1961, Sdt: 2. 1962.

›Macht und Gewissen‹, Vortrag und Diskussionsbeiträge in: M. H., Dieter Henrich, Friedrich Heer, ›Umstrittene Sachen. Von der Macht und dem Gewissen‹, Vorträge und Diskussion, Westdeutscher Rundfunk, Köln, A: 18. 1. 1962, Sdt: 8. 3. 1962, D: 117′50″ (Vortrag M. H.: 25′03″).
B: 1962

›Zum Begriff der Freiheit‹, Hessischer Rundfunk, Frankfurt a. M., A: 23. 1. 1962, Sdt: 30. 1. 1962, D: 29′15″.
B: 1962

›Die Gesellschaft von heute zwischen gestern und morgen‹, Sender Freies Berlin, Sdt: 13. 3. 1962, D: 30′00″.
HGS: Bd. 13, S. 44 ff.

›Die Philosophie Immanuel Kants und die Aufklärung‹, Südwestfunk, Baden-Baden, A: 2. 3. 1961, Sdt: 30. 9. 1962, D: 26′50″.
B: unter dem Titel ›Kants Philosophie und die Aufklärung‹, 1962

M. H., Wanda von Baeyer-Katte, Walter Jacobsen, Alfons Silbermann, Wolfgang Hochheimer, René König, Bela Grunberger, Alexander Mitscherlich (Leitung und Kommentierung), ›Massenwahn braucht keine Gründe. Eine Diskussion über Antisemitismus‹, aufgenommen beim IV. Kongreß der Deutschen Gesellschaft für Psychotherapie und Tiefenpsychologie in Wiesbaden am 5. 5. 1962, Westdeutscher Rundfunk, Köln, A: 16. 10. 1962, Sdt: 2. 11. 1962, D: 69′35″.
W: Sender Freies Berlin, Sdt: 1. 3. 1963;
– Südwestfunk, Baden-Baden, Sdt: 11. 3. 1963;
– Westdeutscher Rundfunk, Köln, Sdt: 17. 9. 1963.
B: unter dem Titel ›Die psychologischen und sozialen Voraussetzungen des Antisemitismus‹, 1962

1963

›Vorurteile als gesellschaftliches Problem und Wege zu ihrer Überwindung‹ (Übernahme des Vortrages, gehalten in Recklinghausen auf der 15. Studientagung über Kirche und Judentum), Radio Bremen, Sdt: 12. 3. 1963, D: 31′45″.

›Theismus – Atheismus‹, Westdeutscher Rundfunk, Köln, Sdt: 25. 5. 1963.
B: 1963

›Das Ende einer Illusion‹, Diskussionsbeiträge zu einem Referat von Alexander Mitscherlich, Westdeutscher Rundfunk, Köln, Sdt: 26. 5. 1963.
HGS: Bd. 13, S. 153 ff.

M. H. und Götz Harbsmeier, ›Skepsis und Glaube – ein Briefwechsel zwischen Max Horkheimer und Götz Harbsmeier‹, in: ›Eine Welt ohne Gott? Gespräche über Atheismus II‹, Westdeutscher Rundfunk, Köln, Sdt: 14. 9. 1963.
HGS: Bd. 13, S. 56 ff.

1964

›Seine Majestät, der Kunde‹, Westdeutscher Rundfunk, Köln, A: 16. 8. 1964, Sdt: 13. 11. 1964, D: 53′05″.
B: unter dem Titel »Feudalherr, Kunde, Fachmann«, 1964

1965

M. H., Wanda v. Baeyer-Katte, Eckart Heimendahl, Gerhard Möbus, Joseph Rovan, Manfred Schlenke, Hans Schwerte (Leitung), ›Vorurteile – Leitbilder – Politische Verantwortung‹, Podiumsdiskussion beim *Nürnberger Gespräch*, Bayerischer Rundfunk, Nürnberg, A: 28. 4. 1965, D: 147′50″.

›Bedrohungen unserer Freiheit‹, Vortrag auf dem 12. Evangelischen Kirchentag in Köln, Westdeutscher Rundfunk, Köln, A: 29. 7. 1965, D: 56′40″.
W: Süddeutscher Rundfunk, Stuttgart, Sdt: 29. 7. 1965;
– Sender Freies Berlin, Sdt: 31. 7. 1965.
B: unter dem Titel ›Bedrohungen der Freiheit‹, 1965

M. H., Johann Baptist Metz, ›Manipulation von Freiheit und Zukunft‹, Podiumsgespräch, Westdeutscher Rundfunk, Köln, A: 12. 10. 1965, D: 84′04″.

1966

›Die Zukunft der Ehe‹, Süddeutscher Rundfunk, Heidelberg, A: 27. 2. 1966, Sdt: 31. 3. 1966, D: 41′06″.
B: 1966

›Erinnerung an Paul Tillich‹, Gerhard Rein im Gespräch mit Max Horkheimer, Süddeutscher Rundfunk, Stuttgart, A: 1. 8. 1966, Sdt: 21. 8. 1966, D: 16′40″.
B: 1967

1967

›Religion und Philosophie‹, Radio der deutschen und der rätoromanischen Schweiz, Studio Bern, A: 5. 12. 1966, Sdt: 18. 1. 1967.
B: 1967

›Die Seele als Gegenstand der Wissenschaft‹, Kurzfassung der Aufnahme ›Was weiß man von der Seele? Zur Geschichte der Idee der Seele‹, Süddeutscher Rundfunk, Stuttgart, A: 16. 2. 1967, Sdt: 19. 2. 1967, D: 29′00″ bzw. 36′55″;
W: unter dem Titel ›Über die Idee der Seele‹, Südwestfunk, Baden-Baden, Sdt: Mai 1967, D: 29′05″;
– gekürzte Fassung, Süddeutscher Rundfunk, Stuttgart, Sdt: 14. 5. 1972, D: 29′00″.
B: unter dem Titel ›Zur Idee der Seele‹, 1967

›Psalm 91‹, Beitrag zur Reihe *Mein Psalm*, Sender Freies Berlin, Sdt: 17. 7. 1967, D: 25′00″.
B: 1968

›Bildung ist mehr als Wissen‹, Gespräch mit Otmar Hersche. Radio der deutschen und rätoromanischen Schweiz, Studio Bern, A: 19. 8. 1967, Sdt: 27. 9. 1967, D: 29′00″.
HGS: Bd. 13, S. 174 ff.

›Zum gegenwärtigen Antiamerikanismus‹, Beitrag zur Reihe *Gedanken zur Zeit*, Süddeutscher Rundfunk, Stuttgart, A: 16.9.1967, Sdt: 17.9.1969, D: 6′00″.
HGS: Bd. 13, S. 81 ff.

›Karl Marx 1967 – Eine notwendige Aufklärung‹, Süddeutscher Rundfunk, Stuttgart, A: 20.11.1967, Sdt: 22.11.1967, D: 40′15″.
B: unter dem Titel ›War Marx ein schlechter Prophet?‹, 1968

›Unser Ziel: der Planet als unsere Heimat. Gedanken zur Jahreswende‹, Silvesterrede, Süddeutscher Rundfunk, Stuttgart, A: 29.12.1967, Sdt: 31.12.1967, D: 19′15″.
B: unter dem Titel ›Der Planet als unsere Heimat‹, 1968

1968

›Zur Behandlung totalitärer Machthaber in den Massenmedien‹, Beitrag zur Reihe *Gedanken zur Zeit*, Süddeutscher Rundfunk, Stuttgart, A: 11.4.1968, Sdt: 14.4.1968, D: 9′35″.
HGS: Bd. 13, S. 96 ff.

›Gefährdung der Freiheit – Opposition des Geistes‹, Gespräch mit Otmar Hersche, Radio der deutschen und der rätoromanischen Schweiz, Studio Bern, A: 2.2.1968, Sdt: 1.5.1968, D: 44′30″.
HGS: Bd. 13, S. 188 ff.

›Zur Kritik der gegenwärtigen Gesellschaft‹, Vortrag von M. H. und Ausschnitte aus der Podiumsdiskussion mit M. H., Robert Jungk, Kurt Lenk, Erwin K. Scheuch, Hans Bolewski, Gunthar Lehner (Leiter), *Das Nürnberger Gespräch* 1968, Bayerischer Rundfunk, Nürnberg, A: 21.4.1968, D: 53′00″ und 55′35″.
B: 1968

›Zum Attentat auf Robert Kennedy‹, Beitrag zur Reihe *Gedanken zur Zeit*, Süddeutscher Rundfunk, Stuttgart, A: 8.6.1968, Sdt: 9.6.1968, D: 4′30″.
B: unter dem Titel ›Märtyrer der Freiheit‹, 1968

[Über Fragen der Bildungsreform], Gespräch mit Peter Langer nach dem Vortrag M. H.s anläßlich des 150jährigen Bestehens der Bonner Universität, Westdeutscher Rundfunk, Köln, A: 10.7.1968, D: 9′50″.

›Orientierung‹, Interview mit Reinfried Hörl zum Thema ›Pille‹, Süddeutscher Rundfunk, Stuttgart, A: 9.8.1968, Sdt: 11.8.1968, D: 14′00″.
HGS: Bd. 13, S. 202 ff.

›Dialog über den Dialog‹, Gespräch mit Hans Jürgen Schultz, Süddeutscher Rundfunk, Stuttgart, A: 27.9.1968, Sdt: 6.10.1968, D: 26′10″.
B: 1969

[Gespräch mit Enzo Bettiza], Radiotelevisione della Svizzera italiana, Lugano, A: 7.10.1968, D: 4′21″.

[Interview aus Anlaß des Jahrestages der Pogrome von 1938], mit Sigurd Guthmann, Hessischer Rundfunk, Frankfurt a. M., Sdt: 9.11.1968, D: 6′10″.

M. H., Bernhard Welte, Otmar Hersche, ›Wahrheit im Denken und Wahrheit im Glauben‹, Vortrag und Diskussion. Radio der deutschen und der rätoromanischen Schweiz, Studio Bern, A: 20.11.1968, Sdt: 8.12.1968 und 5.1.1969, D: 59'00".
HGS: Bd. 13, S. 100ff.

[Über die Studentenrevolten, die Bedeutung von Marx heute und die Gefahr des Totalitarismus], Gespräch mit Enzo Bettiza, Radiotelevisione della Svizzera italiana, Lugano, A: 19.12.1968, D: 71'10".

1969

›Über den Zweifel‹, Süddeutscher Rundfunk, Stuttgart, A: 3.1.1969, Sdt: 8.1.1969, D: 16'35";
W: A: 12/1972, S: 5.1.1973, D: 13'30".

›Funktion der Theologie in Kirche und Gesellschaft‹, Gespräch mit Paul Neuenzeit, Westdeutscher Rundfunk, Köln, A: 9/1968, Sdt: 12.1.1969, D: 29'00".
B: unter dem Titel ›Die Funktion der Theologie in der Gesellschaft‹, 1969

›Kritische Theorie. I. Entstehung und Entwicklung einer Theorie. II. Entfaltung der Begriffe‹, Interview mit Otmar Hersche, Radio der deutschen und der rätoromanischen Schweiz, Studio Bern, I: A: 31.3.1969, S: 7.5.1969, D: 49'30"; II: A: 1.4.1969, S: 14.5.1969, D: 44'10".
B: unter dem Titel ›Verwaltete Welt‹, 1970

›Zur Produktivität des Zweifels‹, Süddeutscher Rundfunk, Stuttgart, Sdt: 5.1969
B: 1969

[Über das religiöse Denken heute], Beitrag zur Reihe *Lavori in corso*, Radiotelevisione della Svizzera italiana, Lugano, A: 26.6.1969, D: 17'00".

M. H., Ralf Dahrendorf, Ludwig von Friedeburg, Ernst Schütte, [Beisetzung von Theodor W. Adorno], Mitschnitt aus den öffentlichen Beisetzungsfeierlichkeiten, Hessischer Rundfunk, Frankfurt a. M., A. u. Sdt: 13.8.69, 58'50".

›Theodor W. Adorno zum Gedenken‹, Sendung mit Beiträgen von M. H., Ernst Topitsch und Oskar Negt, RIAS Berlin, A: 1.10.1969, D (der Sendung insgesamt): 29'00".
B: unter dem Titel ›Ein großer Geist in der Zeit des Übergangs‹, 1969

›Radikalismus‹, Gespräch mit Hans Jürgen Schultz in der Reihe *Politik für Nichtpolitiker*, Süddeutscher Rundfunk, Stuttgart, A: 21.11.1969, Sdt: 30.11.1969, D: 39'00".
B: 1970

›Machiavelli‹, Interview mit Carla Ghelli, Radiotelevisione Italiana, November 1969, Sdt: 2.12.1969.

›Dokumente – Stationen‹, I–IV, Gespräch mit Otmar Hersche, Radio der deut-

schen und der rätoromanischen Schweiz, Studio Bern, A: 7 / 1969; 1. Teil (bis 1933, I und II): Sdt: 10.10.1969 und 1.3.1970, D: 54'30"; 2. Teil (seit 1933, III und IV): Sdt: 17.12.1969 und 22.3.1970, D: 54'50".
B: 1974

1970

›Pessimismus in unserer Zeit‹, Süddeutscher Rundfunk, Stuttgart, A: 1 / 1970, Sdt: 27.3.1970, D: 38'05".
B: unter dem Titel ›Pessimismus heute‹, 1971

M. H., Friedrich Heer, Kurt Marti, Martin Stähli, Rudolf H. Strahm, Anna-Dora Streckeisen, Ulrich Wyss, Otmar Hersche (Leitung), ›Überlebte Kirche – überlebt die Kirche?‹, Diskussion, Radio der deutschen und der rätoromanischen Schweiz, Studio Bern, A: 13.2.1970, Sdt: 27.3.1970, D: 53'00".

›Ehe und Familie in der Krise?‹, Interview mit Otmar Hersche, Radio der deutschen und der rätoromanischen Schweiz, Studio Bern, A: 14.2.1970, Sdt: 10.6.1970, D: 44'50".
HGS: Bd. 13, S. 208 ff.

›Gedenkrede zum 1. Todestag Theodor W. Adornos am 6.8.1970‹, in: Clytus Gottwald, ›Über das, über ein Verschwinden. Sendung zum 1. Todestag von Theodor W. Adorno‹, Süddeutscher Rundfunk, Stuttgart, A: 7.9.1970, Sdt: 11.9.1970, D: 58'05".

›Der Preis der Aufklärung‹, Interview mit Claus Henning Bachmann, A: 25.9.1970, Sdt: Österreichischer Rundfunk, Wien, und auszugsweise vom Deutschlandfunk, Köln, Sdt: 17.11.1970.
HGS: Bd. 13, S. 224 ff.

›Liberalisierung der Religion heute‹, Vortrag beim 5. Salzburger Humanismus-Gespräch über *Die Zukunft der Religion* am 25.9.1970 sowie anschließende Diskussion, Österreichischer Rundfunk, Wien, Sdt: 11. und 12.11.1970.
B: unter dem Titel ›Bemerkungen über die Liberalisierung der Religion‹, 1971

›Kultur und Moral‹, Bayerischer Rundfunk, München, A: 29.12.1970, D: 35'50".
B: 1971

1971

›Die Sehnsucht nach dem ganz Anderen‹, Interview mit Helmut Gumnior, Süddeutscher Rundfunk, Stuttgart, A: 12 / 1970, Sdt: 1.1.1971, D: 28'20".
B: 1970

[Über die Dialektik des Fortschritts und die Macht des Unbewußten], Interview mit Dudu Gobba für die Reihe *Lavori in corso*, Radiotelevisione della Svizzera italiana, Lugano, A: 4.1.1971, D: 5'25".

[Über die Verflechtung von Sprache und Geschichte bei der Herausbildung der

Stadt], Gespräch für die Reihe *Lavori in corso*, Radiotelevisione della Svizzera italiana, Lugano, A: 1.3.1971, D: 4'04".

»Neues Denken über Revolution«, Gespräch mit Gerhard Rein, Süddeutscher Rundfunk, Stuttgart, A: 1.3.1971, Sdt: 3.3.1971, D: 14'40".
B: 1971

›Si può parlare del profilarsi di una barbarie nel 2000?‹ [Kann man von der Anbahnung einer Barbarei im Jahre 2000 sprechen?‹], Gespräch mit Grytzko Mascioni, Radiotelevisione della Svizzera italiana, Lugano, A: 26.4.1971, D: 2'13".

[Über den Begriff der Freiheit], Vortrag, Süddeutscher Rundfunk, Heidelberg, A: 21.6.1971,
W: Österreichischer Rundfunk, Wien, Sdt: 11.7.1971.

[Über abstrakte Malerei], Beantwortung einer Frage von Dudu Gobba in einer Sendung der Reihe *Occhio critico*, Radiotelevisione della Svizzera italiana, Lugano, A: 28.12.1971, D: 25'17".

1973

›Dialettica dell'illuminismo – la figura di Ulisse‹ [Dialektik der Aufklärung – die Gestalt des Odysseus‹], Beitrag zu einer Sendung der Reihe *Lavori in corso*, Radiotelevisione della Svizzera italiana, Lugano, A: 2.4.1973, D: 27'24" (Beitrag M. H.: 3'00").

1974

›Die gesellschaftliche Funktion der Philosophie‹, in der Reihe *Stimmen der Meister*, Sprecher: Wolfgang Wendt, Süddeutscher Rundfunk, Stuttgart, A: 26.11.1974, Sdt: 8.12.1974, D: 8'45".
B: unter dem Titel ›The Social Function of Philosophy‹, 1940.

1980

[Über Friedrich Pollock], Gespräch mit Grytzko Mascioni, Beitrag zu einer Sendung über Friedrich Pollock, Radiotelevisione della Svizzera italiana, Lugano und Norddeutscher Rundfunk, Hamburg, A: 7.2.1980, D: 22'47" (Beitrag M. H.: 7'30").

1988

›Arthur Schopenhauer: Aphorismen zum Leben‹, Auszug aus einem Festvortrag vom 21.9.1960 aus Anlaß des 100. Todestages von Schopenhauer, Hessischer Rundfunk, Frankfurt a. M., Sdt: 23.2.1988, D: 14'35".
B: unter dem Titel ›Die Aktualität Schopenhauers‹, 1961

M. H., Theodor W. Adorno, Ernst Bloch, Iring Fetscher, Jürgen Habermas, Walter Höllerer, Hans Egon Holthusen, Karl Jaspers, Herbert Marcuse, Alexander Mitscherlich, Margarete Mitscherlich, Horst Eberhard Richter, Michael Stürmer, Dieter Wellershoff, ›Abschied vom Individuum? Eine Abendstudio-Diskussion über vier Jahrzehnte‹, Zusammenschnitt aus Abendstudio-Sendungen von 1948–1988 zu einer fiktiven Diskussion von Werner Bohnenberger, Hessischer Rundfunk, Frankfurt a. M., Sdt: 25. 12. 1988, D: 59′05″.

III.2. Alphabetisches Verzeichnis der Hörfunkaufnahmen

Das Verzeichnis enthält die Titel der Hörfunkaufnahmen mit dem Jahr ihrer jeweiligen Erstsendung. Nähere Angaben sind unter dem angegebenen Jahr im chronologischen Verzeichnis der Hörfunkaufnahmen (III.1) zu finden.
Für die Anordnung der Titel ist die Wortfolge unter Ausschluß von Artikeln und Vornamen maßgebend. Originaltitel stehen in einfachen Anführungszeichen ›...‹, beschreibende Titel des Herausgebers in eckigen Klammern [...].
Bei Wiederholungssendungen, deren Titel von denen der Erstsendung abweicht, wird unter »H« auf den ursprünglichen Titel und das Jahr verwiesen, in dem die Sendung im chronologischen Verzeichnis der Hörfunkaufnahmen (III.1) zu finden ist.

Titel	Jahr
›Abschied vom Individuum? Eine Abendstudio-Diskussion über vier Jahrzehnte‹	1988
›Theodor W. Adorno zum Gedenken‹	1969
[Ansprache zur Begrüßung von Bundeskanzler Adenauer auf dem Universitätsfest in der Aula der Universität Frankfurt]	1952
[Ansprache bei der Verleihung des Ehrenbürgerrechts der Stadt Frankfurt]	1960
›Arthur Schopenhauer: Aphorismen zum Leben‹	1988
›Bedrohungen unserer Freiheit‹	1965
[Beisetzung von Theodor W. Adorno]	1969
›Bildung ist mehr als Wissen‹	1967
›Bildungsideale und studentische Vereinigungen‹	1952
›Deutschland nach 1945‹	1961
›Dialektik der Aufklärung – die Gestalt des Odysseus‹ (1973) H: ›Dialettica dell'illuminismo – la figura di Ulisse‹	1973
›Dialettica dell'illuminismo – la figura di Ulisse‹	1973
›Dialog über den Dialog‹	1968
›Dokumente – Stationen‹	1969
›Ehe und Familie in der Krise?‹	1970
›Das Ende einer Illusion‹	1963

›Entstehung und Bekämpfung von Vorurteilen‹ 1960

›Erinnerungen an Paul Tillich‹ 1966

›Funktion der Theologie in Kirche und Gesellschaft‹ 1969

›Gedenkrede zum 1. Todestag Theodor W. Adornos am 6. 8. 1970‹ 1970

›Gefährdung der Freiheit – Opposition des Geistes‹ 1968

›Die geistige Bedeutung Europas für die Welt‹ 1961

›Die Gesellschaft von heute zwischen gestern und morgen‹ 1962

›Die gesellschaftliche Funktion der Philosophie‹ 1974

›Gespräch mit Enzo Bettiza‹ 1968

[Gratulationsworte zur Verleihung des Ordens ›Pour le mérite‹ an Professor Karl Reinhardt] 1953

›Ideologie und Wertgebung‹ 1950

›In diesen Tagen‹ [Interview aus Anlaß des Jahrestages der Pogrome von 1938] 1958/1968

›Ist der Antisemitismus in Deutschland überwunden?‹ 1958

›Die Juden und der deutsche Geist‹ 1961

›Kann man von der Anbahnung einer Barbarei im Jahre 2000 sprechen?‹ (1971)
H: ›Si può parlare del profilarsi di una barbarie nel 2000?‹ 1971

›Kritische Theorie‹ 1969

›Kultur und Moral‹ 1970

›Liberalisierung der Religion heute‹ 1970

›Machiavelli‹ 1969

›Macht und Gewissen‹ 1962

›Manipulation von Freiheit und Zukunft‹ 1965

›Karl Marx 1967‹ 1967

›Massenwahn braucht keine Gründe. Eine Diskussion über Antisemitismus‹ 1962

›Der Mensch in der Wandlung seit der Jahrhundertwende‹ 1959

›Die Menschen und der Terror‹ 1953

›Neues Denken über Revolution‹ 1971

›On Events Leading to Flight to America‹ 1951

›Origins, Manifestations and Motivations of Antisemitism‹ 1949

›Orientierung‹ 1968

›Pessimismus in unserer Zeit‹ 1970

›Philosophie als Kulturkritik‹ 1960

›Die Philosophie Immanuel Kants und die Aufklärung‹ 1962

›Der Preis der Aufklärung‹ 1970

›Probleme und Methoden der Kulturanthropologie‹ 1950

›Problèmes Sociologiques Contemporains‹ 1953/55

›Psalm 91‹ 1967

›Radikalismus‹ 1969

›Religion und Philosophie‹ 1967

›Die Seele als Gegenstand der Wissenschaft‹ 1967

›Die Sehnsucht nach dem ganz Anderen‹ 1970

›Seine Majestät, der Kunde‹ 1964

›Si può parlare del profilarsi di una barbarie nel 2000?‹ 1971

›Skepsis und Glaube – ein Briefwechsel zwischen Max Horkheimer und Götz Harbsmeier‹ 1963

›Sollen wir Optimisten oder Pessimisten sein?‹ 1948

›Die Soziologie der Gegenwart‹ 1954

›Theismus – Atheismus‹ 1963

›Paul Tillich zum 75. Geburtstag. Christliche Gedanken zu unserer Zeit‹ 1961

[Über abstrakte Malerei] 1971

[Über den Begriff der Freiheit] 1971

›Über die deutschen Juden‹ 1960

[Über die Dialektik des Fortschritts und die Macht des Unbewußten] 1971

[Über Fragen der Bildungsreform] 1968

[Über Gründe der Emigration aus und der Rückkehr nach Deutschland und die Lebensbedingungen der Juden in Deutschland heute] 1952

›Über die Idee der Seele‹ (1967)
H: ›Die Seele als Gegenstand der Wissenschaft‹ 1967

›Über Nietzsche und uns. Zum 50. Todestag des Philosophen‹ 1950

[Über Friedrich Pollock] 1980

[Über das religiöse Denken heute] 1969

[Über die Studentenrevolten, die Bedeutung von Marx heute und die Gefahr des Totalitarismus] 1968

[Über die Verflechtung von Sprache und Geschichte bei der Herausbildung der Stadt] 1971

›Über den Zusammenhang von Toleranz und Mimesis von Gesten‹ 1957

›Über den Zweifel‹ 1969

›Überlebte Kirche – überlebt die Kirche?‹ 1970

›Umstrittene Sachen. Von der Macht und dem Gewissen‹ (1962)
H: ›Macht und Gewissen‹ 1962

›Urteile und Vorurteile‹ 1956

›Unser Ziel: der Planet als unsere Heimat. Gedanken zur Jahreswende‹ 1967

›Die verwaltete Welt oder die Krisis des Individuums‹ 1950

›Vorurteile als gesellschaftliches Problem und Wege zu ihrer Überwindung‹ 1963

›Vorurteile – Leitbilder – Politische Verantwortung‹ 1965

›Wahrheit im Denken und Wahrheit im Glauben‹ 1968

›Was ist ein Vorurteil?‹ 1962

›Was weiß man von der Seele? Zur Geschichte der Idee der Seele‹ (1967)
H: ›Die Seele als Gegenstand der Wissenschaft‹ 1967

›Wohltat und Schmach der Organisation. Perspektiven aus dem »Darmstädter Gespräch« 1953‹ 1953

›Die Zukunft der Ehe‹ 1966

›Zum Attentat auf Robert Kennedy‹ 1968

›Zum Begriff der Freiheit‹ 1962

›Zum Begriff des Menschen heute‹ 1958

›Zum gegenwärtigen Antiamerikanismus‹ 1967

›Zur Behandlung totalitärer Machthaber in den Massenmedien‹ 1968

›Zur Idee des Menschen‹ 1956

›Zur Idee der Seele‹ (1967)
H: ›Die Seele als Gegenstand der Wissenschaft‹ 1967

›Zur Kritik der gegenwärtigen Gesellschaft‹ 1968

›Zur Produktivität des Zweifels‹ 1969

III.3 Chronologisches Verzeichnis der Fernsehaufnahmen

Das Verzeichnis enthält Aufnahmen von und mit Horkheimer. Diese sind, soweit möglich, in der Reihenfolge ihrer Sendedaten aufgeführt. Bei der Gestaltung der Titel wurde analog zum chronologischen Gesamtverzeichnis der Schriften (I.2) verfahren.

Abkürzungen

A	Aufnahmedatum
B	Bibliographie. Hinweis auf eine schriftliche Veröffentlichung, die unter der angegebenen Jahreszahl im chronologischen Gesamtverzeichnis der Schriften (I.2) aufzufinden ist.
D	Dauer in Minuten (′) und Sekunden (″). Diese Angabe bezieht sich in der Regel auf die Dauer der Aufnahme insgesamt, also nicht allein auf den jeweiligen Beitrag Horkheimers. Die Aufnahmedauer stimmt nicht in allen Fällen mit der Sendedauer überein.
HGS	Horkheimer, *Gesammelte Schriften*, mit Band und Seitenzahl. Hinweis auf eine schriftliche Veröffentlichung aus dem Nachlaß in den *Gesammelten Schriften*, aufzufinden im Inhaltsverzeichnis (I.1).
M. H.	Max Horkheimer
Sdt	Sendedatum
W	Wiederholungssendung(en)

1959

in: Peter Schier-Gribowski, ›Als wärs ein Stück von Dir‹, Norddeutscher Rundfunk, Hamburg, Sdt: 14.9.1959, D: 69′27″.

1960

[Über die Bewältigung der Nazi-Vergangenheit im Nachkriegsdeutschland], Interview, Canadian Television and Broadcasting Corporation, A: 23.1.1960, Sdt: 31.1.1960.

1964

in: Kurt Morneweg, ›Studenten, Forscher und Mäzene. 50 Jahre Universität Frankfurt‹, Hessischer Rundfunk, Frankfurt a. M., Sdt: 9.6.1964, D: 29′12″.

in: Dagobert Lindlau, ›Die Bundesrepublik heute. [I. Teil:] Frankfurt – die neue deutsche Gesellschaft‹, Bayerischer Rundfunk, München, A: 15.–30.6.1964, Sdt: 4.9.1964, D:50′00″.

1965

M. H., Heinrich Bürkle de la Camp, Theodor Hellbrügge, Alexander Mitscherlich, Clemens Münster, Klaus Munck, Reitzner, Rössler, Wenke Willenegger, Dagobert Lindlau, Heigert (Leitung), ›Über die medizinischen Sendungen des Bayerischen Rundfunks‹, Diskussion, Bayerischer Rundfunk, München, Sdt: 31.7.1965.
B: unter dem Titel »Sendungsbewußtsein. Medizin im Fernsehen«, 1966

M. H., Alexander Mitscherlich, Wolfgang Kahle (Diskussionsleiter), ›Hitler und das deutsche Volk‹, Diskussion zur Fernsehdokumentation von Wolfgang Kahle, Bayerischer Rundfunk, München, A: 1.8.1965, Sdt: 28.11.1965, D: 43′32″.

1966

›Faschismus – Antifaschismus‹, Gespräch mit Dagobert Lindlau und Reimar Allerdt, in: *Report* (113), Bayerischer Rundfunk, München, A: 6.5.1966, Sdt: 9.5.1966, D: 14′18″;
W unter dem Titel: ›Freiheit und ob man mit allen Mitteln dafür kämpfen darf‹, Interview von Dagobert Lindlau und Max Horkheimer, in: *Nachrichten für den Lehrer*, Bayerischer Rundfunk, München, A: 4.1966, Sdt: 6.1966, D: 8′30″.
HGS: Bd. 13, S. 163 ff.

1967

Interview mit Dagobert Lindlau, in: ›Die rote Garde in China‹, in: *Report* (142), Bayerischer Rundfunk, München, A: 12/1966, Sdt: 9.1.1967, D: 40′48″ (M. H.: 9′40″).
HGS: Bd. 13, S. 167 ff.

in: ›Am Rande der Zivilisation‹, I. ›Die Jäger – der Bauer‹, II. ›Der Fischer – der Schäfer‹, Textbeiträge, Bayerischer Rundfunk, München, I : A: 25.9.1967, Sdt: 27.9.1967, D: 30′37″; II : A: 6.10.1967, Sdt: 10.10.1967, D: 35′00″.
W: gekürzte Fassung, Sdt: 28.10.1971, D: 42′59″.

›Liebe deinen Nächsten‹, Interview mit Dagobert Lindlau, in: *Report*, Bayerischer Rundfunk, München, A: 8/1967 und 11/1967, Sdt: 22.11.1967, D: 12′00″.
HGS: Bd. 13, S. 183 ff.

1968

[Christentum, Marxismus und studentische Protestbewegung], Interview mit Dagobert Lindlau in: *Report* (188), Bayerischer Rundfunk, München, Sdt: 8.1.1968, D: 9'38".

W: Ausschnitte daraus in der Reihe »Spectrum«, Westdeutscher Rundfunk, Köln, Sdt: 13.1.1968, D: 6'00".

B: unter dem Titel »Statt eines Nachworts«, 1968

[Über Kritische Theorie und studentischen Protest], Interview mit Enzo Bettiza, Televisione Svizzera Italiana, Lugano, A: 7.8.1968.

1969

in: ›Hegel und seine Erben‹, *Titel, Thesen, Temperamente* (17), Hessischer Rundfunk, Frankfurt a. M., Sdt: 20.4.1969, D: 14'16".

in: Hellmuth Karasek, ›Max Horkheimer. Porträt eines Aufklärers‹, Gespräch mit Hellmuth Karasek, Hessischer Rundfunk, Frankfurt a. M., Sdt: 27.5.1969, D: 45'00".

in: Beerdigung Adornos, in: *Hessenschau*, Hessischer Rundfunk, Frankfurt a. M., Sdt: 13.8.1969, D: 1'12".

1970

in: Helmut Gumnior, ›Max Horkheimer‹, Sendereihe *Das Porträt*, Norddeutscher Rundfunk III, Hamburg, Sdt: 16.2.1970, D: 44'30".

Interview in: ›Wer kommt nach Adorno? Die Zukunft der Frankfurter Schule‹, in: *Titel, Thesen, Temperamente* (28), Hessischer Rundfunk, Frankfurt a. M., Sdt: 23.2.1970, D: 14'57".

M. H., Max Gassmann, John K. Galbraith, Ota Sik, Hans Pestalozzi, Joachim Kahl, Hilary Rose, Adolf Wirz, Arno Plack, Adolf Portmann, René König, ›Der manipulierte Mensch‹, Diskussion, Ausschnitte aus einer internationalen Forumsveranstaltung des Gottlieb-Duttweiler-Instituts für wirtschaftliche und soziale Studien in Zürich, Westdeutscher Rundfunk, Köln, Sdt: 11.4.1970, D: 28'28".

[Über die Fortführung der Kritischen Theorie an der Universität Frankfurt], Interview in: *Spectrum* (4), Westdeutscher Rundfunk, Köln, Sdt: 11.4.1970, D: 8'28".

[Über Philosophie und Gesellschaft heute, insbesondere die ›Kritische Theorie‹], Interview mit Piera Rolandi, Radiotelevisione Italiana, A: 2.6.1970.

[Über das Verhältnis von Philosophie und Totalitarismus. Über den Widerspruch von Gerechtigkeit und Freiheit], in: Friedrich Hansen-Löve, ›Hegel heute. Zur Wiederkehr des 200. Geburtstages‹, Österreichischer Rundfunk, Wien, Sdt: 15.9.1970, D: 56'48".

Interview mit Othmar Urban in der Reihe *Zeit im Bild*, Österreichischer Rundfunk, Wien, A: 15.10.1970, Sdt: 18.10.1970, D: 4′06″.

1971

in: ›Portrait des Philosophen Max Horkheimer anläßlich der Verleihung des Lessing-Preises an ihn‹, Beitrag zur Sendereihe *Spectrum*, Westdeutscher Rundfunk, Köln, Sdt: 13.2.1971, D: 4′30″.

in: [Bericht über die Verleihung des Lessing-Preises der Stadt Hamburg 1971 an Max Horkheimer], in: *Nordschau – Berichte vom Tage* (15), Norddeutscher Rundfunk, Hamburg, Sdt: 18.2.1971, D: 0′42″.

1972

M. H., Friedrich Hacker, [Über Aggression, Autorität und die Möglichkeiten der Aufklärung], ein Gespräch, Bayerischer Rundfunk, München, A: 9.11.1971, Sdt: 10.4.1972, D: 56′46″.

›Wahrheitsgehalt der Wissenschaft‹, Interview mit Dagobert Lindlau, in: *Revue III/72, Bilder aus der Wissenschaft* (5), Bayerischer Rundfunk, München, A: 2.5.1972, Sdt: 11.5.1972, D: 8′57″.
HGS: Bd. 13, S. 249ff. unter dem Titel [Über die Grenzen wissenschaftlicher Wahrheit].

1973

in: Helmut Gumnior, Günther Specovius, ›Abschied von Adam. Abschied von der Erbsünde?‹, in der Reihe *Glauben und Denken*, Norddeutscher Rundfunk, Hamburg, Sdt: 26.6.1973, D: 28′02″.

in: Wolfgang Kraus, ›Zum Tod Max Horkheimers‹, in der Reihe *Zeit im Bild*, Österreichischer Rundfunk, Wien, Sdt: 10.7.1973, D: 1′55″.

III.4. Alphabetisches Verzeichnis der Fernsehaufnahmen

Das Verzeichnis enthält die Titel der Fernsehaufnahmen mit dem Jahr ihrer jeweiligen Erstsendung. Nähere Angaben sind unter dem angegebenen Jahr im chronologischen Verzeichnis der Fernsehaufnahmen (III.3) zu finden.
Für die Anordnung der Titel ist die Wortfolge unter Ausschluß von Artikeln und Vornamen maßgebend. Originaltitel stehen in einfachen Anführungszeichen ›...‹, beschreibende Titel des Herausgebers in eckigen Klammern [...].
Bei Wiederholungssendungen, deren Titel von denen der Erstsendung abweicht, wird unter »F« auf den ursprünglichen Titel und das Jahr verwiesen, in dem die Sendung im chronologischen Verzeichnis der Fernsehaufnahmen (III.3) zu finden ist.

in: ›Abschied von Adam. Abschied von der Erbsünde?‹ 1973

in: ›Als wärs ein Stück von Dir‹ 1959

in: ›Am Rande der Zivilisation‹ 1967

in: [Beerdigung Adornos] 1969

in: [Bericht über die Verleihung des Lessing-Preises der Stadt Hamburg 1971 an Max Horkheimer] 1971

in: ›Die Bundesrepublik heute. [I. Teil:] Frankfurt – die neue deutsche Gesellschaft‹ 1964

[Christentum, Marxismus und studentische Protestbewegung] 1968

›Faschismus – Antifaschismus‹ 1966

›Frankfurt – und die neue deutsche Gesellschaft‹ (1964)
F: ›Die Bundesrepublik heute‹ 1964

›Freiheit und ob man mit allen Mitteln dafür kämpfen darf‹ (1966)
F: ›Faschismus – Antifaschismus‹ 1966

in: ›Hegel heute. Zur Wiederkehr des 200. Geburtstags‹ (1970)
F: [Über das Verhältnis von Philosophie und Totalitarismus. Über den Widerspruch von Gerechtigkeit und Freiheit] 1970

in: ›Hegel und seine Erben‹ 1969

›Hitler und das deutsche Volk‹ 1965

in: ›Max Horkheimer‹ 1970

in: ›Max Horkheimer, Porträt eines Aufklärers‹ 1969

[Interview mit Otmar Urban in der Reihe *Zeit im Bild*] 1970

›Der Jäger – der Bauer‹, ›Der Fischer – der Schäfer‹ (1967)
F: ›Am Rande der Zivilisation‹ 1967

›Liebe deinen Nächsten‹ 1967

›Der manipulierte Mensch‹ 1970

in: ›Porträt des Philosophen Max Horkheimer anläßlich der Verleihung des Lessing-Preises an ihn‹ 1971

in: ›Die rote Garde in China‹ 1967

in: ›Studenten, Forscher und Mäzene. 50 Jahre Universität Frankfurt‹ 1964

[Über Aggression, Autorität und die Möglichkeiten der Aufklärung] 1972

[Über die Bewältigung der Nazi-Vergangenheit im Nachkriegsdeutschland] 1960

[Über die Fortführung der Kritischen Theorie] 1970

[Über Kritische Theorie und studentischen Protest] 1968

›Über die medizinischen Sendungen des Bayerischen Rundfunks‹ 1965

[Über Philosophie und Gesellschaft heute, insbesondere die ›Kritische Theorie‹] 1970

[Über das Verhältnis von Philosophie und Totalitarismus. Über den Widerspruch von Gerechtigkeit und Freiheit] 1970

›Wahrheitsgehalt der Wissenschaft‹ 1972

in: ›Wer kommt nach Adorno?‹ 1970

in: ›Zum Tod Max Horkheimers‹ 1973

IV. Verzeichnis der Vorlesungen und Seminare

Vorbemerkungen

Das Verzeichnis gibt eine Übersicht über die akademischen Lehrtätigkeiten Horkheimers an den Universitäten Frankfurt a. M. (1925–33 und 1950–71), Columbia, New York (1936–48) und Chicago (1957, wobei zu Horkheimers Gastprofessur dort während der Jahre 1954–59 nur eine Vorlesung dokumentiert ist). Quellen für die Aufstellung waren

- die verschiedenen Frankfurter und New Yorker Vorlesungsverzeichnisse, denen auch die Angaben über Tag und Dauer entnommen sind; sodann folgende im Horkheimer-Archiv befindliche Materialien:
- Selbstdarstellungen, Arbeitsberichte, Ankündigungen und Entwürfe des Instituts, insbesondere aus der New Yorker Zeit,
- von Pollock erstellte Verzeichnisse der Lehrveranstaltungen Horkheimers,
- Notizen, Entwürfe und Protokolle zu den Veranstaltungen von M. H. selbst, von Pollock oder anderen Mitarbeitern des Instituts,
- Frankfurter Seminarunterlagen (Teilnehmerlisten, Referate, Protokolle) 1949–71.

Wie aus dem Verzeichnis hervorgeht, hielt Horkheimer auch noch nach seiner Emeritierung 1959 regelmäßig Lehrveranstaltungen ab, seit 1964/65 aber nur noch zusammen mit Theodor W. Adorno und Karl Heinz Haag. An den von diesen regelmäßig geleiteten Seminaren nahm er in der Spätzeit nur noch in jeweils größeren Abständen (etwa alle vier Wochen) teil.
Die Aussagekraft der offiziellen Veranstaltungstitel reicht oft nicht sehr weit. So sind die Titel, entsprechend damaligen universitären Gepflogenheiten, meist allgemeiner und unverbindlicher gehalten (z. B. »Einführung in die Philosophie«, »Philosophische Übungen für Anfänger«), als dies heute vielfach üblich ist. Die Seminare der 50er und 60er Jahre sind in den Vorlesungsverzeichnissen meist nur als »Philosophisches Proseminar« bzw. »Philosophisches Hauptseminar« angekündigt. Jedoch ließen sich die Themen der Veranstaltungen in vielen Fällen dem Archivmaterial entnehmen. Entweder finden sich dort formulierte Titel, oder die vorhandenen Materialien (Notizen, Protokolle, Referate) erlauben wenigstens umrißhaft die Angabe des Veranstaltungsthemas. Ebenfalls aufgrund des Archivmaterials ließen sich auch einige Veranstaltungen ergänzen, die nicht in den Vorlesungsverzeichnissen angekündigt sind. Schließlich sind im Falle der Aufnahme von Vorlesungen in die *Gesammelten Schriften* deren dortiger Standort unter der Abkürzung »*HGS*...« mit Bandnummer und Seitenzahl vermerkt.

Diese erläuternden oder aus dem Archivmaterial bloß erschlossenen Hinzufügungen stehen hier in eckigen Klammern [...].
Über weitere Einschränkungen schreibt Pollock 1968 in der Vorbemerkung zu einem von ihm erstellten Verzeichnis Horkheimerscher Lehrveranstaltungen von 1925 bis 1934:
»Das Verzeichnis dieser Vorlesungen ist ein Beispiel dafür, wie wenig Archivmaterial ausreicht, um wahre Geschichte zu schreiben. Das gilt im Großen wie im Kleinen. Ohne ausführlichen Kommentar gibt das Verzeichnis ein schiefes Bild. Einige der Vorlesungen sind zwar angezeigt, aber nicht gehalten worden. So ist zum Beispiel Professor Horkheimer im Frühjahr 1932 (Datum nachprüfen), als er von der Riviera kam, so schwer erkrankt, daß er in Lyon aussteigen mußte und nachher, ich glaube mit dem Krankenwagen, nach Genf gebracht wurde. Dort wurde Diphtherie diagnostiziert, er mußte ins Krankenhaus und der einliefernde Arzt sagte der Schwester: ›Passen Sie gut auf, der Patient kann jeden Augenblick sterben.‹
Ein zweites Beispiel: Die harmlosen Anzeigen unter der Rubrik ›Wintersemester 1932/33‹ hatten in Wirklichkeit Kampfvorlesungen gegen den Nationalsozialismus zum Gegenstand. Die Situation war schon so zugespitzt, daß H. und seine Frau nicht mehr wagen konnten, in ihrem Haus in Kronberg zu wohnen, sondern in das Park Hotel nach Frankfurt umzogen. Ob bei der Ernennung Hitlers zum Reichskanzler am 30. Januar 1933 H. noch in Frankfurt war oder bereits nach Genf geflohen war, ist noch festzustellen.[1] Jedenfalls gehörte er zu den ersten Universitätsprofessoren, die durch Dekret entlassen wurden. Tillich gehörte ebenfalls dazu. Im Grunde bedarf jedes Semester eines Kommentars, insbesondere auch hinsichtlich der Beziehungen zu Cornelius, Gelb und Tillich.« (MHA: XX 39)

Abkürzungen

Co	Colloquium	Mo	Montag
Di	Dienstag	Ps	Proseminar
Do	Donnerstag	Pt	Praktikum
Fr	Freitag	Se	Seminar
htg	halbtägig, nach Vereinbarung	2st	zweistündig, nach Vereinbarung
M. H.	Max Horkheimer	Üb	Übung
MHA	Max-Horkheimer-Archiv	Vo	Vorlesung
Mi	Mittwoch		

1 Vgl. auch Horkheimers eigene Darstellung dieses Ablaufs in dem biographischen Interview ›Dokumente – Stationen‹: »Ich las im Wintersemester 1932/33 eine Einleitung zur Philosophie und sprach gerade über Probleme der Logik. An jenem Montag jedoch, als er [Hitler] schon an der Macht war, erklärte ich, von jetzt an würde ich nur noch über den Begriff der Freiheit lesen, und habe dann, bereits im Hotel wohnend, wirklich nur mehr über den Begriff der Freiheit in der Geschichte der Philosophie meine Theoreme dargelegt.« (*Gesammelte Schriften* Bd. 7, S. 329) Dieser Darstellung zufolge verließ Horkheimer das Frankfurter Hotel kurz vor dem 28. Februar 1933.

Frankfurt a. M., Wintersemester 1925/26
Vo: Deutsche idealistische Philosophie (von Kant bis Hegel) (Mo 15–16) [*HGS*: Bd. 10, S. 9ff.]
Ps: Übungen für Anfänger (zusammen mit Cornelius) (Fr 17–18)

Sommersemester 1926
Vo: Einführung in die Philosophie der Gegenwart (Di, Fr 15–16) [*HGS*: Bd. 10, S. 167ff. und 334ff.]
Ps: Übungen für Anfänger (zusammen mit Cornelius) (Fr 18–19)
Üb: [Philosophische Übungen, zusammen mit Gelb][2]
Co: [Über Philosophie und Psychologie seit Hegel; Verhältnis von Geist und Körper von Descartes bis zur Gestalttheorie][3]

Wintersemester 1926/27
Ps: Übungen für Anfänger (zusammen mit Cornelius) (Di 17–18)
Üb: Übungen zur Geschichte der Metaphysik seit Hegel (Mo 15–16)

Sommersemester 1927
Vo: Geschichte der neueren Philosophie (Mo, Di, Do, Fr 15–16) [HGS 9,9]
Üb: Philosophische Übungen für Anfänger (zusammen mit Cornelius)

Wintersemester 1927/28
Vo: [für Cornelius] Einleitung in die Philosophie [Philosophie der Antike sowie des 17. und 18. Jahrhunderts][4]
Ps: Übungen für Anfänger (zusammen mit Cornelius) (Mo 16–17)
Üb: Übungen über den Zusammenhang der Wissenschaften (für Hörer aller Fakultäten) (Mi 18–19)

Sommersemester 1928
Vo: Einführung in die Geschichtsphilosophie (Mo, Do 18–19) [= *Anfänge der bürgerlichen Geschichtsphilosophie*, [*HGS*: Bd. 2, S. 179ff.]
Ps: Philosophische Übungen für Anfänger (Fr 15–16)
Üb: Übungen zur Philosophie der Aufklärung (Do 16–17)
Se: [Probleme des historischen Materialismus (Mo 20–21)][5]

Wintersemester 1928/29
Vo: Materialismus und Idealismus in der Geschichte der neueren Philosophie (Di, Fr 15–16)
Ps: Philosophische Übungen für Anfänger (Fr 16–17)

2 Pollock, Zusammenstellung von Vorlesungen und Seminaren M. H.s, MHA: XX 39.
3 Pollock, Kollegheft, MHA: VIII 3a.
4 M. H., Vorlesungsskript und Notizen, MHA: VIII 9.
5 Pollock, Kollegheft, MHA: VIII 10.

Üb: Geschichtsphilosophische Übungen für Fortgeschrittene (Mi 17–18) [Neukantianismus, Lebensphilosophie, Phänomenologie, Existenzial-Ontologie, Kultur-Morphologie][6]

Sommersemester 1929

Vo: Kant und die Philosophie der Gegenwart (Di, Fr 18–19)
Üb: Übungen über Hegel (Fr 19–21)

Wintersemester 1929/30

Vo: Hegel und Marx (Mo, Do 15–16)
Ps: Philosophische Übungen für Anfänger (Fr 15–16)
Se: Hegel-Lektüre (für Fortgeschrittene) (Fr 15–16)

Sommersemester 1930

Vo: Einführung in die Philosophie und ihre Geschichte (Mo, Fr 18–19) [Philosophie der Antike und des 18. Jahrhunderts][7]
Ps: Lektüre philosophischer Schriften (zusammen mit Tillich) (Mo, Do 15–16)
Se: Übungen über Hegel (für Fortgeschrittene) (Fr 15–16)

Wintersemester 1930/31

Vo: Englische und französische Aufklärung (Mo, Do 15–16)
Vo: Kant (Di, Fr 15–16)
Ps: Lektüre von Locke (zusammen mit Tillich) (Mi 11–13)
Se: [Geschichtsphilosophie bzw. Grundlagen der Sozialphilosophie: u.a. Rickert, Max Weber, Scheler, Mannheim, Max Adler][8]

Sommersemester 1931

Vo: Geschichte der neueren Philosophie, mit besonderer Berücksichtigung der Gesellschafts- und Staatslehre (Di, Fr 18–20)
Ps: Lektüre eines philosophischen Schriftstellers (zusammen mit Tillich) (Mi 11–13)
Üb: Sozialphilosophische Übungen (Do 20–22) [Hegel, Marx][9]

Wintersemester 1931/32

Vo: Gesellschafts- und Staatsphilosophie (Grundlagen) (Mo, Di, Do, Fr 15–16)
Üb: Sozialphilosophische Übungen im Anschluß an die Vorlesung (Do 20–22)
Üb: [Übungen zur Einführung in die französische Philosophie des 18. Jahrhunderts (mit Lektüre)][10]

6 Pollock, Kollegheft, MHA: VIII 16.
7 Pollock, Kollegheft, MHA: VIII 26.
8 Pollock, Kollegheft, MHA: VIII 27.
9 Pollock, Kollegheft, MHA: VIII 28.
10 Vgl. Anm. 2.

Sommersemester 1932
Vo: Einführung in die Philosophie (Di, Fr 18–20)
Ps: Philosophische Übungen für Anfänger (Mo 15–16)
Se: Sozialphilosophische Übungen für Fortgeschrittene (Do 20–22)

Wintersemester 1932/33
Vo: Einführung in die Philosophie (Mo, Di, Do, Fr 15–16) [Philosophische Grundbegriffe mit historischen Beispielen, insbesondere Hegel][11]
Ps: Philosophische Übungen für Anfänger (Fr 18–19)
Se: Sozialphilosophische Übungen für Fortgeschrittene (Di 20–22)

Sommersemester 1933
[angekündigt, aber nicht mehr gehalten:][12]
Vo: Gesellschafts- und Staatsphilosophie (Mo, Do 15–16)
Vo: Freiheit und Notwendigkeit (Di 18–19)
Üb: Übungen über die Staatsphilosophie von Thomas Hobbes (zusammen mit Wiesengrund[-Adorno]) (Fr 15–16)
Se: Übungen über die Metaphysik der Gegenwart (für Fortgeschrittene) (Di 20–22)

Wintersemester 1933/34
»beurlaubt«

New York, 1936/37
Vo: Authority and Status in Modern Society (zusammen mit Mitarbeitern des Instituts für Sozialforschung) [= ›Aus Vorlesungen über Autorität und Gesellschaft‹, [*HGS*: Bd. 12, S. 39ff.]
Se: Selected Problems in the History of Logic, with Reference to the Basic Concepts of the Social Sciences

1937
Se: On Hegel's *Logic*[13]

1937/38
Vo: Authoritarian Thought and Institutions in Europe (zusammen mit Mitarbeitern des Instituts für Sozialforschung)
Se: Selected Problems in the History of Logic, with Reference to the Basic Concepts of the Social Sciences

1938
Se: On Hegel's *Phenomenology*[14]

11 M.H., Notizen zur Vorlesung, MHA: VIII 29. – Vgl. auch das Pollock-Zitat in den ›Vorbemerkungen‹, hier S. 217.
12 Vgl. Anm. 1.
13 Institute of Social Research, *Ten Years on Morningside Heights. A Report on the Institute's History 1934 to 1944*, [New York, vervielfältigtes Typoskript], S. 25.
14 Ebd.

1938/39

Vo: Authoritarian Doctrines and Modern European Institutions (zusammen mit Mitarbeitern des Instituts für Sozialforschung)

1939

Vo: [Logik (zusammen mit Marcuse?)][15]

Se: Spinoza's *De Emendatione Intellectus*[16]

1940

Vo: The Methods of the Social Sciences[17]

Vo: Causality[18]

1941

Se: On Dialectics[19]

1941/42

Vo: The Social Psychology of Mass Movements; Modern Utopias and their Social Background [zwei Vorlesungen im Rahmen einer Vorlesungsreihe mit Mitarbeitern des Instituts für Sozialforschung][20]

1942

Se: On the Concept of Culture[21]

1943/44

Vo: Society and Reason [= *Eclipse of Reason* bzw. *Zur Kritik der instrumentellen Vernunft*, [*HGS*: Bd. 6, S. 19ff.]

1945

Vo: Totalitarianism and the Crisis of European Culture (im Rahmen der Vorlesungsreihe The Aftermath of National Socialism. On the Cultural Aspects of National Socialism, zusammen mit Mitarbeitern des Instituts für Sozialforschung)[22]

Se: National Socialism and Philosophy[23]

1945/46

Vo: [The Idea of Philosophy][24]

15 Vgl. Editorische Vorbemerkung zu ›Kopula und Subsumtion‹ in: HGS 12, 69 und MHA: IX 34.
16 Institute of Social Research, *Ten Years on Morningside Heights*, l.c., S. 25.
17 Ebd., S. 24.
18 Ebd.
19 Ebd.
20 Typoskripte zu kommentierten Vorlesungsankündigungen, MHA: IX 35.
21 Institute of Social Research, *Ten Years on Morningside Heights*, l.c., S. 26.
22 Vorlesungsankündigungen, MHA: IX 36a.
23 Protokolle und Notizen zum Seminar, MHA: IX 37.
24 Notizen zur Vorlesung, MHA: IX 38.

1947

Vo: Summer Institute on Modern European Culture (zusammen mit Mitarbeitern des Instituts für Sozialforschung)[25]

1948

Vo: [Antisemitism (zusammen mit Mitarbeitern des Instituts für Sozialforschung)][26]

Frankfurt a. M., Sommersemester 1949

Vo: Neuere Gesellschafts- und Geschichtsphilosophie (Mo, Do, Fr 15–16)

Wintersemester 1949/50

Vo: Theorie der Gesellschaft (ausgewählte Kapitel) (Mo, Do, Fr 15–16) [von Adorno in Vertretung gehalten][27]

Üb: Übung zur Vorlesung (Fr 16–17)

Sommersemester 1950

Vo: Theorie und Kritik der Gesellschaft seit Saint Simon (Mo, Do, Fr 15–16)

Ps: Übungen im Anschluß an die Vorlesung (Fr 16–17)

Se: Dialektik. Vorrede und Einleitung der *Phänomenologie des Geistes* (zusammen mit Adorno) (2st.)

Wintersemester 1950/51

Vo: Probleme der neueren Philosophie (Mo, Do 15–16)

Ps: Übungen im Anschluß an die Vorlesung (Fr 16–17)

Üb: Besprechung empirischer Forschungsarbeiten (zusammen mit Adorno) (2st.)

Se: Begriff des Fortschritts (zusammen mit Adorno) (2st.)

Sommersemester 1951

Vo: Probleme der neueren Philosophie (II) (Mo, Do 15–16)

Ps: Übungen im Anschluß an die Vorlesung (Fr 16–17)

Üb: Übungen über sozialwissenschaftliche Forschungsmethoden

Se: Hegellektüre (zusammen mit Adorno) (2st.)

Wintersemester 1951/52

Vo: Philosophie im 17. Jahrhundert (insbesondere Spinoza) (Mo, Do, Fr 15–16)

Üb: Übungen über soziologische Grundbegriffe (Fr 16–17)

Üb: Übungen über sozialwissenschaftliche Forschungsmethoden (2st.)

Se: Kants *Kritik der Urteilskraft* (zusammen mit Adorno)

25 Ankündigung der Vorlesungsreihe, MHA: IX 40.
26 ›Tentative Program for the Course on Antisemitism‹, MHA: IX 42.
27 Unterlagen im Theodor W. Adorno Archiv.

Sommersemester 1952

Vo: Philosophie im 18. Jahrhundert (Mo, Fr 15–16)
Üb: Übungen über soziologische Grundbegriffe (Fr 16–17)
Üb: Übungen über sozialwissenschaftliche Forschungsmethoden (für Anfänger) (zusammen mit Pollock) (2st.)
Pt: Sozialwissenschaftliches Praktikum für Fortgeschrittene (zusammen mit Pollock) (htg.)
Se: Ausgewählte Abschnitte aus Hegels *Rechtsphilosophie* (zusammen mit Adorno) (2st.)

Wintersemester 1952/53

Vo: Einführung in die Philosophie (Mo, Fr 15–16)
Vo: Sozialpsychologie (Do, Fr 16–17)
Vo: Vorlesung im Rahmen einer einführenden Vorlesungsreihe des Amerika-Hauses, Frankfurt a. M., über die Vereinigten Staaten von Amerika
Üb: Übungen über sozialwissenschaftliche Forschungsmethoden (2st.)
Pr: Sozialwissenschaftliches Praktikum (htg.)
Se: Spinoza-Lektüre (2st.)

Sommersemester 1953

Vo: Begriff der Freiheit (Mo, Fr 15–16)
Üb: Übungen über sozialwissenschaftliche Forschungsmethoden (für Anfänger) (2st.)
Pr: Sozialwissenschaftliches Praktikum (für Fortgeschrittene) (htg.)
Se: Spinoza-Lektüre (II) (Do 18–20)

Wintersemester 1953/54

Vo: Fragen der Geschichtsphilosophie (Mo, Fr 15–16) [*HGS*: Bd. 13, S. 270 ff.]
Ps: Philosophisches Proseminar (Mi 18–19)
Üb: Übungen über soziologische Grundbegriffe (Fr 16–17)
Üb: Übungen über sozialwissenschaftliche Forschungsmethoden (für Anfänger) (2st.)
Pt: Sozialwissenschaftliches Praktikum (htg.)
Se: Hegel-Lektüre (zusammen mit Adorno) (Do 18–20)

Sommersemester 1954

Vo: Kritik des Positivismus (Mo, Fr 15–16) [*HGS*: Bd. 13, S. 347 ff.]
Ps: Philosophisches Proseminar (Fr 16–17)
Üb: Übungen über sozialwissenschaftliche Forschungsmethoden (für Anfänger) (2st.)
Pr: Sozialwissenschaftliches Praktikum (für Fortgeschrittene)
Se: Max Webers wissenschaftstheoretische Schriften (zusammen mit Adorno) (Do 18–20)
Se: Besprechung größerer Arbeiten (zusammen mit Adorno) (2st.)

Wintersemester 1954/55
Vo: Deutscher Idealismus (Mo, Fr 15–16)
Ps: Philosophisches Proseminar (Mi 18–19)
Üb: Übungen über soziologische Grundbegriffe (Fr 16–18)
Se: Nietzsche, *Genealogie der Moral* (zusammen mit Adorno) (Do 18–20)
Se: Besprechung größerer Arbeiten (zusammen mit Adorno) (2st.)

Sommersemester 1955
Vo: [Französische Philosophie im 18. Jahrhundert][28]
Se: Hegel, *Enzyklopädie der philosophischen Wissenschaften* (zusammen mit Adorno)

Sommersemester 1956
Vo: Einführung in die Theorie der Gesellschaft (Mo, Fr 15–16)
Ps: Philosophisches Proseminar (Mo 17–19)
Üb: Übungen über soziologische Grundbegriffe (Fr 16–18)
Se: Fichtes *Wissenschaftslehre* (zusammen mit Adorno) (Do 18–20)

Wintersemester 1956/57
Vo: Einführung in die Philosophie (Mo, Fr 15–16) [ab Januar 1957 von Adorno in Vertretung gehalten][29]
Ps: Schopenhauer (Mo 17–19)
Üb: Übungen über soziologische Grundbegriffe (Fr 16–18)
Se: *Dialektik der Aufklärung* (zusammen mit Adorno) (Do 18–20)

Sommersemester 1957
Vo: Geschichte des Materialismus (ausgewählte Kapitel) (Mo, Fr 15–16) [*HGS*: Bd. 13, S. 397ff.]
Ps: Philosophisches Proseminar (Mo 16.30–18)
Üb: Soziologische Grundbegriffe (Fr 17–19)
Se: Über den Begriff der kritischen Philosophie (zusammen mit Adorno) (Do 18–20)
Se: Zeitgenössische Ideologien (zusammen mit Adorno)

Chicago 1957
Vo: Society and Value[30]

Frankfurt a. M., Wintersemester 1957/58
Vo: Die Idee der Freiheit (Mo, Fr 15–16) [*HGS*: Bd. 13, S. 452ff.]
Ps: Philosophisches Proseminar (Mo 16.30–18)
Üb: Soziologische Übungen (Fr 17–19)
Se: Adorno, *Zur Metakritik der Erkenntnistheorie* (zusammen mit Adorno) (Do 18–20)

28 M. H., Notizen zur Vorlesung, MHA: VIII 41h.
29 Unterlagen im Theodor W. Adorno Archiv.
30 M. H., Notizen zur Vorlesung, MHA: VIII 43a

Sommersemester 1958
Vo: Begriff der Seele seit Leibniz (Mo, Fr 15–16) [*HGS*: Bd. 13, S. 515 ff.]
Ps: Philosophisches Proseminar (Mo 16.30–18)
Üb: Soziologische Übungen (Fr 17–19)
Se: Adorno, *Zur Metakritik der Erkenntnistheorie* (II) (zusammen mit Adorno) (Do 18–20)

Wintersemester 1958/59
Vo: Hegel und Nietzsche (Mo, Fr 15–16)
Ps: Hegels *Philosophische Propädeutik* [von Adorno für M. H. gehalten][31]
Se: Kausalität (zusammen mit Adorno) (Do 18–20)
Se: Begriff der Arbeit (Fr 17–19)

Sommersemester 1959
Vo: Einleitung in die Philosophie (Mo, Fr 15–16)
Ps: d'Alembert, Einleitung zur *Enzyklopädie* (Mo 16.30–18)
Se: [Kausalität (II) (zusammen mit Adorno)][32] (Do 18–20)
Se: Begriff der Arbeit (II) (Fr 17–19)

Wintersemester 1959/60
Vo: Die Aufklärung (Mo, Fr 15–16) [*HGS*: Bd. 13, S. 570 ff.]
Ps: Übungen zum Thema der Vorlesung (Mo 16.30–18)
Se: [Hegels *Logik* (zusammen mit Adorno)][33] (Do 18–20)
Se: Randphänomene der Gesellschaft (Fr 17–19)

Sommersemester 1960
Vo: Begriff des Menschen (Mo, Fr 15–16)
Ps: [Spinoza] (Mo 16.30–18)
Se: Hegel, *Logik* (zusammen mit Adorno) (Do 18–20)
Se: Amerikanische Soziologie (Fr 17–19)

Wintersemester 1960/61
Se: Idealismus und Materialismus (zusammen mit Adorno) (Do 18–20)
Se: Schelling, *Die Weltalter* (zusammen mit Adorno)
Se: Arbeit, Freizeit und Massenmedien (zusammen mit Rolf Meyersohn)

Sommersemester 1961
Vo: Zur Idee der Freiheit (Mo, Fr 15–16)
Ps: Kant, Kleine Schriften (Mo 16.30–18)
Üb: Übungen über soziologische Grundbegriffe (Fr 17–19)
Se: Idealismus und Materialismus (II) (zusammen mit Adorno) (Do 18–20)

Wintersemester 1961/62
Vo: Die Philosophie des 18. Jahrhunderts (Mo, Fr 15–16)

31 Notiz bei den Seminarunterlagen.
32 Erschlossen aus Seminarunterlagen.
33 Erschlossen aus Seminarunterlagen.

Ps: Was ist der Mensch? (Mo 16.30–18)
Üb: Arbeit, Freizeit und Massenmedien (Fr 17–19)
Se: Hegel, *Phänomenologie des Geistes*, Das absolute Wissen (zusammen mit Adorno) (Do 18–20)

Sommersemester 1962
Vo: Praktische Philosophie (Zur *Genealogie der Moral*) (Mo, Fr 15–16)
Ps: Genesis und Funktion wichtiger Begriffe der Kultur (Mo 16.30–18)
Üb: Soziologie der Volksbewegungen (Fr 17–19)
Se: Hegel, *Subjektive Logik* (zusammen mit Adorno) (Do 18–20)

Wintersemester 1962/63
Vo: Philosophie der Aufklärung (insbesondere Kant) (Mo, Fr 15–16)
Ps: Schopenhauer, *Die Welt als Wille und Vorstellung* (Mo 16.30–18)
Üb: Übungen über Massenmedien (Fr 17–19)
Se: Hegel, *Differenz des Fichteschen und Schellingschen Systems der Philosophie* (zusammen mit Adorno) (Do 18–20)

Sommersemester 1963
Vo: Zur Geschichte des Materialismus (Mo, Fr 15–16)
Ps: Descartes, *Meditationen* (Mo 16.30–18)
Üb: Soziologische Grundbegriffe (Fr 17–19)
Se: Kant (zusammen mit Adorno) (Do 18–20)

Wintersemester 1963/64
Vo: Philosophie der Geschichte (Mo, Fr 15–16)
Ps: Die Lehre vom Sein in der modernen Philosophie (Mo 16.30–18)
Se: Hegel (zusammen mit Adorno) (Do 18–20)
Se: Wirtschaft und Kultur (für Fortgeschrittene) (zusammen mit Walter Rüegg) (Fr 17–18)

Sommersemester 1964
Ps: Hauptrichtungen der europäischen Philosophie (zusammen mit Haag) (Mo 16.30–18)
Se: Kant, *Kritik der praktischen Vernunft* (zusammen mit Adorno) (Do 18–20)
Üb: Soziologische Übung (Fr 17–19)

Wintersemester 1964/65
Ps: Bergson (zusammen mit Haag) (Mo 16.30–18)
Se: Hegels *Logik* (zusammen mit Adorno) (Do 18–20)

Sommersemester 1965
Ps: Grundbegriffe der europäischen Philosophie (zusammen mit Haag) (Mo 16.30–18)
Se: Kants Ideenlehre (zusammen mit Adorno) (Do 18–20)

Wintersemester 1965/66
Ps: Die Philosophie Descartes' (zusammen mit Haag) (Mo 16.30–18)
Se: Begriff der Negation (zusammen mit Adorno) (Do 18–20)

Sommersemester 1966
Ps: Kant (zusammen mit Haag) (Mo 16.30–18)

Wintersemester 1966/67
Ps: Hegel (zusammen mit Haag) (Mo 16.30–18)

Sommersemester 1967
Ps: Nietzsche (zusammen mit Haag) (Mo 16.30–18)
Se: *Negative Dialektik* (zusammen mit Adorno) (Do 18–20)

Wintersemester 1967/68
Ps: Grundbegriffe der Philosophie (zusammen mit Haag) (Mo 16.30–18)
Se: *Negative Dialektik* (II) (zusammen mit Adorno) (Do 18–20)

Sommersemester 1968
Ps: Spinoza, *Theologisch-politischer Traktat* (zusammen mit Haag) (Mo 16.30–18)
Se: Hegel, *Ästhetik* (zusammen mit Adorno) (Do 18–20)

Wintersemester 1968/69
Ps: Descartes, *Meditationen* (zusammen mit Haag) (Mo 16.30–18)

Sommersemester 1969
Ps: Kant, *Grundlegung zur Metaphysik der Sitten* (zusammen mit Haag) (Mo 16.30–18)
Se: Subjekt-Objekt-Dialektik (zusammen mit Adorno) (Do 18–20)

Wintersemester 1969/70
[angekündigt, aber wegen Adornos Tod nicht mehr gehalten:]
Se: Übungen zur *Dialektik der Aufklärung*, insbesondere zum Kapitel ›Kulturindustrie‹ (zusammen mit Adorno) (Do 18–20)

Wintersemester 1970/71
Ps: Grundbegriffe der Philosophie (zusammen mit Haag) (Mo 16.30–18)

Sommersemester 1971
Ps: Philosophische Theorien der Gegenwart (zusammen mit Haag) (Mo 16.30–18)

V. Übersicht über das Max-Horkheimer-Archiv

Vorbemerkung

Das Max-Horkheimer-Archiv der Stadt- und Universitätsbibliothek Frankfurt a. M., das die Nachlässe Horkheimers und Friedrich Pollocks enthält, ist nicht nur die entscheidende Grundlage für die Nachlaß- und Briefbände der *Gesammelten Schriften*, sondern darüber hinaus auch eine bedeutsame Quelle für Forschungen über Horkheimer, über die »Frankfurter Schule« insgesamt sowie über weitere Zusammenhänge der Philosophie und Sozialwissenschaften des 20. Jahrhunderts. So stellen die in die *Gesammelten Schriften* aufgenommenen Briefe zwar den Teil der nachgelassenen Briefe dar, der für die Mehrzahl der Leser sachlich relevant erscheinen dürfte. Aber sie umfassen doch nur einen geringen Teil des im Archiv vorhandenen Materials, so daß Forscher, deren Interessen wesentlich über die des allgemeinen Leserkreises hinausgehen, auf die Archivbestände angewiesen bleiben. Dies gilt um so mehr noch für die im Archiv befindlichen, nicht von Horkheimer selbst stammenden Texte wie z. B. die Manuskripte und Materialien aus dem Institut für Sozialforschung. Die folgende Zusammenstellung gibt eine Übersicht über Inhalt und Aufbau des Archivs sowie über die dort zur Verfügung stehenden Register und Verzeichnisse.

Gliederung der Übersicht

1. Der Nachlaß
2. Die Erschließung
3. Der Aufbau des Archivs
4. Weitere Aufschlüsselung einiger Manuskript- und Materialgruppen
5. Die Register und Verzeichnisse des Archivs.

1. Der Nachlaß

Nach dem Tod Max Horkheimers fiel der wissenschaftliche Nachlaß durch letztwillige Verfügung an die Stadt- und Universitätsbibliothek Frankfurt am Main. Der Nachlaß umfaßt *Horkheimers* Privat- und Forschungsbibliothek, den erhaltenen Briefwechsel, Manuskripte und sonstige Materialien sowie die Bibliothek, Briefwechsel, Manuskripte und Materialien seines langjährigen Freundes und Mitarbeiters Friedrich *Pollock*. Dazu kamen im Lauf der archivarischen Bearbeitung einige Restbestände, die sich teils im Institut für Sozialforschung, teils in der Hand von Erben ehemaliger Korrespondenzpartner oder von Biographen Hork-

heimers befunden hatten. Einige wichtige Briefe und Manuskripte sind allerdings seit Horkheimers Tod verschollen.

2. Die Erschließung

Die Briefe, Manuskripte und Materialien Horkheimers und Pollocks wurden 1974 bis 1984 archiviert. Sie waren seit ihrer Lagerung an den verschiedenen Arbeits- und Wohnorten Horkheimers (New York, Los Angeles, Frankfurt, Montagnola) vorwiegend in Mappen zusammengelegt, teilweise auch in Ordnern geheftet. Bei der Erschließung wurden die von Horkheimer selbst bzw. seinen Sekretariaten angelegten Ordnungen soweit wie möglich erhalten. Zu erkennen waren verschiedene Korrespondenzgruppen, deren Einteilung und Bezeichnungen als Gruppen I bis V in die Gesamtgliederung des Nachlasses übernommen wurden. Das übrige Material war wesentlich weniger deutlich strukturiert. Jedoch wurde bei der Einteilung weiterer Gruppen die zunächst vorliegende Zusammenstellung der Mappen so weit wie möglich beibehalten und der Bildung der Gruppen zugrunde gelegt.

3. Der Aufbau des Archivs

Die Nachlaßbestände der Briefe, Manuskripte und sonstigen Materialien sind in 24 Gruppen angeordnet. Die Gruppen I–VI, XVIII–XIX und XXIII enthalten *vorwiegend* Briefe, die Gruppen VII–XIII, XV–XVI und XXIV *vorwiegend* Manuskripte und Drucke, die übrigen Gruppen XIV, XVII und XX–XXII sonstige Materialien. Um die sachlichen Zusammenhänge sichtbar zu erhalten, sind Briefe auch in den Manuskriptgruppen und Manuskripte auch in den Briefgruppen belassen. Diese Einzelbriefe und -manuskripte sind über die jeweiligen Register und Verzeichnisse (siehe hier Abschnitt 5) aufzufinden. Die neben den Bezeichnungen der Gruppen angegebenen Jahreszahlen liefern im Falle der Briefe nur Orientierungspunkte darüber, welchen Zeitraum die Bestände *vorwiegend* umfassen.

I.–VI. Briefwechsel

I. Briefwechsel »New York Files« (1934–40)
II. Briefwechsel »California Files« (1940–49)
III. »Allgemeiner Briefwechsel«, Frankfurt a. M. (1949–60)
IV. »Amtlicher Briefwechsel«, Frankfurt a. M. (1949–60)
V. Briefwechsel »Grüne Mappen«, Frankfurt a. M., Montagnola (1949–73)
VI. Briefwechsel mit Institutsmitarbeitern (1934–49)

VII.–XIII. Manuskripte

VII. Manuskripte der Studenten- und Assistentenzeit (1919–25)
VIII. Manuskripte zu Vorlesungen und Seminaren (1925–61)
IX. Manuskripte aus dem Institut für Sozialforschung (1923–73)

X. Manuskripte zu öffentlichen Vorträgen, Gesprächen und Interviews (1936–72)
XI. Manuskripte zu sonstigen Schriften (1905–71)
XII. Gutachten
XIII. Einzelmanuskripte anderer Autoren

XIV.–XVII. Tonbänder, Sonderdrucke, Zeitungsausschnitte
XIV. Tonbänder und Schallplatten (1938–72)
XV. Sonderdrucke und Zeitschriftenhefte mit Schriften M. H.s (1923–73)
XVI. Sonderdrucke von Schriften anderer Autoren
XVII. Zeitungsausschnitte (1931–73)

XVIII.–XXII. Personalia
XVIII. Briefwechsel mit Maidon Horkheimer, Eltern, Verwandten (1928–46)
XIX. Gratulations- und Kondolenzbriefe (1951–70)
XX. Persönliche Unterlagen und Dokumente (1892–1973)
XXI. Kalender, Adressen- und Terminverzeichnisse (1938–73)
XXII. Photographien, Presseberichte über M. H., Zeitungsartikel von M. H. (1900–73)

XXIII.–XXIV. Sammlung Friedrich Pollock
XXIII. Briefwechsel Friedrich Pollock, Frankfurt, Montagnola (1950–65)
XXIV. Manuskripte und Materialien Friedrich Pollock (1898–1969)

4. Weitere Aufschlüsselung einiger Manuskript- und Materialgruppen

Die in den verschiedenen Archivgruppen enthaltenen Manuskripte und Materialien sind durch ein einheitliches Standortverzeichnis (vgl. hier Abschnitt 5) erfaßt. Bei einigen dieser Gruppen wurden weitergehende sachliche Untergruppen gebildet. Diese Feingliederungen, und zwar die der Gruppen IX, XIII, XIV, XVI, XVII, XX bis XXII und XXIV, werden hier dargestellt, weil sie einen weiteren, detaillierteren Überblick über den Bestand des Archivs erlauben.

IX. Manuskripte und Materialien aus dem Institut für Sozialforschung

Verzeichnet werden Arbeiten von Horkheimer, Mitarbeitern des Instituts für Sozialforschung und anderen Autoren sowie beiliegende Briefe und Materialien aus den Jahren 1923–73.

A. Veröffentlichungen
1.–25. M. H.: Aufsätze, Vorworte zu eigenen Schriften, Besprechungen (1932–68)
26.–32. M. H.: Beiträge zu kollektiven Veröffentlichungen (1948–62)

B. Vorlesungen und Vorträge

33.–42. Vorlesungen und Seminare von Institutsmitgliedern an der Columbia University, New York (1936–48)

43.–50. M. H.: Vorträge (1943–49)

C. Geschichte und Tätigkeiten des Instituts für Sozialforschung

50a–91. Allgemeine Darstellungen zu Geschichte, Tätigkeiten und Vorhaben des Instituts für Sozialforschung (1924–64)

D. Forschungsprojekte

92.–135a. Forschungsprojekte über Antisemitismus, Vorurteil, Autorität: Allgemeine Projektdarstellungen, Thesen (1939–52)

136.–159. Forschungsprojekte über Antisemitismus, Vorurteil, Autorität: Einzeluntersuchungen (1932–60)

160.–164. Forschungsprojekte über Antisemitismus, Vorurteil, Autorität: Materialien, Exzerpte (1933–65)

165.–208. Sonstige Forschungsprojekte (1930–67)

E. Seminare, Diskussionen, Tagungen, Konferenzen

209.–217. Seminare und Diskussionen im Institut oder mit dessen Mitgliedern (1931–61)

217a.–236. Tagungen und Konferenzen, von oder mit dem Institut veranstaltet (1944–64)

237.–244. Tagungen und Konferenzen, ohne institutionelle Beteiligung des Instituts (1950–69)

F. Denkschriften

245.–253. Denkschriften (1942–61)

G. Organisation der Institutsarbeit

254.–256. Biographien, Bibliographien und Adressen von Mitarbeitern, Beratern und Freunden des Instituts (1934–63)

257.–263. Einzelne Aktennotizen, Memoranden, Sitzungsprotokolle (soweit nicht anderen Vorgängen zugeordnet) (1934–73)

263a.–274. Materialien zur Errichtung und Auflösung des Instituts, zur Herausgabe und zum Vertrieb seiner Veröffentlichungen, zum Verbleib der Bibliothek, zur Eingliederung des Instituts in die Columbia University, zur Wiedererrichtung des Instituts in Frankfurt, zur Förderung durch die UNESCO, zur Neugründung einer Zeitschrift (1923–52)

275.–276. Materialien zur finanziellen Unterstützung durch amerikanische Stellen in Deutschland (1950–54)

277.–277a. Société Internationale de Recherches Sociales (SIRES) und Social Studies Association, Inc.: Protokolle, Urkunden, Materialien (1933–51)

278. Gesellschaft für Sozialforschung (GEFUSO), SIRES, International Institute of Social Research, Institut für Sozialforschung: Satzungen, Geschäftsordnungen (1922–68)

XIII. Einzelmanuskripte anderer Autoren

Die Gruppe enthält Manuskripte anderer Autoren als von M. H. oder Pollock, soweit sie nicht entweder in anderen Gruppen oder Manuskriptmappen oder den Briefen beiliegen. (In diesem Fall sind sie über das Register der Schriften anderer Autoren – vgl. hier Abschnitt 5 – aufzufinden.) Die Manuskripte sind wie folgt geordnet:

1.–139. Manuskripte mit Autorenangabe
140.–156. Manuskripte ohne Autorenangabe
157.–158. Exzerpte, Abschriften, Bibliographien
159.–223. Referate und Protokolle von Studenten und Unterlagen zu Seminaren M. H.s
224. Zusammenfassungen soziologischer Examensarbeiten an der Universität Chicago, 1957

XIV. Tonbänder und Schallplatten

1.–40. Reden von M. H., Interviews mit M. H.
41.–43. Über M. H.
44.–50. Andere Autoren, Materialien

XVI. Sonderdrucke anderer Autoren, Kongreßberichte, Zeitschriften

1.–1670. Sonderdrucke, nach Autoren
1671.–1705. Sonderdrucke ohne Autorenangabe, nach Titeln
1706.–1747. Kongreßberichte, nach Titeln
1748.–1877. Einzelne Zeitschriftennummern, nach Titeln der Zeitschriften

XVII. Zeitungsausschnitte

Die von M. H. gesammelten Zeitungsausschnitte sind nach folgenden Sachgebieten geordnet:

1.–14. Nationalsozialismus und 2. Weltkrieg. Politik und Zeitgeschehen 1932–46 (1932–67)
15.–22. Westzonen und Bundesrepublik Deutschland (1945–71)
23.–29. Vereinigte Staaten von Amerika (USA) (1944–69)
30.–32. Politik und Zeitgeschehen, international (1943–70)
33.–36. Kommunismus, kommunistische Staaten (1946–69)
37.–38. Sozialdemokratie (1952–69)
39.–44. Judentum und Antisemitismus (1937–73)
45.–51. Universität, Studium, Bildung, Erziehung (1944–69)

52.–56. Philosophie und Wissenschaften (1932–73)
57.–60. Künste (1931–69)
61.–63. Religion, Theologie, Aberglaube (1936–71)
64.–75. Sonstiges (1940–72)

XX. Persönliche Unterlagen und Dokumente

1.–5. Urkunden und Dokumente der Eltern
6.–6a. Familiendokumente von Max und Maidon Horkheimer
7.–16. Urkunden, Ernennungen und Plaketten, an Horkheimer verliehen
17.–22. Gesellschaften, Stiftungen, Institute für Sozialforschung: Verträge mit sowie Erklärungen und Bestätigungen für Horkheimer
23. Ausweise, Identitäts- und Mitgliedskarten von Max und Maidon Horkheimer
24.–27. Einbürgerungs- und Visa-Anträge (USA, Deutschland, Schweiz)
28.–29. Teilnahme an Universitätsvorlesungen und Kursen
30.–31. Arztberichte über Max und Maidon Horkheimer
32.–35. Wiedergutmachung
36. Finanzunterlagen
37.–41. Verzeichnisse der Lebensdaten, Schriften und Vorträge
42.–49. Verzeichnisse von Hausrat, Büchern, Briefen, Manuskripten, Tonbändern
50.–52. Kalligraphien und ein Bildnis

XXI. Kalender, Adressen- und Terminverzeichnisse

1.–20. Vormerk-Kalender (1950–73)
21.–51. Zettel mit Notizen zu Adressen und Terminen (1938–72)
52.–56. Adressenverzeichnisse (1933–60)

XXII. Presseberichte und Photographien

Die Gruppe enthält repräsentative und private Photographien M.H.s und anderer sowie Ausschnitte und Abschriften von Rezensionen über Veröffentlichungen M.H.s oder von Mitarbeitern des Instituts und allgemeine Berichte über M.H. und das Institut; außerdem Zeitungsartikel M.H.s aus den Jahren 1950–73.
Übersicht:
1.–12. Photoalben und einzelne Photographien Max und Maidon Horkheimers, der Eltern Horkheimers sowie von Freunden, Mitarbeitern und anderen Personen bei öffentlichen Auftritten M.H.s (1900–73)
13.–33. Alben mit Presseberichten, Kritiken, Photographien und Zeitungsartikeln M.H.s (1950–73)

34.–40c. Rezensionen zu Veröffentlichungen von M. H. und Mitarbeitern des Instituts (1933–66)
41.–101. Einzelne Zeitungsausschnitte von Berichten über M. H. oder Institutsmitarbeiter oder mit Erwähnung seiner Person (großenteils Doubletten der in den Alben (13.–33.) enthaltenen Ausschnitte) (1925–73)

XXIV. Manuskripte und Materialien Friedrich Pollock

Die Gruppe enthält Manuskripte und Materialien Friedrich Pollocks, soweit sie nicht bereits in anderen Gruppen enthalten sind und Pollock unmittelbar betreffen.

A. Veröffentlichungen, Notizen, Exzerpte, Materialien (ohne Sonderdrucke)
1.–4. Frühe Exzerpte und Notizen (1920–29)
5.–19. Aufsätze, Rezensionen, Memoranden, Vorträge (1927–64)
20.–35. Automation. Vorträge, Aufsätze, Materialien (1956–63)
36.–48. Für und über M. H.: Aufsätze, Entwürfe, Exzerpte, Materialien (1941–67)
49.–52. Seminare. Notizen und Protokolle (1932–63)
53.–63. Ökonomie. Notizen, Exzerpte, Materialien (1936–61)
64.–66. Nationalismus. Exzerpte, Materialien (1956–67)
67.–81. Philosophie. Notizen, Exzerpte, Materialien (1912–68)
82.–96. Sonstige Notizen, Exzerpte und Materialien (1929–69)

B. Personalia
97.–99. Grundsätze des gemeinsamen Lebens M. H.s und Friedrich Pollocks (1935–66)
100.–106. Photographien (ca. 1898–1955), nach Sachgebieten

C. Sonderdrucke und Zeitschriften
107.–119. Sonderdrucke Pollocks (1926–64)
120.–140. Sonderdrucke anderer Autoren, nach Autoren
141.–154. Sonderdrucke ohne Autorenangabe, nach Titeln
155.–172. Zeitschriftenexemplare, nach Titeln

D. Tonbänder
173.–174. Tonbänder Pollocks (1967–69)
175.–180. Tonbänder W. Rebners, für Pollock (1966–69)

5. *Die Register und Verzeichnisse des Archivs*

Folgende Register wurden angelegt:
(1) Alphabetisches Gesamtregister der Briefe
(2) Standortverzeichnis der Briefe
(3) Alphabetisches Register der Manuskripte M. H.s
(4) Chronologisches Register der Manuskripte M. H.s
(5) Alphabetisches Register der Manuskripte Friedrich Pollocks (F. P.s)
(6) Alphabetisches Register der Manuskripte anderer Autoren
(7) Alphabetisches Register der Manuskripte über M. H.
(8) Schlagwortregister der Manuskripte M. H.s und F. P.s
(9) Standortverzeichnis der Manuskripte und Materialien

Das folgende Schema erlaubt einen *Überblick* über die Register und Verzeichnisse:

<table>
<tr><th colspan="2" rowspan="2"></th><th colspan="3">Register</th><th rowspan="2">Standortverzeichnis</th></tr>
<tr><th>alphabetisch</th><th>chronologisch</th><th>Schlagwort</th></tr>
<tr><td colspan="2">Briefe</td><td>(1)</td><td>–</td><td>–</td><td>(2)</td></tr>
<tr><td rowspan="4">Manuskripte</td><td>von M.H.</td><td>(3)</td><td>(4)</td><td rowspan="2">(8)</td><td rowspan="4">(9)</td></tr>
<tr><td>von F.P.</td><td>(5)</td><td>–</td></tr>
<tr><td>von anderen Autoren</td><td>(6)</td><td>–</td><td>–</td></tr>
<tr><td>über M.H.</td><td>(7)</td><td>–</td><td>–</td></tr>
</table>

Register zu den *Gesammelten Schriften*, Band 2–14

von Frederik van Gelder und Rainer Clodius

Erläuterungen

Das Register bezieht sich auf die Bände 2–14 der *Gesammelte Schriften*, d.h. auf die zu Lebzeiten veröffentlichten und die nachgelassenen Schriften, nicht aber auf die frühen Novellen (Band 1) und die Briefe (Band 15–18; die Briefe werden durch ein separates Register erschlossen, das in Band 18 enthalten ist).
Das Register der Schriften enthält in einheitlicher alphabetischer Reihenfolge *Begriffe* und *Namen*, wobei die Nachweise der Namen noch einmal in *Werktitel* und *sonstige Erwähnungen* unterteilt sind.

A. Begriffsregister

Eine solche Eintragung hat beispielsweise die folgende Gestalt:

Autoritärer Staat (s. Totalitärer Staat) *Autoritärer Staat* **5**:293 ff.♦; In allen seinen Varianten ist der A.S. repressiv 301; unverschämte Bedürfnisse des Machtapparats, Vernichtung jeglicher Initiative der Beherrschten 301; Der internationale Naturstand, der Kampf um den Weltmarkt u. die faschistische Disziplin der Völker bedingen sich wechselseitig 302; Fesselung der Produktivkräfte als Bedingung der Herrschaft 302; Die Rationalität der Herrschaft ist schon im Schwinden begriffen, wenn der A.S. die Gesellschaft übernimmt 304

Die dem jeweiligen Schlagwort gegebenfalls in Klammern beigefügten Querverweise ermöglichen es, weiterführend auch bei anderen, verwandten Begriffen nachzuschlagen. Die einzelnen Eintragungen zu den jeweiligen Schlagworten sind nach der Reihenfolge der Bandnummern (**fett**) und Seitenzahlen (normal) angeordnet. Die Seitenzahlen beziehen sich auf die jeweils vorangehende fettgedruckte Bandnummer. Besonders wichtige Stellen sind durch ein Rautenzeichen (♦) hervorgehoben. *Kursiv* gedruckte Wörter sind Wiedergaben von Werktiteln oder Überschriften Horkheimers, die hier als zusammenfassende Begrifflichkeiten fungieren.

B. Namenregister

Die zu einer Nameneintragung gehörenden beiden Teilbereiche der *Werktitel* und der *sonstige Erwähnungen* sind durch einen Pfeil (▷) voneinander getrennt. So findet man z. B. unter dem Schlagwort »Nietzsche« zuerst das Titelregister von erwähnten Schriften Nietzsches:

Nietzsche, Friedrich *Also sprach Zarathustra* **3**:267; **5**:126; **6**:268; **12**:563; **13**:69, 113, 118, 640; **19**:45; *Aus dem Nachlaß der Achtzigerjahre* **12**:564; *David Strauss, der Bekenner und der Schriftsteller* **12**:563; *Dionysos-Dithyramben* **13**:117; *Ecce Homo* **3**:323; **7**:122; **13**:336; *Der Fall Wagner* **5**:136; *Die Fröhliche Wissenschaft* **5**:138 f., 143, 285; **6**:271; *Genealogie der Moral* **5**:109, 121 f., 127; **12**:172, 563; **13**:437, 556, 559; **14**:236;…

und danach (nach dem »▷«) die Eintragungen der *sonstigen Erwähnungen* Nietzsches:

2:163; 197; 249 f.; *Nietzsche und das Proletariat* 338♦; **3**:12; erkannte nicht, daß die ihm verhaßten Eigenschaften in der Gegenwart gerade aus dem Mangel an günstigen Bedingungen für die Allgemeinheit hervorgehen 129; N.s Geschichtstheorie ging fehl, weil er die Bewegung der gegenwärtigen Welt aus Unkenntnis der ökonomischen Gesetze mißversteht 130; 131; 134; 140;… **14**:52; 89; 112; 114; 127; 130; 195; 248; 255; 264; *Anmerkung zu Nietzsche* 281; 332; 346; 441; Bemerkungen zu N.s Bemühungen um die Wahrheit 535

Während der erste Teilbereich der Werktitel *alphabetisch* geordnet ist, sind die Eintragungen des zweiten Teilbereichs der sonstigen Erwähnungen *numerisch*, d. h. nach Bandnummer und Seitenzahlen, geordnet. Im übrigen entsprechen die Zeichen und Druckformen des Namenregisters denen des Begriffsregisters.

Sowohl das Begriffs- als auch das Namenregister bestehen weitgehend aus Zitaten und Paraphrasierungen, die die Leser möglichst unmittelbar auf die entsprechenden Horkheimerschen Thematisierungen in den *Gesammelten Schriften* verweisen sollen.

Die Begriffe sind vor allem auf ihre Eignung hin gewählt worden, das zu erschließen, was bei Horkheimer Dialektik heißt. Wenn das vorliegende Register einer heuristischen Leitidee folgt, dann ist ist es diese.

Index
(Verzeichnis der Begriffs-Stichwörter)

Aberglaube
Absolutismus
Action Française
Adel
Ästhetik
Aggression
Akademie
Akademie der Arbeit
Alchemie
Amerika
Anarchismus
Angestellte
Anthropologie
Anthroposophie
Antike
Antisemitismus
Arbeiter
Arbeiterbewegung
Atomenergie
Atomismus
Aufklärung
Auschwitz
Autonomie
Autoritärer Staat
Autorität

Bedürfnis
Begriff
Begriffsrealismus
Bewußtsein
Bewußtseinsphilosophie
Bildung
Biographie
Bürgerliche Gesellschaft
Bürokratie

Calvinismus
Charakter
China
Christentum
Christian Science

Darwinismus
Deismus
Demagogie
Demokratie
Denken
Despotie
Deutschland
Dialektik
Dialektik der Aufklärung
Dritte Welt

Egoismus
Elite
Emigration
Empiriokritizismus
Empirismus
England
Entfremdung
Enzyklopädisten
Erkenntnis
Erziehung
Ethik
Europa
Existentialismus
Expressionismus

Familie
Faschismus
Feudalismus
Fortschritt
Frankreich
Französische Aufklärung
Französische Revolution
Frau

Freiheit
Freizeit

Ganzes – Teil
Geist
Geschichte
Geschlechterverhältnis
Gesellschaft
Gesetz
Gestalttheorie
Gewerkschaften
Gleichheit
Grünbergs Archiv

Hermeneutik
Hexenglaube
Historismus
Holland
Humanismus

Idealismus
Identitätsphilosophie
Ideologie
Impressionismus
Indien
Individuum
Inquisition
Institute for Pacific Relations
Institute of Child Welfare
Institut für Sozialforschung
Intelligenz
Interesse
Irrationalismus
Islam

Jansenismus
Jesuiten
Judentum
Jugend

Kapitalismus
Kapitalverhältnis
Katholizismus
Kind
Klassenverhältnisse
Kleinbürger
Kollektive Psychopathologie
Kommunismus
Konformismus
Konkurrenz
Koran
Koreakrieg
Kreuzzüge
Krieg
Krise
Kritik
Kritik der politischen Ökonomie
Kritik der politischen Theorie
Kritische Theorie
Kultur
Kulturindustrie
Kunst

Lebensphilosophie
Liberalismus
Liebe
Linkshegelianismus
List
Literaturkritik
Logik

Malthusianismus
Mana
Manufaktur
Markt
Marxismus
Masochismus
Massengesellschaft
Massenmedien
Massenpsychologie
Materialismus

Mathematik
Matriarchat
Medizin
Meinungsforschung
Metaphysik
Mimesis
Mimikry
Mitleid
Mittelalter
Moral
Musik
Mystik
Mythos

Narzißmus
Nationalismus
Nationalsozialismus
Natur
Naturbeherrschung
Naturrecht
Naturwissenschaft
Negation
Neukantianismus
Neuplatonismus
Neuthomismus
Nihilismus
Nominalismus
Nürnberger Prozeß

Objektiver Geist
Öffentlichkeit
Ökonomie
Okkasionalismus
Opfer

Pantheismus
Paranoia
Pariser commune
Patriarchat
Phänomenologie
Philosophie
Physik
Pietismus
Planwirtschaft
Pluralismus
Politik
Positivismus
Pragmatismus
Praxis
Preußen
Projektion
Proletariat
Propaganda
Protestantismus
Psychoanalyse
Psychologie

Rackets
Radio Research Project
Rassismus
Rationalismus
Recht
Rechtsphilosophie
Rede
Reflexion
Reformation
Regression
Reklame
Religion
Renaissance
Revolution
Romantik
Rußland
Russische Revolution

Scholastik
Sensualismus
Skeptizismus
Solidarität
Sozialdemokratie
Sozialforschung
Sozialismus
Sozialwissenschaft

Soziologie
Sport
Sprache
Staat
Stoa
Studentenprotest
Studien über Autorität und Familie
Studies in Philosophy and Social Science
Studies in Prejudice
Subjekt
Subjekt – Objekt
Substanz

Tausch
Technik
Terror
Theologie
Theorie
Theorie und Praxis
Tier
Tod
Totalitärer Staat
Tradition
Transsubstantiation
Transzendentalphilosophie
Triebstruktur
Triebverzicht

Universalgeschichte
Universalienstreit
Universität
Unternehmer
USA
Utilitarismus
Utopie

Vater
Verantwortung
Verbrechen
Verdinglichung
Vereinte Nationen
Verfassung
Vergötzung
Vernunft
Versailles, Vertrag von
Verwaltete Welt
Vietnamkrieg
Vorurteil

Wahrheit
Weimarer Republik
Weltmarkt
Wiener Kreis
Wissenschaft
Wissenschaftslogik
Wissenssoziologie

Zeit
Zeitschrift für Sozialforschung
Zivilrecht

Register

[anonym] *Arden of Feversham* **12**:271

Abbé, Ernst **2**:171

Abélard **8**:392; **13**:352; 469

Aberglaube (s. Ideologie) **3**:99f.; 177f.; 280f.; **4**:142; Animismus **5**:27; das subjektive Denkvermögen löste den A.n auf **6**:30; 50; 78; soziale Funktion 81; 92; Kampf der katholischen Kirche gegen den A. 101f.♦; 267; Voltaires Kampf gegen den A. 299; 338; **7**:17; 26; 33f.; 59; Neuer A. und Technifizierung sind komplementär **8**:399; **9**:116f.; 178f.; **11**:249ff.; **14**:404; *»Aberglaube«* 413

Abetz, Otto **12**:201

Absolutismus **2**:196; 199; **3**:361; 389; **4**:262; 297; **9**:69; 340; 380

Academic Center for Collective Psychopathology (Sussex University) **8**:300

Ackerman, Nathan W. *Anti-Semitism and Emotional Disorder* (mit Marie Jahoda) **5**:408; **12**:166

Action Française **5**:17

Adams, Charles *Vie et œuvres de Descartes* **4**:262

Adams, John **6**:49

Adel der A. von Geburt wird wieder eingeführt, wenn die Gleichheit der Menschen, aus einer Ideologie zur Wahrheit wird **3**:271

Adenauer, Konrad **19**:66

Adickes, Erich *Kants opus postumum* **2**:44, 71, 79, 82f. ▷**3**:76

Adler, Alfred **9**:46

Adler, Friedrich *Ernst Machs Überwindung des mechanischen Materialismus* **4**:159

Adler, Max *Lehrbuch der materialistischen Geschichtsauffassung* **3**:76; *Marx als Denker* **3**:305 ▷**6**:384

Adler, Mortimer J. *Art and Prudence* **4**:419, 427ff.; *This Pre-War Generation* **4**:432, 435 ▷**4**:427ff.♦; Seine unhistorische Kunstauffassung macht ihn seiner Zeit um so tiefer untertan 427; Moralbegriff 429ff.♦; handfest christliche Metaphysik 431; sieht Popularität als positives Kriterium an 434; **5**:170

Adorno, Gretel **5**:14; **7**:290; 332; 471; **12**:493; 559; 587; 593; **19**:21; 32

Adorno, Theodor W. *Die Aktualität der Philosophie* **12**:526; *Das Altern der neuen Musik* **7**:288; *The Authoritarian Personality* (mit Frenkel-Brunswik, Levinson, Sanford) **5**:408, 415ff.♦; **7**:263, 285, 368; **8**:64, 68; **12**:166; *Beckett, kritische Theorie und A.* **14**:338; *Current of Music. Elements of a Radio theory* **12**:431; *Husserl and the Problem of Idealism* **12**:493; *Jargon der Eigentlichkeit* **7**:288; *Kierkegaard. Konstruktion des Ästhetischen* **7**:262, 288; **12**:461; *Kritik. Kleine Schriften zur Gesellschaft* **7**:415; *Mahler* **7**:288; *Minima Moralia* **7**:263, 288, 290; *Motive* **12**:507; *Music appreciation hour* **12**:431; *Negative Dialektik* **7**:288, 290, 293; *On popular music* **12**:431; *Der Positivismusstreit in der deutschen Soziologie* **7**:288, 424; *Princeton Radio Research Project* **12**:471; *Prismen* **7**:101; *The Psychological Technique of Martin Luther Thomas' Radio Addresses* **5**:23; *Replik* **8**:144; *A social critique of Radio Music* **12**:431; *Spengler Today* **4**:418; *Thesen über Bedürfnis* **12**:560, 575ff.♦; *Die Transzendenz des Dinglichen und Noematischen in Husserls Phänomenologie* **7**:262; *Über den Fetischcharakter in der Musik und die Regression des Hörens* **12**:431, 481, 509, 577; *Über Jazz* **12**:148; *Veblens Angriff auf die Kultur* **6**:54; **12**:96; *Versuch über Wagner* **7**:288; **12**:522; *Wissenschaftliche Erfahrungen in Amerika* **12**:165; *Zum Verhältnis von Soziologie und Psychologie* **7**:75; *Zur gesellschaftlichen Lage der Musik* **12**:148; *Zur Metakritik der Erkenntnistheorie* **7**:288; **8**:437; **12**:155, 493 ▷**3**:14; **5**:387; 396; 419; **6**:26; *Jenseits der Fachwissenschaft: Adorno zum 60. Geburtstag* **7**:261ff.♦; verstößt gegen den Empirismus nicht weniger als gegen abschlußhafte Theorie 263; Dialektik bedeutet ihm die perennierende Methode der Kritik 263; 266; 270; *Zum Tode Adornos* 284ff.♦; Sprache bei A. 287f.; *Theodor W. Adorno zum Gedächtnis* 289f.♦; Verhältnis zur Praxis 290♦; *»Himmel, Ewigkeit und Schönheit.« Interview zum Tode Theodor W. Adornos* 291ff.♦; negative Theologie 293f.; 332♦; 335f.; 341; 343f.; 345; 351; 354; 362; 365; 368; 394; 417; 419f.; Die Unabgeschlossenheit der Dialektik war für A. charakteristisch 422; 424f.; 426f.; 429; 431ff.; 453; 466; Zusammenarbeit mit A. 470f.♦; **8**:336f.; 353; *Gespräch über die Aufgabe des Protestantismus in der säkularen Zivilisation* **11**:349ff.♦; **12**:149; 168; 251; 349ff.♦; 380; 384; 390; 391; 457; 468; 470; 473; 476; 485; 488; nihilistischer Überradikalismus bei A. 489ff.; 503; 506; das Problem der Dialektik 528; A.s Dialektikbegriff 527ff.♦; 542ff.; 553ff.; 559ff.; 602; 604; **13**:112f.; A. geht so weit zu sagen, daß ohne einen Gott das Denken sinnlos ist. Bei diesen Überlegungen fängt das Denken an: Alles andere ist längst bekannt oder ohne Interesse **14**:369; 446; »Alles in der Welt steht

unter einem Fluch« 491; *[Diskussion aus einem Seminar über die Theorie der Bedürfnisse]* **19**:21; *[Diskussion über Theorie und Praxis]* **19**:32ff.♦; Der Unterschied zwischen uns besteht darin, daß bei T[eddie] ein Stück Theologie mitspricht; ich habe die Tendenz zu sagen: die Guten sterben weg. Das beste wäre noch Planung 41

Ästhetik (s. Kunst, Musik, Wahrheit) *Die Zweckmäßigkeit der ästhetischen Gegenstände* **2**:110ff.♦; **4**:419f.; Eine dogmatische Definition des Schönen bewahrt die Kunst so wenig vor der Unterwerfung unter das Bestehende wie ein Kunstbegriff, den sie aus dem kritiklosen Beifall der Massen abstrahiert 428; Das ist das Geheimnis der ästhetischen Sublimierung: Erfüllung als gebrochene darzustellen. Kulturindustrie sublimiert nicht, sondern unterdrückt **5**:165; die Notwendigkeit der ästhetischen Spiegelung fällt weg – keine Verdoppelung drückt mehr die Entstellung aus 284; ästhetische Empfänglichkeit des Menschen in ihrer Vorgeschichte mit der Idolatrie verbunden **6**:55; die ästhetische Empfänglichkeit des Menschen hat ihre Vorgeschichte in der Idolatrie **7**:31; 292; bei Kant **9**:479; bei Kant **10**:59ff.♦; bei Schelling u. Kant 147ff.♦; Kunst als Einheit von Subjektivem u. Objektivem 154f.; Musik u. Malerei **12**:163; Begriff des Individuums im Idealismus 439; Aufgaben der Literaturkritik 553ff.♦; Nach Marx haben wir, solange noch materielle Not in der Gesellschaft herrscht, nichts anderes zu tun, als sie abzuschaffen. Jede Schriftstellerei, die unter diesen Verhältnissen die Dinge nicht beim Namen nennt, ist mit einem tiefen Widerspruch behaftet 569; Es gibt keine Kunst mehr 575; Die klassische Kunst beginnt schlechthin uninterpretierbar zu werden 577; Der »Gebrauch« der Schönheit ist heute zu einem Stück Freizeitgestaltung herabgesunken **13**:332; 376; *Kunst und Religion* **14**:165; Das Schöne ist wahrscheinlich eine vergangene Kategorie. Der Begriff des Schönen kann nur lebendig gemacht werden durch die Beziehung auf das Ganze 197; Das Ästhetische ist etwas geworden, das an die Stelle von dem Ansehen von Gott und Teufel getreten ist 219; Die Trauer als Grundgefühl 285; Gesichtspunkte für die moderne Kunst: das Ende der Individuen; das Ende der Differenzierung; Kunst als Ausdruck von Gefühlen, Hoffnungen und Erfahrungen wird negiert. Sie sind für den heutigen Menschen ohnedies Larifari 368; Kunst kann nicht auf lange Sicht vom Protest leben. Protest, der institutionalisiert wird, ist Unsinn 396; *Die Rolle des Romans heute* 397; *Der Roman als nicht mehr aktuelles Residuum* 440

AFL-CIO Labour looks at the White Collar Worker **8**:123

Aggression (s. Autorität, Familie, Faschismus, Individuum, Trieb-

struktur) **3**:274; **6**:112; 378; 424; **7**:410f.♦; A., Ichschwäche, Konformismus, Gruppenidentität **8**:12; Die Gefühle der Massen sind nur ein sekundärer Faktor bei der Herausbildung aggressiver Regime, u. psychologische Erklärungen sind daher notwendig relativistisch u. oberflächlich 22; *Produktive Funktionen der Aggression* **14**:196

Agnon, Samuel Josef *Im Herzen der Meere und andere Erzählungen* **14**:400

Agrippa von Nettesheim, Heinrich Cornelius *Die Eitelkeiten und Unsicherheiten der Wissenschaften* **9**:40 ▷**4**:257; 430; **7**:89; **9**:40f.; **13**:68; 425

Ahlwardt, Hermann **5**:230; **8**:129

Aischylos **12**:260

Akademie der Arbeit **8**:201ff.

Akademie *Programm einer intereuropäischen Akademie* **12**:197♦

d'Alembert, Jean le Rond **2**:295; **3**:95; **4**:68; **5**:64; **7**:90; 162; **9**:197; 373; 379; 391; 400; 427; 459; **13**:355; 358; 596; 598

Al-Gazali *Destructio philosophorum* **13**:369

Albert, Hans **7**:423f.; **14**:430

Albertus Magnus *Summa Theologiae* **4**:336 ▷**13**:353; 422

Albornoz (Kardinal) **4**:29

Alcan, Félix (Verlag) **3**:19; 110; **4**:371; **6**:22; **7**:286; 334; 366

Alchemie **9**:40f.; 88ff.

Alexander (der Große) **4**:241; 244; **12**:339

Alexander, Samuel *Space, Time and Deity* **4**:333

Allport, Gordon W. **5**:403; A.s Begriff der »Personae« **8**:28

Alsop, Joseph **14**:477

Althusius, Johannes *Politik* **8**:49; **9**:74; **13**:325; 326

Altwicker, Norbert **19**:20

Amend, Joseph **7**:330f.

American Jewish Committee **5**:407; 420; **7**:368

Amerika (USA) **4**:339ff.; 371f.; Unabhängigkeitserklärung **6**:48f.; 132; Vorwurf der A.freundlichkeit 207; 244; 249; 258; 260; 318; 331; 357ff.; *Für Amerika* 409♦; ohne A. wäre die Welt zwischen östlichen und westlichen Hitlers bereits aufgeteilt 409; 412; **7**:278; 333; 368; 473f.; Amerikanische Abneigung gegen autoritäre Formen persönlicher Beziehungen **8**:15; Die Mittelklasse in A. ist zu einer Klasse von Angestellten geworden 15; A.: das mächtigste demokratische Reich der Gegenwart 48; Vergleich zwischen A. u. Europa 85ff.♦; Gesetz u. Religion sind in A. die entscheidenden zivilisatorischen Mächte geblieben 86; Amerikanische Kultur (USA) 234f.; The American Way of Life 235ff.♦; Amerikanische Kultur im Vergleich

zur europäischen 236f.; A., eine von außen unbedrohte Nation 236; Amerikanische Kultur und das Christentum 236f.; Demokratieverständnis in A. 238f.; Unter der Freundlichkeit sitzt das Bewußtsein, daß jeder für sich selber sorgen muß 238; Das Geldverdienen steht im Mittelpunkt 240; Amerikanisches Familienleben 241; Diese Vorstellung, daß das, was kommt, im Grunde das Bessere sein wird, das ist die allgemeine Philosophie A.s 242; Rassismus in A. 242; Bedeutung der Kulturindustrie **10**:320; *Amerikanischer Geist* **11**:280; 350; 366; **12**:203; *Geschichte der amerikanischen Arbeiterschaft* 260; Zur Kritik der amerikanischen Sozialwissenschaft 319♦; 542ff.♦; Für uns hat Wissenschaft praktischen u. politischen Ernst. Der Gegensatz zwischen Amerikanern u. Europäern ist der, daß für uns Wissenschaft Philosophie ist 552; *Zum gegenwärtigen Antiamerikanismus* **13**:81; Americans should not stick to German idealism. They should be warned of existentialism **14**:195; *Kultur in USA* 288; Die amerikanische Zivilisation kann nichts Neues hervorbringen. Sie hat keine Tiefe. Der Gedanke ist ohnmächtig 288; *Amerika im Mai 1966* 364; *Dialektik der USA* 450; *Die Hippies in San Francisco* 451

Améry, Jean **14**:520

Amiens, Peter von **8**:275

Anarchismus **8**:313

Anaxagoras **13**:404f.♦; Der Übergang von A. zum eigentlichen Materialismus liegt in der revolutionären Vorstellung, nicht Haß noch Liebe, noch Geist seien das Bewegende, sondern ein den Dingen selbst innewohnendes Prinzip 405

Anders, Günther d.i. Günther Stern *Mensch ohne Welt* **12**:561; *Thesen über Bedürfnisse, Kultur, Kulturbedürfnis, Werte* **12**:579ff.♦ ▷**12**:251; 559ff.; *[Diskussion aus einem Seminar über die Theorie der Bedürfnisse]* **19**:21

Anderson, Eugen N. **7**:58

Anger, Hans **19**:16

Angestellte (s. Arbeiterbewegung) **2**:384f.; **3**:398; **7**:420; Die gesellschaftliche Lage der A. **8**:112ff.; Es fehlt eine Soziologie der A. 112; A. rekrutieren sich zunehmend aus dem einst unabhängigen Bürgertum 114; A. sind desorientiert u. anfällig für reaktionäre Propaganda 115; ältere A. durch Arbeitslosigkeit u. Inflation bedroht 115; Mit jedem Tag nimmt die Lebenserwartung zu und die Glückserwartung ab 117; immer mehr A. werden zu »Lückenbüßern von Maschinen« 118; Unselbständigkeit, Konformismus, konsumorientiert 120; 133; *Das Privatleben der kleinen Angestellten* **14**:67

Anselm von Canterbury **7**:37; **9**:144; 276; **13**:634

Anselm von Havelberg **13**:321

Anthropologie *Machiavelli und die psychologische Geschichtsauffassung* **2**:181 ff.♦; Die Lehre von der ewig gleichen Menschennatur ist ein Fehler 201 f.♦; Menschenbild in der Wissenssoziologie 277 ff.♦; 424 f.; *Bemerkungen zur philosophischen Anthropologie* **3**:249 ff.; Die moderne philosophische A. gehört zu den späten Versuchen, eine Norm zu finden, die dem Leben des Individuums in der Welt einen Sinn verleihen soll 254; Gegensatz zwischen anthropologischer Philosophie u. Materialismus 257 f.; Anthropologische Studien können die Erkenntnis der geschichtlichen Tendenzen weiterführen 260 f.; berühmter Gegensatz der A. in Griechenland 268 f.; **4**:9 ff.♦; 300; 305; Dialektik der Aufklärung – dialektische A. **5**:23; In der Sprache der Selektionstheorie ließe sich verdeutlichend sagen, es hätten während der Entstehungsperiode des menschlichen Sensoriums jene Individuen überlebt, bei denen die Kraft der Projektionsmechanismen am weitesten in die rudimentären logischen Fähigkeiten hineinreichte 225; die Bereitschaft zur falschen Projektion: das isolierte Schema der Selbsterhaltung 225; die neue »anthropologische« Spezies: der autoritäre Menschentyp 415; *Das Böse in der Geschichte* **6**:287 f.; *Zum Begriff des Menschen* **7**:55 ff.♦; Der Ruf nach dem echten Menschen will auf Führer und Väter hinaus 58; Die traditionelle A. hat ihre Gültigkeit noch nicht eingebüßt 65; Die naturalistische A. predigt die Brutalität, zu der die Gesellschaft ohnehin vorläuft 79; Die naturalistische A. faßt die Geschichte der Menschheit als Naturgeschichte auf **8**:141; **9**:74; (Hobbes:) der Mensch ist eine automatische Maschine 107; 123 f.; 184 f.; 333; bei Scheler **11**:156 f.; Rothakkers Begriff der Kulturanthropologie ist ästhetisierend **13**:14; 248; 445; *Wahrheit – Freiheit – Mensch.* Zum Begriff des Menschen gehört, daß er der Wahrheit in seinem Leben zum Ausdruck verhilft. In dieser Tätigkeit u. nicht in irgendwelchen äußeren Bedingungen liegt seine Freiheit **14**:209; *Mensch und Tier* 219; Es gehört zum Begriff des Menschen, daß er sich für alles Furchtbare, was in der Welt geschieht, mit verantwortlich fühlt 227; 241; Existieren heißt denken; das bloße Sich-und-andere-Informieren reicht nicht aus 251; Was den Menschen ausmacht, ist die Dialektik des Sich-hingeben-Könnens an Dinge und Menschen u. dennoch derselbe bleiben 261; Der Mensch unterscheidet sich vom Tier durch seine Fähigkeit zu denken. Aber gerade diese Eigenschaft zeigt ihm, daß er selbst zu einer Tierrasse gehört, und zwar zu der grausamsten, hinterlistigsten, blutdürstigsten 304; Das Andere wollen, sich nicht mit instrumentalem Denken begnügen – hier fängt der Mensch an 340; *Das Spiel* 341; *Der*

Aufforderungscharakter der Wirklichkeit 344; Realität hat nur die Praxis, das heißt Selbsterhaltung und Arterhaltung – aber die Aussage, daß sie eine Bedeutung hat, ist ebenfalls ephemer 346; *Die sich automatisierende Gesellschaft* 350; *Biologische Geschichtsphilosophie u. kritische Philosophie* 363; die Zukunft der Menschheit: eine Aktiengesellschaft zur Ausbeutung der Natur und gleichzeitig ein Ameisenhaufen 364; *Das »Wesen des Menschen«* 453; *Theorie der Religion* 503; *Die Entwicklung der Menschenrasse* 528; *Die Entwicklung der Menschheit zur Gattung* 540; *[Idee der Menschheit]* **19**:49; (Adorno:) Die Menschen machen alles viel entsetzlicher als die Tiere, aber der Gedanke, daß es anders sein könnte, ist doch erst den Menschen gekommen 50

Anthroposophie **3**:284; **11**:258

Antike Zum Ebenmaß u. zur schönen Natürlichkeit griechischer Jünglinge gehört ebenso wie die Freiheit zu einem heroischen Leben auch die andere Freiheit von drückender Arbeit u. Not **3**:249; **4**:236 ff.; im antiken Sklavenstaat ist die Freiheit des Individuums nicht allgemein 273; dem antiken Sklaven kann man kein Ich im eigentlichen Sinne zuschreiben **6**:117; Begriff des Individuums 137 ff.♦; Sklavenarbeit 140; Atomismus 346; **10**:331

Antisemitismus (s. Judentum) *Glaube und Profit* **2**:351♦; **4**:77; 227; 231; 278; *Die Juden und Europa* 308 ff.♦; Wer den A. erklären will, muß den Nationalsozialismus meinen 308; 326 ff.♦; Der A. wird in der totalitären Ordnung ein natürliches Ende finden 328; Die Pogrome visieren eher die Zuschauer 328; *Zur Tätigkeit des Instituts. Forschungsprojekt über den Antisemitismus* 373 ff.♦; Der A. ist niemals wirklich überwunden worden 377; Die deutschen Pogrome werden eher für das ausländische Publikum veranstaltet 378; heutige A.theorien 379 ff.♦; A. und Massenbewegungen 382 ff.♦; A. im modernen Humanismus 387 ff.♦; Typologie heutiger Antisemiten 394 ff.♦; Propagandawert des A. 399; die Juden in der Gesellschaft 400 ff.♦; der sogenannte Rassefaktor 403 f.♦; nationalsozialistischer A. 405 ff.♦; Propagandawert des A. 408; **5**:22; *Elemente des Antisemitismus* 197 ff.♦; Der eigentliche Gewinn, auf den der Volksgenosse rechnet, ist die Sanktionierung seiner Wut durchs Kollektiv 199; Die antisemitische Verhaltensweise wird in den Situationen ausgelöst, in denen verblendete, der Subjektivität beraubte Menschen als Subjekte losgelassen werden 200; Die Pogrome sind die wahren Ritualmorde 200; Der bürgerliche A. hat einen spezifischen ökonomischen Grund: die Verkleidung der Herrschaft in Produktion 202; Der Jude ist der Sündenbock, in dem umfassenden Sinn, daß ihm das ökonomi-

sche Unrecht der ganzen Klasse aufgebürdet wird 203; A. das schlechte Gewissen des Parasiten 205; Kein Antisemit, dem es nicht im Blute läge, nachzuahmen, was ihm Jude heißt 213; Das Pathische am A. ist nicht das projektive Verhalten als solches, sondern der Ausfall der Reflexion darin 219; A. u. Paranoia 220f.; Versöhnung ist der höchste Begriff des Judentums u. dessen ganzer Sinn die Erwartung; der Unfähigkeit zu dieser entspringt die paranoische Reaktionsform 229; der antisemitische Familienvater in der Zyklonfabrik 237; Nicht erst das antisemitische Ticket ist antisemitisch, sondern die Ticketmentalität überhaupt 238; *Antisemitismus: Der soziologische Hintergrund des psychoanalytischen Forschungsansatzes* 364ff.♦; Freud 365; Fenichel 365; Der A. entspringt dem Unbewußten 365; Die Hauptmerkmale destruktiven Hasses sind überall gleich 368; 373f.; **6**:126ff.♦; *Zum Antisemitismus* 214f.♦; 240; 248; 294♦; 295; *Verhaßtes Spiegelbild* 297f.♦; Die Juden sind heute überall gefährdet 298; 303; Die Massen ziehen in den Krieg u. dürfen dafür die Juden morden 324; *Eine besondere Art von Antisemitismus* 344; *Zur Ergreifung Eichmanns* 347ff.♦; Kein Volk hat mehr erlitten als das jüdische 349f.; *Zur Metaphysik des Judenhasses* 363f.♦; 381; 405; **7**:262; A. des Nationalsozialismus 329ff.♦; 353; 398; 444; **8**:64; Vorgeschichte des politischen A. 126ff.♦; intellektuelle Wortführer des A.: Langbehn, Lagarde, Gobineau, Chamberlain, Lanz von Liebenfels 127; A. u. politische Erziehung 147; 154; 166; Der A. ist im wesentlichen keine religiöse Erscheinung mehr 166; Der Bekehrungsversuch am Antisemiten ist in gewissem Sinn ein Widerspruch in sich 173; 176; 180; 199; **11**:254f.; Plan des Forschungsprojekts über A. **12**:165♦; *Antisemitism among American Labor* 165; *Research Project on Anti-Semitism* 165; A. u. Faschismus 167; Kulturanthropologie des A. 169; Zur Psychologie des A. 172♦; Der Judenhaß ist Haß auf die Demokratie, der Haß auf das höchste Ziel der Zivilisation selbst 175; A. u. Christentum 294; *Diskussionen zu den Elementen des Antisemitismus der »Dialektik der Aufklärung«* 587ff.♦; zur These III: Die Juden verraten das Geheimnis der Produktion 588; zur These V: Antisemitische Idiosynkrasie 590; zur These V: Mimesis 590 *Über Grausamkeit in der Geschichte* **13**:240ff.♦; *Vom Sinn des Neonazismus* **14**:100; *Unschuldiger Antisemitismus* 103; *Zur Funktion des Antisemitismus heute* 139; Die tiefste Wurzel des A. in Deutschland ist der unbewußte Neid u. Haß gegen diejenigen, die für ihren Glauben unermeßliche Opfer gebracht u. überlebt haben u. die sich obendrein nicht zu Dogmen bekennen müssen, die mit den Ergebnissen der Wissenschaft u. der täg-

lichen Erfahrung unvereinbar sind 362; *Israels Blitzkrieg und der Antisemitismus* 413; *Judenfeindschaft* 481; Woher kommt es, daß viele der großen Aufklärer, vor allem Voltaire u. Kant, ausgesprochene Judenfeinde waren? 481; *Einige Gedanken von Horkheimer über die Ursachen des aufgestauten Hasses* 489

Antisthenes **4**:346; **5**:243

Apel, Paul *Hans Sonnenstößers Höllenfahrt. Ein heiteres Traumspiel* **5**:176

Apelt, Ernst Friedrich **4**:333

Arbeiter **2**:322; *Nietzsche und das Proletariat* 338♦; *Die Ohnmacht der deutschen Arbeiterklasse* 373ff.♦; proletarische Solidarität 439; Die geistigen Leiden der herrschenden Klasse sind ein Nichts gegen die wirkliche Not des Proletariats 440f.♦; **3**:373ff.; 398; Auch die Situation des Proletariats bildet keine Garantie der richtigen Erkenntnis **4**:187f.♦; Unter den gegebenen Verhältnissen bedeutet das Ausgenommensein von Arbeit, nicht bloß bei Arbeitslosen, sondern selbst am sozialen Gegenpol, auch Verstümmelung **5**:58; Ein Proletarier ist schon vor dem Gewerkschaftsbonzen, geschweige vor dem Manager, nichts mehr als ein überzähliges Exemplar 62; die Spontaneität der A.klasse wurde in Mitleidenschaft gezogen **6**:149; Die A. sind immer mehr von kritischen Theorien isoliert 149; Nicht einmal Marx verherrlichte das Proletariat 151; Seine Arbeitskraft wird durch die Gewerkschaften verwaltet 153; 261; 366; *Die Rolle der Arbeiterparteien* 396; **7**:52; Die Solidarität des Proletariats bezieht sich schon seit langem vor allem auf bessere Lebensgestaltung 352; Das Proletariat verschwindet als Proletariat 371; Die soziale Lage des Proletariats hat sich ohne Revolution verbessert 386; Das Proletariat nimmt zahlenmäßig immer mehr ab 420; Steigerung der bewußten Organisierung u. damit auch der offenen Sprache gegen das Proletariat **11**:187f.; Entstehung des Proletariats 193; Wie kann man nur das Proletariat lieben! 242f.; 355; 391; (Tillich:) das Verhältnis zu Frau u. Kindern ist in jeder proletarischen Familie nicht ganz abhängig von der soziologischen Situation 391f.; *Wert der Arbeitskraft* **14**:286; Die A. sind dumme, muffige u. ziellose Kleinbürger geworden 350; Der junge Arbeiter auf dem Motorrad **19**:38; *[Geschichtliche Möglichkeit. Arbeit, Freizeit und Freiheit]* 40

Arbeiterbewegung (s. Angestellte, Kapitalismus, Klassenverhältnisse, Revolution, Sozialdemokratie) **4**:192; 312; von den Führern verraten 315; Daß die Arbeiter sich gegen die totalitäre Ordnung neutral verhalten, ist kein Zeichen der Verblödung 315; 321; Entwicklung zur Massenorganisation **5**:295; Die A. verfiel dem Geist

der Administration 296; Anpassung ist der Preis, den Individuen u. Vereine zahlen müssen, um im Kapitalismus aufzublühen 297; **6:**152 ff.♦; Der Aufstieg der Arbeiter zu einer aktiven Rolle ist um den Preis der Integration erkauft worden 152; **8:**95; Die A. vermochte sich der Neutralisierung des Denkens im ökonomischen Betrieb nicht zu entziehen 365; Das Proletariat kämpft um die Befriedigung seiner primitivsten Bedürfnisse in einem dem Stand der Technik angemessenen Ausmaß **11:**264; religiöses Bedürfnis in der KPD 378; A. u. Klassenherrschaft **12:**84; 96; Kampfunfähigkeit der A. 162; das Proletariat **14:**256

Archilochos **5:**31

Archimedes *Archimedes und die neue Metaphysik* **2:**340; **9:**140

Arendt, Hannah Der Begriff der »Banalität des Bösen«, in dem der Sadismus keine Rolle spielt, ist Mist **14:**323

d'Argental, Charles-Augustin de Ferriol, Comte **7:**201

Aristides **4:**64

Aristipp **4:**86; Der einzige, der den Mut hatte, zu sagen, es komme auf die einzelne Lust an, die körperliche, denn mit der geistigen sei es nicht weit her **13:**410; 500

Aristoteles *Metaphysik* **4:**346; **6:**141; *Poetik* **4:**88; *Politik* **3:**268; **5:**320; **6:**138; **7:**78; **8:**23; **12:**25 ▷**2:**208; 223 f.; 264; **3:**140; 185; 266; 268 f.; 314; **4:**148 f.; 219; 253 f.; 428; 431; 433; **5:**44; 54; 170; 250; 278; 324; 327; **6:**28; 80; 83 ff.; 103; 114; 133; 141; 143; 181; 259; 352; 356; **7:**20; 24; 36; 66; 87; 131; 145; 153; 247; 377; **8:**43; 380; 424; 433; **9:**27; 38 f.; 48; 52; 60; 62 f.; 65; 76; 80; 83; 89; Sein Wissen um die Natur stand weit unter dem Niveau seiner Zeit 91; 118; 123; 139; 160; Lehre von der Selbständigkeit der Formen 176; 208; 234; 276; 288; **10:**178; 352; **11:**137; 157; 263; **12:**49; 72; 260; 320; 443; 599 f.; **13:**357; 368; 377; 407; 415; 423; Seelenlehre 517 f.; 562; **14:**97; 247; 267; 268; **19:**58; 61

Arkesilaos **4:**287

Arminius, Jacobus Vater der Aufklärung **13:**481

Arnauld, Antoine **9:**173; 176; 188; **13:**482

Arnauld, Jacqueline Marie **14:**277

Arnold von Brescia **4:**56; **12:**26

Arnold von Citeaux **4:**383

Aron, Betty **5:**420

Aron, Raymond *La sociologie de Pareto* **4:**276; *Opium für Intellektuelle oder Die Sucht nach der Weltanschauung* **14:**242 ▷**8:**53; **14:**239

Aronson, Moses F. **6:**156 f.

Ash, Schalom **12:**208

Asoka 7:173
Aster, Ernst von *Geschichte der neueren Erkenntnistheorie* **9**:26
Atkinson **13**:345
Atomenergie A. könnte den Schlüssel bilden zu einer auch heute noch unvorstellbaren Herrschaft über die Natur **8**:429; *Zur Funktion der Atombewaffnung* **14**:83; 211
Atomismus **2**:208; *Atomismus* **6**:346♦; **9**:160 ff.♦; 249; 322
Auber, Daniel François Esprit *Die Stumme von Portici* (Oper) **14**:397
Aufklärung (s. Dialektik, Dialektik der Aufklärung, Französische Aufklärung) **2**:197; Vernunftbegriff der A. 229 ff.; 237; 241; Priestertrugstheorie 261; **3**:22; 98; Das bürgerliche Denken beginnt als Kampf gegen die Autorität der Tradition 362 f.♦; **4**:10; Die Toleranz der A. war nicht neutral 140; 297; 352; 379; Umschlag von A. in Positivismus **5**:14; Die rastlose Selbstzerstörung der A. 16; 18; *Begriff der Aufklärung* 25 ff.♦; A. u. Mythos 30 ff.♦; Die Gottesebenbildlichkeit des Menschen besteht im Blick des Herrn, im Kommando 31; Die A. verhält sich zu den Dingen wie der Diktator zu den Menschen 31; A. ist die radikal gewordene, mythische Angst 38; Die A. hat von der Metaphysik nichts übriggelassen als die abstrakte Angst vor dem Kollektiv 45; A. setzt Denken u. Mathematik in eins 47; A. hatte als bürgerliche längst vor Turgot und d'Alembert sich an ihr positivistisches Moment verloren. Sie war vor der Verwechslung der Freiheit mit dem Betrieb der Selbsterhaltung nie gefeit 64; A. im Dienst der Gegenwart wandelt sich zum totalen Betrug der Massen 66; Dialektik von Mythos, Religion und A. 77 ff.♦; Alle bürgerliche A. ist sich einig in der Forderung nach Nüchternheit, Tatsachensinn, der rechten Einschätzung von Kräfteverhältnissen. Der Wunsch darf nicht Vater des Gedankens sein 81; A. u. Moral 104 ff.♦; Denken ist im Sinne der A. die Herstellung von einheitlicher, wissenschaftlicher Ordnung u. die Ableitung von Tatsachenerkenntnis aus Prinzipien 104; Eingespannt in die herrschende Produktionsweise löst die A., die zur Unterminierung der repressiv gewordenen Ordnung strebt, sich selber auf 116; Die ihrer selbst mächtige, zur Gewalt werdende A. selbst vermöchte die Grenzen der A. zu durchbrechen 238; **6**:36; brachte letzten Endes nicht die Kirche, sondern den objektiven Begriff der Vernunft zur Strecke 39; löst die Idee der objektiven Vernunft auf, aber Reaktion und Obskurantismus ziehen oft den größten Gewinn 45; nahm in weitem Maße ihren Lauf innerhalb der Kirche 83; 98; 100; Darwinismus als eines ihrer Hauptergebnisse 132 f.; Wir sind zum Guten oder Schlechten die Erben der A. u. des technischen

Fortschritts 135; Idee des Individuums in der philosophischen A. 144; 205; 213; *Zur deutschen Aufklärung* 241; 263; 267; 271; geht heute auf Lösung von Komplexen des Einzelnen 279; Die A. im Kampf mit den herrschenden Mächten stellt die Wahrheit dar 291; *Aufklärung und Religion* 325; 330; 334; 366; 380; 393; **7**:26; 47; 50; 89f.; 94; 110; Die großen Aufklärer waren behutsam, wenn es um die Volksgemeinschaft als den höchsten Wert zu tun war 126; Schopenhauers Bekenntnis zur A. 132f.; 136; *Kants Philosophie und die Aufklärung* 160ff.♦; Die A. mißt den Fortschritt der Menschheit an der Entfaltung der geistigen Kräfte der einzelnen 171; 201; 211; *Lessing und die Aufklärung* 253ff.♦; A. u. Religion 254, 255; Umschlag in Positivismus 414; A. heißt nach Kant die Kraft des Gedankens, die mit Bewußtsein ihrem eigenen Gesetze folgt **8**:183; **9**:245; 269ff.; 280; 295; 301; 303; 305; 315; Viele Aufklärer haben sich als Deisten ansehen können 344; 345; *Aufklärung* 346ff.♦; *Charakteristik der Epoche* 346ff.; Eine brauchbare Darstellung dieser Philosophie ist nicht vorhanden 346; ist keine einheitliche Bewegung in Europa gewesen 347; Die Aufklärer hatten nicht die Revolution im Sinn 350; Vernunftbegriff 352f.♦; *Sensualistische Erkenntnistheorie* 353ff.♦; materialistischer Wesenszug 356; Die Aufklärer waren in metaphysischen Dingen ebenso großzügig wie leichtsinnig 357; *Moral der Selbstliebe* 358ff.♦; *Kritische Geschichtsschreibung* 361f.♦; *Rolle der Erziehung* 362ff.♦; Zusammenhang mit dem Sozialismus 365; Die empiristische Erkenntnistheorie der A. hatte ihren Grund in ihren großen kritischen Tendenzen 367; hat keine Achtung vor dem Bestehenden 370; Für die A. ist Vernunft das Handeln auf Grund der fortgeschrittensten Erkenntnis 371; *Physikalischer Materialismus* 372ff.♦; *Rousseau* 377ff.♦; *Utopischer Sozialismus* 388ff.♦; *Condorcet* 391f.; *Mandeville* 392ff.♦; *Ferguson* 396ff.♦; *Differenz von Aufklärung und Positivismus* 399ff.♦; 447; 470; **10**:17ff.♦; Der deutsche Idealismus ist gleichsam die Fortführung der rationalistischen A. 20; Individuum als Motiv u. Ziel 22; 62ff.♦; Grundüberzeugung, daß das Wesen des Menschen Vernunft sei 63; Grunddogma, daß das Bestehende willkürlich abgeändert werden könne 64; auf eine Umgestaltung der Wirklichkeit gerichtet 97; 122; Alle Verschiedenheiten zwischen Individuen, Völkern u. Rassen erscheinen der A. als bloß akzidentell 124; Was prinzipiell der A. entgegengesetzt ist, muß immer und überall irrational u. antirevolutionär sein 128; Die A. hat ihre destruktiven Tendenzen schließlich auch gegen den unentbehrlichsten ideologischen Bestand gerichtet 177; Tendenz der von der A. herkommenden Wissenschaft, alles zu analysieren u. zu destruieren

178; desillusioniert die Wirklichkeit 210f.; 213; 240; 267; 277; 289; 301; 407; **11**:139; 204; Man hat sich angewöhnt, A. und Flachheit als gleichbedeutend miteinander zu gebrauchen 205; 239f.; 252; 275; **12**:105; Enzyklopädisten 109; Es ist nicht wahr, daß A. am Ende sei 325; *Rettung der Aufklärung. Diskussionen über eine geplante Schrift zur Dialektik* 593♦; *Der Preis der Aufklärung (Gespräch mit Claus Henning Bachmann)* **13**:225; Wir sind auf dem Weg, die ganze Kultur zu verlieren 227; Die Gefahr der A. ist nicht ihre »Flachheit«. Ihre Gefahr liegt darin, daß mit der Mythologie zu rasch Schluß gemacht wird 275; Einerseits stützt sie sich auf positivistische Beobachtungen, andererseits hält sie an Leitbildern fest, wofür keine Tatsachen auszumachen sind. Hier liegt einer der Gründe für die Krise der westlichen Zivilisation 357; Kant u. Hegel 448; Die A. hat mehr mit dem Thomismus zu tun als mit vielen Reformations- und Renaissance-Denkern 474; Deismus, Theismus 502f.; 533ff.♦; Übergang von der Metaphysik zur Psychologie 535; *Die Aufklärung* 570ff.♦; Offenbarung, Deismus, Pantheismus, Fideismus 583; A. u. Protestantismus 587; Nominalismus, Positivismus 590ff.; A. ist nicht seicht, sondern führt zu äußerst ernsten Konsequenzen, dazu, nicht mit Traumgebilden zu existieren 625; 632f.; Der Wille zur Wahrheit kommt sich selber als Problem zu Bewußtsein 644; Dem vom Triumph des Mittels müden Denken winkt nur die Rettung, ihn zu vergrößern, bis er umschlägt. Es ist nicht wahr, daß A. am Ende sei 651; *Aufklärung und Revolution* **14**:212; *Aufklärung und Positivismus* 249; *Die zu Ende gedachte Aufklärung* 417

Augstein, Rudolf **14**:246; 424

Augustinus *Contra epistulam Manichaei* **3**:111; *De civitate Dei* **3**:389; **13**:317; *Enchiridion ad Laurentium sive de fide, spe et caritate liber unus* **7**:214; *Soliloquia* **9**:143 ▷**6**:98; 143; 213; hat die Negation der Weltfremdheit entschieden ausgebaut **7**:88; 130; Willensfreiheit bei A. 145; hat die cartesianische Lehre vom Zweifel vorweggenommen 213f.; **9**:66; 173; **11**:363; **12**:48; 367; **13**:317ff.♦; 455ff.; Auffassung von Sünde 463ff.; Freiheitsbegriff bei A. 465f.; Willensfreiheit 466; Erst durch A. gibt es Geschichte: Es kommt der Erlöser, einmal wird es sich erfüllen 468; Donatisten 479; 506; **14**:167; 278

Aulard, François Alphonse *La société des Jacobins* **4**:64

Auschwitz **6**:400; *Nach Auschwitz* 417; **7**:205; **8**:21; *Auschwitz* **14**:343

Autonomie (s. Individuum)

Autoritärer Staat (s. Totalitärer Staat) *Autoritärer Staat* **5**:293ff.♦; In allen seinen Varianten ist der A.S. repressiv 301; unverschämte Be-

dürfnisse des Machtapparats, Vernichtung jeglicher Initiative der Beherrschten 301; Der internationale Naturstand, der Kampf um den Weltmarkt u. die faschistische Disziplin der Völker bedingen sich wechselseitig 302; Fesselung der Produktivkräfte als Bedingung der Herrschaft 302; Die Rationalität der Herrschaft ist schon im Schwinden begriffen, wenn der A.S. die Gesellschaft übernimmt 304

Autorität (s. Autoritärer Staat, Charakter, Familie, Individuum) *Macht, Recht, Gerechtigkeit* **2**:386f.; *Schlechte Vorgesetzte* 404f.; Mit dem Vermögen wächst die Macht über andere Menschen, aber nicht die Verantwortung 409; **3**:111f.; Heute scheint es bereits selbstverständlich, daß an die Stelle theoretischen Begreifens der herrschenden Mächte die Begeisterung der von ihnen Abhängigen zu treten hat 173; Die Masse ist nur verächtlich, solange die wirkliche Macht, die über sie herrscht, ihr selbst eine scheinbare einhaucht, um sich dahinter verstecken zu können 266; *Vorwort zu den Studien über Autorität und Familie* 329ff.; *Autorität und Familie* 336ff.♦; Gesellschaft u. Zwang 345ff.; Der Glaube an A. bildet eine teils produktive, teils hemmende menschliche Triebkraft in der Geschichte 357; A. als Herrschaftsverhältnis 357ff.♦; Weil das Handeln, welches die Gesellschaft am Leben erhielt und in dessen Vollzug die Menschen daher geformt wurden, in der Unterwerfung unter eine fremde Instanz geschah, standen alle Verhältnisse u. Reaktionsweisen im Zeichen von A. 359; A. als bejahte Abhängigkeit 359; bewußtes Verklären des Bestehenden 362; Das bürgerliche Denken endigt mit dem Verhimmeln der A. als solcher 362ff.♦; Bejahung des Autoritätsverhältnisses zwischen den Klassen 379; Entstellung von Sachautorität in bürgerlicher Gesellschaft 384f.; anti-autoritäre Haltung des Anarchisten 386; Der Verzicht auf die Scheidung leitender u. ausführender Funktionen bedeutete den Rückfall in die Urzeit 386; Protestantismus u. A. 393ff.♦; Wesen des bürgerlichen Führers **4**:25ff.; 33; Luthers Haltung zur Obrigkeit 49f.♦; Führer u. Masse 72ff.♦; 413; 434; *Autorität und Familie in der Gegenwart* **5**:377ff.♦; Verinnerlichung von Herrschaft um der Herrschaft willen **6**:106; Das Prinzip der Herrschaft ist das Idol, dem alles geopfert wird 116; Das Herrschaftsprinzip nahm im Laufe der Zeit einen geistigeren Charakter an 117; Verinnerlichung von A. 117; A. u. Familie 120ff.♦; Auslöschung des Individuums durch Unterwerfung unter die gesellschaftliche Realität 123f.♦; 129; Gesellschaftliche Macht ist heute durch Macht über Dinge vermittelt 137; 268; Die ganze Gesellschaft denkt neben der Macht nur an den Lebensstandard 355; 373; *Macht und Gewissen* **7**:154ff.♦; 242; 305♦; Die wahre A. erzeugt den wahren Widerstand 318; Der Zusammenbruch des Vater-Mythos

stellt die Existenz des Gewissens in Frage 356; 360; 399f.; 408f.; A. ist im Schwinden begriffen 425; A. u. Charakter **8**:13ff.♦; Der moderne Mensch zeigt eine autoritäre Bereitschaft, seine Denkweisen u. sein Verhalten nach Normen auszurichten, die ihm von außen vorgesetzt werden 26; Die A. des Vaters wird durch die A. des Kollektivs ersetzt 15; Jugend u. Autoritätsmangel 147; Autoritätsmangel u. Neid 148; 348; **9**:154f.; u. Gesellschaft **12**:39♦; Die A. der Massenmedien geht auf eine tiefe Unselbständigkeit des modernen Menschen zurück 53; A. ist kein Verhältnis mehr zwischen Personen, sondern zwischen anonymen Tatsachen 57; A. u. Charakterstruktur des modernen Menschen 67; A. u. Familie 154; A. u. Vernunft 239♦; **13**:171; Heute ist eigentlich jeder autoritär. Die Hauptsache liegt darin, daß seine Handlung durch äußere u. innere Gebundenheit a priori festgelegt ist, daß zwischen Ideen u. Verhalten keine wirkliche Reflexion mehr liegt **14**:283

Avenarius, Richard *Kritik der reinen Erfahrung* **13**:372; *Der menschliche Weltbegriff* **13**:372 ▷**4**:334; **7**:29; 203; **10**:182; 265; 302; **11**:175; 179f.; 183; **13**:352; 372

Averroës **7**:27; 200; **9**:38; **13**:418; 468; **14**:42

Avicenna **13**:468

Baader, Franz von **9**:44

Babeuf, François-Noël **7**:109; **9**:366; **14**:234

Bach, Johann Sebastian **4**:432; **7**:288

Bachmann, Claus Henning **13**:224ff.

Bachofen, Johann Jakob **3**:407; **5**:76; **6**:116; 193f.; **8**:405

Bacon, Francis (Baco von Verulam) *Advancement of Learning* **5**:30; *De augmentis scientiarum* **5**:29; *De dignitate et augmentis scientiarum* **6**:67; **9**:80, 83; *Essays* **9**:98, 109; *In Praise of Knowledge* **5**:25f.; *Instauratio magna* **9**:80f.; *Nova Atlantis* **2**:241; **9**:101, 187; *Novum Organum* **5**:27; **9**:80, 88, 93, 269; **11**:162; *Valerius Terminus. Of the Interpretation of Nature* **5**:27 ▷**2**:191; 206; 254; 257; 334; 400; **5**:25ff.♦; 65; 321; **7**:13; 168; *New Atlantis* **8**:283; 394; **9**:51; 61f.; 75ff.♦; repräsentiert den Typus des in die weltlichen Angelegenheiten eingeweihten Philosophen 79; hat den wirklichen Sinn der modernen Naturwissenschaft ausgesprochen 80; Glauben an den Fortschritt der Erkenntnis 81f.; Idolenlehre 84ff.♦; Induktionsbegriff 91ff.♦; hat die Trennung der Religion von der Wissenschaft gefordert 95f.; Vorläufer Spinozas u. der größten Psychologen der Aufklärung 98; 103; 105; 109ff.; 113f.; 117; 138; 146; 154; 197; 242; 253; 268; 277; 296; 307f.; 322; 373; 414; 468; **12**:114; 315; 444; **13**:356; 400; 425ff.♦; 596

Bacon, Nicolaus **9**:76
Bäumker, Clemens *Die christliche Philosophie des Mittelalters* **2**:84
Bäumler, Alfred *Kants Kritik der Urteilskraft* **2**:75; *Nietzsche als Philosoph und Politiker* **13**:117
Bajus, Michel **13**:481
Bakunin, Michail **14**:424
Baldwin (Bischof von Canterbury) **4**:384
Balzac, Honoré de *Das Haus Nucingen* **4**:266; *Splendeurs et misères des courtisanes* **11**:240, 261; **12**:257 ▷**4**:393; **5**:152; 361; **12**:260; **13**:535
Báñez, Dominic **7**:145; **13**:481
Bardili, Christoph Gottlieb **10**:96
Bardot, Brigitte **6**:290
Barras, Paul François Jean Nicolas, Graf von **5**:303
Barth, Karl **5**:209; **11**:372; **14**:241
Barzun, Jacques *Science versus Humanities* **7**:82 ▷**7**:94; 102
Basarow, Wladimir Alexandrowitsch **11**:175
Basedow, Johann Bernhard **9**:462
Batista, Fulgencio **6**:332
Baudelaire, Charles *Le vin du solitaire* **5**:93; *Œuvres complètes* **13**:39 ▷**5**:166; **12**:464; gehört zu jener Generation, die auf dem europäischen Kontinent zum ersten Mal erfuhr, was es bedeutet, die Losung: »Enrichissez vous!« zum universalen Prinzip u. alles andere zum Beiwerk zu machen **13**:40; wendet sich gegen den verderblichen Irrtum des Fortschrittsglaubens 334; 534
Bauer, Bruno **2**:154; **9**:280
Bauer, Edgar **2**:154; **9**:280
Bauer, F.C. *Symbolik und Mythologie* **5**:93, 97
Baumann, Kurt *Autarkie und Planwirtschaft* **12**:147; *Keynes' Revision der liberalistischen Nationalökonomie* **12**:147; *Wolffische Begriffsbestimmungen* **2**:102
Baumgarten, Alexander Gottlieb *Metaphysik* **10**:49 ▷bedeutenden Einfluß auf Kant **9**:463; 465
Baumgarten, Eduard **19**:16
Baxter, Richard **8**:302
Bayle, Pierre *Dictionnaire historique et critique* **9**:294, 296f., 302; **13**:65, 356, 431, 588; *Pensées diverses* **13**:586; *Verschiedene Gedanken, geschrieben an einen Doktor der Sorbonne, bei Gelegenheit des Kometen, der im Monat Dezember 1680 erschien* **9**:297f. ▷**2**:221; **7**:38; **9**:160; 275; hat die Metaphysik am gründlichsten untergraben 281; 294ff.♦; Seine Schriften haben der Metaphysik jener Zeit den

schwersten Schlag versetzt 294; Nach B. gibt es keinen vernünftigen Sinn der Welt 294; Der religiöse, orthodoxe B. ist dem Glauben u. der Metaphysik gefährlicher gewesen als alle liberale natürliche Theologie 295; führte eine der besten kritischen Federn Europas 296; Die Dogmen der Religion sind nach B. gegen die Vernunft 300; ein echter Vater der Aufklärung 301; fortgeschrittener als sein Schüler Voltaire 304; 308; 349; 443; **13**:431 f.♦; 439; 461; 464; 638

Beard, Charles *The American Spirit* **6**:127, 156f.; *Economic Origins of Jeffersonian Democracy* **6**:49

Beatles *Das Phänomen der Beatles* **6**:403; **7**:196

Beaumarchais, Pierre-Augustin Caron de *Hochzeit des Figaro* **13**:502 ▷**9**:392; **14**:507

Beauvais, Vincent de **6**:102

Bebel, August *Die Frau und der Sozialismus* **5**:307, 316; **8**:283; **12**:567f. ▷**4**:381; **5**:308; **6**:223; **14**:62

Beccaria, Cesare *De delitti e della pene* **13**:600

Becher, Ulrich *Erkenntnismethode und Metaphysik* **3**:75

Beck, Jacob Sigismund *Einzig möglicher Standpunkt, aus welchem die kritische Philosophie beurteilt werden muß* **10**:94; *Erläuternder Auszug aus den critischen Schriften des Herrn Prof. Kant auf Anrathen desselben* **10**:95 ▷*Beck: Übergang zu Fichte* **10**:94ff.♦; besitzt um die Reinigung der Kantischen Lehre von den Reinholdschen Mißverständnissen große Verdienste 94; 104

Becker, Carl Heinrich **7**:270

Becket, Thomas **4**:384

Beckett, Samuel *Beckett, kritische Theorie und Adorno* **14**:339; Für ihn gilt das Wort von Tillich, daß derjenige, der die Existenz Gottes leidenschaftlich leugnet, sie bereits in sich trägt 342

Bedürfnis **3**:103f.; **4**:76f.; 186; 257; 325; **6**:137; 159; 225; *Bedürfnis* 229f.♦; *Bedürfnisforschung* 232; *System der Bedürfnisse* 268♦; 319f.♦; 335; 341; *Zwischen Armut und Überfluß* 355f.; 374; ohne B. keine Lust 399; **7**:52; 75; 124f.; 357; 404; **11**:238f.; Verzerrung menschlicher B. erfolgt durch ihre bewußte Umgestaltung in einem gigantischen System der sozialpsychologischen Versorgung **12**:100; Zum Problem der B. 252ff.♦; 575ff.♦; Wir brauchen Kraft durch Butter, nicht Kraft durch Freude 576; B. u. Kultur bei Nietzsche 563ff.♦; B. u. Kultur bei Aldous Huxley 571ff.♦; *Zu Günther Anders' »Thesen über Bedürfnis«* 579♦; **13**:14ff.; *[Diskussion aus einem Seminar über die Theorie der Bedürfnisse]* **19**:21; (Adorno:) Man muß zeigen, daß die Massen falsche Bedürfnisse haben, daß es aber objektive ›richtige‹ Bedürfnisse gibt. Es müßte gelingen, diese

Begriffe von echtem und falschem Bedürfnis geschichtlich zu bestimmen 27

Beethoven, Ludwig van *Eroica* **6**:58; *Fidelio* **13**:17 ▷**4**:364; **5**:153; 160; 185; **6**:306; **8**:365; **12**:577; **14**:114; 395

Begriff (s. Dialektik, Logik, Theorie, Vernunft, Wahrheit) Differenz von B. u. Realität **3**:242ff.; Historizität von B.en 272f.♦; Jeder B. besitzt erst als Moment des theoretischen Ganzen Gültigkeit 302; 359; **4**:373ff.♦; 433♦; **5**:38; B. sind vor der Aufklärung wie Rentner vor den industriellen Trusts: keiner darf sich sicher fühlen 45; Als Selbstbesinnung eben des Denkens, das in der Form der Wissenschaft an die blinde ökonomische Tendenz gefesselt bleibt, läßt der B. die das Unrecht verewigende Distanz ermessen 64; Eingedenken der Natur im Subjekt 64; *Klassifikation* 250; **6**:40; B. sind zu widerstandslosen, rationalisierten Mitteln geworden 42; 96; Jeder B. muß als Fragment einer alles einbegreifenden Wahrheit gesehen werden 169f.♦; Der B. ist inadäquat 251; Die Erhebung eines B. ins Religiöse zeigt seine Ohnmacht im realen Leben an 308; **7**:29ff.♦; Die B. werden nicht mehr in harter theoretischer Arbeit überwunden, sondern durch philosophisches Dekret 29; Ohne die Residuen im kollektiven Unterbewußten sinken die B. zur faden Erbaulichkeit ab 32; ist nie mit sich versöhnt 85; bei Hegel 134; Begriffslehre bei Mach u. Cornelius **10**:266f.; 346; **11**:31ff.♦; Nicht identisch mit dem Begriffenen 32; Nicht auf die B., sondern auf das, was sie meinen, geht die Philosophie 249; Magie des B. **12**:323♦; Der B. ist ein Werkzeug wie jedes andere, die Bedingungen seiner Produktion u. Anwendung entsprechen denen anderer Produktionsmittel, er ist gewissermaßen das zu sich selbst gekommene Werkzeug 323; *Magie des Begriffes* **13**:649ff.♦; *Der Begriff* **14**:198

Begriffsrealismus **3**:314; **6**:259; 268; 310; **13**:520; 575; 596; 650

Bekker, Balthasar *De Betoverde Wereld* **9**:178 ▷**9**:178f.; **10**:191

Benesch, Eduard **4**:304f.

Benjamin, Walter *Goethes Wahlverwandtschaften* **12**:556; *L'œuvre d'art à l'époque de sa reproduction mécanisée* **12**:148; *Das Passagen-Werk* **12**:163; *Probleme der Sprachsoziologie* **12**:149; *Über einige Motive bei Baudelaire* **12**:554; *Ursprung des deutschen Trauerspiels* **5**:322; **12**:505 ▷**7**:286; **12**:149; 453

Bentham, Jeremy **3**:123; **4**:18; 86; **6**:299

Bérard, Victor *Résurrection d'Homère* **5**:85

Berg, Alban **7**:262

Bergson, Henri (s. Lebensphilosophie) *L'âme et le corps* **3**:100; *Les deux sources de la morale et de la religion* **3**:100, 130f., 231; *L'Évo-*

lution Créative **12**:108; *Introduction à la métaphysique* **3**:183, 228; **10**:271ff., 279, 401f.; *Materie und Gedächtnis* **10**:271; *La pensée et le mouvant* **3**:228, 233; *Le possible et le réel* **3**:229; *Schöpferische Entwicklung* **2**:55f., 71; **10**:271, 274ff., 278, 280, 283, 285, 403, 405f., 409, 413f.; *Zeit und Freiheit* **10**:271 ▷**3**:99; *Zu Henri Bergsons ›Les deux sources de la morale et de la religion‹* 106ff.; 141; 168; 171; 177; 202; *Zu Bergsons Metaphysik der Zeit* 225ff.; entwickelte mit seiner Metaphysik zugleich eine positivistische Theorie der Wissenschaft 227; ist oft an die Schwelle der Dialektik geführt worden 227; B.s Denken leugnet die Zeit, indem er sie zum metaphysischen Prinzip erhebt 228; hat die Resultate der Intuition genannten Selbstbeobachtung hypostasiert u. verklärt 231; Nachweis des Zusammenhangs der früheren philosophischen Grundbegriffe mit der menschlichen Produktion 232; Wie die früheren Metaphysiker verklärt B. das Bestehende, ja behauptet seine Göttlichkeit 233; Indem B. den Begriff der durée an die Stelle desjenigen der Entwicklung setzt, hat er doch von der »wirklichen« Zeit abstrahiert u. sie verneint 236f.; B.s Werk tröstet die Menschheit durch Vorspiegelung ihrer Ewigkeit 237; Für B. ist die Differenz zwischen Begriff u. Realität nur ein Argument, das begriffliche Denken überhaupt zu verwerfen u. sich einzig auf die Intuition zu verlassen 243f.; verkennt die Wahrheit des begrifflichen Denkens 245; 300; 308; **4**:160; 333f.; 359; 362; 366; **5**:166; **6**:173; 387; **9**:320; **10**:183; *Lebensphilosophie: Bergson, Simmel, Dilthey* 267ff.♦; 269; 271; Begriff der Metaphysik bei B. 271f.; la durée 273ff.♦; Prophet des Lebens u. Verächter des Intellekts 277; Lehre von der Intuition 277ff.♦; Begriff des Genies 278; Intuition, also Metaphysik ist einzig adäquate Erkenntnis 279; Intellekt u. Instinkt 279f.; Verhältnis von Wissenschaft u. Philosophie 281; Kunstbegriff 283f.; élan vital 284f.♦; Kritik an der Kantischen Philosophie 285f.♦; denkt vom Leben vornehmlich im Sinne der Biologie 287; die Geschichte tangiert bei ihm so gut wie gar nicht den Begriff des Lebens 288f.; 291; 295; 298; Relativismus 299ff.; 337; 340; *Lebensphilosophie (Bergson)* 399ff.♦; traditionelle Auffassung von Wissenschaft 400; Begriff der Intuition 401f.; positive Kritik der traditionellen Psychologie 402ff.; la durée 403ff.♦; Gedächtnisfunktion der durée 405f.; sagt im Gegensatz zu Schopenhauer ja zu dieser Realität 407; Prophet des Willens u. metaphysischer Verächter des Intellekts 407; élan vital 408; Lehre von der Freiheit der Realität 408ff.; Geniebegriff u. künstlerischer Schöpfungsakt 409; Instinkt versus Intellekt 410f.; Kritik an Kant 412ff.♦; bezieht nur die mechanistische Wissen-

schaft u. nicht die philosophische Einsicht auf die Praxis 414; Unterschied zur Phänomenologie 415; hat seine Leistung im Sinne einer radikalen Trennung der wissenschaftlichen u. philosophischen Betrachtung gesehen 418 f.; verewigt einen bestimmten Stand von Wissenschaft u. Wissenschaftstheorie 419; **11**:30; 151; 164; 186; 204; 213; 255; **12**:123; 323; Spaltung des Bewußtseins: B.s durée u. Verstand 367; ist bestes Beispiel für das Hegelsche Stehenbleiben nach der ersten Negation 368; kennt keine positive Negation 519; **13**:338; 351; 352; 374; 401; Was ursprünglich gegeben ist, ist nicht eine Mannigfaltigkeit von Empfindungen, sondern ein Strom des Lebens 513; 580

Berkeley, George *Alciphron* **4**:18; *Abhandlung über die Prinzipien der menschlichen Erkenntnis* **9**:405 ff., 413 f., 416, 421, 425; *Alciphron* **9**:403 ff., 442; *De motu* **9**:405; *Drei Dialoge zwischen Hylas und Philonous* **9**:403, 405; *Siris* **9**:405, 420 ff.; *Versuch einer neuen Theorie des Sehens* **9**:405; *Abhandlung über die Prinzipien der menschlichen Erkenntnis* **10**:12 ▷**3**:194; **4**:132; 148; 360; 362; **5**:149; Angriff auf allgemeine Begriffe **6**:40; **9**:335; 349; 401 ff.♦; war Gegner alles dessen, was von ferne nach Materialismus oder Atheismus aussah 401; begründete philosophisch, was sich im wirklichen Leben in England gerade vollzog 402; wollte die Übereinstimmung der Religion mit einer konsequenten Anwendung wissenschaftlicher Prinzipien dartun 405; Bekämpfung des Materialismus 405 ff.; Erkenntnistheorie 408 ff.; Übereinstimmung mit der Metaphysik Leibniz' 408; bestreitet die Möglichkeit abstrakter Vorstellungen im Bewußtsein selbst 414; Sprachbegriff 415 f.; Weltanschauung, die sowohl der englischen Kirche als auch der englischen Ökonomik entspricht 419; in der Erkenntnistheorie weit hinter Locke zurück 419; Tendenz auf eine Kritik der überlieferten Begriffe ohne endgültige Resultate 420; Es gibt nach ihm keine andere Wirklichkeit als Geister u. ihre Gedanken 422; war nie ein konsequenter Empirist u. Sensualist 423; 426 f.; 429 f.; 432; 437; 441; 457; 466 f.; **10**:13; 105; 260; 348; **11**:55; 89; setzte die Sprache als das verwirrende u. das Denken störende Moment diesem entgegen 121; 177; 226; **12**:373; 387; **13**:425; 582

Berkeley Public Opinion Study Group **5**:402; **19**:18

Berliner, Bernhard **5**:403

Bernadette (die heilige Bernadette Soubirous) **5**:154

Bernheim, Ernst *Lehrbuch der historischen Methode und der Geschichtsphilosophie* **3**:60

Bernstein, Eduard *Die Voraussetzungen des Sozialismus und die Auf-*

gaben der Sozialdemokratie **12**:411 ▷Bernstein-Kautsky Revisionismus-Debatte **12**:411

Bérulle, Pierre de **9**:181

Bethge, Hans *Die chinesische Flöte* **5**:241

Bettelheim, Bruno *Aufstand gegen die Masse* **13**:501, 560; *Dynamics of Prejudice* (mit Morris Janowitz) **5**:408; **12**:166 ▷**8**:300

Bewußtsein *Glück und Bewußtsein* **6**:336; *Ideologie und Handeln* **7**:11ff.♦; Husserls Lehre von der Selbständigkeit der Bewußtseinsakte **10**:391f.; *Beantwortung der Frage: Was heißt vom transzendentalen Idealismus aus die Behauptung, daß die materielle Entwicklung der Entwicklung des Bewußtseins vorausgegangen ist?* **11**:19ff.♦; *Das Unmittelbar Gegebene als Urgrund der Erkenntnis. Zur Kritik der Kantischen mechanistischen Erkenntnistheorie* 22ff.♦; *Die Sphäre des Phänomenalen. Zur Theorie des Bewußtseins im Anschluß an Cornelius' Transcendentale Systematik* 31ff.♦; Die Lehre von den Gestaltqualitäten bildet den Ausgangspunkt für die Erforschung des B. 41; Erinnerung und Wiedererkenntnis als Gestaltqualitäten der Bewußtseinseinheit 43ff.; 134ff.; das Wort B. verliert jeden Sinn, wenn es zur Welt und ihrem Schöpfer aufgeblasen wird 241f.; 253; *Ich und Welt* 270f.

Bewußtseinsphilosophie (s. Empirismus, Rationalismus) Idealistischer Charakter der B. **3**:169; Verteidigung des Denkens durch die B. 173f.

Bezold, Friedrich v. *Geschichte der deutschen Reformation* **4**:46, 260

Bibel *Markus Evangelium* **5**:243; *Genesis* **5**:31

Biehahn **7**:335

Biel, Gabriel Luthers Lehrer **13**:588

Bier, August **5**:398

Bildung (s. Charakter, Erziehung, Familie, Humanismus) Die Grade der B. haben aufgehört, Stufen der Erkenntnis zu sein **2**:387f.; Identität von Intelligenz u. Geistfeindschaft **5**:14; wachsender Zerfall theoretischer B. 16; 20; Die Abschaffung des Bildungsprivilegs durch Ausverkauf leitet die Massen nicht in die Bereiche, die man ihnen ehedem vorenthielt, sondern dient gerade dem Zerfall der B., dem Fortschritt der barbarischen Beziehungslosigkeit 188f.; Halbbildung 226; B. stirbt aus ökonomischen Gründen ab 226; *»Klassische Bildung«* **6**:275; *Blick ins Konversationslexikon* 413; B. sinkt zu einer Art höherer seelischer Hygiene herab **7**:64; 76; 81f.; B. ist nicht mehr denkbar ohne das Wissen von Gesellschaft 121; 383; B. im spezifischen Sinn des Humanismus u. deutschen Idealismus wird von Gefühls- u. Verhaltensweisen abgelöst, die der technisierten

Gesellschaft zugehören **8:**135; Bildungsauftrag der Gewerkschaften 201 ff.♦; Kerngebiet der B. ist nicht mehr die Kunst u. die Literatur, sondern die politische B. 211; B. bedeutet eine geistige Verfassung, die ohne Autonomie, ohne die Möglichkeit, unabhängig zu denken und sich auszudrücken, nicht leben kann 215; barbarische Phänomene 289; Die Zeit ist gekommen, endlich die Marxsche Lehre im Westen zu einem der zentralen Themen der B. zu erheben 314; B. war in der geistigen Tätigkeit selber substantiell gegenwärtig als deren unausdrückliche Beziehung auf das Ganze 404 f.; *Begriff der Bildung* 409 ff.♦; Der Prozeß der B. ist in den der Verarbeitung umgeschlagen 411; Bildungskrise 412; der traditionelle, idealistische Bildungsbegriff 414; Im wesentlichen bedeutet heute Wissen, in diese Gesellschaft sich so gut wie möglich hineinfügen, während früher einmal das Wissen mit dem Sinn der eigenen, individuellen Existenz noch eins war **13:**176; 351; Rückgang der B. **14:**66; Was können die Einzelwissenschaftler zur B. beitragen? Sie können die B., oder was sich als B. ausgibt, gründlich destruieren 200; *Bildung ist mehr als Wissen* 442; *The Computer and Aristotle* 464

Binkley, William Campbell **8:**55

Biographie von Helden und Führern **3:**274; **4:**368; **6:**161

Bismarck, Otto von *Gedanken und Erinnerungen* **5:**269 ▷**2:**329; **4:**330; **5:**300; **7:**125; **8:**151; **12:**189; **13:**350

Bixler, Julius Seelye *Religion in the Philosophy of William James* **3:**281

Blanc, Louis **5:**300

Blanqui, Auguste **13:**120

Bloch, Ernst *Das Prinzip Hoffnung* **13:**159; **14:**399 ▷**7:**352; 431; mystischer Messianismus 433; *Ernst Bloch et al.* **14:**445

Blum, Emil *Gespräch über die Aufgabe des Protestantismus in der säkularen Zivilisation* **11:**349 ff.♦

Blum, Léon **5:**256

Boccaccio, Giovanni **4:**58

Bode, Otti **19:**20

Böckler, Hans **8:**201

Böcklin, Arnold **2:**162; 164

Bodin, Jean *Les six livres de la république* **4:**251 f.; **13:**326 ▷**6:**35; **7:**38; **9:**74; 125; **13:**489

Böhm, Franz »nicht-öffentliches Bewußtsein« **8:**144; 211

Böhme, Jakob **9:**44; **13:**294

Böll, Heinrich *Karl Marx – ein deutscher Jude verändert die Welt* **8:**189

Boethius *De consolatione philosophiae* **14**:233 ▷**6**:80; Im Grunde befindet sich jeder denkende Mensch in der Lage des B. Angesichts des sicheren Todes muß er sich darauf besinnen, was ihm die Philosophie zu geben vermag **14**:233

Bogdanow, A. **11**:175; 181

Bohatec, Josef *Calvins Lehre von Staat und Kirche* **4**:249

Bohnen, Alfred **14**:430

Boineburg, Christian von **9**:245 f.

Boissel, François **11**:194

Boisserée, Sulpiz **8**:163

Bolingbroke, Henry St. John *Letters on Study of History* **9**:399 ▷**9**:398; **13**:583

Bolzano, Bernard *Wissenschaftslehre* **10**:311 ▷An-sich-Sein von logischen Sätzen **10**:311; 312; 385

Bonald, (Vicomte de) Louis-Gabriel-Ambroise *Pensées sur divers sujets et discours politiques* **4**:318 ▷**4**:283; **6**:337; **10**:19; bildet die vollkommene Antithese zu Locke. Er sagt, daß eigentlich nur die Worte die Wahrheit sind. Extremer Antinominalismus **12**:456 f.

Bonifaz VIII. **4**:33

Bonnefon, Paul *Montaigne et ses amis* **4**:285

Boole, George **13**:377

Borchardt, Rudolf *Einleitung in das Verständnis der Pindarischen Poesie* **5**:69 ▷der bedeutendste u. darum ohnmächtigste unter den Esoterikern der deutschen Schwerindustrie **5**:69

Borgia, Alexander **2**:199 f.; **4**:37 f.

Borgia, Cesare **6**:162; **9**:33; Die Welt befindet sich in einem Stadium, in dem sie auf ein Besseres zugeht, aber die Befreier der Welt sehen alle aus wie C. B. **19**:46;

Borkenau, Franz *Zur Soziologie des mechanistischen Weltbilds* **12**:149 ▷**7**:327; 365

Bossuet, Jacques Bénigne *Discours sur l'histoire universelle* **6**:319; **9**:361 ▷**7**:89; 130; **9**:181; Göttliche Vorsehung spielt bei B. die Hauptrolle 361; **12**:459; 464; **13**:319; 483

Botero, Giovanni **9**:37

Boucher, François **13**:591

Bouglé, Célestin [vgl. Bd. 19: ›Berichtigungen‹] *Les idées égalitaires* **3**:141; *Sur le régime des castes* **3**:354 ▷**7**:367

Bouman, Pieter *Allgemeine Gesellschaftslehre* **8**:54

Bourget, Paul **4**:230

Bourgin, Georges **4**:102

Bousquet, Georges H. *Grundriß der Soziologie nach Vilfredo Pareto* **11**:197
Boxel, Hugo **9**:234
Boyle, Robert **9**:323; 402; 411; 425
Bracht, Heinrich **13**:56; 153 ff.
Bradford, Leland **14**:317
Bradley, Francis Herbert *Appearance and Reality* **6**:104; *On Experience* **6**:172 ▷**4**:151 f.
Brahe, Tycho **9**:66; **13**:420
Bramhall (Bischof) **9**:122
Brandes, Georg *Voltaire* **9**:350
Brandt, Willy **14**:324
Brauer, Jerald **7**:269
Braun, Otto **6**:223; **14**:62
Brecht, Bertolt *Arbeitsjournal* **12**:560; *Aufstieg und Fall der Stadt Mahagonny* **14**:218 ▷**6**:329; **7**:288; 335; 471; **12**:260; 555; 559 ff.; *[Diskussion aus einem Seminar über die Theorie der Bedürfnisse]* **19**:21
Brede, Werner **8**:336
Brehm, Alfred Edmund *Tierleben* **6**:413
Brentano, Franz **12**:600
Breuer, Josef **8**:109; **13**:340
Breughel, Pieter d. Ä. **6**:390
Breysig, Kurt *Der Stufenbau und die Gesetze der Weltgeschichte* **3**:337
Brickner, Richard M. *Is Germany Incurable?* **5**:354
Briffault, Robert *The Mothers. A Study of the Origins of Sentiments and Institutions* **5**:137; **12**:267
Brihadâranyaka-Upanishad (s. Upanishad) **5**:242
Brill, Jeanette (u. Enoch George Payne) (u. Payne) *The Adolescent Court and Crime Prevention* **4**:423
Brocher, Tobias **14**:317
Brod, Max **14**:195
Brooks, Richard *The Brick Foxhole* **12**:214
Brown, Thomas **9**:458
Brückner, Peter **13**:56; 153 ff.
Brüning, Heinrich **12**:201
Brunner, Emil *Gespräch über die Aufgabe des Protestantismus in der säkularen Zivilisation* **11**:349 ff.♦
Bruno, Giordano *Das Aschermittwochsmahl* **9**:52; *Degli heroici furori* **9**:52; *Über die Ursache, das Prinzip und das Eine* **9**:52; *Die*

Vertreibung der triumphierenden Bestie **4**:56; **9**:52f.; *Von der Monade, der Zahl und der Gestalt* **9**:61; *Vom dreifach Kleinsten und vom Maß* **9**:61; *Vom Unendlichen, dem All und den Welten* **9**:52 ▷**2**:316; **6**:37; 85; 210; 255; 315; **7**:28; 89; 178; Pantheismus 235; **9**:47ff.♦; Das Jenseits gibt es bei B. nicht 51; hat den Protestantismus verachtet u. verhöhnt 53; Pantheismus 55f.; 60f.; 65f.; 80; 177; 236f.; **13**:419ff.♦; B. gibt den entscheidenden Satz des Pantheismus, der auch bei Spinoza u. Hegel gilt: Notwendigkeit u. Freiheit sind eins 421; Es geht nicht nur darum, *was* Wahrheit sei, sondern auch darum, was *Wahrheit* sei. Eine Gesinnung ist da geboren, die allgemein geworden ist 422; der entschiedenste aller Materialisten 422; Die Seelenwanderung bei B. hat in Lessing u. Schopenhauer ihre Nachfolger gefunden 424; 518

Bry, Carl Christian *Verkappte Religionen* **8**:418

Buber, Martin **7**:303; **8**:180

Buchez, Philippe-Benjamin-Joseph (u. Pierre-Célestin Roux-Lavergne) *Histoire parlementaire de la Révolution française* **4**:64; **5**:298

Büchner, Ludwig *Am Sterbelager des Jahrhunderts* **3**:74 ▷**9**:109; Materialismus **10**:194f.

Buckle, Henry Thomas *Geschichte der Zivilisation in England* **3**:362; **4**:285 ▷**4**:356

Buddhismus *Buddhismus* **2**:360; 410; **6**:205; 252; **7**:140; 173; 193; 281

Bürgerliche Gesellschaft (s. Familie, Faschismus, Französische Revolution, Kapitalismus, Kleinbürger, Liberalismus, Rackets, Staat) *Anfänge der bürgerlichen Geschichtsphilosophie* **2**:177ff.♦; Die bürgerliche Denkweise ist dem Wirtschaftssystem angepaßt, mit dem sie entstanden ist 347f.; Die bürgerliche Denkweise fetischisiert den gesellschaftlichen Prozeß 361; *Bürgerliche Moral* 365f.; Wer an dieser Ordnung zuschanden wird, ist nicht gerichtet 369; *Der Kampf gegen den Bürger* 382f.♦; Die bürgerliche Moral ist strenger als die katholische Geistlichkeit 383; *Eine Kategorie von Großbürgern* 393f.; B. G. und Familie 439; Begriff der Gerechtigkeit **3**:81f.; Widerspruch zwischen ihrem Prinzip u. Dasein 82; In Kants Formulierung des kategorischen Imperativs kommt die Moralvorstellung des Bürgertums zum reinsten Ausdruck 114ff.; Die bürgerliche Moral treibt zur Aufhebung der Ordnung, von der aus sie erst möglich u. notwendig ist 122; Anpassung durch ideologische Verklärung 168; 179f.; 261ff.♦; Vertrag als Bedingung der gesellschaftlichen Produktion 261f.; B.G. hat mit dem Egoismus auch seine Negation, den individualistischen Altruismus, gezüchtet 273♦; Die gesell-

schaftliche Totalität, der die liberalen, demokratischen, progressiven Tendenzen der herrschenden Kulturform zugehörten, enthielt von Anbeginn auch ihr Gegenteil: Unfreiheit, Zufall u. die Herrschaft bloßer Natur 278♦; Bürgerlicher Geist erscheint in Kants Philosophie in höchst vollendeter Gestalt 280; Die B.G. befindet sich in offenkundiger Krise 342; Entstellung von Sachautorität in der B.G. 384f.; *Egoismus und Freiheitsbewegung* **4**:9ff.♦; Konkurrenz in der B.G. 13; moralischer Rigorismus 15f.; Die Kritik am Egoismus paßt besser in das System dieser egoistischen Wirklichkeit als seine offene Verteidigung 18; Emanzipation u. zugleich innerliche Versklavung der Menschen 21; Die bürgerliche Revolution führte die Massen in die harte Realität der individualistischen Gesellschaft 25; starke Abneigung gegen Vernunft u. Geist 27; protestantische Reformation u. Genesis der B.G. 46ff.♦; Leistungsprinzip 53ff.♦; Geistfeindlichkeit des Bürgertums 55ff.♦; B.G. bedarf einer Religion als Herrschaftsmittel 65; beruht nicht auf bewußter Zusammenarbeit für Dasein u. Glück ihrer Mitglieder 70; Der Unterdrückung und Vernichtung des Mitmenschen steht im Wesen des bürgerlichen Individuums nichts entgegen 71♦; Verachtung des Individuums 72f.♦; Aufhebung der B.G. im Reich der Freiheit 74f.♦; Genußfeindschaft 83; praktische Rücksichtslosigkeit u. idealistische Moral 84ff.♦; vulgärer Materialismus von Profit u. Macht 93; 110f.; scheinhafte Freiheit der Wirtschaftssubjekte in der B.G. 171; In der aufkommenden bürgerlichen Ordnung existiert Kultur nur auf Grund der kapitalistischen Arbeitsform 247; Unterordnung der Wahrheit unter die Macht 252; 257f.; Haltung zur Philosophie 265f.; Nach dem Sieg über den Feudalismus wird der kritische Geist des Bürgertums aus einer allgemeinen zur privaten Angelegenheit 267; Jeder soll zu seinem Recht u. seinem Glück kommen 275; Der Faschismus ist ihre konsequente Form 278ff.♦; Um das allgemeine Glück ist es schlecht bestellt 282; Die Ungleichheit verschwand hinter dem Begriff des Bürgers 297; von Beginn an Tendenz zum Nationalsozialismus 324; 330; Bürgertum und Religion 431; Gegensätze des bürgerlichen Denkens: moralische Strenge u. absolute Amoralität **5**:22; Die B.G. ist beherrscht vom Äquivalent 30; B.G., Aufklärung, Mythos 30ff.♦; Mit der Ausbreitung der bürgerlichen Warenwirtschaft wird der dunkle Horizont des Mythos von der Sonne der kalkulierenden Vernunft aufgehellt, unter deren eisigen Strahlen die Saat der neuen Barbarei heranreift 55; Die Linien von Vernunft, Liberalität, Bürgerlichkeit erstrecken sich unvergleichlich viel weiter, als die historische Vorstellung annimmt 68; Das Urprin-

zip der B.G.: man hat die Wahl, zu betrügen oder unterzugehen 86; Aufklärung macht ihrem Prinzip nach selbst vor dem Minimum an Glauben nicht halt, ohne das die bürgerliche Welt nicht existieren kann 116; Rasse heute ist die Selbstbehauptung des bürgerlichen Individuums, integriert im barbarischen Kollektiv 199; In der bürgerlichen Produktionsweise wird das untilgbar mimetische Erbe aller Praxis dem Vergessen überantwortet 211; Der unbedingte Realismus der zivilisierten Menschheit, der im Faschismus kulminiert, ist ein Spezialfall paranoischen Wahns, der die Natur entvölkert u. am Ende die Völker selbst 223; Die bürgerliche Ratio muß Universalität beanspruchen u. zugleich zu deren Beschränkung sich entfalten. Die herrschende Vernunft ist gerecht, allgemein u. doch partikularistisch, das Instrument des Privilegs in der Gleichheit 240; Radikale Isolierung u. radikale Reduktion auf stets dasselbe hoffnungslose Nichts: der Mensch im Zuchthaus ist das virtuelle Bild des bürgerlichen Typus 257; Der Zwang zur Grausamkeit u. Destruktion entspringt aus organischer Verdrängung der Nähe zum Körper 265; Die Führer sind ganz das geworden, was sie während der ganzen bürgerlichen Ära stets ein wenig schon waren, Führer-Darsteller 268; *Autoritärer Staat* 293ff.♦; **6**:32; Toleranz 40; Die Idee des Selbstinteresses gewann die Oberhand 41; Spleen, der Protest des Individuums, geht über in das institutionalisierte Hobby 56f.♦; Die Leute des ›keep smiling‹ fangen an, traurig auszusehen 57; Produktive Arbeit wurde zur einzigen akzeptierten Weise, das Leben zuzubringen 59; Wahrheit wird zur leeren Phrase 62; Die sogenannte praktische Welt hat für die Wahrheit keinen Platz 90; *Die Revolte der Natur* 105ff.♦; Liquidation des Subjekts u. Selbstverleugnung des Individuums 106; Der Sieg der Zivilisation ist zu vollständig, um wahr zu sein 112; Institutionalisierung des Widerspruchs zwischen den Phrasen über Idealismus u. der Wirklichkeit 112; gänzliche Liquidierung des spekulativen Denkens 115; Funktion von Ehe u. Familie 120ff.♦; Individuum und B.G. 145ff.♦; Rationalität u. Irrationalität der modernen Gesellschaft 158f.♦; Zur Unabhängigkeit des Bürgers gehörte auch das Interesse an der eigenen Kultivierung 160; Antagonismus von Selbst u. Natur 165; 225; *Bürger und Bauer* 226f.; 237f.; *Bürgerliche Dialektik* 241; Mit dem Bürger geht auch der Gedanke zugrunde 267; *Job und Hobby* 274f.; *Die Dialektik der bürgerlichen Gesellschaft* 290f.♦; *Funktion und Grenzen bürgerlicher Kultur* 308ff.♦; Die Zeit der Menschen, mündig zu werden, ist in der alten Zivilisation vorbei 312; *Geist, Kunst und Bürgertum* 322f.♦; Liquidierung des sexuellen Tabus 342; Autono-

mie hat ein Moment der bürgerlichen Tradition gebildet 363; *Das Subjekt in der Industriegesellschaft* 406; *Keep smiling* 412; Vorherrschaft des subjektiven Vernunftbegriffs **7:**23; *Schopenhauer und die Gesellschaft* 43ff.♦; Die B.G. ist nach ihren immanenten Gesetzen schließlich zu einer anderen geworden 47; *Zum Begriff des Menschen* 55ff.♦; In regulären Zeiten hat die moderne Gesellschaft von der Barbarei der früheren Jahrhunderte viel abgelegt 76; Notwendigkeit großer ideologischer Apparatur 76f.; Rückentwicklung des Tauschprinzips 100; die Hoffnung der Theorie auf Verwirklichung des bürgerlichen Glaubens wird inaktueller und verstiegener 111; vermag sich noch die Kritik als Ornament anzueignen 123; Die bürgerliche Ordnung war stets noch auf andere als rationale Interessen angewiesen 180; Die Freiheit, die es im Bürgertum gegeben hat, muß bewahrt werden 371; Verwirklichung durch die Französische Revolution 379; die B.G. ist im Begriff, zugrunde zu gehen 380; In den bürgerlichen Staaten droht die individuelle Freiheit in sogenannte Freizeit sich zu erschöpfen **8:**254; 256; Gegen Ende der bürgerlichen Periode erlischt die Aura der Person 288; Im Bürgertum ist die Religion zur Konvention erstarrt 300; 356; Der Traum des abendländischen Bürgertums scheint ausgeträumt 372; Auflösung der europäischen Idee des Menschen 379; **9:**68ff.; Das Bürgertum brauchte die Wissenschaft zu Beginn seiner Emanzipation in doppelter Gestalt 68; 154f.; 299; 340; Voltaires Philosophie war einer der mächtigsten Geburtshelfer der bürgerlichen Ordnung 350; Ideologie der Menschenrechtserklärung 386f.; 390; 402; Die Julirevolution vollendet den Sieg des Bürgertums in Frankreich **10:**21f.; in England 76; Kirche und B.G. 76f.; 318; Kant formulierte das Ideal der bürgerlichen Ordnung, das ihr während der Entwicklung selbst verlorengegangen ist **11:**140; Naturwissenschaften als eigentliche Disziplinen der bürgerlich-industriellen Wirtschaftsform 150; 154; 191ff.♦; Kritik des bürgerlichen Privateigentums durch die Aufklärung 193f.; 215; Die B.G. kann nicht ohne die ewig neue Erzeugung von Roheit, Dummheit u. Gemeinheit bestehen 242; Rolle des Erfolgs in der kapitalistischen Geistesordnung 261; *Notizen zur Dämmerung* 263ff.♦; Der Mensch im autoritären Staat **12:**161; im 19. Jh.: Paris 163♦; 227♦; beruht auf Gewalt 272; Bürgerliches Denken ist ein Denken ohne Entwicklung 299; Solipsismus, Individualismus und Abstraktion im bürgerlichen Denken 362; Bürgerliche Denker, Empiristen wie Rationalisten, führen alles auf schon Bekanntes zurück 447; Zweifel tief in der B.G. verwurzelt 469; Das positivistische Motiv ist gesamtbürgerlich 469; Die bürgerliche

Ideologie verlangt gar nicht, die Wahrheit von den Menschen zu sagen, sondern nur bestimmte Tabus aufrechtzuerhalten 513; In der B. G. haben die Menschen nur noch die armseligsten Eindrücke gemeinsam 547; bürgerlicher Psychologismus 555; Die bürgerliche Kultur kennt kein Sollen 582; Das Bürgertum kennt keinen Glauben 583; Das Bürgertum hat vergessen, daß es in seiner Geschichte um das Glück geht. Hierin liegt einer der Gründe für seinen Verfall **13**:273; *Die Weisheit des Geldes* **14**:98; *Verwaltete Welt – oder Rückfall in Barbarei* 124; *Inflation* 163; Alles, was den Menschen ausmacht, was dem Leben einen Sinn geben kann, wird in der sogenannten »freien Welt« gebrochen 217; Der echte Bürger ist, im Gegensatz zu seinen Ideologen, immer streng materialistisch und zynisch gewesen. Auf Geld u. Kapitalbildung kommt es an; alles, was zur Sphäre des Geistigen gehört, sind Seifenblasen 218; eine Ideologie mit schizophrenem Charakter 226; Das Bürgertum geht zugrunde, u. die westliche Welt löst sich auf, weil die Aufklärung nicht geglückt ist 249; Das Bedürfnis nach einem transzendierenden Ziel ist eine Eigentümlichkeit der B. G. Mit ihrer Auflösung geht dieses Bedürfnis verloren 279; *Dialektik des Eigentums* 293; *Das Geld* 296; Aufhebung der B. G. 298; *Bürgerliche Moral* 313; *Es ist nicht fein…* 346; *Long live the living standard* 350; *Hexenprozesse heute* 353; *Der sogenannte Lebensstandard* 359; B. G. u. Literatur 361; *Das Tauschprinzip* 379; *Die Quantität schlägt in Qualität um* 468; *Die Dauerkrise des Liberalismus als Schlüssel für das Verständnis der heutigen Situation* 479; (Adorno:) Das KZ ist auch für diese Dinge ein Schlüssel. In der Gesellschaft, in der wir leben, ist eigentlich die ganze Arbeit so wie dort **19**:38; *[Arbeit, Freizeit und Freiheit. Katastrophische Tendenzen und mögliche Gegenkräfte]* 44; *[Falsche Abschaffung der Arbeit. Falsche Radikalität der Theorie]* 52

Bürokratie Die Reformatoren waren die ersten Vertreter einer neuen B. **4**:54; 192; Die industrielle und politische B. tritt als maßgebend hervor 279; 313; 319; 323; **6**:249; östlicher Bürokratismus 263; 273; 336; 347; *Im Zeitalter der Verwaltung* 396f.; **7**:80

Buffon, George Louis Leclerc, Graf von *Histoire naturel* **13**:598 ▷**13**:598

Bulganin, Nicolai **14**:87

Bultmann, Rudolf Karl **14**:338

Bunge, Hans *Fragen Sie mehr über Brecht. Hanns Eisler im Gespräch* **12**:560, 562

Burckhardt, Jacob *Griechische Kulturgeschichte* **4**:237; **5**:87 ▷**6**:137; **8**:405; **13**:243

Burdach, Konrad *Briefwechsel des Cola di Rienzo* **4**:28ff., 34, 66f.
Burgdörfer, Friedrich *Bevölkerungsdynamik und Bevölkerungsbilanz* **8**:59
Burleigh, William Cecil, Lord **9**:76
Bush, Vannevar **14**:327; 347
Busson, Henri *La Religion de Classiques* **14**:37
Butler, Nicholas Murray **3**:18; **7**:278; 367; 469
Byrnes, Robert F. *Antisemitism in Modern France* **8**:55
Byron, George Gordon Noel, Lord **13**:335
Cabanis, Pierre-Jean-Georges **7**:168; **9**:180; 375; **10**:192; 195; **13**:357; 427
Cabet, Étienne **9**:366
Caesar, Julius **10**:310
Caillois, Roger *Le Mythe et l'Homme* **5**:259; **12**:275; *Théorie de la Fête* **5**:129; *La mante religieuse. Recherche sur la nature et la signification du mythe* **12**:458f. ▷**12**:314
Calas, Jean **13**:600
Caligula **2**:197
Calvelli-Adorno, Agathe **7**:261; 287
Calvert, George **13**:497
Calvin, Johann *Institutio Religionis Christianae* **4**:14, 52, 57, 248ff. ▷**4**:46; 48ff.♦; 59; 66; 68; 241; Stellung zur Vernunft 247ff.♦; sein Freiheitsbegriff ist fast auf nichts reduziert 258f.; 287; 368; **5**:263; 332; **7**:156; **9**:67; **12**:32; 279; 338; **13**:350; 419; 465; 476
Calvinismus (s. Protestantismus, Christentum) **3**:366; **4**:421; 431; **5**:113; **6**:39; **7**:156; **9**:52f.; 174; 378; **14**:295
Campanella, Tommaso *Metaphysica* **9**:143; *Der Sonnenstaat* **2**:237, 242; **9**:101 ▷**2**:239; 240; 242ff.♦; **12**:469
Camus, Albert *La Peste* **14**:202, 346
Cantor, Moritz **4**:148
Capone, Al **6**:217
Cardano, Girolamo *De subtilitate* **9**:46; *De vita propria* **9**:45 ▷**4**:10; **9**:45ff.♦; Bestreben, alle Vorgänge in der Natur durch natürliche Kausalität zu erklären 46; 60; **12**:317; **13**:519; 535
Carell, Alexis *Der Mensch, das unbekannte Wesen* **7**:78
Carey, Henry Charles hat das Sklavensystem als natürliche Form von Gemeinschaftsarbeit pantheistisch apologetisiert **9**:239
Carlyle, Thomas **12**:199
Carnap, Rudolf *Abriß der Logistik* **4**:145; *Die alte und die neue Logik* **4**:117, 120, 144, 150ff.; *Logic* **4**:157; *Die physikalische Sprache als Universalsprache der Wissenschaft* **4**:123f.; *Der logische Aufbau der*

Welt **13**:372; *Scheinprobleme in der Philosophie* **13**:372 ▷**4**:334; **5**:53; **6**:94; 194; **13**:352

Carnegie, Dale *How to Win Friends and Influence People* **6**:163

Carroll, Lewis *Through the Looking Glass* **6**:162

Casanova, Giacomo Girolamo **13**:546

Cassirer, Ernst *Das Erkenntnisproblem in der Philosophie und Wissenschaft der neueren Zeit* **4**:254; **9**:26, 269; *Geschichte des Erkenntnisproblems* **10**:240f.; *Individuum und Kosmos in der Philosophie der Renaissance* **3**:146; **11**:192; *Kants Leben und Werke* **2**:52, 71; **11**:67; *Philosophie der symbolischen Formen* **4**:133f.; *Die platonische Renaissance in England und die Schule von Cambridge* **4**:253 ▷**9**:467; vorzüglichster Historiker der neukantianischen Schule **10**:215; 240; **12**:459

Castro, Fidel **6**:402

Cavendish, Lord William **9**:104; 307

Cavour, Camillo Benso **7**:125

Cellini, Benvenuto **9**:45

Cervantes Saavedra, Miguel de *Don Quixote* **4**:275

Chagall, Marc **7**:414

Chamberlain, Houston Stewart **8**:127; **12**:199

Chamberlain, Neville **5**:239; 356; **6**:332; **12**:329♦; 513; hat genaueste Informationen über die Greuel der Konzentrationslager besessen, aber sie erst veröffentlicht, als er mit Hitler im Krieg stand **14**:252

Chamfort, Nicolas **4**:231

Chan Shu-shen **11**:248

Chaplin, Charles (Charlie) *Der große Diktator* **5**:269; *Monsieur Verdoux* **8**:28 ▷**5**:163; 175; **6**:128

Charakter (s. Autorität, Individuum, Totalitärer Staat) *Charakter und Avancement* **2**:319f.; *Gesellschaftsbau und Charakter* 355f.; *Zur Charakterologie* 367f.; Moral und Ch. sind Monopole der herrschenden Klasse 411; *Der Charakter* 429f.; *Zur Relativität des Charakters* 448f.; Ausdauern früherer psychischer Reaktionsweisen und Vorstellungen **3**:249; Die Namen bleiben dieselben, aber die anthropologischen Realitäten wandeln sich 273; 343ff.♦; Die sog. soziale Natur geht wesentlich auf die Erinnerung an Zwangsakte zurück 345f.; 355; Auch im Inneren des Einzelnen spiegelt sich die Klassenordnung wider, in der sein äußeres Schicksal verläuft 358ff.; **4**:21; seelische und intellektuelle Beschränktheit des herrschenden Ch.s 70; In der Welt als Serienproduktion ersetzt deren Schema, Stereotypie, die kategoriale Arbeit. Das Urteil beruht nicht mehr auf dem wirklichen Vollzug der Synthesis, sondern auf blinder Subsumtion

5:232; Die Basis der Entwicklung, die zum Ticketdenken führt, ist die universale Reduktion aller spezifischen Energie auf die eine, gleiche, abstrakte Arbeitsform vom Schlachtfeld bis zum Studio 238; *Zur Genese der Dummheit* 288; Die Vielheit der charakterologischen Züge selbst entspringt heute bloß aus dieser einen Wurzel, der Selbsterhaltung 328; Der autoritätsgebundene Ch. reagiert völlig konventionell und stereotyp 388; Autoritärer Ch. 391 ff.♦; die entindividualisierte, zerrissene und restlos formbare Ch.struktur 413; Ch.strukturen, die für faschistische Vorstellungen besonders empfänglich sind, werden zunehmend in Ländern gefunden, in denen liberale, wahrhaft demokratische Denkweisen noch vorherrschen **8**:27; Elemente des autoritären Charakters 28; Vorurteil u. Ch. 64 ff.♦; totalitäre Ch.struktur 68 ff.; Der totalitäre Ch.typ erweist sich insgesamt als relativ starre, unveränderliche, immer wieder auftretende u. überall gleiche Struktur 71; 72; 75; 132 ff.♦; Autoritärer Ch. u. Vorurteil 199; Anstatt daß die Bedingungen für den autoritären Ch. geschwunden sind, haben sie sich überall vermehrt 199; Ch. u. Introversion **12**:29; Ch. des neuzeitlichen Menschentypus 29; Das Bewußtsein des Ingenieurs ist das des Industrialismus in seiner hochmodernen Form 96; Ch.typus und Faschismus 150; *Charakter und Substanz* **14**:321; Autoritärer Ch. **19**:18

Charcot, Jean Martin **13**:340

Charron, Pierre **9**:154

Chateaubriand, François René, Vicomte de **2**:328

Châtelet, Marquise du *Institutions de physique* **9**:279

Chauvet, Raymund **4**:46; **12**:33

Chelcicky, Peter **13**:473

Chénier, Marie Joseph Blaise de **4**:66

Cherbury, Herbert von **13**:502; 529

China Ahnenglaube in Ch. als Hemmnis der gesellschaftlichen Entwicklung **3**:350 ff.; **6**:341; **7**:101; Das neue Ch. geht in eine Phase der Barbarei über 139; Was in Ch. vorgeht, ist für die Zukunft des Westens bedeutsamer als die Vorgänge in der Sowjetunion **8**:286; **9**:379; Bedeutung der Sinologie für die Geschichtsphilosophie **12**:148; Wirtschafts- u. Sozialgeschichte Ch.s 160; Quellenmaterialien zur Geschichte Ch.s 160 *Die Rote Garde in China* (Gespräch mit Dagobert Lindlau) **13**:167; *South Vietnam und die Intellektuellen* **14**:360; die Hölle einer chinesischen Weltherrschaft 361; *China und der Untergang der Kultur* 367; (Adorno:) Ich habe das Gefühl, als ob die orientalische Welt unterm Banner des Marxismus die abendländische Zivilisation ablösen würde **19**:46

Chledowski, Casimir von *Rom II, die Menschen des Barock* **9:**48
Chopin, Frédéric **4:**432
Christentum (s. Calvinismus, Katholizismus, Puritanismus, Religion) **2:**345; *Über die Formalisierung des Christentums* 350f.; *Herrschaft der Kirche* 359f.; Das Chr. wird heute meist als grobe Verklärung der Verhältnisse gebraucht 371; *Europa und das Christentum* 411ff.♦; **3:**319ff.; Das Chr. hat in gleichem Maße die kulturelle Funktion, Idealen Ausdruck zu verleihen, eingebüßt, wie es zum Bundesgenossen des Staates geworden ist 326; *Zu Theodor Haeckers ›Der Christ und die Geschichte‹* **4:**89ff.; Die anständigen menschlichen Verhaltensweisen sind dem geschichtlichen Chr. nicht näher verwandt als der ärgsten Häresie 96; entscheidender kultureller Fortschritt gegenüber heidnischen Religionsformen 99; 227; christliche Askese 244; (Montaigne:) die Mächtigen der Christenheit rangieren tiefer als die Menschenfresser 257; Die Unterdrückten sagen Christus u. meinten seit je eine menschenwürdige Existenz 260; revolutionäre Bedeutung im Frühkapitalismus 260; 278; 287f.; 304; ist als Ärgernis in die Welt gekommen 430; **5:**122; 137; Chr. u. Faschismus 206; Bei den deutschen Christen blieb von der Religion der Liebe nichts übrig als der Antisemitismus 206; Chr., Judentum 206ff.; Darin liegt ihre Unwahrheit: in der trügerisch affirmativen Sinngebung des Selbstvergessens 208; Instrument der Organisation 255; 263; In den Systemen des Rationalismus wurde die christliche Ethik säkularisiert **6:**38; Die Aufklärung nahm ihren Lauf in weitem Maße innerhalb der Kirche 83; mit blutiger Skrupellosigkeit verbunden 99; Naturverständnis 115f.; 125; Begriff des Individuums 142ff.♦; Evangelium 142f.; Mensch u. Natur stehen sich nicht uneins gegenüber 143; vereinigt Versagung mit umfassender Liebe 143; Unterdrückung der vitalen Instinkte 144; Die moderne Kirche stellt eine Übernahme der älteren Formen dar 150f.; 191; 204; Nächstenliebe 210f.; *Kirchenväter und Propheten* 219; Die Bibel ist ein revolutionäres Buch 238; 254ff.; 271; 281; 290; 292f.♦; 303; Die fortschrittliche Funktion des Chr. ist erledigt 307; 312; 315; Das Chr. und die Christenheit sind zweierlei 332; unbeugsamer Wille, mit dem Teufel einen Pakt zu machen 333; *Das Ende des Christentums* 340f.♦; Die Völker, die sich zum Chr. bekannten, haben es verraten 341; 354ff.; Seine Wahrheit tritt mit seinem Herabsinken zur bloßen Ideologie an den Tag 362; 365; 369; 371; 390; *Die Kirche ist die Maßnahme* 394; 395; 401; *Nächstenliebe und Egoismus* 405f.; 408; erhob den Einzelnen zur entscheidenden Wesenheit 414; Die Nächstenliebe war mit Angst vor Bestrafung des Ungehorsams verknüpft 422; Nächsten-

liebe **7**:32; die Kirchenväter waren Aufklärer in weitem Maß 88; 129; Chr. bei Schopenhauer 140ff.♦; Bei den Gewalttaten des Chr. bedurfte es der Perversion der Lehre, auf die es sich berief 156; *Theismus – Atheismus* 173ff.♦; Die Untaten, die im Namen Gottes begangen wurden, bilden im christlichen Europa ein Leitmotiv 173; Die Zivilisation hat sich dem christlichen Terror zu verdanken 175; Der Glaube an Gott ist in Europa zum Moment des Glaubens ans eigene Volk geworden 177; Das Chr. ist heute weit entschiedener in Frage gestellt als im Siècle des Lumières 181; Schopenhauers Versuch, den Kern des Chr. zu retten 191; 196; *Psalm 91* 207ff.♦; Zweifel im Chr. 213f.; 218; *Letzte Spur von Theologie – Paul Tillichs Vermächtnis* 269ff.♦; *Christentum, Marxismus und studentische Protestbewegung* 297ff.♦; Verwandtschaft von Solidarität u. Nächstenliebe 312f.; 387ff.♦; Das Chr. war anfangs der Versuch, das Judentum zu verbreiten 390; Trinitätslehre 390f.; Das Chr. hat die Funktion, Idealen Ausdruck zu verleihen, eingebüßt 393; 416; 431f.; Unterschied zur Christenheit 465; **8**:233; Die USA und das Chr. 237; Das Erlöschen der Majestät des Kunden gehört zum selben Vorgang des Verstummens im endlosen Lärm wie die Resignation des Chr. 252; 264ff.; 272; 299; **9**:28f.; 275; 296; 341ff.; 379f.; Chr. der Vernunft bei Lessing 461; *Gespräch über die Aufgabe des Protestantismus in der säkularen Zivilisation* **11**:349ff.♦; (Dibelius:) das Verhältnis der Christen zueinander ist ein Skandal 398; Bergpredigt 404; (Dibelius:) im Neuen Testament liegt ein Aufruf gegen den Kapitalismus 405; **12**:294; Allem, was im Westen Kultur heißt, liegt die christliche Vorstellung von Zeit u. Ewigkeit zugrunde. Selbst der Diamat war ursprünglich säkularisiertes Chr. **13**:79; *Die christliche Geschichtsphilosophie* 316; *Die Idee der Freiheit* 456ff.; Manichäismus 457; Schon der Gedanke, daß jeder eine Seele hat, ist eine ungeheure Revolution gegen die Anschauung der Römerzeit. Damit ist ja jeder gleich 458; Chr. u. Humanismus 463; arabischer, jüdischer Einfluß im Mittelalter 468; Dominikaner, Franziskaner 476; Jansenismus, Port Royal 482f.; *Der Begriff der Seele seit Leibniz* 516; *Die Wahrheit im Christentum* **14**:117; *Das höchste Wesen* 124; Ein Skandalon sein ist die christliche Forderung. D.h., die Welt, wie sie ist, negieren 213; Wenn die herrschende Klasse sich heute zum Chr. bekennen u. erklären würde, es ist unsere Aufgabe, allen ein menschenwürdiges Dasein zu ermöglichen, dann gäbe es in ein paar Jahrzehnten auf der Welt keine Not mehr, aber die Herrschenden sind verrückt u. betreiben eine Machtpolitik, die auch sie selbst ruiniert 235; Durch das Chr. (u. seine Vorgänger, die Propheten) wird zum ersten Mal der entschei-

dende Unterschied zwischen Gut u. Böse gemacht 236; Es war eine der großen Einsichten des Chr., daß die Gemeinschaft der Gläubigen eben durch die Beziehung auf ihren Glauben gestiftet wurde. Ohne gemeinsames Interesse zerfällt jede Beziehung, mag sie auch noch so leidenschaftlich sich gebärden 243; *Wahrheit und Zivilisation* 283; Chr. u. Geist 295; *Marxismus und Christentum* 330; Chr. u. Nationalismus, Chr. u. Grausamkeit 345; *Das Wesen des Christentums und die Erbsünde* 392; *Judentum, Christentum, Nationalismus* 410; *Die katholische Kirche und die Juden* 452; **19**:57; 70

Christian Science **6**:204; **9**:422; **11**:243; 258; 267

Christine (Königin von Schweden) **9**:138

Chruschtschow, Nikita **6**:290; Die westliche Begeisterung für Chr. ist beschämend 301 f.; 332; **14**:84; 87; **19**:50

Churchill, Winston **12**:284; 332; 337; **13**:83

Cicero **2**:224; **9**:71; **12**:25; 333; **14**:55; 64

Clairvaux, Bernhard von **8**:275; **12**:32

Claparède, Edmond **3**:148

Clark, Anthony Samuel **13**:583

Claudel, Paul **7**:387

Claudius, Matthias **13**:22

Clemenceau, George **14**:310

Clemens VI. **4**:34

Cocteau, Jean **6**:162

Cohen, Elliot **12**:214

Cohen, Hermann *Ästhetik des reinen Gefühls* **10**:215; *Ethik des reinen Willens* **3**:25; **10**:215, 238; *Kants Theorie der Erfahrung* **2**:41, 68, 71, 137; **10**:228 f., 368; **11**:62; *Logik der reinen Erkenntnis* **2**:56, 71; **3**:89, 101; **4**:172; **10**:215, 231, 236, 370, 372; *Schriften zur Philosophie und Zeitgeschichte* **3**:74 ▷**2**:163; 173; **4**:296; 301; **9**:467; 475; **10**:224; 228 f.; »Prinzip des Ursprungs« 232; 236; 239 f.; 242; 340; *Neukantianismus (Cohen)* 353 ff.♦; 363; Lehre der Unmöglichkeit von Metaphysik 366; hat nicht einfach die Qualitäten aus der wirklichen Welt hinweginterpretiert 367 f.; 369 f.; »Prinzip des Ursprungs« 371; behauptet die Methode der mathematischen Naturwissenschaft als schöpferische Zeugung der Wahrheit u. als Wirklichkeit zugleich 374; 376; 378; 388 f.; 400; **11**:204; **14**:445

Cohen, Mickey **6**:217

Coing, Helmut **19**:20

Colbert, Jean Baptiste **13**:594

Coleridge, Samuel Taylor **4**:143

Collins, John Anthony **9**:345; **13**:583

Colonna, Johann **4:**67

Commager, Henry Steele (u. Samuel E. Morison) *The Growth of the American Republic* **6:**45

Comte, Auguste *Catéchisme industriel* **13:**358, 367; *Catéchisme positiviste* **13:**368; *Cours de philosophie positive* **3:**97; **13:**367, 368; *Discours sur l'esprit positif* **3:**95, 98, 100; **13:**368; *Producteur* **13:**367; *Soziologie* **3:**400; **8:**59; *Système de politique positive* **5:**307; **13:**368 ▷**3:**27; 147; 300; 338; **4:**114; 333; 353f.; **5:**17; 306f.; 363; 398; 401; **6:**183; **7:**45; hatte noch die Reform des Ganzen im Sinn 112; C.s monomanische Pedanterie **8:**255; 255f.; Parallelen wie Kontraste zwischen Hegel u. C. sind so auffällig, daß es erstaunlich ist, wie wenig die soziologische Wissenschaft bis heute damit sich einließ 257; **9:**400; **11:**266; **12:**138; 148; **13:**26; 351; 356; 458; 366; hat wie Saint-Simon den Begriff der Wissenschaft auf die Naturwissenschaft reduziert 367; entscheidender Grundgedanke: mit dem Fortschritt der Wissenschaft ist ein politischer Fortschritt verbunden 368; Wie Marx, so empfiehlt C. eine provisorische Diktatur in der Übergangszeit zur neuen Gesellschaft 369; **14:**279

Conant, James Bryant **8:**61

Condillac, Etienne Bonat de *Essai sur l'origine des connaissances humaines* **9:**353, 356; *La Langue des calculs* **9:**355; *La Logique* **9:**355; *Traité des sensations* **9:**353f.; **13:**588 ▷**9:**353ff.♦; hat die Lockesche Theorie in Frankreich verbreitet u. heimisch gemacht 353; löst die strenge Trennung zwischen Sensations- u. Reflexionsidee auf 354; hat die Abhängigkeit des Bewußtseins u. des Charakters von den wirklichen Umständen behauptet 356; lieferte die Grundlage für die Zuwendung des gesamten Interesses auf die Lehre von der Gesellschaft 358; 367; 375; 464; **13:**355; bedeutendster Erkenntnistheoretiker der Aufklärung 433; 437; 574; 588; 590; 616

Condorcet, Marie-Jean-Antoine, Marquis de *Esquisse des progrès de l'esprit humain* **9:**391 ▷**2:**221; **7:**90; 130; 168; **8:**183; 260; *Condorcet* **9:**391f.♦; **10:**17; **12:**136; **13:**355; 366

Conrad-Martius, Hedwig **10:**325, 329; 394

Cooley, Charles Horton **7:**112

Coolidge, Calvin **14:**480

Coriolan **12:**289

Corneille, Pierre **6:**219; **8:**10; **13:**305; 361; 418; 484

Cornelius, Carl Adolf *Historische Arbeiten* **4:**68

Cornelius, Hans *Einleitung in die Philosophie* **2:**19f., 51, 71, 76, 152; **10:**265; **13:**372; **11:**41, 75; *Elementargesetze der bildenden Kunst* **2:**124, 153; *Grundlagen der Erkenntnistheorie. Transcendentale Sy-*

stematik **2**:20, 22, 28, 43, 51, 58, 68, 71, 76, 139, 152; **3**:102; **11**:25f., 29, 31f., 39, 41, 55f., 74, 134f.; *Kunstpädagogik* **2**:124, 153; *Psychologie als Erfahrungswissenschaft* **2**:53, 71; *Psychologische Prinzipienfragen II. Das Material der Phänomenologie* **2**:53, 71; **11**:33; *Über »Gestaltqualitäten«* **2**:20, 71; **11**:93; *Vom Wert des Lebens* **2**:153; *Transzendentale Systematik* **13**:372 ▷*Hans Cornelius. Zu seinem 60. Geburtstag* **2**:149ff.♦; **3**:31; **7**:261f.; 270; 276; 322ff.♦; 364; 448ff.♦; **8**:336; 341; 391; **9**:19; Widerlegung des Materialismus 117; 141; 271; 334; 336; 417; 467; 474f.; **10**:182; 264; Verhältnis von Philosophie u. Naturwissenschaften 265ff.; Begriffslehre 266f.; 268; *I. Die Sphäre des Phänomenalen. Zur Theorie des Bewußtseins im Anschluß an Cornelius' ›Transcendentale Systematik‹* **11**:31ff.♦; 134ff.; unternimmt es, die Kantische Absicht mit Humescher Konsequenz zu verwirklichen 135; 212; 245f.; **12**:445; 475; **13**:265; 352

Cornelius, Peter von **2**:153; **7**:322; 364; 448; **8**:336

Correggio, Antonio Allegri da **7**:247

Cortez, Hernando **12**:200

Costello, Harry Todd *Naturalism and the Human Spirit* **6**:106

Coughlin, Charles Edward **5**:215

Cousin, Victor **7**:89

Couthon, Georges **4**:62; 68

Cremonini, Cesare **9**:39; 65

Creuz, Friedrich Karl Kasimir von **9**:459

Croce, Benedetto **10**:185

Cromwell, Oliver **2**:206; 237; **4**:42; **9**:101; 104f.; 127; **12**:32; **13**:578

Croner, Fritz *Die Angestellten in der modernen Gesellschaft* **8**:113

Crozier, Michael **8**:119

Crusius, Christian August der einflußreichste Gegner Wolffs **9**:466; 477

Cube, Alexander von *Aufbruch aus dem Gestern* **14**:365

Cumberland, Richard **4**:14

Cunow, Heinrich *Die Parteien der großen französischen Revolution und ihre Presse* **4**:85 ▷**3**:374

Curie, Marie **2**:399

Curie, Pierre **2**:399

Curtius, Quintus **7**:28

Dacqué, Edgar *Natur und Erlösung* **3**:180

Dahrendorf, Ralf **7**:114

Dante Alighieri *Die Göttliche Komödie* **5**:248, 305; **9**:50f. ▷**10**:62; 239; **12**:329; **13**:462

Danton, Georges Jacques **12**:32
Darwin, Charles **4**:363; **6**:132; Seine Philosophie ist rein positivistisch 133; **8**:141; **10**:349; **11**:179; 212f.; **12**:461; **13**:345; 350
Darwinismus **6**:101; 107ff.♦; einer der Marksteine der Popularaufklärung 107; 132ff.♦; könnte helfen, die Natur mit dem Menschen zu versöhnen 132; gehört zu den Hauptergebnissen der Aufklärung 132f.; Für den populären D. ist Vernunft nichts als ein Organ 133; Abdankung des Geistes im populären D. 134; 171; **9**:277
Daumier, Honoré **5**:274; **14**:49
David, Eduard **8**:202
David, Jacques-Louis **4**:65
Davis, Bette **5**:163
Day, Clarence **5**:176
Deborin, Abram Moiseyevich **11**:175; 186
Defoe, Daniel *Robinson Crusoe* **13**:47
Deismus **9**:343ff.♦
Delacroix, Ferdinand Victor Eugène **8**:365
Delbrück, Hans *Weltgeschichte* **4**:45
Demagogie (s. Faschismus) Das Ziel der modernen Demagogen ist es, die Natur zu verleiten, sich den Kräften der Repression anzuschließen **6**:128; 403; 425; Ich würde nachdrücklich für eine ernsthafte, nochmalige Prüfung der Techniken u. psychologischen Aspekte der D. eintreten **8**:30; Die junge Generation soll gegen D. idiosynkratisch sein 173; Zum Geschäft des Demagogen gehört es, edle Lösungen zu finden, die zugleich der Feindschaft ein Objekt versprechen 196; Das Instrumentarium autoritärer Demagogen, das an zerstörerischer Wirkung mit den neuesten Bomben konkurrieren kann 218; Beim Demagogen spielt das Denken in Klischees eine Rolle 218; 350ff.; 385; Wenn nicht alles trügt, spielten etwa beim ersten Kreuzzug schon dieselben Phrasen eine Rolle wie beim Völkischen Aufbruch. Nur hieß es bei Peter dem Eremiten nicht »Wir Deutschen«, sondern »Wir Christen« **13**:90
Demokratie (s. Totalitärer Staat) D. tendiert dazu, unzweckmäßig und deshalb zum Schein zu werden **3**:10; 16; bei allen Mängeln immer noch besser als die Diktatur, die ein Umsturz heute bewirken müßte 17; Die Guillotine symbolisiert die schlechteste D., die mit ihrem eigenen Gegensatz identisch ist **4**:77; die europäische D. als Boden einer neuen Tyrannis 233f.; In bürgerlichen D. ist es zufällig, welchem Individuum die Möglichkeit gegeben ist, sich zu entfalten 268; 304ff.♦; 417; **6**:48ff.♦; Seiner rationalen Grundlage beraubt, wird das demokratische Prinzip ausschließlich abhängig von den so-

genannten Interessen des Volkes 48; irrationaler Aspekt der Idee der Mehrheit 50; Das Mehrheitsprinzip widersteht allem, das nicht konform geht 50; 100f.; Ohnmacht demokratischer Argumente gegenüber totalitären Methoden 129; Im 20. Jhdt. wird die Stellvertretung abgeschafft 196; *Demokratie und Massenmedien* 260; *Massendemokratie* 278; 284; 286f.; 289f.; Die D. hat in Deutschland keine Tradition 302; 331f.; 346f.; 364; *Die Demokratie als ihr eigener Feind* 415♦; **7**:52; Europa tendiert zur Einparteiherrschaft 92; 150ff.♦; *Macht und Gewissen* 154ff.♦; Relativierung dadurch, daß politische Übersicht dem einzelnen unmöglich ist 159; D. wird ausgehöhlt 181; In der westlichen Welt ist Freiheit des Denkens weitgehend verwirklicht 254f.; Die D. verliert im eigentlichen Sinn an Bedeutung 313f.♦; Die zivilisierten Länder sollten ihr Verhältnis zu den terroristischen Staaten entscheidend ändern 349; Wenn wir heute in der D. eine Revolution hätten, könnte sich nur das Schlimmere ereignen 379; 382f.; Dialektik der D. 475♦; Der Westen verzichtet allzu schnell auf eine moralische Beurteilung der Politik 482f.; D. mit der zentralen Lenkung einer Massengesellschaft unmöglich **8**:152; D. besteht gerade darin, daß die Macht nicht bei geballten Organisationen liegt 153; Wirkliche D. ist in steigendem Maße bedroht 215; Etwas Urchristliches setzt sich in der D. fort 238; D. ist den totalitären Staaten gegenüber im Nachteil 244; **12**:103; **13**:88; **14**:56; *Voraussetzung der Demokratie* 88; *Demokratie ist veraltet* 102

Demokrit **2**:231; **3**:268f.; **5**:140; 247; **6**:270; **7**:123; **9**:48; 86; 91; 146; 160; **11**:254; **13**:403; D. versus Platon 405; 423

Denken (s. Begriff, Logik, Theorie, Vernunft) es gibt nicht »das« D. schlechthin **2**:301; Kritik des Irrationalismus am D. **3**:171ff.♦; Verteidigung des D.s durch die Bewußtseinsphilosophie 173f.; Ohnmacht des D.s 176; zum analytischen D. 181ff.♦; Der neueste Angriff gegen die Metaphysik verwechselt diese mit dem D. **4**:161; Der Konformismus des D., das Beharren darauf, es sei ein fester Beruf, gibt das eigene Wesen des D.s preis 216; zynische Denkfeindschaft des neusachlichen Positivismus 227; **6**:26; 72; Erhebung der Natur zum obersten Prinzip macht das D. zur Heuchelei 131; Der einzige Weg, der Natur beizustehen, liegt in der Entfesselung des unabhängigen D. 135; *Denken und Haben* 218f.; D. hat sich zum metaphysischen Prinzip verkehrt **7**:33; Der Gedanke verkümmert 101; Der Fortschritt der Wissenschaft stempelt D. zur Funktion 188; Ersetzung der synthetischen durch die erzeugende Funktion des D. im Neukantianismus **10**:227ff.♦; *Über die Beziehung zwischen Spra-*

che und Denken und das Verhältnis von philosophischer und psychologischer Analyse **11:**121 ff.♦

Department of Scientific Research (of the American Jewish Committee) 5:408

Dermenghem, Emile *Thomas Morus et les Utopistes de la Renaissance* **2:**239

Descartes, René *Dioptrica* **9:**118, 137; *Discours de la méthode* **4:**163, 217, 253; **9:**137, 140; *Essais Philosophiques* **9:**137; *Meditationes de prima philosophia* **6:**117; **7:**226; **9:**105, 137, 140, 147, 159, 165 ff., 173, 176; **10:**12 f.; **11:**25, 28; **12:**42, 447 f., 468 f.; **13:**430; *Principia philosophiae* **9:**137, 140, 146, 182, 199; *Traité des passions de l'âme* **9:**137 ▷**2:**150; Begründung einer kritischen Erkenntnistheorie 253 ff.; **3:**155; 163 ff.; 182; 218; 254; 278; **4:**110 f.; 114; 131; 185; 205; 254; 262; 335; 342 f.; **5:**104; 275; 321; 398; Überwindung des Hexenwahns 416; **6:**21 f.; Lehre vom Ich 117 f.; 174; 194; 375; **7:**33; 37; 83; 189; 199; 203; 214 f.; Gottesbeweis 225 f.; Gottesbeweis 236; 238; 241; 253; 310; **8:**10; 194; 347; 394; 424; **9:**14; 19; 61; 84; 113 f.; 133 ff.♦; nicht leicht aus der scholastischen Tradition herauszulösen 134; wollte den Katholizismus in Einklang bringen mit dem, was er für wahr halten mußte 135; Wahrheitsbegriff 139; scholastische Verfahrensweise 143; ontologischer Gottesbeweis 144; Mathematik 144 f.; Naturphilosophie 145 ff.♦; Einmischung der Teleologie u. Theologie in die Physik ist ihm verhaßt 146; Vernunft u. nicht sinnliche Erfahrung ist Wahrheitsquelle 150; rationalistische Philosophie 152; Stellung zum Materialismus 153 f.; 159 f.; Sein Rationalismus ist völlig unzureichend 164; Gassendis Polemik gegen D. 166 ff.♦; *Die Orthodoxie im Kampf mit der Descartesschen Philosophie* 172 ff.♦; *Die Okkasionalisten* 181 ff.♦; 196; 199; 204; 217 f.; 223 ff.; 228; 242 f.; 247; 249 f.; 253; 260 ff.; 265; 268; 283; 293; 302; 306 ff.; 310; 316 f.; 322; 333; 352; 357; 372; 405 f.; 410; 458; 466; **10:**13; 69; 82; 118; Bedeutung der Scheidung von res cogitans u. res extensa für die Begründung der modernen Psychologie 188 ff.♦; 194; 197 f.; 217; 241; 335; 337; Scheidung von res cogitans u. res extensa notwendige Voraussetzung der Kantschen Philosophie 355 f.; 363; 367; 378; **11:**34; **13:**104; 377; 429 f.; 471; 483; 488 f.; 500; 524; 588; 596; 622; **14:**270; 392

Despotie Es gibt eine aufgeklärte, ja revolutionäre D. **3:**203; **6:**51; 260; 271; Schreckensherrschaft macht niemanden mehr salonunfähig 332; **7:**31

Dessoir, Max *Die Geschichte der Philosophie* **9:**25

Destutt de Tracy, Antoine-Louis-Claude *Éléments d'idéologie* **9:**375 ▷**7:**12; **9:**375; **10:**192; **13:**427

Deussen, Paul *Allgemeine Geschichte der Philosophie* **5**:31; *Sechzig Upanishad's des Veda* **5**:242 f.; *Das System des Vedanta* **5**:244

Deutschland *Die Ohnmacht der deutschen Arbeiterklasse* **2**:373 ff.; jene besonders in D. weitverbreitete Haltung, die sich mit äußerer Bedrückung abfindet, indem sie die Freiheit in der eigenen Brust verschlossen glaubt **3**:364; **4**:232; 308 ff.♦; Heute strebt nicht der englische, sondern der deutsche Imperialismus nach Expansion 313; Indem das deutsche Volk Hitler duldete, stellte es sich auf die Tatsachen ein 416; 429; Vieles blieb von jenem Marktmechanismus ausgenommen, der in den westlichen Ländern entfesselt wurde **5**:157; kollektive Paranoia 354 ff.♦; In D. konnte sich das geistige Leben nicht politisch, sondern nur in Musik u. Kunst ausdrücken **6**:58; Wiederbelebung heidnischer Mythologie 81 f.; Unsinn einer ›nordischen‹ Mathematik u. Physik 89; 207; Die deutsche Opposition bietet den Anblick eines nicht einmal monumentalen Schundfilms 224; *Kollektivschuld* 233; *Deutsche Empfindlichkeit* 233 f.♦; *Zur deutschen Aufklärung* 241; 265; *Zeitung für Deutschland* 295; Antisemitismus 298; *Hinter der Fassade* 302 f.♦; Die Demokratie hat in D. keine Tradition 302; Der Patriotismus in D. ist so furchtbar, weil er so grundlos ist 303; 304; Deutsche Philosophie u. Musik haben einmal Geist ausgedrückt 315; Die deutsche Politik steht unter dem Zeichen »zu spät« 317 f.♦; 339; 344; *Bewältigung der Vergangenheit* 345 f.♦; Ich weiß kein verhärteteres Kollektiv in der ganzen Welt 361 f.♦; *Deutsche Politik* 365 f.♦; Freiheit hatte die deutsche Politik erst gar nicht erreicht 366; *Verdrängte Schuldgefühle* 386 f.♦; *Wir Nazis* 404; *Zur Politik in der Bundesrepublik* 411; D. als Regressionsphänomen **7**:91; D. wird im Innern total verwaltet werden 345 f.; 483; Lehren aus dem Faschismus **8**:9 ff.♦; starke Verfallenheit an chauvinistische Denk- u. Verhaltensweisen 26; Die Deutschen waren für faschistische Reglementierung durch die allgemeine Struktur der modernen Gesellschaft ausersehen 26; Deutsche Verfassung 38 ff.♦; Was ist deutscher Nationalismus? 147; D., die verspätete Nation 151; Der deutsche Kollektivstolz ist ernster verletzt, als die meisten ahnen 172; Es gibt kaum einen Abschnitt deutscher Geschichte, der für den ganzen Kontinent verhängnisvoller sich ausgewirkt hätte als das Dezennium 1914–24 182; die Vergötzung des Lebensstandards 300; Es wäre an der Zeit, daß sich D. nicht länger zuungunsten kultureller Ziele bestimmen ließe 329; weltanschauliche Verarmung 361; Durchsetzung des Kapitalismus **9**:280 f.; *Deutsche Philosophen zwischen Wolff und Kant* 459 ff.; gesellschaftliche Rolle der Philosophie in D. **10**:170 ff.♦; Erneuerung nach dem Krieg **12**:184♦; Die deut-

sche Kultur enthält Formelemente, denen im deutschen Leben ein größeres Gewicht zukommt als überall sonst 189; Bei allen Fachkenntnissen ist das Geschlecht der Gelehrten um 1900 ein Geschlecht von Ignoranten **13**:351; Moralbewußtsein 550; Eine freie Entfaltung des Bürgertums findet bei uns erst jetzt, nach dem Zweiten Weltkrieg, statt, das »enrichissez-vous«, in dem nichts mehr von Aristokratie u. traditionellen Hemmungen zu spüren ist 605; deutsche Aufklärung 616ff.♦; Aufklärung ist gar keine wirkliche geistige Kraft in der deutschen Geschichte geworden 638; Die Schandtaten des Dritten Reichs übersteigen so sehr die Vorstellungskraft, daß, wer auch immer über das kaum Vergangene die Wahrheit sagt, den Menschen mit gesundem Verstand als Phantast erscheint **14**:66; Man kann in D. die krasse Realität weniger beim Namen nennen als anderswo 73; *Vergangenheitsbewältigung* 73; *Vergangenheitsbewältigung* 108; die Deutschen nach 1945: in Wirklichkeit haben sie zunächst sich geduckt u. später gemeinsam die Frucht ihrer Schandtat genossen. Wie lang sie noch die Faust in der Tasche ballen, ist eine offene Frage 109; Nur aufgrund der richtigen Theorie kann gezeigt werden, daß der heutige boom die verhüllte Krise des liberalistischen Systems ist 276; Das Gewissen gibt es nur in Europa, im Grunde vor allem in D. Das hängt wahrscheinlich mit der Tradition des deutschen Protestantismus zusammen 294; *Sozialpsychologie des Schuldbekenntnisses in Deutschland 1945* 328; *Die tiefste Wurzel des Antisemitismus in Deutschland* 362; Die ganze Politik der Linken läuft hinaus auf höheren Lebensstandard und längere Freizeit. Alles andere ist Mittel zu diesem Zweck oder bloße Ideologie 365; *Gedanken zum Notstandsgesetz, mit großer Mehrheit angenommen am 15. Mai 1968.* Iring Fetscher hat gesagt, wenn dieses Gesetz angenommen wird, dann bedeutet es das Schlimmste, was seit 1945 geschehen ist. Er hat recht 484

Devereux, Robert (Herzog von Essex) **9**:79

Dewe **12**:482

Dewey, John *Anti-Naturalism in Extremis* **6**:77, 89f., 94, 100, 102; *Art as Experience* **4**:425f., 437; (et al.) *Creative Intelligence* **6**:106, 108; *Essays in Experimental Logic* **6**:60, 66; *Experience and Nature* **6**:173; *Human Nature or Conduct* **6**:71; *The Need for a Recovery of Philosophy* **6**:61ff., 70; *Logic, the Theory of Inquiry* **6**:93; *Reconstruction in Philosophy* **3**:300 ▷**3**:299; radikalster u. konsequentester Vertreter des Pragmatismus **6**:66; identifiziert die Erfüllung der Wünsche der Menschen, wie sie sind, mit den höchsten Bestrebungen der Menschheit 70f.; erhöht die körperliche Arbeit u. rehabilitiert die Triebe 72; mißdeutet die Wechselwirkung ökonomischer, techni-

scher, politischer u. ideologischer Kräfte 90; 93; 96; verdinglicht das Subjekt 105f.; 172; **8**:401; **12**:108; **13**:31; D.s Pragmatismus bedient sich der auf bestimmte praktische Ziele gerichteten Diskussion als Mittel der Erkenntnis **14**:237

Dialektik der Aufklärung Maßnahmen, wie sie auf dem Schiff des Odysseus im Angesicht der Sirenen durchgeführt werden, sind die ahnungsvolle Allegorie der D. d. A. **5**:58; Die D. d. A. schlägt objektiv in den Wahnsinn um 235; **6**:39f.♦; Aufklärung tendiert dazu, in Aberglauben u. Wahnsinn zurückzuschlagen 50; Die Lehre des Fortschritts entartet schließlich zu einer statischen Mythologie 140; Umschlag der verabsolutierten Vernunft in Mythos 173; *Mythos und Aufklärung* 205; *Dialektik der Aufklärung (I)* 246♦; *Dialektik der Aufklärung (II)* 324f.♦; 342; 347; 392; 420; **7**:26; *Einige Bemerkungen zur Aufklärung* **12**:105♦; *Aufzeichnungen und Entwürfe zur ›Dialektik der Aufklärung‹* 250♦; *Rettung der Aufklärung* 593; **13**:570ff.♦; Die europäische Kultur glaubt, daß das Wesen geistig sei. Die D. d. A. ist der Versuch, darauf kritisch zu reagieren **14**:260; *Dialektik der Aufklärung (I)* 286; Die Aufklärung ist ausgezogen, um Lüge und Mythos zu zerstören u. der Freiheit und Wahrheit zum Siege zu verhelfen. Aber als ihr Zerstörungswerk getan war, mußte sie erkennen, daß Freiheit u. Wahrheit selbst zu jenen Mythen gehörten 286; *Dialektik der Aufklärung (II)* 515

Dialektik (s. Adorno, Identitätsphilosophie, Logik, Materialismus, Subjekt-Objekt, Vernunft, Wahrheit, Wissenschaft) **2**:235f.; **3**:88; 184; Undialektische Verwendung der Begriffe Ganzes u. Teil ist Grundlage der irrationalistischen Kritik am Denken 204ff.♦; 285ff.♦; Im Materialismus gilt die D. nicht als abgeschlossen 292f.♦; Inbegriff der Methoden u. Gesetze, die das Denken befolgt, um die Wirklichkeit so genau wie möglich nachzubilden 310; Aufnahme empirischen Materials in strenger Genauigkeit **4**:137; D. von Ganzem u. Teil 137; Die dialektische Logik bezieht sich auf das Denken bei der Nachkonstruktion der lebendigen Realität, auf das Denken im Prozeß 152; fortgeschrittenster Stand der Erkenntnis 224; Skeptizismus und D. 291f.; 334; D. u. die bestimmte Negation **5**:46; ist nicht identisch mit Entwicklung 307; Die idealistische D. konserviert das Erhabene, Gute, Ewige – die materialistische D. trifft das Gemeine, Schlechte, Zeitgemäße 308; **6**:34; *Notiz zur Dialektik* 204; 213; *Bürgerliche Dialektik* 241; 281; 300; 354; Geschichte ist durch D. charakterisiert **7**:255; (Adorno:) D. als perennierende Methode der Kritik 263; D. beruht darauf, daß eine einzelne Aussage noch nicht die Wahrheit ist 301f.; 422; **8**:170; D. von Produktivkräften u.

Produktionsverhältnissen bei Marx 326ff.; dialektischer Materialismus u. Geschichte 326; dialektische Methode bei Fichte **10**:104, 109f.♦, 116; reale D. bei Schelling 144f.; *Hegel: Die dialektische Methode* 152ff.♦; ist nicht den Schlechtesten die schärfste Waffe des Denkens geblieben 160; bei Fichte 161ff.; besteht im Grunde immer darin, daß ein einzelnes, abstraktes Urteil in seiner Einseitigkeit erkannt und eben damit begriffen wird 163; ist so alt wie die Wissenschaft 164; 173; Umschlag von Quantität in Qualität 207; 352; Mangel an D. im Neukantianismus 379; Mangel an D. in der Husserlschen Lehre von der »Evidenz« 386ff.; Verhältnis von Allgemeinem und Besonderem bei Husserl 390ff.; dialektische Methode bei Hegel **11**:116; 282f.; Hegels D. **12**:125f. (s. Hegel); dialektische Logik 156♦; dialektische u. transzendentale Logik 278; bestimmte Negation 278, 297; Umschlag der idealistischen D. 286; Hegel: der Begriff ist das Innere der Sache selbst 286; findet sich mit der Existenz der Trostlosigkeit u. des Grauens nicht ab 297; *Der dialektische Begriff* 299♦; Im dialektischen Denken wird durch neue Erkenntnis die Bedeutung selbst angegriffen 299; Der dialektische Fortgang kommt immer nur durch die Verneinung des absoluten Anspruchs von Begriffen u. Urteilen zustande 299; Der Unterschied von formal u. material wird fortwährend aufgehoben 300; Die Struktur der Logik ist in den Gang der sachhaltigen Erkenntnis hineingerissen – andererseits hat jeder Schritt sachhaltiger Erkenntnis Folgen für die Theorie 300; Bewahrung der Naivität in der D. 301♦; 306; Die Frage ist, ob der Fortgang der D. über das Individuum hinaus zur Gattung, vom besonderen Leben zur abgeschlossenen Totalität, nicht dasselbe ist wie der Schritt von der guten zur schlechten Unendlichkeit 315; dialektische Ansätze der Scholastik 320; Konkretion 354; Abstraktion 362; Abstraktion in den Sozialwissenschaften 362f.; Begriff der Gegebenheit 367ff.♦, verneint die vom Idealismus postulierte rationale Struktur der Wirklichkeit 376ff.; Differenz zwischen Positivismus u. materialistischer D. 436ff.♦; Ist materialistische D. als eine bestimmte Weise von Erkenntnis möglich? 467♦; Verhältnis von Tatsache u. Theorie 467♦; Reflexionserkenntnis u. spekulatives Denken 471; der spekulative Begriff 473; immanente Kritik 475; *Differenz zwischen den erkenntnisleitenden »Interessen« des Positivismus und der materialistischen Dialektik* 476♦; (Adorno:) die Reflexionsbestimmungen der D. sind Versuche, den ursprünglichen Fehler in der Vorstellung eines unmittelbar Gegebenen zu korrigieren 476f.; *Unabgeschlossene Dialektik oder bestimmte Negativität?* 483♦; Transzendentalsubjekt, Synthesis, Konstitution 485f.; Zeitkern der Wahr-

heit – Erfahrung und Utopie in der dialektischen Theorie 505♦; Allgemeinbegriffe 515ff.♦; *Diskussion über Dialektik* 526ff.♦; Die Marxsche D. ist idealistisch 527; Verhältnis von Subjekt u. Objekt 533; D. ist kein »Standpunkt« 540; Rettung der Aufklärung 593ff.♦; Begriff, Urteil, Subjekt, Substantialität, Wesen sind geschichtliche u. gesellschaftliche Begriffe 600; Das ist ein angsteinjagendes Unternehmen: Die Entwicklung eines umfassenden D.begriffs, der logische, geschichtliche, soziologische u. metaphysische Komponenten enthält 600; (Adorno:) der Sinn der transzendentallogischen Kategorien ist die geschichtlich-gesellschaftliche Realität selber – durch diesen Beweis verliert die Vernunft ihre abstrakte Verabsolutierung 603 **13**:101ff.; 301; 312ff.♦; In dieser Lehre steckt einmal die Toleranz, daß alles so sein muß, wie es ist, zum anderen der Protest, daß alles so ist 316; 391; Die jetzige Gesellschaft unter dem Aspekt einer besseren zu sehen, ist der Sinn aller Schriften der Autoren der materialistischen D. 392; das pessimistische Moment im Materialismus 404; die D. in der Entwicklung von Hegel zum dialektischen Materialismus 445f.♦; 498; 574; Unterschied der Hegelschen u. Marxschen D. **14**:102; 211; *Das Subjektive in der Dialektik* 212; *Dialektik und Politik* 213; Die D. ist nicht abgeschlossen, zwischen Denken und Sein herrscht keine Harmonie, sondern der Widerspruch erweist sich noch heute als treibende Macht. Die Überwindung vollzieht sich daher im realen historischen Kampf zwischen jenen Individuen, welche die Allgemeinheit, u. jenen anderen, welche partikulare Interessen vertreten 225; *Denken* 289; *Dialektik* 290f.♦; Das Treibende in der D. ist die Einsicht, daß jede Aussage unvollständig u. daher unwahr ist, u. daß die Wahrheit das Ganze ist 290; Der Materialismus leugnet, daß es das Ganze gibt, u. damit auch, daß es eine Wahrheit gibt 290; Erfahrung machen heißt, die Struktur seines Charakters verändern und sie dennoch aufbewahren. Das Leben ist diese D. 292; Begriff des »Aufhebens« 298f.; 312; *Dialektik (III)* 337; *Dialektik (IV)* 342; *Dialektik (V)* 344; *Dialektik der Utopie* 509; *Dialektik der ›guten Gesellschaft‹* 528; *Wahrheit und Dialektik* 535; **19**:42

Dibelius, Martin *Gespräch über die Aufgabe des Protestantismus in der säkularen Zivilisation* **11**:349ff.♦

Dickens, Charles **14**:507

Dickinson, John *Letters of Fabius* **6**:49 ▷**6**:45; 49f.

Diderot, Denis *Lettre à Mademoiselle Volland de 12.8.1762* **11**:241; *Notes sur la traité des délites et des peines* **11**:240 ▷**2**:191; 197; **7**:11; 27; 162; 201; **8**:183; **9**:129; 303f.; 306; 348; 356f.; 373; 379;

388; 391; 427; **10**:76; **11**:240f.; **13**:355; 435; 437; D.s ›Seziere dich selber‹ ist die Vorankündigung der Psychoanalyse 535; 574; 593; 596

Diels, Hermann *Fragmente der Vorsokratiker* **3**:268

Dietzel, Carl **11**:15

Dilthey, Wilhelm *Dichterische Einbildungskraft und Wahnsinn* **4**:367; *Einleitung in die Geisteswissenschaften* **4**:353; **10**:298; *Entwürfe zur Kritik der historischen Vernunft* **4**:353; *Das Erlebnis und die Dichtung* **2**:277; **10**:130; *Ideen über eine beschreibende und zergliedernde Psychologie* **4**:352, 360, 366; **8**:109; **13**:339; *Typen der Weltanschauung* **10**:298; *Weltanschauung und Analyse des Menschen seit Renaissance und Reformation* **4**:11, 44, 285; **9**:37, 46f.; *Das Wesen der Philosophie* **10**:298 ▷ Geschichtsphilosophie **2**:277ff.; hat die Beziehungen zwischen Psychologie u. Geschichte wirksam zum Gegenstand philosophischer Erörterungen gemacht **3**:66f.; 70f.; 73; 77; 80; 93; 105; 111; 177; 190; 267; 339f.; **4**:286; *Psychologie und Soziologie im Werk Wilhelm Diltheys* 352ff.♦; Mangel an Systematik 352; verwendet große Sorgfalt darauf, die Geisteswissenschaften vom Dogmatismus freizuhalten 353; Die Gesellschaft ist für D. keine innere Einheit 355; Absage an die Metaphysik 356; hermeneutische Konzeption 358ff.; Scharfsinn mancher seiner methodologischen Forschungen 370; **9**:26; 59; 66f.; 71; 73; **10**:95; 183; *Lebensphilosophie: Bergson, Simmel, Dilthey* 267ff.♦; 269; 297ff.♦; am bedeutendsten als Schriftsteller der Geistesgeschichte 297; verstehende Psychologie als Grundlage der historischen Geisteswissenschaften 297; 322f.; 341; **11**:198; Für D. ist die Soziologie ebenso wie die Geschichte der Versuch, eine Partialsphäre willkürlich zur ›Totalität‹ zu erheben. Extremer Nominalismus bei D. **12**:484; 555; **13**:27; 338; ist in einem gewissen Sinne als der Vater des modernen Biographieunwesens zu bezeichnen 339; Geschichte u. Psychologie bei D. 339; **14**:385

Diogenes Laertius **4**:290; **5**:243; **13**:471

Dirks, Walter *Die geschichtliche Aufgabe der Gewerkschaften in unserer Zeit* **8**:211 ▷**14**:236

Disney, Walt **4**:427f.; 435

Dmytryk, Edward *Crossfire* **12**:214

Döblin, Alfred *Berlin Alexanderplatz* **5**:180 ▷ *Berlin Alexanderplatz*: einer der bedeutendsten deutschen Romane des Vorfaschismus **5**:180

Doorac **5**:363

Doppler, Josef **12**:32; 349ff.♦

Doré, Gustave **14**:49

Dostojewski, Fjodor **5:**228; **12:**148; **13:**117; 135

Drakon sein Gesetzbuch war eine der größten Kräfte für die Zivilisation **6:**99

Dréano, Maturin *La pensée religieuse de Montaigne* **4:**264

Drews, Arthur **2:**162

Dreyfus, Alfred **4:**393; **8:**128; 166

Dreyfuss, Carl *Beruf und Ideologie der Angestellten* **8:**115 ▷**12:**349ff.♦

Driesch, Hans *Ordnungslehre* **2:**160; *Philosophie des Organischen* **2:**160; **3:**100; *Wirklichkeitslehre* **2:**160 ▷*Hans Driesch. Zum 60. Geburtstag* **2:**158ff.♦; **3:**281; **10:**319; **12:**362

Dritte Welt **2:**380; **5:**13 *Eine Welt* **6:**240♦; Auf die heutigen nationalsozialistischen Aufbrüche folgt kein Thermidor 267; 283; 340f.; 396; Radikalität des gesellschaftlichen Übergangs **7:**86f.; übersteigerter Nationalismus 87; 100; 371; 381; 387; **8:**311; 315; Die theologische Tradition bildet in der sogenannten D.W. ein Moment erneuten Geisteslebens 321; **8:**347; Missionstätigkeit u. Rassenfrage in Afrika **11:**350f.

Drucker, Peter F. *The Practice of Management* **7:**81; *The Romantic generation* **14:**359

Drumont, Edouard **8:**128

Dschingis-Khan **2:**448

Du Bois-Reymond, Emil *Reden* **3:**74; *Über die Grenzen des Naturerkennens* **10:**196f., 199, 336 ▷**10:**196ff.♦; 203; 336

Dubarry, Marie Jeanne **13:**594

Dühren, Eugen **5:**120

Duhamel, Georges **7:**74

Duhem, Pierre **4:**120

Dulles, John Foster **19:**44

Dumas, Alexandre *La dame aux camélias* **14:**263 ▷**13:**39

Duns Scotus, Johannes **5:**321; **7:**37; 65; **12:**332; 337; **13:**352; prägt den Begriff des individuellen Wesens 474; 576

Duprat, Jeanne *La famille et la société dans la sociologie française* **3:**334; *Introduction à l'étude de la prévision sociologique* **3:**152

Dürer, Albrecht **14:**114

Durkheim, Émile *Les règles de la méthode sociologique* **4:**166; *De quelques formes primitives de classification* **5:**44; **6:**117 ▷**3:**63; **4:**165; Der gesellschaftliche Charakter der Denkformen ist nicht, wie D. lehrt, Ausdruck gesellschaftlicher Solidarität, sondern Zeugnis der undurchdringlichen Einheit von Gesellschaft u. Herrschaft **5:**44; 401; **6:**325; **7:**112; Seine Forschung war weit theoretischer

bestimmt, als er gelten lassen wollte 115; Nach D. ist individuelle Moral unwiderruflich zerstört 155; **8**:145; **12**:138; 314; 483

Durrell, Lawrence *Alexandria-Quartett* **14**:425

Dutard **4**:78

Dutschke, Rudi **14**:424; 459

Eastman, Max **6**:127

Ebbinghaus, Hermann **8**:297; **13**:340

Ebert, Friedrich **4**:406

Eckermann, Kurt *Jahrbuch der Religionsgeschichte und Mythologie* **5**:37

Eckert (Pfarrer) **11**:401

Eckhart (Meister Eckhart, auch: Eckart, Eckehart) *Schriften und Predigten* **12**:36 ▷**2**:165; **6**:85; 210; **12**:320; **13**:294

Eddy, Mary Baker **9**:422; **14**:243

Eduard VI. (König von England) **9**:76

Egoismus (s. Bürgerliche Gesellschaft) **3**:200ff.; *Egoismus und Freiheitsbewegung* **4**:9ff.♦; Die Kritik am E. paßt besser in das System dieser egoistischen Wirklichkeit als seine offene Verteidigung 18; Der Kampf gegen den E. wendet sich letztlich gegen die unrationalisierte Lust 20; Die Schlechtigkeit des E. liegt an der geschichtlichen Situation 86; Apologeten des unbeschränkten E. 86ff.♦; **6**:41; 190; *Nächstenliebe und Egoismus* 405f.; **9**:359; 361; egoistischer Begriff des Menschen in der bürgerlichen Philosophie **11**:269; *Egoismus, vermittelt* **14**:126♦

Ehmann, Wilhelm **19**:64

Ehrenfels, Christian von *Über Gestaltqualitäten* **2**:71; **11**:41 ▷**2**:20; 152

Eichendorff, Joseph von **7**:288

Eichmann, Adolf *Zur Ergreifung Eichmanns* **6**:347ff.♦; Die Vorstellung, daß E. seine Taten sühnen könnte, ist ein Hohn auf die Opfer 349; *Zu Eichmann* 364; Der Prozeß ist eine Wiederholung: E. wird zum zweitenmal Unheil stiften **8**:159; **14**:122

Einstein, Albert **6**:195f.; **8**:166; **11**:206; **12**:513; **13**:379; 381; **14**:258

Eisenhower, Dwight D. **8**:325; **19**:48

Eisler, Hanns **12**:559ff.; *[Diskussion aus einem Seminar über die Theorie der Bedürfnisse]* **19**:21

Eisler, Rudolf *Der Zweck* **2**:36, 71

Elisabeth (Prinzessin, Pfalzgräfin bei Rhein) **9**:138

Elisabeth I. (Königin von England) **2**:206; **4**:436; **9**:52; 75ff.; 95; 100; 103

Elite **3**:309; E.begriff Paretos **4**:55; Individualität ist bei den Massen

weniger integriert als bei der sogenannten E. **6:**137; Die Vorstellung von der ›Unreife der Massen‹ gehört selbst mit zur Apparatur 165; Es wird eine E. geben, die richtig auf die Knöpfe drücken kann 238; 288; der Neopositivismus ist heute die Kennmarke der zuverlässigen E. 300

Elkan, Albert *Die Publizistik der Bartholomäusnacht* **4:**241

Emerson, Ralph Waldo **6:**58, 127; **8:**207; **13:**31

Emigration Wem die Mächtigen in den Ländern nicht hold sind, für den ist nirgends Raum **2:**324; Das Asylrecht wird vor den Interessen der internationalen Kapitalistenklasse verschwinden 403f.♦; **4:**304; 308; 326f.♦; *Nach der Emigration* **6:**271; 286; 345; **7:**265f.; 328ff.; 360

Empedokles **4:**156; **7:**199; 231; **12:**109

Empiriokritizismus E. u. Materialismus **3:**95; **6:**93; **7:**241; *Empiriokritizismus (Mach)* **10:**340ff.♦; *Über Lenins Materialismus und Empiriokritizismus* **11:**175ff.♦; läuft den philosophischen Ansichten von Marx u. Engels zuwider 178; sieht die Erkenntnis als Privatsache an 181; **13:**372ff.♦

Empirismus (s. Bewußtseinsphilosophie, Logik, Positivismus) Kritik des E. am Rationalismus **3:**164ff.; *Der neueste Angriff auf die Metaphysik* **4:**108ff.♦; Unterschied zwischen dem traditionellen E. u. seinen modernen Nachfolgern 117; kümmert sich um die Welt nur, soweit sie sprachlich fixiert ist 118; E. u. Rationalismus 118ff.♦; verwirft den Begriff des Subjekts überhaupt 123ff.♦; empiristische Theorie der Geschichte 128; Über die Ohnmacht der Vernunft findet der E. keinen Ausdruck der Trauer 132; setzt Tatsachenwissen u. Seinserkenntnis gleich 134; versagt an der Dialektik von Ganzem u. Teil 137; bleibt bei den Feststellungen der Wissenschaft stehen 139; Empiristen: diese späten Apologeten der Wertfreiheit 140; Wahrheitsbegriff des E. 141f.♦; Dem logischen E. gelten Aristoteles, Kant u. Hegel als die größten Wirrköpfe, ihre Philosophie als ein wissenschaftliches Nichts 149; Der moderne E. mitsamt seiner Logistik ist eine Logik von Monaden 156; Die Empiristen schimpfen jeden einen Metaphysiker oder Dichter, gleichviel, ob er die Dinge in ihr Gegenteil verkehrt oder sie beim Namen nennt 161; **5:**326; Ansicht, daß die Metaphysik sich ausschließlich mit Pseudoproblemen beschäftige **6:**39; schafft die Prinzipien ab, nach denen er selbst gerechtfertigt werden könnte 93f.; logischer E. 167; 298; 334; logischer E. **7:**28; 130; **9:**98; 154; 157; 197; 416; *Selbstwiderspruch des logischen Empirismus* **12:**312 **13:**372; *Der logische Empirismus* 377; 625

Engelland, Hans *Gott und Mensch bei Calvin* **4:**14

Engels, Friedrich (s. Marx) *Ausgewählte Briefe* **8**:327; (u. Marx) *Ausgewählte Schriften* **8**:312; *Der deutsche Bauernkrieg* **4**:50f.; *Dialektik und Natur* **4**:142; *Die Entwicklung des Sozialismus von der Utopie zur Wissenschaft* **8**:312; **5**:294, 312; *Die Heilige Familie* (mit Karl Marx) **5**:255; *Herrn Eugen Dührings Umwälzung der Wissenschaft* **5**:294; *Ludwig Feuerbach und der Ausgang der klassischen deutschen Philosophie* **11**:176; *Der Ursprung der Familie, des Privateigentums und des Staats* **3**:407f.; *Vorarbeiten zum Anti-Dühring* **3**:138 ▷**2**:342; **3**:15; 91; **4**:78f.; 187; 195; **5**:304; **6**:241; 265; 271; 410; 414; Ideologiebegriff **7**:12; 181; 185; 195; 376; **8**:165; **10**:172; **11**:104; 175; hat den Gegensatz von Materialismus u. Idealismus als entscheidend erkannt 176; 178; 183f.; Seine Scheidung von Materialismus u. Idealismus trifft auch auf die gegenwärtige Lage zu 186; **12**:370; 373; **13**:441; 562; **14**:132; 273; 431

England **7**:38; **8**:36; Philosophie des 17. Jhdts. **9**:75ff.; 216; glorious revolution 307f.; die englische Philosophie hatte im 18. Jhdt. keine revolutionäre Funktion mehr 349; 401f.; 425; **10**:76f.; Es ist kein Zufall, daß die nominalistische Denkweise gerade in der angelsächsischen Welt einen solchen Einfluß ausgeübt hat **13**:354; In E. siegt Skepsis über Metaphysik, damit aber auch über die Freiheit 507; die Konkurrenz der Nationen als Konsequenz der Konkurrenz der Individuen, die von E. aus die Welt erfaßte **14**:115

Entfremdung **4**:131

Enzensberger, Hans Magnus *Gemeinplätze, die Neueste Literatur betreffend* **14**:507

Enzyklopädisten (s. Französische Aufklärung) **5**:314; **12**:109; 158; **13**:436; 534; 595ff.♦

Epaminondas **4**:236

Epikur **2**:231; **3**:101; 298; 309; **4**:86; **5**:269; **7**:224; 244; **9**:48f.; 66; 160; 163; 167; 175; 372; **13**:408f.♦; Nicht um reine Kausalzusammenhänge zu entdecken, lebt man, sondern um richtig u. glücklich zu leben, letztlich um sich aus der Angst vor den Göttern zu befreien. Indem man Wissenschaft betreibt, führt man alles auf seine natürlichen Ursachen zurück u. wird frei 409

Erasmus, Desiderius **7**:190; **9**:55

Erdmann, Benno *Psychologie des Eigensprechens* **11**:124; *Umrisse zur Psychologie des Denkens* **11**:126 ▷**10**:302; 380; **11**:124; läßt das Denken nicht unbedingt an die Sprache geknüpft sein 126; 128

Erdmann, Johann Eduard *Grundriß der Geschichte der Philosophie* **2**:48, 71, 84, 93; **9**:25; **11**:104; *Versuch einer wissenschaftlichen Darstellung der neuern Philosophie* **9**:25 ▷**11**:103

Erhard, Ludwig **6:**411; **8:**307; **14:**326; 350; 420
Erikson, Erik H. **8:**110; **14:**336
Erkenntnis (s. Materialismus) Erkenntnistheorie bei Kant **2:**48ff.♦; Es liegt im Wesen der echten E., niemals abgeschlossen zu sein 235; Erkenntnistheorie des Materialismus **3:**101ff.; **4:**184; unvermeidliche Aporie der Erkenntnistheorie **6:**175f.; Es bleibt nichts übrig, als so unbestechlich wie möglich die E. vorwärts zu treiben **7:**18; In allem Erkennen steckt ein kritisches Moment 34f.; **9:**113ff.; 133; Erkenntnistheorie ist der Versuch, die absolute Gültigkeit der herrschenden Weltansicht durch Rückgang auf ein absolut Gültiges im Bewußtsein eines jeden zu stützen 157; bei Gassendi 164f.; bei Geulincx 185; 196; bei Spinoza 227ff.; bei Leibniz 262ff.; bei Locke 316ff.; *Sensualistische Erkenntnistheorie* 353ff.♦; Erkenntnistheorie der Aufklärung 367; bei Berkeley 408ff.; Sensualismus 416; bei Hume 427ff.; bei Kant 471ff., **10:**27ff.♦; Aufgehen der modernen Philosophie in der Erkenntnistheorie 40; Erkenntnistheorie des Neukantianismus 250ff.♦; bei Kant u. im Neukantianismus 355ff.♦; *Das Unmittelbar Gegebene als Urgrund der Erkenntnis. Zur Kritik der Kantischen mechanistischen Erkenntnistheorie* **11:**24ff.; (Cornelius:) Voraussetzung des Verstehens ist das Wiedererkennen des Bezeichneten 25; Erlebnisse bilden den letzten Erklärungsgrund 26; Das Wissen, als Erlebnis, ist selbst unmittelbar gegeben – nicht aber der Gegenstand 36; Einzig transzendentale Phänomenologie bietet der Erkenntnislehre ein sicheres Fundament 42; Gedächtnis u. Wiedererkenntnis 43ff.♦; *Die Kategorien und der Dingbegriff* 50ff.; *Das Verhältnis von Erkenntnistheorie und Naturphilosophie bei Kant; das Scheitern der mechanischen Erklärungsweise in der Naturwissenschaft* 59ff.♦; *Kritik der Kantischen Erkenntnistheorie* 65ff.♦; *Husserls erkenntnistheoretische Fundierung der Wesensschau* 82ff.♦; bei Kant 107ff.♦; Erkenntnistheorie ist die einzig mögliche positive u. exakte philosophische E. selbst 111; Erkenntnistheorie ist mit dem Kritizismus zum wesentlichen Teil der Philosophie geworden 111; *Probleme der modernen Erkenntnistheorie* 134ff.; Der Empiriokritizismus sieht die E. als Privatsache an 181; Lenins Erkenntnistheorie 183f.; Wahn, daß eine absolute E. der Wirklichkeit irgend möglich sei 208; *Subjektivismus und Positivismus als Erben der Hegelschen Metaphysik. Vorbemerkungen zu einer empirischen Erkenntnislehre* 225ff.♦; Das empirische Wissen ist weder unabhängig von der Situation, in der es auftritt, noch »rein« von Theorie 225; Die erkenntnistheoretische Frage nach der Außenwelt führt notwendig in einen Zirkel 245f.; *Kriterium der fortgeschrittensten Erkenntnis* 275f.

Ernst August (Herzog von Hannover) **9:**246

Ernst, Max **8:**292; **12:**308

Erzberger, Matthias **4:**406

Erziehung (s. Autorität, Charakter, Familie, Individuum, Psychoanalyse, Stoa, Universität) *Erziehung und Moral* **2:**326; 429f.; **5:**18; **6:**258; *Permanent education* 351f.♦; *Über Erziehung* 380f.♦; *Ratschlag für Lehrer* 382; bei Schopenhauer **7:**45; tendiert in der Gegenwart dazu, erfolgreiche Individuen hervorzubringen 62; 81f.; entbehrt der handgreiflichen Argumente, die ihr einst zur Verfügung standen 94; Schlechte E. bewirkt die Verlästerung der Helle des kritischen Gedankens 162; 217; 337ff.; man muß dem jungen Menschen mehr als bloßes Wissen vermitteln 357; 411ff.♦; E., Aggression, Chauvinismus **8:**13ff.♦; Die Psychologie der E. besteht darauf, daß autoritäre Erziehung das Grundübel ist 13; Dem Problem der pluralistischen Persönlichkeit kann erzieherisch begegnet werden 29; Es ist die Aufgabe der E., die Erfahrungen des letzten Angriffskrieges dem Bewußtsein aller Menschen tief einzuprägen 35; Ein einziger autoritär-sadistischer Lehrer an einer Schule kann zahllose Schüler verderben 50; Die Einsicht in die Tiefendimensionen des sozialen Vorurteils u. des Gruppenhasses kann für weitausgreifende Erziehungspläne fruchtbar gemacht werden 76; Gedanken zur politischen E. 147ff.♦; Die eigentliche Aufgabe der E. liegt darin, Menschen empfindsam gegen Verfolgung schlechthin zu machen 174; Bildungsauftrag der Gewerkschaften 201ff.; E. u. Sport 225; Ich kenne kein Land, in dem so große Anstrengungen gemacht würden, die E. zu verbessern, wie in Amerika 244; Der erzieherische Mangel entspringt der veränderten gesellschaftlichen Situation 289; In der E. tritt anstelle der Auseinandersetzung mit dem Vater das Fernsehen 303; In einer Statistik des Anteils der Ausgaben für das gesamte Schul- u. Hochschulwesen steht die Bundesrepublik mit 3,7% an letzter Stelle, nach Peru u. Formosa 329; Das Versagen der Familie auf dem Gebiet der E. stellt der Schule neue Aufgaben 348; Die E. zur Wissenschaft ist kein Erwerb von Herrschaftspraktiken 373; *Akademisches Studium* 381ff.♦; *Fragen des Hochschulunterrichts* 391ff.♦; Studium Generale 404; An der Zeit wäre eine E., die ebenso über den Begriff der Bildung positiv hinausgeht wie über die abstrakte Entwicklung technischer Fähigkeiten 405; E. hieß Entfaltung jener inneren Instanz, die statt des äußeren Gebots selbst bestimmen sollte, was Recht u. Unrecht sei 433; Pädagogik bei Locke **9:**339; Rolle der E. in der Aufklärung 362ff.; Pädagogik bei Rousseau 383f.; Daß, dem öffentlichen Interesse nach, die Gymnasien, die Schulen überhaupt,

nicht als eine der dringlichsten Aufgaben der Gesellschaft erachtet werden, gilt mir als Symbol des Niedergangs westlicher Zivilisation **13**:89; 152; 178; Erziehungskrise 210; Reformation der E. 212; 437; 614; *Progressive education und andere moderne Bemühungen* **14**:214f.; Jugendkriminalität 218; Der Grundirrtum der progressive education liegt darin, daß sie ein reiches Innenleben beim Kind voraussetzt, während es in Wahrheit nur die gröbsten Triebe besitzt u. sonst leer ist 220; *Die Aufgabe des Vaters.* Über-Ich-Konstitution 225; Es ist die Aufgabe jeder E., die Triebe so zu lenken, daß sie die von der Vernunft gewählten Ziele besetzen. Die Dekadenz der heutigen Gesellschaft kommt vor allem darin zum Ausdruck, daß diese Verantwortung für die Koordinierung von Vernunft u. Trieb nicht mehr anerkannt wird 226; *The Computer and Aristotle* 464; *Vorwort [zum Forschungsbericht über Universität und Gesellschaft]* **19**:13; Widerstreit zwischen der traditionellen Bildungsidee, den praktischen Anforderungen des gegenwärtigen Berufslebens und einer erst sich bildenden Vorstellung von freien und bewußten Menschen 15

Ethik (s. Moral) **2**:146; bei N. Hartmann 174f.; In den Systemen des Rationalismus wurde die christliche E. säkularisiert **6**:38; Moralphilosophie des Positivismus 98; *Humanität* 259f.; *»Ethik«* 294; *Zur Moralphilosophie Kants* 353ff.♦; **7**:20; **9**:98; bei Hobbes 123f.; bei Malebranche 194f.; bei Leibniz 270ff.; 277f.; bei Locke 313f.; Humes Moralphilosophie 447ff.; bei Kant 478f.; kategorischer Imperativ **10**:50ff.♦; ethischer Idealismus bei Fichte 115ff.♦; E. des Neukantianismus 236ff.; materiale Wertethik Schelers **11**:95ff.; *Phänomenologische Wertphilosophie und Kants praktische Philosophie: Ethik als Harmonisierung der Gegenwart oder Gestaltung der Zukunft* 139ff.♦; In der modernen E. handelt es sich vornehmlich um Beschreibungen 139; (Hartmann:) Die reine Sollensethik ist Wertblindheit für das Wirkliche 141; Wertethik bei Scheler 151f.; Dringender, als daß die Menschen besser werden, ist heute, daß es ihnen besser geht 266; *Bürgerliche Moral* **14**:313

Eucken, Rudolf Christoph *Einführung in die Hauptfragen der Philosophie* **2**:155f.; *Der Kampf um einen geistigen Lebensinhalt. Neue Grundlagen einer Weltanschauung* **10**:177; *Die Lebensanschauungen der großen Denker* **2**:157 ▷*Rudolf Eucken. Ein Epigone des Idealismus* **2**:154ff.♦; Bei E. erhält die Geschichte wie bei Hegel den Charakter einer Verwirklichung des absoluten Geistes 156f.; 163; **9**:14

Eugen (Prinz von Savoyen) **9**:246; **13**:523

Euklid **9**:151

Euler, Leonhard *Lettres à une princesse d'Allemagne sur quelques sujets de physique et de philosophie* **9**:466 ▷ Polemik gegen Newton **9**:466

Euripides *Medea* **9**:104 ▷ **5**:71

Europa *Europa und das Christentum* **2**:411 ff.♦; *Die Juden und Europa* **4**:308 ff.; 339 f.; 371; In E. sind Repräsentation u. Führung der Massen von den Gebildeten an zielgerichtetere Mächte übergegangen 436; **6**:244 f.; 258; *Europäischer Geist* 267; *Hindernis Europa* 286 f.♦; 300; Die europäische Kultur ist mangels einer Zukunft eingegangen 327; 331; 343; 357 ff.; 412; Regression ist die kulturelle Tradition in E. **7**:91 ff.♦; Der Kontinent tendiert zur Einparteiherrschaft 92; Das Überleben der europäischen Zivilisation hängt von der Existenz zum geistigen Widerstand bereiter Menschen ab 95; Die Kraft, eigene kulturelle Formen zu entwickeln, ist im zukunftslosen E. erlahmt 99; 153; E. bedarf der Waffen, der Funktionäre, der Geheimpolizei, sonst ist es den Barbaren ausgeliefert; aber Waffen, Funktionäre, Geheimpolizei sollen ihm nicht die Prägung geben **8**:85♦; Philosophie u. Kunst sind für die Wesensart des modernen Europäers so wichtig geworden wie Gesetz u. Religion 87; Mit der unaufhaltsamen Umstrukturierung der einzelnen Völker in straff organisierte Machtgruppen mit schonungslosem Wettbewerb hat die europäische Zivilisation nur geringe Aussicht, sich fortzusetzen 166; die Rückschläge der Geschichte wie der Siegeszug der Technik, die im modernen E. sich gegenseitig bedingen 209; **11**:350; Dualismus im europäischen Geschichtsdenken; der spezifisch europäische Zeitbegriff **13**:318; Idee des geschichtlichen Fortschritts 320; Die Bedrohung der europäischen Zivilisation heute kommt von dem, was Nietzsche kritisierte: Die Differenzierung der Seele geht verloren 569; Reprimitivisierung 569; Was wird E. sein, wenn die Nato mit den faschistischen Franzosen u. dem blitzblank neuen deutschen Heer erst fertig ist! **14**:83; ein faschistischer Staatenbund 84; moralischer Zerfall E.s 88; *Das Verschwinden Europas* 91; Seit den gepriesenen Kriegen der Hellenen haben die Europäer untereinander sich aufgeführt, wie die Stämme im Kongo in der Gegenwart 105; *Europäischer Gedanke* 112; *Europas Zukunft* 113; *Geschichte der Humanität in den letzten achtzig Jahren* 115; Europäisches Denken, Katholizismus u. Marxismus zumal, war weithin von jenem Glauben beherrscht, die Erfüllung der Intention, das Geschehen, das von der vermeinten zur verwirklichten Wahrheit die Brücke schlägt, sei zwar nicht mit Sprache, jedoch mit Geschichte identisch, in der sie selber eine Rolle spielt 158; E. geht daran zu-

grunde, daß die Kraft, welche die Religion aus sich erzeugt hat, erlahmt ist 289; Die westliche Welt geht an ihrer Ungerechtigkeit zugrunde. Ein immer größerer Teil der Menschen innerhalb des Westens u. vor allem außerhalb läßt sich diese Ungerechtigkeit nicht länger gefallen 296; die Ideen, die den Sinn der europäischen Geschichte ausmachen 298♦; Die westliche Kultur besitzt keine welthistorische Mission mehr 298; Der Untergang des autonomen Individuums hängt zusammen mit dem Untergang der westlichen Kultur, in welcher der Einzelne von der Vergeblichkeit selbständigen Denkens u. Handels immer stärker durchdrungen ist 365; *Die Quantität schlägt in Qualität um* 468; Die Verfallssymptome folgen einander immer rascher 468; Im Grunde liegen die allgemeine Konfusion, die Ziellosigkeit, das malaise an dem Zusammenbruch aller »Werte«, an welche Bürger u. sogenannte Proletarier sich im 19. Jhdt. halten konnten 469; Eine Kultur ist zu Ende, wenn die Menschen über 30 verachtet werden statt geehrt 473; Studentenbewegung 512

Ewald, Oskar *Französische Aufklärungsphilosophie* **9**:378

Existentialismus Geschichtsbegriff des E. **3**:49f.♦; 255; **6**:259; 283; 402; **7**:137; Der E. macht das Fehlen der Konstante zur Konstanten selbst u. erweist sich dadurch als echter Ausdruck seiner Zeit **8**:55; Sartres Antiplatonismus läßt den Menschen bei den gesellschaftlichen Fragen nicht weniger ratlos als Webers Pessimismus 371; Der E. drückt objektiv die Verzweiflung über das Verschwinden der Autonomie aus 372; stoistische Resignation **12**:598 **13**:149; *Der Existentialismus* **14**:345

Expressionismus **3**:233; 415; **4**:295; **7**:317; 414

Fagnies, Gustave *L'économie sociale de la France sous Henri IV* **4**:239

Falckenberg, Richard *Geschichte der neueren Philosophie* **9**:26

Fallada, Hans (d.i. Rudolf Ditzen) *Kleiner Mann – was nun?* **5**:180 ▷ *Kleiner Mann – was nun?*: einer der bedeutendsten deutschen Romane des Vorfaschismus **5**:180

Familie (s. Autorität, Geschlechterverhältnis, Individuum, Liebe) **2**:321; 439; *Vorwort zu den Studien über Autorität und Familie* **3**:329ff.; *Autorität und Familie* 336ff.♦; besorgt die Reproduktion der menschlichen Charaktere, wie sie das gesellschaftliche Leben erfordert 388; Unterordnung unter den kategorischen Imperativ der Pflicht ist von Anfang an ein bewußtes Ziel der bürgerlichen F. gewesen 389; Kind in der F. 389f.; Herrschaftsrolle des Vaters 390ff.; übt an sich notwendige Funktionen immer schlechter aus, ohne daß sie doch außerhalb des gesamtgesellschaftlichen Zusammenhangs

verändert werden könnte 392; Die Abneigung gegen die eigene Willenshandlung wird zweifellos durch die Erziehung in der Kleinfamilie aufs wirksamste vorbereitet 399; der Unterwerfungstrieb ist ein wesentlich in der bürgerlichen Kleinfamilie erzeugtes Phänomen 400f.♦; befindet sich zum gesellschaftlichen Zusammenhang auch im antagonistischen Verhältnis 403ff.♦; Rolle der Frau in der F. 407ff.; Verklärung der väterlichen Autorität erweist sich als Verklärung einer wirtschaftlich bedingten Situation 413; Reproduktion der bürgerlichen F. aus der Wirtschaft 413f.; Funktion der bürgerlichen F. **4**:421ff.♦; 431; **5**:97ff.; 130; ist abgelöst durch Dingwelt u. Kollektiv 342; *Autorität und Familie in der Gegenwart* 377ff.♦; Das Dritte Reich war die einzige Diktatur der Neuzeit, die sich systematisch von jeder vermittelnden Instanz zwischen Individuum u. Staat zu befreien u. den Jakobinismus bis zum äußersten zu treiben suchte 380; ›Momismus‹ 387; Autorität u. F. **6**:120ff.♦; Vergnügungsindustrie als Reklameagentur der Ehe 122; Die F. ist eine Gesellschaft in der Gesellschaft 245; *Kleinfamilie* 251; In die F. ist das Tauschprinzip eingedrungen 337♦; 342; Emanzipation des Einzelnen vom Mythos der Ehe 347; 380; *Zerfall der bürgerlichen Ehe* 406f.; 419; **7**:60ff.♦; Auch die Bedeutung der Eigenheiten, die aus der bürgerlichen F. entsprangen, sind überholt 63f.; Jetzt dringt das Prinzip der Gleichheit auch in die F. ein 72f.♦; 94; 158f.♦; 217; 222; 242; 305; Religion, Theologie u. F. sind zutiefst miteinander verbunden 313; 338; 360; 438; **8**:132; Daß der junge Mensch heute weniger belastet die F. verläßt, wird mit dem Schwund der Innerlichkeit bezahlt 133; Autoritätsmangel u. F. 148; Der vielbesprochene Rückgang der F., die Not in überbesetzten Schulen sind nicht geeignet, autonomes Denken, Phantasie, die Lust an geistiger Tätigkeit zu entwickeln, die nicht zweckgebunden ist 200; Sport als Reaktion auf den Funktionswandel der F. 222f.; Die F. wandelt sich zum Instrument 223; 234; Familienleben in Amerika 241; Wer aus einer F. stammt, die in Ordnung ist, behält auch als Erwachsener noch etwas vom Kind 274; 281; die F. als Erziehungszelle 286; fortschreitende Uniformierung in der F. 289; Auch in den oberen Schichten hört der Vater auf, das Vorbild zu sein 298; 299; Alle menschlichen Verhaltensweisen gehen auf die F. u. die Schule zurück 348; Auflösung der F. 356; die Rede von den »Banden des Blutes« gehört zu den finstersten ideologischen Götzen **11**:254f.; (Tillich:) das Verhältnis zu Frau u. Kindern ist in jeder proletarischen F. nicht ganz abhängig von der soziologischen Situation 391f.; als Schlüssel zum bürgerlichen Zeitalter **12**:154; *Studien über Autorität*

und Familie 154; F. u. Gesellschaft in China 159 **13:**177; *Ehe und Familie in der Krise?* 208ff.♦; Es ist notwendig, daß die F. in der Gesellschaft selber durch eine neue Art von Solidarität ersetzt wird 214; F. u. Religion: beide sind gefährdet 231; Nach Marx kommt das Schlechte im Menschen dadurch zustande, daß in der F. der Druck der Gesamtgesellschaft herrscht 394; **14:**71; *Psychologische Mathematik* 72; *Bürgerliches Erbe* 143; *Die bürgerliche Familie – Symbol eines Besseren* 164; Die Rolle der Sorge um die eigene Existenz u. die Zukunft der Kinder. Die Folgen des Nichtkonformismus treffen nicht bloß einen selbst, sondern auch die Angehörigen 288; Zerfall der F., Autoritätsverlust des Vaters, Über-Ich-Bildung 503

Faraday, Michael **11:**185

Farel, Guillaume **4:**59

Faschismus (s. Antisemitismus, Charakter, Hitler, Totalitärer Staat) **3:**10; 16; 18; Der F. ist der legitime Erbe des Liberalismus 227; Es ist eine der wichtigsten Aufgaben des F., die auf Grund der Not entstehende übergroße Aggression entweder als Opferbereitschaft gegen die eigene Person oder als Kampfgeist gegen mögliche nationale Feinde zu lenken 274; **4:**221; Die Menschen dürfen nicht bloß ihr Leben, sondern auch ihr Ich nur aus Zufall behalten 225; 234; Unterordnung der Wahrheit unter die Macht ist nicht erst im F. aufgekommen 252; Gehorsam gegen die modernen Diktaturen ist die Gefolgschaft in die Barbarei 270; kann seine Losungen fast wie seine Generäle wechseln 275; verschärft brutal die ökonomische Ungleichheit 277; Seine zynische Skepsis ist der idealistischen Skepsis überlegen 278; konsequente Form der bürgerlichen Gesellschaft 278ff.♦; Mit den Menschenrechten wird reiner Tisch gemacht 280; Widerspiel des Humanismus 281; 295; legitimer Sohn des Liberalismus 303; 308ff.♦; Wer vom Kapitalismus nicht reden will, sollte auch vom F. schweigen 309; Der F. ist die Wahrheit der modernen Gesellschaft 309; Für den F. als Weltsystem wäre kein Ende abzusehen 316; Die faschistische Verstaatlichung ist das Gegenteil von Vergesellschaftung 319; 321ff.♦; stärkere Unterdrückung der Produktivkräfte als je zuvor 322; faschistischer Antisemitismus 398f.♦; 413ff.♦; Die Einheit der faschistischen Führer beruht auf ihrer gemeinsamen Furcht vor den Menschen, die sie tyrannisieren 413; Die Faschisten haben vom Pragmatismus so manches gelernt 416; 423; 431; F. u. Mythos **5:**34; Kulturfaschisten 68; 109; Die totalitäre Ordnung setzt kalkulierendes Denken ganz in seine Rechte ein u. hält sich an die Wissenschaft als solche. Ihr Kanon ist die eigene blu-

tige Leistungsfähigkeit 109; 124; 181; Die Nationalsozialisten wußten, daß der Rundfunk ihrer Sache Gestalt verlieh wie die Druckerpresse der Reformation 187; 195; Der F. ist totalitär auch darin, daß er die Rebellion der unterdrückten Natur gegen die Herrschaft unmittelbar der Herrschaft nutzbar zu machen strebt 215; F. u. Paranoia 220f.; Im F. ist das Gewissen liquidiert. Seele, als Möglichkeit zu dem sich selber offenen Gefühl der Schuld, zergeht 228; F. u. die bürgerliche Vernunft 240; unfähig, das Negative zu sehen 241; Auch seine Niederlage bricht nicht notwendig die Bewegung der Lawine 251; Die Konzentration des Kommandos über die gesamte Produktion bringt die Gesellschaft wieder auf die Stufe unmittelbarer Herrschaft zurück 259; 263; 267; Voraussetzung der Tier-, Natur- u. Kinderfrommheit des Faschisten ist der Wille zur Verfolgung 285; Im F. träumen alle den Führermord u. marschieren in Reih u. Glied 303; Verbindung von Unterwürfigkeit u. Kälte 388; Tendenz des Liberalismus, in F. umzuschlagen **6:**41; Die Idee der ›Volksgemeinschaft‹ kann am Ende nur durch Terror aufrechterhalten werden 41; griff alte Herrschaftsformen auf, die sich unter den modernen Bedingungen als unaussprechlich roher erwiesen haben als ihre ursprünglichen Formen 78; 81f.; 89; 128; 130; satanische Synthese von Vernunft u. Natur 131; 149; Bemühen, bewußte menschliche Wesen auf soziale Atome zu reduzieren 163; 177; Sprache als Machtinstrument des F. 179; 270; Zerrbild der Negation des Individuums 310; 318; ersetzte die Vollendung der Bürgerlichkeit 323; 324; 331; 414; **7:**17; 331; war die gewaltsame Vorwegnahme der universal verwalteten Gesellschaft 483; *Lehren aus dem Faschismus* **8:**9ff.♦; F: Autoritäre Erziehung, irrationale Angst, zerstörerische Ideologie 13ff.♦; Die Machtergreifung der faschistischen Parteien in Italien u. Deutschland muß auf die objektive Struktur der gesellschaftlichen Interessen zurückgeführt werden 18ff.♦; Die wesentliche Erklärung des F. liegt in der zwingenden Notwendigkeit einer Vollbeschäftigung 20; Der faschistisch eingestellte Mensch wird unbewußt von höchst destruktiven Wünschen beherrscht 28ff.; Die militärische Niederlage hat weder die zugrundeliegenden sozialen Wurzeln noch die psychologischen Strukturen hinweggefegt 30; Propagandatechniken im F. 30♦; Mißerfolg des Entnazifizierungsprogramms 33; Die Mehrheit der Deutschen, die mit dem Nationalsozialismus sympathisierte, ist heute besser daran als jene, die sich vom F. fernhielten 33; die finstere Brüderschaft zwischen manchen Sektoren der wirtschaftlichen Großinteressen in Deutschland u. den Nazis 47; im Liberalismus bereits angelegt **12:**79; Ku Klux Klan

179; F. u. Kapitalismus 141; Theorie des F. 162♦; Wird Hitlers Niederlage die Ursachen seines Aufstiegs beseitigen? 197; die teuflischsten Akte des organisierten Mordes u. der Destruktion, die seit den Anfängen der Geschichte je von einem Volk begangen wurden 198; Die Ursachen für den Ausbruch des F. in Deutschland sind allgemeiner, als es die These von der besonderen Perversität der deutschen Seele wahrhaben will 198; 276; *Faschismus – Antifaschismus* (Gespräch mit Dagobert Lindlau) **13**:163♦; *Faschismus* **14**:245 ff.; Der *Spiegel* legt ziemlich unverhüllt Zeugnis für den F. ab 245 ff.; Charakteristisch ist der Zynismus, die Verachtung alles Menschlichen 247; *Der internationale Faschismus* 310; Daß keine richtige polizeiliche Untersuchung über den Mord am Präsidenten (Kennedy) stattgefunden hat, steht einzig da in der modernen Geschichte 310; Sand in die Maschine streuen: das ist das einzige, was der Einzelne gegen den Trend zum F. tun kann 312; Die Demokratie ist im Untergehen u. gegen den Trend ist nicht viel auszurichten 312; *Die Inflation als wichtigstes Phänomen unserer Zeit* 353; Die Inflation zerstört die bürgerliche Gesellschaft, die darauf beruht, daß die Älteren den Kindern ein Vermögen vererben können. Ohne die Inflation wäre Hitler nicht möglich gewesen 355

Fechner, Gustav Theodor *Elemente der Psychophysik* **10**:203 ff.; *Über die Seelenfrage* **10**:201; verdient auch philosophisch eingehendes Interesse **10**:181 ▷ *Fechner, Lotze und die Psychophysik* 200 ff.♦; als Metaphysiker eher ein Nachspiel der vergangenen philosophischen Periode 203; einer der Begründer der modernen Psychologie 203; behandelte die Psychologie als einen Teil der Philosophie 209; 335; 343

Feinberg, Julia **12**:308; 350

Fénelon (François de Salignac) **9**:181; Schöpfer des Deismus **13**:583

Fenichel, Otto *Psychoanalytische Neurosenlehre* **5**:401 ▷ **5**:365; 403; 418

Ferguson, Adam *Essay on the History of Civil Society* **9**:396 f. ▷ *Ferguson* **9**:396 ff.♦

Fetscher, Iring **14**:445

Feuchtwanger, Lion **7**:335; 471

Feudalismus **6**:323; glorifiziert die schlechte Wirklichkeit als eine von Gott gewollte **10**:210 f.

Feuerbach, Ludwig *Geschichte der neuern Philosophie. Darstellung, Entwicklung und Kritik der Leibnizschen Philosophie* **9**:25, 257; *Geschichte der neuern Philosophie von Bacon von Verulam bis Benedikt Spinoza* **9**:25, 86, 88 ff.; *Grundsätze der Philosophie der Zu-*

kunft **3**:190; *Pierre Bayle* **9**:25, 298ff.; *Das Wesen des Christentums* **13**:439 ▷**2**:154; 166; 260; **3**:91; **4**:295; **5**:29; **6**:196; **9**:280; **10**:22; 243; Stempelung der Gedanken über das Ewige als mythologische Reflexe der Wirklichkeit **11**:150; **13**:312ff.; u. Freud 314; 400; Seiner Theorie nach ist nicht Gott, sondern der Mensch das ens realissimum 439; Das Wesen des Menschen ist Dienen, Hingetriebensein zum anderen Menschen 440; 608; 638

Feyerabend, Paul K. **14**:430

Fichte, Johann Gottlieb *Beitrag zur Berichtigung der Urtheile des Publicums über die französische Revolution* **4**:391; *Briefwechsel* **4**:205; *Einige Vorlesungen über die Bestimmung des Gelehrten* **10**:126; *Der geschlossene Handelsstaat* **10**:123f.; *Grundzüge des gegenwärtigen Zeitalters* **3**:365; *Grundlage des Naturrechts* **5**:336; **10**:120, 122, 135; *Logik und Metaphysik* **4**:218; *Reden an die deutsche Nation* **7**:135; **10**:126f.; *Sonnenklarer Bericht an das größere Publikum, über das eigentliche Wesen der neuesten Philosophie* **2**:150; *Die Staatslehre oder über das Verhältnis des Urstaates zum Vernunftreich* **3**:366; *Das System der Sittenlehre von 1798* **3**:364f.; *System der Sittenlehre* **5**:336; **13**:298; *Versuch einer Kritik aller Offenbarung* **10**:97; *Wissenschaftslehre von 1794* **10**:13, 98, 104, 110, 115, 119, 120, 133, 138 ▷**2**:79; 81; 154; 157; 197; 205; 217; 254; **3**:49; 168; 235; 241; 266; 309; 313; 340; In seinem Bewußtsein ist die Ablehnung des autoritären Denkens nicht in die Anerkennung der gegebenen Wirklichkeit umgeschlagen 363ff.♦; Verdammung der Juden **4**:390ff.; F.s Philosophie ist die radikale Entfaltung der klassischen Forderung, das Denken zu denken **5**:48; 331; Ichbegriff **6**:118f.; 157; 269; 352; **7**:109; 134; 157; 166; 177; **8**:161; 175; 256; **9**:35; 113; 215; 366; 462; **10**:15; 35; 51; Bruch mit der Aufklärung 64; von Reinhold beeinflußt 68; 81; 90; 94; *Fichte: Wissenschaftslehre* 96ff.♦; In ihm kommt zum Ausdruck, daß Philosophie auf eine ihr entsprechende Umgestaltung der Wirklichkeit gerichtet sein müsse 97; Atheismusstreit 97f.; Beziehung zum Schlegel-Tieck-Kreis 98; hat seine Philosophie als eine notwendige Ausgestaltung der kritischen Lehre bezeichnet 98; Philosophie als »evidente Wissenschaft« 98; Differenz zwischen Kant u. F. 99ff.♦; greift die Lehre von der ursprünglichen Apperzeption unter dem Titel des Selbstbewußtseins auf 101ff.; Begriff des Ich 102ff.; dialektische Methode 104; Lehre von der produktiven Einbildungskraft 104ff.; wandte sich gegen die Philosophie, die auch den besonderen Inhalt der Empfindungsmannigfaltigkeit noch philosophisch konstruieren zu können glaubte 106; Begriff der Anschauung

107ff.; Kausalitätsbegriff 109; dialektische Methode 109f.♦; verschiedene Bedeutungen des Wortes Ich 112f.♦; ethischer Idealismus 115ff.♦; betrachtete Spinoza als seinen genauen Antipoden 115; Die Wissenschaftslehre macht sein eigentliches System aus 115; das erste Beispiel dialektischer Methode im deutschen Idealismus 116; deduziert auch die Notwendigkeit fremder Individuen 117; hat den Mut einzugestehen, daß die idealistische Philosophie, solange sie Erkenntnistheorie bleibt, notwendig Solipsismus sein muß 118; Ethik 119ff.♦; Staatsphilosophie 121ff.♦; Begriff der Freiheit 122f.; Konzeption des geschlossenen Handelsstaates 123f.; Stellung zur Französischen Revolution 125f.♦; 130; ist der rücksichtslos konsequente Denker u. der Verkünder des Evangeliums vom absoluten Ich 131f.; Förderung Schellings 132f.; Rolle der Natur in seinem System 134ff.♦; gegen alle Versuche, in der Natur als solcher einen immanenten Sinn zu erschauen 137; produktive Einbildungskraft 139f.; 146; 148; 152; 155f.; 158f.; Dialektik 161ff.; 172; 176; 214; 224; 228; Verwandtschaft mit dem Neukantianismus 234f.; 257; 363; Philosophie der Tathandlungen 372f.; **11**:103; 105; 238; **12**:199; 367f.; **13**:349; 438; 483; Kritik an Kants ›Ding an sich‹ 508; Reflexionsphilosophie fängt bei F. an 509; Einzig wirklich absolute Einheit, einziges der Erkenntnis würdige Objekt ist das Subjekt 509; von F. zu Hegel 510f.♦; F. u. Rousseau 604; 627; **14**:151; 169; 249; 264

Ficinus, Marsilius *Theologia platonica de immortalitate animorum* **4**:254 ▷**9**:30

Fischer, Kuno *Descartes' Leben, Werke und Lehre* **9**:135; *Francis Bacon und seine Schule* **9**:93, 96; *Geschichte der Neuern Philosophie* **9**:26, 308; *Kant und seine Lehre* **2**:49, 71 ▷**2**:162; **10**:206; stammt in seinen philosophischen Ansichten von den Althegelianern ab 215; 243

Fischer, S. (Verlag) **7**:369

Fitzhugh, George *Sociology for the South or the Failure of Free Society* **6**:46

Flaubert, Gustave *Madame Bovary* **7**:67; *Salammbô* **12**:257 ▷Seine Devise war Wissenschaftlichkeit und Unpersönlichkeit der Kunst **10**:211; **12**:258

Flesch, Hans **5**:194

Flourens, Pierre **5**:260

Flowerman, Samuel H. *Studies in Prejudice* **5**:402, 406 ▷**8**:64; 126; **12**:161

Fontenelle, Bernard Le Bovier de **4**:231

Forberg, Friedrich Karl **10:**97
Ford, Henry **2:**171; **5:**332; F. ist ewig **11:**252; **13:**359
Fortschritt (s. Geschichte)
Fourier, François-Marie-Charles **9:**366
France, Anatole **4:**230f.; **8:**129; **13:**256; 480
Franco, Francisco **6:**240; 369; Herr F. leidet anders als ein anständiger Mensch 370
Frank, Anne **6:**303; **14:**507
Frank, Waldo *The Jew in Our Day* **14:**513
Frankl, Victor *Der Mensch auf der Suche nach dem Sinn seines Lebens* **14:**477
Frankreich F.s Geschichte war keine Glanzleistung in Demokratie **7:**155; Julirevolution **10:**15f.; 21f.; »élan vital« als literarische Ideologie des französischen Imperialismus 408; Jansenismus in F. **13:**479; F. hat für Europa diesen Beitrag geleistet, daß veredelte Natur, Kultur, das Erstrebenswerte ist 484; Französischer Faschismus **14:**83; F. hat Europa zivilisiert, Preußen hat es barbarisiert 264; *Der Wahlsieg de Gaulles.* Der Ausgang der französischen Wahlen ist ein Menetekel für das Schicksal der parlamentarischen Demokratie in den westlichen Industrieländern 488
Franz, Günther *Der deutsche Bauernkrieg* **4:**260
Franz von Assisi (Franziskus) **2:**165; **4:**40; **5:**331; **12:**32
Französische Aufklärung (s. Enzyklopädisten) **4:**388f.; **7:**11f.; 38f.; 44f.; **9:**33; 98; 127; 166; 197; 241; 274; 279; 306; 308; 333f.; 336; 346ff.♦; war die revolutionäre Kritik an den bestehenden Zuständen 347; den bestehenden Mächten gegenüber erbarmungslos antiautoritär 348; Enzyklopädie 372f.; 435; 460; Die realen Ereignisse der Französischen Revolution erscheinen als das Umschlagen der aufklärerischen Philosophie in die politische Wirklichkeit **10:**17; der Verlauf der Französischen Revolution enthüllte ihre Unzulänglichkeit u. ihren Utopismus 19; die Französische Revolution war die Probe aufs Exempel der aufklärerischen Philosophie 125; 195; **11:**150; kritisierte das bürgerliche Privateigentum, hielt aber seine Abschaffung für unmöglich 193f.; **12:**109f.; stellt die Fortsetzung der Bewegung des Nominalismus dar **13:**354f.; *Grand Encyclopédie raisonnée des sciences, des arts et des métiers* 355; 593; Physiokraten 605; 620; **14:**86
Französische Revolution **2:**205; 350; 389; *Zwei Elemente der Französischen Revolution* 441f.♦; **3:**12; Die Losungen der F.R. haben mehr denn je ihre Gültigkeit 137ff.♦; 271; **4:**36; 56; bürgerlicher Charakter 60ff.♦; Puritanismus 68f.; Rolle des Terrors 76ff.♦; *Be-*

merkung zu Donald Greers ›The Incidence of Terror during the French Revolution‹ 102ff.; 298; 323; 354; 378; Gemeinsamkeit mit dem Nationalsozialismus 386; **5:**112; war der Tendenz nach totalitär 299; In der F.R. brauchten die Massen fünf Jahre, bis ihnen einerlei war, ob Barras oder Robespierre 303; **6:**40; *Die Französische Revolution* 236; 263; Auch der Bastillesturm war schon manipuliert 267; 291; 319; 349; 366; 368; **7:**12; 27; 38f.; 76; 90; 97; gab der bürgerlichen Aktivität einen ihr einwohnenden Sinn 108; Die Errungenschaften der F.R. trugen den Widerspruch in sich, der sozialen Stillstand nicht mehr zuließ 109; 112; 126; 138; 169; 181; hat das Notwendige verwirklicht 379; 405; Die Englische Revolution war weniger grausig als die F.R., weshalb auch die englische Kultur einen stabileren Charakter hat als die französische **8:**150; 161; 219; 319; 345; **9:**273; 301f.; 308; 365; 375; Auf keinen Philosophen konnte sie sich mit größerem Recht berufen als auf Rousseau 382; 383; Ideologie der Menschenrechtserklärung 386f.; 391; *Verhältnis des deutschen Idealismus zur Französischen Revolution* **10:**12ff.♦; der praktische Sieg des Bürgertums über die traditionellen Mächte des Adels u. des Klerus 17ff.♦; Die realen Ereignisse der F.R. erscheinen als das Umschlagen der aufklärerischen Philosophie in die politische Wirklichkeit 17; Droits de l'homme 19; ihr Verlauf enthüllte die Unzulänglichkeit wie das Utopistische der aufklärerischen Philosophie 19; 21; 64; war die Probe aufs Exempel der aufklärerischen Philosophie 125; Stellung Fichtes zur F.R. 125f.; 192; **11:**193f.; 204; **12:**238; im 17.Jhdt. fürchtete man eher eine Revolution der Aristokratie **13:**593; Was sich auswirkte, war nicht Vernunft, sondern das durch das Unrecht des Ancien régime angesammelte Ressentiment 637

Frau (s. Geschlechterverhältnis) *Die Frau bei Strindberg* **2:**385f.♦; *Das verlassene Mädchen* 402f.; **3:**404; Kraft der durch die F. bestimmten menschlichen Beziehungen enthält die gegenwärtige Familie ein antiautoritäres Element in sich, ihre eigene Entwicklung aber wird dauernd gehemmt 408; Die Einführung des Wahlrechts der F. hat den konservativen Mächten Gewinn gebracht 409; Die Emanzipation der F. kommt zu spät 412; **5:**94ff.; 132ff. ♦; Weibern u. Juden sieht man es an, daß sie seit Tausenden von Jahren nicht geherrscht haben 135; Wie Frauen den ungerührten paranoiden Mann anbeten, sinken die Völker vor dem totalitären Faschismus in die Knie 221; Die F. ist nicht Subjekt. Sie produziert nicht, sondern pflegt die Produzierenden, ein lebendiges Denkmal längst entschwundener Zeiten der geschlossenen Hauswirtschaft 280; Das

Terrormittel der Hexenprozesse war zugleich die Feier u. Bestätigung des Siegs der Männerherrschaft über vorzeitliche matriarchale u. mimetische Entwicklungsstufen 281f.♦; die Megäre 282f.; Veränderung der Mutterrolle in der industrialisierten Gesellschaft **6:**120ff.♦; *Emanzipation als Anpassung* 217f.♦; *Abschied von der Dame* 239; *Umkehrung der Verhältnisse* 248f.; *Beruf: Frau* 280f.; **7:**52; 66f.♦; Der Beruf verdinglicht ihre Gedanken 356; Die F. wird mit der Gleichberechtigung ihr Wichtigstes verlieren 400; **14:**197

Frazer, James *The Golden Bough* **6:**55; **8:**281; **13:**516 ▷**13:**345

Frege, Gottlob **13:**377

Freiheit (s. Revolution, Subjekt) Unterscheidung von Willens- u. Handlungsfreiheit bei Hobbes **2:**211ff.♦; *Der kleine Mann und die Freiheit* 360ff.♦; die F. der Individuen bedeutet heute die Aufhebung ihrer ökonomischen Selbständigkeit in einem Plan **3:**137; Wahre menschliche F. ist identisch mit der Beherrschung der Natur in u. außer uns durch vernünftigen Entschluß 157; 364♦; Die in der Philosophie behauptete F. ist eine Ideologie 379; Übertreibung des bürgerlichen Selbstbewußtseins von der eigenen F. im Anarchismus 386; *Egoismus und Freiheitsbewegung* **4:**9ff.♦; Willensfreiheit 111f.♦, 124ff.♦; 171; idealistische Vorstellung einer bloß inneren F. 204f.; Der Begriff der Notwendigkeit in der Kritischen Theorie setzt den der F. voraus, wenn auch nicht als einer existierenden 204; Die Behauptung absoluter Notwendigkeit des Geschehens meint dasselbe wie diejenige der realen F. in der Gegenwart: die Resignation in der Praxis 205; 258f.; In der Neuzeit ist die F. des Individuums im Gegensatz zur Antike allgemein 273; Wer heute F. sagt, muß sehr genau zu verstehen geben, was er meint 297; Herstellung der menschlichen F. durch die Kritik der bestehenden Unfreiheit 300; **6:**23; Freiheitsbegriff bei Rousseau 47f.; Zuwachs der F. bewirkte einen Wechsel in ihrem Charakter 110; Die Definition der F. ist die Theorie der Geschichte 169f.; *Gedankenfreiheit* 211f.; 220; 269f.; Es gilt, die F. solange als möglich zu verteidigen 273; 286; 307; *Geist und Freiheit* 315f.; Die F. in abstracto ist nicht wahrer als das Vaterland 343; Die F. aller Menschen ist die des Bürgers, der seine Fähigkeiten entfalten kann 352; 365f.; Was soll einer mit F. in der Massengesellschaft? 367; 399; 415; **7:**94; Resignation ist unmöglich, solange ein Rest von F. bleibt 103; 116; *Zum Begriff der Freiheit* 145ff.♦; In der Gegenwart sind Rückgang des Zwangs u. Zunahme der F. nicht identisch 148; Nur insofern die irdische Geschichte das Vorspiel der himmlischen bildet, hat sie wirklich Be-

freiung zum Ziel 153; Empirische F. ist Bedingung der Handlung, die moralisch heißt 170; 220; In der westlichen Welt ist F. des Denkens weitgehend verwirklicht 254f.; 305; Marx' Glaube, daß mit der vollkommenen Naturbeherrschung auch die F. verwirklicht sei 341; 347; Tendenz zur Aufhebung der Willensfreiheit 355; Die F., die es im Bürgertum gegeben hat, muß bewahrt werden 371; Dialektik von F. u. Gerechtigkeit 372; 376f.; Die gegenwärtige Entwicklung weist auf die Aufhebung der Willensfreiheit hin 402; Dialektik von F. u. Gerechtigkeit 403; 421♦; Einschränkung der F. des Einzelnen, je mehr die ungerechten Unterschiede abgeschafft werden 437f.; 442; Dialektik von F. u. Gerechtigkeit 459; 484; Willensfreiheit bei Hobbes **9**:122f.; Willensfreiheit bei Locke 337; F. bei Fichte **10**:122f.; F. u. Gerechtigkeit sind dialektisch **13**:198; 247; *Die Idee der Freiheit* 452ff.♦; In der F. steckt die Paradoxie, zu verlangen, daß der Einzelne geachtet wird, auch wenn er einmal mit dem nationalen Interesse in Konflikt gerät 454; Die Wurzel des modernen Freiheitsbegriffes liegt bei Augustinus u. bei Sokrates 455; F. u. Gnade 465; Willensfreiheit 466; Unfrei ist Handeln auf Grund von Affekten, blinden Leidenschaften 503; F. kann nur konzipiert werden im Zusammenhang mit der Bewegung des europäischen Denkens 514; *Der Begriff der Seele seit Leibniz* 515; **14**:297; *Das Reich der Freiheit (I)* 320; *Das Reich der Freiheit (II)* 323; *Über die Freiheit* 497; F. wäre, daß man auf einer höheren Stufe wieder in das Diffuse zurückgleitet. Deshalb ist die Vergötzung der Zivilisation, die mit der Vergötzung der Arbeit identisch ist, so schlecht. Das Chaotische, das Diffuse wäre das Glück **19**:40; (Adorno:) Kant hat schon gesehen, daß der Begriff der F. nicht in dem einzelnen Subjekt liegt, sondern nur an der Gesamtverfassung der Menschheit erfaßt werden kann 51

Freizeit (s. Individuum) Hobby **6**:56f.; *Sinn der Arbeit* 234; *Job und Hobbys* 274f.; Kultur sind gehobene Hobbys 274; 361; 365f.; Kulturkonsum 375; *Die Kulturkonsumenten* 377; 379; 396; 416; **7**:52; 73f.♦; Keiner lernt, die Muße auf etwas anderes anzuwenden, als wieder auf Verrichtungen, die der Arbeit gleichen 73; 98; Die private Zeit verwandelt sich in Betrieb 100; 158f.; 195; 216; 219; Autonomie wird zur Nebensache, gehört in die F. 255; Tourismus **8**:149; 226; F. ist nicht frei von Arbeit allein, sondern von Sinn 302; F. kommt keineswegs der Muße oder Freiheit gleich 302; 303; Zum Begriff der F. gehören die Massenmedien 303; **12**:163; Sport 592; die Öde der F. **14**:70; Marx hat die Abhängigkeit des Inhalts der Muße von der Arbeit verkannt, beide bloß entgegengesetzt 123; *[Geschichtliche Möglichkeit. Arbeit, Freizeit und Freiheit]* **19**:40

Frenkel-Brunswik, Else *The Authoritarian Personality* **12**:166 ▷**5**:387; 403; 419; **8**:64

Frères, Garnier **12**:109

Fréret, Nicolas *Lettre de Thrasibule à Leucippe* **4**:115

Freud, Sigmund (s. Psychoanalyse) *Drei Abhandlungen zur Sexualtheorie* **3**:134; **4**:367; **7**:455; *Eine Kindheitserinnerung des Leonardo da Vinci* **4**:369; *Eine Schwierigkeit der Psychoanalyse* **7**:455; *Gesammelte Schriften* **5**:101; *Das Ich und das Es* **3**:117; *Jenseits des Lustprinzips* **6**:193; **7**:455; *Der Mann Moses und die monotheistische Religion* **12**:175; **13**:346; *Massenpsychologie und Ich-Analyse* **3**:61; **14**:129; *Neue Folge der Vorlesungen zur Einführung in die Psychoanalyse* **4**:83f.; **5**:396; **8**:295; *Psychopathologie des Alltagslebens* **13**:548; *Selbstdarstellung* **7**:455; *Studien über Hysterie* **8**:109; *Totem und Tabu* **4**:367; **5**:33, 227; **9**:300; **13**:346; *Trauer und Melancholie* **7**:477; *Triebe und Triebschicksale* **4**:81; *Über die allgemeinste Erniedrigung des Liebeslebens* **3**:411; *Das Unbehagen in der Kultur* **3**:345; **4**:81f.; **5**:95; **8**:12; **13**:346; *Das Unheimliche* **5**:211; *Vergänglichkeit* **5**:405; *Warum Krieg?* **4**:82; *Die Widerstände gegen die Psychoanalyse* **8**:108; *Zeitgemäßes über Krieg und Tod* **4**:82; *Zukunft einer Illusion* **8**:295, 440; **13**:346 ▷**3**:64; 200; 212; Trieblehre u. Geschichtsphilosophie F.s **4**:80ff.♦; Der böse Destruktionstrieb soll, wie der Teufel im Mittelalter, an allem Bösen schuld sein 83; biologistische Metaphysik 84; herablassende Toleranz 88; 366ff.♦; 427; **5**:223; Gespenstertheorie 245; 247; Todestrieb 259; 264; 265; 342; 365; 369; F. u. Ernst Simmel 396ff.♦; 416; 418; **6**:120; *Jenseits des Geschlechterprinzips* 192ff.♦; *Psychoanalyse als Richter* 213f.; 215; 272; *Psychoanalyse und Daseinsanalyse* 295; hat gegen die verlogene Psychologie ganz recht gehabt 305f.; 363; Theorie des Gewissens 370f.; *Zu einer Theorie Freuds* 382; 416; 421; **7**:98; 192; 203; 227; 246; 249; 327; 356; 359; 366; 399; F. über den Aggressionstrieb 411; 425; 452ff.♦; ein Nachfolger Schopenhauers 455f.; 459; 476; 481; **8**:11ff.; 106ff.♦; das Unbehagen in der motorisierten Kultur 107; das Geschlechtliche als unerkannte Ursache von charakterlicher u. geistiger Verkrüppelung 108; F. war inspiriert von dem Gedanken, daß nur eine vernünftige, ihrer selbst bewußte u. ihrer selbst mächtige Gesellschaft vernünftiger freier Menschen überleben könne 110; 166f.; 185; 217; 259; 288; 295ff.♦; 338; 424; 440f.; **11**:256f.; begründete nur das Prinzip der liberalistischen Anthropologie 269; 270; **12**:163; 275; 295; 314; 389f.; (Adorno:) F. hat die Machsche Erkenntnistheorie für die Psychologie übernommen 390; 408; das Individuum bei F. 439♦; 441ff.♦; Einzige Wahrheit ist für F. die

Naturwissenschaft 444; Ich, Es u. Geschichtsphilosophie 456; F.s Positivismus 472ff.; 483; Libido, Genitalität, Glück 511; **13**:243; *Sigmund Freuds Programm der Selbstbesinnung* 259f.; »was Es ist, soll Ich werden« 262; F. u. Ludwig Feuerbach 314; 339ff.♦; Objektverschiebung, Verdrängung, Sublimierung 342; Ichtriebe 344; F. u. Schopenhauer 344; Die Änderung der Beziehungen zwischen Kindern u. Erwachsenen ist als eines der größten Ereignisse in der abendländischen Geschichte anzusehen 345; Die kulturhistorische Theorie F.s ist wenig durchgebildet u. hat nur die Bedeutung eines Modelles 346; 429; 536ff.♦; Libidobegriff 537; Sublimierung, Verdrängung 538; Ursprung der Moral bei F. u. Kant 549; Kant hat eine Seele wenigstens als Hoffnung, F. nicht 550; Die Metapsychologie zu F. findet sich bei Schopenhauer 554; F. hat lange nicht genügend die Rationalisierungstätigkeit des Willens dargestellt 554; Auch F. muß heute neu durchdacht werden 559; F. u. Nietzsche 559; Schuld 563; Einheit von Todestrieb u. Wiederholungszwang **14**:71; 109; Todesangst, Aggression. Tiere haben keinen Destruktionstrieb 116; F.s These, daß in der guten Gesellschaft die guten objektbezogenen Triebe sich entwickeln, ist zweifelhaft, nicht aber das Gegenteil 259; F. ist gewiß ein großer Psychologe, aber über die Frage, ob es eine Seele gibt oder nicht, hat er sich nicht geäußert 282; *Freud und die Gesellschaft* 315; F. kennt nicht das gesellschaftliche Moment in der Charakterbildung. Von der Urhorde geht er unvermittelt zur Familie über 315; *Die Grenzen Freuds* sind sein Positivismus u. sein Bekenntnis zur Wissenschaft. Er hat nicht gesehen, daß es im Menschen auch etwas anderes gibt, was jenseits der Wissenschaft liegt 373; 384; Begriff der Seele kommt bei F. nicht vor 394; 483; Verwissenschaftlichung des Denkens bei F. 502; *Vorrede [zu Freud in der Gegenwart]* **19**:17; Er neigte in seiner Spätzeit dazu, das seelische Wesen des Menschen gegenüber den Bedingungen seiner Existenz zu verabsolutieren 18; Nachdem die alten Widerstände gegen die Psychoanalyse scheinbar überwunden sind, wird F. durch Herrichtung zum zweiten Mal verdrängt, wobei der mythologisierende Obskurantismus und der mit Oberflächenphänomenen der Ich-Psychologie zufriedene Positivismus mühelos sich verständigen 19

Freudenthal, Julius *Das Leben Spinozas* **9**:200f.; *Spinoza und die Scholastik* **9**:199 ▷**9**:203

Freytag, Gustav **12**:555

Frick, Heinrich *Gespräch über die Aufgabe des Protestantismus in der säkularen Zivilisation* **11**:349ff.♦

Friedeburg, Ludwig von **7:**428; *Altersbild und Altersvorsorge der Arbeiter und Angestellten* (mit Friedrich Weltz) **14:**257; 409

Friedmann, Georges *Où Va Le Travail Humain* **8:**58 ▷**8:**118; **14:**309

Friedrich II. (der Große, König von Preußen) *Antimachiavell* **2:**191, 198; *Avant-propos zu ›Histoire de mon temps‹ von 1743* **3:**263 ▷**2:**197; 200; 386; **3:**374; **4:**18; 309; **9:**246; 282f.; 346; 348; **12:**339; **13:**597; 598; 600

Friedrich II. (von Hohenstaufen, deutscher Kaiser) **13:**546

Friedrich Wilhelm (Kurfürst von Brandenburg) **3:**373; **4:**299; **9:**306

Friedrich Wilhelm I. (König von Preußen) **9:**281f.

Fries, Jakob Friedrich **4:**333; **8:**127; 163; **10:**214

Frisch, Max *Die chinesische Mauer* **14:**269, 270 ▷*Fragen der Existenz* **14:**270; 507

Fröbes, Joseph **13:**340

Fromm, Erich (s. Psychoanalyse) *Der autoritär-masochistische Charakter* **5:**418; *German Workers 1927–1931* **12:**155; *Die psychoanalytische Charakterologie und ihre Bedeutung für die Sozialpsychologie* **3:**144; **12:**151; *Die sozialpsychologische Bedeutung der Mutterrechtstheorie* **3:**407; **12:**151; *Sozialpsychologischer Teil der Studien über Autorität und Familie* **4:**32f.; *Über Methode und Aufgabe einer analytischen Sozialpsychologie* **12:**151; *Zum Gefühl der Ohnmacht* **4:**106; **12:**151 ▷**3:**61; 103; 331; **5:**389; **7:**327; 366; 368; 470; **12:**39; 66; 161; 398ff.; **14:**446; F.s *Art of Loving* kann man nicht ernst nehmen 537

Fuchs, Eduard **5:**363

Fuchs, Wilhelm **2:**72

Fugger, Jacob **4:**54

Gadamer, Hans-Georg **13:**112f.

Galbraith, John K. *The New Industrial State* **8:**326; **14:**454 ▷Technostructure **8:**326; **14:**489

Galilei, Galileo *Dialoghi delle nuove Scienze* **9:**67 ▷**2:**207f.; 334; **4:**116; 225; 336; **5:**322; **6:**102; 255; **7:**219; 224; 234; **8:**217; **9:**39f.; 48; 60ff.♦; Das Neue bei G. besteht wesentlich in der bewußten Verbindung von Mathematik u. Erfahrung u. in der Anwendung des Experiments 61; beseitigt die Verschiedenheit zwischen himmlischer u. irdischer Wahrheit über die Natur 66f.; 90f.; 105; 111f.; 115; 118; 133; 135; 159f.; 177; **11:**149f.; 269; **13:**406; 424f.♦; **14:**165

Galvani, Luigi **10:**142

Gandhi, Mahatma **8:**333

Ganzes – Teil (s. Dialektik)
Garbo, Greta **5**:158; 172
Garfield, James **8**:334
Garson, Greer **5**:163
Gassendi, Pierre *Disquisitiones Anticartesianae* **6**:117; **9**:167 ▷**2**:208; **5**:321; **9**:66; 105; 159ff.♦; Atomistik 160ff.♦; Erkenntnistheorie 164f.; Polemik gegen Descartes 166ff.♦; Seine Ethik folgt der epikuräischen 167; neben Hobbes der wichtigste Gegner Descartes' 172; 175f.; 183; 249; 308; 333; 354; 405f.; **13**:430; 588
Gauguin, Paul **5**:265
Gaulle, Charles de **6**:287; **8**:154; 235; **14**:409; 468
Gaumont **5**:157
Gay, John *Beggar's opera* **12**:272
Gehlen, Arnold *Theorie der Willensfreiheit* **3**:364
Geist (s. Wahrheit) Sein wahres Anliegen ist die Negation der Verdinglichung **5**:20; Der G. wird zum Apparat der Herrschaft u. Selbstbeherrschung, als den ihn die bürgerliche Philosophie seit je verkannte 59; Naturverfallenheit besteht in der Naturbeherrschung, ohne die G. nicht existiert. Durch die Bescheidung, in der dieser als Herrschaft sich bekennt u. in Natur zurücknimmt, zergeht ihm der herrschaftliche Anspruch, der ihn gerade der Natur versklavt 63; Haßliebe gegen den Körper 264; Der objektive G. ist jeweils das Produkt der Anpassung der Macht an ihre Existenzbedingungen 310; *Gefährdung der Freiheit – Opposition des Geistes* **13**:188; Technik u. Wissenschaft machen den G. überflüssig 245; Der Begriff des G. ist der Gegensatz des Dinglichen, des Verfestigten 271; 384; *Der Begriff des Geistes* **14**:216; *Der Begriff des Geists* 260; *Geist* 295f.
Gelb, Adhémar **2**:72; **3**:174; **7**:25; 448; **8**:369; **12**:490
Gembardt, Ulrich **19**:16
Gentilis, Alberico **9**:74
Georg I. (König von England) **9**:246
George, Stefan *Der Siebente Ring* **7**:70; **8**:439 ▷**5**:265; **8**:414
Gerlach, Kurt Albert **7**:325; 365; 467f.
Gerth, Hans **12**:349ff.♦
Geschichte (s. Anthropologie, Hegel, Marx, Materialismus, Neukantianismus, Psychologie) **2**:154ff.♦; *Anfänge der bürgerlichen Geschichtsphilosophie* 177ff.♦; Die Verewigung von zeitlich Gültigem ist ein spezifischer Mangel der neueren Geschichtsphilosophie 190; Eine einheitliche Ideengeschichte ist Konstruktion 234; Der Weg der G. führt über das Leiden der Individuen 249; Die Verselbständi-

gung der G. zu einem einheitlichen Wesen ist dogmatische Metaphysik 251; Selbsterkenntnis der Menschen gründet sich nur auf eine Analyse des geschichtlichen Prozesses 255; Es gibt nur soviel Sinn auf der Welt, wie die Menschen in ihr verwirklichen 268; Geschichtsbegriff der Wissenssoziologie 277ff.♦; Die G. als Ganzes kann unmöglich den Ausdruck irgendeiner sinnvollen Gestalt bedeuten 282; Geschichtsphilosophie bei Hegel 298f.; Es existiert keine Wesenheit, die den Namen der G. tragen dürfte 302; 306f.; 367f.; Eine materialistische Geschichtsschreibung ohne Psychologie ist mangelhaft 368; *Die gute alte Zeit* 407f.; *Der Fortschritt* 418f.♦; 452; *Geschichte und Psychologie* **3**:48ff.♦; Psychologie als Hilfswissenschaft der G. 57ff.♦; 91; Was den Menschen, die untergegangen sind, geschehen ist, heilt keine Zukunft mehr 247f.♦; G. u. Anthropologie 261; Jeder Zug des gegenwärtigen Zeitalters wird als Faktor in der geschichtlichen Dynamik u. nicht als Moment eines ewigen Wesens zum Thema 261; 289f.; Selbst wenn eine bessere Gesellschaft die gegenwärtige Unordnung abgelöst u. sich entfaltet haben wird, ist das vergangene Elend nicht gutgemacht u. die Not in der umgebenden Natur nicht aufgehoben 327♦; Periodisierung von G. 336ff.♦; Die G. gleicht im bürgerlichen Zeitalter einem sinnlosen Schicksal 371f.; Wenn die Weltgeschichte im allgemeinen das Weltgericht ist, so bestehen ihre besonderen Verdikte in der Wahl der Eltern, der Lage des Arbeitsmarktes u. in den Börsenkursen 384; Formale Größe ist der Fetisch moderner Geschichtsschreibung **4**:26; *Zu Theodor Haeckers ›Der Christ und die Geschichte‹* 89ff.; Es gibt die Möglichkeit, G. zu begreifen, ohne den vergeblichen Versuch zu machen, sie allein durch Interpretation in einen Heilsprozeß zu verwandeln 98; empiristische Theorie der G. 128; 167f.♦; Selbst das Glück der Mitglieder der neuen Gesellschaft böte kein Äquivalent für die Not derer, die in der heutigen zugrunde gehen 225; 354; Die traditionelle Psychologie hat bei historischen Analysen versagt 359; **6**:97; Hegelscher Weltgeist 97; Die Definition der Freiheit ist die Theorie der G. 169f.; Philosophie kann als Korrektiv der G. wirken 185; *Die weltgeschichtliche Persönlichkeit* 217; 233f.; 255; 269; Es gibt keinen Gang der G., es sei denn, den ins Verderben 277; Tendenz des Fortschritts, in Katastrophen zu münden 284; *Das Böse in der Geschichte* 287f.; Wo in der G. es nicht weitergeht, beginnt die Regression 311; 327ff.; *Geschichtsphilosophische Spekulation* 335f.; Rückfall scheint einziges Ziel des Fortschritts zu sein 336; 368; 386; *Naturgeschichte* 388f.; **7**:43; 47ff.♦; Die menschliche Verfassung ist zugleich geschichtliches

Produkt 65; G. sinkt in die Naturgeschichte zurück 97; Zu simpel wäre es, die Schandtaten der G. kurzweg den Massen zuzuschreiben, die sie verübten 98; 117f.; 130; 134; Nur insofern die irdische G. das Vorspiel der himmlischen bildet, hat sie wirklich Befreiung zum Ziel 153; Es gibt Perioden der G., deren Darstellung vor den Taten menschlicher Gemeinheit versagen muß 161f.; G. ist nicht eindeutiger Fortschritt, sondern durch Dialektik charakterisiert 255; 340; Die Sehnsucht nach vollendeter Gerechtigkeit kann in der säkularen G. niemals verwirklicht werden 393; Die immanente Logik der G. führt zur verwalteten Welt 401ff.♦; Der Mensch heute profitiert vom Entsetzlichen, das in der G. geschehen ist 439; Die immanente Logik der G. deutet auf eine verwaltete Welt hin 458; G. im eigentlichen Sinne setzt Menschen voraus, die sich gegen die Macht des Bekannten, ewig sich Wiederholenden auch wehren können **8**:59; G. ist eine G. der Verfolgung 153; Man spricht zuviel von Königen u. zuwenig von dem, was unter ihnen geschah 153; Verfolgung, Massenmord sind Grundthemen der Weltgeschichte 157; In der Entwicklung der Menschengattung könnte die Tendenz zur Autonomie des einzelnen sich als ephemeres Phänomen, als Episode erweisen 311; Wenn G. nicht durch Katastrophen um Jahrhunderte zurückgeworfen wird, so kann auch das Entstehen rationaler Ordnung in der Welt in weit kürzerem Zeitraum erfolgen, als heute sich vermuten läßt 321; G. als Dialektik von Produktivkräften u. Produktionsverhältnissen 326ff.; dialektischer Materialismus u. G. 326; 327; Wissenschaft u. Philosophie stehen heute auf dem Standpunkt, daß es im ernsten Sinne eigentlich gar keine G. gebe 330; Die Alten sprechen erst dann zu uns, wenn wir selbst mit den richtigen Fragen umgehen 380; Der wirkliche Lebensprozeß der Menschheit ist die eigentliche G. **9**:17; Der Fortschritt ist keineswegs eindeutig u. ungebrochen 23; Geschichtsschreibung der Aufklärung 361; Humes Geschichtsphilosophie 446f.; Die positive Haltung zu allem historisch Gewachsenen ist charakteristisch für die zweite Periode des deutschen Idealismus **10**:127; 182; negatives Verhältnis des Neukantianismus zur G. 239f.; Verhältnis von Naturwissenschaft, G. u. Philosophie im Neukantianismus 242ff.♦; Wert als geschichtswissenschaftliches Kriterium im Neukantianismus 248f.♦; Geschichtsbegriff bei Simmel u. Bergson 288f.; Verachtung des bloß auf geschichtliche Veränderungen abzielenden Lebens im Neukantianismus 397; G. bei Scheler **11**:156f.; *Wahrheit und Zeit* 280ff.♦; *Gültigkeit des historischen Materialismus für die Vergangenheit* 284f.♦; *Fragen der Geschichtsphilosophie* **13**:270; Für die protestantische

Theologie gibt es keinen Sinn in der G., nur im einzelnen Menschen 467; Der Aspekt der Sinnlosigkeit der Menschengeschichte ist seit dem Mittelalter da 477; Revolutionäre Konsequenzen aus dem Nominalismus 595; *Gegen den pragmatischen Umgang mit Geschichte* **14**:117; *Vom Gang der Geschichte* 166; kollektives Triebziel 167; Wenn die historische Aufgabe verlorengeht, werden die Menschen zugleich Masse u. isoliert 171

Geschlechterverhältnis (s. Charakter, Familie, Frau, Individuum, Jugend, Liebe) **2**:349; *Die Frau bei Strindberg* 385f.♦; *Geld macht sinnlich* 401; 414f.; **3**:348; 407ff.♦; Prostitution **4**:21; **5**:94ff.; In der schwärmerischen Adoration des Liebhabers wie der schrankenlosen Bewunderung, die ihm die Geliebte zollte, verklärte sich stets erneut die tatsächliche Knechtschaft der Frau 130; G. u. Christentum, G. u. Familie 130; Die Menschen gewinnen das rationale, kalkulierende Verhältnis zum eigenen Geschlecht 131; Lust, Liebe, Unterdrückung der Frau 132ff.♦; In der Massengesellschaft werden die Geschlechter darin nivelliert, daß sie beide zu ihrem Sexus als zu einer Sache sich verhalten, über die sie kalt u. illusionslos, anpreisend u. vorsichtig verfügen 342; Die Ehe wird zu einer Zweckbeziehung 382; Tendenz des Industrialismus zur Unterwerfung der sexuellen Beziehungen unter gesellschaftliche Autorität **6**:121f.; Funktion der Ehe in der bürgerlichen Gesellschaft 121f.♦; *Falsche Hosenrolle* 189; *Jenseits des Geschlechterprinzips* 192ff.♦; *Emanzipation als Anpassung* 217f.♦; *Über Kleider* 224; *Gleichberechtigung als Egalisierung* 225; 248f.; Prostitution 258; *Zur Geschichte der Geschlechtlichkeit* 341f.♦; *Zerfall der bürgerlichen Ehe* 406f.; **7**:66f.♦; Emanzipation der Frau 356; Die Frau wird mit der Gleichberechtigung ihr Wichtigstes verlieren 400; 438; Die Identität von Frau u. Sexus geht verloren, sie wird zum Wirtschaftssubjekt in einem Sektor der Arbeitsteilung **8**:135; Die Befreiung der Frau bewirkt, daß auch sie ihren Mann stellen muß 139; Einmal war das alte Weib mit dem Muttermal eine Hexe, einmal, noch früher, der Sklave ein Ding 173; Daß auch die Liebe zwischen den Geschlechtern den gesellschaftlichen Veränderungen unterliegt, ist offenkundig 274; Die Zukunft der Ehe 280ff.♦; Inzest als Sitte 281; Die Funktion der Ehe ändert sich 284; die soziale Integration des Ehemanns 284; Die Frau hat jetzt mitzuerziehen u. mitzuverdienen 286ff.; Wenn Kultur schlechthin weitgehend sich dem Sexualverbot verdankt, hängt gewiß vom Tabu die Liebe zwischen den Geschlechtern ab 288; Die Ehe wird rationeller, zweckbestimmter, nüchterner 290; Die Autorität des Vaters geht zurück, vor allen

Dingen hat die Liebe der Mutter nicht mehr ihre alte Bedeutung 348; **11**:260; **13**:177; *Ehe und Familie in der Krise?* (Gespräch mit Otmar Hersche) 208ff; 231; Ludwig Feuerbach führt einmal aus, man denke primär an den Mann, wenn man von den Menschen spreche. Die Frau gehöre auch zum konkreten Begriff des Menschen 309; 439; 444; **14**:69; Wahrscheinlich ist die Emanzipation der Frau eines der weltgeschichtlich bedeutendsten Ereignisse der Gegenwart 214; Wie steht es mit der fatalen Dialektik, die sich etwa darin ausdrückt, daß die Gerechtigkeit in bezug auf die Unterdrükkung der Frau dazu führt, daß die Frauen Männer werden? 235; *Sexualmoral als Schlüssel zum Verständnis der Gesellschaft* 284; Wenn die sexuellen Dienste ebenso ohne Tabus angeboten werden könnten wie die meisten anderen Waren, käme die ganze Gesellschaft ins Wanken 284; Man soll das Positive der neuen Beziehungen zwischen den Geschlechtern, der camaraderie, die sich aus der Unbekümmertheit um die Unschuld des Partners entwickelt hat, nicht zu gering einschätzen 286; *Jugendkriminalität* 336; *Ungerechtigkeit und menschliche Beziehungen* 421; *Frauenmode, Religion, Kultur* 423; *»Romantic Love«* 483; *Ist die Pille das Ende der Liebe?* 495; Untergang der romantischen Liebe 516; *Ehe, Prostitution, Liebe und die Pille* 537; In der Liebe steckt wahrscheinlich die falsche Negation der bürgerlichen Gesellschaft **19**:43; (Adorno:) Die Zentrierung auf die Genitalität hat etwas Lustfeindliches 53

Gesellschaft (s. Bürgerliche Gesellschaft, Despotie, Dialektik, Ökonomie, Sozialforschung, Sozialwissenschaft, Staat) **2**:179f.; Die Einheit von Staat u. G. ist als Tatsache nicht mehr zu retten 219; *Gesellschaftsbau und Charakter* 355f.; *Gesundheit und Gesellschaft* 358f.; *Der gesellschaftliche Raum* 394f.; Daß der gesellschaftliche Fortschritt nicht stattfinden kann, ist eine plumpe Lüge 418f.♦; Gesellschaft als Organismus **3**:126f.; *Zum Problem der Voraussage in den Sozialwissenschaften* 150ff.♦; Je mehr das gesellschaftliche Leben den Charakter des blinden Naturgeschehens verliert, desto mehr sind auch die gesellschaftlichen Vorgänge mit Bestimmtheit vorauszusagen 155f.; Die gegenwärtige Unsicherheit in den soziologischen Urteilen über die Zukunft ist nur ein Spiegelbild der gegenwärtigen gesellschaftlichen Unsicherheit überhaupt 156; Gesellschaftsprozeß ist fortwährender Kampf bestimmter Menschen mit der Natur 250; Rolle gesellschaftlichen Zwangs 345ff.♦; G. u. Moral 348; Das Aufrechterhalten veralteter Gesellschaftsformen hat seine Wurzeln auch in der sogenannten menschlichen Natur 355; empiristische Theorie der G. **4**:128; Die Existenz der G. ist nicht das Ergebnis bewußter

Spontaneität der freien Individuen 174; 355; Dialektik von Individuum u. G. 436f.♦; Die Vernunft hat die gesellschaftliche Realität niemals wirklich geleitet **6**:32; 99; *Die Revolte der Natur* 105ff.♦; Zivilisation als rationalisierte Instrumentalität 107; Solange die Produktionsmittel primitiv sind, sind es auch die Formen der sozialen Organisation 113; Zivilisationshaß 120f.♦; Die psychologischen Komplexe reproduzieren die Urgeschichte der Zivilisation 122; *Aufstieg und Niedergang des Individuums* 136ff.♦; Individuum u. Kollektiv 143; Die wahre Kritik der Vernunft wird notwendigerweise die tiefsten Schichten der Zivilisation aufdecken 176; Die großen Ideen der Zivilisation sind Proteste der Natur gegen ihre Zwangslage 181♦; *Die verbotene Frage* 200f.♦; *Staats-Räson* 206; 240; *Geschlossene Gesellschaft* 244; Zivilisation als Verdummung 246; *Individuum und Gesellschaft* 252; optimistischer Wahn, daß die G. ohne Barbarei vom Reichtum zur Gerechtigkeit übergehen könne 286; 296; Indem die G. sich das Recht der Strafe herausnimmt, macht sie sich zum Tier 304; *Oben und unten* 327f.; *Zweiter Klasse* 338f.; die bejahende Gesinnung, in der das Grauen der Wirklichkeit nicht aufgehoben ist, dient nur seiner Verewigung 390; *Gesellschaft im Übergang* 399; *Zum Begriff des Einzelnen* 402f.; *Religion und Gesellschaft* 414f.; Individuum u. Kollektiv 424; *Schopenhauer und die Gesellschaft* **7**:43ff.♦; Das übermenschliche soziale Wesen wird von den Menschen erzeugt 53f.♦; *Zum Begriff des Menschen* 55ff.♦; Zivilisation ist von den Städten ausgegangen 71; umgestaltende Kraft der G. 86ff.♦; Der Fluch des organisierten Terrors beim Übergang hat in die neue Gestalt der G. stets hineingespielt 87; *Soziologie und Philosophie* 108ff.♦; 114; Je uniformer die G. ist, desto disparater ihr Begriff 262; *Verwaltete Welt* 363ff.♦; Der Gang der G. führt zur verwalteten Welt 371; 401ff.♦, 421; Soweit sich die sozialen Prozesse der solidarischen Kontrolle der Menschen entziehen, lassen sie sich nach naturwissenschaftlichen Gesetzmäßigkeiten darstellen 422f.; Tendenz zur gesamtverwalteten Welt 426; G. heute tendiert zur Reduktion des Subjekts 436; Der Fortschritt der G. wird durch steigende Herrschaft über die Natur bestimmt 437; Die immanente Logik der Geschichte deutet auf eine verwaltete Welt hin 458; Die meisten Kollektive sind durch aggressive Züge gekennzeichnet 481; **8**:152; steigende Bürokratisierung der G. 310; Voraussetzung für eine menschenwürdige G. ist die Beseitigung der materiellen Not 315; die rechte G. läßt heute für die Erde wissenschaftlich nüchtern sich bestimmen 322; *Zur Kritik der gegenwärtigen Gesellschaft* 324ff.♦; Die Dynamik der G. dem Ein-

zelnen gegenüber ist überwältigend geworden 324; Die automatisierte G. als Mahnung 328; Wir sind zu der Überzeugung gelangt, daß die G. sich zu einer total verwalteten Welt entwickeln wird 340; Marx hat die Automation u. ihre Computer noch nicht gekannt, sonst hätte er an diesem Punkt begonnen, über die richtige G. nachzudenken 348; Gesellschaftslehre bei Hobbes **9**:120ff.♦; *Über das Recht soziologischer Interpretation* **11**:159ff.♦; *Zersplitterung und Einheitlichkeit der gegenwärtigen Soziologie* 167ff.♦; 269f.; *Theologie und Gesellschaft* **14**:499; *Die immer drohende Krise (und damit die Marxsche Theorie) als Schlüssel zum Verständnis der Gegenwart* 520

Gesetz (s. Recht)

Gestalttheorie **2**:20; 67ff.♦; 150ff.♦; 287f.; lieferte den Nachweis der Strukturiertheit des Gegebenen **3**:174; **4**:366; **7**:448; spielt in der Philosophie der Gegenwart eine wichtige Rolle **10**:208; 212; 339; **11**:29f., 74f.; Übereinstimmung mit der Phänomenologie 97; gestalttheoretische Kritik an Freud **12**:449; Diese Theorie mit ihrem antimechanistischen Charakter hat innerhalb des Positivismus einen Stein des Anstoßes gebildet **13**:374

Geulincx, Arnold *Gnothi seauton sive Ethica* **9**:182, 184 ▷**9**:181ff.♦; hat mit der radikalen cartesianischen Trennung von Bewußtsein u. Körper völlig ernst gemacht 182; betrachtet die mathematische Erkenntnis als die einzige wissenschaftliche Wahrheit 185; 189; 218; 255

Gewerkschaften *Gewerkschaftsbürokratie* **2**:445f.♦; Verwaltung der Arbeitskraft der Arbeiter **6**:152ff.♦; 293; sind für die Wirtschaft so unentbehrlich wie irgendein anderes Monopol 366; 396; 410; Bildungsauftrag der G. **8**:201ff.♦; G. sind ihrem Wesen nach geschworene Feinde der totalitären Diktatur 215; eine Bürokratie, die zur herrschenden Klasse gehört **14**:286

Gibbon, Edward **4**:356

Gide, André *Essai sur Montaigne* **4**:275 ▷**7**:387

Gide, Charles (u. Charles Rist) *Geschichte der volkswirtschaftlichen Lehrmeinungen* **11**:15

Ginsberg, Morris *Social Change* **7**:120

Giraudoux, Jean **3**:19

Gleichheit **2**:337f.; zum gültigen Begriff von G. gehört das Wissen um seine Negativität **3**:144; der Adel von Geburt wird wieder eingeführt, wenn die G. der Menschen aus einer Ideologie zur Wahrheit wird 271; Am Beginn des Kapitalismus erweist sich die soziale Ungleichheit als Mittel des Fortschritts **4**:259; In der Neuzeit ver-

schwand die Ungleichheit hinter dem Begriff des Bürgers 297; In der Warenwirtschaft stehen die Menschen einander als Gleiche gegenüber 402; Jetzt dringt das Prinzip der G. auch in die Familie ein **7**:72; 255; 306; 347; Dialektik von Freiheit u. Gerechtigkeit 372; 376 f.; Dialektik von Freiheit u. Gerechtigkeit 403, 459

Glotz, Gustave *Histoire Grècque* **5**:36

Gobineau, Joseph Arthur, Graf **8**:127

Goebbels, Joseph **5**:191; 215; 248; 408; war in seiner Erscheinung eine Karikatur des jüdischen Händlers **6**:127 f.; 299; **12**:180

Göring, Hermann **5**:286

Görland, Albert *Ethik als Kritik der Weltgeschichte* **10**:232

Goethe, Johann Wolfgang *Besprechung des deutschen Gil Blas* **4**:241; *Besprechung der ›Principes de philosophie zoologique‹ von G. de St.-Hilaire* **4**:242; *Clavigo* **6**:219; *Dichtung und Wahrheit* **9**:41; *Einwirkung der neuern Philosophie in den morphologischen Heften* **2**:110; *Faust* **2**:402, 412, 415; **3**:415; **4**:364, 392; **5**:288; **7**:67; **9**:41, 320; **14**:344; **19**:59; *Die Leiden des jungen Werthers* **9**:378; *Maximen und Reflexionen* **2**:423; *Reise in die Schweiz* **4**:392; *Torquato Tasso* **14**:479; *Urfaust* **13**:17; *Die Wahlverwandtschaften* **3**:415; *Westöstlicher Divan* **7**:126; *Wilhelm Meisters Lehrjahre* **4**:392; **5**:99; **7**:64; **8**:267; *Wilhelm Meisters Wanderjahre* **12**:305; **14**:207 ▷**2**:49; 168; *Schwierigkeiten bei der Lektüre Goethes* 401; 412 f.; Seine Politik hat sein Werk an manchen Stellen beeinträchtigt 423; **3**:200; 291; 299; **4**:225; 257; 282 f.; 302; 308; 364; 387; G. war kein Antisemit 392; 395; kühle Liberalität seiner Dichtung 421; 436; Noch der Widerwille G.s gegen die Affen wies auf die Grenzen seiner Humanität **5**:285; **6**:140; 227; 261; 352; 365; **7**:49; 61; 102; 155; Sein Werk ist dem allgemeinen Bewußtsein fremd geblieben 178; 219; 322; 338; 364; 448; 472; **8**:92; 128; 132; der große Weinkenner G. 149; 163; 167; G. hat sich einen Spinozisten genannt 181; 191; 203; 246; 336; Bei G. herrschte eine Harmonie, die sich in der Wirklichkeit immer mehr als unerreichbar erweist 363; 415; 450; **9**:45; 184; 238; 246; 348; **10**:97; 130; Förderung Schellings 133; 146; 154; 157; 288; Begriff des Individuums **12**:260; 439; 463; 555 f.; **13**:22; 35; 257; 423; 504; 528; 534; Voltaires *Mahomed* 603; 618; **14**:59; 71; 143; *Goethe und die Fachleute* 201; 212; 236; 279; *Goethe über Wahrheit und Irrtum* 412

Goldmann, Lucien **14**:76; 272

Goldstein, Kurt **2**:72; **7**:448

Goldwater, Barry M. **14**:310; Die positive Beziehung zu Hitler oder G. ist nicht denkbar ohne den Haß auf andere, an denen sich der eigene Sadismus ausleben kann 316

Gompers, Samuel **12**:98
Goodman, Benny **5**:161
Gorki, Maxim **11**:181
Gothein, Eberhard **3**:374
Gottlieb-Duttweiler-Institut **14**:540
Gottschalk (Prediger) **4**:382
Grass, Günter *Rede über das Selbstverständliche* **14**:365
Gratian, Franciscus *Decretum* **8**:392; **12**:444
Grau, Kurt Joachim *Grundriß der Logik* **11**:32
Greco (El Greco) **4**:368
Greene, Theodore M. *The Arts and the Art of Criticism* **4**:420
Greer, Donald *The Incidence of Terror during the French Revolution* **4**:102ff. ▷ *Bemerkung zu Donald Greers ›The Incidence of Terror during the French Revolution‹* **4**:102ff.♦
Gregorovius, Ferdinand *Geschichte der Stadt Rom im Mittelalter* **4**:28ff., 42, 66, 68 ▷ **4**:67
Grillparzer, Franz **7**:155
Grimberger, Christoph **9**:48
Grimm, Friedrich Melchior **9**:372
Grimm, Herman *Leben Michelangelos* **4**:39 ▷ **8**:405
Grimm, Jacob u. Wilhelm *Kinder- und Hausmärchen* **5**:101
Grisar, Hartmann *Luther* **7**:190
Grisebach, Eberhard **12**:488
Groethuysen, Bernhard *Philosophische Anthropologie* **3**:275; **4**:11
Grossmann, Henryk *Das Akkumulations- und Zusammenbruchsgesetz des kapitalistischen Systems* **14**:514; **12**:154; *Die gesellschaftlichen Grundlagen der mechanistischen Philosophie und die Manufaktur* **4**:169; **12**:150; *Thesenpapier* **12**:418 ▷ **7**:327; 335; 365; **12**:542ff.; **14**:322
Grossner, Claus **7**:419ff.
Grotius, Hugo *De iure belli et pacis* **9**:72; **13**:326 ▷ **2**:217; **5**:331; **9**:68ff.♦; hat als einer der ersten Neueren die Ausbildung des sogenannten Naturrechts eingeleitet 70; 121; 179; 204
Grünberg, Carl **3**:30; 35; **7**:266; 325f.; 365; 468
Grünbergs Archiv **3**:39
Gründgens, Gustaf **5**:176
Grundmann, Herbert *Religiöse Bewegungen im Mittelalter* **4**:43
Grünewald, Matthias **14**:114
Guardini, Romano *Vom Sinn der Kirche* **11**:161
Guicciardini, Francesco **9**:37
Gumnior, Helmut **7**:345ff.; 385ff.

Gumperz, Julian *Thesenpapier* **12:**420; *Zur Soziologie des amerikanischen Parteiensystems* **12:**148 ▷**12:**39; 66; 132; 148 f.; 398 ff.; 542 ff.
Gumplowicz, Ludwig **3:**398
Gurland, Arkadij R. L. *Technological Trends and Economic Structure under National Socialism* **4:**418 ▷**12:**165
Guterman, Norbert *Prophets of Deceit* (mit Leo Löwenthal) **5:**408; **8:**66; **12:**165
Guyau, Jean Marie *L'art au point de vue sociologique* **4:**420, 425 ▷**5:**363
Gyp (Gabrielle Comtesse Martel de Janville) **4:**230
Haag, Karl-Heinz über die Lage der katholischen Kirche **14:**535
Haase, Hugo **4:**406
Habermas, Jürgen *Der deutsche Idealismus der jüdischen Philosophen* **8:**185 ▷**7:**419; 424; hat recht, wenn er die Haltung der radikalen Berliner Studenten als »linken Faschismus« einstuft **14:**444; **19:**16
Hacker, Frederick J. **19:**59
Haeckel, Ernst **3:**94; 320; **6:**101; **9:**109; **11:**186
Haecker, Theodor *Der Christ und die Geschichte* **4:**89 ff.
Hagelstange, Rudolf *Rathenau – ein Jude in der deutschen Geschichte* **8:**181
Hagen, Volker von **8:**144
Hahn, Hans *Logik, Mathematik und Naturerkennen* **4:**127, 149
Hall, Stanley *Die Begründer der modernen Psychologie* **10:**207 ▷**10:**187
Hamann, Johann Georg **2:**48 f.; **12:**304
Hamel, Ernest *Histoire de Robespierre* **4:**65 f.
Hamilton, Alexander **14:**84
Hamm, Harry *Das Reich der 700 Millionen* **8:**287
Hamsun, Knut **12:**148; 554
Harbsmeier, Götz **13:**56 ff.
Harich, Wolfgang **14:**446
Harnack, Adolf von **7:**240; 444
Hartley, David **9:**375; 410; 433; **10:**192
Hartmann, Eduard von **2:**162 ff.; **10:**187; 201
Hartmann, Hermann *Die Bedeutung des Vorurteils für den Fortgang der naturwissenschaftlichen Erkenntnis* **14:**416
Hartmann, Max *Die methodologischen Grundlagen der Biologie* **3:**208
Hartmann, Nicolai *Beiträge zur Philosophie des deutschen Idealis-*

mus **2**:175; *Ethik* **2**:173ff.; **3**:113, 132; **11**:139f., 142; *Grundzüge einer Metaphysik der Erkenntnis* **2**:173; **3**:75; **11**:160; *Hegel und das Problem der Realdialektik* **3**:310; *Logische und ontologische Wirklichkeit* **2**:174; *Philosophie des deutschen Idealismus* **2**:175; *Philosophische Grundfragen der Biologie* **2**:173; *Platos Logik des Seins* **2**:173; *Systematische Methode* **2**:173; *Zur Grundlage der Ontologie* **14**:448 ▷*Nicolai Hartmann* **2**:172ff.♦; **3**:25; **6**:402; **9**:14; **11**:139ff.♦; sieht die Entwertung der Welt nicht in der faktischen Einrichtung der Gesellschaft 141; Wenn er vom Staat spricht, klingt das ganz aperçumäßig u. kontemplativ 142; **12**:354; 360; **13**:273; 380; 453

Harvey, William **9**:122; 148; **13**:583

Hasbach, Wilhelm **11**:15

Haselberg, Peter von **12**:349ff.♦

Hauptmann, Gerhart **11**:234

Hauser, Henri *Le prépondérance espagnole* **4**:241

Havemann **14**:364

Haydn, Joseph **14**:395

Hayek, Friedrich August von *The Pure Theory of Capital* **12**:416 ▷**14**:497

Hays Office **4**:435; **5**:158; 165

Hazard, Paul *La Pensée européenne au XVIIIe siècle* **14**:203

Healy, Ned R. **12**:296

Hearst, William Randolph **5**:286

Heer, Friedrich *Aufgang Europas* **14**:203

Hegel, Georg Wilhelm Friedrich (s. Linkshegelianismus) *Enzyklopädie der philosophischen Wissenschaften im Grundrisse* **2**:88, 235f., 248, 295f., 298; **3**:78, 98, 184, 186, 188, 292, 316f., 417; **4**:83, 288; **7**:61; **10**:285, 375, 415f.; **11**:113, 115, 227; **12**:354; *Fragmente historischer und politischer Studien aus der Berner und Frankfurter Zeit* **4**:392; *Der Geist des Judentums* **4**:391; *Grundlinien der Philosophie des Rechts* **2**:228, 232, 295; **3**:22f., 128, 201, 404; **4**:83; **9**:70, 198, 289; **10**:373; **12**:402; **13**:296, 299, 303; **14**:231; *Phänomenologie des Geistes* **2**:234, 306; **3**:239, 286f., 291, 310, 316, 404ff.; **4**:132, 160, 208, 255, 392; **5**:28, 35, 58, 277; **6**:166, 195f., 291; **7**:27, 59, 249; **8**:84, 398; **10**:13, 110, 157f., 160, 162, 164; **11**:117; **12**:124, 354; **13**:289; **14**:198, 232; *Philosophische Propädeutik* **3**:318; *Schriften zur Politik und Rechtsphilosophie* **3**:167; *Theologische Jugendschriften* **3**:269; *Verhältnis des Skeptizismus zur Philosophie* **4**:133; *Vorlesungen über die Ästhetik* **3**:288; **7**:211; *Vorlesungen über die Geschichte der Philosophie* **2**:232, 295, 300, 306; **3**:104, 187, 232, 411;

4:276, 292, 430; **5**:243; **6**:141; **9**:25, 124, 126; **10**:416; **11**:103; *Vorlesungen über die Philosophie der Geschichte* **2**:154, 248; **3**:52, 289, 358; **4**:276, 288; **7**:135; **9**:31, 34; **14**:170; *Vorlesungen über die Philosophie der Weltgeschichte* **2**:232; **3**:22ff.; *Wissenschaft der Logik* **2**:291; **3**:190, 204, 292; **4**:208; **7**:59; **14**:263, 280 ▷**2**:146; Geschichtsphilosophie 154ff.; 163; H.-Rezeption bei N. Hartmann 175f.; 191; 196f.; 202; 205; 231f.; Die Demut vor dem Bestehenden war die falsche »Bescheidenheit« seines Denkens 236; 245; Gedanke, daß alle Wirklichkeit identisch mit dem absoluten Geist sei 248; 255; Leugnung des wesenhaften Seins der Individualität 256f.; 265; 282; 289; 291; 294; *Hegel und das Problem der Metaphysik* 295ff.♦; Identität von Subjekt u. Objekt 296ff.♦; H. machte aus dem Weltwissen Gottwissen 298; Geschichtsphilosophie 298f.♦; Das Schicksal seiner Metaphysik ist das Schicksal der Metaphysik selbst 302; Die Metaphysik hat ihn für die Empirie nicht blind gemacht 305; 413; **3**:18; Der Idealismus ist bei H. in seinen wesentlichen Teilen zur Sozialphilosophie geworden 20ff.; Nach H. ist der Staat durch den Interessenkampf der Gesellschaft unmittelbar bedingt 23; 32; Verhältnis der H.schen Geschichtsphilosophie zur Psychologie 51ff.; Marxsche Geschichtsphilosophie zugleich Gegensatz u. Fortsetzung der H.schen Philosophie 54f.; 59; H. ist darin Idealist, daß er sein System absolut setzt, doch er hat das gedankliche Werkzeug geschaffen, diese Verkehrtheit zu überwinden 91; H.s Tiefe liegt darin, das Wissen von Zeitlichem als Zeitlichem zum eigentlichen Inhalt der Philosophie gemacht zu haben 98; H.s Dialektik durchbricht seine identitätsphilosophische Ausgangsposition u. sein abschließendes System 170; 183ff.; dogmatischer Charakter der H.schen Dialektik 189ff.♦; 196; 218; 234; Das H.sche System hat das Negative, die Not der Individuen gelten lassen 240; 241; 244; 246; dialektische Methode u. Wahrheitsbegriff bei H. 285ff.♦; Die dialektische Methode hat ihn dazu geführt, was sich als absolut u. ewig gebärdet, in der Entwicklung, im Fluß zu sehen 286f.♦; H.s dogmatische Beschränktheit hängt unlösbar mit dem idealistischen Charakter seines Denkens zusammen 288; 309; 339f.; 385; hat den Gegensatz von Familie u. Gemeinwesen erkannt 404ff.; vermag die Verwirklichung einer wahrhaft einheitlichen u. vernünftigen Gesellschaft nicht zu denken 405; Individuum bei H. 405f.♦; 408; **4**:148ff.♦; List der Vernunft 177f.♦; 189; 226; 231; Dialektik 291f.♦; 293; 297; 301; 308; 334; 345; Rechtfertigung des preußischen Staates 350f.♦; 352f.; 355f.; 362; 364; 368; 387; hatte für antisemitische Strömungen nur Verachtung übrig 391; 395;

Nach H. war der Richterspruch gegen Sokrates Rechtens 430; **5**:42; 46; Mit dem Begriff der bestimmten Negation hat H. ein Element hervorgehoben, das Aufklärung von dem positivistischen Zerfall unterscheidet 47; 114; 224; 243; *Zur Kritik der Geschichtsphilosophie* 253; 269; metaphysischer Irrtum 305; Identität von Begriff u. Wirklichkeit 308; 325; 363; Weltgeist **6**:97; Subjektbegriff des Neuhegelianismus 105; 133; 172; größter Versuch, objektive Vernunft zu konstruieren 174; List der Vernunft 192; 194; 204f.; *Hegel-Kritik* 208♦; 229; Weltgeist 244; objektiver Geist 246; 251; Mit der Schöpfungsgeschichte wäre auch H. widerlegt 254; *Hegels Trick* 256f.♦; 259; *Hegel und Marx* 261f.♦; 267f.; 283; 313; 320; Mythos der Totalität 326; In seiner Geschichtsphilosophie wird von den Völkern, die ihre Mission erfüllt haben, nicht mehr gehandelt 327; 352f.; 381; 387; 424; **7**:20; 24; 27; sah im Kalkül die Gefahr einer Mechanisierung der gesamten Logik 29; 32; 44f.; 57; 65; Staatsphilosophie 85; 89; 124; 126; Seine große Leistung besteht darin, daß der Begriff im Verschwindenden festgehalten wird 134; Seine Positivität kann letztlich nicht bestehen 135; 136; 140; 157; 166; 171; 177; 200; 232; 249; 263; 301; 304; 310; 369; 383; 420ff.; 425f.; 433; **8**:44; Nach H. liegt die Antwort auf die Frage nach dem Unbedingten in der Entfaltung der Begriffe, in der man bei keinem einzelnen als der Wahrheit verweilen kann 169; 175; H.s Lehre bemaß die Reife der Völker nach der Fähigkeit, der von der Religion verkündigten Gleichheit u. Freiheit aller Menschen politische Realität zu geben 181; 189; 255f.; H. u. Comte haben die dialektische Verschränkung von Fortschritt u. Reaktion ausgedrückt 256; 327; 330; 363f.; hat einmal gesagt, das negative, kritische Element sei eigentlich die Seele des Denkens 373; 378; 393; 415; 436; **9**:17; 19f.; 24; 33; 44; über die Bedeutung des Eigentums 70; 109; 113; 127; 167; ungebrochen rationalistische Metaphysik 198; 199; 215; 226; idealistische Borniertheit 227; 237f.; 242; 274; Polemik gegen die Trennung von Theorie u. Praxis 289; 479; **10**:15; 21f.; 63; 104; Der Staat stellt bei H. einen höheren Grad von Wirklichkeit dar als das Individuum selbst 122; 132f.; 146; 149; *Hegel: Die dialektische Methode* 152ff.♦; Kritik der Schellingschen Identitätsphilosophie 157f.; entschiedene Abkehr von aller vornehmen Verachtung der verstandesmäßig aufklärenden Wissenschaft 158; seine Philosophie ist zugleich idealistisch u. unromantisch 158; Wahrheitsbegriff 158f.; hat recht, wenn er lehrt, daß das Absolute gegenüber dem Gegensatz von ideell-reell nicht indifferent, sondern wesentlich Subjekt sei 159; Aufgabe der Philosophie, die Selbsterkenntnis des

Absoluten zu realisieren 159; Dialektik 160ff.♦; Die Phänomenologie gilt deshalb als das schwierigste Werk der Literatur, weil sich in ihr der logische, psychologische u. historische Gesichtspunkt fortwährend kreuzen 162; dialektisches Prinzip, daß jede einzelne Wahrheit ihre Geltung erst im vollendeten System gewinnen kann 162; Alles Wirkliche ist vernünftig 163; Logik 163f.; Naturphilosophie 163; Rechtsphilosophie 164; Sein Idealismus wird historisch nicht weitergeführt von reiner Philosophie, sondern übernommen von anderen Bewegungen 165; 172f.; erklärter Feind der Aufklärung 185; übt heute in einer dem Materialismus verwandten Form seinen philosophischen Einfluß aus 185; Neuhegelianismus 185; 194f.; 202; Umschlag von Quantität in Qualität 207; 214; 224; 228; Verwandtschaft mit dem Neukantianismus 234f.; 243; 285; 293; 352; 363; 372f.; 375; Seine Dialektik enthält die Lebensphilosophie in sich u. weist ihrem Gesichtspunkt den rechten Platz an 415; *Kant und Hegel* **11**:102ff.♦; Hegelrenaissance 102; Neuhegelianismus 105; Kritik an Kant 112ff.♦; positive Metaphysik ohne die Resultate des Kritizismus preiszugeben 114; erhebt das Bewußtsein zur metaphysischen Realität 114f.; dialektische Methode 116; Das Resultat seiner Philosophie ist die Konstruktion des Systems der sich in Natur u. Geschichte offenbarenden Wirklichkeit 116; großartigste Metaphysik, die wir uns einzubilden vermögen 117; Es gibt bei H. keine philosophische Frage, die nicht ihre positive Begründung fände 117; 184; 204; *Subjektivismus und Positivismus als Erben der Hegelschen Metaphysik. Vorbemerkungen zu einer empirischen Erkenntnislehre* 225ff.; Bei H. galt das ganze System unseres Wissens als identisch mit dem Sein 226; 238; 258; 273; 283; 388; wollte die differenzierte geschichtliche Realität in der Logik zum Sprechen bringen **12**:72; 108; 121f.; H.s Logik entwickelt die Kategorien des Absoluten als die Gestalten des Untergangs 124; teilt mit Schopenhauer u. dem Judentum den Einblick in die Verlorenheit des Individuums u. sagt mit Nietzsche Ja dazu 125; Nach H.s Dialektik ist die Wahrheit trotz aller Objektivität bloß intellektuell 125; Wie kein anderer hat H. den Geist der Sprache getroffen 125; 136; 157; 163; Zwischen Sein u. Macht aber ist in der Geschichte ein Abgrund aufgerissen, u. deshalb existiert Wahrheit nur in der Negation. Diese Erkenntnis ist der Sinn der H.schen Philosophie 278; 279; Umschlag der idealistischen Dialektik 286; ein H.scher Grundsatz: in jeder neuen Vermittlung wird die vorhergehende Stufe aufgehoben 301; Differenz des Leibnizschen u. H.schen Systems 315; 324; H.s Begriff der Konkretion 354; 362; 365f.; 391; Für Hegel ist der

Mensch eine bloße Funktion der Geschichte – darin liegt seine Überlegenheit gegenüber dem Existentialismus 437; Individuum bei H. 439♦; H. meint, die dialektische Bewegung könne als »Resultat« aufbewahrt werden in Gestalt der Wissenschaft 440; kennt nicht die Menschenverachtung der großen individualistischen Philosophen 441; 447; (Adorno:) H. hat gezeigt, daß der Satz vom Widerspruch stetig auf höherer Ebene zu Widersprüchen führt 470; hat den Form-Inhalt-Dualismus abgelehnt 485ff.; Eine bestimmte Negation der H.schen Position wäre das Optimum einer theoretischen Wahrheit 489; Dialektik von Sein, Nichts u. Werden 497; Seinsbegriff bei H. 497; hat erkannt, daß ein Begriff des Seins, der keinen Inhalt hat, völlig nichtig ist 498; Reflexionsbegriffe bei H.: das Allgemeine, das Besondere 516; 533; 595; H. ist die Erkenntnistheorie zu Schopenhauer 596; Nach H. ist die Wahrheit der gedankliche Prozeß, in dem die Nichtigkeit der einzelnen Denkformen als ihre Bestimmung zutage tritt 603; **13:**83; 276; Die Gedanken H.s konnten nur in Deutschland gedacht werden. Seit Plato ist etwas Ähnliches nicht mehr gedacht worden 289; Nach H. hat die Philosophie die Funktion, die Religion zu sich zu bringen. Sie habe der Religion zu sagen, was ihr eigentliches Anliegen sei 290; Begriff der Freiheit 292; »Was vernünftig ist, das ist wirklich, u. was wirklich ist, das ist vernünftig« 296; 303; Linkshegelianer, Rechtshegelianer 313ff.♦; 349; 361; Die Staatsgesinnung ist das höchste Bewußtsein des Menschen 391; die »Vermittlung« des Unmittelbaren 400; 412; 414; 443; zu H.s Satz: die Unendlichkeit hat im Untergang des Endlichen ihr Sein 446; H.s Geschichtsphilosophie 447f.; 489; von Fichte zu H. 510; Zum Bewußtsein der Freiheit muß bei H., im Gegensatz zu Kant, die realisierte Freiheit hinzukommen 513; 532; H.s Kantkritik 550; 607; 618f.; 619; 634; 638; **14:**89; 97; 99; 114; 129; 151; 159; 169; 204; Ohne H. kann man nicht über die Wahrheit philosophieren, das heißt aber überhaupt nicht philosophieren. Sie läßt sich nicht bezeichnen, sie ist erst gegeben, wenn der Ausgangspunkt des Prozesses der bestimmten Negation wieder erreicht ist 206; 222; *Das mystische Element der Wahrheit (Hegel)* 228ff.♦; Zu dem Satz: »Was vernünftig ist, das ist wirklich; u. was wirklich ist, das ist vernünftig« 231; 236; 248; H.s Positivismuskritik 250; 259; 276; Ohne durch H. durchgegangen zu sein, kann man nicht erfahren, was Freiheit ist 277; *Hegel und Schopenhauer* 280; Substanz u. Subjekt gehen ineinander über 280; 290; Bei H. ist der zu sich gekommene Geist derjenige, der sich als Natur erkennt: Geist ▷Natur, aber auch Natur ▷Geist 295; 297; *Hegels System als Versuch der Über-*

windung Kants 390; ›Energie der Sehnsucht‹ bei H. 405; Ohne H.s Darstellung der Dialektik bleibt das Denken armselig 525; **19**:58; 62

Hegemann, Werner *Der gerettete Christus* **5**:78

Hegesias **7**:224

Heidegger, Martin *Sein und Zeit* **2**:283; **3**:25, 87, 180, 219; **10**:391; **11**:162; *Was ist Metaphysik?* **3**:194; **11**:213 ▷**3**:49; **4**:334; 359; 364; *Psychoanalyse und Daseinsanalyse* **6**:295; 300; **7**:335; 429; 452; Sorge bei H. **8**:24; Der Grund für den Erfolg der H.schen Existentialontologie lag gerade darin, daß sie die Aussichtslosigkeit, die Verlassenheit, das leere Vorlaufen in den Tod zum Wesen erklärte u. die Sinnlosigkeit durch ihre feierliche Sprache zum Sinn erhob 54; 192; 209; **10**:391; Ontologie seiner »Existenzialien« 396; Als wahres Existieren erscheint nicht das gesellschaftliche Tun der Menschen, sondern das Philosophieren selbst 397; **11**:162; 263; H.s Mut-Machen zur transzendentalen Angst ist nur eine Version desselben Stoizismus, des alten amor fati, die Anbetung der Welt **12**:125; Begriff der »gegenwärtigen Erinnerung« 367; 377f.; Bei H. ein starkes materialistisches Element, indem er die ganze Ratio durch die Sorge um den Tod bedingt sein läßt 378; Alle Kategorien des »Uneigentlichen« werden im Gegensatz zur Angst bestimmt – nur eben abstrakt anthropologisch 452; 464; 500; 594; **13**:22; (Adorno:) Diese Art Philosophie hat genau die Funktion, dem Zustand der blinden Angst u. Sinnlosigkeit auch noch eine Art von Glorienschein zu verleihen 149; H. sagt, man habe selbst Gott die Beleidigung angetan, er sei ein Gut 273; Begriff der Sorge 309; spricht mit Radikalität aus, daß es keinen Sinn gibt. Gegenüber allem besteht der Ideologieverdacht 311; 315; 339; **14**:39; 72; 76; Ein schlauer Betrüger, der viel gelesen hat 202; *Heidegger und Marx* 272; *Heidegger und der Positivismus* 302; **19**:57; **19**:59

Heilbronner, Robert L. **14**:476

Heine, Heinrich *Buch der Lieder* **5**:397 ▷**4**:233f.; **10**:39

Heinrich III. (deutscher Kaiser) **2**:167

Heinrich III. (König von England) **9**:51

Heinrich IV. (König von Frankreich) **4**:252; **9**:104

Heinrich VIII. (König von England) **2**:239; 242; **9**:75; 99

Heisenberg, Werner Karl **7**:164f.

Helmholtz, Hermann v. *Vorträge und Reden* **3**:167 ▷**5**:218; **8**:424; **9**:325; **10**:207f.; **11**:212

Helvétius, Claude Adrien *De l'esprit* **3**:123; **9**:363ff.; **13**:437; *De l'homme de ses facultés intellectuelles et de son éducation* **3**:181, 388,

397; **9**:351 f., 366 ff.; **13**:437 ▷**2**:221; **4**:88; **6**:398; 400; **7**:13; 44 f.; 53; **9**:349; 358 f.; 362 ff.♦; sagt den Verfall dieser Gesellschaft voraus 365; Nach ihm hängt alles von der Erziehung ab 366; 374; 378 f.; 462; 480; **12**:153; **13**:355; 434; gehört zu denen, die den Mut hatten, zu sagen, daß Grausamkeit Vergnügen bereitet, daß man infolgedessen diesen Trieb an seiner Entfaltung hindern muß 437; 541; 546; 604; 613; *Die Wahrheit des Helvétius* **14**:341

Hemingway, Ernest **5**:168

Hempel, Carl Gustav **7**:423; **14**:430

Henry, Annie **5**:127

Herakles **5**:35

Heraklit **11**:205; **12**:121; 443; **14**:273

Herbart, Johann Friedrich **4**:360; **10**:214

Herberger, Lothar **8**:144

Herbert von Cherbury *De veritate* **9**:96 ▷ist ein viel konsequenterer Rationalist als Bacon **9**:96 f.; 130; 343

Herder, Johann Gottfried *Adrastea* **4**:389; *Briefe zur Beförderung der Humanität* **4**:389; *Ideen zur Philosophie der Geschichte der Menschheit* **13**:286 ▷**2**:49; **3**:339; **4**:392; **8**:415; **9**:369; **10**:128; **13**:593; 605

Herhaus, Ernst *Frankfurt am Main. Eine phantastische Dokumentation über elf Monumente der Spätbourgeoisie* **14**:486

Herkner, Heinrich **3**:374

Hermeneutik **4**:358 ff.♦

Herrigel, Hermann **2**:169

Hersche, Otmar **7**:317 ff.; 363 ff.; 435 ff.; **13**:174 ff.; 188 ff.; 208 ff.

Herwegh, Georg *Werke* **13**:92 ▷**7**:220; 451

Herz, Henriette **8**:163

Herzl, Theodor *Der Judenstaat* **8**:167 ▷**8**:166 f.

Heuss, Theodor **13**:259

Hexenglaube war die Rationalisierung des furchtbarsten Terrors, der je gegen eine Geschlechtsgruppe ausgeübt wurde **3**:409; der H. wurde mit den Mitteln streng rationalistischer Philosophie bekämpft **4**:149; Haltung der Kirche zur Hexenverbrennung 430; Die Hexenverbrennungen beweisen einen impliziten Zweifel der katholischen Kirche am eigenen Glauben **6**:103; 126; **7**:29; 177; 234; 254; 416; **9**:41; 129; 178 f.; 281; **10**:191

Heyer, Karl *Der Machiavellismus* **9**:36

Heynacher, Max (Hg.:) *Goethes Philosophie aus seinen Werken* **2**:49, 72

Hindenburg, Paul von **4**:302; 406; **12**:200

Hirsch-Weber, Wolfgang (u. Schütz) *Wähler und Gewählte* **8:**122

Hirschfeld, C. L. (Verlag) **3:**39

Historismus zur Verneinung theoretischer Wahrheit gekommen **3:**170; bei Simmel **10:**291 f.; *Tendenzen der unmittelbaren Gegenwart: Historismus, Scheler, Klages* 317 ff.♦; erscheint als ein entscheidender Zug in der Philosophie der Gegenwart 321; krankt am relativistischen Widerspruch 322; führt nicht aus der Situation, in der wir uns befinden, heraus 331; die allzu kritische Reaktion auf den allzu unkritischen Wissenschaftsglauben 340 ff.; **11:**201

Hitler (s. Faschismus, Nationalsozialismus) *Mein Kampf* **5:**269; **8:**67 ▷**3:**18; **4:**302; 304; 322; 328; 330; 385; 398; 416; 427; **5:**23; 176; 195; 215; 223; H. war gegen den Geist u. widermenschlich. Es gibt aber auch einen Geist, der widermenschlich ist: sein Merkmal ist wohlorientierte Überlegenheit 239; 251; 262; 317; 355; 364; 368; **6:**86; Sein Trickköfferchen scheint von Chaplin gestohlen 128; 129; 162 f.; 223; 228; 240; einigte die Deutschen, indem er die Juden als Opfer designierte 240; 260; 265; 271; 287; 290; 301 f.; 318; 331; 344; 348 f.; 368 f.; 402; 409; 417; **7:**51; 83; 86; 92; 157; 162; 209; 269; 290; war kein Zufall 328 ff.; 334 f.; 345; 348 f.; 366; 375; 384; 415; 469; 471; **8:**18 ff.♦; H.s Vortrag vor westdeutschen Wirtschaftlern im Industrie-Klub zu Düsseldorf am 27. Januar 1932 19; konnte schon vor der Machtergreifung auf einen Kern verläßlicher Gefolgsleute u. erhebliche Sympathie in breiten Schichten der Bevölkerung hinweisen 29; Hätte das deutsche Volk die Kräfte ausfindig gemacht, die tatsächlich hinter H.s Machtergreifung standen, so hätte es die letztlich zerstörerische Natur des ganzen Programms verstanden 35; Wir alle haben erfahren, wie das alte Mißtrauen gegen das Verdinglichte u. Verhärtete der Institutionen propagandistisch dafür benutzt worden ist, der barbarischen Hierarchie H.s zur Macht zu verhelfen 45; 47; 93; 127; 144; 157; 168; 286; 305; 334; 337; 341; 344 f.; 350; Die gesellschaftlichen u. anthropologischen Voraussetzungen totaler Herrschaft sind mit der Niederlage H.s nicht zergangen 399; **12:**36; 167; 182; 189; 197; 279; 335 f.; 549; **13:**241; **14:**58; 73; 91; 104; 113; 350; 355; 380

Hobbes, Thomas *Behemoth* **2:**207, 223, 225, 227 f.; **9:**106; *De Cive* **2:**207; **9:**106; **12:**268; *De Corpore* **9:**106; *Grundzüge der Philosophie* **2:**209, 212, 216 ff., 226; **3:**84, 263; *De Homine* **2:**207; **9:**106, 110 f.; *Leviathan* **2:**207, 222; **8:**107; **9:**106, 127 ff.; *Quaestiones de libertate, necessitate et casu* **9:**122 ▷**2:**179; *Naturrecht und Ideologie* 205 ff.♦; Naturauffassung 207 ff.; Individuum bei H. 210 ff.♦; wesentliche Förderung des Freiheitsproblems 211 ff.♦; Staatsver-

tragslehre 214ff.♦; Ideologielehre 222ff.♦; Vernunftbegriff 229ff.; H. hat seinen Erkenntnisbestand als ewige Vernunft hypostasiert 234; 237; 240ff.; 244f.; 254f.; **3**:261; 267; 332; 380; Lehre von der gefährlichen Aggressivität der menschlichen Natur **4**:10; 14; 227; 252; 329; 347; 414; 431; **5**:110; 113; 325; 331; **6**:21; 59; 184; **7**:13; 43; Sein Pessimismus hatte noch eine fortschrittliche Bedeutung 45; 72; **9**:46; 98; 103ff.♦; entwirft das erste ganz auf der Höhe der Zeit stehende System 103; seine Bedeutung für die theoretische Philosophie ist nicht geringer als die als Staatsphilosoph 104; Die Physik ist immer sein Vorbild 106; Identifizierung von Wissenschaft u. Wahrheit 108; Naturwissenschaft 108ff.♦; junger Materialismus 109; Von idealistischen Gedankengängen findet sich bei ihm keine Spur 115; Erkenntnistheorie 118f.; Logik 119f.; Lehre vom Staat 120ff.♦; Ihm ist die Staatsphilosophie die höchste u. abschließende Wissenschaft 121; Willensfreiheit u. Freiheit des Handelns 122f.; Ethik 123f.; Verhältnis von Staat u. Religion 128f.; tiefer Widerspruch in seiner Naturphilosophie 131; 133; 137f.; 145ff.; 154f.; 159; neben Gassendi der wichtigste Gegner Descartes' 172; 179; 199f.; 211f.; 214ff.; 228; 231; war wie Spinoza ein radikaler Determinist 232; 247ff.; 260; 292; 296; 308; 322; 333; 337f.; 340; 357; 362; Rousseaus Polemik gegen H. 380; 396; 405f.; 414; **10**:363; 367; **11**:149; 165; 170; **12**:26; 49; 64; 199; 441; **13**:354; 366; 400; Willensfreiheit 470; 493; 494; 500; schafft die Theorie für den Absolutismus 578; **14**:250

Hobhouse, Leonhard Trelawney *The Philosophy of Development* **4**:333 ▷**7**:112

Hochschule für Internationale Pädagogische Forschung (Frankfurt) **19**:16

Hocquincourt, Marschall von **9**:302

Hodgson, Shadworth Holloway *The Philosophy of Reflection* **11**:15

Hofstätter, Peter R. *Zum Gruppenexperiment von F. Pollock* **8**:144

Hölderlin, Friedrich *Abendphantasie* **12**:439; *Andenken* **8**:84; *Der Herbst* **5**:102; *Patmos* **5**:71 ▷**4**:333; 364; **5**:166; **10**:132; **12**:586; H. sagt: was einer ist, ist nichts, was einer sucht, ist alles **13**:367; In der Tragödie ist mehr Freude als im Lustspiel **14**:285

Hörl, Reinfried **13**:202ff.

Holbach, Paul Heinrich Dietrich (Baron) von *Ethocratie ou le gouvernement fondé sur la morale* **9**:374; *Essais sur les préjugés ou de l'influence des opinions sur les mœurs et sur le bonheur des hommes* **9**:374; *La morale universelle* **9**:374; *Le bon sens du curé* **12**:199; *Système de la nature ou des lois du monde physique et du monde moral*

7:179; 9:372ff., 376; 13:436, 616; *Système social ou principes naturels de la morale et de la politique* 9:374 ▷2:221; 7:130; Religionskritik 179♦; 9:351; 372ff.♦; Der Materialismus ist für ihn die Voraussetzung für eine rationale Medizin u. Politik 374; 378; 398; 427; 460; 10:76; 13:355; 434; 436; die universale Verlassenheit des Menschengeschlechts 616; 618

Holland als fortgeschrittenster Staat im 17. Jhdt. 9:68f.; 104; 204ff.♦; 216f.

Homer *Ilias* 5:70; *Odyssee* 5:21, 56; 6:138 ▷5:30; 36; 40; 54f.; 67ff.♦; Kein Werk legt von der Verschlungenheit von Aufklärung u. Mythos beredteres Zeugnis ab als das Homerische, der Grundtext der europäischen Zivilisation 69; 12:109; 111

Honigsheim, Paul 12:353

Hook, Sidney *The New Failure of Nerve* 6:77, 86, 88, 95 ▷6:84; 87ff.; 97

Hoover, Herbert C. (Präsident der USA) 14:477; 480

d'Hopital, Michel 6:35; 12:329; 13:326

Horaz 13:411

Horkheimer, Maidon 7:344; 475f.

Horkheimer, Max[1] *Die Aktualität Schopenhauers* 7:386; *Anfänge der bürgerlichen Geschichtsphilosophie* 9:36; *Antisemitism among American Labor* 5:24; *Bemerkungen zur philosophischen Anthropologie* 4:305f.; 12:145, 223; *Dämmerung* 12:224; *Dialektik der Aufklärung* 6:22; 7:262, 285f., 332, 336, 388, 427, 471; 12:69, 105, 119, 436, 493, 600; *Eclipse of Reason* 12:75, 104, 196; *Egoismus und Freiheitsbewegung* 4:102, 247, 259; 7:418, 466; 12:24, 150, 223; *Frankfurter Beiträge zur Soziologie* 8:143; *Die gegenwärtige Lage der Sozialphilosophie und die Aufgaben eines Instituts zur Sozialforschung* 3:330f.; 12:132; *Gedanken zur Religion* 7:385; 12:223; *Geschichte und Psychologie* 12:150; *Gespräch über die Aufgabe des Protestantismus in der säkularen Zivilisation* 11:349ff.♦ *International Institute of Social Research. A report on its history, aims and activities 1933–1938* 12:131; *Die Juden und Europa* 12:165; *Kritische Theorie* 3:17; 7:286, 369; *Mass and Mass Culture* 4:418; *Materialismus und Metaphysik* 3:281; 4:142; 12:146; *Materialismus und Moral* 7:384; *Montaigne und die Funktion der Skepsis* 4:306; 6:127;

1 Verzeichnet sind die Erwähnungen der Horkheimerschen Schriften. Zu den bibliographischen Angaben dieser u. anderer Schriften Horkheimers siehe das chronologische Verzeichnis der Schriften in diesem Band, S. 97ff.

12:150, 469; *Nachtrag zu ›Traditionelle und Kritische Theorie‹* **7**:381; *Der neueste Angriff auf die Metaphysik* **4**:106; **6**:60; **12**:69, 146, 432; *Philosophie und kritische Theorie* **12**:145; *The Revival of Dogmatism* **5**:23; *Der Schrecken in der französischen Revolution* **12**:223; *Schopenhauer und die Gesellschaft* **7**:128; *Selbstwiderspruch des logischen Empirismus* **12**:312; *Society and Reason* **5**:23; *Sociology of Class Relations* **5**:23; *Sozialphilosophische Studien* **8**:343; *Soziologische Exkurse* **8**:64; *Studien über Autorität und Familie* **3**:18, 413; **4**:107; **8**:71; **12**:154; *Studies in Prejudice* **5**:24; **8**:64; **12**:161, 165; *Theismus – Atheismus* **7**:394; *Traditionelle und kritische Theorie* **4**:217, 293; **6**:60; **7**:286; **12**:145, 224; *Vorurteil* **8**:64; *»Was wir ›Sinn‹ nennen, wird verschwinden«* **7**:429; *Wissenschaft und Krise. Differenz zwischen Idealismus und Materialismus* **12**:526; *Zu Bergsons Metaphysik der Zeit* **12**:519; *Zum Problem der Bedürfnisse* **12**:560, 575ff.; *Zum Problem der Wahrheit* **4**:106, 142, 147, 160, 199, 291; **12**:145♦; *Zum Problem der Voraussage in den Sozialwissenschaften* **12**:145; *Zum Rationalismusstreit in der gegenwärtigen Philosophie* **3**:317; **4**:106; **12**:146; *Zur Kritik der instrumentellen Vernunft* **6**:23; **12**:76, 82, 85, 90, 96

Horney, Karen Possenspiel ihrer »Selbstanalyse« **6**:213; **12**:464

Hoyle, Fred *Die Natur des Universums* **14**:198

Hubert, Henri (u. M. Mauß) *Théorie générale de la Magie* **5**:38, 45

Hugenberg, Alfred **5**:157

Hugo, Victor *Les Misérables* **13**:365; **14**:397; *L'Homme qui rit* **5**:136; **6**:126f. ▷**5**:152; 260; 361; **6**:350; **7**:169; **8**:119; **13**:159; 535; **14**:49

Humanismus Der faschistische Typus Mensch u. sein Ideal sind das Widerspiel des H. **4**:281; Der H. der Gegenwart besteht in der Kritik der Lebensformen, unter denen die Menschheit jetzt zugrunde geht 290; Neuhumanismus 295ff., 308; Antisemitismus im modernen H. 387ff.♦; in Frankreich **5**:256; **6**:36; 102; 104; 144; Die Überwindung der Grenze von Philosophie u. Soziologie ist ein Schritt auf die neue humanistische Konzeption hin **8**:380; **9**:55; 74; **12**:127; *Negativer Humanismus* **14**:200; *Humanismus nach Montaigne und die Funktion der Skepsis* 200; Der H. in der Gegenwart entfaltet die Kritik der Lebensformen, unter denen die Menschheit jetzt zu Grunde geht, in der Anstrengung, sie in einem vernünftigeren Sinn zu ändern 201

Humboldt, Alexander von **4**:146

Humboldt, Wilhelm von **8**:203f.; 401; 415

Hume, David *Abhandlung über den Selbstmord* **3**:119f.; *Dialoge*

über natürliche Religion **4**:265; **9**:425f., 442ff., 456, 460; *Eine Untersuchung über den menschlichen Verstand* **3**:165; **7**:84; **9**:426, 429f., 434, 436, 440ff.; *Enquiry concerning Human Understanding* **12**:42; *Essays* **9**:446; *Naturgeschichte der Religion* **9**:426; *Politische Diskurse* **9**:426; *Traktat über die menschliche Natur* **3**:165; **4**:118, 132, 266; **9**:426, 429f., 432, 434, 436, 438, 441, 449f., 454 ▷**2**:30; 151; **3**:170; 235; 279; **4**:114; 117f.; hat den Bankrott des konstruktiven Denkens auch als etwas Negatives empfunden 132; 148; 254; nimmt Schopenhauer vorweg 265; 268; 274; 335; 360; **5**:29; 46; 158; 321; **6**:21; Vater des modernen Positivismus 40; 295; 421; **7**:25f.; 37f.; Seiner Skepsis ist die positivistische Wissenschaftsgläubigkeit leicht anzumerken 167f.; 170; hat Religion auf Konvention zurückgeführt 190; **8**:183; **9**:19; 233; 262; 287; 335; 349; 399; 416; 425ff.♦; ein radikal aufgeklärter Weltmann 425; Religion wird bei ihm zu einer Sache der persönlichen Anständigkeit 425; Erkenntnistheorie 427ff.♦; sinnliche Erlebnisse als einziges Urmaterial der Erkenntnis 427; Kausalitätsproblem 429; ist stolz darauf, in der Philosophie nicht anders als die Forscher in jeder anderen Wissenschaft zu verfahren 431; Kausalitätsproblem 433ff.♦; wiederholt Lockes Kritik der Persönlichkeit, ohne ihre materialistische Voraussetzung zu teilen 439; Trieblehre 440; Die Philosophie ist nicht mehr Ausdruck von Mächten, die dazu tendieren, an dem Bestehenden etwas zu ändern 445; Geschichtsphilosophie 446f.; bekämpft die Vertragstheorie u. leugnet eine primitive Vernunftreligion am Anfang der Geschichte 447; Moralphilosophie 447ff.; Von den Widersprüchen innerhalb dieser Gesellschaft wird abgesehen 449; 451f.; bezweifelt das bürgerliche Individuum in seiner Existenz 453; konnte noch nicht zu einer soziologischen Theorie vordringen 456; 458f.; 467; Einfluß auf Kant 470f.; 474f.; **10**:13; 21; 75; bei H. keine Transzendierung des Reiches sinnlicher Erfahrung 77; Kausalität 80f.; 82; 192ff.; 357; **11**:85; 134f.; konnte mit seinen Bedeutungsanalysen zu keinem positiven Resultat gelangen 135; 186; 205; **12**:445; **13**:275; 354; 372f.; 383; Wäre das Denken bei ihm stehengeblieben, so wäre dies ein trauriges Zeichen des menschlichen Geistes 386; 425; 532; der konsequenteste, intelligenteste u. radikalste moderne Nominalist 621f. ♦; **14**:430

Husserl, Edmund (s. Phänomenologie) *Formale und transzendentale Logik* **3**:280, 293; **4**:164; *Ideen zu einer reinen Phänomenologie* **9**:143; **10**:314f.; **11**:83; *Die Krisis der europäischen Wissenschaften und die transzendentale Phänomenologie* **4**:122; **5**:47; *Logische Untersuchungen* **3**:294; **6**:22; **10**:299, 302, 312, 314f., 318, 323, 328,

380, 395; **11**:41, 83, 93, 160; **13**:272, 352, 395; *Philosophie als strenge Wissenschaft* **3**:268; **10**:299f., 304, 322, 377, 378; *Philosophie der Arithmetik* **11**:41; **13**:395; *Prolegomena zur reinen Logik* **13**:395 ▷**2**:113; **4**:116; 148; 332; 334; 362; 364; 433; **6**:215; 259; 402; **7**:16; 262; 288; 429; 452; **8**:192; H.s bewundernswerter u. vergeblicher Versuch des Ausbruchs aus dem Positivismus 437; verehrt Descartes als Urvater der modernen Phänomenologie **9**:143; 151; 467; **10**:70; 183f.; 271; *Husserls ›Logische Untersuchungen‹* 299ff.♦; Seine Intention geht darauf hin, heute Philosophie als strenge Wissenschaft zu begründen 300f.; Kritik an Positivismus u. Relativismus 302ff.; über die Gültigkeit von Naturgesetzen 303f.; Unmöglichkeit der empiristischen Begründung logischer Sätze 304ff.; Begriff einer reinen Logik 306ff.; Versuch, aus einer Theorie aller möglichen Theorieformen das Apriori der Wissenschaft zu entwickeln 307ff.; Seine reine Logik sucht die Möglichkeit von Theorie überhaupt auf 309; An-sich-Sein von logischen Sätzen 309ff.; Abhängigkeit von Empirie u. Logik 311f.; ontologischer Ausgangspunkt 312f.; Lehre von der Wesensschau 315f.; durch seine Lehre ist die Möglichkeit metaphysischer Hypostasierung gegeben 316; 322; Kritik am Historismus 322f.; hatte selbst wesentlich von den logischen Einheiten gehandelt, aber gleichzeitig die Möglichkeit eidetischer Forschungen überhaupt unterstrichen 323; 324; Lehre von der Wesensschau 325f.; 328; 340; *Phänomenologie (Husserl, Scheler)* 377ff.♦; Glaube an die Möglichkeit einer allgemeingültigen Darstellung des Sinnes der Welt 377; sieht die für eine strenge Wissenschaft geforderte Systemform nur in der reinen Mathematik erfüllt u. behandelt die Naturwissenschaft als unphilosophisch 378; anfechtbare Auffassung von Naturforschung 380f.; Begriff der »reinen Logik« 381ff.♦; sucht das Apriori der Wissenschaft zu entwikkeln 383; Sein Ideal ist eine vollständige Theorie der möglichen Theorieformen 384; An-sich-Sein von logischen Sätzen 384f.; betrachtet allen Positivismus in der Logik als verkehrt 385; Mangel an Dialektik u. Lehre von der »Evidenz« 386ff.; Seine Begründung der Logik ist ontologisch 388; hat der Scheidung von Essenz u. Existenz in der Philosophie wieder einen zentralen Platz angewiesen 389; Verhältnis von Allgemeinem u. Besonderem 390ff.; Lehre von der Selbständigkeit der Bewußtseinsakte 391f.; hatte die Möglichkeit eidetischer Forschung in allen Richtungen unterstrichen 392f.; 394; Nach ihm war wenigstens unmittelbar keine Metaphysik auf die Lehre von den Ideen zu gründen 395; ursprüngliche Überzeugung, daß Philosophie lehrbar u. lernbar sein müsse 399; 400; *Husserls er-*

kenntnistheoretische Fundierung der Wesensschau **11:**82ff.♦; wendet sich vornehmlich gegen Philosophen der englischen Aufklärung 84; Kritik an der Scheidung der erkenntnistheoretischen von der psychologischen Intention 88; Die Sphäre des Bewußtseins ist für H. das eigentliche Gebiet erkenntnistheoretischer Forschung 88; Wesen ist bei ihm identisch mit dem Spezifischen 90; Lehre von der Wesensschau nicht durch Kriterien im gewöhnlichen Sinn verfizierbar 93; Seine Schüler haben versucht, Wesensschauungen auf allen philosophischen Gebieten zu üben 94; Differenzen zu Scheler 96; 129; 139; Seine Lehre von der Wesenserschauung hatte eine sehr enge u. rationalistische Bedeutung 151; Relativismuskritik 253f.; 256; 283; **12:**108; einer der letzten großen europäischen Erkenntnistheoretiker 155; 449; 487; 493; H.s genetische Logik. Das Benennen als Urfunktion der Sprache 499ff.♦; genetische Logik u. Dialektik 499; Der Fehler der genetischen Logik: sie fundiert die Konstitution im Subjekt 499; ein Versuch, die Position des Idealismus bis zum Ende zu treiben 500; 513; bekämpfte gleichzeitig Deduktion u. Induktion 523; Noesis u. Noema 539; 600; **13:**351; 373; 429; **14:**250; **19:**59

Hutcheson, Francis **7:**37

Hutchins, Robert M. *Some Observations on American Education* **8:**227 ▷**8:**229

Hutten, Ulrich von **9:**40

Huxley, Aldous *Brave New World* **6:**72ff.; **12:**252, 256; **14:**500, 540; *Brave New World Revisited* **14:**500 ▷**5:**20; **6:**72ff.♦; verbündet sich ungewollt mit dem reaktionären Kulturkonservatismus 73; seine Popularmystik, die zur »schönen neuen Welt« so gut paßt wie jede gebrauchsfertige Ideologie 74; **8:**217; 266; 283; **12:**190; Verhältnis von Bedürfnis u. Kultur bei H. 571ff.♦; Nach H. ist die industrielle Gesellschaft zu immer rücksichtsloserer Entfesselung der technischen u. wissenschaftlichen Produktivkräfte gezwungen 571; H.s Somapillen sind die Mythologisierung der Massenkunst 573; hat gesehen, daß der Kapitalismus imstande sein könnte, alle elementaren Bedürfnisse zu befriedigen 574; **13:**587

Huygens, Christian **10:**347; **11:**185

Ibsen, Henrik *Baumeister Solness* **13:**116; *Ein Volksfeind* **8:**108 ▷**2:**386; **3:**144; 409; **7:**317; **11:**254; **12:**148; 443; 558; 566; **14:**336; 507

Idealismus (s. Dialektik, Hegel, Identitätsphilosophie, Materialismus, Narzißmus, Rationalismus) **2:**49; 154; Gedanke, daß alle Wirklichkeit mit dem absoluten Geist identisch sei 248f.; 255; *Der Idea-*

lismus des Revolutionärs 419f.; Sozialphilosophie wurde in der Geschichte des klassischen deutschen I. zur entscheidenden philosophischen Aufgabe **3**:20ff.; hat das Ineinander von autonomer Vernunft u. empirischem Einzelwesen entfaltet 21; Gegensatz von Materialismus u. I. wird in der heutigen philosophischen Literatur keineswegs begriffen 73ff.♦; Unterschied zwischen I. der herrschenden u. der gegen die Herrschaft kämpfenden Klassen 82; wird zum Mittel, den durch Natur u. gesellschaftliche Verhältnisse erzwungenen Triebverzicht zu verklären 83; 91; 147; idealistischer Charakter von Bewußtseinsphilosophie u. Irrationalismus 169; Vergötzung des Unbewußten durch den I. 200; Die geistige Anstrengung, das Schicksal jedes Einzelnen u. der ganzen Menschheit in Einklang zu bringen, gehört zu den wichtigsten Zielen der idealistischen Philosophie 252♦; 278f.; idealistische Ansicht, daß die materiellen Bedingungen keine Rolle spielen 386; **4**:93; 121; Begründung der Einsicht, daß die Welt immer auch Produkt menschlicher Aktivität ist 133; setzt Tatsachenwissen u. Seinserkenntnis nicht unmittelbar gleich 134; Freiheitsbegriff 204f.; 218f.; 262; 293; 304; wahrer u. falscher I. 349; 356ff.; 359; 362; Alles kommt aus dem Bewußtsein, bei Malebranche u. Berkeley aus dem Gottes, in der Massenkunst aus dem der irdischen Produktionsleitung **5**:149; 241; 255; der griechische I. 324; objektive Theorie der Vernunft **6**:28; 112; 118; glorifizierte das bloß Bestehende 171; extrem idealistische Spekulationen führten zu Philosophien der Mythologie 173; 182; endet als leere Ideologie 182f.; *Irrtum des Idealismus* 251; 309; 321; **7**:24; Verwandtschaft von Ontologie u. deutschem I. 55; die idealistische Beziehung von Unendlichem u. Endlichem bewahrt noch ein Moment von Utopie 59; 66; Die trügerische Annahme vom Beginn des sinnvollen Endes war Voraussetzung u. Ergebnis des absoluten I. 84; 114; Freiheitsbegriff des deutschen I. 145f.; Der deutsche I. hat Befreiung in die Geschichte selber verlegt, ohne die Endlichkeit absolut zu setzen 153; 162; 177f.; 226; Subjektbegriff des I. 370; Die Beziehung des I. zum Denken der emanzipierten Juden ist durch die großen jüdischen Schüler u. Nachfolger der Philosophen besiegelt **8**:169; Der I. vereint den Sinn für Realität mit dem unbeirrbaren Festhalten an der Idee, dem Gegensatz zur Realität 169; Im deutschen I. bedeutet Geist die Verfassung des denkenden, begreifenden Subjekts, die letzten Endes auch das Wesen des Realen ausmacht 180; deutscher I. der jüdischen Philosophen 185; Im Marxismus steckt ein idealistisches Moment, das in keiner Weise durch ein theologisches gestützt wird 328; Bewegung der idealistischen

Philosophie u. der Einzelwissenschaften 405; **9:**113; Gegensatz zum Materialismus 114f.; 153f.; 158; idealistischer Individualismus bei Leibniz 250; 261; Die moderne Philosophie hat nicht das »Erbe« des großen deutschen I. angetreten 273; 309; 357; 479; **10:**2; *Vorlesung über die Geschichte der deutschen idealistischen Philosophie von Kant bis Hegel* 11ff.♦; *Verhältnis des deutschen Idealismus zur Französischen Revolution* 12ff.♦; Die Philosophie des deutschen I. verläuft nicht parallel den Fachwissenschaften der uns gewohnten Sphäre, seine Geschichte stellt eine besondere Aufgabe 13; Ohne eingehende Kenntnis Kants bleibt die Philosophie des deutschen I. ein Buch mit sieben Siegeln 15; Der deutsche I. ist gleichsam die Fortführung der rationalistischen Aufklärung 20; war weit über die gesellschaftlichen Kräfte, die ihm den Anstoß gegeben hatten, hinausgewachsen 21f.; Bestimmung des deutschen I. durch die Kantische Philosophie 27; konsequente Weiterbildung der Kantischen Philosophie 64; Fichte ist das erste Beispiel dialektischer Methode im deutschen I. 116; I., der Erkenntnistheorie bleibt, muß notwendig Solipsismus sein 118; Die positive Haltung zu allem historisch Gewachsenen ist charakteristisch für die zweite Periode des deutschen I. 127; I. u. Romantik 131; Die eigentlichen Philosophen des deutschen I. legen alle das Wesen der Welt in das Bewußtsein 131; war bis zu Schelling wesentlich Transzendentalphilosophie 136; Die Denker zwischen Kant u. Fichte zerschlagen die ontologische Gewißheit 156; 202f.; Überwindung des Dualismus von Subjekt – Objekt war das wesentliche Motiv des deutschen I. 224; 318; 339; Grundgedanke, daß die Welt aus der autonomen Vernunft heraus erschöpfend konstruierbar sei 372; 417; *Beantwortung der Frage: Was heißt vom transzendentalen Idealismus aus die Behauptung, daß die materielle Entwicklung der Entwicklung des Bewußtseins vorausgegangen ist?* **11:**19ff.♦; Emanzipation des deutschen Bürgertums u. deutscher I. 102ff.; Gegensatz Materialismus – I. 176ff.; 212; Der subjektive I. ist ebenso wenig zwingend wie der objektive u. absolute 228; 251; 256; *Einheit des Absoluten* 278f.; 281ff.; Der deutsche I. betrachtet empirische Realitäten als Objektivierungen u. Zeichen zugrundeliegender Kräfte, deren Erkenntnis zu angemesseneren Formen u. Zielen des menschlichen Lebens führen könnte **12:**192; Im subjektiven I. ist das Bewußtsein doppelt vorhanden: als erkennendes Subjekt autonom, als »Erscheinung« beeinflußbar 367; Der subjektive I. kennt nur eine ewige Gegenwart 367; (Adorno:) Das Wesen des I. ist, daß alles jeweils Vorkommende als sinnvoll gedeutet wird 380; (Adorno:) Der I. sieht in der

»Erklärbarkeit« der Phänomene eine ontologische Struktur der Phänomene selbst 391; Das eigentliche Maß für den I. ist der Identitätscharakter zwischen Subjekt u. Objekt 483; I. – Materialismus **13**:297ff.♦; 349; In der Tat ist es dem deutschen I. gelungen, die Seelenlehre auf ein anderes Niveau zu heben. Aber all das ist nicht Bewußtsein der bürgerlichen Welt geworden 551; 638; absoluter I. **14**:157; Bitterkeit gegenüber dem I. bei Heidegger u. Marx 272; Die Annahme eines verbindlichen Wertsystems eskamotiert das entscheidende Ergebnis des deutschen I., den Subjektivismus 278

Identitätsphilosophie (s. Dialektik, Hegel, Idealismus) *Hegel und das Problem der Metaphysik* **2**:295ff.♦; Identität zwischen Begriff u. Wirklichkeit bei Hegel, nicht aber für den Materialismus **5**:308; Auch die Hegelsche Logik steht im Dienst der I. **12**:72; Wir sind keine Identitätsphilosophen, die eine abschlußhafte Philosophie zu offerieren haben 479; 505; 519; 595; (Adorno:) Wir unterziehen den Hegelschen Anspruch, durch Dialektik die Identität von Sein u. Denken zu bestimmen, der Kritik 601; (Adorno:) Wir zielen auf eine Kritik der Vernunft ab 601

Ideologie **2**:179f.; Ideologielehre bei Hobbes 222ff.♦; Die historische Bedingtheit von Theorie weist sie nicht als I. aus 235; Priestertrugstheorie der Aufklärung 261; *Ein neuer Ideologiebegriff?* 271ff.♦; partikularer u. totaler Ideologiebegriff bei Mannheim 272; Der bestimmte Inhalt des Ideologiebegriffs geht in der Wissenssoziologie verloren 285; Je windiger es um notwendige Ideologien bestellt ist, mit desto grausameren Mitteln muß man sie schützen 313; Die I. ist ein Spiegelbild der materiellen Basis 333; Der Ideologiebegriff hat seine Gefährlichkeit eingebüßt 392f.♦; *Wandlungen der Moral* 408; Erst wenn auch ein durchschnittliches Auge den Schein durchdringen kann, pflegt sich ein eigener ideologischer Apparat auszubilden **3**:44f.; **4**:33; nicht zu unterschätzender Kittfaktor des rissig gewordenen Gesellschaftsbaus 206; Indem sich der Kreis der wirklich Mächtigen verkleinert, wächst die Möglichkeit bewußter Ideologienbildung 210; Es gibt Zeiten, in denen der Staat nicht einmal die Freiheit gewährt, die herrschende I. bloß für wahrscheinlich zu halten 242; Wer ohne Darstellung der Basis nur die I. angreift, übt gar keine Kritik 275f.♦; 342ff.♦; **5**:174; Die von den Politikern der Lager ausposaunte Unversöhnlichkeit der Ideologien ist selber nur noch eine I. der blinden Machtkonstellation 235; **6**:90; 108; 114; 118f.; 149f.; 163; 179; 183; 192; 197; 218; *Zur Ideologiekritik* 221; *Entlarvung des Ideologiebegriffs* 296f.♦; Je loser die Gesellschaft zerfällt, desto geringer wird nach der Lüge gegriffen, die sie

zusammenhält 325; Ideologiebegriff bei Marx 329; *Philosophie und Ideologie* 333f.♦; *Ideologien nach Marx* 397f.; *Jenseits von Ideologie* 424; *Ideologie und Handeln* **7**:11ff.♦; Das theoretische Profil des Begriffs ist verlorengegangen 11; Ideologiebegriff bei Marx u. Engels 13; Ideologiebegriff der Wissenssoziologie 13ff.♦; der totale Ideologiebegriff macht die Abhängigkeit alles Geistigen zur ausschlaggebenden theoretischen Erfahrung 16; Ideologiebegriff bei Pareto 16f.♦; 43; Notwendigkeit großer ideologischer Apparatur für die bürgerlichen Verhältnisse 76f.; 101; 115; notwendiger Schein 168; Mit den religiösen sind die anderen kulturellen Motive als ideologisch kompromittiert 217; Die Achtung vor dem Menschen ist an unendlich vielen Stellen als bloße I. zu entlarven **8**:329; Weltanschauungen sollen unproblematisch u. handlich sein u. von überflüssigen Anstrengungen dispensieren 399; Neuer Aberglaube u. Technifizierung sind komplementär 399; **9**:84ff.; bedeutet ursprünglich die Untersuchung der materiellen Abhängigkeit des Bewußtseins 375; I. der modernen deutschen Großindustrie **10**:120; Ideologenschule in Frankreich 192f.; Zusammenhang von materieller Armut u. Armut an die Wirklichkeit vergoldende Vorstellungen 301f.; Ideologiekritik bei Feuerbach **11**:150; ihre allgemeine Funktion in der Klassengesellschaft 187; Ideologiebegriff bei Pareto 197ff.♦; ideologische Funktion von Philosophie u. Kultur 216ff.♦; Verschleierung des gegensätzlichen Charakters der Gesellschaft 217; Ideologisch ist nicht die selbstverständliche Bedingtheit einer Sache, sondern ihre harmonisierende Verklärung des Widerspruchs 218f.♦; 228; Aberglaube als I. 249ff.; bezeichnendstes Merkmal ihrer modernen Produkte, daß sie die Vernunft in Verruf bringen möchten 251f.; Ideologien halten sich Hunderte von Jahren, nachdem sie die Breite ihres Fundaments verloren haben 254; die Rede von den »Banden des Blutes« gehört zu den finstersten ideologischen Götzen 254f.; 256; Das echte Interesse muß die Macht haben, daß alle bloße I. an ihm sich entlarvt 260; Kunst u. Religion als I. 267; 272; 370; 396; Zur I. der Politik heute **12**:316♦; **13**:306ff.♦; *Ideologie (I)* **14**:272; *Ideologie (II)* 276; Eine der wichtigsten Funktionen der I. ist die Verlagerung des Schwerpunktes 276

IG Farbenindustrie AG **4**:298

Impressionismus **3**:233; 415; **10**:211; **11**:168

Indien Kastenordnung als Hemmnis gesellschaftlicher Entwicklung **3**:352ff.; brutaler Patriarchalismus **5**:244

Individuum (s. Autorität, Charakter, Familie, Freiheit, Konkurrenz, Mythos, Narzißmus, Regression, Subjekt, Verdinglichung) I. bei

Hobbes **2**:210ff.♦; der Weg der Geschichte führt über das Leiden der Individuen 249; idealistische Leugnung des wesenhaften Seins der Individualität 257; *Monadologie* 313f.; 356f.; *Das Ansehen der Person* 398ff.; Liquidation der Autonomie des I. **3**:16ff.♦; 25; 115ff.♦; Die Sinnlosigkeit des Einzelschicksals hat sich in der gegenwärtigen Phase zum eindringlichsten Kennmal des Daseins gesteigert 135; Verhältnis von I. u. Gemeinschaft 205ff.♦; 261f.; 270f.; abstrakter, verdinglichter Begriff des I., der in dieser Wirtschaftsordnung unausweichlich das Denken beherrscht 284f.; Die Welt zerfällt in Ich u. Nicht-Ich wie in Fichtes transzendentaler Philosophie 313; Das isolierte I. ist in der gegenwärtigen Epoche notwendig von Angst u. Unsicherheit beherrscht 320; 367ff.♦; Gerade im philosophischen Tatbestand, daß das I. abstrakt gefaßt u. zum reinen geistigen Wesen erhoben wird, spiegelt sich die Unvollkommenheit seiner Freiheit wider 369; 386f.; 405f.; Die Natur des isolierten I.s ist bereits ein fragwürdiger Gegenstand der Anthropologie **4**:11; Die Reformatoren haben dem I. in der Ideologie die Selbständigkeit gegeben, zu welcher es durch die Umgestaltung der Wirklichkeit berufen war 53♦; 70f.♦; Verachtung des I. in der bürgerlichen Gesellschaft 72f.♦; Jedes I. steht im Mittelpunkt der Welt u. weiß zugleich, daß es in der wirklichen überflüssig ist 113; 155; Die beschränkte Freiheit des bürgerlichen I. erscheint in der Gestalt vollendeter Freiheit u. Autonomie 185; Unter den monopolkapitalistischen Verhältnissen ist es auch mit der relativen Selbständigkeit des I. zu Ende 211; Begriff des I. im Skeptizismus 255ff.♦; Entfaltung des I. unter bürgerlicher Demokratie u. totalitärem Staat 268; findet keine Zuflucht mehr, weil die Erde sich rapide uniformiert 271; Die Freiheit des I. ist in der Neuzeit im Gegensatz zur Antike allgemein 273; 276; I. im totalitären Staat 351; 356; Das I. kann niemals aus dem I. selbst hergeleitet werden 362; 413; In der Gegenwart bleibt die Substanz des I. in sich selbst verschlossen 426; Dialektik von I. u. Gesellschaft 436f.♦; Der Einzelne wird gegenüber den ökonomischen Mächten vollends annulliert **5**:20; Furchtbares hat die Menschheit sich antun müssen, bis das Selbst, der identische, zweckgerichtete, männliche Charakter des Menschen geschaffen war, u. etwas davon wird noch in jeder Kindheit wiederholt 56; 110; Die kapitalistische Produktion hält sie mit Leib u. Seele so eingeschlossen, daß sie dem, was ihnen geboten wird, widerstandslos verfallen 158; Mythos des Erfolgs 158; Die Liquidation der Tragik bestätigt die Abschaffung des I. 181; Pseudoindividualität 181; Jeder bürgerliche Charakter drückte trotz seiner Abweichung u. ge-

rade in ihr dasselbe aus: die Härte der Konkurrenzgesellschaft 182; der heutige Großstädter, der sich Freundschaft nur noch als »social contact«, als gesellschaftliche Berührung innerlich Unberührter vorstellen kann 183; der kalte, stoistische Charakter, den die Gesellschaft bis heute den Menschen aufzwingt 198; Geht das I. positivistisch, im Registrieren von Gegebenem auf, ohne selbst zu geben, so schrumpft es zum Punkt, u. wenn es, idealistisch, die Welt aus dem grundlosen Ursprung seiner selbst entwirft, erschöpft es sich in sturer Wiederholung. Beide Male gibt es den Geist auf 219; In der Erkrankung des I. wirkt der geschärfte intellektuelle Apparat des Menschen gegen Menschen wieder als das blinde Feindwerkzeug der tierischen Vorzeit 220; blinde Fügsamkeit 229; Einmal enteignete das Warenhaus das Spezialgeschäft alten Stils. Dem psychologischen Kleinbetrieb, dem I., ergeht es nicht anders 233; schmerzhafte innere Dialektik von Gewissen, Selbsterhaltung u. Trieben 234; 236; Zerfall der Individualität 273; In ihrem Zeichen stand die Tendenz zur Emanzipation des Menschen, aber sie ist zugleich das Resultat eben jener Mechanismen, von denen es die Menschheit zu emanzipieren gilt 273; ihr Widerstand gegen die blinde, unterdrükkende Macht des irrationalen Ganzen 273; Fetischismus des Denkens 276; Angst 316; Hemmung der Triebe 325; 326; Der Zerfall der Vernunft u. der des I. sind eins 334; ohne Traum, ohne Geschichte, der Sprache enteignet 337; Die Zelle der Gesellschaft ist nicht mehr die Familie, sondern das soziale Atom, das I. allein 337; Modifikation in der Über-Ich-Bildung 371; Spleen, der Protest des I., geht über in das institutionalisierte Hobby **6**:56 f.♦; *Die Revolte der Natur* 105 ff.♦; Selbstverleugnung des I. in der Industriegesellschaft 106; Abhängigkeit seines Überlebens von der Anpassung an gesellschaftliche Zwänge 107 ff.♦; Auslöschung des I.s durch Identifikation mit der gesellschaftlichen Realität 123 f.♦; mimetische Tradition seiner Eigenheiten 124; der Nationalsozialismus zerbrach die Individualität 131; *Aufstieg und Niedergang des Individuums* 136 ff.♦; Begriff in der Antike 137 ff.♦; Seine Geschicke waren immer mit der Entwicklung der städtischen Gesellschaft verknüpft 138; Illusion des absolut isolierten I.s 142; Seine Emanzipation wäre die Erlösung der Gesellschaft von der Atomisierung 142; Begriff im Christentum 142 ff.♦; I. u. Kollektiv 143; Idee des I. vom Mittelalter bis zum Liberalismus 143 f.♦; in der bürgerlichen Gesellschaft 145 ff.♦; Aussonderung des I. unter dem Totalitarismus 159; hat keine persönliche Geschichte mehr 161♦; Die Idole der Massen sind keine echten Individuen mehr 162 ff.; 176♦; *Besitzindividualismus*

209; *Gedankenfreiheit* 211f.; *Die Nichtigkeit des Individuums* 215f.♦; 230; Entfaltung des I. 249f.♦; *Individuum und Gesellschaft* 252; 261; 265; Das I. bedeutet das Schmächtige u. Unwirkliche 268; 269; 279f.; Was einzeln ist, muß untergehen 287; *Nonkonformismus* 289f.; *Die Dialektik der bürgerlichen Gesellschaft* 290f.♦; *Geschichte und Zukunft des Individuums* 307f.♦; 310; Die Individuen im Westen werden denen im Osten gleich 316; *Autonomie* 337f.♦; 351f.; *Zur Geschichte der Autonomie* 362f.♦; Autonomie wird in der Gegenwart immer weniger aktuell 363; 370; *Der Einzelne* 371f.; *Formen des Egoismus* 381f.; *Das Ende der individuellen Liebe* 389; Autonomie 399; Das individuelle Leben hat Sinn, sofern es sich auf das der Nation bezieht 401; *Zum Begriff des Einzelnen* 402f.; 414; geschichtlich notwendige Negation des Einzelnen 423; I. u. Kollektiv 424; *Für den Nonkonformismus* 424f.; Der Einzelne vermag in Theorie u. Praxis in die Entwicklung kritisch einzugreifen 424f.♦; *Zum Begriff des Menschen* **7**:55ff.♦; Das I. ist wirklich nur im Zusammenhang des Ganzen, dem es angehört 61f.; Unter dem stereotypen Lächeln nimmt die Isolierung zu 73; Die Menschen sind emanzipiert, aber allzu wenig hängt vom I. ab 98; 101; 114; 116; 195f.; I. in Christentum u. Judentum 210; 230f.♦; Die Betonung der Einzigartigkeit des I.s wird zur bloßen Erinnerung 237; 239; Die Zukunft gehört dem Kollektiv 245; 249; Autonomie wird zur Nebensache 255f.; Rückgang individueller Tendenzen 257f.; Der Einzelne wird immer mehr an Bedeutung verlieren 331; I. in Christentum u. Judentum 390; Die Sinnlosigkeit des Einzelschicksals ist das eindringlichste Kennmal der gegenwärtigen Phase 395; 402; Der Einzelne wird immer weniger entscheiden 460; Individualismus u. Stoizismus **8**:10; Schwächung des Ichs hat die zunehmende Identifikation des I. mit seiner eigenen Gruppe zur Folge 12; Anpassungsvermögen ist wichtiger als Ichstärke geworden 16; Die Handlungen einer Person hören fast auf, Resultate spezifischer Lebensgeschichten mit einem einheitlichen Sinn zu sein 17; 24; Die von der gegenwärtigen Zivilisation hervorgebrachten Zwänge erzeugen in vielen Individuen eine latente Aggressivität, die in die Kanäle des Rassismus u. aggressiven Nationalismus geleitet werden kann 25; Abstrakte Intelligenz hat in der realen Welt ihre Basis verloren 27; Die Zeit ist der Herausbildung von Menschen, die mit anderen sich identifizieren u. doch der Macht widerstehen können, nicht hold 49; Das Ich wird in seinen entscheidendsten Komponenten getroffen 57; I. u. Vorurteil 197; eine Leere, ein Unbehagen, eine geheime Verzweiflung 224; Aufblähung des eigenen Ichs durch

das kollektive Ich 233; Im zugleich ernüchterten u. verführbaren I. heute ist die bürgerliche Subjektivität nicht aufgehoben 252; Substitution des I. durchs Kollektiv 278; Mit der zunehmenden Kollektivierung verliert die Auseinandersetzung verschiedener politischer u. anderer Überzeugungen für die Einzelnen an Gewicht 287; Die Bedeutung der Freundschaft nimmt ab 288; Auflösung des Ichs 292; Die Unabhängigkeit im Handel u. Gewerbe, wie in Erziehung u. Religion, war ein Moment des autonomen Subjekts 307; Der einzelne autonome Mensch, der für die Gesellschaft, wäre sie gerecht, charakteristisch sein sollte, ist heute im Verschwinden 326; Das, was wir Geist, Phantasie, Autonomie nennen, ist bedroht 328; Die Autonomie des Einzelnen geht verloren 341; 347; fortschreitende Reduktion des Denkens auf technisch-zeitgemäße Funktionen 357; 362f.; 366; Das Produkt des Fortschritts im Rahmen der Gegenwart ist die Atomisierung 368; Der Gesellschaft ins Auge zu blicken, von der die Gefahr des Untergangs ausgeht, ist heute das Kennzeichen des von ihr bedrohten, sich selbst bestimmenden Subjekts 377; Die uns vertraute Idee des I. verliert an Realität 428; **9:**196; idealistischer Individualismus bei Leibniz 250; der heutige Individualismus möchte die soziale Differenzierung noch verschärfen 383; 453f.; **10:**19; höchster Wert im Emanzipationskampf der Aufklärung 22; Selbstbewußtsein bei Fichte 101ff.; Der Staat stellt bei Hegel einen höheren Grad von Wirklichkeit dar als das I. selbst 122; Der Aufklärung erscheinen die Verschiedenheiten zwischen den Individuen als bloß akzidentell 124; Irrglaube, daß ein I. allein aus sich heraus eine Philosophie, neue Kunstform oder politische Formen schaffe u. diese daher aus dem I. als solchem zu begreifen seien 163; 337; **11:**167f.; 215; 241f.; 244f.; I. u. Klassenbegriff 251; bedarf der Metaphysik als eines Halts 277; Im Mittelalter war das I. freier **12:**82; Das bürgerliche I. ist dem monopolisierten gesellschaftlichen Prozeß völlig ausgeliefert 100; Das Innenleben des I.s verschwindet 115; I. u. politische Urteilsfähigkeit 241; Der Mensch im Zuchthaus ist das virtuelle Bild des bürgerlichen Typus 274; Den bürgerlichen Menschen versteht man nur aus dem verbissenen Entschluß zu dem Egoismus, nichts zu tun, was das Einkommen gefährdet 278; Prinzip des I. 314♦; Ursprung u. Ende des I. 318♦; 437ff.♦; Das I. ist eine bloße Funktion u. keine Grundkategorie der bürgerlichen Gesellschaft 438; I. bei Hegel, Marx u. Freud 439♦; Das I. ist von Leibniz als Kraftquelle in die Philosophie hereingebracht. I. u. Wille hängen zusammen 450; Zum Begriff des I.: Eigentum, Angst, Mündigkeit 451♦; Das Eigentum ist konstitutiv für die geschichtliche

Entwicklung des I. 452; Der Mangel an Erfahrung der Angst bewirkt die Insuffizienz der Ichbildung 452; 456; Ursprung des I.: auf der Schwelle des Mythos zum historischen Zeitalter 453; Mythos, Mündigwerden u. I. sind ökonomisch zu fassen 456; (Adorno:) Synthesis ist nichts Individuelles, sondern Ausdruck des Funktionszusammenhangs, in dem die Individuen stehen 485; *Die verwaltete Welt oder: Die Krisis des Individuums* **13**:120; (Adorno:) Jeder Einzelne wird gewissermaßen zum Verwaltungsfunktionär seiner selbst 124; (Adorno:) eine Vorstellung von dem Lawinenhaften, was sich da anbahnt 125; Pseudoindividualisierung 134; Anstelle der in der Aufklärung vertretenen Idee der Gleichheit tritt die der Standardisierung 134; (Adorno:) eine Mischung von äußerster Beweglichkeit u. völliger Starrheit, wie sie einer Schraube zukommt 136; Die Menschen, die blind autoritätsgebunden sind, nehmen in dieser gegenwärtigen Zeit zu 137; Menschen, die nur Freund u. Feind kennen u. die kein Gewissen haben 138; Verangestelltung, Auflösung des Ichs, Angst, Nationalismus 149; Der Mangel an innerem Halt ist eine der Krisenursachen der Gegenwart 371; Die Gesellschaft muß zerfallen, wenn sie sich nicht auf eine höhere Stufe stellt. In ihr leben Menschen, die keine Subjekte mehr sind, die in der Illusion leben, es noch zu sein 393; *Der Begriff der Seele seit Leibniz* 515; 554; 573; erzwungener Optimismus 624; *Die Enteignung des Ichs* 654; *Ursprung und Auflösung des Subjekts* **14**:121; *Ende des Individuums (I)* 128; Kollektiv-Ich/Individual-Ich 128; Was Freud in ›Massenpsychologie u. Ich-Analyse‹ als Rückgang des Ich-Ideals verstand, wird zur permanenten Ersetzung des Ich-Bewußtseins durch ein Wir-Bewußtsein 129; *Eigenname und Ich* 130; *Ende des Individuums (II/III)* 137; *Ende des Individuums (IV)* 141; *Metaphysik des Individuums* 151; *Zur Genealogie des Individuums* 155; Der Untergang des I. läßt sich aus der Ökonomie ableiten 202; In der heutigen Gesellschaft fehlen die materiellen Voraussetzungen für die Ausbildung eines harmonischen I.: materielle Sicherheit, ein Beruf, den der Einzelne beherrscht, anstatt von ihm beherrscht zu werden, u. schließlich etwas, »woran man sich halten kann« 214; *Vom Inzestverbot zur Abschaffung des Individuums und dem Prozeß der Barbarisierung* 217; Alles, was den Menschen ausmacht, was dem Leben einen Sinn geben kann, wird in der sogenannten »freien Welt« gebrochen 217; Phänomene der Entindividualisierung 218; *Gesellschaft und Individuum* 300; *Theorie des Intellektuellen* 308; *Das Individuum* 309; Die Menschen werden heute als Gattungswesen behandelt 309; *Das Ende des Romans* 330; *Dialektik des Indivi-*

duums 348; 367; *Individuum und Volk* 401; *LSD als Symbol der Lage des Individuums* 427; *Über das Lesen* 474; *Kunst heute und das Ende des autonomen Individuums* 486; *Zu den Problemen: Individuum, Schopenhauer usw.* 493; Der gesellschaftliche Prozeß strebt einem Punkt zu, wo jeder Einzelne so integriert ist, so »conditioned«, daß er ohne viele Überlegung auf Signale, die ihm in allen Lebenslagen von der Gesellschaft gegeben werden, automatisch reagiert 500; *Der Verlust der Trauer* 502; *Autonomie des Individuums und automatisierte Gesellschaft* 510; Tiefster Grund für den Untergang des I.: es hat in der automatisierten Gesellschaft qua »I.« keine Funktion mehr 516; *Der neue Konformismus* 531; *Das Geheimnis* 542; *Unsere Beziehungen* 543

Inquisition **2:**313; 359; **6:**238; 349; **7:**36; 49; 92; 175; 208; **9:**135

Institut für Sozialforschung (s. Zeitschrift für Sozialforschung) *Die gegenwärtige Lage der Sozialphilosophie und die Aufgaben eines Instituts für Sozialforschung* **3:**21 ff.; Schriftenreihe des I.f.S. 31; 329 ff.; *Vorwort zum VI. Jahrgang der Zeitschrift für Sozialforschung* **4:**105 ff.; *Vorwort zu Heft 3 des VIII. Jahrgangs der Zeitschrift für Sozialforschung* 371 f.; *Zur Tätigkeit des Instituts. Forschungsprojekt über den Antisemitismus* 373 ff.; **5:**14; 365; **6:**22; 26; **7:**261 ff.♦; 266 f.; 277; 284 ff.♦; 289 f.; 325 ff.♦; theoretisches Einverständnis mit dem Marxismus 328; 332 ff.; 343; 364 ff.♦; 383 f.; 417 f.; 424 ff.; 466 ff.♦; 474; *Betriebsklima. Eine industriesoziologische Untersuchung aus dem Ruhrgebiet* **8:**94; Institutionelle Verbindungen: Berkeley Public Opinion Study Group 27; Research Project on Social Discrimination 68; 337 ff.; 378; Programm eines interdisziplinären Materialismus **12:**131 f.♦; dialektische Logik 156♦; Geschichte der Philosophie 157♦; Zum Wesen der ökonomischen Krise 158♦; Kritik der gegenwärtigen Soziologie 159♦; Rückgang der Musikrezeption 159♦; Familie u. Gesellschaft in China 159♦; Wirtschafts- u. Sozialgeschichte Chinas 160♦; Quellenmaterialien zur Geschichte Chinas 160♦; Der Mensch im autoritären Staat 161♦; Theorie des Faschismus 162♦; das Problem der Freizeit 163♦; bürgerliche Gesellschaft im 19. Jhdt.: Paris 163♦; Musik u. Malerei 163♦; Plan des Forschungsprojekts über Antisemitismus 165♦; institutionelle Verbindungen: American Jewish Committee 164; 168 Columbia University 168; Programm einer intereuropäischen Akademie 197♦; *Forschungsthemen* **14:**199

Institut für vergleichende Sozialwissenschaften (Stuttgart) **19:**16

Institute for Pacific Relations **4:**107

Institute of Child Welfare (Berkeley) **5:**394

Intelligenz *Liebe und Dummheit* **2**:388; mangelnder Zusammenhang der I. mit den geschichtlich gestellten Problemen **3**:192♦; Daß jemand in einem bestimmten Wissenschaftszweig hohe kritische Fähigkeiten entwickelt u. in den Fragen des sozialen Lebens die borniertesten Phrasen nachbetet, hat sich zur typischen Haltung des Fachgelehrten entwickelt 281♦; Vergötzung des Proletariats **4**:188; Verhältnis der I. zur Gesellschaft 195ff.♦; 315; Verdummung ist nur ein anderer Aspekt der modernen Intellektualisierung **6**:71; 86; Die positivistische Beschränkung macht die I. zum Diener des Produktionsapparats 97; Antiintellektualismus 127; *Zwischen den Stühlen* 286; Die I. ist zu Predigern dessen geworden, was schon ist 322; *Sozialer Wandel der Intellektuellen* 393f.; am Schicksal des Intellektuellen tritt hervor, wieweit es der Gesellschaft auf Herrschaft oder Freiheit ankommt **7**:120; I. u. Dummheit **11**:259f.

Interesse *Uninteressiertes Streben nach Wahrheit* **2**:364f.♦; *Profitinteressen* 436; **3**:114f.; **4**:139; *Interesseloses Wohlgefallen* **6**:235; 337f.; *Die Macht des Interesses* 392; 422; **7**:117; 195; **11**:167ff.♦; Das echte I. muß die Macht haben, daß alle bloße Ideologie an ihm sich entlarvt 260; 396

Irrationalismus Kritik des I. am Rationalismus **3**:167ff.♦; idealistischer Charakter des I. 169; Kritik des I. am Denken 171ff.; Verherrlichung ökonomisch bedingten Triebverzichts durch den I. 209ff.; I. leistet gesellschaftliche Verklärung 215f.; bürgerlicher I. **4**:59; 149; durchzieht die gesamte Neuzeit 252; Rationalismus im einzelnen kann mit allgemeinem I. einhergehen 339; *Irrationalistische Philosophie* **11**:274f.

Isidor von Sevilla **13**:319

Islam **6**:365; **7**:141f.; besitzt zur nationalen Macht besondere Affinität 156

Jackson, Gabriel *The Spanish Republic* **13**:99

Jacob I. (König von England) **2**:206; **9**:77f.; 99f.; 103

Jacob II. (König von England) **9**:307

Jacobi, Friedrich Heinrich **2**:49; **9**:461; **10**:96; **13**:617

Jahn, Friedrich Ludwig **6**:365; **8**:127

Jahoda, Marie *Antisemitism and Emotional Disorder* (mit Nathan W. Ackerman) **5**:408; **12**:166

James, William *Human Immorality* **3**:281; *The Meaning of Truth* **6**:63; *Pragmatism* **3**:299, 301; **6**:60; *Some Problems of Philosophy* **6**:63; *The Varieties of Religious Experience* **6**:69 ▷**4**:125; 334; **6**:62; 64; 69; 103; **11**:16; **13**:31

Janet, Pierre **13**:340

Janowitz, Morris *Dynamics of Prejudice* (mit Bruno Bettelheim) **5**:408; **12**:166
Jansen, Cornelius **13**:482
Jansenismus **9**:173
Janssen, Johannes *Kulturzustände des deutschen Volkes* **4**:430
Jaspers, Karl *Nietzsche. Einführung in das Verständnis seines Philosophierens* **4**:226ff.; *Philosophie* **3**:76, 87, 368; *Psychologie der Weltanschauungen* **3**:72; *Wohin treibt die Bundesrepublik?* **14**:365, 380 ▷**3**:71; *Bemerkungen zu Jaspers' Nietzsche* **4**:226ff.♦; 364; **5**:20; **13**:311; Notwendig für die Erkenntnis ist, was J. das Transzendieren nennt, das leidenschaftliche Bemühen um ein bestimmtes Ziel **14**:289; *Jaspers und der Nationalismus* 380
Jaurès, Jean *Histoire socialiste de la Révolution française* **4**:80 ▷**4**:196; **8**:202; 333
Jean Paul **10**:157
Jeanne d'Arc **2**:328
Jefferson, Thomas **6**:48
Jelles, Jarig **6**:297
Jeremias **9**:212ff.
Jerusalem, Wilhelm *Einleitung in die Philosophie* **3**:75
Jesaja **6**:238; **14**:445
Jesuiten **9**:134f.; 172ff.
Jesus Christus **2**:228; 316; 329; 350f.; **4**:233; 260; 395; **6**:99; 203; 238; 271; ist *gegen* seine heutigen Vertreter gestorben 292f.♦; 371; 385; **7**:92; 173; 175; 183; 185; 188; 210; 218; 224; 281; 304; **9**:297; 341f.; **11**:399; 403; 405
Jevons, William Stanley **11**:15
Joachim von Floris *Concordia novi ac veteris testamenti* **13**:320; *Expositio in Apocalypsim* **13**:320; *Libelli* **13**:320 ▷Trinitätslehre **13**:320
Johann Friedrich, Herzog von Braunschweig-Lüneburg **9**:246
Johannes der Täufer **5**:243
Johannes Scotus Eriugena **13**:352; Beim ersten Scholastiker, S.E., sind Wissen u. Religion noch eins, bei Thomas schon nicht mehr 475
Johannes XXIII. (Papst) *Pacem in terris* **7**:182 ▷**7**:175
Johnson, Edwin C. **12**:182
Johnson, Lyndon B. **8**:249; **14**:310; *Johnson contra Kennedy* 312; 326; 493
Jones, Rufus **11**:350
Jones, William **8**:229

Joyce, James **4:**424; **12:**258

Judentum (s. Antisemitismus, Religion) Die Juden sind als Agenten der Zirkulation entmachtet **4:**325; Die Hoffnung der Juden, die sich an den Zweiten Weltkrieg heftet, ist armselig 327; Die Juden standen im Kampf um Demokratie u. Freiheit schon immer in erster Linie 403; Die Juden sind die Leidtragenden der gesellschaftlichen Widersprüche 403; **5:**46; 204ff.♦; Die Juden waren Kolonisatoren des Fortschritts. Sie trugen kapitalistische Existenzformen in die Lande u. zogen den Haß derer auf sich, die unter jenen zu leiden hatten 204; Die den Individualismus, das abstrakte Recht, den Begriff der Person propagierten, sind nun zur Spezies degradiert 205; Das Bild der Juden trägt die Züge, denen die totalitär gewordene Herrschaft todfeind sein muß: des Glückes ohne Macht, des Lohnes ohne Arbeit, der Heimat ohne Grenzstein, der Religion ohne Mythos 229; Versöhnung ist der höchste Begriff des J. u. dessen ganzer Sinn die Erwartung 229; 351f.; **6:**125; Im hebräischen Monotheismus stehen sich Mensch u. Natur uneins gegenüber 143; *Judentum, Wahrheit, Wahn* 195; 210; *Kirchenväter und Propheten* 219; *David und Goliath – heute* 243; Jede Geste der Juden kompromittiert die Lüge, die die Gesellschaft durchzieht 298; *Zur Ergreifung Eichmanns* 347ff.♦; *Nietzsche und die Juden* 356f.♦; 362f.; *Staat Israel* 369; hat sich dem Zustand der Welt assimiliert 369; 381; wurde zur bloßen Religion 392; 401; *Die Gemeinschaft der Juden* 411; 414; Bilderverbot 419; **7:**175; Bilderverbot 187; *Psalm 91* 207ff.♦; stand als Ganzes für die Erlösung ein 210; 237; Bilderverbot 279; 318f.; Bilderverbot 352; Israel ist nicht leicht mit den Voraussagen des Alten Testaments zusammenzubringen 353; *Die Sehnsucht nach dem ganz Anderen* 385ff.♦; Bilderverbot 387; Israel 398; 431; 443ff.; 463; *Zur Ergreifung Eichmanns* **8:**156ff.; Strafprozesse aus Berechnung gehören zum Arsenal des Antisemitismus, nicht des J. 157; Die Weigerung, Gewalt als Argument der Wahrheit anzuerkennen, bildet in der Geschichte des J. den durchgehenden Zug 158; *Über die deutschen Juden* 160ff.♦; Die Herausbildung des liberalen J. 165; Die Umwandlung der Religion in Konfession ist auch im liberalen J. im Gang 166; Es ist der trübste Aspekt der Geschichte sowohl für das J. wie für Europa, daß der Zionismus recht behielt 167; Porträts deutsch-jüdischer Geistesgeschichte 175; Die Juden haben sich dem übersteigerten Nationalgefühl so wenig wie die Christen entziehen können 180; Speiseverbote 184; Kabbala **9:**40; **11:**360; jüdische Theologie **12:**261; jüdischer Charakter 263♦; Die Juden u. der Eid 303; 588ff.♦; Familie **13:**210; *Judentum und westliche Philosophie*

14:222; *Dialektik des Judentums* 314; Israel 326; *Haben die Juden eine Religion? Die nicht-positivistische Antwort* 331; *Jüdischer Nationalismus und die von den Assimilierten aufgegebene Kultur* 332; Worin besteht die jüdische Kultur? Inwiefern ist sie der heute in Auflösung befindlichen europäischen u. amerikanischen Zivilisation überlegen? 332; 337; 340; *Marx, die Juden und der Marxismus als Religion.* Marx hat die Juden verraten 351; *Israel oder der Verrat* 370; Beziehung des J. zum Nationalismus 374; *Tradition und Judentum* 388; *Warum der Haß auf die Juden?* 389; *Kant, das Judentum und die Hoffnung* 391; *Kohelet* 399; *Das Judentum – eine Zivilisation* 400; In der jüdischen Tradition ist die wahre Beziehung zwischen Individuum u. Volk aufbewahrt 401; *Judentum, Christentum, Nationalismus* 410; *Die katholische Kirche u. die Juden* 452; Sorgfältige Berechnungen ergeben, daß die katholische Kirche seit Konstantin für den Mord an mindestens 10 Millionen Juden verantwortlich ist 452; *Wer ist Jude?* 513; *Zwei Ansichten über das Judentum* 527; *Das Judentum und der Gedanke der Solidarität* 533; In dieser Tradition steckt die Überzeugung, daß es noch etwas anderes Geistiges gibt als die Gegenstände der Wissenschaft 533

Jünger, Ernst *Der Arbeiter* **3**:169, 177, 212

Jugend (s. Bildung, Erziehung, Familie, Geschlechterverhältnis, Studentenprotest) J. in Kapitalismus u. Faschismus **4**:422f.♦; Der Positivismus artikuliert das Bewußtsein der ungläubigen J. 431; trostlose geistige Verfassung 432; *Jugendbewegung* **6**:225; *Interesseloses Wohlgefallen* 235; 252; 274; *Die schwierige Tradition* 292; 314; Die intellektuelle J. verspürt in der Philosophie nur eine sympathische Illusion 320f.; *Das Phänomen der Beatles* 403; 416; J. in der bürgerlichen Gesellschaft **7**:68f.♦; 98; nimmt den Gedanken nicht mehr an, der philosophisch überholt ist 137; hat dem Massenbetrug nichts entgegenzusetzen 139; 190; 194; Protest gegen jede Glorifikation des Alltags 196; 197; 205; 218f.; 221; 281; Der Protest wird ernst nur dort, wo zugleich Liebe zu den Eltern vorhanden ist 318; 363; 484; Die J. ist illusionsloser, kühler, zweckbestimmter **8**:289; Daß für Sublimierung nur wenig übrigbleibt, zeigen jene Ausbrüche des unbefriedigten, unentfalteten Inneren 289; Der scharfe junge Zyniker verfällt nicht selten dem als fortgeschritten sich drapierenden Slogan 289; Der J. liegt Moral nicht im Blut 290; Die Idee der unsterblichen Seele des Einzelnen, die der Achtung vor dem Nächsten wie dem Glauben an die eigene Bestimmung einmal zugrunde lag, hat beim größeren Teil der J. ihre Macht eingebüßt 290; Der Jugendprotest ist wenig differenziert, weitgehend uniform 303; Das

übermäßige Bedürfnis nach Aktion erklärt sich, neben anderem, wohl aus einer Art Überkompensation der anerzogenen intellektuellen Passivität 303; Die junge Generation bedarf der Kenntnis der Marxschen Interpretation von Geschichte u. Gesellschaft 315; Rebellion der J. 326f.; *Die Situation des jungen Menschen heute* 354ff.♦; Der Wille zu einem sinnvollen Leben ist im Rückgang begriffen 355; Eine angemessene kulturelle Erziehung der J. ist wünschenswert u. zunehmend schwieriger 357; ist skeptisch geworden 361; Die akademische J. ist zynisch geworden 366; 436; Die junge Generation ist sich wenig bewußt, wieviel von ihr selbst abhängt 443; **13**:89; Jugendkriminalität. Die tiefste Ursache: keine lebendige kirchliche oder weltliche Religion im Elternhaus, daher kein Gewissen, keine verbindliche Moral, lediglich oberflächliche Konformität, die bei jeder sich bietenden Gelegenheit durchbrochen wird **14**:336; *Haben die Teenagers recht?* 386; *Anti-Amerikanismus, Antisemitismus und Demagogie und die Lage der Jugend heute* 408

Jung, Carl Gustav **2**:168; **8**:108; 295; **13**:346

Jungk, Robert *Die Zukunft hat schon begonnen* **14**:256, 281

Kafka, Franz **6**:323; **7**:288; **12**:520; **13**:298

Kahler, Erich von *Der Beruf der Wissenschaft* **12**:360

Kaiser, Christian **19**:16

Kaiser, Joachim *Jüdische Komponisten – Tradition und Vorurteil* **8**:182

Kampschulte, Friedrich Wilhelm *Johann Calvin – seine Kirche und sein Staat in Genf* **4**:46, 48, 59, 68, 85; **12**:33

Kandinsky, Wassily **7**:414; **8**:292

Kant, Immanuel *Anthropologie* **8**:299; *Anthropologie in pragmatischer Absicht* **2**:53; **4**:390; **5**:348; *Beantwortung der Frage: Was ist Aufklärung?* **3**:363; **5**:104; **7**:162; *Beobachtungen über das Gefühl des Schönen und Erhabenen* **5**:125; *Brief an Beck* **2**:54, 56, 88; *Brief an Marcus Herz* **2**:52; *Brief an Sömmering* **2**:70; **11**:69; *Erste Einleitung in die Kritik der Urteilskraft* **2**:79, 81, 92, 94, 96ff., 101, 103, 107, 111, 115, 118, 123, 127, 137, 141; **11**:77; *Erklärung in Beziehung auf Fichtes Wissenschaftslehre* **11**:82; *Fortschritte der Metaphysik* **2**:114; *Grundlegung zur Metaphysik der Sitten* **2**:82; **3**:114, 118f., 128; **5**:138; **13**:623; *Idee zu einer allgemeinen Geschichte in weltbürgerlicher Absicht* **5**:320; **8**:307, 439; **13**:32; *Kritik der praktischen Vernunft* **2**:18, 21, 28f., 43, 58ff., 79, 86, 88, 129; **3**:280, 363; **5**:117; **6**:354; **9**:478; **11**:59, 68f.; **13**:623; *Kritik der reinen Vernunft* **2**:18, 21f., 24f., 27ff., 38f., 41ff., 46, 49ff., 54ff., 63, 79ff., 87ff., 94ff., 98ff., 103ff., 108, 112f., 115, 117f., 120f., 127, 129, 132, 134,

136, 145, 247; **3**:62, 83, 87, 89f., 124f., 127, 136, 280; **4**:133, 176f., 349; **5**:104, 109, 110, 211, 218, 232; **6**:271, 333, 354; **7**:40, 56, 162, 165f., 168; **9**:90, 96, 191, 436, 459, 463, 467, 470ff., 474ff.; **10**:25, 30, 32, 34f., 38f., 41ff., 48, 52, 54f., 59, 67ff., 93, 107, 152, 156, 412; **11**:15, 51, 56ff., 65ff., 72, 77, 110, 147, 157, 163, 206; **13**:390, 623; **19**:42; 51; 57 *Kritik der Urteilskraft* **2**:18, 23ff., 29ff., 43ff., 50, 52, 62ff., 69, 75, 79ff., 83ff., 88, 90ff., 100f., 103, 105ff., 110, 112, 114ff., 120ff., 127ff., 140, 142f., 145, 146; **3**:89; **4**:420; **5**:185; **6**:21, 354; **9**:479; **10**:56, 58ff., 147, 150f., 154, 217, 220, 355; **11**:58, 60, 63ff., 67f., 71ff., 77f.; **13**:278, 282, 623; *Logik* **3**:315; *Metaphysische Anfänge der Tugendlehre* **5**:108, 118; *Metaphysische Anfangsgründe der Naturwissenschaft* **2**:22, 102, 103; **9**:152, 476; **10**:138, 145; **13**:400, 631; *Metaphysische Anfangsgründe der Rechtslehre* **3**:133; **7**:170; **11**:61; *Die Metaphysik der Sitten* **3**:21; **4**:318f.; **10**:24; **19**:43; *Mutmaßlicher Anfang der Menschengeschichte* **8**:299; *Nachlaß* **2**:44; **7**:56, 66, 72, 77; *Prolegomena zu einer jeden künftigen Metaphysik, die als Wissenschaft wird auftreten können* **2**:18, 26, 42f., 50, 52, 56, 102f.; **3**:279; **10**:25; **11**:58f., 66f., 163, 208; **13**:623; *Reflexionen zur Metaphysik* **3**:130; *Die Religion innerhalb der Grenzen der bloßen Vernunft* **13**:290; *Träume eines Geistersehers, erläutert durch Träume der Metaphysik* **5**:27; *Über den Gebrauch teleologischer Prinzipien in der Philosophie* **2**:33, 37; *Über den Gemeinspruch: Das mag in der Theorie richtig sein, taugt aber nicht für die Praxis* **3**:11; **8**:316; *Über die Fortschritte der Metaphysik seit Leibniz und Wolff* **2**:18, 45, 79; **11**:214; *Untersuchung über die Deutlichkeit der Grundsätze der natürlichen Theologie und der Moral* **11**:65; *Vorarbeiten zur Rechtslehre* **7**:171; *Zum ewigen Frieden* **3**:124f.; **7**:40; **13**:533 ▷ *Zur Antinomie der teleologischen Urteilskraft* **2**:13ff.♦; naturwissenschaftliche Methode 21ff.♦; reflektierende u. bestimmende Urteilskraft 24ff.; Zweckmäßigkeit der Natur 31ff.; Organismusbegriff 42ff.♦; Erkenntnistheorie 48ff.♦; Organismusbegriff 63ff.; Dogma vom intellectus ectypus 65ff.; *Über Kants ›Kritik der Urteilskraft‹ als Bindeglied zwischen theoretischer und praktischer Philosophie* 73ff.♦; Unterscheidung von praktischer u. theoretischer Vernunft 83ff.; *Die formale Zweckmäßigkeit der Natur* 94ff.♦; *Die Zweckmäßigkeit der ästhetischen Gegenstände* 110ff.♦; Seine Fundierung der Ästhetik ist unhaltbar 121; *Die Zweckmäßigkeit der organischen Gegenstände* 127ff.♦; Kausalgesetz 129ff.♦; Organismusbegriff 132ff.♦; Überwindung der Humeschen Skepsis 151; 163; 165; 168; 214; 229; Stellung zur Utopie 247; 254; 272; 328; 389; 430; **3**:11f.; machte die geschlos-

sene Einheit des vernünftigen Subjekts zur einzigen Quelle der konstitutiven Prinzipien jedes Kulturgebietes 20f.; 48; Seine ursprünglich aufklärerische Vernunftanalyse nähert sich beträchtlich dem System einer dogmatischen Metaphysik 83♦; 91; 96; In K.s Formulierung des kategorischen Imperativs kommt die Moralvorstellung des Bürgertums zum reinsten Ausdruck 114ff.♦; 120; behauptet die Absolutheit der Moral u. muß notwendig ihre Aufhebung verkünden 123; utopische Elemente der Philosophie K.s 125f.; 145; 165; 231; 266; Die kritische Methode gelangte zu dem Schluß, daß reines Wissen einzig von den Bedingungen des Bedingten möglich sei 279; Nichts anderes als das Wissen um die sinnlichen u. begrifflichen Formen stellte K. der Humeschen Skepsis entgegen 279; Bürgerlicher Geist erscheint in K.s Philosophie in höchst vollendeter Gestalt 280; 285; 326; 364; **4**:28; 100; hat den Nachweis erbracht, daß die Welt mit ein Erzeugnis unseres verarbeitenden Verstandes ist 133; 149ff.♦; hat die These einer prästabilierten Harmonie ausdrücklich bekämpft 176; die inneren Schwierigkeiten, mit denen die höchsten Begriffe der Kantischen Philosophie behaftet sind, zeugen von der Tiefe u. Aufrichtigkeit seines Denkens 177; 182; 235; 253f.; 293; 332; 347; 356; 392; Ästhetik 420; **5**:21; 48; 104ff.♦; Es ist der übliche Versuch des bürgerlichen Denkens, die Rücksicht, ohne welche Zivilisation nicht existieren kann, anders zu begründen als durch materielles Interesse u. Gewalt, sublim u. paradox wie keiner vorher, u. ephemer wie sie alle 108; Selbst das Ich, die synthetische Einheit der Apperzeption, die Instanz, die Kant den höchsten Punkt nennt, an dem man die ganze Logik aufhängen müsse, ist in Wahrheit das Produkt sowohl wie die Bedingung der materiellen Existenz 110; 142; 158; Zu »Gedanken ohne Inhalt sind leer, Anschauungen ohne Begriffe sind blind« 232; 321; 327; Bestimmung der Ehe bei K. 342; 347; 398; **6**:21f.; versuchte, die Gültigkeit bestimmter Ideen per se zu etablieren 61; 105; 173; 175; *Eine Kantische Soziologie* 191f.♦; hat mit seinem Mißtrauen gegen die guten Motive sehr tief gesehen 221; 241; 248; 257; 263; 270; 273; 314; hat vorausgesetzt, daß der Mensch den Menschen ohnehin immer als Mittel benützt 316; 320; Die ›Kritik der reinen Vernunft‹ ist Ideologienlehre 333f.; Vernunftbegriff 337; 353; *Zur Moralphilosophie Kants* 353ff.♦; Seine Philosophie ist die sublimste Übersetzung des Christentums in die Sprache des liberalen Bürgertums 354; Autonomiebegriff 362; 366; Sittengesetz 370f.; 383f.; 387; 399; 413; *Wahre Kritik der praktischen Vernunft* 414; Verbot, in intelligible Welten auszuschweifen 419; *Kants Irrtum* 421f.♦; **7**:26f.; *Immanuel Kant*

– *zum 150. Todestag* 36ff.♦; war mit der denkerisch-politischen Bewegung seines Jahrhunderts eins 38; Sein Werk ist der Versuch, die philosophischen Ideen so zu fassen, daß sie vor radikalster Kritik bestehen können 39; hat mit dem Selbstbewußtsein der bürgerlichen Welt ernst gemacht 40; kategorischer Imperativ 40; seinen Schriften liegt die Idee der richtigen Gesellschaft überall zugrunde 44; 48; 54; das Postulat der transzendenten Welt ist bei K. identisch mit dem Urteil über die immanente 56; 57; 66; 94; 108; 128ff.; subtile Rettung der Utopie 129; 133f.; 138; 143; K. hat der empirischen Handlung den Einfluß auf die Transzendenz abgesprochen 146; 153; kategorischer Imperativ 156f.♦; *Kants Philosophie und die Aufklärung* 160ff.♦; Kritik des Positivismus u. der Ontologie 161; Es gilt, die Wahrheit seiner Philosophie durchsichtig zu machen 163; Kausalität u. Naturgesetz bei K. 164f.; Der Kantische reine Verstand gleicht einer Maschinerie 166; Subjektbegriff 166; Der kritischen Philosophie ist die Negation von Harmonie immanent 167; Sein Formalismus ist konkreter als die Philosophie, die sich heute konkret dünkt 168; hat das Dasein Gottes nicht negiert u. ihn doch nicht zur Gewähr von Geboten gemacht 169; Auffassung, daß Philosophie bei der Einrichtung des Lebens etwas zu leisten habe 169; strenger Individualismus 170f.; 177; 189; 191f.; kategorischer Imperativ 193f.♦; 205; Der kategorische Imperativ ist ohne Gottesglauben höchst problematisch 211; erklärte, daß der kategorische Imperativ der praktischen Vernunft immanent sei 215; Sein Gottesbeweis ist dem scholastischen kaum überlegen 226f.; 229; kategorischer Imperativ 236; 238; 241f.; 247f.; 253; 256; Autonomie u. kategorischer Imperativ 273; 276; hat Gott u. seine Gebote als rationale Postulate betrachtet 310ff.; 314; 322; 350; 353; 362; 364; Subjektbegriff 369f.; 389; Metaphysik-Kritik 397; 409; 416; kategorischer Imperativ 430; 436; 439; 448; 462f.; 477; **8:**107; 128; war ein großer Weinkenner 149; Denker seit K. haben die Idee im emphatischen Sinn, den Geist, zu retten versucht 169; Moses Mendelssohn hat K. den Alleszermalmer genannt 183; 194; 200; 208; 233; der größte Aufklärer, den es in der Geschichte gegeben hat 236; 262; 288; 307; Geschichte treibt durch die Kriege zum großen Völkerbund 308; 315; 319f.; 355; 365; 393; 424; 434; 439; 441; **9:**15; 19; 44; bezeichnet sinnliche Erfahrung als minderwertige Erkenntnisquelle 152; 158; 177; 190; hat die von der Religion geforderte Willensfreiheit u. die Mechanik miteinander versöhnt 195; 198; 233; 263; 267; 277f.; 280; 288f.; 301; 308; 331f.; 349; 352; 354; 383; Einfluß Humes 436; Der kategorische Imperativ ist gleichsam die

unmittelbare Stimme der Gottheit 452; 453; 459; 463f.; *Vorblick auf die Kantische Philosophie* 467ff.♦; besitzt den Horizont der Aufklärung u. die treibenden Kräfte der Metaphysik 469; anerkannte die Metaphysik als Königin der Wissenschaften 470; Einfluß Humes 470f.; Erkenntnistheorie 471ff.♦; Alle materialen Sätze der Wissenschaft sind nach K. nicht a priori 476; Metaphysik 476ff.♦; Ethik 478f.; Ästhetik 479; hat seine philosophische Kraft dem Versuch der Rettung der Metaphysik gewidmet 479; faßt zum ersten Mal konsequent die Erkenntnis als Produktion 480; **10**:15; Ohne eingehende Kenntnis K.s bleibt die Philosophie des deutschen Idealismus ein Buch mit sieben Siegeln 15; kritisierte die Vernunft in aufklärerischer Intention 21; 23; *Kant: Wissenschaftliche Begründung der Metaphysik* 24ff.♦; ist mit der Aufklärung darüber einig, daß es eine ewige Wahrheit gibt 25f.; Versöhnung der Metaphysik mit der Newtonschen Physik 27; kopernikanische Wendung 27ff.♦; ordnende Funktion der Vernunft u. synthetische Urteile a priori 32f.; Deduktion der reinen Verstandesbegriffe 34; ursprünglich-synthetische Einheit der Apperzeption 34f.; Naturwissenschaft 36f.; zeigte, daß theoretische Erkenntnis auf Erscheinungen notwendig beschränkt ist 38; Begründung der Newtonschen Naturwissenschaft u. Begründung der Metaphysik 40ff.♦; weist die Möglichkeit der Metaphysik in der Organisation der Vernunft selbst auf 42ff.; verschiedene Bedeutungen von Vernunft 42ff.; Unterscheidung von Verstand u. Vernunft 43f.; Kategorien 44ff.♦; Begriff der Totalität 45; Für K. ist die Naturwissenschaft ein Zweig menschlichen Verhaltens neben anderen 47; hat nicht gelehrt, daß wir von den metaphysischen Objekten nichts wissen könnten, ihnen entspricht vielmehr eine andere Funktion der Vernunft 48; war mit dem Inhalt der traditionellen Metaphysik durchaus einverstanden 49; kategorischer Imperativ 50ff.♦; Durch den kategorischen Imperativ hat seine Philosophie überhaupt einen Halt 52; hat der theoretischen die praktische Erkenntnis gegenübergestellt 54; Begriff der Totalität 59; Ästhetik 59ff.♦; Begründung einer geschlossenen Metaphysik zugleich mit einer theoretischen Fundierung der Naturwissenschaft 61; Erweiterung des aufklärerischen Gedankenkreises 62; Staatsphilosophie 62f.; Grundüberzeugung, daß das Wesen des Menschen Vernunft sei 63; irrationaler Rest in seiner Philosophie 63; Fortbildung seiner Lehre durch Reinhold 64ff.♦; irrationales Element in seinen Werken 66; *Schulze: Kritik der Kant-Reinholdschen Philosophie* 75ff.♦; Seine Einstellung war auf eine Fundierung der Metaphysik gerichtet 76; Ding an sich 77ff.; kopernikanische

Wendung 79; Kausalität 80f.; 81f.; 84; 90; 94ff.; Differenz zwischen K. u. Fichte 99ff.♦; Lehre von der ursprünglichen Apperzeption 101; 106; 108; 114; 121; 128; 130; 134; 136f.; notwendige Ableitung der speziellen Verfassung der Natur aus a priori feststehenden philosophischen Sätzen 138; 140; Ästhetik 147ff.♦; 155; Lehre von der Spontaneität 156; 158f.; 194; *Der Marburger Neukantianismus* 212ff.♦; synthetische Urteile a priori 216f.; hat die Möglichkeit der Wahrheit naturwissenschaftlicher Erkenntnis durch seine transzendentale Philosophie zu retten versucht 218; stellt eine »reine« Naturwissenschaft auf 221; Alle besonderen Urteile werden als empirische u. damit als solche minderen Geltungsgrades aufgefaßt 222; Bei K. zerfällt das Subjekt in Rezeptivität u. Spontaneität 224; kopernikanische Wendung 224; synthetische Funktion des Denkens 228; kategorischer Imperativ 238f.; 243; Erkenntnistheorie 250; 254; 257f.; 267f.; 274; Bergsons Kritik an K. 285f.; 288; 292; Einheit der Erfahrung u. Apriori der Naturwissenschaften 308f.; 328; 337; 354ff.♦; Möglichkeit von synthetischen Urteilen a priori 354f.; lehnte die Begründung der Erkenntnis der Realität auf rationalistische wie auf sensualistische Weise entschieden ab 357; negative Metaphysik 358f.; Möglichkeit reiner Naturwissenschaft 359; Identität des erkennenden Subjekts u. Einheit der Erfahrung 359f.; nach seinen Grundsätzen nur die allerhöchsten Naturgesetze als gültig erweisbar 360f.; innersubjektiver Dualismus von Rezeptivität u. Spontaneität 363; Am Anfang seiner Philosophie steht die ontologische Anerkennung eines vom Denken unabhängigen Seins 366f.; synthetische Aufgabe des Denkens 367; 371ff.; Apriori der Wissenschaft vom Wirklichen 383f.; nach K. Erkenntnis in Form begrifflicher Urteile möglich, Wissen immer durch Theorie vermittelt 399f.; Bergsons Kritik an K. 412ff.♦; *Das Unmittelbar Gegebene als Urgrund der Erkenntnis. Zur Kritik der Kantischen mechanistischen Erkenntnistheorie* **11**:24ff.; 29; 38f.; *Die Kategorien und der Dingbegriff* 50ff.; *Das Problem der Synthesis des Mannigfaltigen in Kants Transzendentalphilosophie* 56ff.♦; *Kritik der Kantischen Trennung von sinnlicher Mannigfaltigkeit und verstandesmäßiger Synthesis* 56ff.; Seine Gleichsetzung der Erkenntnis mit einem Produkt aus Gegebenem u. ordnenden Funktionen entspricht nicht dem phänomenologischen Verhalt 57; *Das Verhältnis von Erkenntnistheorie und Naturphilosophie bei Kant; das Scheitern der mechanischen Erklärungsweise in der Naturwissenschaft* 59ff.♦; hielt außer der mechanischen nur eine teleologische Naturbetrachtung für denkbar 60ff.; setzt die mechanische mit der empirischen Erkennt-

nis gleich 63; *Kritik der Kantischen Erkenntnistheorie* 65ff.♦; Für ihn steht von vornherein fest, daß Erkenntnis als Produkt aus Elementen als Bedingungen ihrer Möglichkeit zu erklären sei 66; hat die möglichst vollständige Aufzählung der Teile u. ihrer Eigenschaften für eine unzulängliche Erklärung des Ganzen gehalten 67f.; *Zusammenfassung der Dissertation ›Zur Antinomie der teleologischen Urteilskraft‹* 71ff.; Organismusbegriff 72f.; *Zusammenfassung der Habilitationsschrift Über Kants ›Kritik der Urteilskraft‹ als Bindeglied zwischen theoretischer und praktischer Philosophie* 77ff.; 94; 96; *Kant und Hegel* 102ff.♦; Vernichtung der Metaphysik 106; Erkenntnistheorie 107ff.♦; kopernikanische Wendung 108; negative Metaphysik 109; Wahrheitsbegriff 109f.; Hegels Kritik an K. 112ff.♦; (Hegel:) die kritische Philosophie hat dem Nichtwissen des Ewigen u. Göttlichen ein gutes Gewissen gemacht 113; Die K.schen abstrakten Verstandesformen sind das Produkt einer Analyse der konkreten gegenständlichen Welt 114; fernste Abstraktionen ohne direkten Zugang zu Entscheidungen über konkrete Probleme der Wirklichkeit 117; Bei K. ist im letzten Grunde alles irrational u. unbegreiflich 117; Die Überzeugung von der Gültigkeit der von Hume kritisierten Begriffe gab ihm einen sachlichen Anstoß zu seinen Untersuchungen 135; *Phänomenologische Wertphilosophie und Kants praktische Philosophie: Ethik als Harmonisierung der Gegenwart oder Gestaltung der Zukunft* 139ff.♦; formuliert das Ideal der bürgerlichen Ordnung, das ihr während der Entwicklung selbst verlorengegangen ist 140; hat sich in seiner praktischen Philosophie wenig mit der Beschreibung der Fülle des Wertreiches abgegeben 142; Seine Lehre vom Primat der praktischen Vernunft besagt, daß auch die Wissenschaften im Sinne praktischer Forderungen anzuwenden seien 143; 152; Metaphysikkritik 162f.; 186; *Über Kants Philosophie* 203ff.♦; mißliche Sache, daß mit der raison auch K. verworfen wurde 205; Ding an sich 206f.; Lehre von Raum u. Zeit hat durch die Relativitätstheorie wesentliche Schläge erhalten 206f.; Der eigentliche Sinn seiner Philosophie liegt in der Kritik der Erkenntnis 207f.; 212; 238; 247f.; hat die historische Fassung des Wahrheitsbegriffs davor zu bewahren gesucht, historisch zu werden 276; **12:**65; 73; 199; 260; K.s synthetische Urteile a priori sind ein Versuch, die Wahrheit zu retten, ohne in Macht sie zu verankern. Er hat ihn mit der metaphysischen Dunkelheit seines Begriffs der reinen ursprünglichen Apperzeption u. dem Mangel jeglichen Prinzips bei Auffindung der Kategorien bezahlt 278; Die Bewahrung der Naivität im Denken ist es, was K. die intellektuelle Anschauung

nannte u. einzig der Gottheit vorbehalten wollte 302; 304; 324; 365f.; 369; 387; 445f.; 468f.; Form-Inhalt Dualismus 485; (Adorno:) Der Prozeß zwischen K. u. Hegel ist auf dem Boden des bürgerlichen Denkens nicht zu Ende zu bringen 488; Kategoriale Anschauung 500; 503f.; **13**:31; 79; 104; 159; 234; 252; K. ist ein Aufklärer im echten Sinne. Seine Grundfrage lautet: Was ist der Rechtstitel, was das Zeichen echter, absoluter philosophischer Wahrheit? 275; kopernikanische Wendung 277; Sich nicht zum Gegenstand der Hypnose machen lassen, das ist die Quintessenz des kategorischen Imperativs 279; Sind K. nie Zweifel an der Autonomie des Gewissens gekommen? 280; Die nachkantische Geschichtsphilosophie hat im Grunde ein Ziel: Sie will die Geschichte darstellen unter dem Aspekte der Verwirklichung der Freiheit 284; Ihn quält die Frage, ob es mit den Menschen noch einmal richtig wird 322; 349; 352; 355; *Kritische Überwindungsversuche des Positivismus. Die Transzendentalphilosophie* 383; Auf K. geht der Begriff des Geistes zurück, der sich in der nachkantischen, idealistischen Philosophie so großartig entfaltet hat 383; 384; K. u. Hume 385; Kantianer u. Positivisten sind in der neueren Zeit kaum zu trennen 386; K.s Zielsetzung ist weder materialistisch noch religiös, sondern sie ist die Achtung vor dem unbedingten Sittengesetz selber 387; 392; Gemeinsamkeiten mit den französischen Materialisten 402; 403; 411; 431; 439; 447f.; 461; Willensfreiheit 499ff.♦; Der kategorische Imperativ: Handle so, wie du dir vorstellen kannst, wie die volonté général handeln würde 506; Freiheit heißt bei K., nicht nach Affekten handeln, sondern aufgrund der Achtung vor dem kategorischen Imperativ 506; 518; 526; 530ff.♦; K.s kopernikanische Wendung 531; Die praktische Philosophie K.s wurde Grundlage bürgerlichen Weltbewußtseins 531; Er hat sich von den richtigen Geistern beeinflussen lassen: von Voltaire, von Rousseau 533; Ursprung der Moral bei K. u. Freud 549; 590; K. u. Rousseau 603; Ich vermag keinen Standpunkt in bezug auf die Theologie zu sehen, der fortschrittlicher als der Kantische wäre 611; contra Locke 612; 622; ein autonomes Wesen, innerlich unabhängig 624; Wie man in dieser Welt leben könne, ohne sie zugleich zu verabsolutieren, zeigt K. 624ff.♦; synthetische Urteile a priori 626; Anschauung u. Verstand 628; die transzendentale Einheit des Bewußtseins 628; u. Hegel: Gottesbeweis 635; transzendentale Dialektik 636; K. u. Nietzsche 641; **14**:37; 68; 76; Weltparlament 88; 93; 96; 106; 112; Was K. noch als Idee zu retten suchte, trug damals schon den Stempel des Notbehelfs, inzwischen wurde es für Fortgeschrittene – Ballast,

Objekt der Psychologie, Freizeitmusik 126; *Kant und Leibniz* 131; 133; *Die Welt ist Erscheinung* 136; 143; 151; 157; 169; 195; von K. zu Hegel 216; K.s entscheidende Fragen – »was soll ich tun, was darf ich hoffen, was ist der Mensch?« – beziehen sich auf Gegenstände, für deren Beantwortung die Religion das Monopol in Anspruch genommen hat 223; K.: die Aufklärung ist das Heraustreten des Menschen aus dem Stande der Unmündigkeit. Hier berührt sich Marx mit K., insofern er den heutigen Zustand der Menschen als einen auffaßt, wo sie sich gleichsam am Gängelband der Wirtschaft führen lassen 250; 264; 338; *Der kategorische Imperativ* 352; 369; 370; 384; 388; *Kant, das Judentum und die Hoffnung* 391; Gott ist für K. ein Postulat, über seine Eigenschaften kann der endliche Mensch nicht befinden. Dasselbe Urteil gilt für die Wahrheit. Über sie läßt sich nur Negatives aussagen 491; 511; Was kann ich wissen, was soll ich tun, was darf ich hoffen? 519; 525

Kapitalismus (s. Arbeiter, Bürgerliche Gesellschaft, Marx, Marxismus, Materialismus, Weltmarkt) ursprüngliche Akkumulation **2:**237f.♦; Die Dämmerung des K. braucht nicht die Nacht der Menschheit einzuleiten 313; je größer das Kapital, desto größer die Chance, verfehlte Intuitionen wettzumachen 314; Das Ungeheure ist alltäglich geworden 316; Die Selfmade-Männer beweisen bloß die Regel 321; *Zeit ist Geld* 322ff.♦; Die Einwirkung der kapitalistischen Wirtschaft auf die menschliche Seele ist präzise zu berechnen 325; Der Hochkapitalismus idealisiert die bloßen Qualitäten 328; Der K. heute ist im Weltmaßstab organisierte Ausbeutung 332ff.♦; Das System wirkt bis in die feinsten Zweige der individuellen Seele hinein 335; Diese Gesellschaft ist wesentlich ein Zuchthaus 337; 339f.; 351ff.; ist eine Gesellschaft der Gleichmacherei 356; 359; *Der kleine Mann und die Freiheit* 360ff.♦; Wer an dieser Ordnung zuschanden wird, ist nicht gerichtet 369; die Misere der Arbeitenden bleibt weiterhin Bedingung u. Grundlage dieser Gesellschaftsform 375; 379f.; *Der Kampf gegen den Bürger* 382f.♦; *Wert des Menschen* 384f.♦; Die Welt ist das Haus der herrschenden Klasse 390; *Sozialismus und Ressentiment* 391f.♦; Die Ordnung, in der Proletarierkinder zum Hungertod verurteilt sind, erweckt Ressentiment 392; *Der »leider« stabilisierte Kapitalismus* 397; *Dienst am Geschäft* 397f.; Der K. hat ganz recht, Hemmung u. Unsicherheit auf den Index zu setzen 405; Die schlechten Seiten des K. verbinden ihn mit der Vergangenheit 407f.; Es gibt keine Schurkerei, die man nicht mit dem öffentlichen Bewußtsein aussöhnte 412; Die Schande dieser Ordnung liegt darin, daß es vielen schlecht geht 416; 420f.; *»Greu-*

elnachrichten« 421f.♦; Das Leben in der gegenwärtigen Phase des K. ist für die Mehrzahl der Menschen der Tod 423; Unfähigkeit, die Menschen zu ernähren 435; Die Herren dieser Welt entsetzen sich sehr zu Unrecht 436; *Freie Bahn dem Tüchtigen* 437f.; *Die Zurückgebliebenen* 446f.; Gerechtigkeit u. Güte haben im K. einen kritischen Geschmack angenommen 452; Monopolkapitalismus **3**:168; 303; 368ff.♦; Manufaktur 368; ursprüngliche Akkumulation 373; Manufakturwesen 373ff.♦; positive Seiten gegenüber den alten Formen der Gesellschaft **4**:22; unfähig, die Menschheit vor dem Rückfall in die Barbarei zu bewahren 70; schlechtes Funktionieren der Arbeitsteilung 171; von keinem Plan beherrscht 177; Die Menschen erneuern durch ihre eigene Arbeit eine Realität, die sie in steigendem Maße versklavt 186; 199ff.♦; 210; ursprüngliche Akkumulation 246; Manufaktur 246; Die Anpassung der Massen an den K. vollzog sich durch Erneuerung des Christentums 246; In der aufkommenden bürgerlichen Ordnung existiert Kultur nur auf Grund der kapitalistischen Arbeitsform 247; An seinem Beginn erweist sich die soziale Ungleichheit als Mittel des Fortschritts 259; Rolle des Christentums im K. 260; Der Mensch wird zum Agenten des Kapitals 264; das Gold ist zum wahren Gott geworden 266; Rolle des Staates im K. 267f.; Waren- u. Tauschverhältnis 273f.♦; Das Kapital nimmt den Charakter oligarchischer Cliquen an, die sich anschicken, die Welt neu aufzuteilen 278f.; 297; 304; 308ff.♦; Wer vom K. nicht reden will, sollte auch vom Faschismus schweigen 309; Unfähigkeit, die Menschen zu ernähren 310; Im Spätkapitalismus verwandeln sich die Völker zuerst in Unterstützungsempfänger u. dann in Gefolgschaften 312; Heute strebt nicht der englische, sondern der deutsche Imperialismus nach Expansion 313; Die Juden sind als Agenten der Zirkulation entmachtet 325; Versagen der Marktwirtschaft 328; In der Warenwirtschaft stehen die Menschen einander als Gleiche gegenüber 402; veränderte Funktion des Geldes 406ff.♦; Monopolkapitalismus 412; Der Animismus hatte die Sache beseelt, der Industrialismus versachlicht die Seelen **5**:51; Übergang vom Monopol- zum Staatskapitalismus 294; 309ff.; War der Tausch von Äquivalenten noch eine Hülle der Ungleichheit, so ist der faschistische Plan schon der offene Raub 311; Überführung aller menschlichen Produktion in Waren erst mit dem Aufkommen des K. **6**:59; Produktive Arbeit wurde zur einzigen akzeptierten Lebensweise 59; allgemeine gesellschaftliche Tendenz zur Zerstörung von Produktivkräften 72; organisiert die Forschung auf Wettbewerbsbasis 87; erfordert weit mehr Flexibilität als je zuvor 108f.♦;

Die ökonomischen Kräfte nehmen den Charakter blinder Naturmächte an 109; entleertes Ich u. zum bloßen Stoff degradierte Natur im K. 109; Imperialismus 119; widmet sich der Produktion von Destruktionsinstrumenten u. hat die Nützlichkeit zu seinem Evangelium gemacht 148; Industrialismus 156f.; Die Vergottung der industriellen Tätigkeit kennt keine Grenzen 156ff.; Irrationalität bestimmt noch immer das Schicksal der Menschen 159; Im Altertum war Arbeit eine Schande, heute arbeitet Rockefeller 243; 254; 259f.; Geld verliert seine Rolle als Fetisch 264; 296f.; 307; *Familie und Tauschprinzip* 337; 346f.; *Alle sind kriminell* 359; 359f.; Inflation als Dauerphänomen 366; vermag Kultur vorerst noch zu bewahren 411; 414; **7**:46; Trotz der unvorstellbaren Steigerung der Produktivkräfte ist das Leben nicht leichter geworden 51f.; Die in Permanenz übergehende Inflation ist Resultat der Erhaltung der Machtstruktur 76; Gang der Industriegesellschaft ist irreversibel 98; Rückentwicklung des Tauschprinzips 100; schreiender Gegensatz zwischen Armut u. möglichem Reichtum der Menschen 394; 428; Die Krisen einerseits u. der Aufstieg der Gewerkschaft u. des Sozialismus andererseits besiegelten das Bündnis von Industrie u. großer Landwirtschaft untereinander u. mit der staatlichen Gewalt **8**:56; Die Perioden der schärfsten Konkurrenzkämpfe zwischen einzelnen Unternehmern zu Beginn des Liberalismus werden nunmehr unter Kollektiven global wiederholt 161; ursprüngliche Akkumulation **9**:99; Manufaktur 100; Durchsetzung des K. in Deutschland 280f.; Merkantilismus 283, 290, 315; Zunahme der wissenschaftlichen Produktivkräfte bedingt im gegebenen gesellschaftlichen Rahmen ganz u. gar nicht das Wachstum des gesellschaftlichen Wohles der Gesamtheit **10**:350ff.; hat noch jede Leistung auf geistigem Gebiet richtig zu gebrauchen gewußt **11**:183; Die Praxis zeigt heute andere Züge als der K. von 1908 187; Steigerung der bewußten Organisierung u. damit auch der offenen Sprache gegen das Proletariat 187f.; 191ff.♦; Die Beseitigung der feudalen Bindung u. die Entfesselung der freien Konkurrenz bedeuteten einen Gewinn für die ganze Gesellschaft 193; Ford ist ewig 252; 261; *Notizen zur Dämmerung* 263ff.♦; *Der Kapitalismus und Sultan Saladin* 263; 264ff.; Dringender, als daß die Menschen besser werden, ist heute, daß es ihnen besser geht 266; Liebe zum K. u. seiner Welt prädestiniert zum Avancement 267; 270; *Die Geselligkeit der Reichen* 271f.; bringt für den größten Teil der Menschheit ein Übermaß an Unlust mit sich 272; Schwindel von der Interessengemeinschaft zwischen Ausbeutern u. Ausgebeuteten 275; ist kein Trümmerfeld, sondern schickt sich an,

in eine neue Phase zu treten 365; (Pollock:) der K. hat eine ungeheuere großartige Maschine aufgebaut, die den allermeisten gar nichts nützt 381; Der Protestantismus kann niemals begründen, daß der K. dämonisch ist 401; 402f.; (Dibelius:) im Neuen Testament liegt ein Aufruf gegen den K. 405; Zur Soziologie der Klassenverhältnisse **12**:75♦; Konkurrenz 80; Begriff der Arbeit 81; Die früheren Totalitäten, die einem abstrakten geistigen Modell entsprechen sollten, enthielten ein Element, das den rein pragmatischen Totalitäten des Industrialismus abgeht 83; K. u. Krise 159; treibt zum Faschismus 159; In dieser Gesellschaftsordnung kann aus einem Wohltäter der Menschheit ein Stück Dreck werden, einfach weil die Baumwollbörse schwankend war 244; Untergang des K. 407; Monopolkapitalismus 417f.; K. u. Imperialismus 423♦; Bestimmbarkeit der Kapitalgröße 426♦; Verhältnis von Struktur u. Geschichte in der Analyse des K. 427♦; **13**:606; *Krisenloser Kapitalismus* **14**:276; Im Weltmaßstab gesehen, befindet sich das System heute in einer schweren Krise u. hält sich nur mit den größten Anstrengungen an der Herrschaft 302; *Inflation* 366; *Economics als objektive Wissenschaft* 366; **19**:22

Kapitalverhältnis (s. Arbeiter, Klassenverhältnisse, Unternehmer) **3**:375ff.; **6**:155

Karl der Große (römisch-deutscher Kaiser) **2**:167

Karl I. (König von England) **9**:104

Karl II. (König von England) **2**:206f.; **9**:104f.; 128; 343

Karl V. (römisch-deutscher Kaiser) **9**:68

Karl Ludwig (Kurfürst von der Pfalz) **9**:201

Karneades **4**:242; 287

Katharina die Große (Kaiserin von Rußland) **13**:597

Katholizismus **2**:239; 383; **3**:389; katholische Toleranz gegen bestimmte, die Einführung der neuen Wirtschaftsordnung störende menschliche Reaktionsweisen **4**:14; Vernunft bildet in der Lehre seiner größten Philosophen den Stolz des Menschen 57; Es gehört zur Größe u. Weisheit des K., den Gedanken der Ewigkeit nicht völlig zu verdünnen u. von materiellen Wünschen abzulösen 98; 246ff.♦; 287; 384; Die Kritik der katholischen Konterrevolution behielt gegen die Aufklärung recht, wie diese gegen den K. **5**:113; 117; **6**:38; Funktion von Thomas von Aquin für den K. 82f.; 100; Verhältnis zur Wissenschaft 101ff.♦; Kampf gegen Aberglaube 101f.♦; Fortschritt der europäischen Wissenschaft ohne die Kirche nicht denkbar 102; Die Hexenverbrennungen beweisen einen impliziten Zweifel des K. am eigenen Glauben 103; 125; 369; 397; Beja-

hung der Unvermeidlichkeit gesellschaftlicher Änderung **7**:182f.; 217; 388; **9**:53; 65; 135; 173f.; Religiöse Reformbestrebungen in seinen eigenen Reihen erschienen ihm viel gefährlicher als offenbar atheistische Wissenschaft 175; 242; 303; 340f.; Schelers Propaganda für den K. **11**:147f.; 353; 360; 394; 397

Katz, David *Die Erscheinungsweisen der Farben und ihre Beeinflussung durch die individuelle Erfahrung* **11**:93

Kautsky, Karl *Eduard Bernstein und das sozialdemokratische Programm. Eine Antikritik* **12**:411

Keller, Gottfried **12**:555

Kelsen, Hans *Wissenschaft und Demokratie* **4**:140 ▷**3**:25

Kennedy, John F. **8**:334; **13**:88; **14**:310; K. war kein Revolutionär, aber unter seiner Regierung hatte jeder freiheitliche Intellektuelle die größten Chancen. Damit ist es aus 312; Daß JFK nicht von Oswald ermordet worden ist, war von vornherein klar. Wie dieser Mord von der Regierung u. vom Supreme Court behandelt wurde, ist die große Schande Amerikas 492

Kennedy, Robert *Auf der Suche nach einer neuen Welt* **8**:333 ▷**8**:333f.; 335

Kepler, Johannes **7**:219; 234; **8**:217; **9**:49; 61; 64; 90; **10**:347; **11**:185; **13**:420

Kerenski, Alexander **13**:624

Kern, Otto *Die Religion der Griechen* **5**:37

Kerner, Justinus **6**:422

Kerr, Alfred **13**:22

Keynes, John Maynard **14**:431; 480

Keyserling (Graf von) Hermann **10**:331; **12**:212

Kierkegaard, Søren *Abschließende unwissenschaftliche Nachschrift zu den philosophischen Brocken* **14**:278; *Angriff auf die Christenheit* **4**:430; *Der Begriff des Auserwählten* **3**:393 ▷**3**:320; zum Christentum **4**:430; **5**:35; 209; **6**:303; 332; hat den Gegensatz von Christentum u. Christenheit ernst genommen **7**:175; 262; 288; 416; 465; **9**:296; **11**:254; Begriff der »gegenwärtigen Erinnerung« **12**:367; 396; 437; 461; 464; **13**:29; 513; 641; **14**:195

Kind (s. Familie)

King, Martin Luther **7**:413; **8**:334

King, Peter *The Life of John Locke, with extracts from his correspondance, journals and common-place books* **4**:262

Kirchheimer, Otto *Changes in the Structure of Political Compromise* **4**:418; *Changes of Political Compromise* **12**:93, 155 (s. Rusche) ▷**3**:19; **7**:335; 368; **12**:75

Kirchhoff, Gustav Robert *Die homerische Odyssee* **5**:100 ▷**5**:77; **11**:212

Kirfel, Willibald *Geschichte Indiens* **5**:36

Klages, Ludwig *Der Geist als Widersacher der Seele* **3**:178; **5**:73, 90; *Vom kosmogonischen Eros* **10**:332 ▷K., der eifernde Apologet von Mythos u. Opfer **5**:73; 78; 265; sieht das Bewußtsein als eine Störung des naturgemäßen menschlichen Handelns an **9**:239; *Tendenzen der unmittelbaren Gegenwart: Historismus, Scheler, Klages* **10**:317ff.♦; zieht dem Verstand den Mythos u. die Naturvölker vor 332; **11**:213; **12**:354; 490; 531

Klassenverhältnisse (s. Arbeiter, Kapitalverhältnis, Unternehmer) **2**:339f.; 379f.♦; Die Welt ist das Haus der herrschenden Klasse 390; Die Klassengrundlage der Gesellschaft verfälscht auch die Liebe 421; 433; *Relativität der Klassentheorie* 434ff.♦; Die Aufhebung der Klassen bringt die Veränderung der anderen Gegensätze mit sich 435; Eigenschaften der Lebensalter sind je nach Klassenlage verschieden 442; Die moralischen Eigenschaften hängen von der Klassenlage dessen ab, der sie erfährt 448; 450; **3**:82; die Klassenspaltung angeblich eine Fortsetzung der Ungleichheit in der Natur 139; Heute könnte zum ersten Mal die Abschaffung der ökonomischen Ungleichheit das Retten der Kultur bedeuten 142; 253; Alle Gesellschaftsformen seit der Vorzeit sind durch Über- oder Unterordnung von Klassen gekennzeichnet 358; Bejahung des Autoritätsverhältnisses zwischen den Klassen 379; **4**:208; Klassenbegriff der Soziologie **6**:153f.; 264; 269; *Zweiter Klasse* 338f.; Klassen erscheinen bei Scheler als ewige Wesenheiten **7**:15; Bestimmung der K. durch den Stand der Naturbeherrschung 331; In Beziehung auf den Geist gibt es keine Klassengegensätze **11**:243; 251

Klee, Paul **7**:414; **14**:166

Kleinbürger **3**:370ff.♦; 400; **4**:63f.; 76ff.♦; aktive Unterstützung der Nazis **6**:130

Kleist, Heinrich von **12**:258

Klemm, Otto (Hg.:) *Psychologie des Gemeinschaftslebens* **3**:403 ▷**10**:188

Klingler, Georg **13**:72

Klossowski, Pierre **14**:47

Knight, Frank H. **12**:411♦; 414♦

Koch, Thilo *Porträts deutsch-jüdischer Geistesgeschichte* **8**:175, 180f.

Köhler, Wolfgang *Die physischen Gestalten in Ruhe und im stationären Zustand* **2**:70, 72; **10**:339; *Über unbemerkte Empfindungen und Urteilsäußerungen* **2**:53, 72 ▷**2**:72; 153; **3**:174; **13**:526

Koeppen, Wolfgang *Max Liebermann – Juden in der deutschen Kunst* **8:**175

Koerbagh, Adrien **3:**415; **12:**158

Koffka, Kurt *Psychologie* **3:**102; *Zur Psychologie der Wahrnehmung* **3:**102 ▷**2:**72; **3:**174

Kogon, Eugen *Die verwaltete Welt oder: Die Krisis des Individuums* **13:**121 ff.; *Die Menschen und der Terror* 143 ff.

Kohl, Erwin **8:**144

Kolakowski, Leszek **7:**425

Kollektive Psychopathologie (s. Antisemitismus, Ideologie, Nationalismus, Nationalsozialismus, Verdinglichung) **5:**197 ff.; 354 ff.♦; Kollektiver Fanatismus ist manipulierte Barbarei **7:**170; 218; 255; 417; K.P. u. Nationalismus **8:**299; K.P. u. Rückgang der Familie 299; 300 f.; Die Vergötzung des Lebensstandards 300; Rückfall in barbarische Grausamkeit 300; Geldverdienen als Zweck 302

Kollontai, Alexandra *Die neue Moral und die Arbeiterklasse* **8:**285 ▷**14:**496

Komarovsky, Mirra *The Unemployed Man and his family* **12:**65, 155

Kommunismus **6:**23; 367; 392; 408; 414; **7:**85; 87; 181; 186; 218; etablierte in den von ihm beherrschten Ländern eine strenge Klassenherrschaft 234; 328 f.; Terrorismus als gebräuchlichste Herrschaftsweise in den meisten kommunistischen Staaten 407; Einmarsch in die CSSR war terroristisch 483; Was Marx u. Lenin K. nannten, hat der bürgerlichen Freiheit ein Ende gesetzt **8:**285; Indem der K. sich notwendig auf zurückgebliebene Länder erstreckt, wird das Prinzip der ökonomischen Höchstleistung unweigerlich mit Terrorismus identisch **14:**92

Konformismus (s. Individuum, Subjekt) **5:**60; **8:**429; 436; 450

Konfuzius **4:**231

König, René (Hrsg.:) *Fischer Lexikon Soziologie* **7:**121

Konkurrenz (s. Individuum) Umschlag der K. auf dem Weltmarkt in bloßen Machtkampf **3:**264; Der Konkurrenzkampf im Zeitalter des Totalitären Staates ist nicht bloß auf dem Weltmarkt, sondern auch im Innern der Völker skrupelloser u. wilder geworden 275; Konkurrenzkampf innerhalb der bürgerlichen Wirtschaft hat einen kritischen Geist hervorgebracht 283; 301; 370; ehemals fortschrittliches Prinzip **4:**13; findet im entwickelten Kapitalismus weniger im Inland, desto erbitterter aber im Weltmaßstab statt 210; 244; tritt nun im Inneren der Staaten zurück 279; 297; In der internationalen K. ist es nicht anders als in der nationalen 303; 319; 323; 407; 412; **6:**87; 145; 159; 249; Ohne die Peitsche der K. fangen die Menschen

zu denken an 251; 290; 354; 364; 424; **7**:72; 155; Durch die K. im Wirtschaftlichen ist auch der Geist gefördert worden 347f.♦; **11**:154; Die Entfesselung der freien K. bedeutete einen Gewinn für die ganze Gesellschaft 193

Konstantin I. (römischer Kaiser) **4**:31; **7**:173

Kopernikus, Nikolaus **4**:169; **6**:102; 215; **7**:219; 234; **9**:42; 48f.; 61; 64ff.; 148; 159; 473; **10**:347; **11**:185; **13**:419; **14**:165

Koran **9**:43

Koreakrieg **7**:68

Korsch, Karl **7**:327; **12**:522

Kowalewsky, Maksim *Die ökonomische Entwicklung Europas* **4**:61

Koyré, Alexandre *Descartes und die Scholastik* **9**:134, 199

Kracauer, Siegfried *Die Angestellten. Aus dem neuesten Deutschland* **8**:115

Krahl, Hans-Jürgen **7**:427

Kraus, Karl **5**:160; **6**:323; **7**:40f.; 288; **8**:166; Fußschweiß des Fortschritts 263; **11**:385; **12**:475; 482; 506; u. die Sprachsoziologie **13**:19ff.♦; Als die Katastrophe hereinbrach, bestätigte sie nur, was K. der Sprache längst abgehört hatte 23; **14**:205; 234; 248; 537; **19**:70

Kraus, Oskar *J. Benthams Grundsätze für ein künftiges Völkerrecht und einen dauernden Frieden* **4**:18

Kretschmayr, Heinrich *Geschichte von Venedig* **4**:35

Kreuzzüge Antisemitismus in den K. **4**:382f.♦; **6**:319; *Nach den Kreuzzügen* 324; **7**:49; 97; 175; 208; 234; 416; 465

Krieck, Ernst *Nationalpolitische Erziehung* **3**:169

Krieg **2**:332; 409; (Freud:) der K. ist nicht so bald abzuschaffen **4**:82; Der Pazifismus ist inzwischen ein dunkler Ausweg aus der Philosophie geworden 295; Einen langen K. wird das Volk schwerlich zulassen 322; 327f.; Die praktische Tendenz zur Selbstvernichtung gehört der Rationalität seit Anfang zu **5**:22; Die Menschen erwarten, daß die Welt, die ohne Ausgang ist, von einer Allheit in Brand gesetzt wird, die sie selber sind u. über die sie nichts vermögen 52; **6**:25; Kriegszustand in K. u. Frieden 119; *Kriegsbericht* 208; Der K. ist verboten, bis einer der wirklich Großen dahintersteht 244; Nicht der K. ist das größte Übel, sondern der Schrecken 260; 272; 303; Die Massen ziehen in den K. u. dürfen dafür die Juden morden 324; *Krieg und Perversion* 398; 415; **7**:49; 68; Im Gegensatz zu ihren Diktatoren sind die Völker zumeist nur ungern in den K. gezogen 80; notwendiges Resultat unvernünftiger Verhältnisse 317; Wenn die Atomwaffe sich so entwickeln kann, daß auf den An-

schlag eines Einzelnen eine Stadt explodiert, dann wird jeder Einzelne gefährlich u. jede Abweichung zum Verdachtsmoment **8**:57; Kaum ein anderer hat eindringlicher u. klarer den Frieden zum geschichtlichen Endzweck erklärt als Kant 319; Wettlauf der Vernichtungstechnik 320; 429; **11**:264; **12**:125; wird von der Masse als Verhängnis u. Natur hingenommen 317; K. u. die Auslösung der Wissenschaftskrise 362; **13**:608; 654; Rüstung **14**:87; *[Die UdSSR und der Frieden]* **19**:28; Daß die neuen Waffen die endgültige Katastrophe herbeiführen können, ist selbstverständlich 29

Kries, Johannes von **4**:167

Krise *Bemerkungen über Wissenschaft und Krise* **3**:40ff.; *Zur Krisentheorie* **6**:395f.; **7**:111; Krisentheorie bei Marx u. Engels 195; 420; K. der Wissenschaft **10**:293, **11**:210, 258; (Pollock:) Zunächst muß die Frage beantwortet werden, warum die Krisen zumindest bis 1914 immer wieder überwunden worden sind und auf immer höherer Stufenleiter der Gesamtproduktion **19**:22

Kritik (s. Wissenschaft) **2**:336f.; Der Konkurrenzkampf innerhalb der bürgerlichen Wirtschaft hat einen kritischen Geist hervorgebracht **3**:283; Feindschaft gegen das Theoretische überhaupt richtet sich in Wahrheit gegen die verändernde Aktivität des kritischen Denkens **4**:206; Der kritische Geist des Bürgertums wurde aus einer allgemeinen zur privaten Angelegenheit 267; in der Philosophie 350; Die Metamorphosen von K. in Affirmation **5**:17; **6**:122f.; *Kritische Analyse und Pragmatismus* 228; *Kritik und Geld* 263f.♦; Dem kritischen Stil ist der Boden entzogen 263; 300; **7**:34f.; In der technischen Zivilisation werden die Menschen so gründlich von ihrer Schwerfälligkeit kuriert, daß sie Widerstand verlernen 53; war stets die Kraft des philosophischen Gedankens 85; gerät in Gefahr, die romantische Ideologie auf höherer Ebene wiederherzustellen 101; K. als Ornament 123; 162; Wahre Empörung gegen das Schlechte schloß seit je die Idee des Richtigen mit ein 209; (Adorno:) Dialektik als perennierende Methode der K. 263; Wahrheit erscheint, indem wir uns kritisch zum Bestehenden verhalten 279; Die wahre Autorität erzeugt den wahren Widerstand 318; Man vermag immer nur auf die Übel zu verweisen, die abzuschaffen sind 371; Wahrheit muß immer ein kritisches Moment enthalten 372; Die wahre Funktion der Philosophie ist die K. des Bestehenden 401; *Radikalismus* 405ff.♦; Indem Opposition zur Gewohnheit wird, beginnt der Umschlag ins Gegenteil 414; **8**:328; 346; K. an der Philosophiegeschichte **12**:157; K. an der Soziologie 159; K. immanenter Geistesgeschichte 362♦

Kritik der politischen Ökonomie (s. Marx, Marxismus) **3**:137; Die gegenwärtige Gesellschaftsform ist in der K.d.p.Ö. erfaßt 311 f.♦; Das Ganze der materialistischen Ökonomik ist dem System der klassischen entgegengesetzt, u. doch sind einzelne Begriffe übernommen 317; **4**:192♦; 199ff.♦; 217; 219; 305; **5**:308; **6**:213; 395; *Zur Kritik der politischen Ökonomie* 410f.♦; war die Fortsetzung der Aufklärung **7**:91; 168; 185; 196; wurde zur neuen Religion 221

Kritik der politischen Theorie **8**:306

Kritische Theorie (s. Dialektik, Materialismus, Negation, Sozialforschung) aus K.Th. Konsequenzen für politisches Handeln zu ziehen, ist die Sehnsucht derer, die es ernst meinen **3**:14ff.; Nur negativ spricht eine illusionslose Theorie von menschlicher Bestimmung u. zeigt den Widerspruch zwischen den vorhandenen Bedingungen des Daseins u. allem, was die große Philosophie als jene Bestimmung verkündet hat 255; Die ihr immanente Vorstellung vom Menschen u. seinen Möglichkeiten wird im Verlauf geschichtlicher Kämpfe bestimmt, korrigiert u. bestätigt 294; Die Theorie, die wir als richtig ansehen, mag einmal verschwinden 296; **4**:104; *Traditionelle und kritische Theorie* 162ff.♦; Unterschied zu abstrakter Utopie 193; Aufgabe des kritischen Theoretikers ist es, die Spannung zwischen seiner Einsicht u. der unterdrückten Menschheit, für die er denkt, zu verringern 195f.; Begriff der Notwendigkeit in der K.Th. 204; ihre Festigkeit rührt daher, daß das Klassenverhältnis u. damit die Idee seiner Aufhebung identisch bleibt 208; Sie in Soziologie zu verwandeln ist ein problematisches Unternehmen 213; Heute, da die ganze Macht des Bestehenden zur Preisgabe aller Kultur u. zur finstersten Barbarei hindrängt, ist der Kreis wirklicher Solidarität eng bemessen 215; An der Existenz des kritischen Verhaltens hängt heute die Zukunft der Humanität 216; *Nachtrag zu ›Traditionelle und kritische Theorie‹* 217ff.♦; bewahrt das Erbe der Philosophie 219; wurde zur Kritik der Ökonomie 219; die Philosophie, die bei sich selbst Ruhe zu finden meint, hat mit K.Th. nichts zu tun 225; Verhältnis zum Skeptizismus 291f.; unbeirrtes Interesse an einer besseren Zukunft 294; 307; Die K.Th. kehrt sich gegen das Wissen, auf das man pochen kann. Sie konfrontiert Geschichte mit der Möglichkeit, die stets konkret in ihr sichtbar wird **5**:306; Bankerott ist der Glaube daran, daß man etwas hinter sich hat 313; verzichtet auf Apologie u. glorifiziert nicht ihren Gegenstand **6**:151f.; *Zum Begriff der Philosophie* 165ff.♦; *Kritische Theorie* 253; 329; 392; *Zur kritischen Theorie* 419f.; *Antinomien kritischer Theorie* 423; *Differenz von kritischer Theorie und Glaubensidee*

423f.; **7**:112; 232; 284ff.♦; von der Sehnsucht nach dem Absoluten bestimmt 287; 289f.; ist auch Reflexion auf das eigene Tun 337; historische Bedingtheit 340f.♦; doppelte Aufgabe der K.Th. 345; nennt das Absolute vorsichtig »das Andere« 352; Gemäß der K.Th. ist das absolut Positive nicht darzustellen 354; Versuch der Bewahrung des Überlieferten 356; 362; 371; traditionelle u. K.Th. 373; 374; starke konservative Elemente 376; 380; *Die Sehnsucht nach dem ganz Anderen* 385ff.♦; Bilderverbot in K.Th. u. Judentum 387; muß zeigen, welchen Preis wir für den Fortschritt bezahlen 396; negiert nicht den Versuch, eine gerechtere Gesellschaft zu schaffen 398; muß auch die Negativität des Fortschritts darstellen 400; 416; Praxisbezug 417f.♦; Grundsatz, das Schlimme zu erwarten u. damit zu versuchen, zur Verwirklichung des Besseren beizutragen 418; *Zur Zukunft der Kritischen Theorie* 419ff.♦; ist letztlich nichts anderes als das Prinzip, darauf zu verzichten, die richtige Gesellschaft darzustellen 419; wird der Einzelwissenschaften stets bedürfen 423; prinzipieller Unterschied zwischen K.Th. u. Wissenschaft 423; Berufung des Studentenprotestes auf die K.Th. 426ff.♦; Stellung zur Theologie 429ff.♦; versucht nicht, das Gute zu beschreiben 458; Praxisbezug 466f.; **8**:328; Ich bekenne mich zur K.Th.; das heißt, ich kann sagen, was falsch ist, aber ich kann nicht definieren, was richtig ist 331; 336ff.♦; Die beiden Philosophen, welche die Anfänge der K.Th. entscheidend beeinflußt haben, waren Schopenhauer u. Marx 336; Nur in einer richtigen Gesellschaft würde man nicht mehr durch die Zwangsmomente der schlechten Gesellschaft in seinem Denken bestimmt sein 339; Zwei Lehren der Religion, die für die heutige K.Th. entscheidend sind: Erbsünde, Bilderverbot 343; K.Th. u. Theologie 348; liefert eine kritische Analyse der Wirklichkeit einschließlich des verzerrten Denkens der Arbeiter selbst **12**:86; *Funktionswandel »bürgerlicher« Begriffe in der kritischen Theorie: Mensch, Eigentum, Individuum* 437♦; Die K.Th. hat beides aufzulösen: sowohl den ersetzbaren, nur als Anhang zu seiner Funktion bestimmten Menschen wie den »privativen« Einzelnen 437; Begriff der K.Th. ist das Organon des Neuen 466; (Adorno:) Materialismus/Idealismus: K.Th. hat die Frage nach dem »Ersten« überhaupt nicht zu stellen 486; Manifest der K.Th. 493ff.♦; Möglichkeit einer nicht identischen Theorie 519; Erkenntnis als Relation von Wesen u. Erscheinung 521f.♦; Für uns ist der Unterschied zwischen Wesen u. Erscheinung konstitutiv 522; doppelte Opposition: gegen die Konsequenzlogik, gegen die Subjektivität 523; K.Th. u. Dialektik 526ff.♦; Debatte über Methoden der

Sozialwissenschaften 542ff.♦; *Politischer Stoizismus der kritischen Theorie* 597ff.♦; ist ein Materialismus ohne Positivismus 598; An der Existenz des kritischen Verhaltens hängt heute die Zukunft der Humanität **13**:95; Der Sinn der materialistisch-dialektischen Geschichtsbetrachtung ist der, daß entweder eine autonome Menschheit zustande kommt oder wir wieder in Barbarei versinken 393; Das Glück des Einzelnen ist ohne das Glück des Ganzen nicht denkbar, die Bejahung des Individuums ist identisch mit der Bejahung der Gesellschaft. Das treibt zu dem, woraus der dialektische Materialismus entstanden ist 412; Der notwendige Weg zur Annahme der Materie als Prinzip der Welt führt zu einem System, in dem auch der Begriff des Begriffs eine Rolle spielt, in dem die Abstraktheit wieder aufgegeben wird 412; 445; Was wir sind? – Arrièregardisten, die Nachhut eines Heeres, das es schon nicht mehr gibt **14**:92; K.Th. u. Skepsis 201; u. Marxismus 204; *Kritische Theorie (I)* 224f.♦; u. die »spekulative Idee« bei Hegel 225; *Aufgabe der Vernunft* 226; *Induktion und kritische Philosophie* 237♦; Es gibt kein Rezept, so zu denken, daß ein sicheres Resultat dabei herauskommt. Wohl aber ist eine einsichtige Kritik des falschen Denkens möglich 237; Es ist fraglich, ob echte Theorie heute im Westen überhaupt möglich ist. Es hängt davon ab, ob unter der konterrevolutionären Oberfläche des Ostens ein Geschichtsprozeß im Gange ist, der zu einer neuen Gesellschaft führt u. den man bloß aufzudekken braucht 238; *Gegenstände einer dialektischen Weiterentwicklung der Theorie* 238; Der Gedanke kann sich nur gegen den Widerspruch entwickeln. Dialektik setzt den Dialog voraus. Hier liegt die Bedeutung der Universitätstätigkeit 243; *Naturwissenschaftliche versus gesellschaftswissenschaftliche Theorie* 245; *Theorie und Praxis* 251; *Humanität* 252; *Themen für gemeinsame Arbeiten* 256; *Theorie der heutigen Gesellschaft* 273; Vielleicht liegt hinter dem Tauschprinzip etwas, das tiefer geht, sogar etwas Biologisches 273; *Deduktion von Mensch und Gesellschaft aus dem Tauschprinzip* 274; Beispiele für die Aufgaben der Theorie 274; *Kritische Philosophie* 333; *Beckett, Kritische Theorie und Adorno* 338; Das autonome Subjekt, das nicht bloß instrumental denkt, wird wie Gott funktionslos u. verschwindet. Es erhalten wollen ist Romantik. Tillich hat versucht, beide zu retten. Einzusehen, daß wir es wünschen müssen, aber daß es nicht zu retten ist, ist K.Th. 340; *Positivismus und Kritische Theorie* 348; *Das Andere, die Naivität u. die Orientiertheit* 369; *Das Andere* 370; Theoretische Aufgabe: was heute zu leisten wäre, ist eine theoretische Deduktion der Racket-Theorie 377; *Stichworte*

zum Weg der Vernunft 379; *Kritische Theorie (II)* 380; *Hauptthemen* 381; In der K.Th. muß der jeweilige letzte Stand der Naturwissenschaft »aufgehoben« sein 414; *Kritische Theorie (III)* 414; *Kritische Theorie (IV)* 418; Die Welt kritisch darstellen, wie sie ist, so daß durchleuchtet, wie sie nicht sein soll, u. damit eine Ahnung aufgeben, wie sie sein sollte 418; *Theorie contra Wissenschaft und Positivismus* 430; *Die Krise als entscheidender Faktor* 431; *Kritische Theorie* 469; 475; *Der Westen und das Ende der Freiheit* 476; *Die Dauerkrise des Liberalismus als Schlüssel für das Verständnis der heutigen Situation* 479; *Die Solidarität aller endlichen Wesen* 483; *Wahr contra richtig* 485; 488; *Die Herkunft der Kritischen Theorie* 491; »Du sollst dir kein Abbild machen!« Dieses Gebot, das die jüdische Religion von allen anderen unterscheidet, ist auch der letzte Satz der K.Th. 494; K.Th., Religion, positive Wissenschaft 498; *Kritische Theorie und Theologie* 507; Am Anfang der K.Th. steht sowohl das jüdische Bilderverbot als auch die Kantsche Aufzeichnung der Grenzen des Vernunft-Denkens 507; Wahrscheinlich liegt der K.Th. trotz ihrem Verzicht, die Wahrheit auszusprechen, ein Paradox zugrunde: sie weiß, daß es keinen Gott gibt, u. doch glaubt sie an ihn 508; Für die Aussagen der K.Th. gibt es keine Argumente. Es ist Sache jedes Einzelnen, sich zu entscheiden, ob er sie annehmen will oder wie der Positivismus ablehnen, als Metaphysik, Romantik, Wunschvorstellungen 509; Kant u. die K.Th.: die Welt, das Leben sind nicht das Absolute 511; *Das absolute Setzen eines Endziels* 518; Die K.Th. bekämpft den Positivismus ebenso wie jede positive Metaphysik 520; *Die Kritische Theorie führt sich selbst ad absurdum.* Denn alles, was sie aussagt, beruht auf der Verarbeitung von Sinneseindrücken, gilt also nur für die Welt der Erscheinungen 521; *Kritische Theorie und Praxis* 526; ein Denken, das mehr ist als ein Instrument zur Erhaltung des Individuums u. der Gattung 530; die Sehnsucht nach dem Anderen 532; Es scheint uns weniger eine Synthese aus Soziologie und Psychologie an der Zeit, als die insistente aber getrennte Arbeit in beiden Bereichen **19**:18; Psychologisierung der Theorie der Gesellschaft, Soziologisierung der Psychologie 19; Die Theorie muß in der Zukunft die Widersprüche bezeichnen, muß Wühlarbeit leisten. Man muß dafür eintreten, daß das Paradies verwirklicht wird, das auf Grund der technischen Produktivkräfte möglich sein wird 27; 30; *[Diskussion über Theorie und Praxis]* **19**:32ff.♦; Das kritische Bewußtsein muß frei sein vom Marxismus, der besagt, wenn ihr sozialistisch werdet, wird alles gut 41; (Adorno:) Auf der einen Seite handelt es sich heute um

Fragen, die in den ökonomischen Kategorien nicht mehr rein ausgedrückt werden können, auf der andern kann man die anthropologischen Fragen von den ökonomischen nicht trennen 49; *[Negative Utopie oder politische Konkretheit]* 54; (Adorno:) Das Grauen besteht darin, daß wir zum ersten Mal heute in einer Welt leben, in der man sich das Bessere gar nicht mehr vorstellen kann 70

Krockow, Christian Graf von *Die Bedeutung des Sports für die moderne Geschichte* **8:**233

Kroner, Richard *Von Kant bis Hegel* **2:**49, 75 ▷**9:**467

Külpe, Oswald *Die Realisierung* **3:**75

Künzli, Arnold *Karl Marx. Eine Psychographie* **14:**351 ▷**14:**367

Kürnberger, Ferdinand *Der Amerikamüde* **13:**123

Kuhn, Helmut *Dichten heißt Rühmen* **13:**17

Kulischer, Josef *Allgemeine Wirtschaftsgeschichte des Mittelalters und der Neuzeit* **3:**374

Kultur (s. Ästhetik, Bedürfnisse, Kulturindustrie, Kunst) Eine einheitliche Ideengeschichte ist Konstruktion **2:**234; **3:**336ff.♦; Der Begriff der Abhängigkeit des Kulturellen vom Ökonomischen ist gleichsam vulgärmaterialistischer zu verstehen als früher **4:**211; Die geschichtliche Veränderung läßt das Verhältnis der Kultursphären nicht unberührt 222; In der aufkommenden bürgerlichen Ordnung existiert K. nur auf Grund der kapitalistischen Arbeitsform 247; 263; 299f.; 355; *Neue Kunst und Massenkultur* 419ff.♦; Ausverkauf der K. **5:**21; 155ff.; Von K. zu reden war immer schon wider die K. 156; Fusion von Kultur u. Unterhaltung 169; Reklamecharakter der K. 192; Übertragung des Schemas der gesellschaftlichen Arbeitsteilung auf das Leben des Geistes **6:**40; Kulturkonservatismus 72f.; 99; 148; Zur Unabhängigkeit des Bürgers gehörte auch das Interesse an der eigenen Kultivierung 160; 165; konservative Kulturkritik 166; 179; Die aufbauenden Philosophien sind außerstande, dem kulturellen Verfall entgegenzutreten 185; 232f.; *Die Kultivierten* 241; 243; 245; 259; K. sind gehobene hobbys 274; *Funktion und Grenzen bürgerlicher Kultur* 308ff.♦; »kulturelles Existenzminimum« 355; *Sitten, höhere Kultur* 364f.♦; Konsequenz der K. ist es, am Ende mit sich aufzuräumen 365; Kulturkonsum 375; *Die Kulturkonsumenten* 377; 411; *Blick ins Konversationslexikon* 413; 421; Departementalisierung der K. **7:**27; Die Neutralisierung der K. hilft nicht gegen das Zerstörungswerk der subjektiven Vernunft 33; 54; Die K. der oberen Schichten muß sich jetzt allenthalben den Erfordernissen der Massengesellschaft anbequemen 75; Ursachen des Kulturverfalls 75f.; *Philosophie als Kulturkritik*

81ff.♦; K. bedeutet veredelte Natur 99; sinkt zum Bildungsgut herab 100; Kulturkritik hat im Grunde keinen Gegenstand mehr 100; 107; Mit den religiösen sind die anderen kulturellen Motive als ideologisch kompromittiert 217; geht in Kunst u. Wissenschaft nicht auf 218f.; Was einst K. hieß, verliert den Sinn 231; Spezialisierung gehört zum Niedergang der K. 235; 250; 275; K. schlechthin verdankt sich weitgehend dem Sexualverbot **8**:288; Die Exaltation der K. auf Kosten der Massengesellschaft, die beflissene Konsumtion der Kulturgüter als Bestätigung eines gehobenen seelischen Innenlebens 441; **10**:16; 248f.; Simmels Kritik am Fetischcharakter kultureller Institutionen 293f.; Destruktion der alten Kulturgehalte durch den modernen gesellschaftlichen Lebensprozeß 321; Bestimmung nicht mehr vom kleinen Bürgertum, sondern von einer durch eine kleine Oberschicht beherrschten Ordnung **11**:154; Abhängigkeit von materieller Situation der Menschen 203; 215; ideologische Funktion 216ff.♦; Die kulturellen Faktoren gehören zu den konservierenden, umgestaltenden oder sprengenden Tendenzen des Systems 217; Abhängigkeit kultureller Veränderungen von wirtschaftlichen 285; 352; Funktion der K. **12**:184♦; Verhältnis von K. u. moderner Barbarei 184♦; deutsche K. 189; Gefahr des Kulturverfalls 189; der Bildungsphilister 191; Begriff der K. 194; Es gibt keine Kulturwissenschaft ohne Kulturkritik, weil Kritik die Wahrheit von K. ist **13**:17; hat sich als selbstgenügsame Sparte im Reproduktionsprozeß des falschen Lebens etabliert 23; **14**:320; *China und der Untergang der Kultur* 367; Niedergang der K. 408; *Symptome des Untergangs der Kultur* 449; *Kultur heute* 485; K. in allen ihren Aspekten wird vernichtet, u. an ihre Stelle tritt der »Ameisenhaufen« 516; Krise der K., dargestellt an zwei Beispielen: das Elend der Theologie u. das Versagen des Marxismus 522; *Symptome des Kulturzerfalls* 539

Kulturindustrie (s. Massenmedien, Öffentlichkeit) Je mehr die tröstende Religion an Kredit verliert, um so mehr wird der kulturelle Apparat zur Erzeugung von Freuden beim gemeinen Mann verfeinert u. ausgebaut **4**:20♦; 74; 337f.; *Neue Kunst und Massenkultur* 419ff.♦; Ablösung der Kultur durch manipulierte Vergnügungen 424; Schon lange sind Raffaels blaue Horizonte zu Teilen Disneyscher Landschaften geworden 428; Wiederbelebung Bachs, Mozarts oder Chopins in der populären Unterhaltungsmusik 432; Die Diskrepanz zwischen Kunst u. Film resultiert aus den ökonomischen Verhältnissen 435; Die sogenannte Unterhaltung ist nichts als ein Mittel der Ertüchtigung 437; Vergötzung des Daseienden **5**:22f.;

144ff. ♦; Die ganze Welt wird durch das Filter der K. geleitet 150; Verkümmerung der Vorstellungskraft u. Spontaneität 151; Mechanische Reproduzierbarkeit 152; K. setzt die Imitation absolut 155; K., der unbeugsamste Stil von allen 156; Forderung von Schund 159; schlechte Versöhnung von leichter u. ernster Kunst 160; Wiederholung, Stereotypie 161; Amusement ist die Verlängerung der Arbeit unterm Spätkapitalismus 162; Kunstwerke sind asketisch u. schamlos, K. ist pornographisch u. prüde 165; Das Kollektiv der Lacher parodiert die Menschheit. Sie sind Monaden, deren jede dem Genuß sich hingibt, auf Kosten jeglicher anderen 166; K. bietet als Paradies denselben Alltag wieder an. Das Vergnügen befördert die Resignation, die sich in ihm vergessen will 167; Amusement selber reiht sich unter die Ideale ein, es tritt an die Stelle der hohen Güter, die es den Massen vollends austreibt, indem es sich noch stereotyper als die privat bezahlten Reklamephrasen wiederholt 169; Die Befreiung, die Amusement verspricht, ist die von Denken als von Negation 170; hat den Menschen als Gattungswesen hämisch verwirklicht 171; K. wird zum unwiderlegbaren Propheten des Bestehenden. Die Welt wird verdoppelt, das Dasein wird selber zum Surrogat von Sinn u. Recht 174; Ewig grinsen die gleichen Babies aus den Magazinen, ewig stampft die Jazzmaschine 175; Das lückenlos geschlossene Dasein, in dessen Verdopplung die Ideologie heute aufgeht, wirkt um so großartiger, herrlicher u. mächtiger, je gründlicher es mit notwendigem Leiden versetzt wird. Es nimmt den Aspekt von Schicksal an 179; lügenhafte Unterschiebung des Stereotypen fürs Individuelle 183; Die Heroisierung der Durchschnittlichen gehört zum Kultus des Billigen 183; Der Faschismus hofft darauf, die von der K. trainierten Gabenempfänger in seine reguläre Zwangsgefolgschaft umzuorganisieren 189; Technisch so gut wie ökonomisch verschmelzen Reklame u. K. 192; Das ist der Triumph der Reklame in der K., die zwangshafte Mimesis der Konsumenten an die zugleich durchschauten Kulturwaren 196; **6**:50; 81; Glorifizierung des Lebens, wie es ist 100; 112f.♦; Vergnügungsindustrie als Reklameagentur der Ehe 122; 145; verdoppelt endlos die Oberfläche der Realität 147f.♦; 158; 161; 177; *Trade marks* 195; *Kunst und Kino* 198f.; *Nach dem Kino* 203; 218; 316; 325; **7**:52; 98ff.♦; Das zeitgenössische Schriftgut dient dem Betrieb 123; 292; In der alten Welt ist ihr Triumphzug weniger durch geistige Mächte als durch wirtschaftliche Schwierigkeiten gehemmt worden **10**:320; **12**:90; Heute sind die Grammophonplatten wesentlich dazu da, die Idee der sozialistischen Gesellschaft kaputt zu machen 584; Tendenz der Kul-

tur im Zeitalter der Massenführung: ihre Annäherung an pure Technologie **13**:654; *Eine Frau erlebt Afrika* **14**:217; *Warum das gedruckte Wort heute nur noch wenig Wirkung hat* 357; *Kunst und Revolution* 506; *Dialektik der Werbung* 533; *Verteidigung der Reklame* 538; *Manipulation* 540; *Ist die Fortschritts-Ideologie noch glaubhaft?* 541

Kun, Joseph C. (mit Ernst Kux) *Die Satelliten Chinas, Nord-Vietnam, Nord-Korea* **14**:444

Kunst (s. Ästhetik) *Revolutionäres Theater oder »Kunst versöhnt«* **2**:366f.♦; neue Sachlichkeit 423f.; **4**:358f.; *Neue Kunst und Massenkultur* 419ff.♦; Änderung ihrer Funktion in neuerer Zeit 419; ist nicht weniger Erkenntnis als die Wissenschaft 420; Die ungastlichen Werke halten dem Individuum die Treue gegen die Infamie des Bestehenden 424; Das Kunstwerk ist die einzig adäquate Objektivation der Verlassenheit des Subjekts 425; Unterschied zwischen K. u. Kommunikation 425f.; 428; Kunstwerke enthielten stets auch ein kritisches Element 436; Die K. der integralen Abbildlichkeit wird zur ideologischen Verdoppelung, zur fügsamen Reproduktion **5**:40; Mit dem Verzicht auf Einwirkung scheidet K. sich von Magie 41; Erscheinung des Ganzen im Besonderen 41; K. u. Kulturindustrie 150ff.♦; Die Klagen übers Erlöschen der stilbildenden Kraft im Abendland sind zum Erschrecken unbegründet 152; stilisierte Barbarei 153; Der Begriff des echten Stils wird in der Kulturindustrie als ästhetisches Äquivalent der Herrschaft durchsichtig 154; Bis zu Schönberg u. Picasso haben die großen Künstler sich das Mißtrauen gegen den Stil bewahrt u. im Entscheidenden sich weniger an diesen als an die Logik der Sache gehalten 155; Künstler: Ehemals zeichneten sie wie Kant u. Hume die Briefe mit »untertänigster Knecht« u. unterminierten die Grundlagen von Thron u. Altar. Heute nennen sie Regierungshäupter mit Vornamen u. sind mit jeder künstlerischen Regung dem Urteil ihrer illiteraten Prinzipale untertan 158; Was nicht konformiert, wird mit einer ökonomischen Ohnmacht geschlagen, die sich in der geistigen des Eigenbrötlers fortsetzt 158; Trickfilme: Sieg der technologischen Vernunft über die Wahrheit 163; Veränderung im Warencharakter der K. 184f.; *Zur Soziologie der Kunst* 360f.; Komplizenschaft von Kunst u. Macht 362; Ihr Maßstab in der modernen Gesellschaft ist die Zeit **6**:51; Verdinglichung 58f.♦; ist heute völlig neutralisiert u. von der Wahrheit abgelöst 58f.; wird heute an etwas gemessen, das keine K. ist 68; reflektiert mittels der Sprache das Leiden 179; 194; *Kunst und Kino* 198f.; ist mit der Wahrheit identisch 199; 203; 239; 281; Die abstrakte K.

verblaßte zum Konsumgut u. Ornament 291; 297; war einmal ein kritisches Moment 311; *Geist, Kunst und Bürgertum* 322f.♦; Ihre unmittelbare Verständlichkeit fiel mit ihrer geschäftlichen Aktualität zusammen 323; Abstrakte K. hat keine Gegner mehr 323; 354; 356; *Sitten, höhere Kultur* 364f.♦; sinkt zur Bildung herab 364; Heute wird K. restlos assimiliert 365; Erotische Liebe war Basis der K. 419; *Kunst als Ornament* 422f.; An der K. wird der Abstand zwischen dem, was ist, u. dem, was sein soll, offenbar **7**:84; 96; K. ist ein Geschäft, das seine Sache u. nicht das, wozu sie dient, im Auge hat 99; Verdinglichung der K. 255; wird pragmatisch oder formal 359f.; 413f.♦; Die ursprünglich oppositionelle K. schlug ins Nichtssagende um 414; 438; wird rein intellektuell oder rein ornamental 460f.; Mehr als Philosophie hat seit den zwanziger Jahren K. die Nichtigkeit des Einzelnen nach Form u. Inhalt zum Thema gemacht **8**:291; tendiert dazu, zum bloßen Ornament zu werden 291; Verhältnis von Wissenschaft u. K. **10**:211; Begriff des Genies bei Bergson 278; Kunstbegriff bei Bergson 283; Geniebegriff bei Bergson 408; *Profanierung* **11**:267; *Über Kunst in unsrer Zeit* **12**:577♦; Die klassische K. beginnt schlechthin uninterpretierbar zu werden 577; K. u. Bedürfnis 579; In K. u. Dichtung steckt eine Ahnung von einem herrschaftsfreien Zustand 583; **13**:235; 554; 563; 591; *Aufhebung des überholten Ausdrucks* **14**:135; *Zeitgenössische Literatur und Wissenschaft* 202; *Das Künstlerische* 269; *Die Kunst als blinder Spiegel* 311; Die bildenden Künste haben den Zusammenbruch der westlichen Kultur schon frühzeitig gespürt u. versucht, ihn auszudrücken 311; *Dialektik der Kunst* 311; K. u. Spiel 341; *Die heutige Kunst als Spiegel des Untergangs* 349; *Die Verachtung des Individuums als Schlüssel zur heutigen Kunst* 356; *Moderne Kunst* 368; *Die Kunst in der Sackgasse* 392; *Moderne Kunst* 395; *Das Ende der Kultur* 400; *Über die Kunst* 420; *Voraussetzungen der Kunst* 467; *Ausdruck u. Mitteilung* 478; *Kunst heute u. das Ende des autonomen Individuums* 486; *Wissenschaft, Kunst, Philosophie* 499; *Kunst und Revolution* 506; In der westlichen Gesellschaft darf einer heute schreiben, was er will. Vom ›Tagebuch der Anne Frank‹ bis zum ›Marat-Sade‹-Stück wird alles gelesen u. angehört u. – ad acta gelegt 507; *Die Kunst von heute, Ausdruck und Gefühl* 515

Kunze, Hermann **5**:230

Kurosawa, Akira *Rashomon* **14**:425

Kussmaul, Adolf **11**:126

Kutzner, Oskar *Die Struktur der Familie in ihrer Bedeutung für die Erwachsenen* **3**:403

Kux, Ernst (mit Joseph C. Kun) *Die Satelliten Chinas, Nord-Vietnam,*

Nord-Korea **14:**444 ▷**14:**367; *Ernst Kux über Vietnam, China und die deutschen Studenten* 444
La Bare (Chevaliers de) **13:**600
La Boétie *Discours sur la servitude volontaire ou le Contr'un* **13:**502
Lamettrie, Julien de *Anti-Seneque* **9:**372; *Die Kunst zu genießen oder eine Schule der Wollust* **13:**433, 615; *L'homme machine* **9:**179, 372; **13:**433, 615; **14:**467, *Der Mensch als Pflanze* **9:**372; *Système d'Epicure* **9:**372 ▷**9:**155; 346; physikalischer Materialismus 357; 372; 374; **10:**195; **13:**433; 618
La Rochefoucauld, François (Herzog von) *Maximen* **8:**206; **9:**358, 360, 362; *Réflexions* **14:**85 ▷**3:**200; **4:**231; **8:**148; **9:**358 ff.♦; 362; **13:**356; ist einer der bedeutendsten Psychologen überhaupt 485; Geburt der Tiefenpsychologie im Zusammenhang mit dem Christentum 485; Jansenist, Vater der Interessenpsychologie 614
Laclos, Pierre Choderlos de *Les Liaisons Dangereuses* **5:**118
Lacombe, Claire **4:**79
Lafayette, Marie Joseph de **13:**358
Lagarde, Paul de **8:**127; **12:**199; **13:**350
Lamartine, Alphonse de *Cours familier de littérature* **14:**37
Lambert, Johann Heinrich *Neues Organon oder Gedanken über die Erforschung und Bezeichnung des Wahren und dessen Unterscheidung von Irrtum und Schein* **9:**463 ▷**2:**103; **9:**463; 472; 477
Lammers, Heinrich *Luthers Anschauung vom Willen* **4:**14
Lamprecht, Karl *Deutsche Geschichte* **4:**49
Lanctantius, Lucius Cäcilius Firmianus **2:**261
Landau, Bernhard **7:**284 ff.
Landauer, Karl *Intelligenz und Dummheit* **5:**289 ▷**7:**327; 366; 453 f.; **12:**23; **19:**17
Landsberg, Paul L. *Einführung in die philosophische Anthropologie* **3:**255, 258
Lang, Fritz **12:**342; 344
Langbehn, August Julius **8:**127; **12:**199
Lange, Friedrich Albert *Geschichte des Materialismus* **3:**74; **9:**26, 39; **10:**215
Langer, Susanne *Philosophy in a New Key* **12:**299
Lanson, Gustave *Les ›Essais‹ de Montaigne* **4:**253
Laotse *Taoteking. Das Buch des Alten vom Sinn und Leben* **14:**241 ▷**14:**252; 254
Laqueur, Walter **14:**406
Larouette, Kenneth Scott *The Chinese, their History and Culture* **3:**350

Lask, Emil **4**:362; **10**:182; Sein Philosophieren tendiert weit über den Horizont des Neukantianismus hinaus 257; **12**:534; 605

Laski, Harold J. *Authority in the Modern State* **3**:362 ▷**12**:513

Lassalle, Ferdinand **5**:300

Lasson, Georg **3**:167

Lavisse, Ernest *Histoire de France* **4**:251 f.

Law, John **13**:594

Lazarsfeld, Paul **12**:39; 65; Office of Radio Research 431; 478 f.; 482; **19**:61

Le Corbusier (Charles Édouard Jeanneret-Gris) *Moderne Architektur* **14**:335

Le Play, Frédéric *Les ouvriers européens* **3**:40 f.; **5**:139

Lea, Henry Charles *A History of the Inquisition of the Middle Ages* **5**:348

Lebensphilosophie Vitalismus **2**:159 f.♦; 188; Die vitalistische Romantik ist ein Irrtum 215; 284 f.; Kritik der L. am Denken **3**:171 ff.; fortschrittliche Züge der L. 177; 256; **4**:112; **6**:173; **10**:182 f.; *Lebensphilosophie: Bergson, Simmel, Dilthey* 267 ff.♦; hat sich polemisch gegen Philosophie als Theorie der begrifflichen Erkenntnis entwickelt 268; Außer dem Leben ist nichts 269; überall verbunden mit der Lehre von der Intuition als einzig adäquater Erkenntnis 270 f.; überwindet die Einseitigkeit des bloß formalisierenden Philosophierens 289; offener Charakter einer Reaktion gegen jede Art verstandesgemäßer Aufklärung 289; 313; 318; 322; 340; 389; *Lebensphilosophie (Bergson)* 399 ff.♦; Begriffliche Ordnung erscheint ihr als Verfälschung 400; verwirft Wissenschaft als echte Erkenntnis u. Organ der Wahrheit 400 f.; kritiklos gefeierte Vitalität 408; erwartet wenig Großes von der Naturwissenschaft 411; irrationalistischer Kult des schöpferischen Lebens 411; Hegels Dialektik enthält die L. in sich u. weist ihrem Gesichtspunkt den rechten Platz an 415; hat recht, die Verstandeskategorien im Zusammenhang mit biologischen u. soziologischen Vorgängen zu betrachten 417; anregende u. befreiende Wirkung auf Philosophie u. Einzelwissenschaften 418; Der élan vital des Übermenschen vertrieb selbst den letzten Rest von Aufklärung u. Französischer Revolution aus den Köpfen der Philosophen **11**:204 f.; 272

Lechler, Gotthard Victor *Geschichte des englischen Deismus* **9**:343

Leclerc, Richard-Joseph **4**:79

Lefebvre des Noëttes, Édouard-Charles *La ›Nuit‹ du moyen âge et son inventaire* **3**:336

Lehmann, Alfred **8**:297

Lehr, Julius **11**:14 f.

Leibniz, Gottfried Wilhelm *Deutsche Schriften* **9**:271 f.; *Hauptschriften zur Grundlegung der Philosophie* **4**:124; *Metaphysische Abhandlung* **9**:262, 267; *Monadologie* **5**:257; **9**:246, 267, 285; **12**:273; *Nouveaux Essais sur L'Entendement Humain* **5**:117; **9**:264; **13**:529; *Principes de la nature de la grâce* **13**:523; *Theodicee* **9**:255, 275; **13**:618 ▷**2**:102; 254; **3**:112; 168; **4**:28; 97; 114; 133; 151; 253; 335; 347; **5**:29; 104; 114; 224; **6**:93; 387; **7**:29; 37; 163; 189; Monadenlehre 200; 215; 226; optimistische Zukunftsgläubigkeit 236; 241; 247 f.; **8**:194; 424; 436; **9**:14 f.; 19; 60; 132; 151; 202; 243 ff.♦; ein Naturwissenschaftler, der Metaphysik treibt 243; beherrschte die gesamte Bildung seiner Zeit u. hat sie fast innerhalb jeder einzelnen Wissenschaft fruchtbar weitergeführt 245; wissenschaftliche Vereinigung der neuen Naturwissenschaft mit einer teleologischen Weltauffassung 247; Substanzbegriff 248 ff.; idealistischer Individualismus 250; Monadenlehre 250 ff.♦; prästabilierte Harmonie 255 ff.; Vereinigung zwischen Mechanismus u. Teleologie 258; Theodizee 259 f.; Materialismus u. Idealismus 261; individualistische Metaphysik 262; Erkenntnistheorie 262 ff.♦; Begründung der »scientia generalis« 268; Trieblehre 269 f.; Ethik 270 ff.♦; sein Optimismus eine Ruchlosigkeit gegenüber dem realen Elend 274; Religionsphilosophie 275 ff.; Ethik 277 f.; von der Aufklärung als großer Vertreter der Metaphysik bekämpft 279; 280 f.; prästabilierte Harmonie 282; 287; 289; 292 f.; spricht von der sozial wünschenswerten Wirkung der Religion 299; 312; 333; 349; 352; 408; Vorgänger Berkeleys 420; 452; **10**:23; 29 f.; 74; 82; 90; 214; 240; 307; Theodicee 319; mathesis universalis 383; **11**:33; 135; 165; 279; **12**:111; 314 f.; 450; 465; **13**:421; 500; 508; *Der Begriff der Seele seit Leibniz* 515 ff.♦; begründet den modernen Individualismus 527; Vérités de fait, vérités de raison 527; Von L. an bricht die Beschäftigung mit der Seele ab 529 f.; 587; 616; **14**:151

Lemaître, Jules **4**:230

Lemberg Center for the Study of Violence (Brandeis University, Mass.) **8**:301

Lenau, Nikolaus **2**:311; **12**:463

Lenin, Wladimir I. *Der Imperialismus als höchstes Stadium des Kapitalismus* **12**:424; *Der »linke Radikalismus«, die Kinderkrankheit im Kommunismus* **7**:406 f.; *Materialismus und Empiriokritizismus* **4**:156; **6**:300; **11**:175 ff.♦; *Noch einmal über die Gewerkschaften, die gegenwärtige Lage und die Fehler Trotzkis und Bucharins* **11**:184, 187; *Werke* **14**:439 ▷**3**:16; **4**:196; **6**:93; 269; **7**:139; 267; 337; 346;

Ablehnung des Radikalismus 406f.; **8**:285; Dort, wo vor fünfzig Jahren L.s kommunistische Losungen die Massen ergriffen, läßt das Reich der Freiheit zumindest auf sich warten 306; 308; 313; spürte, daß die sogenannte Diktatur des Proletariats zu einer strammeren Diktatur führen könnte, als er es im Sinn hatte 324; *Über Lenins ›Materialismus und Empiriokritizismus‹* **11**:175ff.♦; erkannte die Propaganda für den Empiriokritizismus als Moment der politischen Resignation u. des schlechten Kompromisses 175; Die Engelssche Scheidung von Materialismus u. Idealismus liegt allen seinen Ausführungen zugrunde 176; Abgrenzung von allen Strömungen, die der religiösen u. mystischen Denkart in Rußland entgegenkamen 181; sieht nur den Zusammenhang der empiriokritizistischen Erkenntnistheorie mit einer Reihe den Materialismus bekämpfenden u. offen religiöser Ideologien 182f.; Abbildtheorie der Erkenntnis in ihrer naivsten Form 183f.; In seiner Behandlung verliert Engels' Scheidung von Materialismus u. Idealismus ihren Sinn 184; Übereinstimmung mit den philosophischen Ansichten Plancks 184ff.; ›Materialismus u. Empiriokritizismus‹ ist trotz aller fachlichen Unkundigkeit keineswegs veraltet 187; hat die Philosophie ernst genommen 188; 368; **12**:372; **13**:577; 585; 624; **14**:92; **19**:46; 70

Leonardo da Vinci **4**:369; **5**:332; **9**:62; **13**:415f.♦

Leonidas **3**:256

Leopold II. (König von Belgien) **12**:200

Lerner, Daniel **8**:53

Lerner, Max **12**:545

Leroy (wahrscheinlich: Henri de Roy = Heinrich Regius) **9**:179

Leser, Norbert **7**:233

Lessing, Gotthold Ephraim *Briefe, die neueste Literatur betreffend* **7**:254; *Ernst und Falk* **13**:619; *Die Erziehung des Menschengeschlechts* **9**:461; *Gedanken über die Herrnhuter* **7**:253; *Nathan der Weise* **7**:257; **10**:333; **13**:584; *Über die Erziehung des Menschengeschlechts* **13**:286, 616, 620; *Wolfenbütteler Fragmente* **13**:616 ▷**2**:328; **4**:28; 88; 364; 393; **5**:209; **6**:241; **7**:56; 126; *Lessing und die Aufklärung* 253ff.♦; **8**:204; 236; noch radikaler u. unversöhnlicher gegen alles Dunkle als Voltaire **9**:349; 459; 460f.♦; Sein Christentum der Vernunft hat wenig zu tun mit den armseligen Versuchen rationaler Theologie 461; **11**:285; **13**:327; 616; Vorwegnahme des großen deutschen Idealismus in der Aufklärung 620; legte bereits die Wurzeln des deutschen Idealismus mit dem Gedanken, daß im absoluten Subjekt die Welt als Begriff enthalten ist 620; 638

Lestchinsky, Jacob **5**:373

Leukippos **9:**160
Levin, Rahel **8:**163
Levinger, Lee Joseph *The Causes of Antisemitism in the United States* **4:**380
Levinson, Daniel J. *The Authoritarian Personality* **12:**166 ▷**5:**387; 419; **8:**64
Levinson, Marie **5:**420
Lévy-Bruhl, Lucien *La morale et la science des mœurs* **3:**149; **4:**429 ▷**2:**262; **11:**169
Lewin, Kurt *Der Begriff der Genese in Physik, Biologie und Entwicklungsgeschichte* **2:**47, 72
Lewis, Sinclair **12:**190
Liä Dsi *Das wahre Buch vom quellenden Urgrund* **4:**95
Liberalismus **3:**22; 53; 168; Der Totalitäre Staat stellt die wirkliche Folge der liberalistischen Ökonomik dar 222f.; Der Faschismus ist der legitime Erbe des L. 227; Die schlechten Momente des L. wuchern in der Gegenwart kräftig weiter, während die guten in ihre Kritik eingegangen sind 275; 301; 369f.; 381f.; Spezialfall in der Wirtschaftsgeschichte **4:**16f.♦; Kapitulation des L. vor der neuen Autokratie 140; 262; Verhältnis zur Religion 263ff.; 276; Aufklärung, übergegangen in die Praxis des Konkurrenzprinzips 297; Im L. verklärt das Ideal die Wirklichkeit, der man es vorhält 298; Der Faschist ist des L. legitimer Sohn 303; 304; 309; nicht wieder einzurichten 314f.; 321ff.♦; enthielt die Elemente einer besseren Gesellschaft 329; Eliminierung der Untauglichen 407; 412; **5:**110; 113; So erweist sich Kulturindustrie, der unbeugsamste Stil von allen, als das Ziel eben des L., dem der Mangel an Stil vorgeworfen wird 156; 177; Die liberale These ist wahr als Idee. Sie enthält das Bild jener Gesellschaft, in der nicht länger Wut sich reproduziert. Indem aber die liberale These die Einheit der Menschen als prinzipiell bereits verwirklicht ansetzt, hilft sie zur Apologie des Bestehenden 198; hatte den Juden Besitz gewährt, aber ohne Befehlsgewalt 201; In der Bierbankpolitik der Antisemiten kam die Lüge des deutschen L. zum Vorschein 230; 234; Tendenz, in Faschismus umzuschlagen **6:**41; 87; Sein innerster Kern ist der Individualismus 144f.♦; Sein Prinzip hat zum Konformismus geführt 145; 158ff.♦; 268; 273; 298; überlebt sich notwendig im Monopolkapitalismus 307; 360; *Marx und der Liberalismus* 367f.♦; 388; 400; 410; 424; **7:**91; transformierte die bürgerliche Hierarchie in immer kompaktere Machtkonstellationen 109; Die liberalistische Harmonie löste sich als Illusion auf 110f.; positive Errungenschaften des L. 347f.♦; 354; 402f.; Die Freiheit des Einzelnen

war im L. viel größer als heute 421; Die sogenannte freie Wirtschaft führt auf Grund der eigenen Gesetzmäßigkeiten zu ihrem Untergang **8**:307; L. in einem Land kann auf die Dauer so wenig bestehen wie Sozialismus in einem Land 308; 324; Diese nachliberalistische Periode bietet dem Einzelnen gar nicht mehr die Chancen, die er früher einmal hatte 325; 347; Es geht für uns darum, für möglichst viele die Autonomie des Subjektes zu bewahren 348; 356; **9**:314f.; 364; 399; 456f.; **11**:154; 369; **12**:86; schlägt um in Faschismus 162; 240; 247; **13**:350; 438; L. u. Moral **14**:220; Der L. war trotz aller seiner fürchterlichen Ungerechtigkeiten wahrscheinlich die höchste Form der Freiheit, die sich in der menschlichen Gesellschaft verwirklichen läßt 497; *Das Überspringen des Liberalismus* 536

Lichtenberg, Georg Christoph als einziger in Kritik mit Lessing vergleichbar **9**:461

Lichtheim, Ludwig **11**:124

Liebe (s. Mimesis) *Liebe und Dummheit* **2**:388; Die Klassengrundlage der Gesellschaft verfälscht auch die L. 421; 429; **3**:273; ist ein soziales Phänomen, das den Einzelnen in Gegensatz, ja zum Bruch mit der Gesellschaft treiben kann 348; In der bergenden L. einer Frau für ihren Mann sind Kräfte lebendig, die im System der bürgerlichen Lebensordnung selten eine andere Stätte haben als in der Familie 404; Unangemessenheit der L. an ihre bürgerliche Form 414ff.; gilt den Menschen nichts mehr **4**:432; **5**:96f.; In der L. war Genuß verknüpft mit der Vergötterung des Menschen, der ihn gewährte, sie war die eigentlich humane Leidenschaft 130; 130ff.; Kulturindustrie reduziert L. auf romance. Die Serienproduktion des Sexuellen leistet automatisch seine Verdrängung 165; ist der unversöhnte Feind der herrschenden Vernunft 344; im Christentum **6**:143; gedeiht nicht im Zeitalter, in dem Maupassants Novellen zu famous bedtime stories werden 189; *Versuchung* 206; *Die besondere Exklusivität der Liebe* 209f.; 218; verschlungene Einheit von L. u. Homosexualität 224; 230f.; Die romantische L. ist unmodern, weil sie zum Gegensatz gegen die Gesellschaft treibt 245; *Liebe und Erfahrung* 247; *Widerspruch der Liebe* 254; *Vergebliche Liebe* 263; *Antinomien der Liebe* 278; 306; *Liebe und Selbstsucht* 313f.; 342; *Gebet und romantische Liebe* 368f.; 382; *Das Ende der individuellen Liebe* 389; Die erotische L. war Basis der Kunst 419; nähert sich der Kameradschaft **7**:67; ist aufgrund des technischen Fortschritts überholt 229; Die ganze Liebes-Literatur ist heute museal 355; *Die verwaltete Welt kennt keine Liebe* 359ff.; Die Pille müssen wir mit dem Tod der erotischen L. bezahlen 386f.; L. in ihrer wahren Form trägt die Spur der Phase

vor der Ichbildung noch an sich **8**:274; Je instrumenteller die menschlichen Beziehungen, desto sinnloser die Hingabe an den Einzelnen 288; L. wird zum Hobby, eine Freizeitspielerei 288; Niemals sind wir ungeschützter gegen das Leiden, als wenn wir lieben (Freud) 297; L. in der großen Literatur, romantic love, hängt am Verbot 299; Die L. der Mutter hat nicht mehr ihre alte Bedeutung 348; 411; **11**:256; **13**:34; 152; 177; *Liebe deinen Nächsten* 183; romantische L., Sehnsucht verschwindet 204; *Ehe und Familie in der Krise?* 208 ff.♦; L. u. Mimesis: der Mensch kommt als eine Art Echo-Apparat auf die Welt 210; Worum es heute ginge, wäre, diese L. wirklich zu studieren. Ich bin empört darüber, daß die große Psychologie, begründet von Freud, nicht richtig fortgeführt wird 216; 237; 545; *Folgen der romantischen Liebe* **14**:69; Zur L. ist nur fähig, wer das Grauen der Welt nicht vergißt 79; *Niedergang von Religion und Liebe* 138; *Liebe als Reaktion auf Unterdrückung und Abhängigkeit* 149; L. wird erst dann Ernst, wenn die Liebesbeziehung vermittelt ist durch etwas Drittes 221; 252; 261; 274; *Glaube und Liebe* 315; Durch den Zerfall der Familie wird die L. nicht mehr erfahren. Tendenziell wird die Beziehung zwischen den Geschlechtern auf bloße Sexualität reduziert 319; *Ist die Pille das Ende der Liebe?* 495; Es wird keine L. mehr geben, weil es keine Trauer mehr geben wird 502; 516

Liebenfels, Lanz von **8**:127

Lieber, Franz *Miscellaneous Writings* **13**:32

Liebermann, Max **7**:334; **8**:175

Liebknecht, Karl **7**:401

Liebmann, Otto *Kant und die Epigonen. Eine kritische Abhandlung* **10**:213 ▷ vermeint Kants Lehre vom Ding an sich als den wichtigsten zu korrigierenden Irrtum zu erkennen **10**:214; 215

Liefmann, Robert **4**:167; 196

Lincoln, Abraham **8**:334; **12**:58

Lindeman, Eduard Christian *The Family in Transition* **3**:392

Lindemann, Reinhold *Gibt es noch europäische Eliten?* **7**:76

Linden, Cort v. d. **11**:14

Lindlau, Dagobert **7**:297 ff.; **13**:163 ff.; 167 ff.; 183 ff.

Linguet, Simon Nicolas Henri *Théorie des lois civiles ou des principes de la société* **13**:612; *Théorie des lois civiles ou principles fondamentaux de la société* **9**:390 ▷ **9**:390 f.; 391; **13**:612

Linkshegelianismus (s. Hegel, Marx) **2**:154 f.; **7**:124; **9**:280

Lippmann, Walter **14**:299; 390

Lips, Julius *Die Stellung des Thomas Hobbes zu den politischen Parteien der großen englischen Revolution* **2**:223

Lipsius, Justus *Politica* **9:**37

List Das Moment des Betrugs im Opfer ist das Urbild der odysseischen L. **5:**72 ff.; L. entspringt im Kultus 74; Betrug, L. u. Rationalität 74; 80; 84

Literaturkritik Aufgaben der L. **12:**553♦; Literatur u. Moralbewußtsein 257; Unmöglichkeit der Dichtung 265; *Über die Ohnmacht des geschriebenen Wortes* **14:**361

Litt, Theodor *Fachbildung und Menschenbildung* **8:**205; *Der Bildungsauftrag der Deutschen Hochschule* **8:**400

Livius, Titus **2:**184; **9:**33, 35 f.; **12:**25

Locke, John *Conduct of Understanding* **9:**338; *An Essay Concerning Human Understanding* **3:**363; **4:**117, 148; **9:**306, 308 ff., 318 f., 324 f., 327 f., 330 f., 333 ff., 342, 350, 401; **13:**433, 500, 580; *A Letter Concerning Toleration* **9:**339 f.; **13:**498; *The Reasonableness of Christianity* **9:**341; *Some Thoughts on Education* **9:**339, 385; *Two Treatises of Government* **6:**47; **9:**339; *Über den menschlichen Verstand* **5:**323 ▷**3:**164; 332; **4:**118; 262; **5:**326 f.; **6:**21; 29; 37; 47; **7:**38; 60; 132; 170; 181; kehrte zum kosmologischen Gottesbeweis zurück 241; **8:**131; 152; L.s Philosophie inspirierte die amerikanische Verfassung 161; 424; **9:**19; 132; 197; 264 f.; 305; 306 ff.♦; Das meiste bei L. ist nichts als eine konsequente Fortführung von Bacons u. Hobbes' Lehren 308; begründet die Philosophie der Erfahrung 308; sein ›Essay‹ war ein Angriff des Materialismus gegen den Idealismus 309; Ethik 313 ff.; ökonomische Theorie 314 f.; Erklärung, daß die Menschen in den moralischen Grundsätzen übereinstimmen, nicht weil sie angeboren, sondern weil sie nützlich sind 315; war ein besserer Philosoph als ein Nationalökonom 315; Erkenntnistheorie 316 ff.♦; Lehre von den primären u. sekundären Qualitäten 321 ff.♦; ist Materialist, da es für ihn keinen Zweifel gibt, daß die Wirklichkeit von den positiven Wissenschaften getroffen wird 322; Begriffslehre 330 ff.♦; Sprachphilosophie 335 f.; Willensfreiheit 337; Logik 337 f.; pädagogische Theorie 338 f.; politische Theorie 339 ff.; Religionsphilosophie 341 ff.♦; Rezeption in der französischen Aufklärung 351 ff.; 358; harmonisierende Tendenz 363; 368 ff.; 372; 382; 386; 392; Entstehung der Ungleichheit 397; 399; 401 f.; Erkenntnistheorie 408 ff.; 413 ff.; 419; 421; 429 ff.; 433; 438 f.; 441; 457; 459; 472; **10:**13; 194; **11:**33; **12:**65; 111; 457; 465; **13:**357; 425; 433; Willensfreiheit 499; Deismus, Theismus 503; 529 f.; 574; 579; 590; 616; 618

Lockwood (wahrscheinlich: Warren Sewell) **12:**98

Loeb-lectures **8:**457

Löwenthal, Leo *Die Auffassung Dostojewskis im Vorkriegsdeutsch-*

land **12**:148; *Biographies in Popular Magazines* **6**:161; *Conrad Ferdinand Meyers heroische Geschichtsauffassung* **12**:148; *Das Individuum in der individualistischen Gesellschaft. Bemerkungen über Ibsen* **12**:148, 558; *Knut Hamsun. Zur Vorgeschichte der autoritären Ideologie* **12**:148, 554; *Prophets of Deceit* (mit Norbert Guterman) **5**:408, 412ff.♦; **8**:66; **12**:165; *Zugtier und Sklaverei* **12**:148; *Zur gesellschaftlichen Lage der Literatur* **12**:148 ▷**3**:331; **5**:23; **6**:26; **7**:327; 335; 365; **12**:39; 67; 75; 148f.; 349ff.♦; 493; 501f.; 553ff.♦; **19**:59

Löwenthal, Richard *Amerikas Engagement in Asien* **14**:361

Löwith, Karl **4**:226

Logik (s. Dialektik, Empirismus, Materialismus, Mythos) *Die Parteilichkeit der Logik* **2**:318; **3**:313ff.♦; Im Hinblick auf jeden die Sache erfassenden Denkprozeß ist die traditionelle L. ungenügend 316; **4**:142ff.♦; Der Denkprozeß, in dem die festen Begriffe in Strukturen einbezogen werden, wo sie spezifische Bedeutungsfunktionen üben, entzieht sich dem formalistischen Logiker 145; Die moderne formalistische L. besäße ihrem Wesen nach kein legitimes Mittel, einem Wahn entgegenzutreten, wäre er nur verbreitet genug 149; Der moderne Empirismus mitsamt seiner Logistik ist eine L. von Monaden 156; Die Ausschließlichkeit der logischen Gesetze stammt in letzter Hinsicht aus dem Zwangscharakter der Selbsterhaltung **5**:53; 232; **6**:170; *Wider die Logik, die dialektische und die gewöhnliche* 333f.; L. an sich selbst ist unwahr 351; **7**:22; 29; **9**:119f.; Mißtrauen gegen alle Versuche, aus reiner L. ganze Systeme abzuleiten 287; bei Locke 337; *Husserls ›Logische Untersuchungen‹* **10**:299ff.♦; Begriff einer reinen L. bei Husserl 306ff.; Abhängigkeit aller exakter Wissenschaft von der L. 307; An-sich-Sein von logischen Sätzen bei Husserl u. Bolzano 309ff.; 342; phänomenologischer Angriff auf die positivistische L. 380ff.; Husserl: »reine L.« 381ff.♦; **11**:253f.; Kopula u. Subsumtion **12**:69♦; L. u. Sprache 71♦; Nach der formalen L. gibt es nur ein ewig Gleiches 71; L. u. Metaphysik 72; Widerspruchslosigkeit der formalen L. 74; bleibt stehen beim adaequatio intellectus et rei 299; *Selbstwiderspruch des logischen Empirismus* 312f.; Logische u. gesellschaftliche Gewalt stehen in unablässiger Wechselwirkung 322; Die Scheidung von Genesis u. logischer Geltung unterliegt der Kritik – Geschichte ist ein Element der Wahrheit selber 448; L. u. Mythos: die L. ist mythisch 497; 505

Lombard, Peter *Sentenzen der Väter* **8**:392

Lombardo, Guy **5**:161; 169

Lombroso, Cesare **6**:162

Long, Huey **6**:161
Longhi, Pietro **6**:266
Lorenz, Konrad *Über tierisches und menschliches Verhalten* **14**:336
Loti, Pierre **4**:230
Lotze, Rudolf Hermann *Metaphysik* **11**:212 ▷ *Fechner, Lotze und die Psychophysik* **10**:200ff.♦; 242f.; 343
Louis Philippe (König der Franzosen) **6**:345; 349; **13**:369
Lowe, Adolph **14**:476
Lowie, Robert H. *An Introduction to Cultural Anthropology* **5**:33
Loyola, Ignatius von **5**:331; **9**:135
Lübke, Heinrich **13**:98f.
Ludendorff, Erich **8**:181
Ludwig, Emil **5**:168
Ludwig XIV. (König von Frankreich) **2**:199; **7**:44; **9**:246f.
Ludwig XVI. (König von Frankreich) **9**:104
Lukács, Georg **12**:364; 388; L.s Dialektikbegriff ist idealistisch: Die Produktionsverhältnisse sind bei ihm ein allgemeiner Begriff, aus dem die besonderen Bewegungen hergeleitet werden 527; 555; 585; **14**:39; 76
Lukian **2**:399
Lukrez *De rerum natura* **3**:216 ▷**4**:251; **6**:320; **9**:49; **13**:411
Lullus, Raimundus **13**:419
Lunatscharski, Anatoli Wassiljewitsch **11**:175; 181
Luther, Martin *De servo arbitrio* **13**:465, 477; *Ein Sendbrief von dem harten Büchlein wider die Bauern* **4**:51; *Ob Kriegsleute auch in seligem Stande sein können* **4**:52; *Quaestio de viribus et voluntate hominis sine gratia disputata 1516* **4**:250; *Sermo Die Ephiphaniae* **4**:249; *Von den Juden und ihren Lügen* **4**:385; *Von Kaufhandlung und Wucher* **4**:51f.; *Wider die mörderischen und räuberischen Rotten der Bauern* **4**:51 ▷**2**:165; Haltung zum Aufruhr **4**:14; 41; 46; Haltung zur Obrigkeit 49f.♦; unflätige Beschimpfungen der Vernunft 58; 66; 68; 227; 229f.; Angriff auf Vernunft u. Wissenschaft 247ff.♦; hat die innere Freiheit als Bejahung der äußeren Knechtschaft aufgefaßt 258; L. ahnte, daß seine Lehre Elemente enthielt, an die die Unterdrückten sich nicht ganz mit Unrecht halten konnten 260; 287; 368; Antisemitismus bei L. 385♦; 389; 392; **5**:27; 42; 263f.; 306; 331; 347; **6**:36; 115; ist den Kreuzzügen verwandter als der Vernunft 319; **7**:70; 136; 145f.; 152; Das letzte Urteil über die Praxis blieb bei L. suspendiert 176f.; Haß auf die Vernunft 190; Betonung der Selbständigkeit des Glaubens gegenüber der Wissenschaft 235; 271; **8**:137; 167; **9**:52f.; 58; wollte von der »Bestie Vernunft« nichts wissen 59; 65; 67;

11:124; 359; 373; 375; **12**:32; 64; 155; fügt zum wirklichen Elend die Lüge hinzu, daß die Staaten u. Gewalthaber, deren Toben die Geschichte erfüllt, u. damit diese selbst, einen göttlichen Sinn hätten 263; 338; **13**:365; 416; 464; 477f.; 500; 587; **14**:168

Lutz, Burkhart **8**:113

Luxemburg, Rosa *Die russische Revolution* **3**:17 ▷**7**:401; eine der bedeutendsten politischen Erscheinungen im 20. Jahrhundert 406; Kritik der bolschewistischen Diktatur 418

Luyten, Norbert M. *Über den Tod* **14**:448

Lykurg **12**:340

Lynd, Robert S. *Middletown* **3**:332; *Knowledge for What? The place of social science in American Culture* **6**:183f.; **12**:545

Mably, Gabriel Bonnot de **13**:574; 609; 623

MacArthur, Douglas **14**:477

Mach, Ernst (s. Empiriokritizismus) *Die Analyse der Empfindungen* **3**:96; **4**:123; **5**:335; **10**:259, 261ff., 345, 348f.; **11**:177, 179f., 182; **12**:445; **13**:372; **14**:121; *Erkenntnis und Irrtum* **3**:96; **10**:261, 264, 344, 349f., 352f.; **11**:177f., 182, 184; **13**:372; *Die Mechanik in ihrer Entwicklung* **9**:26; **13**:372 ▷**3**:301; **4**:148; 158f.; 332; 334f.; **5**:46; **6**:236; **7**:27; 203; **10**:182; *Machs Lehre von den Weltelementen* 257ff.♦; hat zeitlebens abgelehnt, für einen Philosophen zu gelten 257; für die erkenntnistheoretische Position vom Ende des letzten Jahrhunderts besonders kennzeichnend 257; Die Fundierung der exakten Naturwissenschaften ist sein wesentliches Ziel 258; führte die Gedankengänge des englischen Positivismus zu Ende 258; Lehre von den Empfindungen 258ff.; Metaphysik ist für M. gleichbedeutend mit Unwissenschaftlichkeit 258; Konzeption einer phänomenologischen Physik 260; Lehre vom Ich 261ff.♦; Verhältnis von Philosophie u. Naturwissenschaften 265f.; Begriffslehre 266f.; 268; 302; *Empiriokritizismus (Mach)* 340ff.♦; 343; mangelnde Zufriedenheit mit dem Glauben an die Resultate der Physik u. Ablehnung einer selbständigen Philosophie 343f.; psychologistische Wirklichkeitslehre 344; Metaphysik ist bei ihm gleichbedeutend mit Sinnlosigkeit 345; Begriffslehre 345f.; Seine »phänomenologische Physik« ist ihrer materialistischen Ansicht entgegengesetzt 346; zwischen seiner Anschauung u. dem atomistischen Materialismus philosophisch kein wesentlicher Unterschied 347; faßt das ganze psychische Leben als biologische Erscheinung auf 349; hat ungetrübt an die Macht der Wissenschaft geglaubt 353; **11**:139; *Über Lenins ›Materialismus und Empiriokritizismus‹* 175ff.♦; ist nach Lenins Auffassung reiner Idealist 177; Seine Gedanken entsprechen der idealistischen These der

ursprünglichen Identität von Denken u. Sein 178; Der Vorwurf, daß aus seinem Standpunkt der blanke Solipsismus folge, ist ein Irrtum 178; Lenins Überzeugung, daß seine Elementenlehre nicht mit der Realität der Geschichte verträglich sei, rührt an die schwächste Stelle seiner Philosophie 180; hat sich als Erbe der Aufklärung die Freiheit bewahrt, naturwissenschaftliche Methoden auch auf »höhere« Gebiete anzuwenden 182; hat den Klassencharakter der Gesellschaft erkannt u. ausgesprochen 182; **12:**369; 388; 390; 475; 538; **13:**352; 372

Machiavelli, Niccolò *Discorsi* **2:**183 ff., 189 ff., 197; **4:**10, 13, 272; **9:**33, 35 f.; *Geschichte von Florenz* **2:**183, 185, 187, 192 f., 285 f.; **4:**10, 33; *Il Principe* **2:**183 f., 186, 188, 190, 194 f., 197, 244; **4:**9; **9:**33 f., 36; **11:**191; *Itrae libre de Discorsi sopra la prima deca di Tito Livio* **12:**121; *Vom Staate* **11:**191 ▷**2:**179; *Machiavelli und die psychologische Geschichtsauffassung* 181 ff.♦; hat die Grundzüge der Politik einfach u. bestimmt ausgesprochen 183; Begriff der virtù 188 f.; Moralbegriff 191 f.; hat die Ansicht vorbereitet, daß die menschlichen Triebe in den großen Kausalmechanismus eingeordnet sind 196; hat nicht die Moralität als Machtfaktor übersehen 197; Seine Geschichtsbetrachtung ist dogmatisch 199; sieht ab von den gesellschaftlichen Bedingungen psychischer Eigenschaften 202; Naturalismus-Vorwurf gegen M. 203 f.; Vorkämpfer der aufsteigenden bürgerlichen Gesellschaft 205; 206 f.; 210; 213; 220 ff.; 226; 240 f.; 244; 255; 258; 266 f.; **3:**160; 260; 269; **4:**12; sieht die natürlichen Instinkte für schlecht u. verwerflich an 13 f.; 18; 37; 252; 278; 317; 414; **5:**110; 113; 263; 274; **6:**59 f.; **7:**16; hat die Geschichte als unmittelbar durch die Triebe der Individuen bestimmt beschrieben 43; **9:**31; 32 ff.♦; Seine Lehre ist keine Einzelerscheinung geblieben 37; 99; 105; 215; 271; 396; **11:**157; *Zur Geschichte der Soziologie von Machiavelli bis Saint-Simon* 191 ff.♦; Der Klassenzweck heiligt für ihn alle Mittel 192; Sein unmittelbares Ziel war die Erlösung aus den Klassenkämpfen des Frühkapitalismus durch die starke Regierung 192; **12:**120 ff.; 199; 244; 258; 315; 317; 336 f.; 441; **13:**362; 415 f.♦; 575; **14:**492

MacIver, Robert **12:**168

MacMahon, Maurice **4:**277

Madelung, Aage *Zirkus Mensch* **12:**252

Maheus, René *Sport and Culture* **8:**232

Mahler, Gustav **7:**288; **8:**166

Maimon, Salomon *Über die Progressen der Philosophie* **10:**81; *Versuch einer neuen Logik oder Theorie des Denkens* **10:**81 f., 92; *Versuch über die Transcendentalphilosophie* **10:**81 ▷**8:**175; *Maimon: Unhaltbarkeit der Annahme eines Dinges an sich* **10:**81 ff.♦; Die

Überzeugung von der Unbestreitbarkeit mathematischer Wahrheit liegt allen seinen Überlegungen zugrunde 82; erledigt das Problem von der Existenz eines Dinges an sich gleichsam im Vorhofe seiner Philosophie 82; Verhältnis zur Naturwissenschaft 86ff.♦; Die Idee des bloß Gegebenen heißt bei M. Ding an sich 90; Ethik 90; läßt außer der Mathematik nur noch die Transzendentalphilosophie als eigentliche Wissenschaft gelten 93; 94f.; 100; 104f.

Maimonides, Moses **9**:200; 208; **13**:418; 468; 493

Maistre, Joseph Marie, Comte de *Eclaircissement sur les Sacrifices. Œuvres* **5**:280; *Etude sur la Souveraineté* **5**:324; *Les Soirées de Saint Pétersbourg. 5ième entretien* **5**:29, 248 ▷**3**:260; **4**:283; **5**:325; **6**:93; 337; **10**:19; **12**:257; **13**:359

Malcolm X *Der Schwarze Tribun* **8**:334

Malebranche, Nicole *Entretiens sur la métaphysique et sur la religion* **9**:188; *De la recherche de la vérité* **4**:262; **9**:188, 194f. ▷**5**:149; **9**:15; 181; 186f.; 187ff.♦; Bei M. ist die Lehre, daß alles Geschehen, soweit ihm überhaupt eine Kraft zugrunde liegt, auf Gott zurückgeht, besonders ausgebildet 188; erkenntnistheoretischer u. idealistischer als Geulincx u. Descartes 189; Ethik 193f.; 199; 206; 221; 404; **10**:13; 241; **13**:471

Mallarmé, Stéphane **6**:213

Malraux, André **14**:335; 395

Malthus, Thomas Robert **2**:390; **3**:108

Malthusianismus **2**:390; **8**:59

Man, Hendrik de *Zur Psychologie des Sozialismus* **11**:186 ▷**11**:403

Mana (s. Mimesis)

Mandelbaum, Kurt *Zur Theorie der Planwirtschaft* **12**:147 ▷ *Vorbemerkung zu Kurt Mandelbaums und Gerhard Meyers ›Zur Theorie der Planwirtschaft‹* **3**:221ff.; **7**:327; **12**:349ff.♦

Mandeville, Bernard de *The Fable of the Bees: or, Private Vices, Public Benefits* **4**:18f., 317; **9**:392, 394f.; **12**:271 ▷**2**:221; **4**:88; 227; 316; **5**:113; 142; **6**:99; **9**:349; *Mandeville* 392ff.♦; hat keinen Augenblick an die Harmonie geglaubt 393; Erkenntnis, daß die Laster unentbehrlich u. nützlich seien 395; will den gesellschaftlichen Mechanismus kennenlernen, der die Produktion u. ihren Fortschritt zuwege bringt 395f.; 396; 398

Mangold, Werner *Gegenstand und Methode des Gruppendiskussionsverfahrens* **8**:143

Mani **13**:458ff.

Mann, Heinrich **5**:118; **7**:335

Mann, Thomas *Bekenntnisse des Hochstaplers Felix Krull* **4**:301;

13:256; *Tod in Venedig* **13**:257; *Der Zauberberg* **4**:301; **13**:257 ▷**4**:301f.; **7**:330; 335; 360; 471ff.♦; **12**:513; **13**:242; *Begrüßung Thomas Manns* 255; Das Peinliche bei Th.M. – dessen Verdienste nicht abgesprochen werden sollen –: er schrieb für Geld, wie er die Dinge sieht u. die Anderen sie sehen sollen **14**:295

Mannheim, Karl *Ideologie und Utopie* **2**:271ff., 284, 286, 290ff.; **4**:342; *Das konservative Denken* **2**:289f., 294; *Man and Society* **6**:30; *Das Problem einer Soziologie des Wissens* **2**:280, 285, 287, 289 ▷*Ein neuer Ideologiebegriff?* **2**:271ff.♦; partikularer u. totaler Ideologiebegriff 272; Berufung auf Kant 272; Wahrheitsbegriff 274ff.; metaphysischer Geschichtsbegriff 277ff.; Die Wissenssoziologie empfiehlt sich als fortgeschrittenste Form absoluter philosophischer Sinnforschung 281; Bei M. hat der Ideologiebegriff seinen bestimmten Inhalt verloren 285; Kritik der Psychologie 286; oberflächlicher Gestaltbegriff 287f.; Begriff der »Seinsgebundenheit« 290ff.; spiritualistische Grundeinstellung 292; lenkt die Aufmerksamkeit von der gesellschaftlichen Funktion der »Ideologie« ab 293; Verflüchtigung der soziologischen Begriffe 293; Lehre von der freischwebenden Intelligenz **4**:196ff.♦; **11**:198; 201; *Gespräch über die Aufgabe des Protestantismus in der säkularen Zivilisation* 349ff.♦; **12**:352; 444; 475; Skepsis bei M. **13**:309; **14**:81

Manu **4**:231

Manufaktur (s. Kapitalismus)

Manzoni, Alessandro *Storia della Colonna infame* **14**:74 ▷**7**:12; **14**:296

Mao Tse-tung *Das rote Buch* **3**:16 ▷**7**:209; **8**:279; 301; 304; 334; **19**:54

Marat, Jean-Paul **4**:65; **7**:39; **12**:258

Marcel, Gabriel *Der Mensch als Problem* **7**:59

Marcion von Synope **13**:461

Marck, Siegfried *Der Neuhumanismus als politische Philosophie* **4**:295 ▷*Die Philosophie der absoluten Konzentration* **4**:295ff.

Marcuse, Herbert *Das Ende der Utopie* **14**:454; *Ideengeschichtlicher Teil der ›Studien über Autorität und Familie‹* **4**:259; *Ist die Idee der Revolution eine Mystifikation?* **14**:424; *Der Kampf gegen den Liberalismus in der totalitären Staatsauffassung* **3**:223, 227; *Materialistische Logik* **12**:69; *One-Dimensional Man* **14**:443; *Philosophie und kritische Theorie* **4**:217; **12**:145; *Professoren als Staatsregenten?* **14**:164, 433; *Repressive tolerance* **14**:433; *Über den affirmativen Charakter der Kultur* **4**:106; **12**:150; **13**:16; **14**:383; *Zum Begriff des Wesens* **12**:145; *Zur Kritik des Hedonismus* **4**:293 ▷**3**:331; **7**:266f.;

334 f.; 368; 428 f.; 470; **12**:39; 64; 75; 157; 329; 398; 522; 542 ff.; 553 ff.; 559 ff.; *Marcuses Vereinfachung* **14**:163; 409; M. ist der Prototyp der radikalen Intellektuellen, die nicht etwa nur die Mißstände im eigenen Land angreifen, sondern gleichzeitig mit dem Osten sympathisieren. Damit propagieren sie aber die schlimmste Art der Barbarei 413; *Herbert Marcuses Argumente* 433; revolutionäre Intelligenz 434; 443; M.s Forderung einer neuen Anthropologie, der Schaffung neuer Bedürfnisse, des neuen Menschen 454; *[Diskussion aus einem Seminar über die Theorie der Bedürfnisse]* **19**:21; 50; In Rußland kommt ein Bonaparte, der ganz Europa einsteckt, und in 500 Jahren wird alles in Ordnung sein, so denkt Herbert M. 54

Marcuse, Ludwig *Das Verhältnis von Bedürfnis und Kultur bei Nietzsche* **12**:563♦ ▷**12**:251; 559 ff.

Maria Stuart (Königin von Schottland) **9**:95

Maritain, Jacques *Humanisme intégrale* **4**:94

Markle, John *Widening the Scope of Management and Development* **8**:220

Markt **4**:407; **6**:159; Die Marktgesetze sind Schicksal schlechthin des viktorianischen Zeitalters 192; 385; **7**:69; Das Tauschprinzip macht eine Rückentwicklung durch 100; Noch der kleine Mann erfuhr im Kaufakt ein Stück seiner Freiheit u. der Achtung seiner als Subjekt **8**:248; Revolutionierung des Kaufs- u. Verkaufsmechanismus 248; In modernen Kettenläden ist die hingebend prüfende Geste der Hausfrau alten Stils bereits antiquiert wie sie selbst 248; Die Standardisierung kommt dem breiten Publikum zugute u. reduziert sein eigenes Urteil für Differenz 249; Die Monopolisierung entzieht der individuellen Liebenswürdigkeit ein wichtiges gesellschaftliches Motiv 249; Die Figur des Fachmanns, des Vermittlers fortgeschrittener Fertigkeiten, paßt im Grunde nicht zur Marktwirtschaft 251

Marshall, Alfred **14**:480

Martin, Alexander Reid **8**:302

Martin du Gard, Roger **14**:287

Marx Brothers **5**:163

Marx, Wilhelm **11**:397

Marx, Karl (s. Dialektik, Materialismus, Marxismus) *Der achtzehnte Brumaire des Louis Bonaparte* **4**:33; *Ausgewählte Briefe* (u. F. Engels) **8**:327; *Ausgewählte Schriften* (u. F. Engels) **8**:312; *Besprechung über Peuchet: ›Vom Selbstmord‹* **3**:415; *Bilanz der preußischen Revolution* (u. F. Engels) **4**:78; *Briefe an Kugelmann* **12**:401; **14**:384; *Briefwechsel* **4**:79; *Die deutsche Ideologie* (u. F. Engels) **3**:85; **5**:255; **9**:19; *Das Elend der Philosophie* **7**:220; *Grundrisse der Kritik der*

politischen Ökonomie **7**:143; *Die Heilige Familie* (mit F. Engels) **5**:255; **9**:363; *Das Kapital* (mit F. Engels) **3**:317; **4**:208, 220; **5**:64, 114; **7**:143; **12**:121, 470, Bd. III 425; **13**:300, 364, 393; **14**:165; **19**:35; 37; *Das kommunistische Manifest* (u. F. Engels) **3**:15; **7**:196; *Nachwort zur zweiten Auflage des Kapitals* **3**:188; *Theorien über den Mehrwert* **7**:92; **12**:271; *Thesen über Feuerbach* **9**:480; *Zur Kritik der Hegelschen Rechtsphilosophie* **4**:153; **5**:255; **13**:197; *Zur Kritik der politischen Ökonomie* **12**:355; **13**:304 ▷**2**:271; wollte die Philosophie in Praxis verwandeln 276; Kritik an Geschichtsmetaphysik 282f.; 290; 292; 294; 329; 341; hat die Hebel gezeigt, die man ansetzen muß, um eine menschlichere Ordnung zu schaffen 342; 344; 373; 382; Ideologiebegriff 392f.; M.sche These der Einheit von Theorie u. Praxis 434; **3**:18; 27; 32; 40; Geschichtsphilosophie bei M. u. Engels 53ff.♦; M.sche Geschichtsphilosophie zugleich Gegensatz u. Fortsetzung der Hegelschen Philosophie 54f.♦; M.sche Geschichtsphilosophie kann sich in eine abschließende dogmatische Metaphysik verwandeln 56f.♦; 91; 231; 303; 309; **4**:127; 187; 192♦; 196; 199; 217; 228; 298f.; 301; 355; Die Welt brach zusammen, wie M. prophezeite 416; metaphysischer Irrtum **5**:305; 308; **6**:23; verherrlichte nicht das Proletariat 151; 192; 204; 238; Die deutsche Aufklärung heißt Engels u. M. 241; *Hegel und Marx* 261f.♦; 262f.; Seine Geschichtsphilosophie ist optimistisch 264; *Die drei Fehler von Marx* 269f.♦; *Marx als Stadium* 270f.♦; 276; 329; 339; Sein System ist undialektisch 352; 360; *Marx und der Liberalismus* 367f.♦; Seine Theorie verfällt der autoritären Gewalt der Geschichte 368; 383f.; *Ideologien nach Marx* 397f.; 410; 414; Mit M. beginnt eine neue Epoche philosophischen Denkens 424; Ideologiebegriff **7**:12; Einheit von Philosophie u. Gesellschaftstheorie 45; Die Machthaber drüben haben sein Werk in ein Lügengebilde verwandelt 90f.; 109; 138; *Vorbemerkung zu Alfred Schmidts ›Der Begriff der Natur in der Lehre von Marx‹* 143f.; 181; 185; In seinem Werk sind theologische Postulate entscheidend 187; Seine Krisentheorie erwies sich als weitgehend richtig 195; 196; 218; 220ff.♦; Revolutionstheorie 220; Seine Analyse der Gesellschaft wurde zur neuen, anti-religiösen Religion 221; Beschränkung der Solidarität auf das Proletariat 222; Seine Vorstellung von der Entfaltung der guten Kräfte in den Menschen ist Utopie 231; 239; 245; 267; 274; 282; hat unmittelbar nicht die Liebe, sondern den Klassenkampf gelehrt 298f.♦; meinte, daß aus der Solidarität die richtige Gesellschaft entstehen werde 312; 328; 337; sein Glaube, daß mit der vollkommenen Naturbeherrschung auch die Freiheit verwirklicht sei 341; 346; ist nicht auf die Dialektik von Ge-

rechtigkeit u. Freiheit eingegangen 347; 352; 364; M.scher Materialismus u. Idealismus 369f.♦; 371f.; 374ff.; 379; keine Beschreibung des Reichs der Freiheit 382; 385; M. wurde vom Messianismus des Judentums bestimmt 398; 403; 405; Zeitbedingtheit der M.schen Theorie 420; sein Irrtum, daß mit zunehmender Rationalität der Gesellschaft die wirkliche Freiheit der Menschen verbunden sei 421; Seine Interpretation der vergangenen Geschichte war verdienstvoll 422; 423; 425; 433; 437; 452; 456; beste kritische Darstellung von Geschichte u. Gesellschaft 457ff.; M. hat die richtige Gesellschaft nicht beschrieben 458; **8:**165; Nicht unähnlich wie sein Lehrer Hegel hat M. die bisherige Geschichte als Auftakt für das Zeitalter der Freiheit erklärt 189; 285; M. heute 306ff.♦; Geschichte ist anders gelaufen, als M. dachte 306; Das Verständnis der Gesellschaft bleibt oberflächlich ohne M.s Theorie 306; hätte die Klassenunterschiede auf der Erde als ganzer analysieren sollen 313; 324; Wer die gegenwärtige Situation ökonomisch begreifen will, wird ohne M. nicht auskommen 325; 326ff.; hat gehofft, daß die Beziehungen der Menschen nicht mehr durch die Art u. Weise der Naturbeherrschung bestimmt würden, sondern aus ihrer Freiheit heraus 327; 330f.; Die beiden Philosophen, welche die Anfänge der Kritischen Theorie entscheidend beeinflußt haben, waren Schopenhauer u. M. 336; 339; hatte in vielen Punkten unrecht 340; Das, was M. sich als Sozialismus vorgestellt hat, ist in der Tat die verwaltete Welt 348; M. hat die Automation u. ihre Computer noch nicht gekannt, sonst hätte er an diesem Punkt begonnen, über die richtige Gesellschaft nachzudenken 348; 352; **9:**227; Sein dialektischer Materialismus enthält keine »Weltanschauung«, mit der man sich in der herrschenden Ordnung einrichten kann **11:**75; 178; 198; 201; *Marx und der Messianismus* 268f.; 378; Alttestamentliches bei M. 402; **12:**77f.♦; 121f.♦; 143; 163; der konsequenteste Materialismus, den wir kennen 375; Die M.sche Methode u. ihre Anwendbarkeit auf die Analyse der gegenwärtigen Krise 398ff.♦; Wertlehre: Wert und Tauschwert 398f.♦; abstrakte Arbeitszeit 400; Ein Zirkel in M.ens Wertlehre: Tausch u. Arbeitszeit bestimmen einander wechselseitig 402; Wert u. gesamtgesellschaftliche Reproduktion 400♦; Wertgesetz 404; Mehrwert 404; tendenzieller Fall der Profitrate 405; Das Gesetz des Falls der Profitrate faßt alle Untergangstendenzen des Kapitalismus zusammen 407; marxistischer Hegelianismus 402; historische Bestimmtheit der Kategorien 403♦; theoretischer Status der »Gesetze« 405; Verifizierbarkeit der M.schen Gesetze hängt zum Teil von unserem Willen ab 406; Rolle der menschlichen Aktivität 408♦; Verhältnis von Tatsa-

chen, Begriffen, Gesetzen u. Gesamttheorie 409; Der Kapitalismus erzeugt immanent die Gesetze seines Untergangs 407; Knights Kritik der österreichischen Grenznutzenschule: Begriff des Kapitals 411♦; Monopolkapitalismus 422ff.♦; Verhältnis von Struktur u. Geschichte in der Analyse des Kapitalismus 427; Das Individuum wird bei M. nur als Anhängsel der Ökonomie aufgefaßt 439♦; bleibt hinter Hegels Einsicht in die gesellschaftliche Bestimmung des Individuums zurück 439; Objektivierung der Hoffnung bei M. soziologisch so schlecht wie psychologisch 507; Positivismus bei M. 507; Auch M. hat die Vorstellung, daß sich halt alles so vollzieht, wie es sein muß 515; Wesen u. Erscheinung bei M. 523; Die M.sche Dialektik ist idealistisch 527; 565; **13**:79; stand in Wirklichkeit unter dem Einfluß der Idealisten, aber, ohne daß er es wußte, auch unter dem Einfluß, der die ganze europäische Kultur bestimmt hat, nämlich unter dem Einfluß der Theologie 169; ›Das Kapital‹ ist im Grunde nur eine gründlichere Ausführung dessen, was Hegel in seiner ›Rechtsphilosophie‹ über die bürgerliche Gesellschaft aussagt 303; Begriff der Ideologie 309; Reich der Freiheit bei M. u. Kant 312; M.s ›Thesen zu Feuerbach‹ 314; 352; 361; 364; 367; 368; 392f.; Begriff des Vulgärmaterialismus 402; Materialismus/Idealismus 414; M. u. Feuerbach 440; Linkshegelianer, Rechtshegelianer 440ff. ♦; eine radikale Veränderung der Bildung 442; 446; Bei der Zweiteilung Konkurrenzmensch–Solidaritätsmensch kommt kein wirklicher Mensch zustande 447; Die Gesellschaft als ganzes widerspricht nach Marx ihrem immanenten Sinn, nämlich die solidarische Gemeinschaft zu sein, in der es Freiheit, Gleichheit, keine Klassengegensätze mehr gibt 447; *›Das Kapital‹* ist die Darlegung des Untergangsgesetzes der Gesellschaft, in der wir leben 447; Widerspruch zwischen Produktivkräften u. Produktionsverhältnissen 449; 562; Arbeitswerttheorie 606f.; Die Welt bleibt Erscheinung, wie bei Kant, wird aber nicht durch ein transzendentales Subjekt formiert, sondern durch die Gesellschaft 639; Es wirkt hier ein letzter Gedanke der Aufklärung nach, nämlich, daß alle Theorie kritische sein müsse 639; **14**:79; 132; 154; 195; *Der fundamentale Irrtum von Marx* liegt darin, daß er als echter Humanist den Menschen als ein geistiges Wesen auffaßt. Aber alle die Attribute, die den Menschen dazu machen, sind erworben u. können verlorengehen: Gewissen, Identifikation, Wille zur Wahrheit 204; 206; 210; 228; *Zur Marxschen Theorie* 240; Die große Leistung von M. ist seine Denunziation der Infamie des Bestehenden. Die Entartung des M.ismus ist weniger auf eine falsche Theorie zurückzuführen als auf den hämischen Ton u. die Verachtung der

Schwachen u. Kleinen 247; *Heidegger und Marx* 272; 276; 279; Die Marxschen Begriffe müssen dialektisch ›aufgehoben‹ werden u. nicht philologisch festgehalten. Krise, Arbeitskraft, produktive Arbeit, Proletariat – alle derartigen Begriffe haben heute eine andere Bedeutung als vor hundert Jahren 325; *Die Aktualität von Marx und die Rettung von Marx* 327; Wie kann ein Materialist von den Nutznießern des heutigen Zustands verlangen, für eine neue Ordnung zu kämpfen, der er selbst zum Opfer fallen wird 351; *Einer der Irrtümer von Marx* 368; M. gab eine richtige Analyse des Liberalismus. Sie muß heute noch den Ausgangspunkt für jede theoretische Analyse der Gegenwart bilden 381; *Das Wertgesetz und der Begriff der produktiven Arbeit* 384; *Marx heute, oder die Strukturierung des Denkens über Mensch und Gesellschaft* 393; 411; *Marxsche Theorie* 419; *Marx heute* 448; *Das ›Wesen des Menschen‹* 453; *Die Dauerkrise des Liberalismus als Schlüssel für das Verständnis der heutigen Situation* 479; (Adorno:) Bei M. spielt die Sprache keine Rolle, er ist Positivist **19**:51; Begriff der Vorgeschichte 63

Marxismus (s. Dialektik, Hegel, Kritische Theorie, Materialismus, Marx) **2**:273; 312; 378; Funktion der Übersetzung des M. in den akademischen Stil 392; *Der Idealismus des Revolutionärs* 419f.; Im Begriff der revolutionären Diktatur als Übergang war keineswegs beschlossen, daß irgendeine Elite aufs neue die Produktionsmittel monopolisiert **5**:303; **6**:308; M. als »Ideologie« 424; **7**:176; der dialektische Materialismus wurde von den neuen Herren in bloße Ideologie verwandelt 181; 176; ist als Theorie im ganzen durch die Wirklichkeit überholt 195f.; als Rationalisierung der Herrschaft 221; die Begriffe der Marxschen Theorie wurden zu Klischees des Diamat 274; *Christentum, Marxismus und studentische Protestbewegung* 297ff.♦; Dialog zwischen M. u. Theologie 308f.; 312f.; 328; 346; Den Marxisten sind religiöse Vorstellungen Kinderträume 358; Der Diamat faßt die Gottesvorstellung als Ideologie auf 361; Mein M. war eine Antwort auf die Herrschaft des Totalitären von rechts 385; Die Marxsche Theorie trägt mehr bürgerlich-individualistische, entschieden konservative Züge an sich, als die Magnaten des totalitären Kollektivismus sich träumen lassen **8**:165; Die Kräfte der Linken, die sich revolutionär nennen, sprechen in Wahrheit für ein herrschaftliches System auf materiell u. geistig tieferer Ebene 216; 306ff.♦; Heute müßten die äußeren Beziehungen zwischen Staaten als eigene bestimmende Faktoren unterstrichen werden 309; Von den Individuen ist Konkurrenz auf größere u. kleinere Gruppen übergegangen 310; Der historisch-ökonomische Materialismus wird nunmehr

durch die aktuelle Sorge um die Autonomie des Subjekts bestätigt 311; Alle Menschen sollten sich frei entfalten dürfen. Das war letzten Endes eines der wichtigsten Motive in der Marxschen Theorie 325; 326; **11**:258; politische Aspekte des M. **12**:493♦; das Kommunistische Manifest 509; 512f.♦; Wenn die Welt nicht mit Blindheit geschlagen wäre, könnte das Proletariat die Sache sofort in Ordnung bringen 514; unser Verhältnis zum M. 524; Was sich heute als »M.« darstellt, ist das Gegenteil von dem, was sich die ursprünglichen Autoren vorgestellt haben u. gewollt haben **13**:316; **14**:123; *Marxismus* 204; Für uns ist der M. ein noch sehr entwicklungsfähiges Werkzeug zur Erkenntnis des Menschen in der Gesellschaft 204; *Der fundamentale Irrtum von Marx* 204; Marx hat übersehen, daß es nicht bloß darauf ankommt, die Beziehungen zwischen den Menschen, sondern auch die zwischen Mensch u. Natur zu erlösen 204; Wahrheitsbegriff bei gläubigen Kommunisten 229; Der östliche M. ist der Versuch, die Menschen zu paranoisieren, das heißt, sie in ein System einzusperren, in dem der Widerspruch nicht vorkommt 240; *Zur Verelendungstheorie* 242; *Moi, je ne suis pas marxiste* 248f.♦; Äußerste Skepsis ist geboten gegenüber der Vorstellung, daß es nur darauf ankommt, Geburtshilfe zu leisten u. daß die Opfer keine Rolle spielen. Der Weltgeschichte helfen? Sie bietet einen scheußlichen Anblick, u. wer weiß, ob ihr Begriff nicht ein Unsinn ist 249; Wieso es in der Geschichte immer auch ohne Revolution gegangen wäre? 256f.♦; Das Marxsche System kann als eine Art Theologie gesehen werden 275; Der Fehler bei Marx: man sollte die Arbeit abschaffen, u. er hat sie glorifiziert 285; *Dialektik des Eigentums* 293; *Marx heute* 302; *Weiterbildung der Marxschen ökonomischen Theorie* 318; *Zur Marxschen Theorie* 322; Der Grundfehler bei Marx ist, daß er keine Theorie der ganzen menschlichen Gesellschaft gegeben hat, sondern sich auf den kleinen kapitalistischen Teil beschränkte 322; Den Untergang in die Barbarei hat Marx richtig vorausgesehen; ebenso das treibende Motiv dieser Gesellschaft: den Profit 325; Wir erleben es, daß die Klassen zerfallen; die herrschende verwandelt sich in eine Anzahl von Rackets; die Arbeiter in den Industriestaaten werden großenteils miese Kleinbürger. Aber die Klassengegensätze bestehen weiter 328; *Marxismus und Christentum* 330; *Marx, die Juden und der Marxismus als Religion* 351; *Das Versagen der Marxschen Theorie* 358; ein zum kulturellen Untergang treibender Materialismus, eine idealistische Verkennung der menschlichen Natur 358; Marx hat nicht die Dialektik der Produktivkräfte geahnt: daß sie die wichtigste Produktivkraft zerstören, nämlich den menschlichen Geist u. die menschliche Seele, die dem

Geist die Motive gibt 368; *Marx' Economics* 378; Der historische Materialismus hat recht behalten. Er ist allen Versuchen überlegen, die Geschichte u. die Menschen zu erklären 393; *Marxsche Theorie* 419; *Marx heute* 426; *Die Problematik der Marxschen Geschichtstheorie* 438; *Wahr contra richtig* 485; *Die großen Irrtümer von Marx* 514; Das Gesetz der Konzentration u. Zentralisation läßt sich lückenlos aus dem durch die freie Konkurrenz angepeitschten Lauf der Technik verstehen 514; *[Diskussion über Theorie und Praxis]* **19**:32ff.♦; Wenn man sagt, es wird einmal gut, so beruhigt mich das sehr wenig. Denn die ermordeten 20 Millionen Chinesen sind tot, und hier liegt, was uns vom M. trennt. Daß es einmal gut wird, kann uns nicht mit dem versöhnen, was inzwischen nicht gut war 65

Masaryk, Jan **4**:304f.

Masochismus Der Unterwerfungstrieb ist ein wesentlich in der bürgerlichen Kleinfamilie erzeugtes Phänomen **3**:400f.♦; **6**:281

Massengesellschaft (s. Massenmedien, Massenpsychologie) **2**:356; Durch den Fanatismus der Reformatoren vermittelt, entsteht der bürgerliche Massenmensch **4**:257f.; 282; *Aufstieg und Niedergang des Individuums* **6**:136ff.♦; 145f.♦; Das Individuum hat keine persönliche Geschichte mehr 161♦; 212; 217; 243; 279f.; 284f.♦; Das Bürgertum hat die sozialistische Theorie in der M. längst eingeholt 290f.; Was soll einer mit Freiheit in der M.? 367; 377; 379; **7**:29; Die Kultur der oberen Schichten muß sich jetzt allenthalben den Erfordernissen der M. anbequemen 75; Die sogenannten Starken leben davon, daß die anderen einsam u. suggestibel sind 78; 92; 117f.; 219f.; Aufstieg der Massen – Wohlstand ohne Kultur **8**:150

Massenmedien (s. Kulturindustrie, Massengesellschaft, Massenpsychologie, Reklame) **4**:375; *Neue Kunst und Massenkultur* 419ff.♦; In Deutschland lag über den heitersten Filmen der Demokratie schon die Kirchhofsruhe der Diktatur **5**:150; Kein mittelalterlicher Bauherr kann die Sujets der Kirchenfenster u. Plastiken argwöhnischer durchmustert haben als die Hierarchie der Studios einen Stoff von Balzac oder Victor Hugo, ehe er das Imprimatur des Gangbaren erhält 152; Das Radio in USA: gewinnt die trügerische Form desinteressierter, überparteilicher Autorität, die für den Faschismus wie gegossen ist 187; **6**:110f.♦; 161; 164; *Demokratie und Massenmedien* 260; 277; 290; *Zeitung für Deutschland* 295; *Massen-Medium* 331; 335; 356; 360f.; 394; 421; **7**:52ff.; 58; 71; Die Apparaturen, die noch in der Geselligkeit vom menschlichen Gespräch entbinden, liefern der Stummheit die Illusion, es werde etwas gesagt 72; 74; 77; 149; 154; 219; Die Aufrechterhaltung des wirtschaftlichen Friedens erfordert

die organisierte Anwendung psychologischer Techniken, auch durch die allmächtigen Medien der Massenkommunikation **8**:10; 145; M. erziehen eine bestimmte Art von Passivität 217; 265; 310; Die Bedeutung des einzelnen Wortes ist dadurch entscheidend zurückgegangen 345; verkitschte Massenkultur 372; Radio Research Project **12**:431♦; M. als Ursache der gescheiterten Revolution 514; Das befreiende Wissen ist nur durch eine dünne Scheidewand von den Menschen getrennt 515; Massenkultur u. Konformismus 575; *Zur Behandlung totalitärer Machthaber in den Massenmedien* **13**:97; Übersieht die Kritik der heutigen Massenkultur nicht, daß es mit der Kultur in der Massengesellschaft immer schlecht bestellt war? Entscheidend ist aber, daß heute die Massenkultur im öffentlichen Leben eine viel stärkere Rolle spielt als im 19. Jhdt. **14**:239; **19**:56

Massenpsychologie (s. Kollektive Psychopathologie, Massengesellschaft, Massenmedien) **3**:60f.; Die Regression der Massen heute ist die Unfähigkeit, mit eigenen Ohren Ungehörtes hören, Unergriffenes mit eigenen Händen tasten zu können, die neue Gestalt der Verblendung, die jede besiegte mythische ablöst **5**:59; **19**:18

Massing, Paul *Rehearsal for Destruction* **5**:408; **8**:126 ▷**12**:165

Materialismus (s. Dialektik, Idealismus, Marxismus, Wissenschaft) *Materialismus und Metaphysik* **3**:70ff.♦; Der Gegensatz von M. u. Idealismus wird in der heutigen philosophischen Literatur keineswegs begriffen 73ff.♦; Lehre von der fundamentalen geschichtlichen Rolle der ökonomischen Verhältnisse gilt als Kennzeichen des M. 85; M. trägt einen pessimistischen Zug an sich 86; Indem Feuerbach, Marx u. Engels die Dialektik aus ihrer idealistischen Gestalt lösten, gewann der M. den ihm eigenen Begriff der Erkenntnis 92; Erkenntnistheorie des M. 101ff.; wird von der Metaphysik kaum verstanden werden können 105; *Materialismus und Moral* 111ff.♦; Die Metaphysik gilt dem M. als menschliche Erscheinung, die während der Dauer des bürgerlichen Zeitalters gar nicht zu überwinden ist 119; ist keine Geschichtsmetaphysik 145; erkennt die unbedingte Achtung vor der Wahrheit als notwendige Bedingung wirklicher Wissenschaft 148; Der undialektische Begriff des freien Subjekts ist dem M. fremd 148; vom gegenwärtigen Positivismus getrennt 149; zum Rationalismusstreit 169ff.♦; Wahrheit des M. liegt in der Erkenntnis seiner eigenen historischen u. gesellschaftlichen Bedingtheit 190ff.♦; M. u. Opfergedanke 213f.; Gegensatz zwischen anthropologischer Philosophie u. M. 257f.; 260; Im M. gilt die Dialektik nicht als abgeschlossen 292f.♦; Robespierres Kritik an der materialistischen Philosophie **4**:69; 121; Der vulgäre M. der schlechten Praxis ist zur wahren Reli-

gion des Zeitalters geworden 221; 295; **5**:241; Im wahren M. ist die Askese u. in der wahren Askese der M. aufgehoben 245; 255; Die Selbstbewegung des Begriffs der Ware führt zum Begriff des Staatskapitalismus wie bei Hegel die sinnliche Gewißheit zum absoluten Wissen 308; Der Eintritt von Verhältnissen, die aus dem Begriff abzulesen sind, legt dem Idealisten das Gefühl der Befriedigung, dem historischen Materialisten eher das der Empörung nah 308; Die subjektive Vernunft tendiert zum vulgären M. **6**:174; 197; *Zwei Seiten des Materialismus* 230; 281; glorifizierte den eigenen Staat 300; Der weltanschauliche M. läßt nur das Objekt stehen 309; *Zwischen Armut und Überfluß* 355f.; **7**:85; Der praktische Vulgärmaterialismus straft das Verdikt gegen den weltanschaulichen M. Lügen 102; M. bedeutete Kritik 130; mechanistisches Bild vom Werden der Natur im physikalischen M. 166; Religionskritik 178ff.♦; Der dialektische M. wurde von den neuen Herren in bloße Ideologie verwandelt 181; 236; 369f.♦; Der historisch-ökonomische M. wird nunmehr durch die aktuelle Sorge um die Autonomie des Subjekts bestätigt **8**:311; dialektischer M. u. Geschichte 326; **9**:109; Gegensatz zum Idealismus 114ff.♦; Descartes' Stellung zum M. 153f.; 158; 180; 253; 261; 309; 322; materialistischer Wesenszug der Aufklärung 356; bestreitet gegenüber dem Idealismus die Produktion der Wirklichkeit aus dem Gedanken 357; physikalischer M. der Aufklärung 372ff.♦; 401; Berkeleys Kampf gegen den M. 405ff.; 460; 479; deutscher M. um die Mitte des 19. Jhdt. **10**:194f.; Materialismuskritik bei du Bois-Reymond 196ff.♦; 200; Widerspruch zwischen metaphysikfeindlicher Rede u. voreiliger materialistischer Metaphysik im populären M. 212; voreiliger Versuch, eine Weltanschauung zu schaffen 212; historischer M. 242; dialektisch-historischer M. 243; Beschränktheit u. Naivität des physikalischen M. 340ff.♦; 417; *Beantwortung der Frage: Was heißt vom transzendentalen Idealismus aus die Behauptung, daß die materielle Entwicklung der Entwicklung des Bewußtseins vorausgegangen ist?* **11**:19ff.♦; (Schopenhauer:) Der M. ist der Versuch, das uns unmittelbar Gegebene aus dem mittelbar Gegebenen zu erklären 21; Gegensatz M. – Idealismus 176ff.; 251; 277f.; *Einheit des Absoluten* 278f.; *Gültigkeit des historischen Materialismus für die Vergangenheit* 284f.♦; 383; (Adorno:) das Bild des letzten Menschen hat nichts mit historischem M. zu tun 385; materialistische Geschichtstheorie **12**:246; M. u. bürgerliche Wissenschaft 363; Abhängigkeit von Über- u. Unterbau 364f.; Differenz zwischen Idealismus u. M. 367ff.♦; 373ff.; 378ff.; (Adorno:) M.-Idealismus-Problem mit dem Gegebenheitsbegriff nicht lösbar 379; M. ist keine

Weltanschauung 383; (Adorno:) Eine positive Definition des M. ist nur durch Negierung des Idealismus zu gewinnen 384; Die amerikanische Materialismusrezeption verfährt ökonomistisch 501; **13**:298ff.♦; Diese Gesellschaft geht zugrunde, wenn sie ihrem Existenzprinzip, dem des freien Tausches, folgt. Sie ist zur Produktion von Destruktionsmitteln übergegangen 299; Historischer M. heißt: Die Weltgeschichte ist gar nicht so sehr aus dem Geiste zu erklären, sondern aus den Gesetzmäßigkeiten der wirtschaftlichen Sphäre 300; *Geschichte des Materialismus* 397ff.♦; Gegensatz von Wesen u. Erscheinung auch im M. 403; 615ff.♦; Im konsequenten M. gibt es keine Bedeutung über den Gewinn an Lust oder das Meiden von Unlust hinaus. Alles übrige ist nichtig **14**:266

Mathematik Ohne Hoffnung ist nicht das Dasein, sondern das Wissen, das im bildhaften oder mathematischen Symbol das Dasein als Schema sich zu eigen macht u. perpetuiert **5**:50; Solche Anpassung ans Tote durch die Sprache enthält das Schema der modernen M. 84

Mathiez, Albert *Autour de Robespierre* **4**:66; *Contributions à l'Histoire Religieuse de la Révolution Française* **5**:299, 325; *La réaction thermidorienne* **4**:62; **5**:299; *La Révolution française* **4**:78; **12**:239; *La vie chère et le mouvement social sous la Terreur* **4**:62f. ▷**4**:61; der Apologet Robespierres **5**:325

Matriarchat **3**:407f.; **6**:116f.; 193

Matthäus (Evangelist) **7**:198

Mature, Victor **5**:183

Maupassant, Guy de **3**:144; **4**:230f.; **5**:318; **6**:189; **12**:148; **13**:535; **14**:205

Maupertuis, Pierre-Louis Moreau de *Essay de cosmologie* **11**:14 ▷**9**:346; **11**:14f.

Mauriac, François **14**:252

Maus, Heinz *Kritik am Justemilieu* **7**:50

Mauss, Marcel (u. Henri Hubert) *Théorie générale de la Magie* **5**:38, 45

Mauthner, Fritz *Der Atheismus und seine Geschichte im Abendlande* **3**:415; **4**:264; **7**:202

Maximilian II. (römisch-deutscher Kaiser) **13**:417

May, Karl *Winnetou* **12**:257

Mayer, Gustav *Friedrich Engels* **10**:172; **11**:104

McCloy, John **7**:336

McDougall, William *Grundlagen einer Sozialpsychologie* **3**:400

McKinley, William **8**:334

Medici (Familie) **9**:30

Medici, Isabella von **13:**491
Medizin *Gesundheit und Gesellschaft* **2:**358f.; 400; Die Unfähigkeit, die gesunden Menschen zu ernähren, beeinträchtigt den Kampf gegen die Krankheit bis in alle Einzelheiten 435; **5:**270; *Für einen medizinischen Warentest* **6:**407f.; *Zur Euthanasie* 410; *Rezeptpflichtig* 412f.; **7:**229f.; 235; 309; 315; Daß heute M. in hohem Maße allen zugute kommt, bedeutet eine unendliche Wohltat u. entschiedene Steigerung der Freiheit **8:**212; 251; Die Kommunikation der Fachärzte unter sich, mit dem Kranken zu Haus u. im Spital wird stets umständlicher u. problematischer 270; Der Arzt gleicht dem Manager im Großbetrieb 271; 295; Jeder Arzt wird zugeben, daß er vom Menschen als Ganzes soviel wie nichts in seinem Studium gehört hat 330; 350; **9:**374f.; *Verwaltete Welt, am Beispiel der Medizin (I)* **14:**120; *Das Racket der Ärzte (II)* 131; *Das Racket der Ärzte (III)* 132; *Das Racket der Ärzte* 138; *Aufklärung über Medizin* 160; *Dialektik der Medizin* 323; *Die Gesellschaft der Rackets und ihr Zusammenhang mit dem Nationalismus, exemplifiziert am medizinischen Racket* 324
Mehnert, Klaus *Der deutsche Standort* **8:**329 ▷**8:**286
Mehring, Franz **12:**555
Meier, Georg Friedrich **2:**92; **9:**465
Meilhac, Henri **4:**230
Meinecke, Friedrich *Die Idee der Staatsraison in der neueren Geschichte* **2:**237, 240; **9:**36
Meinong, Alexius *Beiträge zur Theorie der psychischen Analyse* **11:**41
Meinungsforschung **8:**146; 216; Wir sind soweit Platoniker geblieben, daß wir subjektive Meinung und objektive Wahrheit voneinander unterscheiden, und uns nicht einbilden, der Durchschnitt der subjektiven Meinungen sei die Wahrheit selber. Dies Mißverständnis verleiht dem Wort M. seinen fatalen Klang **19:**14
Melanchthon, Philipp **4:**250; **7:**136; **9:**52; 58; Die Offenbarung bleibt für M. die höchste Autorität 59; 65; 207; **13:**490
Mende, Erich **8:**85
Mendelssohn, Dorothea **8:**163
Mendelssohn, Moses *Morgenstunden* **9:**460; *Phaidon* **9:**460 ▷**2:**92; **8:**162; 175; 183; **9:**459; 461; 465; 477; **13:**617; 628
Menenius Agrippa **3:**127; **12:**37
Meng, Heinrich **7:**327; 366
Menger, Carl **12:**360
Mennicke, Carl *Diskussion über die Aufgabe des Protestantismus in der säkularen Zivilisation* **11:**349ff.♦

Merkel, Adolf **4:**167
Mersenne, Marin **9:**105; 136; 159
Merton, Robert *Social Theory and Social Structure* **7:**114 ▷**8:**53
Mesland (Jesuit) **9:**176
Meslier, Jean (Abbé) *Mémoire des pensées et des sentiments de Jean Meslier* **12:**199; *Testament* **13:**610 ▷**5:**314; **11:**194; **12:**158; **13:**437; 574; 610
Metaphysik (s. Idealismus, Kant) Ohnmacht aller sinngebenden M. **2:**249; *Hegel und das Problem der Metaphysik* 295ff.♦; Alle Totalitäten sind höchst sinnleere Abstraktionen 302; Das Schicksal der Hegelschen M. ist das Schicksal der M. selbst 302; Der Gegensatz zwischen Empirie u. M. ist nicht zu »überwinden« 306f.; 336; Die neue M. hält sich für eine Sache der Menschheit 340; Die Metaphysiker sind gewöhnlich nur in geringem Maße von dem beeindruckt, was die Menschen quält 354♦; 427f.♦; Es gibt keine M. 430ff.♦; Die Sinnlosigkeit der Welt straft die M. Lügen 432; *Das Unerforschliche* 450ff.♦; Nicht bloß die M., sondern auch die von ihr kritisierte Wissenschaft selbst ist ideologisch **3:**44; *Materialismus und Metaphysik* 70ff.♦; Daß die Vernunft nur von sich selbst absolute Erkenntnis gewinnen kann, ist das Geheimnis der M. 87♦; M. ist menschliche Erscheinung, die während des bürgerlichen Zeitalters nicht zu überwinden ist 119; ist die wahre Erbin des Positivismus 227; hat eine grob-materialistische Auffassung des Menschen 260; Daß der innere Mechanismus dieser Gesellschaft nicht als Gegenstand veränderter Praxis, sondern als notwendig u. ewig hingenommen wird, bildet die notwendige Voraussetzung für das metaphysische Bedürfnis, das die Geschichte dieses Zeitalters durchzieht 283f.; Es gibt kein ewiges Rätsel der Welt, kein Weltgeheimnis, das ein für allemal zu ergründen die Mission des Denkens wäre 294; **4:**15; *Der neueste Angriff auf die Metaphysik* 108ff.♦; Das metaphysische Bewußtsein verträgt sich in der Regel mit dem Glauben an die ewige Notwendigkeit eines harten Daseins für die Mehrzahl der Menschen 108; notwendiges Moment des bürgerlichen Bewußtseins 111; Als Ausläufer der Religion bewahrt auch die neue M. den Glauben, daß der Mensch von sich u. für sich mehr erwarten dürfe als sein gegenwärtiges Schicksal 112f.; Negation der M. durch ihre Verwirklichung 153; Vertröstung der Menschen durch ein Sein, das mit den Mitteln der Wissenschaft grundsätzlich nicht festzustellen ist 157; M. u. Wissenschaft lassen sich nicht wie gleichberechtigte Zweige der Erkenntnis hinstellen 160; der neueste Angriff auf die M. verwechselt diese mit dem Denken 161; der neusachliche Ton der gepflegten M. 227; 356; 375; 431; 433f.;

Der hygienische Fabrikraum wird zur M., hinter dem sich das reale Unheil zusammenzieht **5**:21; 28ff.; **6**:38ff.♦; Die Formalisierung der Vernunft bewahrte die Religion vor jedem ernstlichen Angriff von seiten der M. 40; 64f.; 134; 166; 304; **7**:20; 31; 50; 137ff.; 163; Wir vermögen nicht zu bezeichnen, was das Absolute ist 238; Es gilt, den Gedanken an ein Transzendentes zu bewahren 242; Metaphysikkritik bei Kant 397; **9**:85f.; 177; 192; 196ff.; Der Apparat der M. ist zum großen Teil scholastisch 244; war die Stütze des Glaubens 279; 281; Alle M. des 17. u. teils des 18. Jhdt. hat die Absicht, einen »Sinn« der Natur zu konstruieren 292; 294f.; 299; 459; bei Kant 476ff.♦; *Kant: Wissenschaftliche Begründung der Metaphysik* **10**:24ff.♦; Von der Newtonschen Physik her drohen ihr keine Gefahren 37; Die alte M. hatte zum Objekt die Welt an sich 37f.; hat es nirgends mit Erscheinungen zu tun 41; Der Irrtum der alten M. war die Hypostasierung der metaphysischen Objekte 47f.; Erkenntnis der Wirklichkeit eines Gegenstandes der Idee ist unmöglich 49; Ding an sich 77ff.♦; *Maimon: Unhaltbarkeit der Annahme eines Dinges an sich* 81ff.♦; 177; war nach Hegels Tod in totaler Verachtung versunken 181; 200ff.; wurde immer abstrakter, ärmer u. zugleich phantastischer 203; 258; Begriff der M. bei Bergson 271f.; nach Bergson die einzig adäquate Erkenntnis 279; Husserls Lehre von der Wesensschau 315f.; metaphysische Hypostasierung bei Husserl 316; immer weiter aus der eigentlichen Wissenschaft verdrängt 317; 319; Wesensschau bei Husserl u. in der Phänomenologie 325f.; metaphysikfeindliche Ansicht des 19. Jhdt. beruhte selbst auf einer Reihe grober metaphysischer Vorstellungen 337; 337ff.; Das metaphysische Bedürfnis hat sich seit der Mitte des 19. Jhdt. dauernd gesteigert 342; bei Mach gleichbedeutend mit Sinnlosigkeit 345; negative M. bei Kant 358f.; Lehre der Unmöglichkeit von M. bei Cohen 366; phänomenologische Lehre von der Wesensschau 392ff.♦; 401; Unabhängigkeit der Dinge vom erkennenden Bewußtsein **11**:106f.; negative M. bei Kant 109f.; Der Mangel einer strengen M. ist das Gegenstück zur qualitätslosen Produktion auf weltanschaulichem Gebiet 114; Der theoretische Abbau aller Begriffe, in denen die Philosophie das unbedingte, wesenhafte Sein sicher zu bewahren vermeint hatte, ist praktisch eminent bedeutsam 134; Diejenigen, denen daran gelegen ist, der irdischen Welt den Charakter des Jammertals zu nehmen, werden auch noch auf den letzten Rest metaphysischen Trostes verzichten müssen 144; bei Scheler 147f.; 159ff.♦; das neue Reden von metaphysischen Wesenheiten 162; Metaphysikkritik bei Kant 162f.; gesellschaftliche Funktion der herrschenden M. 164; die herrschende M. hat sich mit

der gesellschaftlichen Praxis gewandelt 186f.; *Über Sinn und Grenzen einer soziologischen Behandlung der Philosophie* 210ff.♦; gegenwärtiges Hervortreten einer materialen M. 213f.; glaubt den Versuch, ihren Inhalt als bedingt zu begreifen, abweisen zu müssen 216; Ihre Kategorien pflegen abstrakt u. unkontrollierbar zu sein 216; eignet sich besonders gut zur Verstärkung harmonisierender Tendenzen 218; *Notizen zur Dämmerung* 263ff.♦; *Metaphysische Verklärung der Revolution* 264ff.; *Marx und der Messianismus* 268; *Sprache und Metaphysik* 273f.♦; *Grund der Metaphysik* 276ff.♦; *Die metaphysische Fragestellung* 279f.; es gibt keine berechtigte Gegenthese der M., es gibt nur ihre Kritik 280; Seit dem 16. u. 17. Jhdt. ist M. die Anstrengung gewesen, den Sinn u. die ewigen Maximen des menschlichen Lebens aus der Vernunft abzuleiten **12**:111; *Metaphysik* **14**:220

Metternich, (Fürst von) Klemens Wenzel **4**:387; **12**:329; **14**:407

Meyer, Conrad Ferdinand **12**:148

Meyer, Eduard *Ursprung und Anfänge des Christentums* **5**:243 ▷**4**:167

Meyer, Gerhard *Krisenpolitik und Planwirtschaft* **12**:147 ▷ *Vorbemerkung zu Kurt Mandelbaums und Gerhard Meyers ›Zur Theorie der Planwirtschaft‹* **3**:221ff.; **7**:327; **12**:308

Meyer, Julius Robert von **10**:195

Meyerhold, Wséwolod E. **19**:30

Michel, Karl Markus *Ein Kranz für die Literatur* **14**:506 ▷**14**:272

Michelangelo **6**:365

Michelet, Jules *Histoire de la Révolution française* **4**:64, 66, 239 ▷**4**:67; 238

Michels, Robert **8**:46

Mikojan, Anastas Iwanowitsch **14**:87

Mill, John Stuart *Auguste Comte and Positivism* **3**:147f.; *Die Freiheit* **3**:366, 369; *System der deduktiven und induktiven Logik* **2**:182; **3**:97 ▷**3**:164; **4**:142; 148; 164; *Die Freiheit* **8**:430; **9**:400; erklärte, daß der letzte Rest von Metaphysik beiseite geworfen werden müsse **10**:193; 199; 260; **12**:600; **13**:351; **14**:385

Mimesis (s. Liebe, Mimikry, Mythos) Die Zauberei ist wie die Wissenschaft auf Zwecke aus, aber sie verfolgt sie durch M., nicht in fortschreitender Distanz zum Objekt **5**:33; 36; 48; magische Selbstpreisgabe des Einzelnen ans Kollektiv 73; Die Ratio, welche die M. verdrängt, ist nicht bloß deren Gegenteil. Sie ist selber M.: die ans Tote 81; Zivilisation hat anstelle der organischen Anschmiegung ans andere, anstelle des eigentlich mimetischen Verhaltens, die organisierte

Handhabung der Mimesis u. schließlich die rationale Praxis, die Arbeit, gesetzt 210; 211 ff.; In den chaotisch-regelhaften Fluchtreaktionen der niederen Tiere, in den Figuren des Gewimmels, in den konvulsivischen Gesten von Gemarterten stellt sich dar, was am armen Leben trotz allem sich nicht ganz beherrschen läßt: der mimetische Impuls 213; Die ausgeklügelten Symbole, die jeder konterrevolutionären Bewegung eigen sind, die Totenköpfe u. Vermummungen, der barbarische Trommelschlag, das monotone Wiederholen von Worten u. Gesten sind organisierte Nachahmung magischer Praktiken, die M. der M. 214; mimetische Opferpraxis 215; Der Antisemitismus beruht auf falscher Projektion. Sie ist das Widerspiel zur echten M., der verdrängten zutiefst verwandt, ja vielleicht der pathische Charakterzug, in dem diese sich niederschlägt. Wenn M. sich der Umwelt ähnlich macht, so macht falsche Projektion die Umwelt sich ähnlich 217; le mimétisme [Caillois], die Weichheit gegen die Dinge, ohne die Kunst nicht existiert 259; umfassendes Prinzip der Zivilisation **6**:124 ff.♦; mimetischer Impuls als destruktive Kraft 125 f.; Sprache befreit den mimetischen Impuls 179; 371; 379; **7**:61; 304; 338 f.; 412; 445; **8**:131; Der Mensch kommt als Echo-Apparat auf die Welt 150; **12**:590; Der Mensch kommt als eine Art Echo-Apparat auf die Welt **13**:210; 521; **14**:116; Jede wirkliche Aufnahme einer Mitteilung beruht auf Mimetik. Daher die Forderung, sich weich zu machen 255; Was den Menschen ausmacht, ist die Dialektik des Sich-hingeben-Könnens an Dinge u. Menschen u. dennoch derselbe bleiben 261

Mimikry (s. Mimesis) Alles Abgelenktwerden, ja, alle Hingabe hat einen Zug von M. In der Verhärtung dagegen ist das Ich geschmiedet worden. Durch seine Konstitution vollzieht sich der Übergang von reflektorischer Mimesis zu beherrschter Reflexion **5**:210; Abhängigkeit des Überlebens des Individuums von der Anpassung an gesellschaftliche Zwänge **6**:107 ff.♦; Anpassung an die Apparate zur Naturbeherrschung 109; Auslöschung des Individuums durch Unterwerfung unter die gesellschaftliche Realität 123 f.♦; Identifikation der beherrschten Massen mit den repressiven Kräften 126; 147; Die Menschen handeln mehr u. mehr wie Maschinen **7**:74; radikale Unterwerfung durch völlige Assimilation **12**:91

Mirabeau, Honoré-Gabriel Riqueti (Comte de) *Lettres de cachet* **9**:352; **11**:238 ▷**9**:375; **10**:192

Mirandola (s. Pico)

Misch, Georg *Zur Entstehung des französischen Positivismus* **3**:95

Mises, Ludwig von **4**:196

Mises, Richard von *Kleines Lehrbuch des Positivismus* **4**:431

Mitleid (s. Schopenhauer) als Gestalt des moralischen Gefühls **3**:133f.; **5**:124f.; **6**:268; 275; *Selbstmitleid* 289; 334; 356; 370; **11**:239; **13**:552ff.♦; Der den größten Mangel an M. hat, ist der Schlechteste 555

Mitchell, Wesley Clair **12**:545

Mitscherlich, Alexander *Einfühlung in den Angeklagten* (Rezension: Hannah Arendts ›*Eichmann in Jerusalem*‹) **14**:323; *Sigmund Freud – Fragment einer großen Begegnung* **8**:185; *Die Unfähigkeit zu trauern* **14**:463 ▷**7**:453; **13**:56; 153ff.; Ist der Mensch das Ebenbild Gottes oder eine großartige Fehlkonstruktion der Natur, in der die Natur sich selbst vernichtet? 158; **14**:215; ›Die Unfähigkeit zu trauern‹ hält nicht, was der Titel verspricht. Von einer auch noch so geringen Weiterbildung der Freudschen Theorie ist darin keine Rede 463; **19**:17

Mittelalter **6**:80; 368; **9**:154; 295; 402; Philosophie des M. 468; illusioniert die Wirklichkeit **10**:211; 331; **11**:149

Mnačko, Ladislav *The Taste of Power* **14**:419

Mocenigo, Giovanni **9**:56f.; **13**:420

Mohammed Reza Pahlavi (Schah von Persien) **8**:346

Mohammed (Religionsstifter) **5**:42; **6**:203; **12**:338; **13**:469

Moleschott, Jacob **6**:314; **10**:194f.

Molière **5**:274; **8**:10; 247; **10**:344; **13**:305; 484

Molina, Luis de **7**:145; **13**:481

Mommsen, Theodor **8**:199

Montaigne, Michel de *Journal de voyage* **4**:285; *Les Essais* **4**:239ff., 243ff., 253, 255ff., 269, 271, 273, 280ff., 284ff., 290, 293; **5**:324; **9**:173; **12**:120 ▷**4**:231; *Montaigne und die Funktion der Skepsis* 236ff.♦; konservative Züge 243; Lehre von der Schwäche der menschlichen Vernunft 247ff.; In M. sind wichtige Züge des bürgerlichen Geistes ausgedrückt 252; Begriff des Individuums 255ff.; haßt die Unterdrückung sozial u. privat 261; **5**:29; 345; **6**:35; 38; 143; 263; **7**:28; 89; **9**:45; 80; 154; **13**:68; 326; 356; 489; 592; **14**:392

Montesquieu, Charles de Secondat (Baron de) *Esprit de lois* **9**:369; **13**:591; *Persische Briefe* **9**:369; *Lettres persanes* **13**:591 ▷**2**:232; **4**:271; **7**:28; hatte die Gesellschaft zum Objekt der Analyse gemacht 44; **9**:36; 339; 369f.♦; von Locke abhängige, rein bürgerliche Theorie 369; 371; 386; **10**:17; **13**:560; 574; Hätte man auf Voltaire u. M. gehört, so hätte es keine Revolution gegeben, sondern Verhältnisse wie 1870–1890 in Preußen-Deutschland 591ff.

Moral (s. Bürgerliche Gesellschaft, Materialismus, Mitleid, Politik, Wissenschaft) Moralbegriff bei Machiavelli **2**:191f.; *Charakter und*

Avancement 319f.; *Erziehung und Moral* 326; 340f.; *Skepsis und Moral* 341ff.; *Bürgerliche Moral* 365f.; Die bürgerliche M. ist strenger als die katholische Geistlichkeit 383; 389; *Wandlungen der Moral* 408; M. u. Charakter sind Monopole der herrschenden Klasse 411; *Moralische Intaktheit des Revolutionärs* 437; Die moralischen Eigenschaften hängen von der Klassenlage dessen ab, der sie erfährt 448; *Materialismus und Moral* **3**:111ff.♦; Möglichkeit oder Unmöglichkeit einer ewigen M. 113f.; Damit, daß jeder nach seinem Gewissen handelt, hört weder das Chaos noch das Elend auf 121; Die bürgerliche M. treibt zur Aufhebung der Ordnung, von der aus sie erst möglich u. notwendig ist 122; Kant behauptet die Absolutheit der M. u. muß notwendig ihre Aufhebung verkünden, sie als vergänglich ansehen 123; Psychologie u. M. 133f.; Politik u. M. 137ff.♦; Der Aufruf zur M. ist machtloser denn je, aber es bedarf seiner auch nicht 143; Die Voraussetzung der moralischen Gebote war die Spaltung der Interessen in der bisherigen Gesellschaft 253; stellt im seelischen Haushalt der Individuen eine eigene Macht dar, auf Grund deren sie sich nicht bloß in das Bestehende fügen, sondern unter Umständen sich ihm entgegensetzen 348; **4**:12ff.♦; moralischer Rigorismus des Bürgertums 15f.♦; 58ff.♦; Die Verwirklichung der Sittlichkeit ist ein geschichtliches Problem 83; Moralempfinden büßte als Bollwerk gegen autoritäres Recht seine Kraft ein 413; 429ff.♦; Aufklärung u. M. **5**:104ff.♦; Die Morallehren der Aufklärung zeugen von dem hoffnungslosen Streben, an Stelle der geschwächten Religion einen intellektuellen Grund dafür zu finden, in der Gesellschaft auszuhalten, wenn das Interesse versagt 108; Indem die mitleidlosen Lehren (Sade, Nietzsche) die Identität von Herrschaft u. Vernunft verkünden, sind sie barmherziger als jene der moralischen Lakaien des Bürgertums 143; 269; *Schwierigkeit mit dem Schlechten* **6**:190f.; *Furcht und Moral* 221; *Moral* 258f.; *Ende der Moral* 283f.♦; 287; Nietzsche sah die Bedingtheit der Werte, die sich für objektiv ausgaben 327; *Theorie des Gewissens* 370f.♦; Der Ursprung der M. im Einzelnen verdankt sich der Mimesis 371; *Gut und Böse* 376; *Kleine Tugendlehre* 379; *Historizität der Moral* 400; *Wahre Kritik der praktischen Vernunft* 414; 420; **7**:77; 94; 140; *Macht und Gewissen* 154ff.♦; Empirische Freiheit ist Bedingung der moralischen Handlung 170; moralisches Engagement wirkt heute zurückgeblieben 193f.; 253f.♦; 349f.♦; Der Zusammenbruch des Vater-Mythos stellt die Existenz des Gewissens in Frage 356; Alle M. geht letzten Endes auf Theologie zurück 389; Das Gewissen ist heute schon in Frage gestellt 399; 416; M. als Konsequenz religiöser Gebote 440; Das Moralische muß be-

wahrt werden 464; Es gibt keine Verantwortung, jedenfalls ist das Gerede davon Ideologie **11**:251; 261; Dringender, als daß die Menschen besser werden, ist heute, daß es ihnen besser geht 266; die moralischen Kosten des Fortschritts **13**:203; 553 ff.; Gerechtigkeitsbegriff der Aufklärung 605; Der Tausch wird zum Modell menschlicher Beziehungen 606; Kant 623; *Zur Dialektik der Moral* **14**:80; 220 f.♦; *Moral, Schopenhauer und Gottesglaube* 301; Wie immer man sich auch bemüht haben mag, das Rechte zu tun, man hat keinen Anspruch darauf, daß es einem besser geht als den Unzähligen, die elend zugrunde gegangen sind. Das immer im Bewußtsein haben, heißt richtig denken im moralischen Sinn 364; *Über die Ohnmacht der Moral und die Notwendigkeit der Diktatur* 372; *Humanismus, Hexenwahn, Egoismus und Nationalismus* 398; *Schwarz u. Weiß sind untrennbar* 441; *Moral als vorübergehendes biologisches Phänomen* 455; *Vietnam und die Zukunft der Moral* 474; Die Erbsünde manifestiert sich in der Ungerechtigkeit eines guten Lebens angesichts von Hunger u. Elend 522

Morelly (Abbé) *Code de la nature* **2**:237, 241; **8**:283; **9**:388 ff. ▷**9**:388 ff.♦; meint, daß man durch Gesetzgebung das Eigentum wieder abschaffen müsse 389; begnügt sich damit, auf die bürgerliche Gesellschaft zu schimpfen, ohne ihren historischen Ursprung wirklich zu erforschen 390; 391; 396; **11**:193; **13**:574; 609; 623

Morgan, Lewis Henry *Die Urgesellschaft* **3**:407 ▷**6**:116; **8**:281

Morgenthau, Henry **8**:93

Morison, Samuel Eliot (u. Henry Steele Commager) *The Growth of the American Republic* **6**:45

Mornet, Daniel *Les origines intellectuelles de la Révolution Française* **4**:323

Morrak, Dave **14**:72

Morrow, William **5**:420

Morteira, Saul Levi **9**:200

Morus, Thomas *Utopia* **2**:237, 240 ff.; **3**:373; **4**:9 f.; **9**:100; **13**:449 ▷**2**:237; 239 ff.♦; positives Menschenbild des M. **4**:9 f.; seine Überzeugung, daß die Verwirklichung einer vernünftigen Gesellschaft nur räumlich von der Gegenwart getrennt ist 9; 12; **8**:283 f.; **9**:58; **12**:136

Moses **5**:138; 263; **8**:280; **12**:338

Mosse, Werner *Entscheidungsjahr 1932* **14**:350

Mountbatten, Louis (Lord) **12**:284

Mozart, Wolfgang Amadeus **4**:424; 432; **5**:152; 155; **6**:222

Müller, Eberhard **14**:52

Müller, Georg Elias *Abriß der Psychologie* **10**:209 ▷**10**:209; **11**:93

Müller, Johannes Peter *Zur vergleichenden Physiologie des Gesichtssinns* **10**:194 ▷**10**:206

Müller-Lyer, Franz Carl *Die Familie* **3**:391

Münsterberg, Hugo *Philosophie der Werte* **6**:60 ▷**5**:398; **10**:255; 257

Müntzer, Thomas M. ging die Geduld des Idealismus ab **2**:249; 316; **4**:260; **5**:306

Murger, Henry *The First Bohemian. The life of Henry Murger* **12**:468

Murray, Gilbert *The Rise of the Greek Epic* **5**:74, 94, 103

Murray, Philip **12**:284

Musik (s. Ästhetik, Kunst) Seit der glücklich-mißglückten Begegnung des Odysseus mit den Sirenen sind alle Lieder erkrankt, u. die gesamte abendländische Musik laboriert an dem Widersinn von Gesang in der Zivilisation, der doch zugleich wieder die bewegende Kraft aller Kunstmusik abgibt **5**:83; 150; 153; **6**:206; 222; 311; 331; **7**:261f.; 360; 473; Rückgang der Musikrezeption **12**:159; Schopenhauer: M. als Sinngebung des Leidens **13**:564; *Musik als Ausdruck vergangener Gefühle* **14**:371

Mussolini, Benito *Relativismo e fascismo* **4**:140f. ▷**5**:215; erinnerte an den Wachkorporal einer komischen Oper **6**:128; 348; **8**:18f.; 334; 337; **14**:91; 115

Musulin, Janko von **7**:358ff.

Mystik Ihre Anerkennung des irdischen Elements in Gott erwies sich als ein Ansporn zur Naturwissenschaft **6**:85f.; 97; **7**:37; 136; **9**:89; **11**:249ff.; 389

Mythos (s. Individuum, Logik, Mimesis) **2**:180; *Vico und die Mythologie* 252ff.♦; Schon der M. ist Aufklärung, und: Aufklärung schlägt in Mythologie zurück **5**:21; Aufklärung u. M. 30ff.♦; Für den Zivilisierten schrumpft der Kosmos zum Inbegriff aller Beutemöglichkeiten 32; M. u. Positivismus 38; M. u. Epos 67ff.♦; Dialektik von M., Religion u. Aufklärung 77ff.♦; Alle Entmythologisierung hat die Form der unaufhaltsamen Erfahrung von der Vergeblichkeit von Opfern 77; **6**:33f.; Angriff der Vernunft auf die Mythologie 35; 53ff.♦; 79; Wiederbelebung heidnischer Mythologie in Deutschland 81f.; 89; 92; 100; 109; Umschlag der verabsolutierten Vernunft in M. 173; 191ff.; 195; 226; 299; *Vom Mythos zum Chaos* 347; *Stadien des Mythos* 357ff.♦; **7**:26; 32f.; 87; **10**:332; **11**:358; (Adorno:) das Mythische kann nicht einfach ausgetilgt werden 367f.; *Zur Genealogie des Mythos* **12**:314♦; Die Schwelle vom M. zum Mündigwerden ist der Ort der Tragödie 453; Das sprachliche Identifizieren der Identität von Erscheinungen als »Ding« ist die ursprüngliche Synthesis

454; Das Individuum beginnt, wo der Impuls vom Besonderen ausgeht u. nicht mehr vom Kollektiv 455; M. als Schwelle zwischen Natur u. Kultur 456♦; M. u. Logik 505; **14**:403

Nader, Ralph **14**:433

Nadler, Josef *Literaturgeschichte der deutschen Stämme und Landschaften* **12**:358

Nagel, Ernest *Malicious Philosophies of Science* **6**:77, 86, 95 ▷**7**:423; **14**:249

Napoleon Bonaparte (Kaiser der Franzosen) **2**:205; 329; 372; **3**:12; **4**:22; 96; **5**:329; **6**:125; 318; 349; der erste moderne nationalistische Eroberer **8**:55; 136; 157; 162; **9**:35; **10**:125; **12**:335; **13**:359; 369; Auf die deutschen Biedermänner, den Geheimrat Goethe u. den Professor Hegel an der Spitze, machte das weltgeschichtliche Kolossalformat von Napoleons Brutalität einen geradezu überwältigenden Eindruck, aufgrund dessen ihm Goethe bekanntlich neben Moses u. Faust die ewige Seligkeit zubilligte u. Hegel in ihm »die Weltseele zu Pferd« erblickte **14**:206

Napoleon III. (Kaiser der Franzosen) **4**:277; **6**:345; 349; **8**:93; 157

Narzißmus (s. Charakter, Idealismus, Individuum, Regression, Verdinglichung) **14**:254

Nasser (Abd an-Nasir), Gamal **6**:240; 290; **14**:82; 100

Nationalismus (s. Faschismus, Ideologie, Kollektive Psychopathologie) **2**:331 f.♦; produktiver Kern des Begriffs der Nation 371 f.; Kritik des Bürgers am N. pflegt reaktionär zu sein 372; **4**:42; 231 f.; 321 f.; 423; Der moderne N. vermochte nicht, in den Massen den beseelenden Glauben der Religion wachzurufen **6**:125; 223; furchtbarer, weil grundloser Patriotismus in Deutschland 303; 330; Das Vaterland in abstracto ist keine wahre Idee 343 f.; hat etwas von der Französischen Revolution 366; 381; 392; 397; das Gesetz der Epoche ist die Bejahung der Nation 402; 408; übersteigerter N. der zurückgebliebenen Länder **7**:87; 97; 126 f.♦; Die großen Aufklärer waren behutsam, wenn es um die Volksgemeinschaft als den höchsten Wert zu tun war 126; 138; Der neue Götze ist das nationale WIR 139; Der Begriff der Nation hat sich zum Götzen gemacht 155; Christentum u. N. 177; 195; 210; 242; ethische Funktion des Patriotismus bei Schopenhauer 243 ff.; 255; 274; 366; 410; N. u. Krieg **8**:55; Was ist N.? Was ist deutscher N.? 147; N. u. Neid 149 ff.; 154; Die Nation hat sich am Ende der Neuzeit als der allgemeine Götze an die Stelle des Höchsten gesetzt 161; 167; 224; universale Religion der Gegenwart 232; N., Gewalt u. Grausamkeit 290; N. u. kollektive Psychopathologie 299; N. u. Einsamkeit 299; Verwandtschaft mit religiö-

sem Fanatismus 299; 314; *Vaterland und Religion in der Gegenwart* **11**:268; Patriotismus 275; **13**:350; 638; 644; *Nationalismus und Sozialismus* **14**:76; *Funktion des Nationalismus* 89; Die Unverletzbarkeit des Rechts der Einzelnen, das Erbe der Aufklärung, weicht der Heiligkeit der Nation 115; Die Entehrung des Einzelnen durch die europäischen Nationen ist unwiderruflich, die unterentwickelten Völker lernen die Industrie u. die hochentwickelten die Barbarei 115; *Vom Mythos der Nation* 153; 200; *Fanatismus und Enthusiasmus* 324; Das natürliche (?) Bedürfnis des Menschen, einer Gemeinschaft zuzugehören, wird heute tendenziell nur noch durch die Nation befriedigt 326; *Nationalismus und Afrika heute* 333; *Die Wahrheit des Nationalismus* 337; 338; Christentum u. N. 345; *Bemerkungen zur Welt vom Dezember 1965* 349; *Erkenntnis und Nuance am Beispiel des Nationalismus* 374; *Notiz zur Theorie des Nationalismus* 375; *Zum Problem des Fanatismus* 376; *Nationalismus* 381; *Christentum, Nationalismus, Demagogie* 398; *Theorie des Demagogen* 402; *Die unsterbliche Seele, das unsterbliche Volk und der Nationalismus* 404; *Nationalismus in der Französischen Revolution und im Deutschland des neunzehnten Jahrhunderts* 407; *Über die Notwendigkeit des Nationalismus* 428; *Stichworte zu einer Theorie des Nationalismus* 429; *Das Ende der Religion und seine Folgen* 498; Was soll aus einer Gesellschaft werden, in der die durch die Ansprüche u. Sinnlosigkeit des täglichen Lebens aufs höchste gesteigerten Aggressionen nicht durch eine verinnerlichte Moral im Zaum gehalten werden? 500

Nationalsozialismus (s. Faschismus) **2**:312; 345; **4**:303; das geschliffenste politische System der Gegenwart, ein Meister in der kapitalistischen Realität 304; Wer den Antisemitismus erklären will, muß den N. meinen 308; 321 ff.♦; 382; 385 f.; 395; Radau-Antisemitismus 398; Grundlagen des nationalsozialistischen Antisemitismus 405 ff.♦; 414 ff.♦; **5**:15; mimetische Opferpraxis im N. 215; *Die Psychologie des Nazitums* 354 ff.; Ideologie der »Volksgemeinschaft« **6**:111; brüstete sich mit seinem Tierschutz, um die »niederen Rassen« um so tiefer zu demütigen 116; Hauptvergnügen, gesellschaftlich unterdrückte mimetische Triebe zu bestätigen 126; Verhältnis zur Rebellion der Natur 130 ff.♦; spannte die unterdrückten natürlichen Triebe für seine Bedürfnisse ein 130 f.♦; aktive Unterstützung durch die Bevölkerung in Deutschland 130; zerbrach die Individualität 131; Das Naziregime wurde zur Lüge, als es seiner selbst als einer Revolte bewußt wurde 131; 248; 299; kann historisch ein Vorbild bedeuten 318; 330; 332; *Bewältigung der Vergangenheit* 345 f.♦; *Zur Ergreifung Eichmanns* 347 ff.♦; 350; 362; 368; *Verdrängte Schuldge-*

fühle 386f.♦; *Wir Nazis* 404; 411; **7**:11; 87; 96; 156; 182; 186; 266f.; 277; 285; 290; 308; 326; 328f.; Antisemitismus des N. 329ff.♦; 332; 335; 340f.; 346; 369; 372; 375; 384f.; 415; 417; 451; 456f.; 464; 470; hatte schon die vollautomatisierte Gesellschaft entworfen 483; **8**:148; 157; 337; 339; 346; Jugend im Dritten Reich 366f.; **11**:258; **13**:605; *Vom Sinn des Neonazismus* **14**:100; 112

Natorp, Paul *Allgemeine Psychologie nach kritischer Methode* **10**:215, 417; *Logik* **2**:56, 72; **10**:215; *Die logischen Grundlagen der exakten Wissenschaft* **10**:215, 231f.; *Platos Ideenlehre als Einführung in den Idealismus* **10**:215 ▷**9**:14; **10**:229; 236; 240; Seine Auslegung Platons im Sinne eines Vorgängers Kants ist eine rein apologetische Angelegenheit 241; **11**:142; 204

Natur N. u. naturwissenschaftliche Methode bei Kant **2**:21ff.♦; Irreversibilität von Naturprozessen 61f.; *Die formale Zweckmäßigkeit der Natur* 94ff.♦; *Die Zweckmäßigkeit der organischen Gegenstände* 127ff.♦; Naturalismus 203f.; Naturauffassung bei Hobbes 207ff.; Gesellschaft als Auseinandersetzung des Menschen mit der N. **3**:250; Von der Angleichung an die N. bleibt allein die Verhärtung gegen diese übrig. Die Schutz- u. Schreckfarbe heute ist die blinde N., die mit der weitblickenden Zweckhaftigkeit identisch ist **5**:211; Zivilisation ist der Sieg der Gesellschaft über N., der alles in bloße N. verwandelt 216; Die kranke Einsamkeit überwinden, in der die ganze N. befangen ist 219; In der Selbsterniedrigung des Menschen zum corpus rächt sich die N. dafür, daß der Mensch sie zum Gegenstand der Herrschaft, zum Rohmaterial erniedrigt hat 264; Der herrschenden Praxis u. ihren unentrinnbaren Alternativen ist nicht die N. gefährlich, mit der sie vielmehr zusammenfällt, sondern daß N. erinnert wird 287; Wie die Arten der Tierreihe, so bezeichnen die geistigen Stufen innerhalb der Menschengattung, ja die blinden Stellen in demselben Individuum Stationen, auf denen die Hoffnung zum Stillstand kam 290; *Die Revolte der Natur* **6**:105ff.♦; Heute ist der N. die Sprache genommen 113; wurde allen inneren Wertes entkleidet 113; Philosophie u. Naturverständnis 114; Naturverständnis des Christentums 115f.; moderne Gleichgültigkeit gegenüber der N. 115f.♦; Naturbegriff in Descartes' Lehre vom Ich 118; Erhebung der N. zum obersten Prinzip macht das Denken zur Heuchelei 131; Faschismus als satanische Synthese von Vernunft u. N. 131; Trugschluß der Gleichsetzung von N. u. Vernunft erhöht die rohe N. 133f.♦; Der einzige Weg, der N. beizustehen, liegt in der Entfesselung des unabhängigen Denkens 135; Dualismus von N. u. Geist 170ff.♦; Naturalismus 171ff.♦; Dualismus von N. u. Geist kann nicht im Sinne einer

Definition gesetzt werden 174; wurde von der Vernunft zum bloßen Objekt gemacht 176; 200; 233; 246; *Selbstmitleid* 289; Kultur bedeutet veredelte N. **7**:99; *Erinnerung* 104ff.♦; *Vorbemerkung zu Alfred Schmidts ›Der Begriff der Natur in der Lehre von Marx‹* 143f.; Naturgesetz bei Kant 165; Die N. sagt gar nichts 180; *Die italienische Naturphilosophie* **9**:44ff.♦; ewig unvollendetes begriffliches Produkt der Vernunft **10**:30f.; *Schelling: Naturphilosophie* 129ff.♦; Rolle der N. in Fichtes System 134ff.♦; Naturphilosophie als gedankliche Nachbildung der N. als eines einheitlichen sinnvollen Organismus 152; (Kant:) die N. ist intellektuelles Erzeugnis der Vernunft, die obersten Vernunftgesetze sind zugleich die obersten Naturgesetze 220; Gültigkeit der Naturgesetze 303f.; *Das Verhältnis von Erkenntnistheorie und Naturphilosophie bei Kant; das Scheitern der mechanischen Erklärungsweise in der Naturwissenschaft* **11**:59ff.♦; *Geschichtlichkeit der menschlichen Natur* **14**:119; *Mensch und Tier* 121; *Natur und Geist* Das Mehr-als-Natur, der Geist, besteht im wesentlichen darin, einzusehen, daß er selbst, der Mensch, zwar grausamer, hinterlistiger, böser ist als alle Tiere, jedoch ebenso vergänglich, arm u. nichtig wie seine Opfer selbst 125♦; Wir ahnen nicht, was u. wie die sogenannten niederen Arten fühlen u. erfahren 134; *Zwang ist notwendig, Freiheit ist ephemer* 141

Naturbeherrschung **2**:195; Wahre menschliche Freiheit ist identisch mit der Beherrschung der Natur in u. außer uns durch vernünftigen Entschluß **3**:157; Herrschaft über die Natur bildet bloß ein Mittel von Individuen, Gruppen u. Nationen, die es in ihrem Kampf gegeneinander anwenden 283; Steigerung der menschlichen Macht über die Natur ist ohne den Prozeß der Verinnerlichung gar nicht denkbar **4**:41f.; **5**:21; 223; Mit der Überwindung der Krankheit des Geistes, die auf dem Nährboden der durch Reflexion ungebrochenen Selbstbehauptung wuchert, würde die Menschheit aus der allgemeinen Gegenrasse zu der Gattung, die als Natur doch mehr ist als bloße Natur, indem sie ihres eigenen Bildes innewird 230; Ticketmentalität: Ressentiment der beherrschten Subjekte der N. 238; *Mensch und Tier* 277; N. als operative Funktion der Vernunft **6**:42; Die Ausbeutung der Natur kann bis auf die ersten Kapitel der Bibel zurückverfolgt werden 79f.♦; *Die Revolte der Natur* 105ff.; N. schließt Menschenbeherrschung ein 106ff.♦; N. u. Mimesis 109♦; Vorstellung vom Menschen als dem Herrn 115f.; die Geschichte der N. ist auch die Geschichte der Unterjochung des Menschen durch den Menschen 116; Natur als Werkzeug des Menschen 119; Reaktion der Natur auf ihre Unterdrückung 120ff.♦; 130; Lehre des Fortschritts hypostasiert

das Ideal der N. 140; 148; Reduktion des Ich auf ein bloßes Instrument der Unterdrückung 165; 171; Unterjochung von Natur wird in Unterjochung des Menschen zurückschlagen u. umgekehrt 177; Die großen Ideen der Zivilisation sind Proteste der Natur gegen ihre Zwangslage 181♦; Identifizierung ist die Voraussetzung der Beherrschung 192; *Mensch und Rhinozeros* 266♦; 360; 375; Vivisektion 400; Mit der Herrschaft der Menschen über die Natur negiert die Autonomie sich selbst 406; nimmt ein solches Ausmaß an, daß die Notwendigkeit der Herrschaft von Menschen über Menschen verschwindet 420; **7**:18; 34; Anstatt daß die N. die Menschen zu sich selber brächte, behält das Bestehende seine objektive Gewalt 57; 75; *Erinnerung* 104 ff.♦; Es ist kein Terror gegen Menschen nötig, damit sie den unnötigen gegen Tiere dulden 106; Unterschied von Soziologie u. N. 113 f.; 189; 204; Bestimmung der Klassenverhältnisse durch den Stand der N. 331; Marx' Glaube, daß mit der vollkommenen N. auch die Freiheit verwirklicht sei 341; 402; N. bei Marx 421 f.; Der Fortschritt der Gesellschaft wird durch steigende N. bestimmt 437; Marx hat gehofft, daß die Beziehungen der Menschen nicht mehr durch die Art u. Weise der N. bestimmt würden, sondern aus ihrer Freiheit heraus **8**:327; Die Ausmerzung der Natur, ihre Vernichtung zu bloßem Material, führt in die Krise der Bildung 412; Sehr beschränkt war der Genuß dieser fortschreitenden Beherrschung für die großen Schichten der Gesellschaft geworden **10**:394; **12**:108; In der Absage an blinde N. entzieht sich der dialektische Geist der Beherrschung durch die Natur, ohne doch den Dingen die Möglichkeit abzuschneiden, ihn zu bezaubern 301; am Menschen 493 ff.♦; (Adorno:) Damit ich die Natur beherrschen kann, muß ich denken. Aber indem man denkt, setzt man zugleich zwischen das Aktionsobjekt und sich ein Medium dazwischen, das hinaus will **19**:36

Naturrecht zum ersten Mal bei Cicero erwähnt **13**:323; in der Aufklärung 324; bei Kant 324; Vertragsfähigkeit 324; amerikanische Declaration of Independence 325; Johannes Althusius 325; N. u. Religion 326; Wie es heute um die naturrechtlichen Kategorien steht, zeigt die Existenzialphilosophie, für die es eine handfeste Fundierung des Lebens nicht gibt 327; hat christliche Wurzeln 328; Realismus, N., Aufklärung 589

Naturwissenschaft die naturwissenschaftliche Methode bei Kant **2**:21 ff.♦; 155; 181 f.♦; 303; N. u. Philosophie **3**:94 f.; 231; 293; 306 f.; **4**:109; 121 ff.♦; 146; 357; naturwissenschaftliches Verfahren des Pragmatismus **6**:65 ff.♦; 76; Die Anerkennung des irdischen Elements in Gott durch die Mystik erwies sich als ein Ansporn zur N.

85f.; als Modell richtiger Denkmethoden im Positivismus 89ff.♦; Strategie des Festnagelns 170; 242; 423; läßt sich aus dem gesellschaftlichen Bedürfnis nach Naturbeherrschung erklären 7:18; 36; 39; 81; 113; 154; 315; 9:60ff.; Bacon hat den wirklichen Sinn der modernen N. ausgesprochen 80; 91ff.; bei Hobbes 108ff.♦; Es war immer ihr Bestreben, alle Ereignisse in der Natur als Spezialfälle eines u. desselben uns ganz vertrauten Zusammenhangs darzustellen 160; war eines der wichtigsten ideellen Mittel, der Kirche ihre Vormachtstellung streitig zu machen 175; Physik 177f.; wissenschaftliche Vereinigung der neuen N. mit einer teleologischen Weltauffassung bei Leibniz 247; 475f.; (Kant:) N. ist die Anwendung der Kategorien auf die Fülle des sinnlichen Erfahrungsmaterials 10:36f.; Allgemeinste Sätze werden auf die Erscheinungen angewandt 41; ist für Kant ein Zweig menschlichen Verhaltens neben anderen 47; Verhältnis Maimons zur N. 86ff.♦; 137ff.♦; 142f.; 156; 170f.; scheint nur so weit salonfähig, als sie philosophisches Interesse beanspruchen könne 173f.; 176f.; 181; Die Opposition gegen den Versuch, die N. im gegebenen Zustand zu apologetisieren, ging von dieser selbst aus 195; 210f.; Die Entstehung der Psychologie ist Teil des alle ideellen Gehalte auflösenden Ganges der modernen Naturwissenschaften 212; Gültigkeit naturwissenschaftlicher Urteile 216ff.♦; Neukantianismus u. N. 222ff.♦; Verhältnis von N., Geschichte u. Philosophie im Neukantianismus 242ff.♦; Bedeutung des Experiments in der N. 245; Verhältnis von Philosophie u. N.en bei Mach u. Cornelius 265f.; auf die Auflösung u. Zersetzung aller Gehalte gerichtet 301; Einheit der Erfahrung u. Apriori der Naturwissenschaften bei Kant 308; hatte aller Theologie u. Metaphysik den Krieg erklärt 319; *Zur Emanzipation der Philosophie von der Wissenschaft* 334ff.♦; Der naive Glaube an die Allmacht der N. ist geschwunden 336; Die stolze Bescheidenheit des Naturforschers ist der selbstbewußten Demut des Philosophen gewichen 337; N. u. Philosophie 350; Das Wachsen der naturwissenschaftlichen Erkenntnis kann durchaus die bestehenden Gegensätze steigern u. das gegenwärtige Elend vermehren 350f.; Wahrheitsgehalt u. Sinn 353f.; Der Aufstieg aller Schichten der Gesellschaft hielt nicht gleichen Schritt mit der Entwicklung der N. 354; Begründung der Möglichkeit reiner N. bei Kant 359ff.; Begründung der Wahrheit von N. im Neukantianismus 362f.; wurde vom Neukantianismus zum höchsten geistigen Zweck gemacht, der einer Begründung überhaupt nicht fähig war 376; Verhältnis der Phänomenologie zur N. 378ff.; vermag allein nicht die Erde zu wandeln 394; kann nur durch radikale Sinnklärung ihrer Begriffe beanspru-

chen, vollwertige Erkenntnis zu sein **11**:27f.; *Das Verhältnis von Erkenntnistheorie und Naturphilosophie bei Kant; das Scheitern der mechanischen Erklärungsweise in der Naturwissenschaft* 59ff.♦; 111; Naturwissenschaften als eigentliche Disziplinen der bürgerlich-industriellen Wirtschaftsform 150; *Funktionen der Natur- und Geisteswissenschaften* **14**:110

Naumann, Friedrich **12**:361

Necker, Jacques **9**:451

Negation (s. Dialektik, Idealismus, Philosophie) Der naiv Verabsolutierende, u. sei er noch so universal tätig, ist ein Leidender, er unterliegt der verblendenden Macht falscher Unmittelbarkeit **5**:224; 236; Die Kunst, der Gedanke, die Negativität entschwindet 286; entscheidende Rolle der N. in der Philosophie **6**:182♦; Die Methode der N. beruht auf dem Vertrauen in den Menschen 185; 300; 320; **7**:302ff.♦; Der Motor philosophischen Denkens, wie ihn der deutsche Idealismus verstanden hat, war seit Beginn die N. **8**:183; Bei Kant gewann die Negativität den theoretischen Ernst, den ihr das Judentum in seiner Theologie verliehen hatte 183; Skepsis u. Relativismus sind Weisen der N. **12**:126; *Wie ist Bewußtsein der Negativität möglich?* 594♦; Das Negative u. der Prozeß der »bestimmten Negation« sind die einzige Annäherung an die Wahrheit, die uns zugänglich ist. Dem, was sich als das Absolute aufspreizt, die Negation entgegensetzen, ist der Sinn des Glaubens **14**:200; »Bestimmte N.« heißt: nicht bloß kritisieren, sondern über den negierten Gegenstand hinausgehen, in der Richtung auf das Ganze. In diesen Problemkreis gehört die Theorie der Einheit von Theorie u. Praxis 203

Negri, Pola **4**:395

Negt, Oskar *Strukturbeziehungen zwischen den Gesellschaftslehren Comtes und Hegels* **8**:255 ▷**7**:426; 429

Nell-Breuning, Oswald von *Gesellschaftsordnung* **8**:62

Nelson, Leonhard **9**:71; **11**:142

Nero (römischer Kaiser) **2**:197

Nestorius **13**:461

Neuenzeit, Paul *Die Funktion der Theologie in Kirche und Gesellschaft* **14**:511 ▷**7**:308ff.

Neukantianismus (s. Kant, Rickert, Windelband) **2**:56; 163; 172ff.; **3**:25; Geschichtsbegriff des N. 48f.; 226; Wahrung des Kantischen Erbes **4**:133f.; Sprachbegriff des N. 133f.; 172; 296; 334; **6**:402; ist wahrlich überholt **7**:163; **8**:175; **9**:190; 269; 475; sieht in der Ablehnung jeder Art von Metaphysik das Wesen der Kantischen Philosophie **10**:40; Philosophie erscheint ausschließlich als Erkenntnis-

lehre der Naturwissenschaft 181 f.; *Der Marburger Neukantianismus* 212ff.♦; voreiliger Versuch, eine Weltanschauung zu schaffen 212; enthält eine Anzahl von Motiven, die in der Richtung der konsequenten Fortführung der Aufklärung liegen 213; wollte immer eine alles umfassende Philosophie liefern 215f.; N. u. Naturwissenschaft 222ff.♦; wollte die Wahrheit der Naturwissenschaft u. den Sinn ihrer Gültigkeit ein für allemal bestimmen 222; Kern seiner Doktrin, daß innerhalb der Philosophie für die Kantischen Dualismen kein Platz sei 225; Ersetzung der synthetischen durch die erzeugende Funktion des Denkens 227ff.♦; Nach dem strengen N. läßt sich der ganze wissenschaftliche Kosmos auflösen in reine Relationen ohne jedes Substrat 229; begreift Philosophie im wesentlichen als das Selbstbewußtsein der Wissenschaft 232; Unterschied zu Kant 233ff.; Übereinstimmung mit Fichte u. Hegel 234f.; Lehre vom »Bewußtsein überhaupt« 234f.; vollzog streng die Trennung von Psychologie u. Philosophie 235f.; Ethik u. Rechtsphilosophie 236ff.♦; schwere historische Vorurteile u. völliger Mangel an soziologischer Einsicht 239; negatives Verhältnis zur Geschichte 239f.; interpretiert die Geschichte der Philosophie als bloße Vorgeschichte der neukantischen Philosophie 241; *Die südwestdeutsche Schule des Neukantianismus* 241ff.♦; erkennt zwischen der logischen Struktur der Geschichtswissenschaft u. derjenigen aller übrigen Wissenschaften keinen prinzipiellen Unterschied an 242; entwickelte seine Kategorienlehre in reiner Orientierung an der mathematischen Naturwissenschaft 243; Wert als Kriterium des Historikers im N. 248f.♦; Erkenntnistheorie 250ff.♦; Kantische Trennung von Form u. Materie der Erkenntnis 251; Die Philosophie wird zur kritischen Werttheorie u. bleibt dabei idealistisch 254; 258; 291; 313; 340; 350; 353; *Neukantianismus (Cohen)* 353ff.♦; sah in der Transzendentalphilosophie den gelungenen Versuch, die Wahrheit naturwissenschaftlicher Erkenntnis einsichtig zu machen 358; Absicht, die Wahrheit der Naturwissenschaft in vollem Maße darzutun 362f.; Überwindung des Kantischen Dualismus 363f.; Nach dem N. ist die Wirklichkeit mit dem von der Wissenschaft als wirklich Erkannten jeweils identisch 365ff.♦; Nach dem N. ist schon die Anerkennung von Transzendenz überhaupt Dogmatismus 371f.; Lehre vom »Bewußtsein überhaupt« 373; Gegensatz gegen den zeitgenössischen Psychologismus 374; löst die Denkprozesse der Wissenschaft rein spekulativ von aller Wirklichkeit ab 375; mit seiner Philosophie verträgt sich sowohl eine gute wie eine schlechte empirische Psychologie 375; nimmt seine eigenen logischen Ordnungsprinzipien unbedenklich für universal u. ewig 376; hob die Naturwissen-

schaft theoretisch in den Himmel 376; Mangel an Dialektik 379; 389; 394; 400; hatte die Methoden der Naturwissenschaft noch in den reinen Äther der logischen Sphäre verlegt 417; erneuerte den Prinzipienstreit zwischen Idealismus u. Materialismus in fruchtbarer Weise 417f.; hat recht, wenn er es unternimmt, die transzendentalen Faktoren aufzuweisen, die dem gegenwärtigen Naturbild zu Grunde liegen 418; verewigt einen bestimmten Stand von Wissenschaft u. Wissenschaftstheorie 419; **11:**105; hatte die praktische Philosophie wesentlich auf eine Verbesserung der menschlichen Gesellschaft hin gerichtet 142; 149; 204ff.; 211; 270; **12:**108; 395; neukantische Geschichtsphilosophie **13:**328; Wiederbelebung des Platonismus 332

Neumann, Franz *Behemoth* **5:**203; *Der Funktionswandel des Gesetzes im Recht der bürgerlichen Gesellschaft* **4:**280; **12:**152 ▷**7:**335; 368; **12:**39; 75; 398ff.; 522; 542ff.; **14:**414

Neumark, Fritz **14:**542

Neuplatonismus **4:**244; Die neuplatonische Auffassung, die Begriffe seien Emanationen Gottes, verrät eine abgründige Einsicht in das Verhältnis von Logik u. Theologie **12:**277; **13:**468

Neurath, Otto *Empirische Soziologie* **4:**121, 128f.; *L'encyclopédie comme modèle* **4:**122, 139f.; *Soziologie im Physikalismus* **4:**121 ▷**5:**53; **13:**372

Neuthomismus **4:**375; 433; *Gegensätzliche Allheilmittel* **6:**75ff.♦; macht sich nicht die Mühe, die zeitgenössische Physik aus der Bibel zu deduzieren 80f.; modernisiert alte Ideologien u. schließt einen Kompromiß mit dem bestehenden Übel 81f.; pervertiert den religiösen Zweck in ein weltliches Mittel 82; versucht mit dem Denken an einem bestimmten Punkt aufzuhören 84; praktiziert eben das, was er bei seinen Gegnern angreift 87f.; ist eine Halbwahrheit 100f.♦; Sein Mangel besteht darin, Wahrheit u. Güte mit der Wirklichkeit gleichzusetzen 103; hält so streng am Prinzip der Wahrheit fest, daß sie faktisch in ihr Gegenteil übergeht 104; 166

Newton, Isaac *Naturalis philosophiae principia mathematica* **10:**26f. ▷**2:**21; **7:**164; Nach N. erschöpfte sich die Wahrheit nicht in Wissenschaft 219; 234; **9:**245; 323; In der Religion gab es keinen aufrichtigeren Gläubigen als ihn 401; 420; 423; 425; 466; **10:**27; 33; Von seiner Physik her drohen der Metaphysik keine Gefahren 37; 41; 55; 86; 156; **11:**65; 149; 185; 206; **13:**369; 580

Nicolai, Christian Friedrich zog sich mit Recht Gegnerschaft u. Spott Kants zu **9:**459

Niebuhr, Barthold Georg **8:**405

Niebuhr, Reinhold **14:**241

Nietzsche, Friedrich *Also sprach Zarathustra* **3**:267; **5**:126; **6**:268; **12**:563; **13**:69, 113, 118, 640; **19**:45; *Aus dem Nachlaß der Achtzigerjahre* **12**:564; *David Strauss, der Bekenner und der Schriftsteller* **12**:563; *Dionysos-Dithyramben* **13**:117; *Ecce Homo* **3**:323; **7**:122; **13**:336; *Der Fall Wagner* **5**:136; *Die Fröhliche Wissenschaft* **5**:138f., 143, 285; **6**:271; *Genealogie der Moral* **5**:109, 121f., 127; **12**:172, 563; **13**:437, 556, 559; **14**:236; *Götzendämmerung* **5**:181; **6**:181; **8**:190; *Jenseits von Gut und Böse* **5**:123; **8**:171; **13**:120, 643, 644; *Menschliches – Allzumenschliches* **13**:640; *Morgenröte* **8**:318; *Nachlaß* **5**:68, 122f., 125, 129, 138f.; **8**:285; *Nietzsche contra Wagner* **5**:125; *Umwertung aller Werte* **5**:120; *Schopenhauer als Erzieher* **12**:566; *Unzeitgemäße Betrachtungen* **3**:385; **4**:284f.; **5**:153; **7**:123, 133; **12**:189; **13**:335; *Vom Nutzen und Nachteil der Historie* **2**:250; *Der Wille zur Macht* **3**:299; **4**:75; **7**:202; **11**:205; *Zur Genealogie der Moral* **3**:129, 203, 212f., 346, 352 ▷**2**:163; 197; 249f.; *Nietzsche und das Proletariat* 338♦; **3**:12; erkannte nicht, daß die ihm verhaßten Eigenschaften in der Gegenwart gerade aus dem Mangel an günstigen Bedingungen für die Allgemeinheit hervorgehen 129; N.s Geschichtstheorie ging fehl, weil er die Bewegung der gegenwärtigen Welt aus Unkenntnis der ökonomischen Gesetze mißversteht 130; 131; 134; 140; N.s Hymnus auf das Raubtier Mensch war ein Protest gegen die wachsende Hemmung der menschlichen Kräfte durch die erstarrende bürgerliche Ordnung 161; 168; 202; die soziale Bedeutung der psychischen Fähigkeit, aus der Not eine Tugend zu machen, hat vor allem N. gesehen 212; dachte, daß die gegenwärtige Macht recht wenig für sich hat 265; An der Gegenwart hat N. alles verstanden, nur nicht ihren inneren Zusammenhang 265; 266; 319; hat den Ursprung der geistigen Verkommenheit sowie den Weg aus ihr verkannt, das Schicksal, das seinem eigenen Werke widerfuhr, hat daher seine Notwendigkeit 323; macht sich selbst zum Ideologen 324; hat durchschaut, daß die sog. soziale Natur wesentlich auf die Erinnerung an Zwangsakte zurückgeht 345; 399; 401; faßt den Begriff des Nihilismus unhistorisch **4**:75; 85; ist das Gegenteil des aufgespreizten Kraftgefühls, ihn selbst kann man nicht als Henker denken wie manchen seiner Jünger 87f.♦; *Bemerkungen zu Jaspers' ›Nietzsche‹* 226ff.♦; hat die Wahrheit der bürgerlichen Ordnung ausgesprochen 227; sein Widerwille, sich auf politische Ökonomie einzulassen 228; Stellung zu den Juden 230f.♦; hörte den Nationalismus nie zu hassen auf 232; Haltung zu Deutschland 232; Die europäische Demokratie als möglicher Boden einer neuen Tyrannis ist von N. gut durchschaut worden 233f.; 283; Führergestalten der Gegenwart als Zerrbild sei-

nes humanen Sinns der Utopie vom Übermenschen 285; 301; 393; der unerbittliche Vollender der Aufklärung **5**:22; hat wie wenige seit Hegel die Dialektik der Aufklärung erkannt 67; 70; 73; 117; N.s biologischer Idealismus 120; kann inmitten aller Götzendämmerung von der idealistischen Gewohnheit nicht lassen, die den kleinen Dieb hängen sehen, aus imperialistischen Raubzügen welthistorische Missionen machen möchte 124; Die Unmöglichkeit, aus der Vernunft ein grundsätzliches Argument gegen den Mord vorzubringen, nicht vertuscht, sondern in alle Welt geschrien zu haben, hat den Haß entzündet, mit dem gerade die Progressiven Sade u. N. heute noch verfolgen 142; 264; 265; 313; 335; 398; **6**:21; 99; 162; 197; 248; 256♦; 265; 267f.; 270; 296; sah die Bedingtheit der Werte, die sich für objektiv ausgaben 327; 334; 339; 353; *Nietzsche und die Juden* 356f.♦; stellt die Einheit von Ethik u. Metaphysik im Bereich des Subjekts her **7**:20f.♦; Erkenntnis der Faulheit herrschender Verhältnisse 20; 34; 49; 78; 83; 86; 92; hat die Marktschreier der Herrenrasse vorausgeahnt 122f.; 137; stand an Empfindsamkeit keinem Heiligen nach 175; 339; 400; **8**:61; 108; 141; N., der letzte u. sehr große Denker 190; 361; 366f.; 405; 416; **10**:183; 269; 288; **11**:151f.; 186; 198; 200; 379; 384f.; **12**:125; 190f.; 199; 441; 559ff.♦; Verhältnis von Bedürfnis u. Kultur bei N. 563ff.♦; kein Hirt u. *eine* Herde 566; hat gesehen, daß nicht nur die Demokratie, sondern auch der Sozialismus eine Ideologie geworden ist 568; ist in gewissen kritischen Dingen weiter gegangen als Marx 568; hat das Problem gesehen, daß der Begriff der Praxis nicht ausreicht, den wirklichen Unterschied einer barbarischen von einer nicht barbarischen Welt zu treffen 570; 580; Mit der Idee des Christentums hat er nebst vielem anderen das Eine gemein, daß er die Rache nicht kennt **13**:69; *Über Nietzsche und uns* 112ff.♦; Parodie, Ironie bei N. 113; (Gadamer:) hat den europäischen Nihilismus diagnostiziert 115; Mangel an Dialektik 115; Vorläufer Freuds 117; N. u. Dostojewski 117; N. u. de Sade: die großen Psychologen der Grausamkeit 118; Haß gegen die Ontologie 119; »Ich bin Dynamit« 120; 231; Er ist beim schlechten Widerspruch stehengeblieben u. hat verzweifelt die andere Seite gewählt 258; *Das Geschichtsdenken Nietzsches* 335; In prophetischer Schau hat N. den Untergang der europäischen Kultur vorausgeahnt 335; N.s Philosophie stellt die verzweifelte Antithetik zu Schopenhauer dar 336; Im Kampf gegen die Religion hat N. dieser mehr Ehre angetan als die, die sie, ohne Autorität dafür zu besitzen, ad hoc verteidigen 336; ist gegen eine neutralistische Objektivität der Geschichtsbetrachtung 338; Mit den bisher die Gesellschaft beherrschenden Werten ist es seit N. endgül-

tig aus 371; 411; 423; 435; »denn alle Lust will Ewigkeit« 446; 473; 513; 550; Er, der das Mitleid verdammte, war selbst der Allermitleidigste 552; der scharfsinnigste, durchdringendste Denker der letzten hundert Jahre 556; Ursprung der Moral, Geburt der Seele 557ff.♦; N.s Theorie ist neben der Freuds die modernste heute 559; Er ist der Feind Rousseaus u. der Französischen Revolution, dagegen der Freund Voltaires 559; Ist Wahrheit denkbar, wenn das Bewußtsein der Menschen ephemer ist, wenn sie hinsterben u. am Ende nichts mehr ist? 574; 585; Voltaires ›Mahomed‹ 603; 639ff.♦; Es gibt keine Hinterwelt 642; Bloß der Wahrheit zu dienen ist philosophischer Krimskrams wie andere metaphysische Spekulationen 643; gegen den Götzen Nationalismus 644; **14**:52; 89; 112; 114; 127; 130; 195; 248; 255; 264; *Anmerkung zu Nietzsche* 281; 332; 346; 441; Bemerkungen zu N.s Bemühungen um die Wahrheit 535

Nihilismus **4**:75; 341; **7**:21; 34; beruht auf einer Hypostasierung des naturwissenschaftlichen Denkens **14**:221

Nikolaus von Kues *Apologia doctae ignorantiae* **9**:43; *De coniecturis* **9**:43; *De docta ignorantia* **9**:43; *De ludo globi* **3**:146 ▷**6**:85; **7**:89; u. die demokratischen Verfassungen der Neuzeit **8**:38; verkörperte das gesamte Wissen auf allen Gebieten der damaligen Kultur u. trieb es weiter 52; **9**:42ff.; 57f.; 60f.; **13**:420; **14**:59

Nixon, Richard M. **14**:492; **19**:48

Nollau, Günther *Die Internationale* **8**:202

Nominalismus bürgerliche Züge **4**:57; Erschütterung der Auffassung von der Objektivität der Wissenschaft 253; Skepsis ist die Quintessenz des N. 254; **5**:45f.; N., Prototyp bürgerlichen Denkens 84; **6**:257; 259; 268; 295; **7**:36f.♦; 39; N. bei Schopenhauer 47; 130; 152; **9**:119f.; **10**:396; N. u. Realismus **12**:72; Funktion der Sprache im N. 73; Aus dem N. folgt die Allmacht der positiven Wissenschaft, ja die Unmöglichkeit, sie in Frage zu stellen 73; **13**:22; 352ff.♦; Im nominalistischen Denken ist eine Tendenz zur absolutistischen Staatsgewalt vorhanden 354; Alle Aufklärung in Europa ist N. 576 ♦; N., Realismus 620; *Nominalismus – Realismus* **14**:99; Der N. begeht den Irrtum, Begriffe als bloße Namen anzusehen 198

Noske, Gustav **6**:223; **14**:62

Novalis (d.i. Friedrich von Hardenberg) *Hymnen an die Nacht* **13**:458 ▷**4**:333; 364; **5**:102; **8**:405; **14**:195

Nürnberg, Rolf **12**:559ff.; *[Diskussion aus einem Seminar über die Theorie der Bedürfnisse]* **19**:21

Nunberg, Ralph W. (Rolf Nürnberg. Vgl. Bd. 19: ›Berichtigungen‹)

Nürnberger Prozeß **8**:21
O'Connor, Charles *Negro Slavery Not Unjust* **6**:45
Objektiver Geist **6**:157f.♦; 246; 255; **7**:135; empirisch feststellbar **8**:143; Geist u. Wille zur Gerechtigkeit sind identisch, u. in der Welt, wie sie ist, steht solcher Wille im Gegensatz zum Bestehenden 182
Occam, Wilhelm von **6**:259; **7**:37; 89; **13**:352f.; 475; der geistige Vater Luthers 476; hat zentrale Gedanken der Reformation vorweggenommen 477; 494; der wahre Urheber des europäischen Nominalismus 576
Öffentlichkeit (s. Kulturindustrie, Massenmedien) Die Ö. der gegenwärtigen Gesellschaft läßt es zu keiner vernehmbaren Anklage kommen, an deren Ton die Hellhörigen nicht schon die Prominenz witterten, in deren Zeichen der Empörte sich mit ihnen aussöhnt **5**:156
Oehler, Christoph **19**:16
Ökonomie (s. Konkurrenz, Natur) Die Utopisten erkannten die Ö. als Ursache der gesellschaftlichen Leiden **2**:245; Wissenschaft als Abbild der Ö. **3**:45; Widerspruch zwischen irrationaler Ö. u. rationalem Denken 59♦; Materialismus u. Ö. 85; Das Verständnis der Gegenwart ist um so idealistischer, je weniger es sich an den ökonomischen Ursachen der materiellen Not orientiert 85; 245f.; Widerspruch zwischen irrationaler Ö. u. rationalem Denken 252f.♦; Irrationalität der bürgerlichen Ö. 372; ökonomische Basis des autoritären Staates 380; Reproduktion der bürgerlichen Familie aus der Wirtschaft 413f.♦; die bürgerliche Wirtschaft war darauf angelegt, daß die Individuen, indem sie für ihr eigenes Glück sorgen, das Leben der Gesellschaft erhalten **4**:186; Abhängigkeit der Kultur von der Ö. 211; Verfall der modernen Nationalökonomie 219f.♦; Es wäre mechanistisches Denken, auch die Formen der zukünftigen Gesellschaft einzig nach ihrer Wirtschaft zu beurteilen 222; Kritik des Ökonomismus 223♦; losgelassene Produktionskolosse **5**:236; **6**:234; *Kritik und Geld* 263f.♦; 265; 342; Marx sah in der Automatisierung der Produktion, u. damit der Gesellschaft, keine Gefahr **8**:312; Wer die gegenwärtige Situation ökonomisch begreifen will, wird ohne Marx nicht auskommen 325; **9**:314f.; politische Ö. bei Adam Smith 454ff.; Arbeitsteilung 455; In der ganzen klassischen Nationalökonomie sieht es so aus, als ob tatsächlich vom Einzelnen die ganze Funktion der Wirtschaft abhänge 455; Konzeption des geschlossenen Handelsstaates bei Fichte **10**:123f.; 182; *Das Wirtschaftsprinzip* **11**:14ff.♦; Scheingefechte bürgerlicher Ökonomik in Einzelfragen 14; Prinzip des kleinsten Mittels 14ff.; Naturwissenschaften als eigentliche Disziplinen der bürgerlich-industriellen Wirtschaftsform 150; Adam Smith

hatte seine Lehre von der Wirtschaft noch als politische Ö. betrachten können 194; zum Wesen der ökonomischen Krise **12**:158; Als reines Wesen des deutschen Fabrikanten trat der massenmörderische Faschist hervor, nicht länger vom Verbrecher anders unterschieden als durch die Macht 276; Primat der Ö. 316f.; Die Regierungen sind Vollzugsapparate, die den jeweiligen Stand der Kräfte, von denen sie abhängen, nicht rational durchdringen können, sondern konkret zu fühlen bekommen 317; Ö. u. Wahrnehmungskonstitution 370f.; Die bürgerliche Nationalökonomie orientiert sich am Ideal des naturwissenschaftlichen Modells – für Marx kommt es auf das Verständnis der gesamten dynamischen Struktur der Epoche an 405; die österreichische Grenznutzenschule 411; Vollbeschäftigung – schwindende Subjektivität **14**:101; Vollbeschäftigung schafft den Hunger ab, aber auch das Glück, die menschlichen Eigenschaften, die Beziehung zwischen den Menschen 228

Ogburn, William F. *Social Change* **3**:354

Okkasionalismus **9**:181ff.♦; konsequente Fassung der cartesianischen Anthropologie 184; das eigentlich okkasionalistische Motiv liegt in der bloß zeitlichen Beziehung aller Ereignisse, in ihrer innerlichen Zufälligkeit 186; 217f.; 220; 223; 249; 255; 333

Oldenburg, Heinrich **9**:237

Oldenburg, Hermann *Buddha* **5**:244

Oldham, Joseph Houldsworth **11**:351f.; 354

Ollenhauer, Erich **6**:223; **14**:62

Oncken, Hermann *Einleitung zur ›Utopia‹ von Morus* **4**:12; *Geschichte der Nationalökonomie* **9**:26, 315

Opfer (s. Triebverzicht) *Heroische Weltanschauung* **2**:344f.; Die Anhänger der Religion des Opfers haben mehr das Töten als das Getötetwerden im Auge 345; Arbeit als Oberbegriff menschlicher Tätigkeit ist asketische Ideologie 405; *Ohnmacht des Verzichts* 406f.; Materialismus u. O. **3**:213f.

Oppenheimer, Franz *System der Soziologie* **3**:395; **11**:197; *Theorie der reinen und politischen Ökonomie* **11**:16 ▷**4**:299; **7**:326

Origenes **5**:320; **13**:456

Orr, Douglas W. **5**:403

Ortega y Gasset, José *Der Aufstand der Massen* **6**:166f.; *Schuld und Schuldigkeit der Universität* **8**:349; **13**:93 ▷**4**:303; **5**:20; Die populäre Verwendbarkeit seiner Philosophie vernichtet sie als Philosophie **6**:167; **8**:348

Orwell, George **7**:389; **8**:217; 266; 283; **14**:229; *Orwell war noch zu optimistisch* 458

Ossietzky, Carl von **5**:288
Ostwald, Wilhelm **6**:63; **7**:29; **13**:27
Owen, Robert **9**:366
Oxenius, Hans Götz **13**:56; 153ff.
Packard, Vance **8**:266
Padua, Marsilius von **13**:476
Page, Charles H. *Class and American Sociology* **6**:154; **12**:88
Paine, Thomas **6**:48
Palestrina, Giovanni Pierluigi da **5**:152
Paley, William **9**:345
Pamiens **11**:240
Pantheismus **3**:235; 256; Versuch, den Zwiespalt zwischen Gott u. Welt zu lösen **7**:235; **9**:55ff.♦; 237ff.♦; hat heute eine erkenntnisfeindliche Spitze 239; 277; 292f.; 295; Pantheismusstreit 461; Spinoza, Lessing, Goethe **13**:617f.
Paracelsus von Hohenheim **9**:41; **12**:444; **13**:425
Paranoia **5**:219ff.♦; Die P. ist der Schatten der Erkenntnis, das Symptom des Halbgebildeten 225; P. u. Religion 226; P. u. Ticketdenken 237; 354ff.♦; der psychotisierende Einfluß von Terror 359; P. als Begriff für Historiker u. Soziologen 359
Pareto, Vilfredo *Traité de sociologie générale* **4**:55; *Trattato di sociologia generale* **12**:199 ▷**3**:27; unhistorisch gefaßter Elitebegriff **4**:55; 366; 414; 427; Ideologiebegriff **7**:16f.; *Pareto und die »Frankfurter« Soziologische Schule* **11**:197ff.♦; **12**:444; Mussolini hat sich auf P. berufen, wie auf Nietzsche **13**:310; P. u. Freud 311
Pariser Commune **4**:22; 297
Parma, Herzog von **9**:357
Parmenides **5**:30; **12**:453
Parsons, Talcott **7**:114; **8**:258
Paruta, Paolo **9**:37
Pascal, Blaise *Pensées sur la religion* **9**:173f. ▷**4**:231; 245; 261; **5**:209; **6**:213; **7**:128; **8**:259; Seine Religiosität ist das Produkt der Verzweiflung **9**:173f.; 302; 371; **13**:356; P. u. der Jansenismus 483f.; 485f.; 535; 599; 633; **14**:134; 136
Pasternak, Boris Leonidowitsch *Doktor Schiwago* **7**:359
Pater, Walter *Appreciations* **4**:420
Pathé, Émile u. Charles **5**:157
Patriarchat **3**:407f.; **6**:116
Paul VI. (Papst) *Humanae vitae. Über die Geburtenregelung* (Enzyklika) **13**:205; *Populorum Progressio. Über den Fortschritt der Völker* **14**:407 ▷**7**:345; 355; 386; **13**:202

Paulus (Apostel) **2**:232; **4**:230; **5**:263; **6**:115; 271; **9**:237; **11**:403f.; **19**:57

Pawlow, Ivan Petrowitsch **4**:128; **12**:308

Pawlowa, Anna Pawlowna **11**:257

Paxmann, Lisel **12**:349ff.♦

Paxton, John **12**:214

Payne, Thomas **4**:423

Peano, Giuseppe **13**:377

Peirce, Charles Saunders *Collected Papers* **6**:61, 65 ▷ teilt mit, daß er Philosophie aus Kant lernte **6**:61; 69; 93; **13**:377

Pelagius **6**:98; **13**:462

Perikles **6**:138

Perroux *Economie corporative et système capitaliste* **4**:319

Pestalozzi, Johann Heinrich **8**:203; **9**:366; 462

Pétain, Henri Philippe **12**:200

Peter der Eremit **8**:350f.

Peter der Große (Kaiser von Rußland) **9**:246

Peter von Amiens **4**:382

Petrarca, Francesco **4**:58

Petzold, Joseph **11**:180

Pfänder, Alexander **10**:325; 394

Phänomenologie (s. Husserl) Tendenz der gegenwärtigen Ph., die Aufgaben der Psychologie einer von wissenschaftlichen Kriterien unabhängigen Ontologie zu übertragen **3**:48f., 50; Der Wunsch, das Handeln in festen Wesenseinsichten zu begründen, hat die Ph. seit ihrem Ursprung motiviert 255; 314; **4**:112; 116; 353; die repräsentativste moderne Philosophie **10**:175; 178; 184; 297; mit der Ph. etabliert sich die Philosophie wieder in vollem Bewußtsein als selbständige Disziplin 299; beginnt mit dem Erweis der Möglichkeit eines überzeitlichen, unbedingten Seins 302; 323ff.♦; Wesensschau 325f.; »endliche Dinge« u. »ewige Wesenheiten« 326ff.; zeichnet der gemeinen Wirklichkeit Normen vor, nach denen sie sich in Wahrheit zu richten hat 327f.; erschaut das wahre Sein unmittelbar 328; ihr Irrtum, daß durch romantischen Rückschritt die Wirklichkeit sich offenbaren u. ein Sinn sich uns entschleiern werde 331; 340; *Phänomenologie (Husserl, Scheler)* 377ff.♦; Unternehmung, philosophische Wahrheit ein für allemal festzustellen 377; Verhältnis zur Naturwissenschaft 378ff.; hält Einsicht in das Sein der Gegenstände ohne Rücksicht auf ihr Gewordensein für möglich 379; Die Beschäftigung mit dem eigentlichen u. echten Sein erscheint ihr als die höchste Aufgabe der Menschheit 379; Verhältnis zur positivistischen

Logik 380ff.; Gegensatz zum psychologistischen Positivismus 388f.; Lehre von der Wesensschau 392ff.♦; stellt die Naturwissenschaft als ganz engen, untergeordneten Zweig des intellektuellen Tuns dar 394; eigener Begriff von Realität 394f.; Sprung der Philosophie von der Wissenschaft in die reine Metaphysik 394f.; radikaler Vollzug der Abkehr vom Wissenschaftsglauben 397; Verachtung des bloß auf geschichtliche Veränderungen abzielenden Lebens 397; zeichnet der gemeinen Wirklichkeit Normen vor, nach denen diese sich zu richten habe 397f.; 415; *Gegenstand und Methode der transzendentalen Phänomenologie* **11**:24ff.♦; transzendentale Bedeutung der phänomenologischen Untersuchung 39f.; einzig transzendentale Ph. bietet der Erkenntnislehre ein sicheres Fundament 42; *Husserls erkenntnistheoretische Fundierung der Wesensschau* 82ff.♦; Mancher Schüler Husserls hat geglaubt, eidetische Sätze aussprechen zu können, ohne sie länger als einige Tage aufrechtzuerhalten 99; phänomenologische Wertphilosophie u. Kants praktische Philosophie: Ethik als Harmonisierung der Gegenwart oder Gestaltung der Zukunft 139ff.♦; harmonisiert durch die Beschreibung des idealen Seins die Gegenwart 140; umfaßte im Anfang der neueren Zeit alle nicht unmittelbar theologischen Erkenntnisse 149; 258; Die Phänomenologen legen die Ph. gerade dort ab, wo sie zur Philosophie geworden wäre 272f.; 282f.; **13**:395f.

Phelps, George Allison **5**:375

Philipp II. (König von Spanien) **9**:68f.; **13**:417

Philipp, Wolfgang **7**:269

Philippovich, Eugen von *Grundriß der politischen Ökonomie* **3**:377

Philo **4**:247

Philosophie (s. Dialektik, Geist, Idealismus, Kritische Theorie, Reflexion, Sozialphilosophie, Soziologie, Wahrheit) Die Ph. ist »welthaltig« geworden **2**:172; statische Ontologie ist unhaltbar 283; »Wesensschau« 380; *Die Sorge in der Philosophie* 415; *Das Unerforschliche* 450ff.♦; Verhältnis von Ph. u. Einzelwissenschaften **3**:28f.; Gegensatz von Materialismus u. Idealismus wird in der heutigen philosophischen Literatur keineswegs begriffen 73ff.♦; *Zum Rationalismusstreit in der gegenwärtigen Philosophie* 163ff.♦; Die Ph. hat immer eindeutiger die Funktion erfüllt, den Widerspruch zwischen der herrschenden Lebenspraxis einerseits u. den christlichen Lehren u. Ideen zu verwischen 320; Die Verpönung von Triebregungen in der Ph. erweist sich im wirklichen Leben als Praxis ihrer Unterdrükkung **4**:19; Die vom Mittelalter überkommene Aufgabe der Ph. bestand darin, die in der Religion enthaltene Weltauffassung wissen-

schaftlich zu konstruieren 111; 114; Wo die gedankenlose Menge verrückt ist, kann die gedankenlose Ph. nicht bei Sinnen sein 142; (Carnap:) es gibt keine Ph. als Theorie, als System eigener Sätze neben denen der Wissenschaft 144; *Nachtrag zu ›Traditionelle und kritische Theorie‹* 217ff.♦; Die kritische Theorie bewahrt das Erbe der Ph. 219; Ph., die bei sich selbst Ruhe zu finden meint, hat mit kritischer Theorie nichts zu tun 225; Die Ph. kennzeichnet das Verhalten des Bürgertums, das den unmittelbaren Genuß aus Berechnung zurückhalten muß 262; Bürgertum u. Ph. 265f.; 300; Umschlag in die Kritik der politischen Ökonomie 305; *Die gesellschaftliche Funktion der Philosophie* 332ff.♦; Antisemitismus in der deutschen Ph. 389ff.♦; Ph. ist der Versuch, die Trennung von Anschauung u. Begriff zu schließen **5**:40; Aufklärung ist die Ph., die Wahrheit mit wissenschaftlichem System gleichsetzt 107; Der naiv Verabsolutierende, u. sei er noch so universal tätig, ist ein Leidender, er unterliegt der verblendenden Macht falscher Unmittelbarkeit 224; 269; *Philosophie und Arbeitsteilung* 274; Ph. ist die Anstrengung, der Suggestion zu widerstehen 275; gerät leicht mit der Arbeitsteilung u. dem Fortschritt in Konflikt 276; leiht dem Widerspruch von Glauben u. Wirklichkeit die Sprache 276; 320; die Kraft, den hypnotischen Zauber herrschender Ideologien zu durchbrechen 397; 401; objektive Vernunft u. Ph. **6**:34ff.♦; versuchte, der objektiven Wahrheit eine neue rationale Grundlage zu geben 38; Indem die Ph. an der Idee der objektiven Wahrheit festhielt, gelang ihr die Relativierung der Subjektivität 64; Der antiphilosophische Geist ist symptomatisch für die Erniedrigung der Vernunft 71; Verhältnis von Wissenschaft u. Ph. 75ff.♦; Verhältnis des Positivismus zur Ph. 88f.; muß ein Kriterium für die wahre Natur der Wissenschaft aufstellen 92; muß die Idee des Subjekts relativieren 105f.♦; erstrebte eine Einsicht, die das Verständnis der Natur an u. für sich fördern sollte 114; war vom ökonomischen Standpunkt ein Luxus 114; 114f.; 125; träumte stets von der Versöhnung von Vernunft u. Natur 131; Ontologie 139ff.♦; 164♦; *Zum Begriff der Philosophie* 165ff.♦; Treue zur Ph. bedeutet, es der Angst zu verbieten, daß sie einem die Denkfähigkeit verkümmern läßt 165; Ontologie 166; ist weder Werkzeug noch Rezept 167f.; macht den Widerspruch zwischen dem Bestehenden u. der Ideologie bewußt 178; hilft der Sprache, ihre mimetische Funktion zu erfüllen 179; Den Systemen der objektiven Vernunft schulden wir mehr Dank als dem Positivismus 180; Philosophische Ontologie ist unvermeidlich ideologisch 180f.♦; Negation in der Ph. 182♦; darf nicht in Propaganda verwandelt werden 183; kann als Korrektiv der Ge-

schichte wirken 185; Die aufbauenden Philosophien sind außerstande, dem kulturellen Verfall entgegenzutreten 185; Flachheit der englischen Ph. 190; *Albernheit der Philosophie* 197; *Die Frage der Philosophie* 198; *Versuchung des Philosophen* 198; *Zur Ontologie* 201f.; *Gegen die Wesenslehren* 222; kalte Hoffnungslosigkeit der Ontologie 253; Ph. gibt es wahrscheinlich gar nicht, sie ist immer bloß ein Mythos 256; *Philosoph vom Fach* 259♦; Bei den Ontologen ist Ph. eo ipso Apologie 264; *Politik und Philosophie heute* 265; *Fazit der großen deutschen Philosophie – in abstracto* 274; *Gegen die Philosophie* 281f.♦; *Paradox der Philosophie* 286; System gibt es nur als Affirmation 286; war stets bürgerlich 297; Inhaltliche Philosophien sind stets ein Symptom für gesellschaftliche Spannungen 314; Auch die Ph. gewährt Trost 320f.♦; Die intellektuelle Jugend verspürt in Ph. nur eine sympathische Illusion 320f.; Ph. gegen Ph. ist nicht denkbar 321; *Philosophie und Ideologie* 333f.♦; Jedes System ist falsch 352; *Philosophie im Taschenbuch* 353; 375; *Die Universitätsphilosophie und ihre Vertreter* 385f.; *Das Ende der praktischen Philosophie* 401f.♦; *Philosophie als Unterhaltung* 413; Gang der Ph. von der Weltlehre zur armseligen Fachdisziplin 417f.; Reduktion auf subjektive Vernunft 7:26; Ph. ist seit Platon nicht von Politik zu lösen 35; Die pessimistische Ph. wurde zur Rationalisierung des beunruhigenden Zustands in der Wirklichkeit 46; Ph. ist dazu da, daß man sich nicht dumm machen läßt 49; Verwandtschaft von Ontologie u. deutschem Idealismus 55; verfehlt das Positive, sobald sie es bezeichnen will 79; *Philosophie als Kulturkritik* 81ff.♦; Die aufhellende Kraft des philosophischen Gedankens ist gebrochen 83; An der Ph. wird der Abstand zwischen dem, was ist, u. dem, was sein soll, offenbar 84; Kritik war stets die Kraft des philosophischen Gedankens 85; bequemt sich zu jener Integration, auf die zu verzichten die Bedingung ihrer Arbeit ist 85; Ihre ersten Erklärungen waren kritische Antworten auf Götterglauben u. Mythos 87; hat einmal eine fortschrittliche Wirkung geübt 90; Ph. im Osten ist bloße Apologie 90; Wo Ph. keine praktische Funktion ausübt, verliert sie auch ihre Kraft 93; Ph. ist der Gedanke, der nicht auf Beherrschung ausgeht 99; *Soziologie und Philosophie* 108ff.♦; Ph. tendiert dazu, sich aufzuheben 136; Die Jugend nimmt den Gedanken nicht mehr an, der philosophisch überholt ist 137; *Kants Philosophie und die Aufklärung* 160ff.♦; Die verschiedenen Formen der Ph. der Gegenwart passen sich dem szientifischen Modell an 161; Fundamentalontologie 161; ist sich selbst nicht genug 167; Kants Formalismus ist konkreter als die Ph., die sich heute konkret dünkt 168; *Religion und Philosophie*

187ff.♦; Soweit Ph. sich mit logischen Hilfsarbeiten begnügt, wird ihr noch ein akademisches Fach reserviert 189; *Über den Zweifel* 213ff.♦; als Versöhnung von Wissenschaft u. Religion 224ff.♦; Gottesbeweise in der Ph. 225ff.♦; hat im Grunde resigniert 230; wird nur noch nach ihrer Nützlichkeit bewertet 237; Rolle der Gottesbeweise in der neueren Ph. 241; Die neuere Ph. wollte Religion u. Wissenschaft versöhnen 252; In der Gegenwart verliert der philosophische Gedanke an Bedeutung 272; Die neuere Ph. ist durch den Versuch der Verbindung von Wissenschaft u. Theologie gekennzeichnet 310; 342♦; Eines Tages wird man Ph. als eine Kinderkrankheit der Menschheit betrachten 357; Ph. als Versuch, Vernunft in die Welt zu bringen 373f.; Die wahre Funktion der Ph. liegt in der Kritik des Bestehenden 401; Ernsthafte Ph. geht zu Ende 404; 411; Ph. als Versuch, Vernunft in die Welt zu bringen 436; 484; Ph. u. Verfassung **8**:38♦; Wie man dem Bannkreis des Bestehenden sich entziehen kann, weiß die Ph. nicht vorzuschreiben, sie kann bloß versuchen, den Bann beim Namen zu nennen 141; 169; 205; 259; Um Philosoph zu sein, ist es notwendig, die Naturwissenschaften zu kennen, etwas von Kunst zu wissen, von Musik u. Komposition 337; ist kein Fach, keine Disziplin wie andere Disziplinen 337; Ph. u. Studium 361ff.♦; Ph. als Organ menschlicher Selbstbestimmung verschwand 364; Die Idee verkehrte sich in die Verklärung entgeisteter Wirklichkeit 365; 368; Verhältnis von Soziologie u. Ph. 378; Selbst Theorien, die an sich richtig sind, können zu Wahnsystemen entarten, wenn sie hypostasiert werden 425; 434f.; *Vorlesungen über die Geschichte der neueren Philosophie* **9**:9ff.♦; hat keine selbständige u. unabhängige Entwicklung 21; englische Ph. des 17. Jhdt. 75ff.♦; Die moderne Ph. hat nicht das »Erbe« des großen deutschen Idealismus angetreten 273; Mißtrauen gegen alle Versuche, aus reiner Logik ganze Systeme abzuleiten 287; Die englische Ph. hatte im 18. Jhdt. keine revolutionäre Funktion mehr 349; bloßes Staunen als philosophische Grundhaltung bei Platon 370; Die skeptische Erkenntnistheorie u. die liberalistische Ökonomik, das ist die äußerste Entzauberung der Welt 456f.; Ph. des Mittelalters 468; *Vorlesung über die Geschichte der deutschen idealistischen Philosophie* **10**:11ff.♦; Die Ph. einer bestimmten Epoche u. Kultur ist ohne deren allgemeine Analyse nicht adäquat zu verstehen 16; Keine Ph., die sich von der historischen Situation allzuweit entfernt, vermag auf die Dauer die herrschende zu sein 22; Aufgehen der modernen Ph. in der Erkenntnistheorie 40; Das Hauptgebiet der Ph. war in England die psychologische Zergliederung des Bewußtseins 76; aufs engste in die Totalität des gesell-

schaftlichen Geschehens eingeflochten 155; Irrglaube, daß ein Individuum allein aus sich heraus eine Ph. schaffe u. diese daher aus dem Individuum als solchem zu begreifen sei 163; *Einführung in die Philosophie der Gegenwart (Vorlesung)* 169ff.♦; *Die Wiedergeburt der Philosophie* 170ff.♦; gesellschaftliche Rolle der Ph. in Deutschland 170ff.♦; stellte in Deutschland in der ersten Hälfte des 19. Jhdt. die führende kulturelle Bestrebung dar 172; Der Name »Ph.« bedeutet kein Schimpfwort mehr 174; ist nicht mehr der selbstbewußte Ausdruck von starken, ihrer Macht gewissen gesellschaftlichen Kräften 176; Die Entstehung der modernen Psychologie ist mit derjenigen der Ph. der Gegenwart untrennbar verknüpft 180f.; philosophische Fundierung der exakten Wissenschaften 181; nicht mehr angängig, philosophische Fragen in völlig ungeschiedener Vermengung mit psychologischen zusammen zu behandeln 209; Mit der Krisis von Gesellschaft u. Naturwissenschaft haben deren Fragen in der Ph. der Gegenwart an aktueller Bedeutung zugenommen 236; Philosophiegeschichtsschreibung des Neukantianismus 240f.; Verhältnis von Naturwissenschaft, Geschichte u. Ph. im Neukantianismus 242ff.♦; wird im Neukantianismus zur kritischen Werttheorie u. bleibt dabei idealistisch 254; Verhältnis von Ph. u. Naturwissenschaften bei Mach u. Cornelius 265f.; Intuition ist in der modernsten Ph. vielleicht der charakteristischste Ausdruck geworden 271; Verhältnis von Wissenschaft u. Ph. bei Bergson 281; *Zur Emanzipation der Philosophie von der Wissenschaft* 334ff.♦; Die stolze Bescheidenheit des Naturforschers ist der selbstbewußten Demut des Philosophen gewichen 337; Wissenschaftliche »Richtigkeit« u. philosophische »Wahrheit« verhalten sich nicht als Gegensätze 338f.; Ph. u. Naturwissenschaft 350; konnte sich als Erkenntnis der wahren Wirklichkeit fühlen 354; Husserls ursprüngliche Überzeugung, daß Ph. lehrbar u. lernbar sein müsse 399; geistige Anarchie philosophischer Forschung **11**:24f.; Es wäre schief zu behaupten, daß jeder ausgesprochene philosophische Gedanke einen politischen Nebensinn besessen hätte 104; Es gibt kein Verständnis historisch aufgetretener philosophischer Gehalte ohne das mühsame Sichversenken in die konkrete geistige Gesamtsituation 105; Ph. als Wissenschaft erschöpft sich in der Klärung der begrifflichen Voraussetzungen des menschlichen Tuns 111; immer sicherer geworden, daß ihre Aufgabe in der Erforschung des intelligiblen Reiches der Wesenheiten bestehe 139; Die modernen philosophischen Versuche propagieren ein bestimmtes positives Verhalten, das erwünscht ist 143; erwies sich als Erkenntnis ewiger Wahrheit als zerstört 150; Die Ph. der gegenwärtigen Phase des Imperialismus

ist eine pantheistische Ontologie 186; *Über Sinn und Grenzen einer soziologischen Behandlung der Philosophie* 210ff.♦; ideologische Funktion von Ph. 216ff.♦; hat sich durch die Fruchtbarkeit ihrer Entwürfe für die Erfassung der gesamten Wirklichkeit zu bewähren 220; *Philosophisches Tagebuch* 238ff.; Immanenzphilosophie 241f.; Nicht auf die Begriffe, sondern auf das, was sie meinen, geht die Ph. 249; Immanenzphilosophie 253; *Notizen zur Dämmerung* 263ff.♦; *Philosophia perennis* 263; *Irrationalistische Philosophie* 274f.; Das Asyl der absoluten Ph. ist die Religion 281; Eine Bestimmung philosophischer Begriffe ist nichts Formales, ist eine Darstellung der menschlichen Gesellschaft in ihrer geschichtlich gegebenen Verfassung **12:**157; Geschichte der Ph. 257; Kritik an der Philosophiegeschichte 159; Die große deutsche Ph. war weniger u. mehr als nur politische Ph. 192; Wissenschaftstheorie u. Dialektik 300; Der Prozeß der Reflexion wird zum wesentlichen Inhalt der Ph. 320; ein Behälter für alle möglichen, sonst nicht unterzubringenden Fragen 355; Ph. u. das Begreifen des Gesamtprozesses 355; (Adorno:) Die Fragen der bürgerlichen Ph. sind Ausdruck der bürgerlichen Antinomien u. daher aporetische Begriffe 489; Ph. ist »Interpolation im Kleinsten« 508; Wir sehen das Einheitsmoment der Politik u. der Ph. im Festhalten der radikalen Impulse des Marxismus u. eigentlich der gesamten Aufklärung, ohne daß dabei noch die Identifizierung dieser Intentionen mit einer empirisch existierenden Partei oder Gruppe vollzogen wäre 598; Verhältnis von Vernunftkritik u. Gesellschaftskritik 599♦; *Zum Philosophiestudium heute* **13:**87; Aufgabe der Ph. 199; Diese Art von Geist wird es in der zukünftigen Gesellschaft nicht mehr geben 246; Fragen der Geschichtsphilosophie 270ff. ♦; Der Hauptzweck der modernen Ph. ist das Suchen u. Schaffen von Werten 272; Begriff des Denkens 308; ist in einem gewissen Sinne die Erbin der Offenbarungsreligion 322; Ph. im bürgerlichen Zeitalter – die neukantianische Geschichtsphilosophie 328f.♦; Der Überblick über den Gang der Gesamtmenschheit geht verloren 329; Der Ernst der Ph. ist ein anderer als der in der Naturwissenschaft 399; Es geht nicht nur darum, *was* Wahrheit sei, sondern auch darum, was *Wahrheit* sei 422; Ph. u. Naturwissenschaft 428; 445; Ph. spricht aus, was das Wesen Mensch ist 474; Von Descartes bis zu Nietzsche, u. bei diesem in großartiger Weise, glaubten diese Denker, mit reiner Vernunft dasselbe leisten zu können, was die Offenbarung leistet 488; Die welthistorische Rolle der Ph. ist ausgespielt 502; Du brauchst nicht die Offenbarung, Einsicht genügt – das ist der Sinn neuerer Ph. von Descartes bis Hegel 507ff.♦; Fichte: es handele sich nicht um

Offenbarung, sondern um das, was das Subjekt von sich selber erfährt, wenn es auf seine eigene theoretische u. praktische Tätigkeit reflektiert 511; *Der Begriff der Seele seit Leibniz* 516; Ein verheirateter Philosoph gehört in die Komödie 564; Askese ist eine der Produktionsbedingungen der Philosophen 564; Ist nicht Streben nach Wahrheit Ausdruck des Leidens, asketische Übung? 564; Ph. ist, gleich der Religion, der Versuch einer Selbstheilung 565; Ph. u. Wahrheit bei Nietzsche 567; unabhängig sein, sich verschenken können 569; *Die Aufklärung* 570ff.♦; In der ›Enzyklopädie‹: System der Wissenschaften versus das System der Philosophie 596; 620; *Funktionslosigkeit der Philosophie heute* **14**:38; *Philosophie in der zersplitterten Kultur* 39; Wir werden das Moment der Praxis in der Theorie nicht wieder los 40; 95; *Erkenntnis und Interesse* 96; *Zum Verhältnis von Philosophie und Naturwissenschaft* 97; Die positive Ph., gleichviel ob sie die Tatsache, den Wert oder das Sein verkündet, lügt. Die mathematische Logik, die Phänomenologie, die Fundamentalontologie sind fundamental verkehrt 124; Keine echte Ph. (die eben deshalb nicht Theologie sein kann) darf ja zu der Welt sagen. Ihre oberste Aufgabe ist, kritisch zu sein u. den überkommenen u. als Axiome unbestrittenen Begriffen u. Theorien die produktive Negation entgegenzuhalten 213; Was ist dieses »Andere«? Es auszudrücken ist die Aufgabe der Ph. In ein paar Sätzen läßt es sich nicht sagen, denn die Wahrheit ist das Ganze. Hinweise darauf sind einige Worte, wie das Absolute, Erlösung, Versöhnung 215; Ph. u. Krieg, Terror, Krisengefahr 222♦; *Wissenschaft und Philosophie* 223; Philosophische Sätze lassen sich nicht einfach übergeben. Sie müssen gelebt werden. Hier herrscht Einheit von Theorie u. Praxis 223; *Aufgabe der Philosophie* 236; Es geht um die Versöhnung. Der Schlüssel zu allem ist die Liebe, die Identifikation, das Jasagen zu dem Grashalm, der auf dem kärgsten Boden zum Licht will, die Liebe zu allem, was zum Licht will 236; Es ist ein Gegenstand der philosophischen Selbstbesinnung, die Grenzen der Generalisierbarkeit der eigenen Aussagen zu bestimmen 237; Besteht die Ph. vielleicht darin, sich von dem Zwang freizumachen, den einem das Realitätsprinzip beigebracht hat? 254; *Motive der Philosophie* 255; *Zum Begriff des Denkens* 262; Motive der Ph.: Nietzsche, Schopenhauer, Spinoza, Schiller 265; Die Ph. ist autonom, die Wissenschaft ist heteronom 266ff.♦; Der echte Philosoph spricht nicht nur, sondern verhält sich zugleich passiv: Die Welt spricht aus ihm 267; Philosophieren heißt verantwortlich leben. Jeder echte Philosoph gibt darauf eine eigene Antwort, indem er ausspricht, wie sich ihm das Ganze darstellt 270; Ph. ist die Darlegung

der Folgerungen, die sich aus der Überzeugung ergeben, daß es eine Wahrheit gibt. An dieser Einsicht zeigt sich die Größe u. Einzigartigkeit des deutschen Idealismus 278; 283; Es ist im Grunde ein Unding u. unwürdig, geistiges Schaffen, sei es als Philosoph, sei es als Dichter, zum Beruf zu machen. Es steht hier ähnlich wie mit der Liebe als Beruf 295; Schopenhauers Hohn über die Philosophieprofessoren, denen man die Anstrengung des Denkens anmerkt 295; *Die Sinnlosigkeit geisteswissenschaftlicher Publikationen* 309; *Exakte Phantasie* 313; *Philosophie und Wissenschaft* 318; *Die Erbsünde* 382; *Deutsche, französische und englische Philosophie* 392; *Wissenschaft, Kunst, Philosophie* 499; Mit dem Untergang des Individuums in der verwalteten, automatischen Welt wird die Ph. ebenso wie ihre Gegenspielerin, die Theologie, funktionslos: beide hören auf 519; *Die Sehnsucht nach dem Anderen* 527; *Resignation?* 529; *Denken* 530; Die Aussagen der großen Philosophen sind keine Dogmen, die unbedingte Wahrheit für sich beanspruchen dürfen. Aber selbst als Dogmen wären sie dem Positivismus weit überlegen, da sie auf das Absolute hinweisen, von dem der Positivismus nichts ahnt 535; Man kann die Aufgabe der Ph. darin sehen, daß sie von dem Zwang freimacht, den einem das Realitätsprinzip beigebracht hat: Rückkehr zum Traum, zum Verbotenen, zu der eigenen ursprünglichen Wahrheit 543; (Adorno:) Das Echtheitssiegel der Gedankens ist, daß er die Unmittelbarkeit der eigenen Interessenlage negiert. Der wahre Gedanke ist der, welcher nicht Recht behalten will **19:**58

Physik (s. Wissenschaft) **2:**61 f.; **6:**67 f.; 89 f.; **7:**164 ff.♦; 315; Konzeption einer phänomenologischen Ph. bei Mach **10:**260; 281 f.; 320; phänomenologische u. materialistische Ph. 346 f.; Heute sucht man die Methoden u. Resultate der Ph. durch organische, höhere Kategorien zu interpretieren **11:**182

Picasso, Pablo **4:**424; 427; **5:**155; **6:**291; **7:**414; **8:**292; **12:**472; **14:**395; **19:**66

Pico della Mirandola, Giovanni **3:**375; exaltierte Auffassung vom Menschen **4:**254; **9:**40

Pieper, Joseph *Über die Hoffnung* **13:**160

Pietismus **9:**173; **10:**23; 120

Pinthus, Kurt **12:**553 ff.

Pirandello, Luigi **4:**225

Pirou, Gaétan *Neo-Liberalism, Neo-Corporatism, Neo-Socialism* **5:**317

Pius IV. (Papst) **13:**480

Pius IX. (Papst) **6:**115

Planck, Max *Acht Vorlesungen über theoretische Physik* **2:**61, 72; **11:**64; *Die Einheit des physikalischen Weltbildes* **9:**163; **10:**347; **11:**185; *Kausalgesetz und Willensfreiheit* **11:**185; *Physikalische Rundblicke* **2:**62, 70, 72; **11:**65, 69; *Vom Wesen der Willensfreiheit* **4:**112 ▷**4:**111; **8:**424; materialistische Physik **10:**346f.; Gegensatz zum Empiriokritizismus **11:**184ff.

Planwirtschaft Die Freiheit der Individuen bedeutet heute die Aufhebung ihrer ökonomischen Selbständigkeit in einen Plan **3:**137; *Vorbemerkung zu Kurt Mandelbaums und Gerhard Meyers ›Zur Theorie der Planwirtschaft‹* 221ff.; **4:**407; **6:**260f.♦; **12:**147; 154; des autoritären Staats 162

Platon *Gorgias* **4:**345; **12:**25; *Laches* **4:**344; *Menon* **12:**108; *Nomoi* **4:**348; *Phaidros Politeia* **2:**246f.; **5:**244; **6:**28, 139; **7:**261; **8:**282f.; **11:**161; **12:**25; *Politikos* **5:**244; *Republik* **5:**324; *Timaios* **6:**70 ▷**2:**240; 264; **3:**230; **4:**150; 219; 231; 332; Forderung, der Staat solle von Philosophen regiert werden 345f.; 348; **5:**28f.; verbannte die Dichtung mit der gleichen Geste wie der Positivismus die Ideenlehre 40; 44; 76; 160; 243; 250; 275; 280; 321; Vernunftbegriff **6:**28; 30; 33; 64; 69ff.; 76; 83; 93; 114; Philosophie der Individualität im Einklang mit den Idealen der Polis 139f.; Idee der objektiven Vernunft 140; 141; 179ff.; 280; 282f.; 315; **7:**20; 22; 24; 26; 35; 78; 87; 128; P. hatte Wesen u. Erscheinung unversöhnt gelassen 129; 131; 199; 247; 452; 462; **8:**285; 370; 380; 422; 436; **9:**27; 48; 87; 89; 139; bezeichnet das bloße Staunen als die philosophische Grundhaltung 370; 423; 460; **10:**142; 240f.; 395; 397; hat Sprechen u. Denken identisch gesetzt **11:**121f.; 159ff.; **12:**49; 109; 111; 136; Die platonischen Begriffe sind im Grunde nichts weiter als Explikationen des Guten, der Gerechtigkeit. Wir glauben, daß eine menschliche Allgemeinheit, der Mensch als allgemeines Wesen in der Zukunft liegt, aber noch nicht Realität ist 515; 581; 599f.; **13:**357; 368; 405; 456; Seelenlehre 516; **14:**97; 144; 206; 222; P. setzt Wissen u. Tugend identisch. Damit meint er, daß derjenige, der alles weiß, was man wissen kann, nicht mehr inhuman handeln kann 252; 267; 268; Platons Eros ist Grundlage der philosophia. Ins Deutsche übersetzt heißt das: Theorie ist nur möglich auf Grundlage der Liebe 318; *Sind Platons Dialoge – Spiel?* 342

Plechanow, Georgij W. **11:**175; 184

Plessner, Helmuth *Die verspätete Nation. Über die politische Verführbarkeit bürgerlichen Geistes* **8:**168

Plotin **13:**456

Pluralismus **6:**286f.; Seit den zwanziger Jahren des gegenwärtigen

Jhdt. befindet die pluralistische Gesellschaft sich im Abstieg **8:**161; Herzls Buch, das den Beginn der zionistischen Bewegung bezeichnet, verkörpert den Zweifel an der Fähigkeit der europäischen Staaten, mit der Idee des P. auf die Dauer Ernst zu machen 167; Der P. ist ein Schleier, hinter dem sich die Überzeugungen der westlichen Kultur, von der Idee verbindlicher Wahrheit gereinigt, auflösen **12:**114

Plutarch **6:**193

Poe, Edgar Allan **6:**162

Poincaré, Henri *Wissenschaft und Hypothese* **4:**162, 190 ▷**3:**96; **4:**120

Politik (s. Staat) *Machiavelli und die psychologische Geschichtsauffassung* **2:**181 ff.♦; Vor der Wahrheit hat die P. keinen Vorzug 435; P. u. Moral **3:**137 ff.♦; Die Avantgarde bedarf der Klugheit im politischen Kampf, nicht der akademischen Belehrung über ihren sogenannten Standort **4:**197; Politische Theorie ist heute mit dem apologetischen Zug der totalen Kultur infiziert **6:**151; *Politik und Publikum* 222 ff.♦; *Negative Politik* 260 f.; *Politik und Philosophie heute* 265; 290; 301 f.; 304; *Nordatlantikpakt* 331 f.; *Primat der Außenpolitik* 415; Philosophie ist seit Platon nicht von P. zu lösen **7:**35; 92; Fortschritt vom Gleichgewicht der Mächte zur rücksichtslosen Konkurrenz der Völker 125; politische Freiheit 149 f.; Politische Übersicht ist dem Einzelnen unmöglich 159; 313 ff.; Die zivilisierten Länder sollten ihr Verhältnis zu den terroristischen Staaten entscheidend ändern 349; P., welche nicht Theologie sich bewahrt, bleibt letzten Endes Geschäft 349 f.; *Radikalismus* 405 ff.♦; Die große P. macht keinen Unterschied zwischen demokratischen u. faschistischen Ländern 410; Der Westen verzichtet allzu schnell auf eine moralische Beurteilung der P. 482 f.; P. u. Soziales **8:**40 ff.♦; In der P. wie auf dem Warenmarkt wird nicht Individuen der Hof gemacht, vielmehr werden Massen dirigiert 253; **9:**206; politische Theorie bei Locke 339 ff.; *Zur Ideologie der Politik heute* **12:**316♦; P., deren Wiederentdeckung in der Renaissance ein theoretischer Fortschritt war, ist im Denken unterm Monopol, mehr noch als die Gesetze des Marktes unterm Liberalismus, eine ideologische Kategorie: mit ihrer Hilfe wird die Oberfläche hypostasiert 317; *Sozialdemokratische Politik nach dem Muster Hollywoods* **14:**61; *Politik als Unterhaltung* 106; *Keine echte Alternative für eine unabhängige Opposition* 497; Einmal hieß P. die bewußte, unabhängige und kritische Anstrengung, durch Gedanken und Tat anstelle schlechter gesellschaftlicher Verhältnisse menschenwürdigere herbeizuführen. Heute ist P. weithin bloße Fassade geworden. Sie meint nicht mehr die Verwirklichung der Humanität,

sondern zwischenstaatliche Machtkämpfe **19:**29; *[Antinomien des Politischen]* 67

Pollock, Friedrich *Automation. Materialien zur Beurteilung der ökonomischen und sozialen Folgen* **7:**267f.; **8:**122; *Automation in USA. Betrachtungen zur ›zweiten industriellen Revolution‹* **7:**268; *Bemerkungen zur Wirtschaftskrise* **12:**147; *Die gegenwärtige Lage des Kapitalismus und die Aussichten einer planwirtschaftlichen Neuordnung* **12:**147; (Hg.) *Gruppenexperiment: Ein Studienbericht* **7:**267; **8:**143; *Is National Socialism a New Order?* **5:**54; *Die planwirtschaftlichen Versuche in der Sowjetunion 1917–1927* **7:**267; **12:**154; *Sombarts ›Widerlegung‹ des Marxismus* **7:**267; *State Capitalism: Its Possibilities and Limitations* **4:**416 ▷**3:**332; **5:**14; 16; *Einsicht in die Gegenwart. Friedrich Pollock zum 70. Geburtstag* **7:**265ff.♦; 284f.; Freundschaft mit Horkheimer 318ff.♦; Bedeutung für das Institut 325ff.♦; 335; 343; 365; 445f.; 452; 467f.; *Gespräch über die Aufgabe des Protestantismus in der säkularen Zivilisation* **11:**349ff.♦; **12:**39; 65; 75; 165; 168; 250; 296; 398ff.; tendenzieller Fall der Profitrate in keiner Weise verifizierbar 405; Unterschied zwischen verifizierbaren Gesetzen u. nur erschließbaren Tendenzen 406; 542ff.; 559ff.; **14:**172ff.♦; *[Diskussion aus einem Seminar über die Theorie der Bedürfnisse]* **19:**21

Polybios **2:**187; 195

Pompadour, Jeanne Antoinette Poisson, Marquise de **13:**594

Pomponatius, Petrus *Von der Unsterblichkeit der Seele* **9:**38 ▷**7:**200; **9:**38f.; **13:**419

Pope, Alexander **9:**404

Popper, Karl R. *Logik der Forschung* **14:**430 ▷**7:**422ff.

Popper-Lynkeus, Josef *Das Recht zu leben und die Pflicht zu sterben* **11:**182

Positivismus (s. Bürgerliche Gesellschaft, Dialektik, Empiriokritizismus, Materialismus, Mythos, Psychoanalyse, Wahrheit, Wiener Kreis, Wissenschaft) **2:**155; 182; Sozialphilosophie u. P. **3:**27; P. u. Materialismus 95ff.♦; ist stolz darauf, daß er sich nicht um das Wesen der Dinge, sondern nur um die Erscheinungen kümmere 97; ist in der Aufklärung entstanden 98; Ohnmacht des P. vor Spiritualismus u. Okkultismus 99f.; 149; folgert aus seiner Analyse des Bewußtseins eine agnostizistische Weltansicht 165; 226f.; 257; 272; Zusammenhang des P. mit dem krudesten Aberglauben 281; 300f.; **4:**93; Die Sachlichkeit der modernen positivistischen Lehre vermehrt die geistige Verwirrung in der Gegenwart 106; 114ff.♦; 170; 198; zynische Denkfeindschaft des neusachlichen P. 227; 334; 356; 375; artikuliert

das Bewußtsein der ungläubigen Jugend 431; enthält das Moment der Ehrlichkeit 432; bescheidet sich bei den vorgezeichneten Verrichtungen der offiziellen Wissenschaft 433; Die reine Immanenz des P. ist nichts anderes als ein universales Tabu **5**:38; 45; Dem P. gilt in intelligible Welten auszuschweifen als sinnloses Geplapper 48; 53; 114; der P., Angestellter der jüngsten Administration 120; logischer P. 142; P. u. Paranoia 224f.; **6**:40; 42; 63; *Gegensätzliche Allheilmittel* 75ff.♦; Sein Angriff auf die Wiederbelebung veralteter Ontologien ist berechtigt 77f.♦; Dogmatismus 86ff.♦; Der Neopositivismus ist so dogmatisch wie die Glorifikation eines jeden Absoluten 86♦; Diskriminierung jeder Art von Denken, das nicht vollkommen dem Postulat organisierter Wissenschaft genügt 87; leugnet autonome Philosophie u. philosophischen Wahrheitsbegriff 88ff.♦; verleugnet den Geist der Wissenschaft selbst 89; reduziert die Wissenschaft auf die in der Physik angewandten Verfahren 90; macht sich der petitio principii schuldig 90ff.♦; verläßt sich auf die Erfolge der Wissenschaft als Rechtfertigung seiner eigenen Methoden 92f.; hat kein Recht, auf den Intuitionismus herabzublicken 94f.; stellt Geistiges als verdinglicht dar 95f.; Die positivistische Beschränkung macht die Intelligenz zum Diener des Produktionsapparats 97; ist übertrieben realistisch in seiner Verachtung der Theorie 97; Im P. hat die Wissenschaft mehr Züge eines heiligen Geistes als der Hegelsche Weltgeist 97; Moralphilosophie 98; Fehlen von Selbstreflexion 98f.; identifiziert den Szientivismus mit dem Interesse der Menschheit 99; hat den Kampf der Aufklärung gegen Mythologien in die Logik getragen 100; erklärt das Prinzip der Wahrheit für nichtig 104; 153; Den Systemen der objektiven Vernunft schulden wir mehr Dank als dem P. 180; 182; 191; 257; 263; Überzeugung, daß man eben positiv sein müsse 295f.♦; *An die Positivisten* 298ff.♦; Der Neopositivismus ist heute die Kennmarke der zuverlässigen Elite 300; setzt dem Begriff von Subjekt u. Objekt überhaupt ein Ende 309; *Die Wahrheit des Positivismus* 314; macht aus der Not eine mathematische Tugend 321; läßt Kunst noch als Freizeitsparte gelten 365; 413; 421; 423; **7**:12; 16; 26ff.; 39; 45; 112; 118; stellt den Schluß dar, den das Versagen positiver Philosophie nahelegt 137; 139; Verdinglichung der Sprache 161; mit der neuesten Theologie bei allem Widerspruch verbunden 184; 203; Der Neopositivismus hat sich vorbehaltlos der Wissenschaft angeschlossen 215; 227; Verhältnis Schopenhauers zum P. 243f.; 247; 251; Die Aufklärung schlägt um in P. 255; 258; erweist den Begriff der Wahrheit als entbehrlich 271; 287; Aus der Position des P. läßt sich keine moralische Politik ableiten 350; 357f.; P. ist nichts als die

Vernachlässigung des Unterschieds zwischen Wahrheit u. Richtigkeit 374; 388; Auch der P. ist ein Glaube 409; Umschlag der Aufklärung in P. 414; setzt Wissenschaft mit Philosophie identisch 423f.♦; **8**:256; Neopositivismus, die im Westen heute fortgeschrittenste Philosophie 279; Husserls bewundernswerter u. vergeblicher Versuch des Ausbruchs aus dem P. 437; Kritik am P. 437ff.♦; *Differenz von Aufklärung und Positivismus* **9**:399ff.♦; **10**:170; 182; 258; 261; muß keineswegs zum Solipsismus führen 263; 268; Husserls Kritik am P. 302ff.; 304; 307; 313; 324; 328; Verhältnis zur Phänomenologie 380ff.; relativistische Skepsis 381; Husserl betrachtet allen P. in der Logik als verkehrt 385; der psychologistische P. hypostasiert die Produkte einer bestimmten psychologischen Analyse als universale Realität 388f.; 393f.; Die absolute Verwerfung des P. hat das Entscheidende an ihm noch nicht getroffen **11**:211f.; *Subjektivismus und Positivismus als Erben der Hegelschen Metaphysik. Vorbemerkungen zu einer empirischen Erkenntnislehre* 225ff.♦; *Positivismus* 266f.♦; die geheime Verzweiflung des P. **12**:206; ein paranoides System, in dem jede authentische Idee vom Menschen geleugnet wird 206; Selbstwiderspruch des logischen Empirismus 312♦; Vom P. ist dies festzuhalten, daß nichts als existierend zu gelten hat als das, was sich an der sinnlichen Gegebenheit ausweist 369ff.; Differenz zwischen P. u. materialistischer Dialektik 436ff.♦; positivistische Aspekte der Psychoanalyse 441; verfügt nicht über das theoretische Mittel, die von ihm erarbeiteten Befunde in einen übergreifenden Zusammenhang zu bringen 442; positivistische Aspekte der Psychoanalyse 444; Schopenhauers P. 458♦; Der logische P. setzt die Sprache samt all ihren nicht auf Spielregeln reduktibeln Elementen voraus 448; Auf der einen Seite leugnen die Positivisten das Ich, das Identische, auf der andern Seite läuft alles auf das Identische durch das Wiedererkennen hinaus 449; will das Denken selber abschaffen 459; hat keinen Begriff des Neuen 464; (Adorno:) Es gibt keine Stoffschicht außerhalb der Theorie – das ist schon positivistisch 473; *Differenz zwischen den erkenntnisleitenden »Interessen« des Positivismus und der materialistischen Dialektik* 476♦; Tatsachen sind für uns weithin ein gesellschaftlich notwendig Hervorgebrachtes, das das Wahre bloß verhüllt. Das Motiv, das uns bei dem Kampf gegen den P. interessiert, ist eigentlich gesellschaftlich bestimmt 477; kein Wahrheitsanspruch beim Positivisten 479; (Adorno:) Der P. wäre in dem Augenblick die Wahrheit, in dem er verzweifelt wäre 506; kann keine Erfahrungen machen 509; 516; Für die Positivisten gibt es keinen Unterschied zwischen Wesen u. Erscheinung, für uns ist der Unterschied konsti-

tutiv 522; stellt jede Frage so, daß sie durch den Hinweis auf ein bestimmtes vorfindliches Gegebenes beantwortet werden kann 528; **13**:234; *Kritik des Positivismus* 347ff.♦; setzt voraus, daß es Tatsachen an sich gibt u. ein ursprüngliches Bedürfnis des Menschen, die Erde vernünftig einzurichten 366; Verhältnis von Bewußtsein u. Objektwelt 377; Kants Philosophie ist die erste systematische Leistung gegen den P., die dadurch möglich geworden ist, daß Kant ihn in sich aufgenommen hat 388; Max Webers Idealtypus 399; radikale Sinnentleerung 475; klassische Formulierung in der ›Enzyklopädie‹ 597; 624; Der P. ist eine Metaphysik, die besagt, daß Naturbeherrschung u. Wahrheit ineinander aufgehen **14**:69; logischer P. 93; 126; *Sieg des Positivismus* 139; eine Ideologie, die ganz bestimmte gesellschaftliche Funktionen erfüllt 221; Zu den Gefahren des P. u. Rationalismus gehört, daß sie den Menschen um das Entscheidende, die Wahrheit, betrügen 229; *Aufklärung und Positivismus* 249; Die Probleme des P. können nur diskutiert werden, wenn die gedankliche Arbeit von Plato u. Aristoteles, Kant u. Hegel vorgegeben ist, wenn die Gedankenarbeit nachvollzogen wird, die in der Geschichte der Philosophie geleistet worden ist 251; Was die Positivisten nicht sehen, ist gerade, wie die Welt durch den denkenden Menschen eine andere wird, die Wechselwirkung zwischen Denker u. seinem Gegenstand 267; Der Irrtum des P. liegt darin, daß er annimmt, die Wahrheit sei gegeben u. auf Grund davon erfolge die Interpretation 280; Positivismuskritik 298 ♦; *Heidegger und der Positivismus* 302; *Positivismus und Protestantismus* 304; *Positivismus und Wahrheit* 305; *Der Positivismus hat recht* 307; *Positivismus* 327; *Positivismus* 329; Die Wissenschaft kann nichts aussagen über die Dinge, die für das Leben von Bedeutung sind. Sie ist nichts als ein Zeichensystem mit dem Ziel der Natur- u. Gesellschaftsbeherrschung 329; *Glaube und Wissen* 347; *Positivismus und kritische Theorie* 348; Der P. hat recht. Das ist das Ergebnis, zu dem die kritische Philosophie gelangt, u. es ist der Ausdruck der Verzweiflung. Was den Menschen vom Tier unterscheidet, ist die Vernunft, u. die belehrt ihn, daß er selbst ein Tier ist 351; der positivistische Wahrheitsbegriff 369; *Grenzen des Positivismus* 377; 403; *Der Positivismus* 425; Daß alles Denken auf das ›wissenschaftliche‹ Denken reduziert wird, ist ein Ausdruck des Verfalls dieser Gesellschaft 425; *Der Positivismus ist nicht zu widerlegen* 443; *Dialektik der Aufklärung (II)* 515; ist keine Methode, wie Jean Améry meint, sondern die Philosophie, welche die Wissenschaft als einzige Quelle der Wahrheit ansieht 520; *Positivismus* 525; Sieg des P. 531; Nachdem die alten Widerstände gegen die Psychoanalyse scheinbar über-

wunden sind, wird Freud durch Herrichtung zum zweiten Mal verdrängt, wobei der mythologisierende Obskurantismus und der mit Oberflächenphänomenen der Ich-Psychologie zufriedene P. mühelos sich verständigen **19:**19; (Adorno:) Bei den Russen gibt es auch keine Theorie mehr, sondern nur Abrakadabra und P. 35; (Adorno:) Das ganze verkehrte Wesen heute ist ein sich selbst verkennender Subjektivismus, der sich mit der Objektivität verwechselt 37

Pragmatismus Nutzen ist nicht, wie der P. meint, das Kriterium der Erkenntnis **3:**192f.; Wahrheitsbegriff des P. 299ff.♦; Im P. steckt der Glaube an Bestand u. Vorzüge der freien Konkurrenz 301; **4:**170; Die Faschisten haben vom P. so manches gelernt 416; **6:**42; 60ff.♦; Wahrheitsbegriff 61ff.♦; reduziert die Bedeutung einer jeden Idee auf die einer Skizze 61; spiegelt eine Welt wider, die keine Zeit hat, sich zu erinnern u. nachzudenken 61f.♦; Subjekt-Objekt-Begriff 63; Im P. wird alles zum bloßen Gegenstand u. letztlich zu ein u. demselben 64; Übertragung des naturwissenschaftlichen Experiments auf die Philosophie 65ff.♦; Der ideale pragmatistische Philosoph wäre jener, der schweigt 66; Seine Väter machten die Befriedigung des Subjekts zum Kriterium der Wahrheit 69; 79; 132; 156; 166; *Kritische Analyse und Pragmatismus* 228; **7:**30; **12:**101

Prantl, Carl *Geschichte der Logik im Abendlande* **12:**320 ▷**12:**600

Praxis (s. Kritische Theorie) *[Begriff der Praxis]* **19:**60; Wir meinen mit P. wirklich, daß man mit dem Gedanken, daß die Welt sich von Grund auf ändern müsse, ernst macht 61

Preuß, Hugo Verfassung von P. **8:**46

Preußen Frankreich hat Europa zivilisiert, P. hat es barbarisiert. P. ist das verräterischste, gierigste, brutalste Staatswesen Europas **14:**264

Prévost, Jean **8:**232

Priestley, Joseph *Untersuchungen über Materie und Geist* **9:**375 ▷**9:**375; 410; 433; **10:**192; **13:**584

Projektion **6:**315; 329; Vorurteil u. P. **8:**196

Propaganda **5:**287f.; **12:**35; Was P. dem Begriff des Friedens antut, ist symptomatisch für die Veränderungen, denen heute der Begriff der Politik überhaupt unterliegt **19:**29

Protagoras In bezug auf den Sinn der Existenz sind die Sophisten, deren erster Vertreter P. ist, mit den Materialisten einig: der Mensch ist einsam, allein, es gibt keinen durch die Götter gesetzten Sinn **13:**408; 413

Protestantismus (s. Calvinismus, Christentum) **3:**366; 389f.; Verdinglichung der Autorität im protestantischen Gottesbegriff 393ff.♦; Bei Calvin u. Luther ist das Wesen des Menschen schlecht-

hin böse u. verderbt **4**:14♦; 42; bürgerlicher Charakter der Reformation 46ff.♦; Die Reformatoren haben dem Individuum in der Ideologie die Selbständigkeit gegeben, zu welcher es durch die Umgestaltung der Wirklichkeit berufen war 53♦; Die Reformatoren waren die ersten Vertreter einer neuen Bürokratie 54; Vernunftverachtung des P. 57f.; Die Reformatoren sehen überall nur physischen u. moralischen Unrat 68; 98; Nietzsche über P. u. Reformation 229f.; 246ff.♦; Durch den Fanatismus der Reformatoren vermittelt, entsteht der bürgerliche Massenmensch 257f.; Verklärung des ökonomischen Zwangs 259; 287; Antisemitismus in der Reformation 384f.; **5**:42; Das Luthertum hat die geistige Freiheit unmittelbar mit der Bejahung der realen Unterdrückung gleichgesetzt 133; die lutherisch-deutsche Lust am fröhlichen Morden 286; Die religiöse Erneuerung hat den Menschen instand gesetzt, sein unmittelbares Leben entfernten Zielen unterzuordnen 331; Der P. war die stärkste Macht zur Ausbreitung der kalten, rationalen Individualität 331; Von Leonardo führte kein anderer Weg zu Henry Ford als der über die religiöse Introversion 332; Idee des Individuums in der Reformation **6**:354; verlegte das Ringen um Seligkeit ausschließlich in den von Wissenschaft getrennten Glauben **7**:108; 177f.; 183f.♦; 199; Die Reformation verdankt sich in weitem Maß dem Zweifel 214f.; 217; Die Reformation wollte den Gegensatz von Wissenschaft u. Religion durch den Begriff des Glaubens lösen 225; Betonung der Selbständigkeit des Glaubens gegenüber der Wissenschaft 235; 338; **8**:31; **9**:51ff.♦; hat den Massen erklärt, daß die gute Gesinnung für die Seligkeit genüge 54; 65; 173f.; Puritanismus 173; 303; **10**:120; *Gespräch über die Aufgabe des Protestantismus in der säkularen Zivilisation* **11**:349ff.♦; (Riezler:) der P. ist seinem Wesen nach Protest gegen eine beziehungslos gewordene Welt 363f.; (Dibelius:) der P. hat in Deutschland eigentlich die Bedeutung gesicherter Bürgerlichkeit 395; kann niemals begründen, daß der Kapitalismus dämonisch ist 401; **12**:27; **13**:419; Die entscheidende Leistung des P. in bezug auf die Freiheit ist die Bestreitung dessen, daß der Mensch durch Handlung sein Heil herbeizwingen könne 478; 480f.♦; P. u. Jansenismus 482f.; Daß der P. Liebe u. Glaube zur Pflicht machte, war der Beweis, daß es damit schon aus war **14**:79; *Positivismus und Protestantismus* 304; *Glaube und Wissen* 347

Proudhon, Pierre Joseph **3**:140; **13**:438

Proust, Marcel *Le côté de Guermantes* **12**:557 ▷**4**:421; **14**:296

Psychoanalyse (s. Autorität, Familie, Freud, Fromm, Individuum, Triebstruktur) **2**:166; 444; **4**:256; 427; **5**:222f.; 234; die realitätsge-

rechte Form der rationalistischen Skepsis, der sich selbst auflösenden Vernunft 335; P. u. Antisemitismus 364; *Ernst Simmel und die Freudsche Philosophie* 396ff.; steht in Gefahr, das Schicksal aller siegreichen Bewegungen zu erleiden 398; biologischer Materialismus 399; der philosophische Kern der Freudschen Lehre 401; Wissenschaft als philosophische Kraft 402; als philosophische Anthropologie 404; **6**:121; *Psychoanalyse als Ursache ihrer Notwendigkeit* 202f.♦; Die Vernunft des Analytikers reflektiert die Herrschaftsverhältnisse 203; *Psychoanalyse als Richter* 213f.♦; *Frage an die Psychoanalyse* 231; *Psychoanalyse und Daseinsanalyse* 295; *Von der Psychoanalyse kuriert* 378f.; 400; 423; **7**:132; Seelenbegriff 203f.; Es geht in der P. um Beherrschung der Natur 204; Übereinstimmung mit der Philosophie Schopenhauers 246; Der erfolgreich Analysierte praktiziert instrumentelle Vernunft 247; 282; 327; 453f.; 457; Die alten Normen gehen unter, u. es bedarf neuer Techniken, um auf seiten des Individuums die Verzweiflung wie in der Gesellschaftsordnung die Katastrophe hinauszuzögern **8**:11; Gesellschaftliche Analyse stellt ein notwendiges Korrektiv des Psychologismus dar 15♦; Die psychologische Therapie als solche ist keine angemessene Lösung sozialer Probleme 17; 106; 144; 185; 187; aus der Sicht der Soziologie 294ff.♦; Das analytische Verfahren ist ein Symbol der Überwindung der unaufhaltsamen Spezialisierung 294; zielt auf adäquate Reaktionen im Dienst illusionsloser Selbsterhaltung 295; Vor der P. war Kenntnis der menschlichen Seele Angelegenheit der Philosophen u. der Romanciers 297; Die tiefgreifende Veränderung der Person u. Familie kann für psychoanalytische Theorie nicht ohne sehr beachtliche Effekte bleiben 298; Die Intensität der Behandlung symbolisiert den Respekt vor dem Einzelnen in der Kultur 304; Dem Begriff von seelischer Gesundheit fehlt eine Konzeption des Rechten, Richtigen, Vernünftigen 304; Soll die Idee der Gesundheit mit Ausübung von Folter unvereinbar sein? 305; Ist Arbeits- u. Genußfähigkeit ein allzu positivistisches Kriterium? 305; Der Begriff der psychischen Gesundheit erhält ein neues Gewicht 305; 338; Die Hilfe des Psychotherapeuten ist letztlich ein weiteres Element der Manipulation 427; Verwandtschaft mit der Aufklärung **10**:185; **11**:255; 258; 358; 374; P. u. das Programm des Instituts für Sozialforschung **12**:150; Wäre die therapeutische Psychologie, was sie sein sollte, so konzentrierte sie sich auf die Anstrengung, die Momente im individuellen u. geschichtlichen Leben aufzudecken, durch welche die Macht den Menschen zur Hingabe an die Dinge unfähig machte, um ihn den Dingen desto sicherer auszuliefern. In dieser Funktion würde die Psycholo-

gie wieder ein Instrument der Philosophie 302; Die P. sucht das bereits nicht mehr vorhandene Individuum zu retten. Als Identitätsmoment setzt sie das Ichprinzip an, während realitätsgerecht längst nur noch der unidentisch »behaviouristisch« Reagierende ist 440; Das Unbewußte wird ausschließlich in monadologischen u. Konkurrenzkategorien gefaßt 441; Eigentlich gibt es bei Freud gar keine Libido – insofern steht er in der Kontinuität der großen bürgerlichen Menschenverachtung von Machiavelli bis Nietzsche 441; positivistische Aspekte der P.: Ausschluß des Neuen 441 ff.♦; Ist der Begriff der »Einheit des Sinnes« aller Erlebnisse eines Individuums eine positivistische Annahme? 445♦; die Hysterikerin als Schlüssel zur Einsicht in die historische Entwicklung der P. aus der Psychologie 442; Vorform der P. nicht in der Beichte, sondern in der Inquisition 443; Die analytischen Kategorien dienen der Einsicht, wie sehr auch verzerrt, daß das Individuum selber »eine Geschichte von Klassenkämpfen« ist 443; setzt das abstrakte, selbstgenügsame Individuum voraus 447; ist die vergängliche Form des Bewußtseins des Menschen von sich selbst in der kapitalistischen Phase 450; Es liegt im Begriff der Psychologie eine Äquivokation. Sie hat es nicht mit den Menschen, sondern nur mit den Individuen zu tun, nur mit einem Naturgegenstand. Das Denken kann niemals psychologisch erklärt werden. Wir meinen eigentlich gar nicht Individuum, sondern Denken 457; **13**:87; (Adorno:) jener Wille zur Freiheit, um dessentwillen sie einmal entstanden ist, gilt heute in der P. als weltfremd, als neurotisch 132; P. u. Pseudoindividualisierung 134; Es gibt so etwas wie Verdrängung als Anpassung 147; 437; 535 ff.♦; steckt noch in den Anfängen; 537; 606; *Die Enteignung des Ichs* 654; die Ablösung des Gewissens durch Psychotherapie 654; *Zur psychoanalytischen Symbollehre* **14**:109♦; 195; Die Schuld von Freud liegt darin, daß er die moralischen Probleme in die Neurosenlehre verweist 198; Die P. will ursprünglich dem Menschen die Fähigkeit erlangen helfen, Erfahrungen zu machen. Aber aus dem Ziel, als »autonomes Subjekt zu funktionieren«, wurde ein bescheidenes bloßes »Funktionieren«, nämlich arbeits- u. genußfähig zu sein 292; Gegenstand der Erfahrung ist nicht bloß die Empirie, sondern auch die Fähigkeit eines Menschen, Glück u. Schmerz zu ertragen. Der große Irrtum der P. besteht darin, anzunehmen, daß Genußfähigkeit möglich sei ohne gerade so große Leidensfähigkeit 293; *Der anale Charakter* 314; *Freud und die Gesellschaft* 315; 338; *Die Grenzen Freuds* 373; *Das Feigenblatt ist der Beginn der Kultur* 384; *Freud und die Seele* 415; *Sublimierung* 526; *Gespräch über die Psychoanalyse* 537; Mir ist ein Mensch mit Kom-

plexen lieber als einer, der durch die Analyse »geheilt« wurde 537; *Vorrede [zu Freud in der Gegenwart]* **19**:17; Die Rückbildung der Freudschen Theorie in einer Allerweltspsychologie wird auch noch als Fortschritt ausgegeben 19

Psychologie (s. Massenpsychologie, Moral, Phänomenologie) **2**:23; 83f.; 153; *Machiavelli und die psychologische Geschichtsauffassung* 181ff.♦; Kritik der P. bei Mannheim 286; 367f.; Eine materialistische Geschichtsschreibung ohne P. ist mangelhaft 368; *Wirtschaftspsychologie* 426; 449; Soziologie u. Sozialpsychologie **3**:37; *Geschichte und Psychologie* 48ff.♦; Verhältnis der Hegelschen Geschichtsphilosophie zur P. 51ff.; P. als Hilfswissenschaft der Geschichte 57ff.♦; Je mehr das geschichtliche Handeln von Menschen durch Erkenntnis motiviert ist, um so weniger braucht der Historiker auf psychologische Erklärung zurückzugreifen 59; Ablehnung einer P., die auf ökonomistische Vorurteile festgelegt ist 65; P. ist die wichtigste Quelle, aus der über die Seinsweise der Menschen etwas zu erfahren ist 69; 245f.; Der Eigensinn u. die Ratlosigkeit zurückgebliebener Gruppen bilden den angemessenen Gegenstand sozialer Tiefenpsychologie 252; 277; 398; **4**:110; 118; *Psychologie und Soziologie im Werk Wilhelm Diltheys* 352ff.♦; Die traditionelle P. hat bei historischen Analysen versagt 359; 404; das Dasein ohne Licht der Vernunft, die Existenz der Tiere. Sie wäre das echte Thema der P. **5**:278; Wie wenig die psychologischen Gesetze aus dem Gesellschaftlichen abzuleiten sind, so wenig folgen die gesellschaftlichen aus dem Psychologischen **7**:54; 114; 185; 282; Manipulation durch »angewandte P.« **8**:11; Massenpsychologie u. Totalitarismus 25; Introjektion u. Identifikation 32f.♦; Mit P. hat Soziologie im 19. Jhdt. die kritische Funktion der Philosophie ausgeübt 187; 338; liegt an den Universitäten im argen 350; 368; 412; 436; **9**:325; Die Entstehung der modernen P. ist mit derjenigen der Philosophie der Gegenwart untrennbar verknüpft **10**:180f.; *Anfänge moderner Psychologie seit der Mitte des neunzehnten Jahrhunderts* 187ff.♦; Bedeutung Descartes' für die Begründung der modernen P. 188ff.♦; *Fechner, Lotze und die Psychophysik* 200ff.♦; englische Assoziationspsychologie 209; Philosophische Fragen können nicht mehr in völlig ungeschiedener Vermengung mit psychologischen zusammen behandelt werden 209; Ihre Entstehung ist Teil des alle ideellen Gehalte auflösenden Ganges der modernen Naturwissenschaften 212; vom Neukantianismus streng von der Philosophie getrennt 235f.; Konzeption einer phänomenologischen Physik bei Mach 260; 274; 301; 314; 317; 320; 335; 337; 345; 374f.; psychologistischer Positivismus 388f.;

Bergsons positive Kritik der traditionellen P. 402ff.; **11:**56; 93; *Über die Beziehung zwischen Sprache und Denken und das Verhältnis von philosophischer und psychologischer Analyse* 121ff.♦; 149; bei Scheler 152f.; 170; 210; Wechselwirkung von Gesellschaft und P. **19:**17

Ptolemäus, Claudius **9:**48; 65

Pufendorf, Samuel Freiherr von **2:**217; **9:**281

Purkinje, Johannes *Beobachtungen und Versuche zur Physiologie der Sinne* **10:**194

Pyrrhos **4:**236; 240f.; 290

Pythagoras **6:**30; **7:**198; **11:**164

Querido (Verlag) **5:**13

Quesnay, François **9:**451; **13:**605; **14:**170

Racine, Jean **13:**305; 483f.

Rackets (s. Bürgerliche Gesellschaft) **6:**161; 409f.; dirigieren das Ganze mehr oder weniger planmäßig 410; **7:**376; Das Racket-Muster ist jetzt repräsentativ für alle menschlichen Beziehungen **12:**101; *Die Rackets und der Geist* 287♦; **14:**310; *Herrschende Klasse, die von Rackets beherrschte Klasse und die Rolle der Fachleute* 334; Das Racket wird deswegen zur zentralen Kategorie, weil die Gesellschaft sich nicht mehr in einer aufwärts steigenden oder statischen, sondern in einer nach rückwärts gerichteten Phase befindet 335; *Theorie der Rackets* 340; *Der Fachmann* 359; R. u. Nationalismus 381

Radbruch, Gustav **4:**167

Radio Research Project **12:**431ff.♦

Raffael (Raffaello Santi) **4:**424; 428; 435; **7:**247

Ranke, Leopold von *Weltgeschichte* **3:**339; *Zwölf Bücher Preußischer Geschichte* **3:**263 ▷**4:**353; **13:**602

Rassismus (s. Antisemitismus) **4:**322; Die raffiniert abgerichtete Mentalität der Völker bewahrt die Feindschaft des Höhlenmenschen gegenüber dem Fremden **6:**100; 107; Der Nationalsozialismus brüstete sich mit seinem Tierschutz, um die ›niederen Rassen‹ um so tiefer zu demütigen 116; 129f.♦; **7:**29; in den USA **8:**242; *Amerikanischer Geist* **11:**280

Rathenau, Walther **2:**171; **4:**406; **8:**181f.; 333; **12:**298

Rationalismus (s. Bewußtseinsphilosophie, Descartes) *Zum Rationalismusstreit in der gegenwärtigen Philosophie* **3:**163ff.♦; Mit der gesamten idealistischen Philosophie setzt der R. notwendig ein konstantes u. von menschlicher Praxis unabhängiges Verhältnis zwischen Bild u. Wirklichkeit voraus 163; Kritik des Irrationalismus

am R. 167ff.; In der Absage an den R. spiegelt sich die Geschichte des Übergangs der liberalistischen in die monopolkapitalistische Ordnung 168; 177; Individualismusvorwurf gegen den R. 197ff.♦; R. leistet gesellschaftliche Verklärung 215f.♦; Empirismus u. R. **4:**118ff.♦; Subjektbegriff des R. 123ff.♦; Abgrenzung von Montaigne 261f.; *Vernunft und Selbsterhaltung* **5:**320ff.♦; R. u. Skeptizismus 321; Keine der Kategorien des R. hat überlebt: Geist, Wille, Endursache, transzendentale Erzeugung, eingeborene Prinzipien, res extensa u. res cogitans 322; 326; wurde als Bemühung anerkannt, die Erfordernisse der Realität zu registrieren **6:**37; hat die christliche Ethik säkularisiert 38; 118; 182; 251; **7:**44; 94; 129f.; 214f.; **9:**98; 152; 154; 190; 197; 283f.; 308ff.; 317; 328f.; 352; 370; **10:**82; methodischer Irrtum des R., zu glauben, es müßten in der Philosophie die klaren Begriffe am Anfang stehen **11:**27

Rauschning, Hermann *Gespräche mit Hitler* **8:**168

Ravaillac, François **11:**240

Raynal, Guillaume *Histoire de deux Indes* **13:**609

Recht Das Gesetz als Schikane **14:**66; *Im Strafprozeß geht es nicht um Gerechtigkeit* 67; Die Vollstreckung der Gerechtigkeit ist immer zugleich ihre Hinrichtung. Mit ihrer Verwirklichung hat sie nichts zu tun 95; Zu den Gefahren des Positivismus u. Rationalismus gehört, daß sie den Menschen um das Entscheidende, die Wahrheit, betrügen. Ein Beispiel hierfür ist der Rechtspositivismus 229; *Die Idee der Gerechtigkeit* 235; *Gerechtigkeit* 296

Rechtsphilosophie *Naturrecht und Ideologie* **2:**205ff.♦; *Macht, Recht, Gerechtigkeit* 386f.; *Entsetzen über den Kindermord* 436; In einer völlig gerechten Gesellschaft wären die Kriminellen zugleich unmenschlich **4:**215; 413; **5:**260; **6:**32; Naturrecht 85; Das Gesetzbuch Drakons war eine der größten Kräfte für die Zivilisation 99; 178; 216; 240; Indem die Gesellschaft sich das Recht der Strafe herausnimmt, macht sie sich zum Tier, das sich wehrt 304; *Im Namen des Volkes* 305f.; 346ff.; Zweck der Strafe ist Abschreckung, alle anderen Straftheorien sind schlechte Metaphysik 348; *Alle sind kriminell* 359; **7:**76; 148; das Recht als Zuflucht in der vom Terror bedrohten Welt **8:**46; **9:**69ff.♦; römisches Recht 69f.; Naturrecht 70ff.; englische Blutgesetzgebung 99; Naturrecht 121f., 158, 207f., 216; bei Fichte **10:**120f.; im Neukantianismus 236ff.; **11:**94f.; 239f.; **12:**261; Theorie des Verbrechers 266♦; Polizei u. Strafvollzug als Unterschlupf für alle Instinkte der Destruktion 271; Häscher u. Henker teilen mit dem Verbrecher die Unehrlichkeit u. Brutalität des Berufs, nicht seine Selbständigkeit. Auch die lizenzierte Gewalt

funktioniert zwar um Geld, aber sie empfängt es nicht als Gewinn, sondern als Lohn 272; Das Zivilrecht hat die Tendenz, zum Terrorinstrument der Herrschenden zu werden 276

Rede (s. Sprache) R. u. Massenführer **4**:42ff.♦; die Volksrede der Neuzeit: halb rationale Argumentation, halb irrationales Beherrschungsmittel 42f.♦; bürgerliche R. u. Predigt 43f.♦; Das Irrationale, Feierliche u. Autoritäre ist überwiegend ein Merkmal der bürgerlichen R. 49; Das Medium der bürgerlich traditionellen Intelligenz, die Diskussion, zergeht **5**:240; **6**:190f.; *Das Ende des Sprechens* 212f.♦; *Wahrheit in der Rede* 372f.; *Dialog über den Dialog* **7**:301ff.♦; Die rhetorischen Tricks der »rabble rousers« sind überall gleich **8**:66ff.; 351; *Die Funktion der Rede in der Neuzeit* **12**:23♦; sophistische R. versus philosophische Dialektik 23; als Herrschaftsinstrument 26; Der Rückgang auf das göttliche Wort u. die Predigt in der Landessprache als Kern des Gottesdienstes sind zwei entscheidende Errungenschaften der Reformation 27; die verinnerlichende, moralisierende Funktion der R. 28; die auf rationale Überzeugung u. die auf Introversion gerichtete R. 31; die Führerrede 32; R. u. politische Massenversammlungen 32; R. u. das Unbewußte 35; Gemeinsamkeit mit Reklame u. Propaganda 35; *Sinn der Rede* **14**:135; *[Kritik des Argumentierens]* **19**:57; (Adorno:) Das Mißtrauen gegen das Argument ist im tiefsten das, was die Husserls und Heideggers inspiriert hat 59

Reflexion (s. Philosophie) **5**:211; die Entgegensetzung des Begriffs gegen sich selbst, die Selbstreflexion als die Seinsform der Wahrheit **12**:320; ist das Wesentliche an der Philosophie 320; **13**:517; (Adorno:) So wie aus den uralten Untaten auch der Biologie die Imagination geworden ist, durch die sie das Dämonische verlieren, so liegt in der Theorie das antimythologische Moment, daß man, wenn man reflektiert, nicht mehr blind zuschlägt. Wer denkt, haut nicht mehr drauf, frißt nicht mehr **19**:36

Reformation (s. Protestantismus)

Regensburg, Marianne *Adornos Geschäft mit dem Nichts* **14**:234

Regius, Heinrich (s. Leroy) **13**:430; 432

Regression (s. Autorität, Charakter, Familie, Mythos, Individuum) **6**:135; 220; *Utopische Regression* 273; 287f.; Wo in der Geschichte es nicht weitergeht, beginnt die R. 311; R. in Deutschland u. Europa **7**:91; **8**:397

Reich, Wilhelm *Die Massenpsychologie des Faschismus* **4**:80

Reichenbach, Hans *Der gegenwärtige Stand der Relativitätsdiskussion. Eine kritische Untersuchung* **10**:175; *Die philosophische Bedeu-*

tung der modernen Physik **4**:157 ▷**4**:151; **10**:177; **12**:559ff.; auch Kulturkritik gehört zum Klassenkampf 586; **13**:372; *[Diskussion aus einem Seminar über die Theorie der Bedürfnisse]* **19**:21

Reid, Thomas *Essays on the Powers of the Human Mind* **9**:457 ▷identifizierte die Prinzipien des gesunden Menschenverstandes mit den selbstevidenten Wahrheiten **6**:48; **9**:457f.

Reik, Theodor **12**:295

Reimarus, Hermann Samuel *Apologie oder Schutzschrift für die vernünftigen Verehrer Gottes* **9**:460 ▷verabscheute Atheismus u. Materialismus in jeder Gestalt **9**:460; **13**:616

Rein, Gerhard **7**:276ff.; 415ff.; 442ff.

Reinach, Adolf *Die apriorischen Grundlagen des bürgerlichen Rechts* **11**:94 ▷**3**:25; **10**:325; 394; **11**:94f.

Reinach, Salomon *Cultes, Mythes et Religions* **5**:101; *La prohibition de l'inceste et le sentiment de la pudeur* **5**:140; *Orpheus* **5**:29 ▷**5**:398

Reinhard, Christine **8**:167

Reinhardt, Max **14**:166

Reinhold, Karl Leonhard *Briefe über die Kantsche Philosophie* **10**:65, 74; *Versuch einer neuen Theorie des Vorstellungsvermögens* **10**:15, 65, 69 ▷*Reinhold: Theorie des Vorstellungsvermögens* **10**:64ff.♦; war kein tiefer Denker 65; Bemühung, einen durch sich selbst gewissen ersten Satz der Philosophie aufzustellen 69; hat Husserls Phänomenologie vorweggenommen 70; Versuch, die Kategorien im einzelnen zu deduzieren 73; *Schulze: Kritik der Kant-Reinholdschen Philosophie* 75ff.♦; 82; 84; 94; 97ff.; 104; 106

Reklame (s. Kulturindustrie, Markt, Massenmedien) **4**:310; 428; Heute, da der freie Markt zu Ende geht, verschanzt sich in ihr die Herrschaft des Systems **5**:190ff.; R. wird zur Kunst schlechthin, mit der Goebbels ahnungsvoll sie in eins setzte, l'art pour l'art, R. für sich selber, reine Darstellung der gesellschaftlichen Macht 191; Hier wie in der Kulturindustrie wird unterm Gebot von Wirksamkeit Technik zur Psychotechnik, zum Verfahren der Menschenbehandlung 192; kindisches Geschwätz der Slogans, denen nichts heilig ist **6**:110f.♦; 112f.♦; 147f.; Die Idole der Massen sind heute Geschöpfe ihrer eigenen R. 162; *Die Reklamekultur* 247f.♦; 277; 317; 324; 364; 374; **7**:53; 58; 119; Daß R. als eigener Geschäftszweig zeitgemäß sich etabliert, bedeutet Fortschritt u. Rückfall zugleich **8**:250; 271

Religion (s. Aufklärung, Christentum, Protestantismus, Theologie) **2**:165; Priestertrugstheorie der Aufklärung 261; Funktion der R. als Entschädigung für erzwungenen Triebverzicht 261; *Animismus* 349; 370ff.♦; Die Kritik des Bürgers an der R. enthält keine Offenbarung

371; *Atheismus und Religion* 379; *Konfession* 396f.; 450f.; In der Gegenwart hat sich der Kampf um eine bessere Ordnung von der übernatürlichen Begründung gelöst **3**:82; Tod 237f.; Die Vorstellung des jüngsten Gerichts ist ein Überrest primitiven Denkens 247f.; Die Vorstellung einer bergenden Macht außerhalb der Menschheit wird in der Zukunft verschwinden 253; Die Menschen haben schwer genug erkennen gelernt, daß der Genuß nicht von den Göttern, sondern von der eigenen Arbeit abhängt 270; Sofern die Veränderung der grundlegenden Verhältnisse durch Praxis als ausgeschlossen gilt, entsteht das Bedürfnis nach Sinngebung durch den bloßen Glauben 283; 322ff.; Das bestimmte Interesse an gerechten Zuständen oder das Fehlen dieses Interesses ermöglicht heute eine raschere Kennzeichnung von Gruppen u. Individuen als ihr Verhalten zur R. 324; *Gedanke zur Religion* 326ff.; Aus der Unzufriedenheit mit dem irdischen Schicksal schöpft die Anerkennung eines transzendenten Wesens ihre stärkste Kraft 326; 347f.; 411; **4**:15; Je mehr die tröstende R. an sicherem Kredit verliert, um so mehr wird der kulturelle Apparat zur Erzeugung von Freuden beim gemeinen Mann verfeinert u. ausgebaut 20♦; Engstirniger Materialismus von Profit u. Macht ist die R., die der gesellschaftlichen Praxis der bürgerlichen Gesellschaft innewohnt 93; 111ff.; entspricht den Massen, deren Unterordnung als Kreuz ertragen werden muß 262; wird in der herrschenden Klasse zur ungebrochenen Bejahung der gesellschaftlichen Formen 262; Verhältnis von Liberalismus u. Skeptizismus zur R. 263ff.; verstümmelte Erscheinung des Glaubens in den Grenzen der positiven R. 287; Der Gottesbegriff weist über die Verhältnisse der Klassengesellschaft hinaus 288; Die religiöse Freiheit hat eine Dialektik, die aus der Innerlichkeit heraustreibt 288f.; 296f.; R. als Priestertrug 379; 408; wurde vom Bürgertum in einer Art Naturschutzpark gehalten 431; Dialektik von Mythos, R. u. Aufklärung **5**:77ff.♦; 205ff.; *Verwandlung der Idee in Herrschaft.* Die vom Bestehenden distanzierende Idee geht über in R.: Vedantismus, Stoizismus, Christentum 242; Die Geschichte jener alten Religionen u. Schulen vermag zu lehren, daß der Preis fürs Überleben das praktische Mitmachen, die Verwandlung der Idee in Herrschaft ist 245; objektive Vernunft u. R. **6**:35ff.♦; ist auf den Status eines Kulturguts unter anderen reduziert 39; die Formalisierung der Vernunft bewahrte die R. vor jedem ernstlichen Angriff von seiten der Metaphysik 40; Begriff der Nation ersetzte die R. als höchstes Motiv des menschlichen Lebens 41; 68f.; 79ff.♦; Philosophische Aufbereitung etablierter R. erfüllt eine Funktion, die den bestehenden Mächten

nützt 79; soziale Funktion 81; Die etablierten Kirchen haben stets einen Kompromiß mit dem bestehenden Übel geschlossen 82; Der moderne Nationalismus vermochte nicht, in den Massen den beseelenden Glauben der R. wachzurufen 125; 183; Die Wahrheit, die sie zu vermitteln sucht, wird kompromittiert durch ihren pragmatischen Zweck 184f.♦; *Die Frage der Philosophie* 198; *Der Pragmatismus der Religionen* 203f.♦; Tod 263; 267; *Was ist Religion?* 288; 299; *Der Fluch der Endlichkeit* 303f.; Das Religiöse phantasiert das Wohlsein in die Unendlichkeit hinein 306; Die Erhebung eines Begriffes ins Religiöse zeigt seine Ohnmacht im realen Leben an 308; 315; *Die Wahrheit der Religion* 319ff.♦; *Aufklärung und Religion* 325; *Falsche Rückkehr zur Religion* 329ff.♦; Die Doktrin einer R. besagt wenig über das, was sie ist 350f.; *Gebet und romantische Liebe* 368f.; *Gegen die Verdrängung des Todes* 373f.; Die Kirchen versuchen, sich der ernüchterten Welt anzupassen 392f.; *Religion und Gesellschaft* 414f.; 417; 421; 423; *Differenz von kritischer Theorie und Glaubensidee* 423f.; Verteidigung der R. bei Schopenhauer **7**:50; 71; 156; *Theismus – Atheismus* 173ff.♦; Dogma der Natur in Theismus u. Atheismus 180; Mit Gott stirbt auch die ewige Wahrheit 184; Gegensatz von Theismus u. Atheismus ist nicht mehr aktuell 185; Atheismus heute ist tatsächlich die Gesinnung, die mit der je stärkeren Macht es hält 186; *Religion und Philosophie* 187ff.♦; verfällt der Arbeitsteilung 189; *De Anima* 197ff.♦; Die Sehnsucht nach Geborgenheit vor täglichen Gefahren ist dem Gedanken an Gott immanent 208; *Über den Zweifel* 213ff.♦; hat mehr u. mehr der Freizeitgestaltung sich eingefügt 216; Selbst der Zweifel an der göttlichen Wahrheit ist bereits romantisch geworden 216; Mit den religiösen sind die anderen kulturellen Motive als ideologisch kompromittiert 217; R. als solche hört auf, im Leben des Einzelnen bestimmend zu sein 219; wird überflüssig 220; Philosophie als Versöhnung von Wissenschaft u. R. 224ff.♦; Gottesbeweise in der Philosophie 225ff.♦; Liberalisierung der R. ist das Eingeständnis des Versagens theoretischer Versöhnung 227; *Bemerkungen zur Liberalisierung der Religion* 233ff.♦; Ihre Vertreter haben die Annahme eines allgütigen Gottes nicht glaubhaft gemacht 234; geistige Gefährdung der R. durch die Wissenschaft 234f.; ist zum Problem geworden 237; Die letzte Wahrheit ist nicht in die menschliche Sprache zu übersetzen 238; *Schopenhauers Denken im Verhältnis zu Wissenschaft und Religion* 240ff.♦; Religiöse Gebräuche dienen gerade noch als Rationalisierung von Feiertagen 251; Aufklärung u. R. 254; Bedeutungslosigkeit des Unterschieds der Einzelreligionen 257; wird unmodern 258;

Verbindung von Sprache u. R. 280f.; Symbolismus als notwendige Form der R. 281; R., Theologie u. Familie sind zutiefst miteinander verbunden 313; Rückgang der R. 339f.; 350ff.; Liberalisierung der R. führt zum Ende der R. 351; Den Marxisten sind religiöse Vorstellungen Kinderträume 358; 360; Der Diamat faßt die Gottesvorstellung als Ideologie auf 361; Glaube entstand aus einer primitiven Form des Denkens 362; Jene Gerechtigkeit, von der R. spricht, gibt es in letzter Linie nicht 380f.; gesellschaftliche Funktion 391f.; Ihre Liberalisierung führt zu ihrem Ende 392f.; Die Sehnsucht nach vollendeter Gerechtigkeit kann in der säkularen Geschichte niemals verwirklicht werden 393; Der Niedergang der R. verläuft fast synchron mit dem Beginn sozialer Revolutionen 398; Liberalisierung der R. 409f.; Ihre Anhänger waren in ihrem Handeln meist Feinde des Geistes 416; 417; 438; Wenn die Wissenschaft einmal mit Wahrheit identisch sein wird, läßt sich der Gedanke an Gott nicht mehr aufrechterhalten 439; Moral als Konsequenz religiöser Gebote 440; 462ff.♦; Gerechtigkeit ist durch die gesellschaftlich notwendige Funktion von R. aufrechterhalten worden 462; ist nur denkbar mit dem Zweifel 465; **8:**224; gleichbedeutend mit innerer Unabhängigkeit von dieser Welt 272; wird ersetzt durch Nationalismus 275; In den Schulen erfährt man nichts darüber, was die einzelnen Religionen zur europäischen Zivilisation beigetragen haben 331; 342f.; Die Konfessionen sollen fortbestehen, aber nicht als Dogmen, sondern als Ausdruck einer Sehnsucht 343; R. u. Naturwissenschaft 346; Heute zeigt sich, daß die R. ihre gesellschaftliche Funktion in erschreckendem Umfang verliert 348; **9:**81f.; 95ff.; Staat u. R. bei Hobbes 128f.; 177; 206ff.; Leibniz' Religionsphilosophie 275ff.; Metaphysik war die Stütze des Glaubens 279; 296ff.; Ein Religionsphilosoph ist unter keinen Umständen ein Aufklärer 305; Lockes Religionsphilosophie 341ff.♦; 460; Die Kirche war in England zu einer Hauptstütze der bürgerlichen Gesellschaft geworden **10:**76; 190; 320; **11:**249ff.; Der Satz, wir seien verantwortlich, entstammt der dunkelsten Kirchenmoral 249; *Profanierung* 267; *Vaterland und Religion in der Gegenwart* 268; Tod 277; 281; religiöses Bedürfnis in der KPD 378; Religionspsychologie **12:**294♦; *Das Ende einer Illusion? Religionskritik heute* **13:**153; Eine absolute Geltung ohne Gott kann ich mir nicht denken 159; *Der Preis der Aufklärung* (Gespräch mit Claus Henning Bachmann) 225; 244f.; Worum es in Wahrheit stets gegangen ist, das ist der Begriff der Glückseligkeit. Er steckt im Christentum, im Judentum wie in der Aufklärung 273; Hegels Begriff der R. 290; 295; Verhältnis von R. u. historischem Idealismus/Materialismus 312ff.♦;

440; Heute haben wir eine raffinierte Wissenschaft u. daneben den Glauben. Unklar bleibt, wie beide zusammenhängen 475; Besteht die Auffassung zu Recht, die Vernunft über die R. zu stellen? Das läßt sich absolut nicht beantworten, sondern immer nur geschichtlich 493; 595; Voltaire u. die Aufklärung 607; Ich vermag keinen Standpunkt in bezug auf die Theologie zu sehen, der fortschrittlicher als der Kantische wäre 611; Kant 623; 634; *Religion als Quelle des moralischen Impulses* **14:**129; *Niedergang von Religion und Liebe* 138; *Kunst und Religion* 165; Die Kirche hat die Problematik des Wahrheitsbegriffes richtig erkannt u. hat ihn mythologisiert. Dabei ist vieles verkehrt gegangen. Aber sie hat gegenüber dem Positivismus den entscheidenden Vorzug, daß sie immer wieder darauf hinweist, daß das, was den Menschen erst zum Menschen macht, die Beziehung auf das Geistige, damit die Wahrheit ist 229; *Religion und Religionsersatz* 240; *Glaube und Liebe* 315; *Glaube und Wissen* 347; *Der Gottesglaube als die Grundlage der Moral* 356; *Das Ende der Theologie und die Folgen* 369; *Spezialistentum als Gegensatz zur Theologie* 373; *Zum Problem des Fanatismus* 376; *Religion und Philosophie* 388; Triebsublimierung, R., Kultur 424; *Der Atheismus und die Folgen* 436; *Sozialismus und Religion* 455; *Bibelkritik* 456; *Die Bibel als ›Gottes Wort‹ und die Folgen* 481; *Kultur heute* 485; *Das Ende der Religion und seine Folgen* 498; *Theorie der Religion* 503; *Kritische Theorie und Theologie* 507

Rembrandt **10:**288

Renaissance **2:**181f.; 199f.; Utopien der R. 237ff.♦; **3:**249; 255; 336; 390; 415; **4:**10; 56; 225; 236ff.♦; 295; 359; **6:**36; 144; Mit der R. war die Gewißheit einer naturgemäßen Gliederung der Menschheit dahingeschwunden **7:**43; 66; In der R. verlor die Vorstellung vom Himmel droben ihren Sinn 188; **9:**27ff.♦; 75; 109; 158; 177; 281; 295; 344; 362; **11:**149f.

Retz, Jean-François-Paul de Gondi, Cardinal de **9:**181

Reuchlin, Johann **9:**40

Reuter, Eduard Byron (u. Jessie Ridgway Runner) *The Family, Source Material for the Study of Family and Personality* **3:**392

Revel, Jean François **14:**76

Revolution **2:**192ff.; 320; braucht sich nicht um die absolute Gerechtigkeit zu kümmern 338; *Diskussion über die Revolution* 346ff.♦; Bürgerliche Kritik am proletarischen Kampf ist eine logische Unmöglichkeit 347; Die chronique scandaleuse der Revolutionäre ist die Kehrseite der Fürstenlegenden 365f.♦; *Revolutionäres Theater oder »Kunst versöhnt«* 366f.; 374; 381; 383f.; 397; *Moralische Intaktheit*

des Revolutionärs 437; Die auf Schaffung einer menschlicheren Welt gerichteten Kräfte sind verkörpert in Theorie u. Praxis kleiner Gruppen des Proletariats 442; Betätigung in einer proletarischen Partei hat die Abschaffung der Ausbeutung zum Ziel 445; Demokratie bei allen Mängeln immer noch besser als die Diktatur, die ein Umsturz heute bewirken müßte **3**:17; Die gegen notwendige Veränderungen seit je erhobene Rede, daß die Natur des Menschen dawider sei, soll endlich verstummen 275; *Egoismus und Freiheitsbewegung* **4**:9ff.♦; R. u. Gegenrevolution 22f.; Wesen bürgerlicher Erhebungen 39f.♦; R. u. Gegenrevolution 71f.; Freiheitsbewegungen der neueren Zeit 102f.; 128; Nationale Aufbrüche sind der erlaubte Ersatz für die R. 321; **6**:107; 219; *Die neuen »Revolutionen«* 267; Funktion in der westlichen Welt 312; 320; 330; Ablehnung der R. bei Schopenhauer **7**:48; Revolutionstheorie bei Marx 220; 231; 346; 375f.; Wenn wir heute in der Demokratie eine R. hätten, könnte sich nur das Schlimmere ereignen 379; 382; 385; *Neues Denken über Revolution* 415ff.♦; 458; In der gegenwärtigen Situation könnte eine R. wieder ein totalitäres System erzeugen 459; 466f.; Revolutionsbegriff bei Fichte **10**:125f.; **11**:144; *Metaphysische Verklärung der Revolution* 264ff.♦; Die metaphysische Rechtfertigung der R. ist völlig überflüssig 265; Dringender, als daß die Menschen besser werden, ist heute, daß es ihnen besser geht 266; hat von der Erkenntnis nichts zu befürchten, sondern alles zu erwarten 275; Der revolutionäre Gedanke richtet sich gegen die Klassengesellschaft selbst. Er will, daß in der Menschheit verwirklicht werde, was die Natur in ihrer Dumpfheit nicht erreichen kann: Leben u. Glück für alle **12**:282; Schicksal revolutionärer Bewegungen 320♦; Dem Revolutionär sind Theorie u. Praxis nicht zwei sich ausschließende Kategorien derselben logischen Ordnung, er ist so wenig Manichäer in der Politik, wie er es im Glauben war 322

Ricardo, David **3**:23; **5**:308; **13**:300

Richard Löwenherz **4**:384

Richelieu, Armand Jean du Plessis **2**:197; 205; **4**:322; **9**:37; 137; 174

Richter, Raoul *Einführung in die Philosophie* **3**:74; *Der Skeptizismus in der Philosophie und seine Überwindung* **4**:243

Rickert, Heinrich *Der Gegenstand der Erkenntnis* **10**:242; *Die Grenzen der naturwissenschaftlichen Begriffsbildung* **10**:242, 244, 246; *Kulturwissenschaft und Naturwissenschaft* **10**:242, 244, 246f., 249, 251; *Die Philosophie des Lebens* **3**:173f.; *Das System der Philosophie* **3**:174; **10**:242 ▷**4**:334; 352; **6**:90; **10**:182; 242; sucht den Unterschied von Naturwissenschaft u. Philosophie nicht durch ihren Gegenstand, sondern durch ihre Methode zu bestimmen 244; 246;

Wertlehre 248f.; Erkenntnistheorie 250ff.; Wirklichkeit als »heterogenes Kontinuum« 251; Wertlehre 252ff.♦; Seine ganze Wertsystematik ist ein unfruchtbares Hantieren mit rein formalen Begriffen 256; 258; 288; **12**:488; **13**:28; 328; R. ist bei allen Schwächen doch so etwas wie ein System gelungen 332; **14**:385

Rickman, John **8**:23; 28

Riegl, Alois **5**:363

Riehl, Aloys **11**:41

Rienzo, Cola di **4**:23; 27ff.♦; 36ff.♦; 42; 45; 56; 64; 66f.; **7**:467; **12**:33

Riesman, David **7**:117

Riezler, Kurt **7**:270; 334f.; *Gespräch über die Aufgabe des Protestantismus in der säkularen Zivilisation* **11**:349ff.♦; Begriff der »gegenwärtigen Erinnerung«: übernommen von Kierkegaard, Fichte u. Augustin **12**:367; 388; 390

Rigveda **5**:36

Ringguth, Rudolf **7**:480ff.; **13**:240

Rippel, Philipp **5**:15

Rist, Charles (u. Charles Gide) *Geschichte der volkswirtschaftlichen Lehrmeinungen* **11**:15

Ritschl, Albrecht **4**:286

Ritter, Heinrich *Geschichte der Philosophie* **4**:254; **9**:25 ▷**8**:405

Rivière, Jacques *L'Allemand. Souvenirs et réflexions d'un prisonnier de guerre* **10**:127

Rjasanoff, David **14**:42

Robespierre, Maximilien de *Habt ihr eine Revolution ohne Revolution gewollt?* **4**:15, 69 ▷**2**:328; 368; 441; **4**:30; 61ff.♦; 79; 324; **5**:141; 299f.; 303; 312; **6**:345; **7**:39; 109; 126; 155; 186; **8**:93; **10**:18; **13**:358; 623

Robinson, John *Honest to God* **7**:183 ▷**8**:276

Rockefeller, John Davison **2**:359; **6**:243

Roeder, Ralph *Savonarola* **4**:36

Rogoff, Natalie *Social Stratification in France and in the United States* **8**:119

Rohan (Chevalier de) **13**:599

Romains, Jules **12**:554

Romantik **3**:168; 200; 239; **5**:265; Die objektive Vernunft entfaltet eine Neigung zur R. **6**:174; Die Bilder der R. werden zu trade marks der Industrie 195; 243; **7**:44f.; 178; hat Rousseau auf den Schild gehoben **9**:377; **10**:98; 129ff.♦; trägt in wesentlichen Punkten die Grundeigentümlichkeiten des Idealismus nicht an sich 131; empfing

Schelling als den Philosophen 143; Die der Wirklichkeit entnommenen Einzelinhalte im romantischen Kunstwerk beweisen eine tiefe Respektlosigkeit vor den wirklichen Verhältnissen 143; Verhältnis Schellings zur R. 154f.; 331; **13**:351; 595; 638; **14**:86

Rooney, Mickey **5**:158; 183

Roosevelt, Franklin D. **6**:207; 218; 332; **8**:93; 334; **12**:252; **14**:480; New Deal **19**:22

Roosevelt, Theodore **8**:334; **14**:310

Roscelinus (Roscelin) von Compiègne, Johannes **8**:392; **13**:352

Rosenberg, Alfred *Der Mythos des zwanzigsten Jahrhunderts* **5**:42

Rosenstock-Huessy, Eugen **19**:48

Rosenzweig, Franz **12**:453

Ross, Edward Alsworth **7**:112

Rossini, Etienne Carjats von **13**:39

Rothacker, Erich *Logik und Systematik der Geisteswissenschaften* **3**:171; *Probleme und Methoden der Kulturanthropologie* **13**:13ff.

Rothschild, Meyer Amschel **2**:391

Rottweiler, Hektor (Pseudonym von T. W. Adorno) **12**:149

Rousseau, Jean-Jacques *Contrat social* **6**:48; **9**:384f.; **10**:18; **13**:604; *De l'économie politique* **11**:194; *Dialoge* **10**:18; *Discours sur l'origine et les fondements de l'inégalité parmi les hommes* **2**:241; **4**:10; **9**:380f.; *Discours sur les sciences et les arts* **9**:378f.; *Émile* **4**:63; **6**:252; **7**:60; **8**:131, 267; **9**:339, 378, 383, 385; **10**:17; **13**:284, 614; *Lettre à M. d'Alembert* **4**:68; *Lettres de la montagne* **9**:388; *Die neue Heloise* **9**:378; **10**:17 ▷**2**:214; 217; 240f.; 328; 337; **3**:332; **4**:14f.; 28; erklärt das Eigentum für heilig 64; 69; 88; 230; **5**:121; 300; 306; Freiheitsbegriff **6**:47f.; 139; 227; 246; **7**:38; begründete den Mythos der Nation 44; 45; 47f.; 56; 65; 85; 90f.; 132; Begriff der Demokratie 154ff.♦; Sein Modell hat die Schreckensherrschaft mitbedingt 155; 162; Auffassung, daß Philosophie bei der Einrichtung des Lebens etwas zu leisten habe 169; 181; 186; 313; **8**:152; 304; 439; **9**:124; *Rousseau* 377ff.♦; hat das Lob der Gegner der Aufklärung nicht in so hohem Maß verdient 378; der Zivilisation gegenüber feindliche Stellung 379; Verteidigung der Natürlichkeit der Moral gegenüber dem Supranaturalismus der Theologie 380; Der Naturzustand bedeutet bei R. wesentlich den Gegensatz zu der auf Privateigentum gegründeten Gesellschaft 382; will die sozial gesetzten Unterschiede zugunsten der Entfaltung des einzelnen verschwinden machen 383; Pädagogik 383f.; Staatstheorie 384ff.♦; Seine Staatstheorie wurde zu einer Utopie, die mit der Wirklichkeit nichts mehr zu tun hat 386; gehört der Aufklärung in seinen grundsätzlichen Intentionen an 387;

ehrgeizige u. dabei wenig glänzende Persönlichkeit 388; 389; 391 ff.; 447; 462; **10**:20; 121 f.; hielt die Abschaffung des bürgerlichen Privateigentums für unmöglich **11**:193; 205; **13**:83; 87; 281 ff.; 355; 362; volonté général 438; In einer Klassengesellschaft ist nach R. keine Demokratie möglich 439; Warum ist R. der einflußreichste Denker der Moderne? 504 f.♦; Vernunftrecht, Gerechtigkeit u. Natur sind nicht Gegensätze, wie bei Kant 504; Die richtige Gesellschaft ist die konkret gewordene Vernunft 505; R. u. Descartes, R. u. Kant 505; 574; der geistige Vater Robespierres 592; stellt den Gegenpol Voltaires dar 603; hat eine Abneigung gegen die theoretische Vernunft als Befreierin, ist für die befreiende Aktion 603; Einfluß von Plato 604; Mit ihm kommt der moderne Nationalismus herauf 604; 620; 622; 638; **14**:56; 92; 241; 250; 313

Rousset, David univers concentrationaire **8**:46

Roux, Jacques **4**:79

Roux, Wilhelm **2**:159; **4**:64

Roux-Lavergne, Pierre-Célestin (u. Philippe-Benjamin-Joseph Buchez) *Histoire Parlementaire de la Révolution Française* **4**:64; **5**:298 ▷**13**:591

Rüdiger, Andreas **9**:466

Rudolph, Lotte **12**:349

Runes, Dagobert D. *The Trojan Horse of Rome* **14**:452 ▷hat recht, wenn er aufzählt, daß nichts, was die Nazis den Juden angetan haben, ihnen nicht auch von der katholischen Kirche angetan wurde **14**:452

Runner, Jessie Ridgway (u. Edward Byron Reuter) *The Family, Source Material for the Study of Family and Personality* **3**:392

Rusche, Georg *Punishment and Social Structure* **12**:155

Rußland **2**:389♦; **6**:125; Mit dem Parlamentarismus wird zugleich die Größe liquidiert 196; Zerrbild des Sozialismus 227 f.♦; 258 f.; Glorifizierung des Proletariats 262; Bürokratismus 263; 312; 318; 343; 348; Übergang vom Kommunismus zum Staatskapitalismus **7**:267; hat die Periode des Liberalismus weitgehend übersprungen 347; 375; **11**:181; 366; 382; 384; (Adorno:) die theoretische Diskussion in R. ist unverhältnismäßig viel freier, als man uns hier erzählt 400; Der sich abzeichnende Konflikt zwischen R. u. den Demokratien **12**:597; *[Die UdSSR und der Frieden]* **19**:29; (Adorno:) Bei den Russen gibt es auch keine Theorie mehr, sondern nur Abrakadabra und Positivismus 35; 56

Russell, Bertrand (s. Empirismus) *In Praise of Idleness* **7**:84; *Logical Atomism* **4**:333; *Mensch und Welt* **4**:125, 138; *Principia Mathematica* **13**:372; *Reply to Criticisms* **6**:31; *Unser Wissen von der Außenwelt*

4:142f., 149f., 152 ▷**4:**116; 332; 334; **5:**30; einer der objektivistischsten Denker unter den Subjektivisten **6:**31; **7:**83; 247; **13:**377; 380f.; 602; R.s ganzes Leben ist ein einziger großer Widerspruch gegen seinen Positivismus **14:**327; 332

Russische Revolution **6:**276; **7:**406; 418; Im Nationalsozialismus wurden die Juden zur Ausrottung designiert, während in Rußland, wo der internationale Sozialismus in fanatischen Chauvinismus umschlug, die soziale Minderheit dem Massenmord verfiel **8:**161; 258; Familie, Ehe nach der R.R. 285; In Rußland heute kann die Herrschaft weitgehend auf die stabilisierte, matriarchalisch orientierte Ehe sich verlassen 286; von 1905 **11:**175; Wäre in Rußland, anstatt der verlogenen proletarischen, eine bürgerliche Gesellschaft entstanden, ohne freilich vom Faschismus unterbrochen zu werden, könnte es jetzt den Oberen u. Unteren unendlich viel besser gehen **14:**132

Rüstow, Alexander *Der Umbruch von 1792/93* **14:**205

Sacher-Masoch, Leopold von **6:**398

Sade, Donathien-Alphonse-François, Marquis de *Aline et Valcour* **5:**136, 141; **12:**257; **13:**613; *Histoire de Justine* **4:**318; **5:**121; *Histoire de Juliette* **5:**111ff.♦; **12:**257; *Justine et Juliette* **13:**613; *Justine ou Les malheurs de la vertu* **12:**257; *Les crimes d'amour* **13:**613; *Les 120 Journées de Sodome* **5:**136, 140; **13:**613; *Philosophie dans le Boudoir* **5:**132, 140f. ▷**4:**88; **5:**21; 104ff.♦; Die privaten Laster sind bei S. wie schon bei Mandeville die vorwegnehmende Geschichtsschreibung der öffentlichen Tugenden der totalitären Ära 142; 264; **6:**218; 398; **12:**199; 260; 582; **13:**118; 435; 599; 612f.♦

Saint-Agnès, Yves de *Révolution sexuelle* **8:**291; *Une Révolution sexuelle* **14:**384

Saint-Cyran (Jean-Ambroise Duvergnier de Hauranne) **13:**482

Saint-Évremond, Charles de Marguetal de Saint-Denis, seigneur de **9:**302

Saint-Exupéry, Antoine de *Dem Leben einen Sinn geben* **14:**363, 378 ▷**13:**411

Saint-Just, Antoine de **4:**62; 80; 324; **7:**109; 126; **13:**623

Saint-Simon, Claude-Henri de Rouvroy, Comte de *Catechisme des industriels* **5:**307; *Lettres d'un habitant de Genève à ses contemporains* **13:**358; *La politique* **13:**358; *Le nouveau christianisme* **13:**358, 364; *L'industrie* **13:**358; *Mémoire sur la science de l'homme* **13:**358; *Réorganisation de la société européenne* **13:**358; *Système industrielle* **13:**358 ▷**4:**354f.; **5:**306; **6:**158; 211; *Über Saint-Simon* 250f.♦; 339; **7:**45; 109; 112; **8:**260; *Zur Geschichte der Soziologie von Machiavelli bis Saint-Simon* **11:**191ff.♦; hat in voller Klarheit die Pro-

duktion als Grundlage des menschlichen Zusammenlebens erkannt 194; hielt es für unsinnig u. unmöglich, das Privateigentum abzuschaffen 195; **12**:96; **13**:351; 357ff.♦; Man muß den Saint-Simonismus als eine sozialistische Konzeption ansehen 364; Im Papst sieht S. einen Häretiker, der sich nicht für den Fortschritt einsetzt 365f.; 598

Salomon-Delatour, Gottfried *Comte ou Hegel* **8**:257; *Einleitung* (zu Bousquet, Grundriß der Soziologie nach Vilfredo Pareto) **11**:197f., 200; *Historischer Materialismus und Ideologienlehre* **11**:198 ▷*Pareto und die »Frankfurter« Soziologische Schule* **11**:197ff.♦

Salz, Arthur *Für die Wissenschaft, gegen die Gebildeten unter ihren Verächtern* **12**:351, 360

Samuel, Maurice *The Great Hatred* **14**:389, 429, 481 ▷**5**:418; **12**:295

Samuelson, Paul A. **14**:489

Sanford, R. Nevitt *The Authoritarian Personality* **12**:166 ▷**5**:387; 402; 419; **8**:64

Santayana, George de **4**:150

Sarti **9**:37

Sartre, Jean-Paul *Les Temps Modernes* (Hg.) **14**:242; *Saint Genet Comédien et Martyr* **14**:410 ▷**6**:259; **8**:371; **12**:117; **13**:123; S. u. der Existentialismus **14**:223; Was S. nicht sieht: daß Faschismus u. Kommunismus sich immer ähnlicher werden u. schließlich kaum mehr voneinander zu unterscheiden sein werden. George Orwell hat es gesehen 239; *Sartre über la condition humaine d'aujourd'hui* 409

Savigny, Friedrich Karl von **8**:405

Savonarola, Gerolamo *Trattati chirca il reggimento e governo della chittà di Firenze* **4**:36 ▷**4**:24; 30; 34ff.; 42; 45; 58; 60; 64; **6**:368; **7**:418; **8**:286; **12**:32f.

Savoyen, Sebastiano Castellio von **13**:491

Say, John Baptiste **3**:23

Schachtel, Ernst **12**:39; 68; 553ff.

Schafft, Hermann *Gespräch über die Aufgabe des Protestantismus in der säkularen Zivilisation* **11**:349ff.♦

Schallück, Paul *Moses Mendelssohn und die deutsche Aufklärung* **8**:175

Schary, Dore **12**:214

Scheiner **9**:133

Scheler, Max *Arbeit und Weltanschauung* **11**:155; *Bevölkerungsprobleme als Weltanschauungsfragen* **11**:155; *Christentum und Gesellschaft* **11**:155; *Die deutsche Philosophie der Gegenwart* **10**:254, 326, 328, 395, 398; *Erkenntnis und Arbeit* **3**:306, 309; **6**:60; *Der Formalismus in der Ethik und die materiale Wertethik* **3**:259, 381; **11**:95,

152f.; *Der Genius des Krieges und der deutsche Krieg* **10**:330; **11**:155; *Idealismus – Realismus* **11**:156; *Mensch und Geschichte* **11**:155f.; *Nation und Weltanschauung* **11**:155; *Probleme einer Soziologie des Wissens* **10**:330, 336, 351; *Schriften aus dem Nachlaß* **3**:215; *Schriften zur Soziologie und Weltanschauungslehre* **11**:155; *Die Stellung des Menschen im Kosmos* **3**:251, 255f., 261; **11**:148, 155; *Die transzendentale und psychologische Methode* **11**:151; *Die Ursachen des Deutschenhasses* **11**:155; (Hg:) *Versuche zu einer Soziologie des Wissens* **3**:25, 32; **10**:324, 394; *Versuche einer Philosophie des Lebens* **11**:96, 153; *Vom Ewigen im Menschen* **3**:79, 173; **10**:329f., 336, 398f.; **11**:148, 155, 157, 159, 161; *Vom Umsturz der Werte* **11**:154f., 213; *Wesen und Formen der Sympathie* **11**:154; *Die Wissensformen und die Gesellschaft* **3**:86, 95; **6**:60; **11**:151, 154 ▷**2**:174; **3**:27; 30; 43; 49; 108; 132; 258; Kritik am Pragmatismus 306ff.; Sein Denken gehört zum Übergang der liberalistischen in die totalitäre Staatsform 380f.; **4**:97; 300f.; 334; 352; **6**:22; 402; Die sozialen Klassen erscheinen bei S. als ewige Wesenheiten **7**:15; 25; 32; 270; 276; 324; 451; Das von S. angekündigte Aufsteigen der neuen Metaphysik hat nichts an der tiefen Desorientierung ändern können, die sie zu kompensieren suchte **8**:54; **9**:449; **10**:184; *Tendenzen der unmittelbaren Gegenwart: Historismus, Scheler, Klages* 317ff.♦; 324ff.; Elitebegriff 329f.; Eine Anschauung löst die andere in erstaunlich schnellem Tempo ab 330; 337; 340; riet dazu, die abendländische »Kunst der Herstellung von Sachgütern« durch die asiatische »Kunst der reinsten Duldung« zu ergänzen 351; *Phänomenologie (Husserl, Scheler)* 377ff.♦; 393ff.; Elitetheorie 399; **11**:94ff.; hat versucht, im Gegensatz zur formalen Ethik Kants eine materiale Ethik zu schaffen 96; *Max Scheler (1874–1928)* 146ff.♦; Sein Tod ist ein ganz großer Verlust 146; Das höchste Ziel seiner Arbeit war die Metaphysik 147f.; Propaganda für den Katholizismus 147f.; hat sich die Husserlsche Lehre von der Wesenserschauung zur Fundierung seiner materialen Philosophie umgeschaffen 151; Berufung auf Nietzsche u. Bergson 151f.; Versuch, ein objektives Wertesystem aufzustellen 151f.; psychologische Analysen von wirklicher Tiefe 152f.; hat sich immer als antikapitalistisch gefühlt 154; Anthropologie u. Geschichtsbegriff 156f.; 186; 198; 204; 213; Seine Ontologie hat einen unhistorischen Charakter, aber er ist fähig, sich selbst unbefangen soziologischen Analysen hinzugeben 216; 252; 270; 388; **12**:139; 354; »Liebe macht nicht blind, sondern sehend« **13**:35; 265; Wertphilosophie 272; 351; 352; 380; Verhältnis zu Husserl 396; 429

Schelling, Friedrich Wilhelm Joseph *Erster Entwurf eines Systems der*

Naturphilosophie **5**:41; *Ideen zu einer Philosophie der Natur* **10**:133; *System des transcendentalen Idealismus* **10**:147, 150f., 329, 398; *Vorlesungen über die Methode des akademischen Studiums* **8**:369, 383; *Ueber Mythen, historische Sagen und Philosopheme der ältesten Welt* **10**:132; *Werke* **8**:204; *Von der Weltseele* **10**:133, 146 ▷**2**:154; 297; **3**:241; **4**:150; 333; 387; **7**:134; **8**:175; Die Wissenschaft, heißt es bei S., hört als Wissenschaft auf, sobald sie zum *bloßen* Mittel herabgesetzt u. nicht zugleich um ihrer selbst willen gefördert wird 204f.; 369; **9**:44; 237; 305; **10**:15; 61; 68; 81; schrankenloser Idealismus 106; Fichtes großer Nachfolger 119; 129; *Schelling: Naturphilosophie* 129ff.♦; Sonderstellung in der Geschichte des deutschen Idealismus 131; erscheint gegenüber Fichte als der umfassender Gebildete 131; kontemplativer Zug in seinen Schriften 132; wesentliche Leistung, daß die Natur in ihrer konkreten Struktur begriffen werden soll 135; Bis zu ihm war die idealistische Philosophie wesentlich Transzendentalphilosophie 136; Grundgedanke, daß die Natur selbst ein eigenes, vom Bestande des erkennenden Bewußtseins unabhängiges Wesen habe 138f.; Bedingungen des Bewußtseins sind zugleich Bedingungen der erfahrbaren Welt 140; betrachtet die Natur als einen großen, allumfassenden Organismus 143; wurde von den romantischen Dichtern als *der* Philosoph empfangen 143; gelangt zu einer realen Dialektik, in der jedes Naturprodukt als die Vereinigung von Gegensätzen erscheint 144f.; nahm die anorganische Natur gewissermaßen als Zerfallsprodukt der organischen 146; Die Naturphilosophie sollte ursprünglich nichts anderes vorstellen als die Ausfüllung einer Lücke im Fichteschen System 146; Ästhetik 147ff.♦; erklärt die Kunst zum Organon der Philosophie 149; 152; Indifferenz des Absoluten gegenüber dem Unterschied von Subjekt u. Objekt 153; Verwandtschaft mit der Romantik 154f.; Sein Ästhetizismus u. seine Mystik sind als rein rückläufige Gedankenbewegungen aufzufassen 155; Das metaphysische Wesen soll gerade in der absoluten Indifferenz zwischen Ideellem u. Reellem bestehen 157; Hegels Kritik seiner Identitätsphilosophie 157ff.; 162; 172; 194; 214; 224; 328; 398; **11**:103ff.; 250; **12**:488; **13**:15; 349; **14**:97

Schelsky, Helmut **7**:117; **19**:49

Schenck, Ernst von **14**:355

Scherer, Wilhelm *Vorträge und Aufsätze zur Geschichte des geistigen Lebens in Deutschland und Österreich* **3**:171

Schiller, Ferdinand Cannig Scott *Riddles of the Sphinx – A study in the philosophy of Evolution* **3**:281 ▷**6**:103

Schiller, Friedrich *An die Freude* **9**:393; *Briefe über die ästhetische*

Erziehung des Menschengeschlechts **14**:261; *Die Worte des Glaubens* **13**:66; *Don Carlos* **11**:126; *Kabale und Liebe* **3**:415; *Prolog zu ›Wallensteins Lager‹* **14**:441; *Die Räuber* **13**:613 ▷**3**:115; 266; **4**:28; 333; 364; 370; **6**:354; **8**:204; 212; 219; 415; Gemeine Naturen zahlen mit dem, was sie tun, edle Naturen mit dem, was sie sind **12**:480; **13**:354; S. sagt: Der Mensch ist frei, u. wär' er in Ketten geboren. Eine merkwürdige Auffassung: Glaube macht frei 479; 525; 582; Das Zusammen von Kunst u. Philosophie stammt von Voltaire 603; Ein Mensch kann auch in Ketten innerlich frei bleiben, wenn er zur Freiheit erzogen ist. Selbst das ändert sich im Zeitalter der Gehirnwäsche **14**:91; 255; hat über den Zusammenhang zwischen dem schönen Schein u. der Wahrheit vieles gewußt 261; 356

Schilpp, Paul Arthur (Hg.:) *The Philosophy of John Dewey* **6**:106

Schirokauer, Arno **7**:69

Schlegel, August Wilhelm **10**:98

Schlegel, Friedrich **3**:173; **8**:163; 405; **10**:98

Schleicher, Kurt von **8**:19; 47

Schleiermacher, Friedrich *Über die Religion. Reden an die Gebildeten unter ihren Verächtern* **12**:351 ▷**3**:115; **4**:352; 359; **8**:415; **10**:98

Schlick, Moritz *Allgemeine Erkenntnislehre* **13**:372; *Gesammelte Aufsätze* **13**:372; *Philosophie und Naturwissenschaft* **4**:151 ▷**4**:152

Schmid, Carlo **14**:453; **19**:54

Schmidt, Alfred *Der Begriff der Natur in der Lehre von Marx* **7**:143f. ▷**3**:18; **6**:23; *Vorbemerkung zu Alfred Schmidts ›Der Begriff der Natur in der Lehre von Marx‹* **7**:143f.; 233; 425; **13**:270

Schnitzer, Joseph *Savonarola* **4**:35f., 38, 41, 45, 59f.; **12**:34

Schönberg, Arnold **5**:155; 160; erinnert zu sehr an verpaßte Gelegenheiten **6**:323; **7**:288; 471; 473; **12**:509

Scholastik (s. Begriffsrealismus) **2**:223f.; **6**:28; verwandelte die Religion nicht in eine bloße Ideologie 83; 210; 256; 259; 295; 340; 354; **7**:24; hatte danach getrachtet, die Vernunft mit der Theologie zu versöhnen 36; 43; hat sich dem Gesetz, daß Philosophie den Widerspruch ausdrückt, schließlich fügen müssen 89; 94; 129; hat vom Erbe klassischer Philosophie gezehrt 175f.♦; hatte das menschliche Leben relativiert 180; hatte zwischen theologischem u. säkularem Wissen keinen Widerspruch gekannt 190; Begriff der Seele in der Sch. 198f.; Sch. u. Skeptizismus 213f.; 226; untermauerte die Religion verstandesgemäß 233f.; **8**:62; **9**:27; 38f.; 42; 60; 62f.; 76; 80; 107f.; 118; 134; 136; 144; 199; 230; 244; 276; Universalienlehre 329; 402; 414; **10**:178; 190; **13**:478

Scholl, Hans u. Sophie **14**:57
Scholz, Heinrich *Die klassische deutsche Philosophie und die neue Logik* **4**:151
Schopenhauer, Arthur *Aphorismen zur Lebensweisheit* **7**:320; *Die beiden Grundprobleme der Ethik* **12**:583; **14**:301, 500; *Grundlage der Moral* **3**:115, 125; **7**:243; *Handschriftlicher Nachlaß* **7**:124, 132, 136, 190, 192; **8**:308; *Parerga und Paralipomena* **5**:48; **7**:51, 123, 126f., 133, 141, 191f.; **13**:336; **14**:412; *Preisschrift über die Grundlage der Moral* **13**:554; *Über die vierfache Wurzel des Satzes vom zureichenden Grunde* **13**:553; *Die Welt als Wille und Vorstellung* **2**:84, 87, 99, 110, 117; **6**:215; **7**:50f., 217, 240, 244, 245, 248f., 461; **11**:20, 206, 250; **12**:470, 583; **13**:337, 552; **14**:166, 437, 529 ▷**2**:162; 281; 410; 413; 427; 450; **3**:18; 25; 241; **4**:234; 265; 395; Metaphysiker des Mitleids **5**:126; 218; 279; 285; 398; **6**:248; 256♦; 270; 286; *Bürger Schopenhauer* 334f.♦; Sein Pessimismus steht über der europäischen Philosophie 334; 354; 374; *Schopenhauer als Optimist* 387f.♦; positive Metaphysik 387; 398; *Schopenhauer und die Gesellschaft* **7**:43ff.♦; Die Erziehung betrifft bei S. nur den Intellekt u. nicht den Charakter 45; glaubt an die Natürlichkeit einer essentiell repressiven Gesellschaft 45; beharrte auf der Sinnlosigkeit geschichtlicher Anstrengung 47; Durch sein Mißtrauen gegen Reform u. Revolution wird das Bestehende nicht glorifiziert 48; Das Grauen wird bei S. nicht vergötzt 49; Verteidigung der Religion aus pragmatischen Gründen 50; Sein Verharren bei der schlechten Gesellschaft verweist auf die bessere 50; Widerstand ist die Seele seiner Philosophie 53; 83; *Die Aktualität Schopenhauers* 122ff.♦; hielt den kulturellen Niedergang der Menschheit für plausibler als ihren Fortschritt 122; 124; Das Negative ist bei S. nicht in den Schein des Sinnes eingekleidet 124; hat weder Staat noch Technik vergottet 124; hat die Erfahrung des Entsetzens nicht philosophisch rationalisiert 125; hellsichtiger Pessimist 127; war der Aufklärung treu 128; hat die Grundanschauung der modernen Psychoanalyse vorweggenommen 132; Bekenntnis zur Aufklärung 132f.; hat den Begriff der Wahrheit festgehalten 136; Sein Denken ist der Jugend instinktiv zu eigen 137; Seine Lehre ist nüchtern, ohne philosophisch resigniert zu sein 139; Beziehung zum Christentum 140ff.♦; 155; denunzierte die »letzte Tiefe« als den Trieb zur Selbsterhaltung 183; Versuch, den Kern des Christentums zu retten 191ff.♦; Negation des freien Willens 194; *Pessimismus heute* 224ff.♦; hat mit Recht die Lehre von der Erbsünde als tiefe Wahrheit akzeptiert 228; Sein Pessimismus ist nicht radikal 228f.; Sein Pessimismus ist nicht so unbedingt, wie er der heutigen Situation

entsprechen würde 231; 238; *Schopenhauers Denken im Verhältnis zu Wissenschaft und Religion* 240ff.♦; ist trotz seines Atheismus nicht bloß Pessimist 242; ethische Funktion des Patriotismus bei S. 243ff.; Das Verhältnis seines Pessimismus zum Positivismus ist schwer zu bestimmen 243f.; Seine Lehre trifft sich mit der Wissenschaft 246; Seine Gedanken sind nicht pessimistischer als die auf exakte Forschung sich beschränkende Erkenntnis 247; Seine metaphysische Idee ist der religiösen nicht bloß entgegengesetzt 248; Sein Werk ist nicht überholt 248; Seine pessimistische Lehre ist ein Trost 251; Seine Metaphysik bietet die tiefste Begründung der Moral 252; Sein Denken ist nicht so pessimistisch wie die Verabsolutierung der Wissenschaft 252; 256; 276; 320; 322; 350; 364; 369; 372; Stellung zur Religion 391f.♦; 430; 433; 445; 447; 449; 452; Bedeutung für Freud 455f.♦; 459; 462f.; 479; **8:**175; 308; Die Differenz zu Marx liegt praktisch in dem Widerstreben gegen scheinbar spontane Kollektivaktionen, gegen das Erwachen sei es des Volks oder Proletariats, u. die Gegenwart hat ihn darin bestätigt 309; Die beiden Philosophen, welche die Anfänge der Kritischen Theorie entscheidend beeinflußt haben, waren S. u. Marx 336; 343; 346; **9:**14; 39; 55; 258; **10:**33; 39; 214; ist ein alter Nachfahre der Aufklärung 277; 288; Die Ohnmacht des Intellekts erscheint bei ihm als ein Verhängnis, er ist ein enttäuschter Nachfahre der Aufklärung 407f.; Kant-Kritik **11:**206; Seine Philosophie vermag heute noch die Menschen vor der Welt sehend zu machen 206; 259; **12:**74; 125; 260; 365; 378; 437; 441; 450; S.s Positivismus 458ff.♦; Der großartigste Anspruch an Glück, der je in der Geschichte gemacht worden ist 464; 595f.; **13:**22; 226; 252; 319; Für S. ist die Geschichte eine sinnlose Ansammlung schauervoller Taten 336ff.; 344; hat keine Geschichtsphilosophie gehabt 467; 471; 541; war Hegels Gegner; hat sich an Kant gehalten 551; Wir wissen, daß es uns hauptsächlich um Dasein u. Wohlsein geht 552; das Quietiv des Willens 552; tat twam asi – das bist du, du bist derselbe wie ich 552; S.s Schriften gehören ästhetisch zu dem Großartigsten in der deutschen Literatur 552; S. wie Freud sagen: Nicht die Erkenntnis, sondern ein Tieferes ist entscheidend 553; Mitleid 554; Seelenwanderung 555; Das principium individuationis ist ein Schleier 556; 585; 628; 630; Gier nach Dasein u. Wohlsein 642; **14:**89; 108; 112; 114; 136; 142; 165; 195; 204; Hegel hätte S. mit Recht vorgeworfen, daß er über seine eigene Philosophie nicht reflektiert hat 207; 213; 215; 236; Die Wahrheit S.s: Wenn das Individuum nicht zu seiner Erfüllung kommt, dann ist die ganze Welt schlecht 247; 255; 264; 268; *Hegel und Schopenhauer* 280; 282; S.s Metaphysik ist nicht philosophisch begründet 294; *Schopenhauer und der Positivismus*

306; 314; 369; Lehre vom Mitleid 383; 387; 402; 483; 491; die Nichtigkeit des Prinzips der Individuation 494; 525; **19:**41

Schoppe, Caspar (Scopius) **9:**37

Schostakowitsch, Dmitrij **12:**208

Schüler-Springorum, Horst *Wer ist Angestellter?* **8:**112

Schütz, Klaus (u. Hirsch-Weber) *Wähler und Gewählte* **8:**122

Schuller, Georg Hermann **9:**232

Schultz, Franz *Romantik* **10:**130

Schultz, Hans Jürgen **7:**301 ff.; 405 ff.

Schulze, Gottlieb Ernst *Aenesidemus oder über die Fundamente der von dem Herrn Professor Reinhold in Jena gelieferten Elementarphilosophie. Nebst einer Verteidigung des Skeptizismus gegen die Anmaßungen der Vernunftkritik* **5:**321; **10:**75, 81 ▷**4:**133; *Schulze: Kritik der Kant-Reinholdschen Philosophie* **10:**75 ff.♦; hat die kritische Philosophie im Namen Humes verkündet 75; Seine Kritik an Kant richtet sich gegen den metaphysischen Gehalt seiner Philosophie 77; Kausalität 80 f.; 82; 88; 100

Schumann, Friedrich *Zur Psychologie der Zeitanschauung* **11:**93 ▷**7:**448

Schweppenhäuser, Hermann **7:**425; **19:**20

Scott, Walter **5:**185

Seashore, Carl Emil **12:**479

Sebond, Raymond *Natürliche Theologie* **4:**247

Sée, Henri *Französische Wirtschaftsgeschichte* **4:**238

Seidenmann, Alfred **12:**542 ff.

Sekles, Bernhard **7:**262

Seneca *Briefe an Lucilius* **5:**166 ▷**7:**122; Schon S. hat es gewußt: eine große Bibliothek, so meint er, wirkt nur verwirrend; man soll sich nur mit wenigen guten Schriftstellern befassen **14:**474

Sensualismus **7:**12; Sensualistische Erkenntnistheorie **9:**353 ff.♦; **10:**81; **11:**84

Servet, Michael **13:**490

Severing, Carl **6:**223; **14:**62

Shaftesbury, Anthony Ashley Cooper (Earl of) **4:**14; **7:**37; **9:**307; 343; 349; der ›moral sense‹ ist das Höchste im Menschen 392 f.; 395; 462; **13:**354; 584

Shakespeare, William *Hamlet* **5:**183; **6:**143 f.; *Der Kaufmann von Venedig* **4:**402; *Romeo und Julia* **3:**415 f.; **7:**355, 359, 386; **13:**17 ▷**4:**257; 421; 435; **6:**365; **7:**478; **8:**78; **9:**51; **12:**573; **14:**166

Shotwell, James Thomas **12:**549

Sidney, Philip **9:**51

Siebeck, Hermann **10**:188

Siger von Brabant **5**:321

Sigwart, Christoph *Logik* **3**:277; **11**:31 ▷**10**:303; 312; 380; 386; **12**:600

Silberer, Edmund *Sozialisten zur Judenfrage* **4**:381

Simmel, Ernst *Anti-Semitism. A Social Disease* **5**:364, 419; **12**:172; *Antisemitismus und Massen-Psychopathologie* **5**:402 ▷**5**:396ff.; Theorie der Einverleibung 400; **12**:475; 517

Simmel, Georg *Grundfragen der Soziologie* **4**:380; *Goethe* **10**:288; *Der Konflikt der modernen Kultur* **6**:173; **10**:294; *Lebensanschauung. Vier metaphysische Kapitel* **6**:173; **10**:289f., 292 ▷**3**:177; **4**:355; **5**:363; **6**:173; **7**:71; 112; 326; **8**:188; **10**:183; *Lebensphilosophie: Bergson, Simmel, Dilthey* 267ff.♦; 269; 281; 287ff.♦; hat ganz u. gar nichts vom philosophierenden Biologen 287; hat sich mit der Errichtung einer modernen Soziologie produktiv beschäftigt 288; Die Geschichte ist der zentrale Blickpunkt in seiner Philosophie 288f.; weiß um die absolut philosophische Problematik seiner eigenen Philosophie 290; Begriff des Lebens 290f.♦; Historismus 291f.; Kritik am Fetischcharakter kultureller Institutionen 293f.; ungeheurer Niveauunterschied zwischen S. u. Spengler 294f.; 296f.; 322; **11**:273; **13**:27; 338

Simons, Menno **13**:490

Sinclair, Upton **14**:507

Singer, Kurt *Rede auf Goethe* **14**:202

Sinzheimer, Hugo **8**:215

Sittenfeld, Hans **19**:16

Skeptizismus (s. Montaigne) *Montaigne und die Funktion der Skepsis* **4**:236ff.♦; Sensualismus 243; Stellung zur Vernunft 247ff.♦; Individuumsbegriff 255ff.♦; Verhältnis zur Religion 263ff.♦; Verhältnis von S. u. Dialektik 291f.; 341; 375; **5**:117; bezeichnet die Beschränkung der bürgerlichen Rationalität aufs Bestehende 321; **6**:182; 334; *Über den Zweifel* **7**:213ff.♦

Slawson, John **5**:411

Smith, Adam *The Theory of Moral Sentiments* **4**:330; **9**:451; *Untersuchung über die Natur und Ursachen des Reichtums der Nationen* **9**:451 ▷**3**:23; **4**:219; **5**:308; **9**:399; 451ff.♦; Moralphilosophie 451ff.; Ökonomik 454ff.; konnte noch nicht zu einer soziologischen Theorie vordringen 456; hatte seine Lehre von der Wirtschaft noch als politische Ökonomie betrachten können **11**:194; **12**:136; **13**:300; 605

Smith, Gerald K. **5**:408

Société Internationale de Recherches Sociales 7:266
Soden, Hans Freiherr von *Gespräch über die Aufgabe des Protestantismus in der säkularen Zivilisation* **11**:349ff.♦
Sohn-Rethel, Alfred **12**:448
Sokrates **2**:163; 264; 316; 370; **4**:43; 143; 255; 336; 340; 430; **5**:324; 330; untergrub die heilige Tradition Griechenlands **6**:33♦; versuchte, die Tugend von der Religion zu emanzipieren 98; war der erste Herold der Individualität 141; Lehre von der Identität von Tugend u. Wissen **7**:20; Sein Prinzip weist über die Antike hinaus 88; **8**:50; 436; **13**:295; 411; die Idee des Daimoniums 455f.; 535
Solidarität **2**:322; *Menschliche Beziehungen* 438ff.; Die ökonomische Entwicklung ist schon lange so weit gediehen, daß zum guten Fortkommen auch die Fähigkeit zu einem gewissen Interesse an fremdem Schicksal gehört **3**:273ff.; Heute ist der Kreis wirklicher S. eng genug bemessen **4**:215; 321; **6**:176; **7**:139f.; Die richtige S. vereinigte Religion u. Philosophie in sich 223; 232; Verwandtschaft von S. u. Nächstenliebe 312f.; Die S. des Proletariats bezieht sich schon seit langem vor allem auf bessere Lebensgestaltung 352; 371♦; 382; 385f.♦; 404; Die S., aus der einmal die bessere Gesellschaft erwachsen sollte, ist nicht mehr die des Proletariats 420; 481; die S. der Menschen als endlicher, von Leiden u. Tod bedrohter Wesen, eine S., die schließlich auf die Kreatur schlechthin sich erstrecken könnte **8**:317; 323; 332; **12**:264; **14**:403; *Worauf es im Leben ankommt* 518; das Erlebnis der Verlassenheit u. die aus diesem Erlebnis entstehende S. der Menschen 518; Was die Menschen verbindet, ist die Trauer über das Leiden, über den Tod, über die condition humaine, über die Verstricktheit in Schuld 520; **19**:39
Solon **5**:31
Sombart, Werner *Der Proletarische Sozialismus (›Marxismus‹)* **7**:267 ▷**4**:381; 400; redet von »Aufklöricht« u. ruft nachträglich noch nach der Peitsche für Helvétius **9**:349; **11**:252; **19**:62
Sommerfeld, Martin *Jakob Michael Reinhold Lenz und Goethes Werther* **12**:555
Sophie Charlotte (Königin von Preußen) **9**:246
Sophie (Kurfürstin von Hannover) **9**:246
Sophokles *Antigone* **3**:407, 411
Soraya Esfandiari (Schahbanu von Persien) **6**:290
Sorel, Albert *L'Europe et la Révolution Française* **10**:17f.
Soudek, Joseph **12**:553ff.
Sozialdemokratie **2**:312; Reformismus 375ff.♦; **4**:299; 321; 381; **6**:223f.♦; Die deutsche Opposition bietet den Anblick eines nicht

einmal monumentalen Schundfilms 224; Glorifizierung des Proletariats 262; 263; 312; 345; 347; Pakt mit der ungerechten nationalistischen Gesellschaft 392; **7**:406; *Sozialdemokratische Politik nach dem Muster Hollywoods* **14**:61; katastrophaler Mangel an Phantasie 62; Die deutsche Opposition bietet den Anblick eines nicht einmal monumentalen Schundfilms 62

Sozialforschung (s. Soziologie)

Sozialismus **2**:315; 341 ff.♦; Die skeptische Behandlung des S. dient der herrschenden Gesellschaftsordnung 343; Dem S. steht nur der Machtapparat der Herrschenden entgegen 343 f.; Bürgerliche Kritik am proletarischen Kampf ist eine logische Unmöglichkeit 347; bedeutet die Entfaltung der individuellen Anlagen 356; Eine verwirklichte sozialistische Ordnung wäre für alle Proletarier besser als der Kapitalismus 375; Mit der Erfüllung der Gerechtigkeit verschwindet das Recht 387; *Sozialismus und Ressentiment* 391 f.♦; In einer vernünftigen Gesellschaft verändert der Begriff Arbeit seinen Sinn 406; Arbeit in der sozialistischen Gesellschaft 411; Von der sozialistischen Neuorganisation hängt die Verwirklichung aller kulturellen u. ideellen Werte ab 419; In den Ländern des Diamat längst zum Instrument der Manipulation pervertiert **3**:15; religiöser S. 81; **4**:298 f.; Rolle der Spontaneität **6**:148 f.; *Die verbotene Frage* 200 f.♦; *Die Zukunft des Bürgertums* 227 f.♦; Den richtigen S. dem falschen im Osten entgegenzusetzen, ist wieder bloß noch eine Utopie geworden 273; 286; 290; Das Bürgertum hat die sozialistische Theorie in der Massengesellschaft längst eingeholt 290 f.; Der Gedanke der freien Gesellschaft erweist sich in diesem Äon als bloße Utopie 294; Staatskapitalismus im Osten 298; Der Materialismus glorifizierte den eigenen Staat 300; 306; könnte eine für alle Menschen funktionierende Gesellschaft werden 308; Kollektivismus 310; sozialistischer Autoritarismus 323; Der Druck des Terrors im Osten erfährt schon die Ahnung des künftigen Widerstands 330; Das Reich der Freiheit wäre das des Übermenschen 339; Die Hoffnung, in der entfalteten Gesellschaft die Gerechtigkeit einzuführen, ist in sich widerspruchsvoll 359 f.; 392; *Gegen den Linksradikalismus* 414♦; **7**:53; Philosophie im Osten ist bloße Apologie 90 ff.; 119; 138; Diamat 160; S., der nicht Erfüllung des Individuums bedeutet, wird zur totalitären Barbarei 171; religiöser S. bei Tillich 187; 298 f.♦; S. in der CSSR 306; 376; 382; Radikal ist nur die Linke 407; 458; Liberalismus in einem Land kann auf die Dauer so wenig bestehen wie S. in einem Land **8**:308; Die produktiven Kräfte der Menschheit gestatten eine vernünftige, für alle ersprießliche Ordnung der Produktion 313 f.; Die Verbindung:

S.–Klassenkampf ist überholt. Das Ziel liegt in Wahrheit Proletariern nicht näher als den aufgeklärten Bürgern 314; Voraussetzung für eine menschenwürdige Gesellschaft in der ganzen Welt ist die Beseitigung der materiellen Not 315; Der Gedanke, daß die Erdenbürger alle gleichen Anspruch auf ein materiell gesichertes Dasein haben, ist nicht mehr utopisch 321; die Idee der Erde als gemeinsamer Heimat 321; Was Karl Marx sich als S. vorgestellt hat, ist in der Tat die verwaltete Welt 348; Zusammenhang mit der Aufklärung **9:**365; utopischer S. 366; utopischer S. der Aufklärung 388ff.; Die höheren Individuen stehen heute auf der linken politischen Seite **11:**243; 264ff.; *Marx und der Messianismus* 268f.; 355; (Adorno:) Fetischisierung u. Kult der Maschine sind mit der Grundidee des S. unvereinbar 368; 379; 384f.; (Adorno:) das Bild des letzten Menschen hat nichts mit S. zu tun 385; **13:**609; *Sozialistische Moral* **14:**90; *Der Sozialismus und sein Gegenteil* 112; Nur eine über das persönliche Glück hinausgehende Zielsetzung kann glücklich machen. Welche Bedeutung hat diese Einsicht für den Begriff der sozialistischen Gesellschaft? 275; 298; *Sozialismus und Religion* 455; *Sozialismus und Liebe* 456; *Über die Möglichkeit des Sozialismus* 470; *Wahr contra richtig* 485

Sozialwissenschaft (s. Soziologie) Auf dem Felde der S. wie in der Erlebniswelt des Einzelnen werden blinde Anschauung u. leere Begriffe starr u. unvermittelt zusammengebracht **5:**232; Invarianz u. Dynamik in der Lehre von der Gesellschaft **8:**57♦; Nur als unerkannte Natur, als blinde Notwendigkeit wirkt das Gesellschaftliche zerstörend 61; Es gehört zu den empfindlichsten Schwierigkeiten der modernen Soziologie, daß zwischen statistisch-allgemeinverbindlichen Befunden u. spezifischen, das Wesen des Individuums u. die Dynamik seines Verhaltens erschließenden Methoden ein Bruch klafft 73; Es gehört zum Sinn von Forschungen wie der über den »autoritätsgebundenen Charakter«, daß sie nicht einzig u. allein der in sich ruhenden Wissenschaft dienen 76; methodologische Probleme 143; Kritik der gegenwärtigen Soziologie **12:**159; schlechte Trennung von formaler Logik u. materialer Erfahrung 300; soziologische Unterscheidungen 302♦; Zur Kritik der amerikanischen Sozialwissenschaften 319♦; Nicht einmal als Bewußtsein des Verzichts ist die Erinnerung an philosophische Intentionen in den amerikanischen S.en lebendig 319; Methodenstreit Weber–Kahler–Salz 360; *Debatte über Methoden der Sozialwissenschaften* 542ff.♦; zur Kritik der amerikanischen Sozialwissenschaft 542ff.♦; Verhältnis von Vernunftkritik u. Gesellschaftskritik 599♦; Selbstkritik der arbeitsteiligen Vernunft 602♦

Soziologie (s. Sozialwissenschaft) *Die gegenwärtige Lage der Sozialphilosophie und die Aufgaben eines Instituts für Sozialforschung* **3**:21 ff.; Haltung der Sozialphilosophie zum Positivismus 26f.; S. u. Sozialphilosophie 27f.; Sozialforschung als Förderung der Theorie der gegenwärtigen Gesellschaft als ganzer 36ff.; S. u. Sozialforschung 37; *Zum Problem der Voraussage in den Sozialwissenschaften* 150ff.; S. u. Sozialphilosophie 150ff.; **4**:164ff.♦; 213; *Psychologie und Soziologie im Werk Wilhelm Diltheys* 352ff.♦; Die generalisierende S. hat daran gekrankt, daß sie zumeist von feineren Leuten betrieben worden ist **5**:303; Klassenbegriff **6**:153f.; *Eine Kantische Soziologie* 191f.♦; *Soziologie* 272; Sozialwissenschaften 242; *Zur gegenwärtigen Aufgabe der Soziologie* 282f.♦; *Eine Anregung für die Sozialforschung* 372; *Soziologie und Philosophie* **7**:108ff.♦; hat in der Gesellschaft ihren Platz gefunden u. sich nützlich gemacht 112; erfährt sich in steigendem Maß als eine Fertigkeit 113; Unterschied zur Naturwissenschaft 113f.; hat im Bestehenden sich einzurichten 114; vermag sich ihrem eigenen Sinn nach nicht von Philosophie zu lösen 114f.♦; Ohne Bekümmerung ums Schicksal des Ganzen ist S. als Wissenschaft steril 115; weist auf das richtige Zusammenleben der Menschen hin 117f.♦; Ihr Ursprung liegt in dem Willen, Religion u. Philosophie in die Welt einzubinden 117; Ihr ureigener Motor ist nicht Beherrschung 118; Daß heute S. empirisch sich ausbreitet, ist Zeichen ihrer Nützlichkeit u. Resignation 121; 316; Industriesoziologie **8**:95ff.♦; Soziologische Theorie setzt sich zur Aufgabe, den bestehenden Verhältnissen, die jeweils so leicht als das Natürliche erscheinen, auf den Grund zu blicken 188; 256; Gesellschafts- u. Soziallehre muß an der heutigen Universität einen wichtigeren Platz einnehmen als zu jeder anderen Zeit 376; S. an der Universität 378f.♦; Verhältnis von S. u. Philosophie 378; 451; **9**:456; **10**:182; hat etwas vom Erbe des dialektischen Idealismus bewahrt 339; **11**:149; *Über das Recht soziologischer Interpretation* 159ff.♦; *Zersplitterung und Einheitlichkeit der gegenwärtigen Soziologie* 167ff.♦; gibt keine Antwort auf die Frage, was die Gesellschaft sei 167; läßt unmittelbar kein organisierendes Interesse erkennen 169; die moderne S. ist durch den Mangel an Zutrauen zur rationalen Veränderung ihres Gegenstandes gekennzeichnet 170; *Zur Geschichte der Soziologie von Machiavelli bis Saint-Simon* 191ff.♦; verdankt ihre Entstehung den praktischen Zwecken der Menschenbeherrschung im Interesse der Wirtschaft 191; *Pareto und die »Frankfurter« Soziologische Schule* 197ff.♦; *Über Sinn und Grenzen einer soziologischen Behandlung der Philosophie* 210ff.♦; hat die Lebensäußerungen der Gesellschaft

möglichst einheitlich zu begreifen 215; 396; Max Webers Kritik an der S. wird ignoriert **13**:27; Der soziologische Begriff der »Gesellschaft« ist eine Entdeckung des Positivismus 362; Begriff der S. bei Comte 368; Die S. ist das Produkt Comtes 370; Die Soziologen sind eine Bande von Ideologen, welche die Aufgabe erfüllen, das Denken der Menschen über gesellschaftliche Dinge auf Gegenstände abzulenken, die ungefährlich sind **14**:241; *Naturwissenschaftliche versus gesellschaftswissenschaftliche Theorie* 245; ist Ideologie, mit der Funktion, den wirklichen Tatbestand zu verhüllen 296; Noch niemals war die S. so blank wie gegenwärtig die Verdopplung der Welt **19**:34

Sozzini, Fausto Paolo **13**:490

Sozzini, Lelio Francesco Maria **13**:490

Spann, Othmar *Gesellschaftslehre* **3**:205f.; *Universalismus* **3**:206 ▷**3**:25

Spencer, Herbert **3**:228f.; 236; 246; 338; **4**:114; 165; 333; 360; 363; **5**:363; 398; **6**:132; **7**:112; **11**:266; **12**:148; **13**:351; 356; 557

Spengler, E. de **4**:127

Spengler, Oswald *Der Untergang des Abendlandes* **2**:164, 265f.; **3**:177; **10**:179, 294f.; **11**:169, 213 ▷**2**:164f.; 265f.; *Zu Oswald Spenglers ›Jahre der Entscheidung‹* **3**:159ff.; **6**:131; **8**:413; 440; **9**:446; **10**:185; 294ff.♦; billiger Vergleich der Kulturen mit dem Leben von Pflanzen 295; **11**:252; **13**:468; Trotz seiner falschen Theorien behält S. recht: Das Abendland geht unter. Denn es hat keinen Inhalt mehr. Statt Gott oder einer Utopie wird ein gemästeter Ochse, Sinnbild des gehobenen Lebensstandards, angebetet **14**:365

Spiegel, John P. **8**:301

Spinoza, Baruch de *Abhandlung über die Läuterung des Verstandes* **9**:203, 229; *Abhandlung vom Staat* **8**:320; *Cogitata metaphysica* **9**:202; *Descartes' Prinzipien der Philosophie auf geometrische Weise begründet* **9**:202; *Ethica, ordine geometrico demonstrata* **3**:133; **5**:52, 109, 119, 124; **9**:198f., 201ff., 219f., 223ff., 229f., 232ff., 370; **13**:520; **14**:257♦; *Tractatus de Deo et homine eiusque felicitate* **9**:203; *Theologisch-politischer Traktat* **2**:221; **4**:347; **9**:201ff., 206ff., 212, 216f., 221, 227, 234, 237; **13**:491f., 494 ▷**2**:221f.; 229; 237; 245; **3**:31; 81; 112; 177; 235; 241; 269; 374; **4**:11; 114; 150; 252; **6**:36f.; strenger u. milder zugleich als Bruno 210; 297; Seine Ethik reflektiert das Glück u. verschmäht die Barmherzigkeit 335; 375; **7**:19f.; 24; 28; 137; 199; **8**:370; **9**:14; 19; 55f.; 98; 129; 138; 192; 196ff.♦; ist kein Theologe, sondern im ausgeprägten Sinn Metaphysiker 196; ungebrochen rationalistische Metaphysik 198; Fast alle Probleme u. Denkmotive der Zeit haben in seiner Philosophie einen

prägnanten Ausdruck gefunden 199; Bibelinterpretation 207ff.♦; Es ist die politische Absicht des Traktats, eine reinliche Scheidung zwischen Theologie u. Politik durchzuführen 211; Er macht den Versuch, ohne irgendeinen Anschluß an Autoritäten, das abschließende Weltbild aufzurichten 217; Seine Philosophie gehört zum gleichen aufgeklärten u. gebildeten Bürgertum wie seine Staatslehre 219; Einsetzung der weltlichen Erkenntnis als der einzig legitimen Wahrheitsquelle gegenüber aller Theologie u. positiven Religion 221; Erkenntnislehre 227ff.; hat zugunsten Gottes die wirkliche Welt der Dinge geleugnet 231; war wie Hobbes ein radikaler Determinist 232; Man muß bei ihm sehr zwischen dem metaphysischen u. dem naturwissenschaftlichen Zug unterscheiden 234; Affektenlehre 234ff.; Pantheismus 237ff.♦; Glaube an die Vortrefflichkeit der ursprünglichen, natürlichen Ordnung 238; 243; 247; 250; hat die Gesamtnatur als unmittelbaren Ausdruck des göttlichen Wesens genommen 260; 261f.; 284; persönliche Bekämpfung aller teleologischen Erklärungen 292f.; 297; 299; 338; 340; 399; 405f.; 460f.; **10**:115; 118; 132; 153; **11**:92; 170; 366; **12**:49; 136; 158; 244; 278; 373; 447; 467; die Möglichkeit einer rationalen Kritik am Positivismus 476; 523; **13**:354; 359; 456; 489; 491f.♦; Der ›Theologisch-politische Traktat‹ ist das erste große Dokument der Bibelkritik 493; Substanzlehre 494; In dieser Philosophie hat sich das Bürgertum jener Zeit das großartigste Denkmal gesetzt, eine Glorifizierung in unendlicher Reinheit 496; Vorwegnahme Hegels 497; amor intellectualis Dei 498; 500; 503ff.; 519ff.♦; **14**:59; 236; 255; 257f.♦; *Prolegomena zu Spinoza* 266f.♦; 267; *Die Axiome Spinozas* 269; 282

Spitz, René *Die Entstehung der ersten Objektbeziehungen* **8**:273 ▷**7**:338

Sport Im S. wie in allen Zweigen der Massenkultur herrscht angespannte, zweckvolle Betriebsamkeit. Sie kündigt die vom inhaltlichen Ziel verlassene Organisation des gesamten Lebens an **5**:111; Das ist es, woran die Manipulatoren des Körpers ihre Freude haben. Sie messen den anderen, ohne es zu wissen, mit dem Blick des Sargmachers 267; *Zur Soziologie des Sports* **8**:221ff.♦; S. als Ersatz für einen moralischen Maßstab 221; S. als Reaktion auf den Funktionswandel der Familie 222; gesteigerte erzieherische Bedeutung der sportlichen Gruppe 226; Football ist das spirituelle Zentrum der modernen Hochschule in Amerika 227; Der Coach übernimmt die Rolle des Lehrers, des Priesters, des Offiziers 230; Identifikation mit Starsportler 230; S. u. Nationalismus 233

Sprache (s. Rede, Wahrheit) *Philosophische Gespräche im Salon*

2:317f.; 337; *Zur Psychologie des Gesprächs* 372f.; *Die Urbanität der Sprache* 392f.; Sprachbegriff des Neukantianismus **4:**133f.; 146; Der Vorstellungskreis, dem die von den mythischen Figuren unabänderlich vollstreckten Schicksalsprüche angehören, kennt noch nicht den Unterschied von Wort u. Gegenstand **5:**83; Die Entmythologisierung der S. schlägt, als Element des gesamten Aufklärungsprozesses, in Magie zurück 192f.; Die Blindheit u. Stummheit der Daten, auf welche der Positivismus die Welt reduziert, geht auf die S. über, die sich auf die Registrierung jener Daten beschränkt 193; Bezeichnungen ähneln Zaubersprüchen, Praktiken 193; Die Signifikation, als einzige Leistung des Worts von Semantik zugelassen, vollendet sich im Signal 194; S. u. Gestik sind vom Schema der Kulturindustrie durchsetzt 195; Wo S. apologetisch wird, ist sie schon korrumpiert, ihrem Wesen nach vermag sie weder neutral noch praktisch zu sein 249; ist in der modernen Gesellschaft auf ein Werkzeug unter anderen reduziert **6:**43; rächt sich, indem sie auf ihre magische Stufe zurückfällt 43; 99; 112ff.♦; zum Instrument geworden, das von Technikern im Dienst der Industrie benutzt wird 112f.♦; heute ist der Natur die S. genommen 113; 148; 167ff.♦; es gibt keine Formel 168; befreit den mimetischen Impuls 179♦; S. in Philosophie u. Faschismus 179; *Ausdruck und Schmerz* 191; *Das Ende des Sprechens* 212f.♦; 213; *Glück und Sprache* 237; *Small talk* 265f.♦; S. muß den Anspruch erheben, wahr zu sein, ihr Ursprung aber ist die Herde 321; 356; die S. wird zu einem bloßen Werkzeug **7:**30♦; 54; 72; Verkümmerung der S. 95; Rückgang der S. 98f.♦; S. ist ein Nest der Vergangenheit 99; 114; Verdinglichung der S. im Positivismus 161; 219; Die letzte Wahrheit ist nicht in die menschliche S. zu übersetzen 238; Verbindung von S. u. Religion 280f.; bei Adorno 287f.; *Dialog über den Dialog* 301ff.♦; 315; Wissenschaft scheint im Augenblick wenig auf Präzision der wahren S. bedacht zu sein 316; In der Lage, in der die Welt sich befindet, hat trotz allem das Wort vielleicht eine Bedeutung, die größer ist, als man im Zeitalter seines Verschleißes denken könnte **8:**63; beschränkt sich auf die Funktion des Zeichenapparats 252; Die großen Worte fungieren nicht so sehr als Elemente des Gewissens denn der Konvention 266; Schematisierung der S. 267; Sprechen zwischen den Privaten als Privaten wird Konversation 311; 385; Lockes Sprachphilosophie **9:**335; Berkeleys Sprachtheorie 415f.; *Über die Beziehung zwischen Sprache und Denken und das Verhältnis von philosophischer und psychologischer Analyse* **11:**121ff.♦; ist wesentlich mit der Welt des Sprechenden verschmolzen 128; falsche Behauptung der Assoziationspsychologie, daß beim Sprechen u. Denken

Sach- oder Wortvorstellungen eine ausschlaggebende Rolle spielen 130; *Sprache und Metaphysik* 273f.♦; Kopula u. Subsumtion **12**:70♦; 494ff.♦; Die S. in ihrem Sein treibt zu Monismus u. Identitätsphilosophie 71; Selbstwiderspruch der S. 125f.; Was die Menschen verbindet, wenn die S. das Allgemeine nennt, ist nicht so sehr, daß sie einmal in Gedanken sich erfassen lassen, sondern daß sie sagen, was Macht über sie alle hat 126; S. u. Erkenntnis 261♦; 303; 493; S. verdoppelt die Welt. Indem sie sich als ein eigenes Medium konstituiert, wird sie entweder zum Herrschaftsmittel oder zum Bild 261; Erbsünde u. Kopula 277♦; Unterm Monopol erstarrt die S. zu einem Zeichensystem, stummer u. ausdrucksloser als Morsezeichen u. Klopfsysteme von Gefangenen 290; Husserls genetische Logik – Das Benennen als Urfunktion der S. 499♦; (Adorno:) Im indexikalischen »dies« steckt die ganze synthetische Funktion, die wir erklären wollen. Man muß die organische Zusammensetzung der S. selber analysieren 503; Karl Kraus u. die Sprachsoziologie **13**:20f.; Die übliche S. ist vielfach nur noch Reflexionsform des Geldes 22; Gruppendiskussionen zeigen eine Art Einheitssprache des Beschädigten, die sich zäh vor die Gedanken schiebt 24; die Lautsprecherstimme der verwalteten Welt 24; Stereotypie 24; 171; *Sprache und Macht* **14**:65; *Sprache und Tod* 84; Der Laut war Ausdruck zugleich u. Direktive für die Herde. Von der Sprache der Primitiven bis zu den Massenkommunikationsmitteln der Gegenwart führt eine einzige Linie 85; *Symbolverrichtung* 86; das Ganze: logische Voraussetzung der S. 99; *Sprechen: eine Identifikation mit dem Kollektiv* 151; *Die sublime Intention der Sprache* 156; *Sprache und Wahrheit* 207; *Sprache und Denken* 373; Die S. hat ihre alte Funktion verloren, Gedanken auszutauschen u. zum Denken anzuregen. Statt dessen vermittelt sie gewisse Stimuli, auf die bestimmte Reaktionen erwartet werden u. erfolgen 440; **19**:36; 50

Spranger, Eduard **14**:385

Staat (s. Autoritärer Staat, Bürgerliche Gesellschaft, Kapitalismus) Staatsvertragslehre bei Hobbes **2**:214ff.♦; Die Einheit von S. u. Gesellschaft ist als Tatsache nicht mehr zu retten 219; produktiver Kern des Begriffs der Nation 371f.; Nach Hegel ist der S. durch den Interessenkampf der Gesellschaft unmittelbar bedingt **3**:23; Organ der stärksten kapitalistischen Gruppen **4**:267; Hegels Rechtfertigung des preußischen S. 350f.♦; Begriff der Nation ersetzte die Religion als höchstes Motiv des menschlichen Lebens **6**:41; Die Idee der »Volksgemeinschaft« ist am Ende nur durch Terror aufrechtzuerhalten 41; der Materialismus glorifizierte den eigenen S. 300; *Pro patria* 343f.; 367; **7**:43ff.♦; 124; Je furchtbarer die Gewalt der Staatsmacht ist,

desto größer die Pflicht, dafür zu sorgen, daß die Heimat, die sie schützen soll, so menschenwürdig wie nur möglich eingerichtet ist 158; S., Verfassung, Politik **8**:43ff.♦; Formale Verfassungsgarantien sind nicht nichtig 46; S., Universität, Demokratie 52♦; Politik, Kriegstechnik, staatliche Zwangsgewalt 57; Lehre vom S. bei Hobbes **9**:120ff.♦; 216f.; 290; Staatstheorie bei Rousseau 383ff.; Staatsphilosophie bei Kant **10**:62f.; Staatsphilosophie bei Fichte 121ff.♦; stellt bei Hegel einen höheren Grad von Wirklichkeit dar als das Individuum selbst 122; der Mensch im autoritären S. **12**:161

Stadler, August *Grundsätze der reinen Erkenntnistheorie in der Kantischen Philosophie* **10**:215; *Kants Teleologie und ihre erkenntnistheoretische Bedeutung* **2**:71; **10**:215

Staël-Holstein, Germaine de (Madame de Staël) **10**:19

Stalin, Jossif W. **3**:18; Die Existenz der »Seele« bleibt auch bei S. anerkannt **6**:214; Nur der Schrecken, den er verbreitet, ist übermenschlich 217; erkannte seine Verwandtschaft mit Hitler mit untrüglichem Instinkt 331; 368f.; **7**:51; 83; 86; 209; 345f.; 348; **8**:285; 301; 334; 337; 341; 344; 350; **12**:284; 340; **14**:139

Steele, Richard (Sir) **9**:404

Stein, Freiherr von **10**:22

Steiner, Rudolf **11**:252

Stendhal (Henri Beyle) **4**:231; 234

Stepun, Fedor **11**:368

Sterling, Eleonore *Er ist wie du* **8**:126

Stern, Günther (s. Anders, Günther)

Stern, William **10**:332

Sternheim, Andries *Neue Literatur über Arbeitslosigkeit und Familie* **3**:334 ▷**3**:331; **12**:163; 259

Steuermann, Eduard **7**:262; **12**:560

Stewart, Dugald **9**:458

Stifter, Adalbert *Bergkristall* **14**:207 ▷**6**:227; **14**:296

Stinnes AG **4**:406

Stirner, Max **12**:582

Stoa (s. Autorität, Erziehung, Familie) **6**:142; 215; 265; 283; 391; **7**:224; Die Psychologie, insbesondere die verschiedenen Formen der Tiefenpsychologie, ist in Wirklichkeit eine neue, konkrete Version der stoischen Ideenrichtung **8**:9ff.; Von den zeitgenössischen Schulen der Psychologie ist die Freudsche die direkteste Erbin der stoischen Tradition in der abendländischen Aufklärung 11; Gute Stoiker haben ihre eigenen Instinkte unter Kontrolle u. Toleranz für ihre Mitmenschen 14; **9**:48; 71; **10**:62; 239; **11**:403; **12**:443

Stoecker, Adolf **8**:129

Strasser, Otto **6**:312

Strauß, David Friedrich *Der alte und der neue Glaube* **4**:286 ▷**2**:154; hat den Faschismus geradezu vorweggenommen **3**:320; **4**:286; **9**:280; **13**:638

Streicher, Julius **4**:379; **8**:21; **12**:180

Streller, Justus *Philosophisches Wörterbuch* **14**:385; 448

Strindberg, August *Totentanz* **8**:293 ▷*Die Frau bei Strindberg* **2**:385 f.♦; **3**:409; **5**:134; **7**:317; **8**:80

Strzelewicz, Willy **12**:349 ff.♦

Studentenprotest (s. Familie, Jugend) *Gegen den Linksradikalismus* **6**:414♦; ist das Bekenntnis zum Realismus, den er verneint 416; *Zur Studentenbewegung* 416; **7**:94; 218; 291 f.; *Christentum, Marxismus und studentische Protestbewegung* 297 ff.♦; 337; 360; 377 f.♦; 407 ff.♦; Die rebellischen Studenten bedürfen der Besinnung 408; hat eine gewisse Nähe zum Positivismus 409; 412 f.; Berufung auf die Kritische Theorie 426 ff.♦; Rebellion der Jugend **8**:326 f.; 346; Grotesk ist die Verwirrung unter den linken Studenten. Die Einheit von Theorie u. Praxis, die sie früher gefordert haben, wird zu einer kruden anti-amerikanischen Praxis, ohne daß eine echte Theorie dahinterstände **14**:409; *Die Verwirrung heute* 412; *Aufgabe der Theorie* 423; *Die Revolte der SDS-Studenten* 452; *Zur Revolte der linken Studenten* 459; *Die oppositionellen Studenten und der Liberalismus* 471; *Das Ziel des SDS* 472; Das Ergebnis der SDS-Bewegung in ihrer heutigen Phase führt notwendig zu einer Beschleunigung des Anwachsens des Neonazismus 472; *Students and Society* 472; Sie sehen nicht, daß sich die Geschichte nur naturgeschichtlich verstehen läßt u. daß sie keinen Sinn hat. Heute läßt sich erkennen, daß die dominierende Rolle des Intellekts nur eine vorübergehende Phase bedeutet 473; *Eine Untersuchung über die Psychologie der rebellierenden Studenten* 501; *Die Motive der rebellierenden Studenten* 504; Es liegt auf der Hand, daß es sich um eine Krise der Autorität auf allen Lebensgebieten handelt 504; Erinnert aufs peinlichste an die »Volksgemeinschaft« 505; Die rebellische Haltung ist heute Ausdruck des Konformismus 505; *Die rebellierenden Studenten* 512; Es zeigt sich immer deutlicher, daß die Rebellion der Studenten eine konsequente Form des Positivismus darstellt 512; Damals mußte man auf die Revolution hoffen, heute muß man sie fürchten 522; Ohne es zu wissen, sind die intelligentesten, aktivsten Studenten radikale Positivisten geworden 523; der als Nonkonformismus verkleidete Konformismus bei der Neuen Linken 531; *Die deutschen oppositionellen Studenten* 538

Studien über Autorität und Familie **7**:267; 285; 326; 366; 368; 426
Studies in Philosophy and Social Science **7**:262
Studies in Prejudice **6**:22; **7**:262; 285; 336; 343; 368
Stumpf, Karl **10**:209
Subjekt (s. Autorität, Charakter, Familie, Individuum, Mythos, Regression) Subjektbegriff des Empirismus u. Rationalismus **4**:123ff.♦; Bürgerliches Denken erkennt in der Reflexion auf sein eigenes S. mit logischer Notwendigkeit das Ego, das sich autonom dünkt 184; im Faschismus 225; Das Ich kann sich nur noch bewahren, indem es die Menschheit auch im Ganzen zu bewahren sucht 269; Heute sind Personen nur noch scheinbar Personen 425; Das identische Ich ist das späteste konstante Projektionsprodukt **5**:219; Die Idee des S. muß durch das philosophische Denken relativiert werden **6**:105f.♦; Liquidation des S. 106; subjektive Vernunft u. Überwältigung des S. 108; Geschichte des Ich-Begriffs 116ff.♦; Herrschaft des Ichprinzips in der patriarchalischen Gesellschaft ist offenkundig 116; Die Mehrheit der Menschen hat keine »Persönlichkeit« 128; *Die Nichtigkeit des Individuums* 215f.♦; *Fortschritt, Gerechtigkeit und Untergang des Ichs* 236f.; 279f.; 308ff.♦; wird zum Gegenstand der Produktion, die von ihm nicht beherrscht wird 311; *Das Ich als Funktion* 370; wird zum romantischen Begriff 399; *Das Subjekt in der Industriegesellschaft* 406; kommt als die Ohnmacht zu sich selbst, die es in der Gesellschaft kennzeichnet 415; bei Nietzsche **7**:20; Das Ich ist nicht zu retten 27; 135; bei Kant 166; Autonomie des Subjekts gehört bereits weitgehend der Geschichte an 230; Subjektbegriff des Idealismus 370; Das Thema dieser Zeit ist Selbsterhaltung, während es gar kein Selbst zu erhalten gibt 403; Die Gesellschaft heute tendiert zur Reduktion des Subjekts 436; Das Dasein des Funktionärs ist zum kennzeichnenden Phänomen geworden **8**:442; **9**:113; Selbstbewußtsein bei Fichte **10**:101ff.; verschiedene Bedeutungen des Ich bei Fichte 112f.♦; Bei Kant zerfällt das S. in Rezeptivität u. Spontaneität 224; Die Zeiten, in denen jedes individuelle S. sich selbst als Erbauer u. Kritiker seiner eigenen Welt erscheinen konnte, sind vorbei **11**:186; *Ich und Welt* 270f.; Das Ich des Menschen ist ein geschichtliches Produkt 271; Es gibt kein absolutes S. 283; *Das autonome Subjekt als Funktion der Ungerechtigkeit* **14**:411
Subjekt – Objekt (s. Dialektik, Hegel, Philosophie, Wahrheit) Identität von Subjekt u. Objekt bei Hegel **2**:296ff.♦; **3**:88f.; 173ff.; 242f.; Auch das denkende Subjekt ist nicht der Ort, an dem Wissen u. Gegenstand zusammenfallen **4**:184; im Pragmatismus **6**:63; 170; 174;

194; 272; 321; 374; **9**:217f.; **10**:32; 71ff.; in der Lehre vom Selbstbewußtsein bei Fichte 103f.; im deutschen Idealismus 131; in der Schellingschen Naturphilosophie 140; Indifferenz des Absoluten gegenüber dem Unterschied von S. – O. bei Schelling 153; 157; Überwindung des Dualismus von S. – O. war das wesentliche Motiv des deutschen Idealismus 224; 356; *Subjekt und Objekt* **14**:280; *Aufheben und Aufbewahren, Subjekt = Objekt* 297ff.♦

Substanz (s. Dialektik, Logik, Wissenschaft) Leibniz' Monadenlehre **9**:248ff.♦; Die Wahrscheinlichkeit, daß nicht alle Wege Sackgassen sind, bildet den erkenntnistheoretischen Barwert für Kategorien wie S. **12**:313

Sulzberger, C.L. **14**:477

Swift, Jonathan **9**:404

Taine, Hippolyte *Les origines de la France contemporaine* **4**:78 ▷**4**:231; 360

Tannenbaum, Frank *Crime and the Community* **12**:270

Tarde, Gabriel *L'opinion et la foule* **3**:61; *Les lois d l'imitation* **5**:359; **6**:166

Taubert, Eberhard **14**:246

Taurellus, Nicolaus **9**:60

Tausch universal, ungleich, ungerecht **5**:79; **19**:38

Tavera, François *Le Problème humain. L'idée d'humanité dans Montaigne* **4**:261

Tawney, Richard Henry *Religion and the Rise of Capitalism* **4**:73

Technik ästhetische Verklärung der T. **3**:180; Die Entwicklung der Maschine schlägt in die der Herrschaftsmaschinerie um **5**:58; Technische Rationalität heute ist die Rationalität der Herrschaft selbst. Sie ist der Zwangscharakter der sich selbst entfremdeten Gesellschaft 145; T. vollzieht die Anpassung ans Tote im Dienste der Selbsterhaltung nicht mehr wie Magie durch körperliche Nachahmung der äußeren Natur, sondern durch Automatisierung der geistigen Prozesse, durch ihre Umwandlung in blinde Abläufe 211; Ihr Fortschreiten ist von einem Prozeß der Entmenschlichung begleitet **6**:25; Die ökonomische Technokratie erwartet alles von der Emanzipation der materiellen Produktionskräfte 76; 90; Solange die Produktionsmittel primitiv sind, sind es auch die Formen der sozialen Organisation 113; verstümmelnde Folgen technokratischer Triumphe 128; Wir sind zum Guten oder Schlechten die Erben des technischen Fortschritts 135; das Bewußtsein des Ingenieurs ist das des Industrialismus in seiner hochmodernen Form 156; Die Anbetung des Fortschritts führt zu seinem Gegenteil 157; 233; *Fortschritt, Gerechtigkeit und*

Untergang des Ichs 236f.; 246; 254; Im Bau der Sputniks feiert der Mensch als Raubrasse Triumphe 266; 270; 285; 301f.; 308; Die Weltraumraketen lassen das Reich der Seligen nicht ungestört 329; 360; 406; Die Triumphe der T. brachten den Menschen nicht die erwartete glücklichere Existenz **7:**46; Trotz der unvorstellbaren Steigerung der Produktivkräfte ist das Leben nicht leichter geworden 51f.; In der technischen Zivilisation werden die Menschen so gründlich von ihrer Schwerfälligkeit kuriert, daß sie Widerstand verlernen 53; 54; 57; 68; 74; 124; 128; T. erspart Erinnerung 137; 231; Die Resultate des technischen Fortschritts sind verbunden mit seelischer Ernüchterung 255; Je weiter der Fortschritt, desto gefährdeter die wahre Sehnsucht nach einem Besseren 397; T. u. Wissenschaft machen den Geist überhaupt überflüssig 480; 484; Wir müssen die Welt so einrichten, daß die T. den dämonischen Charakter verliert **8:**431; Die Verschwörung von T. u. Herrschaft hat die Menschen anfällig gemacht; sie bedürfen einer besseren Verteidigung, als die Geistigen der letzten Generation sie ihnen gegeben haben 431; Die T. hat eine Stellung gewonnen, die zu den Bedürfnissen der Menschen in einem höchst gebrochenen Verhältnis steht 441; (Frick:) Es gibt keinen Gott auf der Welt außer dem Menschen, u. die Maschine ist sein Prophet **11:**350; die Verhimmelung der Maschine ist eine ganz ephemere Erscheinung 366; (Pollock:) die Maschine tritt den Menschen nicht als Gott, sondern als Teufel gegenüber 381; Das ist der vicious circle der T. überhaupt: Die unfreien Individuen brauchen immer mehr Verwaltung, u. je mehr Verwaltung, desto unfreier werden sie **14:**110; *Die gefesselte Technik* 208; *Das WC gehört zum Überbau* 208; Von den Produktionskräften wird kein Gebrauch gemacht, der den Hunger auf der Erde beenden würde 209; consumer goods als Ideologie 209; *Technik und Erkenntnis* 524; **19:**52

Telesio, Bernardino **4:**10; **6:**37; **9:**46f.; hat der Affektenlehre Hobbes' vorgearbeitet 47; 60; 63; 235; 362; **13:**535

Tenbruck, Friedrich **19:**16

Terror in der Französischen Revolution **4:**76ff.♦; rationales Element des T. 95; *Bemerkung zu Donald Greers ›The Incidence of Terror during the French Revolution‹* 102ff.; Der irrationale T. war zu allen Zeiten schrecklicher als der rationale 104; **6:**41; 372; **7:**19; 39; Der Fluch des organisierten T. beim Übergang hat in die neue Gestalt der Gesellschaft stets hineingespielt 87; Es ist kein T. gegen Menschen nötig, damit sie den unnötigen gegen Tiere dulden 106; *Die Menschen und der Terror* **13:**143ff.♦; (Adorno:) Die Angst vor dem Tod ist der Angst eines Lebens gewichen, das gleichsam einen Zwischen-

zustand zwischen Leben u. Tod markiert, ein Hinvegetieren, wie es extrem sich ausgedrückt hat in dem Leben der Menschen, die in den Konzentrationslagern eingesperrt waren 145

Tetens, Johann Nikolaus *Abhandlung von den vorzüglichsten Beweisen des Daseins Gottes* **9**:464; *Gedanken über einige Ursachen, warum in der Metaphysik nur wenige ausgemachte Wahrheiten sind* **9**:464; *Philosophische Versuche über die menschliche Natur und ihre Entwicklung* **2**:84; **9**:464; *Über die allgemeine spekulativistische Philosophie* **9**:464 ▷**2**:92; **9**:463 ff.♦; einer der gebildetsten Männer seiner Zeit 464; seine Lehre an vielen Stellen mit der Kantischen verwandt 465; 472

Thadden, Adolf v. **14**:424

Thales **6**:297

Theologie (s. Christentum, Religion) Daß die Bilder des ewigen Lebens verblassen, bedeutet keineswegs, daß die Zeit für neue Taten der theologischen Phantasie gekommen sei **3**:261; **6**:36; 134; Überzeugung, daß man eben positiv sein müsse 296 f.; 371; *Eine Schwäche der Theologie* 389 f.; *Glauben und Wissen* 417; 423; **7**:36 f.♦; Gottesbeweise 37; 58; 79; Vermittlung zwischen dem Gebot des Evangeliums u. der Macht 174; Verbunden mit dem Positivismus 184; Der faule Frieden zwischen Wissenschaft u. Glauben bedeutet Resignation der Th. 189; *De Anima* 197 ff.♦; Die moderne Th. hat den Gegensatz der biblischen Lehre zu mildern versucht 211; Krise der Th. 213; erkennt den Sieg des Positivismus an 227; *Letzte Spur von Theologie – Paul Tillichs Vermächtnis* 269 ff.♦; negative Th. bei Adorno 293 f.; *Die Funktion der Theologie in der Gesellschaft* 308 ff.♦; Dialog zwischen Marxismus u. Th. 308 f.; Die Beziehung zwischen den Inhalten der Th. u. den Wissenschaften kann nicht bloß abgetan werden 311; Religion, Th. u. Familie sind zutiefst miteinander verbunden 313; 349 ff.; Politik, welche nicht Th. sich bewahrt, bleibt letzten Endes Geschäft 349 f.; Man sollte Th. erneuern 350; Mit dem Theologischen verschwindet der Sinn aus der Welt 357; Ohne Th. ist nicht zu begründen, daß Liebe besser als Haß ist 359; 380 ff.♦; Negatives Bewahren der theologischen Kategorien führt zur Solidarität der Menschen 381 f.; *Die Sehnsucht nach dem ganz Anderen* 385 ff.♦; Angesichts des Leidens auf dieser Welt ist es unmöglich, an das Dogma eines allgütigen Gottes zu glauben 386; Alle Moral geht letzten Endes auf Th. zurück 389; Stellung der Kritischen Theorie zur Th. 429 ff.♦; ist notwendig als Gedanke an ein Anderes als diese Welt 434; **8**:348; Gottesbeweise **9**:276 f.; 380; 461; **10**:319; *Gespräch über die Aufgabe des Protestantismus in der säkularen Zivilisation* **11**:349 ff.♦; *Die*

Idee der Freiheit **13:**454ff.♦; *Theologie und politische Bildung* **14:**321; *Theologie heute* 374; *Theologie und Gesellschaft* 499; *Die Funktion der Theologie heute* 510; *Theologie versus Agnostizismus* 517; *Theologie und Astronomie* 530

Theorie (s. Kritische Theorie, Wissenschaft) Die historische Bedingtheit von Th. weist sie nicht als Ideologie aus **2:**235; nur durch innergeistige Untersuchung kann man keine Weltanschauung verstehen 288; Die heute beliebteste Form, eine Th. unschädlich zu machen, ist nicht die Orthodoxie 327; Die Vernachlässigung des Theoretischen zugunsten der unmittelbaren Gegebenheit bringt die Wissenschaft völlig um ihre aufklärende Wirkung **3:**100f.; Beim Anwenden der Namen durch die Th. muß in der Tat die Willkür ausgeschaltet sein, u. doch gibt es kein Rezept dafür 273; Die Th., die wir als richtig ansehen, mag einmal verschwinden 296; *Traditionelle und kritische Theorie* **4:**162ff.♦; Der traditionelle Begriff von Th. zielt auf ein rein mathematisches Zeichensystem ab 164; Die traditionelle Gestalt der Th. gehört zum arbeitsteiligen Produktionsprozeß in seiner gegenwärtigen Form 190; Den Gegenstand der Th. von ihr getrennt zu denken führt zum Quietismus oder Konformismus 203; Die Feindschaft gegen das Theoretische überhaupt richtet sich in Wahrheit gegen die verändernde Aktivität des kritischen Denkens 206; die Version, die den Apparat der Propaganda u. die Mehrheit für sich hat, ist nicht schon deshalb auch die bessere 215; *Nachtrag zu ›Traditionelle und kritische Theorie‹* 217ff.♦; erklärt wesentlich den Gang des Verhängnisses **5:**309; Ihre Reduktion auf ein bloßes Instrument macht alle theoretischen Mittel zu metaphysischem Unsinn **6:**97; Ihr Verfall fördert die Unterwerfung unter die bestehenden Mächte 149; Verfall der Th. u. Ersetzung durch empirische Forschung 153; *Brotgelehrtheiten* 375f.; ist kein Rezept **7:**19; Wo heute Th. auf ihre mögliche Macht verweist, spiegelt sie ein verfälschtes Bild der Welt 119; traditionelle u. kritische Th. 373; Es kann eine Th. von einer anderen radikal verschieden sein, trotzdem sich diese in genau denselben Worten ausspricht **9:**400; unstatthaft, die Ideen aus der wirklichen Geschichte herauszunehmen **10:**186; Husserls Versuch, aus einer Th. aller möglichen Theorieformen das Apriori der Wissenschaft zu entwickeln 307ff.; gesellschaftliche Bedingtheit 351f.; Husserls Ideal einer vollständigen Th. der möglichen Th. 384; Das Bedeutsame an einer Th. läßt sich nur im Zusammenhang mit der konkreten Situation bestimmen, der sie angehört 418; vielfältig bedingte, historische Wesenheit **11:**257f.; Im strengsten Sinn treffen die Kategorien wahr–falsch, richtig–unrichtig nicht auf Theorien zu. Es ist ad-

äquater, eine Th. als tot oder lebendig zu charakterisieren **14**:224; *Naturwissenschaftliche versus gesellschaftswissenschaftliche Theorie* 245; *Theorie* 268; wird geschaffen aus der Sehnsucht nach der Wahrheit, aus dem Bedürfnis, einen Sinn des eigenen Lebens zu finden 430; (Adorno:) Die Verdummung heute ist eine unmittelbare Funktion des Abschneidens der Utopie. Wo man die Utopie nicht will, stirbt der Gedanke selber ab. Der Gedanke stirbt in der bloßen Verdopplung **19**:35; Stellvertretung des Glücks 61; (Adorno:) Der Begriff der Th. hat sich durch den Gesamtbegriff der Aufklärung in sich selbst zersetzt. Der Begriff der Th. hat etwas Archaisches 67; Th. als Widerstand 68

Theorie und Praxis (s. Kritische Theorie) Th. u. P. bei Marx **2**:434; **3**:14; 41; 46; Der Wert des gegenständlichen Denkens u. der Selbstkritik, dieser beiden Momente der Theorie, hängt von ihrem Verhältnis zur Praxis ab 258; 294; 303 ff.♦; Wahrheit ist ein Moment der richtigen Praxis, wer sie jedoch unmittelbar mit dem Erfolg identifiziert, macht sich zum Apologeten der je herrschenden Wirklichkeit 305♦; **4**:136 ff.; 205 f.; Die Forderung nach Positivität u. Unterordnung trifft notwendig nicht allein die Theorie, sondern auch die Praxis der Befreiung 207; Die Aktion um der Aktion willen ist dem Denken um des Denkens willen keineswegs überlegen **6**:26; 97 f.; 104; 183; *Über Theorie und Praxis* 383 f.; *Ideologie und Handeln* **7**:11 ff.♦; Philosophie ist seit Platon nicht von Politik zu lösen 35; 232; bei Adorno 290 f.; Praxisbezug der Kritischen Theorie 417 f.♦, 466 f.; **9**:289; Jede Theorie ist der Korrektur durch die Praxis ausgesetzt **11**:176; *Theorie und Praxis* 275; 400; **14**:158; Die Wahrheit ist nur vorhanden in der Einheit von Th. u. P. 209; *[Diskussion über Theorie und Praxis]* **19**:32 ff.♦; Es stehen gegeneinander: der Fortschrittsglaube auch des Marxismus und die Ansicht, die Geschichte kann es nicht schaffen 40; 60

Theresa von Konnersreuth **12**:335

Thode, Henry *Franz von Assisi und die Anfänge der Kunst der Renaissance in Italien* **4**:40, 44

Thomae, Jutta **19**:16

Thomas, Albert Aristide **3**:34

Thomas, Martin Luther **5**:24; 263

Thomas von Aquin (s. Neuthomismus) *Summa contra gentiles* **6**:85, **7**:198; *Summa theologica* **6**:85; **7**:65 f. ▷**2**:165; **3**:140; **4**:57; 94; 150; 431; 433; **5**:321; **6**:80 ff.♦; würde heute entweder die Wissenschaft aus philosophischen Gründen verdammen oder aber zum Häretiker werden 81; starker Hang, die Grundelemente des christlichen

Glaubens zu formalisieren 82; half der katholischen Kirche, die neue wissenschaftliche Bewegung in sich aufzunehmen 83; machte die katholische Lehre zum höchst wertvollen Werkzeug für Fürsten u. Bürgerklasse 83; Sein Werk widersetzt sich den Bestrebungen, Religion u. Wissenschaft als gänzlich heterogen aufzufassen 83; Der Thomismus unterwarf die Intelligenz einer strengen Disziplin 86; 103; 115; 256; 259; **7**:20; 24; 36; 145f.; Seele bei Th. 198; 214; **9**:38; **11**:359; **12**:320; 339; 469; **13**:102; 323; 353; 394; 468; 469ff.♦; Die Welt ist so, wie sie ist, gut u. gottgewollt 469; Sein positiver Realismus ist modern 473; Was seit Th. passiert, über Luther, bis ins siebzehnte, achtzehnte Jahrhundert hinein: Der Kosmos mit den Ideen vom Guten, Schönen usw. fällt zusammen 475; **14**:347

Thomasius, Christian **4**:430; **9**:41; 179; 202; 281; 466

Thomson, James Alexander Kerr *Studies in the Odyssey* **5**:94, 99, 100

Thukydides **12**:25

Tiberius **2**:197

Tibull (Albius Tibullus) **4**:281

Tieck, Ludwig **10**:98

Tier *Mensch und Tier* **5**:277ff.♦; Die Welt des T. ist begriffslos 278; kein festes Wissen ums Vergangene u. keinen hellen Vorblick in die Zukunft 279; Um dem bohrend leeren Dasein zu entgehen, ist ein Widerstand notwendig, dessen Rückgrat die Sprache ist 279; In der Tierseele sind die einzelnen Gefühle u. Bedürftigkeiten des Menschen angelegt ohne den Halt, den nur die organisierende Vernunft verleiht 279; Die stumme Wildheit im Blick des T. zeugt von demselben Grauen, das die Menschen in solcher Verwandlung fürchten 279

Tillack, Hilmar **13**:397

Tillich, Hannah **7**:275

Tillich, Paul *The courage to be* **13**:266; *The Future of Religion* **7**:191; *Kairos II. Ideen zur Geisteslage der Gegenwart* **11**:353; *Religiöse Verwirklichung* **7**:271; **11**:376; *Die Sozialistische Entscheidung* **7**:271; **13**:265; *Systematische Theologie* **7**:275 ▷**6**:389; **7**:183; religiöser Sozialismus 187; 191; 211; 261f.; *Letzte Spur von Theologie – Paul Tillichs Vermächtnis* 269ff.♦; hat gewußt, daß der Begriff der Autonomie nicht vom Christentum zu trennen ist 273; *Erinnerung an Paul Tillich* 276ff.♦; religiöser Sozialismus 276; Sprache bei T. 280f.; 324ff.♦; 451; 463; 468; **8**:276; **11**:213; *Gespräch über die Aufgabe des Protestantismus in der säkularen Zivilisation* 349ff.♦; **12**:488; 490; 517; **13**:65; *Paul Tillich zum 75. Geburtstag* 264f.; »Das Sein verliert seine Unmittelbarkeit durch das Soll« 265; »Die Welt des Westens ist nicht so äußerlich, wie man sie oft bezeichnet« 266;

existentielle Verzweiflung als ontologischer Beweis? 267; **14**:236; 241; 290; *Wo Tillich recht hat* 338; 340; *Tillich* 352♦; In Chicago hat T. eine Predigt gehalten, in der er zeigt, wieviel Egoismus noch in der besten Tat liegt, u. in derselben Predigt hat er die Freudsche Analyse als unentbehrlichen Weg zum Verständnis des Menschen verkündet 352; 356; 387

Tindal, Matthew **9**:345; **13**:584

Tintoretto **4**:368; **11**:106

Titus (Römischer Kaiser) **2**:198

Tocqueville, Alexis Charles de *De la Démocratie en Amérique* **5**:158; *Democracy in America* **6**:48 ▷ Die bürgerlichen Republiken im Gegensatz zu den Monarchien vergewaltigen nicht den Körper, sondern gehen direkt auf die Seele los **5**:259; **12**:275

Tod Das gestörte Verhältnis zu den Toten ist eines der Symptome fürs Kranksein der Erfahrung heute **5**:246; *Aus der Perspektive des Todes* **14**:123; *Wie steht der heutige Mensch zum Tod?* 448

Tönnies, Ferdinand *Gemeinschaft und Gesellschaft* **11**:169; *Philosophische Terminologie* **5**:46; *Thomas Hobbes. Leben und Lehre* **2**:207, 222, 228; **9**:177; **11**:165 ▷**4**:165; **9**:106

Toland, John **9**:345; **13**:583

Toller, Ernst **7**:446f.

Tolstoi, Lew N. *Auferstehung* **7**:194 ▷**2**:449; **3**:144; 320; **4**:260; **5**:318; **6**:139; 319ff.; Bekenntnis zur Moral **7**:193f.; 475; **12**:46; **13**:78; 328; 530; 602; **14**:507

Torquemada, Thomas de **5**:42; **6**:350

Toscanini, Arturo **5**:169; 186f.; macht noch aus Beethoven eine Art von Hedy Lamarr. Ähnliches läßt sich an allen Phänomenen der gehobenen Kultur zeigen **12**:577

Totalitärer Staat (s. Autoritärer Staat, Demokratie, Faschismus) totalitäre Lenkung ein Symptom des Ganges der Gesellschaft **3**:16; der T. S. ist die Folge der liberalistischen Ökonomik 222f.; 222f.; der T.S. hat in gewisser Weise die Macht aus Geburt oder vielmehr aus angeborenen Führerqualitäten wieder eingesetzt 270; Die unterschiedslose Beurteilung der autoritären Regierungen ohne Rücksicht auf die zugrundeliegende ökonomische Struktur sieht vom Wesentlichen ab 380; bewußtes Abstreifen der weitergehenden u. humanistischen Elemente der Moral **4**:17; 92; 223f.; Unter der Herrschaft des T.S. verschwindet die Möglichkeit des Individuums, sich zu entfalten 268; Die autoritäre Ordnung beginnt schon die Erde zu umspannen 271; dem Monopol am besten angepaßte Regierungsform 271; Weder die Bourgeoisie noch ihre Mitglieder sehen in der autoritären

Ordnung ihren wahren Gegner 272; 303; 308ff.♦; nichts anderes als die liberalistische Ordnung, die ihre Hemmungen verloren hat 309; im T.S. regiert eine fade Mittelmäßigkeit 351; 374f.; Abschaffung des freien Markts 407; 412ff.♦; In der autoritären Gesellschaft sind technischer, sozialer u. militärischer Fortschritt die Handlanger des Untergangs 415; Entwicklung zur totalen Integration **5:**13; Ohnmacht demokratischer Argumente gegenüber totalitären Methoden **6:**129; 159; 196f.; 249; 313; 331f.; die Parole »Krieg der totalitären Barbarei« ist die Rationalisierung handfester Interessen 332; 341; 343; 380; 402; **7:**19; In totalitären Staaten herrscht der Schrecken 104; 111; Ein Regime des Schreckens tendiert dazu, Freundschaft u. Treue bei denen zu erzeugen, die sich nicht darein fügen wollen 148; Die totalitäre Maschinerie funktioniert reibungslos 159; 185; 228; 254; 305f.; 331; 338; 340; 346; Die zivilisierten Länder sollten ihr Verhältnis zu den terroristischen Staaten entscheidend ändern 349; 372; 410; *Zur Psychologie des Totalitären* **8:**77♦; Der totalitäre Typus ist der Mensch, der seine Gefühle, sein Inneres nicht auszudrücken gelernt hat 80; Der totalitäre Mensch: seine Ausdrucksbedürfnisse sind fortwährend gehemmt unter der Maske der ruhigen, gefaßten, realistischen Menschen 81; Der totalitäre Mensch haßt alles, was schwach ist, kennt keine Selbstkritik u. kein Mitleid, denkt in Stereotypen, instrumentalisiert andere Menschen 82; Der totalitäre Typus ist für Demagogie anfällig 82; *Die Alternativen im letzten Drittel des zwanzigsten Jahrhunderts* **14:**406

Toynbee, Arnold *L'ennemi interieur* **13:**53; *A Study of History* **6:**42; *Toynbee on America* **14:**476

Tradition Daß T. heute beschworen werden muß, zeigt, daß sie ihre Macht über die Menschen verloren hat **6:**52; *Tradition* 231; Wo T. sich rationalisiert, hat sie schon aufgehört 275; *Die schwierige Tradition* 292; Sobald eine T. sich auf sich selbst berufen muß, hat sie schon ihre Kraft verloren **7:**31

Transsubstantiation **3:**279; **9:**176f.

Transzendentalphilosophie **3:**279; **9:**198; **13:**276

Traub, Gottfried **4:**287

Trechmann, E. J. **4:**281

Treitschke, Heinrich von *Deutsche Geschichte im Neunzehnten Jahrhundert* **4:**393; **9:**282; *Politik* **4:**9 ▷**4:**392; **13:**350

Trendelenburg, Friedrich Adolf *Logische Untersuchungen* **3:**288 ▷**12:**600

Tretjakow, Sergej M. **11:**400

Triebstruktur (s. Aggression, Autorität, Familie, Individuum) **3:**59;

4:83 ff.♦; Der für ewig gehaltene Destruktionstrieb wurde bisher aus gesellschaftlichen Verhältnissen stets reproduziert 86; 366; T., Tiketdenken **5**:236; **6**:72; Anpassung des Trieblebens an den Geist der kommerziellen Kultur 122; Die psychologischen Komplexe reproduzieren die Urgeschichte der Zivilisation 122; Triebunterdrückung im Christentum 144; *Jenseits des Geschlechterprinzips* 192 ff.♦; *Schreckbild Perversion* 216; 231; *Selbsterhaltungstrieb* 305 ff.♦; noch die sublimste Sehnsucht verdankt sich dem natürlichen Trieb 315; *Zur Geschichte der Geschlechtlichkeit* 341 f.♦; Antisemitismus als sadistischer Partialtrieb 363 f.; *Krieg und Perversion* 398; **7**:217; T., Aggression, Demokratie **8**:14 ff.♦; 301; Trieblehre bei Leibniz **9**:269 f.; Trieblehre bei Hume 440, 447 f.; **11**:256 f.; *Lust und Unlust* 272 f.; **13**:14 f.

Triebverzicht Funktion der Religion als Entschädigung für erzwungenen T. **2**:261; in bürgerlicher Gesellschaft **3**:208 ff.♦; Die Verpönung von Triebregungen in der Philosophie erweist sich im wirklichen Leben als Praxis ihrer Unterdrückung **4**:19; 72 f.♦; 76 f.♦; 103; Heute üben die Menschen T. nicht mehr aus Glauben, sondern aus harter Notwendigkeit 431; T. u. Ich-Identität **5**:71; 330; *Der Preis der Selbstbeherrschung* **6**:285 f.; 364; Der Trieb bedarf des institutionalisierten Hindernisses, um die Aura zu erzeugen, die das Glück verspricht **14**:118

Troeger, Heinrich **14**:354

Troeltsch, Ernst *Der Historismus und seine Überwindung* **2**:173; **10**:322; *Die Kultur der Gegenwart* **4**:263; *Rückblick auf ein halbes Jahrhundert der theologischen Wissenschaft* **4**:286; *Die Soziallehren der christlichen Kirchen und Gruppen* **3**:390; **4**:45; *Zur religiösen Lage, Religionsphilosophie und Ethik* **3**:321 f. ▷**2**:172 f.; 291; **3**:168; **9**:26; 174; **11**:198; **12**:475; **13**:315; 324

Trotzki, Lew D. **3**:17; **19**:66

Truman, Harry S. **8**:334

Turgot, Anne-Robert-Jacques *Discours sur l'histoire universelle* **9**:391 ▷**3**:95; 375; **5**:64; **9**:197; 391 f.; 400 f.; **13**:366; 605; **14**:170

Twain, Mark **5**:168; **14**:304

Ueberweg, Friedrich *Grundriß der Geschichte der Philosophie* **2**:71; **9**:26, 35, 357 f.

Ullstein, Leopold **5**:157; 346

Ungerer, Emil *Die Teleologie Kants und ihre Bedeutung für die Logik der Biologie* **2**:75

Universalgeschichte (s. Dialektik, Philosophie) **13**:329

Universalienstreit (s. Nominalismus)

Universität (s. Autorität, Charakter, Erziehung, Individuum) **2**:225; *Studienreform* **6**:213; 250; 274; *Die Universitätsphilosophie und ihre Vertreter* 385f.; **7**:64; 77; 82; 160; 189; Rolle von Philosophie u. Religion an der U. 237; 242; 264f.; 302f.; Die Erneuerung der U. ist unbedingt notwendig 337f.; 373; 378♦; 411f.♦; 427; spielt in Deutschland eine bedeutsamere Rolle als in den meisten anderen Ländern **8**:34; Wenn nicht das Problem der deutschen U. sorgfältig beachtet wird, kann sie wieder zum Zentrum eines bösartigen Nationalismus werden 34; U. u. Demokratie 50; Universitäten können auch heute eine hilfreiche Macht im Kampf um Europa werden 89; Zu den Gegenständen, die auf der U. u. schließlich in allen Bildungsanstalten ihre Lehrstätte finden müssen, gehört auch das Wissen von der Gesellschaft als der konkreten menschlichen Existenz 51; Folge der Spezialisierung 348; 350; Psychologie u. Soziologie an den deutschen Universitäten gelten als gefährlich 352; U. u. Studium 360ff.♦; Die naive Übertragung der Arbeitsteilung von der Industrie auf das geistige Gebiet ist mit dem Verfall der Menschlichkeit verknüpft 367; U. u. Menschen, die zum Widerstand fähig sind auch gegen ihre eigene Gruppe 375; Die Hinwendung zu gesellschaftlichen u. politischen Problemen ist eine wahrhaft dringende humanistische Aufgabe der U. 376; Soziologie an der U. 378ff.♦; *Akademisches Studium* 381ff.♦; ist der Ort, an dem die Erinnerung ans Menschliche bewahrt werden soll 385; *Fragen des Hochschulunterrichts* 391ff.♦; Die akademische Vorlesung ist eine mißglückte Säkularisierung der Predigt 395; Krise der Universitäten 401ff.♦; *Akademische Freiheit* 420ff.♦; ist einer der wenigen Orte in der heutigen Gesellschaft, in der Freiheit eingeübt werden kann 431; *Verantwortung und Studium* 433ff.♦; Die Unfreiheit reicht ins Herz der modernen U. 442; nichts Lächerlicheres als die Wichtigkeit, die der Universitätsbetrieb einem aufzwingen möchte **11**:248; Heute versagen die Intellektuellen. Sie sollten den Menschen klarmachen, daß sie auf dem falschen Weg sind. Hier läge die Aufgabe der Universitäten. Statt dessen verdummen sie die Menschen, machen die Studenten zu Fachleuten, die beschränkter sind als ein tüchtiger Kaufmann im 19. Jhdt. **14**:365; das Racket der Universitätsprofessoren 447; Universitätskrise **19**:15

UNO **6**:243f.

Unternehmer *Profitinteressen* **2**:436; **3**:370ff.; **4**:208ff.♦; An die Stelle der juristischen Eigentümer tritt die hohe industrielle Bürokratie 313f.; 319; Der unabhängige U. ist nicht mehr typisch **6**:145f.; *Arbeitgeber – Arbeitnehmer* 217; 340; 424; **7**:52; 81; 363; 370; 376

Upanishads **5**:242f.

Urban II. (Papst) **14:**381
Urban VIII. (Papst) **6:**102
USA (s. Amerika)
Utilitarismus **3:**62f.; Kriterium der Nützlichkeit ist ein bedenkliches Prinzip geworden 308
Utopie **2:**179f.; *Die Utopie* 237ff.♦; Kritik der Utopisten am Eigentum 238ff.; Kritik dessen, was ist, u. Darstellung, was sein soll 244; Die Utopisten erkannten die Ökonomie als Ursache der gesellschaftlichen Leiden 245; **3:**254; **4:**9; 193; 348; ist in jeder großen Philosophie enthalten **5:**142; **6:**25; 204; 248; *Utopische Regression* 273; *Wahre Utopie ist traurig* 312f.; *Utopie als Widersinn* 398f.; **7:**59; Noch im 19. Jhdt. war die U., die im Negativen sich äußerte, nicht bloß Illusion 103; 231; frühbürgerliche Utopien **9:**100ff.♦; Utopien der Renaissance 344; utopischer Sozialismus 366; 388ff.; positive Gesellschafts- u. Staatsentwürfe der Französischen Revolution **10:**19; Überspanntheit der französischen Utopien 128; **11:**193; *Paradox der Utopie* **14:**159; *Dialektik der Utopie* 509; *[Bezug auf das ganz Andere: kein Utopismus]* **19:**62
Vaihinger, Hans **10:**320
Valéry, Paul *Rede zu Ehren Goethes* **14:**202; *Regards sur le Monde actuel* **13:**653 ▷pessimistische Auffassung vom wissenschaftlichen Fortschritt **4:**338; **5:**316; **13:**146; 653
Vanini, Lucilio *Amphitheatrum aeternae providentiae divino-magicum, christiano-physicum, nec non astrologo-catholicum* **13:**466; *De admirandis naturae reginae deaeque mortalium arcanis* **3:**93 ▷**5:**64; **6:**255; **7:**89; 178
Vansittart, Robert Gilbert **12:**186
Vater (s. Familie) Die Verklärung der väterlichen Autorität erweist sich als Verklärung einer wirtschaftlich bedingten Situation **3:**413; **6:**192f.; 218; 225; Mit der Verehrung des irdischen V. schwindet die des göttlichen **7:**222; Autorität des V. nimmt ab 313; Der Zusammenbruch des V.-Mythos stellt die Existenz des Gewissens in Frage 356; 399f.
Vauvenargues, Luc de Clapiers, Marquis de *Réflexions et Maximes* **14:**85 ▷**2:**337; **3:**200; **4:**261; **6:**213; **9:**362; 371; **13:**535
Veau, Clotilde de **13:**367
Veblen, Thorsten *The Theory of the Leisure Class* **14:**218 ▷**6:**54; 158; **12:**96; 544; **14:**354
Velde, Henry van de **6:**218
Verantwortung *Verantwortlichkeit* **14:**227; Tragen wir nicht einen Teil der Schuld daran, daß 1918 die Geschichte nicht eine ganz andere

Wendung genommen hat u. daß heute die Menschen, die das Gute wollen, ratlos sind u. keinen Weg gewiesen bekommen? 227

Verbrechen *Aus einer Theorie des Verbrechens* **5:**257f.♦; Die Kraft, von der Umwelt sich als Individuum abzuheben u. zugleich durch die konzessionierten Formen des Verkehrs mit ihr in Verbindung zu treten, um in ihr sich zu behaupten, ist im Verbrecher angefressen 258

Vercors (d.i. Jean Bruller) *Le Silence de la mer* **14:**202

Verdi, Giuseppe *Rigoletto* **7:**98

Verdinglichung (s. Familie, Individuum, Vergötzung) **3:**370ff.; 379; **4:**99; 263; Der Einzelne schrumpft zum Knotenpunkt konventioneller Reaktionen u. Funktionsweisen zusammen, die sachlich von ihm erwartet werden **5:**51; Die V. ist so dicht geworden, daß jede Spontaneität, ja die bloße Vorstellung vom wahren Sachverhalt notwendig zur verstiegenen Utopie, zum abwegigen Sektierertum geworden ist 235; Der Schein hat sich so konzentriert, daß ihn zu durchschauen objektiv den Charakter der Halluzination gewinnt 235; Ticketdenken, Antisemitismus 236; Paranoia ist zum gesellschaftlichen Existential geworden 237; **6:**59; 95f.; 174; 192; 225; 229f.♦; **7:**67; Wer immer auf Zeichen blickt, dem wird am Ende alles zum Zeichen, die Sprache u. das Denken selbst **8:**200; das Schwinden der Unmittelbarkeit im persönlichen Verkehr 265; V. der Beziehungen von Mensch zu Mensch 269; Die der gegenwärtigen Gesellschaft immanente Tendenz tritt in der Postleitzahl hervor 278f.; Das Ephemere, Einzige, Unwiederbringliche wird entzaubert 291; 320; 404; Ich warne Sie vor dem »Konkretismus« 445; des Denkens des Proletariats **12:**85f.; Die ganze Arbeiterbewegung, die um den fun kämpft, ist gemein geworden 525; in der Theorie 88; V. u. Produktion 88; Die Arbeiter haben es gelernt, mächtige Tatsachen als das einzige anzusehen, was zu respektieren ist 89; der Verfall nichtintegrierten Denkens 100; die Senkung der kulturellen Maßstäbe durch die modernen Intellektuellen 207; *Die Rackets und der Geist* 287♦; Das bürgerliche Denken reflektiert nicht mehr auf die Bewegung des Denkens 299; *Ende des Individuums* 318; V. u. Wissenschaft 363; In der Zeit der V. kann nur in einer Sphäre etwas gesagt werden, die dieser V. entrückt ist. Kunst vermag Menschliches zu vertreten, wo die Menschen in ihrer Unmittelbarkeit nicht mehr Menschen sind 555; Es ist wirklich so, als wenn man das Haus, in dem die Geliebte wohnt, anbetet anstatt sie selbst. Daraus ist übrigens die ganze Poesie entstanden **19:**39

Vereinigte Staaten von Amerika (s. Amerika)

Vereinte Nationen **8:**316; 320; 322

Verfassung (s. Politik, Staat)

Vergötzung (s. Familie, Individuum, Verdinglichung) **8:**300ff.; Lebensstandard als V. 300; Sadismus, Gier der Grausamkeit 300; Geldverdienen als V. 301; Unhaltbarkeit des Lebensstandards als höchster Idee 302

Vernunft (s. Aufklärung, Dialektik, Logik, Wahrheit, Wissenschaft) Unterscheidung von praktischer u. theoretischer V. bei Kant **2:**83ff.; Vernunftbegriff bei Hobbes u. in der Aufklärung 229ff.; Selbsterkenntnis der V. **3:**87; Katholizismus u. V. **4:**57; Protestantismus u. V. 57f.; Ohnmacht der V. 132; Die Verwechslung kalkulatorischen Denkens mit der V. schlechthin hypostasiert das in dieser Wirtschaftsform monadologisch gegen andere abgeschlossene Individuum 155; kann sich selbst nicht durchsichtig werden, solange die Menschen als Glieder eines vernunftlosen Organismus handeln 182; Stellung des Skeptizismus zur V. 247ff.; Die Absurdität des Zustandes, in dem die Gewalt des Systems über die Menschen mit jedem Schritt wächst, der sie aus der Gewalt der Natur herausführt, denunziert die V. der vernünftigen Gesellschaft als obsolet **5:**62; Die etablierte bürgerliche Ordnung hat die V. vollends funktionalisiert. Sie ist zur zwecklosen Zweckmäßigkeit geworden. Ideen der Harmonie u. Vollendung sind in die deutsche Musik u. Philosophie eingegangen 112; Das Prinzip, demzufolge die V. allem Unvernünftigen bloß entgegengesetzt ist, begründet den wahren Gegensatz zwischen Aufklärung u. Mythologie 112; Die Formalisierung der V. ist bloß der intellektuelle Ausdruck der maschinellen Produktionsweise 127; *Vernunft und Selbsterhaltung* 320ff.♦; in der Klassengesellschaft 323; Die anwachsende formale Allgemeinheit der bürgerlichen V. bedeutet nicht das anwachsende Bewußtsein der universalen Solidarität. Sie drückt gerade die skeptische Trennung von Denken u. Gegenstand aus 326; Nominalismus, Empirismus, Formalismus 327; der nominalistisch gesäuberte Begriff der V., das Prinzip der Selbsterhaltung 329; Nominalisten, die das unerhellte Allgemeine zum Götzen machen 329; *Zur Kritik der instrumentellen Vernunft* **6:**21ff.♦; kommt zu sich selbst, indem sie ihre eigene Absolutheit negiert 21; subjektive u. objektive V., Mittel u. Zwecke 27ff.♦; Das subjektive Denkvermögen löste den Aberglauben auf 30; Ihre Subjektivierung formalisiert sie zugleich 30f.; hat die gesellschaftliche Realität niemals wirklich geleitet 32; objektive V. u. Philosophie 34ff.♦; objektive V. u. Religion 35ff.; Angriff auf die Mythologie 35; Die objektive V. hält am Begriff der objektiven Wahrheit fest 35; hat sich selbst als ein Medium moralischer u. religiöser Einsicht eliminiert 40; Ihre Formalisierung bewahrte die Religion vor jedem ernstlichen Angriff von

seiten der Metaphysik 40; ist, nach Aufgabe der Autonomie, zu einem Instrument geworden 42ff.; Der Begriff der V. gibt sich her zu ideologischer Manipulation 45; Die subjektive V. versorgt die Ideologie für Profit u. Reaktion ebenso wie die Ideologie für Fortschritt u. Revolution 45f.; Die subjektive V. entkleidet Wahrheit ihrer geistigen Autorität 50; Nach der formalisierten V. ist Despotismus nicht an sich schlecht 51; Der Fortschritt der subjektiven V. zerstörte die Basis der mythologischen, religiösen u. rationalistischen Ideen 53; Die formalisierte V. urteilt nur nach Nützlichkeitsmaßstäben 56; Ihre Reduktion aufs Instrument beeinträchtigt letzten Endes sogar ihren instrumentellen Charakter 71; Die subjektive V. verliert, was ihre Subjektivität ausmacht 72; allgemeine Tendenz, vergangene Theorien der objektiven V. wiederzubeleben, aber der Übergang von der objektiven zur subjektiven V. war kein Zufall 78f.♦; subjektive V. u. Überwältigung des Subjekts 108; wird mit Anpassungsvermögen identisch 109; Faschismus als satanische Synthese von V. u. Natur 131; Trugschluß der Gleichsetzung von Natur u. V. erniedrigt die V. 133f.♦; Ihre Krise manifestiert sich in der Krise des Individuums 136; ist im Augenblick ihrer Vollendung dumm geworden 136; notwendiger Übergang von der objektiven zur subjektiven V. 140; Dualismus von Natur u. Geist 170ff.♦; Verabsolutierung des Geistes droht in Mythos umzuschlagen 173; subjektive vs. objektive V. 174ff.♦; Krankheit der V. 176; Die wahre Kritik der V. wird notwendigerweise die tiefsten Schichten der Zivilisation aufdecken 176; machte die Natur zum bloßen Objekt 176; Paranoia ist in jeder Form von V. gegenwärtig, die im bloßen Verfolgen von Zielen besteht 177; Den Systemen der objektiven V. schulden wir mehr Dank als dem Positivismus 180; die Denunziation dessen, was gegenwärtig V. heißt, ist der größte Dienst, den die V. leisten kann 186; *Geist und Zeit* 195; 254f.; *Europäischer Geist* 267; wird erst zur V., wenn sie nicht mehr bloß V. ist 292; *Geist und Freiheit* 315f.; *Geist, Kunst und Bürgertum* 322f.♦; *Rationalisierung der Ratio* 326f.; Ihre Ideen werden durch die Geschichte überholt 337; *Geist* 350f.; 7:22ff.♦; Ihr Aufklärungsprozeß wendet sich zuletzt gegen die Begriffe der V. selbst 26; Der subjektive Vernunftbegriff hat sich den herrschenden Interessen gegenüber als anpassungsfähig erwiesen 28; Das einzige von der subjektiven V. anerkannte Kriterium ist ihre Rolle in der Beherrschung von Mensch u. Natur 29; Ihre Begriffe wurden neutralisiert 30; Die objektive V. verfällt der Relativität, vor der sie schützen will 32; Neutralisierung der Kultur hilft nicht gegen das Zerstörungswerk der subjektiven V. 33; 39; Daß moralische Gebote zum

Bestand der V. gehören, ist überholt 193; Die von Emotionen abgelöste Ratio schlägt um u. wird zum Gegenteil der Anima 205; Instrumentelle V. hat das Streben nach emphatischer Wahrheit verdrängt 255; ist nicht nur instrumentell 287; Philosophie als Versuch, V. in die Welt zu bringen 373f.; *Zum Begriff des Geistes und der Verantwortung des Geistes* 435ff.♦; Die praktische Bedeutung des Geistes ist im Schwinden begriffen 436; Der Geist ist eine Übergangserscheinung 483f.; **9:**217; 270; 300ff.; Vernunftbegriff der Aufklärung 352f.; Für die Aufklärung ist V. das Handeln auf Grund der fortgeschrittensten Erkenntnis 371; als Fähigkeit, richtig zu denken **10:**18; Natur als ewig unvollendetes begriffliches Produkt der V. 30f.; (Kant:) die V. erkennt in den Gegenständen diejenige Ordnung wieder, die sie selbst in sie hineingetragen hat 32; verschiedene Bedeutungen von V. bei Kant 42ff.; Instinkt vs. Intellekt bei Bergson 410f.; mißliche Sache, daß mit der raison auch Kant verworfen wurde **11:**205; 246f.; Man muß die V. wieder zu Ehren bringen 252; *Irrationalistische Philosophie* 274f.; im Widerstreit mit sich selbst **12:**106f.♦; Die Fähigkeit der V., darzustellen, wie sie sich von der Macht, mit der die Bedeutung aller Dinge wahrgenommen wird, in eine bloß instrumentelle Methode der Selbsterhaltung transformiert hat, ist die Bedingung ihrer Genesung 108; Die Hoffnung der V. liegt in der Emanzipation von ihrer eigenen Furcht vor der Verzweiflung 118; (Adorno:) Der Gedanke von der Erkrankung u. der möglichen Gesundung der V. muß zusammengebracht werden mit der Forderung, die Bewußtseinsformen selber auf ihre gesellschaftliche oder anthropologische Realität zu bringen 604; Der Mensch ist ein Tier u. die V. ein Organ, kein Zweck an sich selbst **14:**132

Versailles, Vertrag von **4:**383; 401; **8:**32

Verwaltete Welt **5:**14f.; *Wahr contra richtig* **14:**485; *Kunst heute und das Ende des autonomen Individuums* 486

Vico, Giambattista *Die neue Wissenschaft über die gemeinschaftliche Natur der Völker* **2:**180, 254ff.; **5:**44; **9:**241f. ▷**2:**180; *Vico und die Mythologie* 252ff.♦; Seine Größe liegt in den empirischen Untersuchungen 252; vorurteilslose Untersuchung des Ganges der Geschichte 257; erklärt die menschliche Produktion aus der Reaktion auf materielle Not 258; Vorläufer der anthropologischen Deutung der Religion 260; Geschichtsphilosophie von ungeheurer Tragweite 262; Für ihn ist der Klassengegensatz der grundlegende gesellschaftliche Schlüssel 264; **3:**155; **7:**13; **12:**460; **13:**446

Viertel, Berthold **12:**559ff.; *[Diskussion aus einem Seminar über die Theorie der Bedürfnisse]* **19:**21

Vietnamkrieg **6**:409; **7**:205

Villey, Pierre *Montaigne devant la postérité* **4**:285 ▷**4**:247; 256

Vives, Ludovicus **9**:62

Voetius, Gisbertus **9**:138; 204

Vogt, Karl **3**:94; **4**:127; **6**:314; **9**:109; Materialismus **10**:194ff.

Völkerbund **4**:304; 306

Volkmer (Prediger) **4**:382

Voltaire (François-Marie Arouet) *Candide ou l'optimisme* **9**:260; **12**:257; **13**:528, 601; *Dialogue d'Ephémère* **5**:320; *Dictionnaire philosophique* **5**:348; **8**:284; **11**:238, 240; **12**:109; *Essai sur les Mœurs et l'esprit des Nations* **4**:388f.; **6**:319; **9**:361; **13**:600; *Lettres philosophiques* **5**:25; *Mahomed* **7**:472; **9**:348; **13**:504, 602; *Œdipe* **13**:599; *Remarques sur les pensées de M. Pascal* **3**:375; *Traité de Metaphysique* **12**:120; *Zadig* **13**:601 ▷**2**:200; 267; 328; **3**:363; **4**:65; 69; 253; 309; 379; **5**:248; 285; 314; 330; **6**:196f.♦; 263; Sein Kampf gegen den Aberglauben galt der Grausamkeit des verhaßten Regimes 299; *Bei der Lektüre Voltaires* 319♦; **7**:11; 23; 38; 45; 49; 56; 83; 90; 117; 123; 132; 169; Sein Werk ist dem allgemeinen Bewußtsein fremd geblieben 178; 186; 193f.; 201; 240; 254; **8**:246; 262; **9**:133; 274; 279; 283; 304; 323; war stolz, das Erbe Lockes zu bewahren 334; 336; 344; 346; 348f.; Seine Philosophie war einer der mächtigsten Geburtshelfer der bürgerlichen Ordnung 350; 351; historisches Werk 361f.♦; zerstörte die alten Legenden über die Historie 362; 373; 377; 379ff.; 384; 387f.; 391ff.; 398; 401; Sein Deismus ist mehr eine polemische Position als ein Bekenntnis 441; **10**:17; **11**:14; 240f.; **12**:26; 109f.; 117; **13**:68; 159; 233; 320; 355; 432; 445; Freiheitsbegriff 465; 499; 503; 530; Ein Geist vom höchsten Range, ist aus ganz äußerlichen Gründen schlechter weggekommen als Goethe 534f.; 572; 574; 585; 587; 589; 592; 599ff.♦; Insgesamt ist sein Werk nur dem Goethes zu vergleichen 601; gegen Locke, gegen die Erbsünde 601; nimmt Ranke vorweg 602; Der fanatisierten Masse sollte es nie überlassen werden, den Führer zu wählen 603; »Ich hasse die Helden, sie machen zuviel Lärm« 603; 631; 644; **14**:170; *Stifter, Goethe, Voltaire* 207; écrasez l'infame 220

Vorurteil Ernst Simmels Begriff »Massenwahn« **5**:402; *Vorwort zu den ›Studies in Prejudice‹* 406ff.; *Über das Vorurteil* **8**:194ff.♦; Der Begriff V. ist ein Euphemismus 194; Das starre V. schlägt in Fanatismus um 196; V. u. Projektion 196; Studien über Rassenvorurteile 197

Wackenroder, Wilhelm Heinrich **8**:405

Wagner, Adolf Heinrich Gotthilf **11**:14

Wagner, Helmut **19**:16

Wagner, Richard *Parsifal* **13**:565; *Ring des Nibelungen* **13**:556 ▷**2**:162; 164; 410; **3**:160; **4**:233f.; 401; **5**:40; 148; 188; **7**:288; **12**:511; 522; 563; **13**:350; 555; 614; *Lesen und Schreiben – und Richard Wagner* **14**:334

Wagner, Rudolf **10**:195

Wahrheit (s. Dialektik, Geist, Logik, Philosophie, Vernunft, Wissenschaft) Wahrheitsbegriff in der Wissenssoziologie **2**:274ff.♦; ewiger Wahrheitsbegiff ist unhaltbar 283; *Uninteressiertes Streben nach Wahrheit* 364f.♦; Vor der W. hat die Politik keinen Vorzug 435; unbedingte Achtung vor der W. als notwendige Bedingung wirklicher Wissenschaft **3**:148; gegen die relativistische Leugnung des Unterschiedes von wahr u. falsch 193ff.♦; *Zum Problem der Wahrheit* 277ff.♦; relativistischer u. dogmatischer Wahrheitsbegriff 277ff.♦; Nur an einer überirdischen Existenz gemessen, erscheint die menschliche Wahrheit von einer schlechteren Qualität 296; ist ein Moment der richtigen Praxis, wer sie jedoch unmittelbar mit dem Erfolg identifiziert, macht sich zum Apologeten der je herrschenden Wirklichkeit 305♦; (Nietzsche:) eine große W. will kritisiert, nicht angebetet sein 319; empiristischer Wahrheitsbegriff **4**:141f.♦; Unterordnung der W. unter die Macht in der bürgerlichen Gesellschaft 252; 343; kann nicht mit herrschenden Sitten paktieren 430; Die objektive Vernunft hält am Begriff der objektiven W. fest **6**:35; ist kein Selbstzweck 43f.; wird von der subjektiven Vernunft ihrer geistigen Autorität entkleidet 50; Wahrheitsbegriff des Pragmatismus 61ff.♦; Wahrheitsbegriff des Positivismus 88ff.♦; Die sogenannte praktische Welt hat für die W. keinen Platz 90; 96; Eliminierung der W. durch Positivismus u. Neuthomismus 104; 122f.; wurde zum nützlichen Werkzeug bei der Kontrolle der Natur eingeengt 148; Jeder Begriff muß als Fragment einer alles einbegreifenden W. gesehen werden 169f.♦; 176ff.♦; als Übereinstimmung von Name u. Ding 179f.; *Geist und Zeit* 195; Wenn es um die W. geht, ist jedes Wort stets unangebracht 197; 259; *Wahrheit und Gerechtigkeit* 264; ist der verschwindende Augenblick, der Schein 270; 321; ist zu Ende 322f.; stellt sich als mythisches Produkt heraus 347; wahr ist das Ganze 351; *Wahrheit in der Rede* 372f.; **7**:21f.; 135ff.♦; Mit Gott stirbt auch die ewige W. 184; Selbst der Zweifel an dem, was göttliche W. hieß, ist bereits romantisch geworden 216; Die letzte W. ist nicht in die menschliche Sprache zu übersetzen 238; Instrumentelle Vernunft hat das Streben nach emphatischer W. verdrängt 255; Begriff der W. im Positivismus 271; erscheint, indem wir uns kritisch zum Bestehenden verhalten 279; 289; 302; muß immer ein kritisches Moment

enthalten 372ff.♦; Absolute W. ist kein Besitz des Menschen 409; Wenn die W. das Ziel ist, dem das Denken, wie einst Kant es meinte, in unendlichem Prozeß sich nähern soll, hat sie im verhärteten Urteil ihr schwerstes Hindernis **8**:200; Erkenntnis der geschichtlichen Bedingtheit von W. bei Bacon **9**:81f.; Wahrheitsbegriff bei Descartes 139; 150; **10**:18; Wahrheitsbegriff bei Kant 24ff.♦; Möglichkeit allgemeingültiger W. 26; (Hegel:) der Besitz bedingter W. für sich allein ist nicht einmal bedingte W. 158f.; bei Hegel 162; Es gibt keine der Zeit überhobene W. 186f.; 313; Irrglaube, durch Wissenschaft W. zu bekommen 333; 338f.; 352f.; 357; W. der Naturwissenschaft 357f.; Wahrheitsbegriff bei Kant **11**:109f.; Die herrschende Vorstellung der W. leitet sich noch immer vom platonischen Begriff eines Ideenreiches her 159; wird überall aus der Verflechtung in die empirisch reale Sphäre losgelöst 160; 246; 249; 253f.; 258f.; 276; ist nicht »an sich« der Unwahrheit übergeordnet 279; *Wahrheit und Zeit* 280ff.♦; W. »an sich« ist eine bloße Abstraktion 280; Unabhängige W. gibt es bloß in den dogmatischen Anschauungen der Metaphysik 283f.; 396; als eine Vision der Verwirklichung von Menschlichkeit, im Gegensatz zur Naturbeherrschung **12**:93; W. u. Wissenschaft 106f.♦; in der technischen Zivilisation 107; Trennung zwischen der Suche nach Erkenntnis einerseits u. der Bewertung von Normen andererseits droht allen Sinn zu zerstören 107; Die Identifikation der Sprache mit W. ist teuflisch, wie die Trennung der W. von der Sprache stumme Verzweiflung ist. Dies ist die höchste Einsicht, zu der ihre Durchdringung führt 125f.; existiert nur in der Negation 278; Es gibt keinen Weg, die W. zu bekunden, es sei denn in der Form konkreter Resistenz gegen das Unrecht 285; *Vom Ursprung der Wahrheit* 298♦; ist nicht definierbar, tritt als Negatives in Erscheinung, als Widerstand gegen das Unrecht 322; (Adorno:) W. ist nichts anderes als der Inbegriff der Negation dessen, was falsch ist 490; W., Wissenschaft, Dialektik 491; W. ohne politische Identifikation unmöglich 492; (Adorno:) W. ist ohne einen bestimmten Begriff von negativer Theologie unmöglich 492; Entweder hat der Historismus recht, daß es W. nur für eine bestimmte Zeit gibt, oder die W. muß auf etwas Ewiges bezogen bleiben, was nicht dem Untergang verfallen ist 506; objektive Verzweiflung u. Objektivierung der Hoffnung als Wahrheitsmomente 507; Das Wissen komplizierter Einzelverhältnisse ist einer der wichtigsten Tricks, um wirkliche Erkenntnis zu sabotieren 512; *Wahrheit im Denken* **13**:100ff.♦; W. u. exakte Phantasie 168; *Wissenschaft, Wahrheit und Bildung* (Gespräch mit Otmar Hersche) 174ff.♦; Die Sehnsucht nach der W. ist eines der wichtigsten Mo-

mente der Solidarität zwischen Menschen 180; Wissenssoziologie u. Dialektik 310; Wahrheitsbegriff bei Nietzsche 336; Die Welt ist dazu verurteilt, an geistiger Blutarmut zugrunde zu gehen 337; 421 f.♦; Für den philosophischen Begriff W. hat der moderne Mensch ebensowenig Sinn wie der mittelalterliche 421; ist das große Produkt der europäischen, insbesondere der neueren Philosophie 422; 635; bei Nietzsche: W. hebt sich, wie das Mitleid, als letzte Lüge auf, als letzte Sünde 645; *Magie des Begriffs* 649; *Ungeschichtlichkeit der Wahrheit* **14**:125; 126; *Wahrheit – Freiheit – Mensch* 209; Die W. ist das Ganze 215; *Das mystische Element der Wahrheit (Hegel)* 228; innere Stimme – die W. ist das Ganze 229; bei gläubigen Kommunisten 229; liegt auf einer anderen Ebene als die Naturgesetze, die man an die Tafel schreiben kann 230; ohne Enthusiasmus keine W., ohne Glauben keine W. 230; Kann der Glaube auch ein Irrtum sein? Ja. Mit diesem Risiko muß der Mensch leben, dem es um die W. zu tun ist. Der bürgerliche Irrtum liegt darin, anzunehmen, daß es auch ein Denken gebe, das ohne eine solche Entscheidung auskommt 230; Von Plato bis Schopenhauer haben die Philosophen immer wieder gesagt, daß die Welt der Erscheinung die Welt des Scheins ist. Das muß man aber nicht nur wissen, sondern erlebt haben 231; Die W. ist heute so einfach, daß sie selbst ein kleiner Verstand sehen kann. Man könnte sagen, daß die Menschen nur durch eine gläserne Wand von ihr getrennt sind. Daher müssen sie verdummen, böse gemacht u. terrorisiert werden 234; Es versteht sich, daß die höchste Form menschlicher Beziehungen nur dort zustande kommt, wo dieses Interesse etwas Geistiges, die W., vielleicht die Gnade ist 244; *Naturwissenschaftliche versus gesellschaftswissenschaftliche Theorie* 245; Richtiges Denken ist ohne Identifikation nicht möglich. An einem Punkte muß die Einheit von Subjekt u. Objekt hergestellt werden: Nicht nur *ich* denke, sondern es denkt auch in mir 245; *Erkenntnis und Wahrheit* 249; Wenn es kein Kriterium für wahr u. falsch gibt, wo bleibt dann die Philosophie? Die verkehrte Philosophie von heute nimmt es als selbstverständlich hin, daß die Werte willkürlich gesetzt sind, während die Gegenstände der Naturwissenschaft u. ihre Gesetze objektiv gegeben sind 250; *Erkenntnis* 254; *Über die Wahrheit* 259; 261; *Über die Wahrheit* 265; W. u. Paranoia 265; Der Menschentypus von heute läßt sich nicht mehr durch den Willen zur W. entscheidend bestimmen. Ihm kommt es gar nicht darauf an, was wahr oder falsch ist, sondern vielmehr darauf, seine Stellung zu halten u. seine Gesundheit zu bewahren 265; *Das richtige Interesse* 269; Es handelt sich darum, zuerst nachzuvollziehen, welche Visionen ein

großer Denker von der Welt gehabt hat, sich an die Gedanken dessen hinzugeben, dem man vertrauen mag 270; Das Unfruchtbarste beim Denken ist, von der Gewißheit auszugehen. Statt dessen muß der Entschluß treten, mir selbst nichts vorzumachen 270; Dialektik des Gedankens: Er ist nur gut, wo er böse ist u. dem Bestehenden keinen Tribut leistet 275; Von dem Grad der Erkenntnis der W. hängt der Ertrag des Lebens ab 276; *Freiheit und Wahrheit* 277; Der Schritt vom Glauben an Gott zu dem Glauben an die Freiheit ist einer der großartigsten in der Geschichte des menschlichen Geistes u. läßt sich nicht einfach rückgängig machen. Ohne durch Hegel durchgegangen zu sein, kann man nicht erfahren, was Freiheit ist 277; *Über die Wahrheit* 278; Die Aufgabe: Das Ganze verwirklichen, das nie gegeben ist u. doch da ist 279; *Über den Sinn des Lebens* 279; Wenn das Hegelsche System nicht wahr ist, dann gibt es keine Philosophie, dann fällt ein entscheidender Unterschied zwischen Mensch u. Tier dahin 281; *Wahrheit und Zivilisation* 283; *Definitionen* 288; *Denken* 289; *Dialektik* 290; *Über das Gespräch* 291; *Existieren* 293; *Das Gewissen* 294; *Geist* 295; W. gibt es nur, insofern Subjekt u. Objekt identisch sind 297; *Positivismus und Wahrheit* 305; Die Solidarität aller derer, die wissen, daß sie selbst nichts sind in der ungeheuren Einsamkeit des Weltalls – das ist die einzige unerschütterliche Solidarität 307; *Wahrheit* 316; *Denken* 316; *Erkenntnis und Wissenschaft* 339; In jedem Gedanken, der nicht durch das Bedürfnis nach Selbsterhaltung diktiert ist, muß mitschwingen: die Angst vor Auschwitz, der Haß gegen die Mörder u. Schinder, die Erinnerung an Auschwitz 343; Religion oder Gesinnung bestimmen den Menschen – sonst ist an ihm nichts als Öde u. Leere 346; *Die Wahrheit und das Gute sind ephemer* 346; *Glaube und Wissen* 347; Für den Positivisten ist der Begriff der W. ebenso ein Aberglaube wie der Begriff Gottes. Dann aber erhebt sich die Frage: Warum überhaupt noch sich der Anstrengung unterziehen zu denken, soweit es sich nicht um rein pragmatische Ziele handelt? Die Antwort mag lauten: aus Verzweiflung 369; *Was heißt Wahrheit?* 389; *Gegen bloße Feststellungen* 394; *Zum Begriff der objektiven Vernunft* 403; fängt dort an, wo die Sehnsucht die Menschen über die Wissenschaft hinausführt 415; *Der Pragmatismus und das Andere* 465; *Denken* 465; *Wahrheit im Denken* 487; *Der Sieg der instrumentellen Vernunft* ist nicht aufzuhalten 494; Offenbar ist unsere Vernunft nicht imstande, die W. zu fassen. Aber die Sehnsucht nach dem nicht bloß »Relativen« besteht noch bei einigen Menschen 498; *Kritische Theorie und Theologie* 507; Wahrscheinlich liegt der kritischen Theorie trotz ihrem Verzicht, die W. auszuspre-

chen, ein Paradox zugrunde: sie weiß, daß es keinen Gott gibt, u. doch glaubt sie an ihn 508; *Wissenschaft und Wahrheit* 519; nur mimetisch zu erfahren 521; *Wahrheit und Dialektik* 535; *Die Sehnsucht als beherrschendes Motiv* 536

Wallace, Henry A. **12**:252; **19**:22

Wallace, William **7**:126

Warburton, William **9**:345

Ward, Reginald Somerset *Maximilien Robespierre* **4**:68f.

Warner Bros. 5:189

Weber, Alfred **4**:165; **14**:383

Weber, Ernst Heinrich **10**:204; 206; 335

Weber, Gottfried **19**:17

Weber, Max *Gesammelte Schriften zur Religionssoziologie* **3**:353; *Kritische Studien auf dem Gebiet der kulturwissenschaftlichen Logik* **4**:168; *Der Nationalstaat und die Volkswirtschaftslehre* **12**:360; *Die »Objektivität« sozialwissenschaftlicher und sozialpolitischer Erkenntnis* **3**:147; **13**:28; *Wertfreiheit und Objektivität* **13**:25; *Wirtschaft und Gesellschaft* **5**:187; *Wirtschaftsgeschichte* **5**:84; *Wissenschaft als Beruf* **4**:196; **5**:25; **6**:30; **10**:325; **12**:360 ▷**3**:27; W.s radikale Trennung von Zielsetzung u. Wissenschaft ist nicht zu halten 208; **4**:44; hat den rationalistischen Zug des bürgerlichen Geistes hervorgehoben 59; 167; 353; Das von der Religionssoziologie erfundene metaphysische Charisma des Führers hat sich schließlich als die bloße Allgegenwart seiner Radioreden erwiesen, welche die Allgegenwart des göttlichen Geistes dämonisch parodiert **5**:187; 363; **6**:29f.; 90; 95f.; 253; **7**:16; Einschränkung der Vernunft auf subjektiven Begriff 23; 25; 112; 120; **8**:188; Wertfreiheit u. Objektivität bei W. 258; W.s Begriff der Wertfreiheit bedeutet eine Hemmung des Gedankens 260; Erkenntnis des sozial Richtigen ist ihm bloßer Schein 369; W.s positivistischer Pessimismus 370f.; 395; 427; 437; **10**:256; 399; **12**:139; 377; 380; **13**:27f.; Man kann die gesamte W.sche Soziologie bestimmen als einen Versuch, die Konkretion u. verstehende Einsicht in Gesellschaftliches zu vereinen mit der positivistischen Enthaltung von Werturteilen 28; 117; semantischer Positivismus bei W. 399

Webster, Noah *An Examination into the Leading Principles of the Federal Constitution…* **6**:49

Wedekind, Frank *Frühlings Erwachen* **3**:415; **5**:169; *Gesammelte Werke* **8**:172 ▷**5**:342; **12**:259

Weil, Felix **5**:23; **7**:266; 284; 325; 365; 467f.; **8**:130; **12**:165; 542ff.

Weil, Hermann **7**:365; 467f.; **8**:337; **12**:542ff.

Weimarer Republik 4:303; 315; 330; 386; 405f.; 417; 6:129; 8:33; Die Tradition der sogenannten wilhelminischen Realpolitik hat in Deutschland den Parlamentarismus nie richtig aufkommen lassen 47; 91; 118; 154
Weinreich, Max 5:373
Weinzier 12:349ff.♦
Weiß, Otto *Schellings Leben* 11:104
Weiss, Peter *Marat-Sade* 14:507
Welles, Orson 5:153
Welte, Bernhard 13:100
Weltmarkt 2:332ff.♦; 3:264; 275
Weltz, Friedrich *Altersbild und Altersvorsorge der Arbeiter und Angestellten* (mit Ludwig von Friedeburg) 14:257
Werfel, Franz 12:258
Wertheimer, Max *Über Schlußprozesse im produktiven Denken* 2:72; *Über Gestalttheorie* 3:102; *Untersuchungen zur Lehre von der Gestalt* 2:72, 89 ▷2:72; 153; 3:174; 7:448; 11:97
Westermann, A.F. 12:349ff.♦
Westermarck, Edward *Ursprung und Entwicklung der Moralbegriffe* 3:395; 5:38, 75f.; *Christianity and Morals* 6:115f. ▷7:112
Westphalen, Jenny von 8:165
Weydemeyer, Joseph 8:327
Weyl, Hermann *Philosophie der Naturwissenschaft* 4:120, 164
Whitehead, Alfred North *Wissenschaft und moderne Welt* 12:313; *Prozeß und Realität* 12:313; *Principia Mathematica* 13:372 ▷4:143
Wieland, Christoph Martin 10:65
Wiener Kreis 4:127; 150; 159; 6:402; 7:203; 424; 13:372f.♦; 377
Wiese, Leopold von 3:63; 7:114; 8:62
Wiesengrund, Maria 7:261; 287
Wiesengrund, Oscar Alexander 7:261; 287
Wilamowitz-Moellendorff, Ulrich von *Der Glaube der Hellenen* 5:76, 88, 94f., 100; *Die Heimkehr des Odysseus* 5:71f., 95, 103 ▷ Die Schriften von W. gehören zu den eindringlichsten Dokumenten der deutschen Verschränkung von Barbarei u. Kultur. Sie liegt auf dem Grunde des neueren Philhellenismus 5:103; 12:581
Wilhelm II. (deutscher Kaiser) 2:329; 4:322; 5:314; 6:265; 366; 368; 7:151; »Am deutschen Wesen soll die Welt genesen« 8:170; 14:115
Wilhelm II. (König von Holland) 9:204
Wilhelm III. (von Oranien, König von England) 9:307; 340; 13:579
Williams, Edward Thomas *China Yesterday and Today* 3:352
Wilson, Thomas Woodrow 8:93

Windelband, Wilhelm *Einführung in die Philosophie* **3**:75f.; **13**:333; *Die Geschichte der neuern Philosophie* **9**:26; *Lehrbuch der Geschichte der Philosophie* **10**:242; *Präludien* **10**:242; **11**:105 ▷**2**:162; **4**:334; 353; **10**:182; 206; 242f.; 245f.; 249f.; deutete das System Kants als Lehre von den allgemeingültigen Werten 254; 256; **13**:328; 330; nomothetische u. ideographische Wissenschaften 331; der Begriff des Fortschritts bei W. 333; **14**:385

Winstanley, Gerrard *Das Gesetz der Freiheit als Programm* **9**:101

Winter, Erich **12**:349ff.♦

Wirth, Joseph **12**:201

Wissenschaft (s. Dialektik, Intelligenz, Kritische Theorie, Logik, Materialismus, Theorie, Vernunft, Wahrheit) (Kant:) strenge W. hat nur mechanisch zu verfahren **2**:41f.; 423f.; *Verpönte Affekte* 442ff.♦; *Bemerkungen über Wissenschaft und Krise* **3**:40ff.; als Produktionsmittel u. Produktivkraft 40f.; innere Krise der W. 43; Nicht bloß die Metaphysik, sondern auch die von ihr kritisierte W. selbst ist ideologisch 44; als Abbild der Ökonomie 45; Die Verzettelung u. Verschwendung von geistigen Energien, die den Gang der W. im letzten Jhdt. kennzeichnen, können ebensowenig wie die ideologische Funktion der W. durch bloß theoretische Einsicht überwunden werden, sondern einzig durch die Veränderung ihrer realen Bedingungen in der Praxis 46; Krise der W. spiegelt die Widersprüche der Gesellschaft wider 46f.; Vernachlässigung des Theoretischen zugunsten der unmittelbaren Gegebenheit bringt die W. völlig um ihre aufklärende Wirkung 100f.; W. u. Wertfreiheit 146ff.; Der Materialismus erkennt die unbedingte Achtung vor der Wahrheit als notwendige Bedingung wirklicher W. 148; Webers radikale Trennung von Zielsetzung u. W. ist nicht zu halten 208; Daß jemand in einem bestimmten Wissenschaftszweig hohe kritische Fähigkeiten entwickelt u. in den Fragen des sozialen Lebens die borniertesten Phrasen nachbetet, hat sich zur typischen Haltung des Fachgelehrten entwickelt 281♦; Leistung u. Bewährung als Kriterium von W. 298f.; **4**:109ff.♦; Die Tätigkeit der W., Vorgänge in allgemeinere Zusammenhänge einzuordnen, ist ein legitimes u. nützliches Geschäft 126; W. unter der bürgerlichen Produktionsweise zielt mehr auf Resultate der Abstraktion als auf die theoretische Konstruktion des Ganzen ab 129f.♦; (Carnap:) es gibt keine Philosophie als Theorie, als System eigener Sätze neben denen der W. 144; Die Identifikation des Denkens mit den Fachwissenschaften läuft auf die Verewigung des gegenwärtigen Zustands hinaus 154; Es ist naiv u. sektenhaft, bloß ihr entsprechend zu denken u. zu reden 158; Metaphysik u. W. lassen sich nicht wie gleichberech-

tigte Zweige der Erkenntnis hinstellen 160; *Traditionelle und kritische Theorie* 162ff.♦; Rolle des Experiments in der W. 170; Borniertheit des Fachgelehrten 183; 195ff.♦; Der abstrakte Begriff der Intelligenz gehört zur Hypostasierung der Fachwissenschaft 197; Die Sache, mit der es der Fachwissenschaftler zu tun hat, wird von seiner eigenen Theorie überhaupt nicht berührt 203; Der Konformismus des Denkens, das Beharren darauf, es sei ein fester Beruf, gibt das eigene Wesen des Denkens preis 216; Solange religiöse u. weltliche Erkenntnis noch nicht getrennt waren, galt W. als objektiv 253; 300; 337ff.♦; Unterschied zwischen Natur- u. Geisteswissenschaft bei Dilthey 357; Kunst ist nicht weniger Erkenntnis als die W. 420; Ihr Wesen erschöpft sich nicht in Denkökonomie u. Technik 432; Der Sinn von W. ist fraglich geworden **5**:16; selbstvergessene Instrumentalisierung der W. 17; Auf dem Weg zur neuzeitlichen W. leisten die Menschen auf Sinn Verzicht 27; W., in ihrer neopositivistischen Interpretation, wird zum Ästhetizismus, zum Spiel 40; Noch die deduktive Form der W. spiegelt Hierarchie u. Zwang 44; Kein Sein ist in der Welt, das W. nicht durchdringen könnte, aber was von W. durchdrungen werden kann, ist nicht das Sein 48; Wenn der Theorie als einzige Norm das Ideal der Einheitswissenschaft verbleibt, muß die Praxis dem rückhaltlosen Betrieb der Weltgeschichte verfallen 53; W. selbst hat kein Bewußtsein von sich, sie ist ein Werkzeug. Aufklärung ist die Philosophie, die Wahrheit mit wissenschaftlichem System gleichsetzt 107; Selbsterhaltung ist das konstitutive Prinzip der W., die Seele der Kategorientafel, auch wenn sie idealistisch deduziert werden soll wie bei Kant 109; Die mathematische Formel ist bewußt gehandhabte Regression, wie schon der Zauber-Ritus war; sie ist die sublimierteste Betätigung von Mimikry 211; Verlust der Erinnerung als transzendentale Bedingung der W. Alle Verdinglichung ist ein Vergessen 262; Nur Erkenntnis stiftet die echte Einheit 353; Verhältnis von W. u. Philosophie **6**:75ff.♦; kann heute nur relativ auf die Gesellschaft verstanden werden 76; kann dazu benutzt werden, den teuflischsten gesellschaftlichen Kräften zu dienen 86; wurde von der industrialistischen Kultur stets auf Wettbewerbsbasis organisiert 87; keine scharfe Unterscheidung zwischen Liberalismus u. Autoritarismus in der modernen W. 87; Die Philosophie muß ein Kriterium für die wahre Natur der W. aufstellen 92; Nur unter ideal harmonischen Bedingungen ließen sich fortschrittliche historische Veränderungen durch die Autorität der W. herbeiführen 97; opfert oft die Komplexität des Denkens den Erfordernissen des sogenannten gesunden Menschenverstandes 99f.; Verhältnis der katholischen Kirche zur W.

101 ff.♦; indem wir die Sache nur mehr objektiv betrachten, statt sie zu sein, verschwindet die Objektivität 194; *Die geförderte Wissenschaft* 207; *Zur Wissenschaftstheorie* 242; nimmt einen Zug von Wahnsinn an 273; Im 18. Jhdt. war auch W. gewissermaßen Philosophie 279; Die neue W. meinte im Beginn, noch an Gott u. Ewigkeit verschrieben zu sein 315; 320; 340; 342; 413; *Glauben und Wissen* 417; 420; Je mehr die W. sich einbürgert, desto mehr ist sie überholt **7**:114; Ohne bestimmende Idee zerfällt die W. 116; Der Fortschritt der W. stempelt Denken zur Funktion 188 f.♦; ist ein Mittel, das wie materielle Arbeit in den Werktag gehört 216; Philosophie als Versöhnung von W. u. Religion 224 ff.♦; Szientifische Einsicht löst sich in raffinierte Spezialkenntnisse auf 229; geistige Gefährdung der Religion durch die W. 234 f.; *Schopenhauers Denken im Verhältnis zu Wissenschaft und Religion* 240 ff.♦; die Beziehung zwischen den Inhalten der Theologie u. den Wissenschaften kann nicht bloß abgetan werden 311; 314 ff.♦; ist heute weitgehend Diener der Rüstungsproduktion 315; scheint im Augenblick wenig auf Präzision der wahren Sprache bedacht zu sein 316; vernachlässigt heute die Wahrheit 372 f.♦; Etwas zu verkünden, was wissenschaftlich nicht begründbar ist, gilt als Romantik 409; prinzipieller Unterschied zwischen Kritischer Theorie u. W. 423; 461; Technik u. W. machen den Geist überhaupt überflüssig 480; Einflußreiche Gruppen in jedem Volk sollten helfen, all die Faktoren, Institutionen, Glaubensvorstellungen u. Theorien einzuschätzen, die mit den innerhalb u. außerhalb der Völker bestehenden Konflikten im Zusammenhang stehen **8**:36; Macht der theoretische Gedanke sich an den je gültigen Konventionen zu schaffen, so begegnet er dem Widerstand 189; 322; W. u. Philosophie stehen heute auf dem Standpunkt, daß es im ernsten Sinne eigentlich gar keine Geschichte gebe 330; Es mangelt der W. an Selbstreflexion 338; stößt an Grenzen, über die hinaus sie nichts aussagen kann 346; (Ortega y Gasset:) Über dem Urwald des Lebens entsteht ein zweiter Urwald, der der W. 349; das Glück einer nicht an Zwecke gebundenen Erforschung der Wahrheit 379; Die Zeitgemäßheit des Wissens ist ein kaum überwindbares Hemmnis der Erziehung zur Humanität 401; 434; Das 19. Jhdt. hat den Widerspruch des Denkens zur Realität schließlich zum Stillstand gebracht 435; Die Vorstellungen der Wissenschaftler selbst über den Sinn ihres Tuns weichen häufig genug von dem Wissen um ihre wirkliche gesellschaftliche Funktion ab **9**:45 f.; Das Bürgertum brauchte die W. zu Beginn seiner Emanzipation in doppelter Gestalt 68; Identifizierung von W. u. Wahrheit bei Hobbes 108; mathematische Erkenntnis als die einzige wissenschaft-

liche Wahrheit bei Geulincx 185; Mißtrauen gegen alle Versuche, aus reiner Logik ganze Systeme abzuleiten 287; Unerläßlichkeit des unvoreingenommenen Studiums der politischen, wirtschaftlichen, Literatur-, Kunst-, Geistesgeschichte **10**:17; mathematischer Wissenschaftsbegriff bei Maimon 82; Krisis der W. 130; Echte W. verfährt dialektisch 164; ist nicht mehr der selbstbewußte Ausdruck von starken, ihrer Macht gewissen gesellschaftlichen Kräften 176; Tendenz der von der Aufklärung herkommenden W., alles zu analysieren u. zu destruieren 178; Verhältnis von W. u. Kunst 211; Es hat keinen Sinn zu fragen, inwiefern die wissenschaftlichen Begriffe u. Urteile jenseits unseres Denkens ein Korrelat oder Substrat haben 223; Verhältnis von W. u. Philosophie bei Bergson 281; Krisis der W. 293; Der chaotische Zustand in den Wissenschaften ist keineswegs durch eine Verflachung zu überwinden 296; Husserls Versuch, aus einer Theorie aller möglichen Theorieformen das Apriori der W. zu entwickeln 307ff.; Der wissenschaftliche Verstand u. seine Arbeit werden mehr zum intellektuellen Fortschritt beitragen als diejenigen Richtungen, die glauben, auf ihn verzichten zu können 332f.♦; Irrglaube, durch W. Wahrheit zu bekommen 333; *Zur Emanzipation der Philosophie von der Wissenschaft* 334ff.♦; wissenschaftliche »Richtigkeit« u. philosophische »Wahrheit« verhalten sich nicht als Gegensätze 338f.; Husserl sucht das Apriori der W. zu entwickeln 383; **11**:28; 39; Spezialisierungsprozeß der Wissenschaften 149; An der Struktur ihres Gegenstandes sind die Interessen ihrer Urheber mitbeteiligt 168; Krise der W. 210; Soziologie, Psychologie, Philosophie als Wissenschaften zur Entlarvung der eigenen Bedingtheit 253; 256; wissenschaftliche Krise der Gegenwart 258; *Voraussetzungen der Forschung* 269f.; Schlechte W. ist auch die, welche zwar neue u. richtige, aber angesichts der Aufgaben des Zeitalters belanglose Behauptungen liefert **12**:142; W. u. Krise, Krise der W. 349♦; Mißtrauen gegenüber der W. 351♦; Krise der W. u. Krise der Gesellschaft 357; die Wissenschaften vermögen es nicht, einen Inbegriff der totalen Wirklichkeit zu geben 358; Kritik immanenter Geistesgeschichte 362♦; W. u. materialistische Geschichtsauffassung 362; Wissenschaftsorganisation u. Materialismus 378; Naturwissenschaft abstrahiert von jeder qualitativen Veränderung 404; In den Naturwissenschaften wird das Subjekt ausgeschaltet 406; Verhältnis von Tatsache u. Theorie: einzelwissenschaftliche oder philosophische Problematik? 467♦; (Adorno:) Der traditionelle Tatsachenbegriff ist innerwissenschaftlich aufzulösen 468; *Differenz zwischen den erkenntnisleitenden »Interessen« des Positivismus u. der materialistischen Dialektik* 476;

Unabgeschlossene Dialektik oder bestimmte Negativität? 483; Die Charakteristik der W. ist Mitteilbarkeit. Es scheint so, als ob in der Gegenwart das Falscheste das Mitteilbarste ist 549; (Adorno:) Unser Begriff von Theorie: eine Selbstkritik der Philosophie, die zugleich Gesellschaftskritik ist 602; *Wahrheit im Denken* **13**:100ff.♦; Im wissenschaftlichen Denken verschwindet alles, was irgendwie Sinn oder tiefere Bedeutung heißen könnte 103; Versöhnung von W. u. Religion? 228; *Über die Grenzen wissenschaftlicher Wahrheit* (Gespräch mit Dagobert Lindlau) 249; Es ist eines der großen Unglücke, daß das, was die Naturwissenschaft berechtigt tut, zur Hypostasierung, zur Philosophie u. »Weltanschauung« geführt hat 289; Begriff der W. im Positivismus 666ff.♦; W. als Religion 369; *Erkenntnis und Interesse* **14**:96; auf Naturbeherrschung gerichtet. Die Begriffe der Naturwissenschaften haben mit den wahren Verhältnissen ebensowenig zu tun wie die Ergebnisse der experimentellen Tierpsychologie 198; Man muß die naturwissenschaftlichen Kategorien relativieren, aber das kann nur der, der den Begriff des Absoluten hat 216; Im Zeitalter der Aufklärung wird der Abgrund zwischen Philosophie u. W. selten gesehen. Erst in der zu Ende gedachten Aufklärung wird es klar, daß der wissenschaftliche Verstand auf die entscheidenden Fragen keine Antwort geben kann 223; *Das mystische Element der Wahrheit (Hegel)* 228; *Naturwissenschaftliche versus gesellschaftswissenschaftliche Theorie* 245; *Erkenntnis und Wahrheit* 249; *Erkenntnis und Wissenschaft* 339; 347; Wo liegt die Synthese von Fachwissen u. menschlicher Entwicklung? Was die einzelnen Fächer früher zusammenhielt, war die Theologie, später die Philosophie, u. heute ist es der Fußball 376; *Glaube und Wissenschaft* 387; *Die Schuld* 396; *Über das Kausalitätsgesetz* 405; Die zu Ende gedachte Aufklärung ist Naturwissenschaft in ihrer heutigen Gestalt mit dem Positivismus als die allein gültige Philosophie 417; *Wissenschaft* 447; *Kritik der Wissenschaft* 475; *Wahrheit im Denken* 487; ist aus einem Befreier der Menschen von dem rastlosen Kampf ums Überleben zu einem Wegbereiter ihrer Entmenschlichung geworden 494; *Wissenschaft, Kunst, Philosophie* 499; Die Sehnsucht nach dem Anderen ist der W. fremd; aber gerade sie motiviert Kunst u. Philosophie. Letztlich unterscheidet sie den Menschen vom Tier 499; *Wissenschaft und Wahrheit* 519; *Wissenschaft, Denken und Dogma* 532; *Erfahrung versus Information* 534; *Vorwort [zum Forschungsbericht über Universität und Gesellschaft]* **19**:13; Universitätskrise 15

Wissenschaftslogik (s. Wissenschaft) **3**:226; **5**:53

Wissenssoziologie (s. Mannheim, Scheler) *Ein neuer Ideologiebegriff?*

2:271 ff.♦; Menschenbild in der W. 277ff.♦; **3**:44; **4**:183; Ideologiebegriff 342ff., **7**:13ff.♦; 115; als Pendant zum Programm des Instituts für Sozialforschung **12**:139f. W. u. Dialektik **13**:310; *Zur Kritik der Wissenssoziologie* **14**:81

Witt, Charles de **13**:492

Witt, Cornelius de **4**:30

Witt, Johan de **3**:374; **4**:30; **9**:201; 203f.; 215; 217

Wittfogel, Karl August *Bericht über eine größere Untersuchung der sozialökonomischen Struktur Chinas* **12**:148; *The Foundations and Stages of Chinese Economic History* **4**:107; **12**:148; *Die Theorie der orientalischen Gesellschaft* **12**:148, 160; *Wirtschaft und Gesellschaft Chinas* **3**:350; **12**:154 ▷**3**:331; **7**:327; 365; **12**:159; 417ff.♦

Wittgenstein, Ludwig *Tractatus logico-philosophicus* **3**:101; **4**:120; **13**:372 ▷Nach W. ist wahr das, was der Fall ist. Danach können logische Sachverhalte ebenso gut »der Fall sein« wie Tatsachen. Wir müßten den Begriff des Der-Fall-Seins analysieren **12**:480; **13**:379

Wittich, Christoph *Über den Consensus der in der Bibel geoffenbarten und der von Descartes entdeckten Wahrheit* **9**:178 ▷**9**:204

Wolff, Christian *Cosmologia generalis* **9**:291; *Vernünftige Gedanken von Gott, der Welt und der Seele des Menschen, auch allen Dingen überhaupt* **2**:102; *Vernünftige Gedanken von den Absichten der natürlichen Dinge* **9**:291 ▷**2**:83; 102; 107; 217; 229; **7**:254; **9**:152; 280ff.♦; Grundcharakter der W.schen Philosophie ist ihr Rationalismus gewesen 283f.; Seine Philosophie enthält wesentlich die Lehren von Leibniz u. anderen rationalistischen Philosophen 289; 297; 329; 348; 352; 401; 436; 459; 462ff.; 469; war von der europäischen Entwicklung überholt worden 470; 477; Die Ideen der Aufklärung waren durch seine Macht in der originalsten Gestalt in Deutschland lebendig **10**:20; 21; 27; 61; 74; 361; **11**:135; 205; **13**:377; 616; 618

Wolff, Georg **7**:345ff.; 480ff.; **13**:240

Woolston, Thomas **13**:584

Wundt, Wilhelm *Psychologie* **10**:206; *Über den wahrhaften Krieg* **4**:18 ▷**10**:200ff.; 206; 209; 302; 343; 380

Wust, Peter *Die Auferstehung der Metaphysik* **10**:177

Wylie, Philip Momismus: die »Mom« ist die Totenmaske der Mutter **5**:387

Xenophanes **5**:27, 29

Xenophon *Memorabilia* **5**:324

Xerxes **4**:64

Yiddish Scientific Institute **5**:373

Zanuck, Darryl Francis **5**:154

Zarncke, Lilly *Gespräch über die Aufgabe des Protestantismus in der säkularen Zivilisation* **11**:349ff.♦

Zeit **3**:91; *Zu Henri Bergsons Metaphysik der Zeit* 225ff.; Es gibt keine Metaphysik der Z. 236; als Maßstab in der modernen Gesellschaft für Kunst wie für ungelernte Arbeit **6**:51; *Geist und Zeit* 195; *Einige Gedanken zum heutigen Zeitbewußtsein* **13**:72

Zeitschrift für Sozialforschung (s. Institut für Sozialforschung) **3**:9; 15; 18f.; *Vorwort zu Heft 1/2 des I. Jahrgangs der Zeitschrift für Sozialforschung* 36ff.; *Vorwort zu Heft 2 des II. Jahrgangs der Zeitschrift für Sozialforschung* 110; *Vorwort zum VI. Jahrgang der Zeitschrift für Sozialforschung* **4**:105ff.; 305; *Vorwort zu Heft 3 des VIII. Jahrgangs der Zeitschrift für Sozialforschung* 371f.; *Vorwort zu Heft 2 des IX. Jahrgangs der Zeitschrift für Sozialforschung* 412ff.; **6**:22; **7**:262; Keimzelle der kritischen Theorie 286; 334; 368; Programm **12**:145f.♦; Es soll in Europa u. darüber hinaus auf der ganzen Welt ein intellektueller Nachwuchs herangebildet werden, der erfährt, wie die modernsten wissenschaftlichen Methoden u. Ergebnisse auf das brennendste Problem seiner Zeit angewandt werden, ein Nachwuchs, der jede Naivität in gesellschaftlichen Fragen verliert, dem man über die Gegenwart nichts vormachen kann u. der einen klaren u. geschärften freiheitlichen Willen hat 152f.

Zeller, Eduard *Geschichte der deutschen Philosophie seit Leibniz* **9**:25, 269, 290; *Die Philosophie der Griechen in ihrer geschichtlichen Entwicklung* **4**:241ff., 247; **5**:244, 324

Zenon **6**:162

Ziegler, Heinz O. *Ideologienlehre* **11**:198f. ▷ *Pareto und die »Frankfurter« Soziologische Schule* **11**:197ff.♦; Ansätze zu einer materialistischen Ableitung der Paretoschen Lehre 199

Ziegler, Leopold *Der abendländische Rationalismus und der Eros* **2**:163; *Der deutsche Mensch* **2**:164; *Der europäische Geist* **2**:169; *Der ewige Buddho* **2**:166, 167; *Florentinische Introduktion zu einer Philosophie der Architektur und der bildenden Künste* **2**:164; *Gestaltwandel der Götter* **2**:164ff., 170; *Das heilige Reich der Deutschen* **2**:166f.; *Metaphysik des Tragischen* **2**:162; *Über das Verhältnis der bildenden Künste zur Natur* **2**:164; *Die Tyrannis des Gesamtkunstwerks* **2**:164; *Volk, Staat und Persönlichkeit* **2**:164f.; *Das Weltbild Hartmanns* **2**:163f.; *Zwischen Mensch und Wirtschaft* **2**:171 ▷ *Leopold Ziegler* **2**:162ff.♦

Zimmer, Heinrich *Maja* **5**:87

Zimmermann, Robert L. **8**:296

Zivilrecht (s. Rechtsphilosophie) **5:**259; Affinität zwischen der ökonomischen Rolle der Juden in der europäischen Geschichte u. den Prinzipien des Z. **12:**17

Zola, Emile *Au Bonheur des Dames* **4:**415; *Germinal* **14:**358; *L'Argent* **4:**393; *Le Paradis des Dames* **8:**248; *Le Travail* **13:**365 ▷**3:**144; **7:**317; **8:**129; hatte den brennenden Ehrgeiz, ein sozialer Naturforscher zu sein **10:**211